ལྷ་སའི་ལོ་དེབ་མེ་ལོང་།

拉萨年鉴

2012

拉　萨　市　人　民　政　府　主办
拉萨市地方志编纂委员会办公室　编

方志出版社

10月1日，西藏自治区党委常委、拉萨市委书记秦宜智在国庆升旗仪式上致辞

12月5日，西藏自治区党委常委、拉萨市委书记齐扎拉在拉萨市加强和改进新时期工商联工作暨加快推进非公有制经济跨越式发展大会上讲话

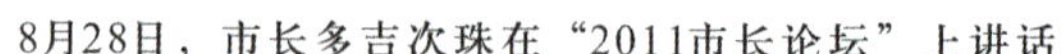
8月28日，市长多吉次珠在“2011市长论坛”上讲话

12月15日，拉萨市人大常委会主任洛桑旦巴在市九届人大五次闭幕会上讲话

12月12日，拉萨市政协主席杨万福出席市政协九届五次会议开幕式

3月10日，军警民共创拉萨国家环保模范城市行动启动仪式

8月16日，西藏自治区党委常委、拉萨市委书记秦宜智、市长多吉次珠与北京市党政代表团北京市委常委、统战部部长牛有成一行考察援建项目

7月19日，西藏自治区党委常委、拉萨市委书记秦宜智、市长多吉次珠与江苏省党政代表团江苏省委副书记石泰峰（前排左二）考察援建项目

8月30日，嘎玛贡桑小区棚户区改造项目框架协议签字仪式

11月17日，西藏自治区党委常委、拉萨市委书记齐扎拉、市长多吉次珠到城关区扎细街道办事处调研

11月28日，西藏自治区党委常委、拉萨市委书记齐扎拉在拉萨警备区调研

11月28日，西藏自治区党委常委、拉萨市委书记齐扎拉在武警拉萨支队调研

1月12日，拉萨市长多吉次珠出席CCTV2经济生活大调查最具幸福感城市颁奖活动

8月28日，“2011市长论坛”开幕式在拉萨举行

12月17日，拉萨市委副书记、人大常委会主任洛桑旦巴（右二）到春堆村检查指导驻村工作

4月11日，拉萨市委副书记、市政协主席杨万福（左三）到拉萨市民兵综合训练基地施工现场检查指导工作

11月14日，拉萨市副市长马新明（右七）一行参加杭州西博会，宣传拉萨创建国际旅游城市活动

7月18日，北京援建拉萨市群众文化体育中心奠基仪式

7月19日，江苏省2011年援藏项目开工典礼

12月，拉萨市成功创建为全国文明城市

6月22日，全市双拥工作经验交流会在堆龙德庆县召开

10月20日，北京市地方志办公室主任王铁鹏（左五）一行到拉萨考察地方志工作

庆祝西藏和平解放60周年

西藏和平解放60周年大庆期间拉萨街景

7月12日，拉萨市庆祝西藏和平解放60周年《幸福路上六十年》主题晚会

拉萨市荣获CCTV2010经济生活大调查最具幸福感城市，图为拉萨市街景

拉萨市创建国家生态园林城市，图为宗角禄康公园

10月26日，拉萨市小学生签字支持创建国家卫生城市活动

8月29日，雪顿节开幕式在布达拉宫广场举行

8月29日，雪顿节哲蚌寺展佛活动

9月15日，举行第六届西藏拉萨纳木措国际徒步大会

罗布林卡

大昭寺

拉鲁湿地

纳木措

编辑说明

一、《拉萨年鉴》是由拉萨市人民政府主办、拉萨市地方志编纂委员会办公室负责逐年编纂的地方综合性年鉴，是系统汇辑中国共产党拉萨市委员会、拉萨市人民代表大会常务委员会、拉萨市人民政府、中国人民政治协商会议拉萨市委员会、纪检、监察、群众团体、政法、档案·党史·地方志年度重要文件信息、系统反映拉萨市经济、政治、社会发展历程的资料性文献。这部书的宗旨在于以经济建设为中心，全面、系统、真实地记录拉萨市经济、社会的基本面貌与发展状态，为社会各界与国内外人士了解和研究当今拉萨提供翔实的资料。

二、本年鉴分为正文与彩页两部分。正文采取分类编辑法，以类目、分目、条目为主要框架结构，全书条目标题统一采用黑体加【 】表示，个别包含多方面资料的条目，则在段落间加插楷体标题提示，方便读者查阅，全书备有目录。

三、《拉萨年鉴（2012）》以邓小平理论和“三个代表”重要思想为指导，深入贯彻落实科学发展观，全面、客观地记载拉萨市2011年自然、政治、经济、文化和社会诸方面基本情况。《拉萨年鉴（2012）》载录拉萨市2011年经济社会发展的基本资料，设有特载、专文、总述、大事记、民族·宗教、外事、军事、综合经济管理、开发区、工业园区、农业·水利、交通邮电、银行·保险、旅游业、教育·体育·科技、文化·新闻·出版、医药卫生、城市建设·管理、劳动与社会保障、社会生活、区情县情、附录等内容。通过这些内容，可以为人们了解拉萨、认识拉萨提供一个全新的窗口。

四、本年鉴的编辑宗旨，在于求真务实，力求真实生动地反映拉萨在改革开放和现代化建设中取得的崭新成就。

五、本年鉴所提供的内容和数据，分别来自于拉萨市各有关部门和县（区）有关单位，区直部分单位，又经各级领导审核，但由于口径与统计方法不同，恐有不一致之处，但使用时应以市统计局提供的数据为准。

拉萨市地方志编纂委员会

《拉萨年鉴》编辑部

《拉萨年鉴》特邀委员
（按姓氏笔画排名）

丁亚莉	才央卓玛	才旺晋美	巴　珠	巴桑卓玛
扎西顿珠	王　平	王浩波	邓　得	冯兴娟
白艳琼	全　操	刘　兴	刘国永	刘建军
孙　健	孙国新	江　才	江　村	江玉峰
米玛旺堆	达尔吉	达瓦次仁	达娃潘多	何　丰
何　燕	余振飞	吴　琦	吴振华	宋子恒
宋世良	宋得安	张　霞	张德川	李天清
李建国	李瑞强	杨　林	杨西军	贡嘎罗布
连拥军	陆鸿伟	陈　进	陈华国	陈佳杰
陈首富	陈渠汇	卓　峰	周亚平	林恰恰
范春文	郑玉成	段吉斌	洛桑旺堆	胡万宏
胡义伟	贺连社	唐永明	徐克勤	徐高会
桑巴罗布	桑杰益西	索朗旺堆	郭国钦	曹大千
彭正江	普　布	普　桑	董　英	韩文贞

《拉萨年鉴》特邀编辑

（按姓氏笔画排名）

马裴裴　尹正珉　尹培凤　巴片　巴珠　扎西
扎西次仁　扎西群培　文海　方华丽　王虹　王涛
王美蓉　王拉江豫　邓若冰　冯林　四郎永巴　旦增卓嘎
田丽丽　白玛曲珍　边巴罗布　亚古　任磊　朱胜军
伍娜　伍玉梅　伏显强　刘娟　刘毅　刘淑娟
向海菊　吕才学　吕文治　孙来彬　孙建峰　曲智超
次央　次仁尼玛　次旦平措　羊征　何平　劲永春
吴沿　吴玲　吴斌　张庆　张赶　张文清
张兄英　张彦凯　张玲丽　张晓庆　张艳霞　李力
李秀莲　李晓燕　李艳红　李新林　杜仕聪　杨力涛
杨栋章　肖国庆　贡桑卓嘎　陆启航　陆青松　陈杰
陈莉　陈龙四　陈灿丽　陈国明　陈建琼　卓玛
单增郎杰　周杰　尚志清　拉乌次仁　昌幸　林卫东
罗刚　罗强　罗布次仁　罗布旺堆　范昕　郑红艳
侯淑华　洛桑平措　洛桑强巴　赵泽攀　郝丽娅　党军奎
唐川石　唐光明　徐春梅　徐鹤红　格桑平措　格桑次旦
格桑卓玛　格桑卓嘎　索朗单增　索朗旺庆　袁国军　贾奔
贾伟萍　郭掌印　高巍　高子茗　黄畅　黄琳
黄彦高　黄瑞波　强巴旦增　曾治强　葛同荣　蒋云
谢东萨　谢永杰　鲁春梅　熊刚　蔡青　德央
德央　德吉　德吉　樊华　樊亚刚

图书在版编目（CIP）数据

拉萨年鉴. 2012 / 拉萨市地方志编纂委员会办公室编. --北京：方志出版社，2012.11
ISBN 978-7-5144-0689-4

Ⅰ. ①拉… Ⅱ. ①拉… Ⅲ. ①拉萨市—2012—年鉴 Ⅳ. ①Z527.51

中国版本图书馆CIP数据核字（2012）第264478号

拉萨年鉴（2012）

编　　者：拉萨市地方志编纂委员会办公室
责任编辑：李　沛

出 版 者：方 志 出 版 社
（北京市东城区夕照寺14号院富瑞苑公寓6层）
邮编　100061
网址　http://www.fzph.org
发　　行：方志出版社发行部
（010）67120966-6008
经　　销：新华书店总店北京发行所
法律顾问：北京市大禹律师事务所
印　　刷：郑州中方印刷有限公司

开　　本：889×1194　　1/16
印　　张：47
字　　数：735千
版　　次：2012年11月第1版　　2012年11月第1次印刷
印　　数：0001～1000册

ISBN 978-7-5144-0689-4/K·561　　定价：480.00元

目　　录

特　载

专　文

拉萨概览

大　事　记

中国共产党拉萨市委员会

组织工作

宣传工作

统战工作

党校教育

外 事

军 事

拉萨市公安消防支队

武警拉萨市森林大队

人民防空

综合经济管理

发展和改革事务

财　政

工业和信息化局(国资委)

工　业

拉萨经济技术开发区

达孜工业园区

堆龙德庆县工业园区

曲水县雅江工业园区

农业·水利

种植业

牧　业

林　业

水利管理

扶贫开发和农业综合开发

气　象

八一农场

交通·邮电

交通运输

邮　政

电　信

中国电信拉萨分公司

金　融

银　行

保　险

旅　游　业

旅游推介

大型活动

旅游管理

科技·教育·(体育)

科 技

教 育

体 育

文化·新闻

文化艺术

文物保护

文化市场

文联活动

广播·影视

拉萨晚报

医药·卫生

城市建设·管理

附　录

特　载

全面贯彻落实中央第五次西藏工作座谈会精神
为建设团结民主富裕文明和谐的社会主义新拉萨而努力奋斗

——在中国共产党拉萨市第八次代表大会上的报告（摘要）

（2011 年 10 月 17 日）

中共拉萨市委书记　秦宜智

本次大会的主题是：高举中国特色社会主义伟大旗帜，以邓小平理论和“三个代表”重要思想为指导，深入贯彻落实科学发展观，认真学习贯彻胡锦涛总书记“七一”重要讲话精神，全面贯彻落实中央第五次西藏工作座谈会精神和习近平副主席出席西藏和平解放60周年庆祝活动时的一系列重要讲话精神，动员全市各级党组织、广大党员干部群众，解放思想，锐意进取，奋力推进科学发展、跨越式发展和长治久安，为建设团结民主富裕文明和谐的社会主义新拉萨而努力奋斗。

一、过去五年工作回顾

五年来，拉萨经济发展迈上新台阶，社会局势进入持续稳定的新时期，首府城市功能日臻完善，基础设施建设迈出新步伐，以民生为重点的社会事业全面发展，生态建设和环境保护全面加强，改革开放实现新突破，民主法制建设取得新进展，党的建设科学化水平不断提高。

回顾五年来的工作，我们深深体会到：必须坚持高举中国特色社会主义伟大旗帜，坚持中国共产党领导，坚持社会主义制度，坚持民族区域自治制度，坚定走有中国特色、西藏特点的发展路子；必须坚持发展是硬道理和第一要务，深入贯彻落实科学发展观，加快转变经济发展方式，提升一产壮大二产做强三产，推动经济社会更好更快更大发展；必须坚持维护稳定是硬任务和第一责任，牢固树立发展是政绩、稳定更是政绩的理念，谋长久之策，行固本之举，深入持久开展反分裂斗争，扎实推进平安和谐拉萨建设；必须坚持保障和改善民生，强化政策落实惠民生，让全市各族人民在科学发展、跨越式发展中共享改革发展成果；必须坚持巩固和发展平等团结互助和谐的社会主义民族关系，牢固树立“三个离不开”思想，推动各民族和睦相处、和衷共济、和谐发展；必须坚持以改革创新精神推进党的建设新的伟大工程，全面提高党的建设科学化水平，夯实执政基础，为建设社会主义新拉萨提供强有力的政治和组织保证。这“六个必须坚持”，既是五年工作的深刻总结，也是做好今后工作的有力保障。

二、今后五年工作的形势和任务

今后五年工作的总体要求：高举中国特色社会

主义伟大旗帜，以邓小平理论和“三个代表”重要思想为指导，深入贯彻落实科学发展观，认真学习贯彻胡锦涛总书记“七一”重要讲话精神，全面贯彻落实中央第五次西藏工作座谈会精神和习近平副主席出席西藏和平解放60周年庆祝活动时的一系列重要讲话精神，以科学发展、跨越式发展和长治久安为主题，以提升一产壮大二产做强三产、转变经济发展方式为主线，坚持走有中国特色、西藏特点的发展路子，坚持改革开放，牢固树立发展是政绩、稳定更是政绩的理念，大力实施科教兴市、生态立市、城乡统筹、富民强市战略，围绕率先与跨越，突出培育发展特色优势产业，突出保障和改善民生，突出加强社会主义新农村建设，突出“六城同创”和生态环境保护，突出创新社会管理和维稳长效机制建设，突出加强民族团结，突出提高党的建设科学化水平，全面实现拉萨“十二五”时期经济社会发展目标，努力建设团结民主富裕文明和谐的社会主义新拉萨，创造拉萨各族人民更加幸福美好的新生活。

今后五年的奋斗目标：综合实力显著提升，地区生产总值年均增长15%，地方财政一般预算收入年均增长20%，农村居民人均纯收入年均增长15%，努力把拉萨建设成为全区科学发展、和谐稳定、民生改善、民族团结、生态美好、改革开放的排头兵。

三、深入推进科学发展，大力提升经济综合实力

发展是解决拉萨所有问题的关键。必须紧紧围绕主题主线，把握发展规律，创新发展理念，提高发展质量和效益，推动我市经济在科学发展的轨道上实现跨越式发展。要着力培育发展特色优势产业，做大做特现代农牧业，做大做强特色优势工业，做大做好“一区三园”，做大做精旅游商贸服务业。要着力加强基础设施建设。全面加强水利、交通、能源、信息等基础设施建设，加快推进基础设施网络化和现代化。要着力建设具有高原和民族特色的现代化首府城市。坚持高起点规划、高标准建设、高水平管理，大力实施“东延西扩南跨、一城两岸三区”的发展战略，加快推动建设向新区集中、居住向社区集中、工业向园区集中，大幅提升区域中心城市承载能力和增强辐射带动力。加快县城及中心乡镇建设，推进城乡一体化进程。要全力实现创建“六城”目标。今年要力争实现全国文明城市、蝉联全国双拥模范城市创建目标；2012年要实现国家卫生城市和国家环保模范城市创建目标；2013年要实现国家生态园林城市创建目标；2015年要实现国际旅游城市创建目标。

四、持续保障和改善民生，大力提升社会公共服务能力

要深入推进以安居乐业为突破口的社会主义新农村建设，使农牧民生产生活条件得到全面改善。坚持优先发展教育，让所有孩子都能上学、都能上得好学。加大科技普及推广力度，充分发挥科技对拉萨科学发展和跨越式发展的支撑作用。大力促进就业和再就业工作，让各族群众就业有岗位、创业有门路、致富有盼头。加快发展医疗卫生事业，让各族群众少得病、看得起病、看得好病。继续完善社会保障体系。加快建设覆盖城乡居民的社会保障体系和社会救助体系，加快敬老院、福利院、残疾人托养服务中心、救助站和救灾仓库的建设步伐。

五、牢牢把握先进文化前进方向，大力推动文化大发展

要切实加强宣传思想工作。把社会主义核心价值体系贯穿到宣传思想工作的全过程，融入到精神文明建设的各个方面。大力弘扬以爱国主义为核心的民族精神、以改革创新为核心的时代精神和以艰苦奋斗为核心的“老西藏精神”，广泛开展农牧区群众性精神文明创建活动，积极开展对外宣传和文化交流。要加快公益性文化事业发展。加快构建覆盖城乡的公共文化服务体系，建立健全市县乡村四级公共文化服务网络，切实保障各族群众的基本文化权益。要加快文化产业发展，着力发展特色文化产业，培育一批规模大、效益好、特色明显的重点文化企业，打造具有民族特色的文化品牌。

六、大力推进生态文明建设，增强可持续发展能力

要全力打造首府城市生态安全屏障，大力实施“绿色拉萨”和“碧水蓝天”工程。加快推进拉萨河流域综合治理、拉萨周边和南北山绿化、城市交通道路绿化、国道省道沿线绿化等建设工程。全面建立草原生态保护补助奖励机制。要切实加强生态

环境能力建设，加快对主要矿产资源区、重要生态功能区的生态补偿试点工作，着力加强生态环境监测工作，严把生态环境关、产业政策关、资源消耗关，推进生态建设产业化、产业建设生态化。要深入推进资源节约型和环境友好型社会建设，大力发展循环、绿色、低碳经济，培育一批循环经济示范企业，构建循环产业链，努力形成节约型增长方式和消费模式。

七、扎实维护社会和谐稳定，确保拉萨长治久安

维护稳定是硬任务和第一责任，我们必须时刻保持清醒头脑，做到警钟长鸣，在谋长久之策上创思路，在行固本之举中出实招，深入推进社会局势由持续稳定进入长治久安。要深入开展反分裂斗争，深刻认识达赖集团的反动本质和险恶用心，认真落实反分裂斗争的各项措施，严密防范和严厉打击达赖集团渗透破坏活动。要加强和创新社会管理，完善党委领导、政府负责、社会协同、公众参与的社会管理格局。“平安乡镇”的创建活动深入开展，创建成功率达100%。

八、加快推进民主政治建设，大力提高依法治市水平

要健全完善民主制度，充分发挥党委统揽全局、协调各方的领导核心作用。要巩固发展各民族大团结，深入开展以“三个离不开”为主题的民族团结宣传教育和民族团结进步创建活动，使我市成为促进民族团结的典范。要巩固和发展军政军民团结，巩固和壮大最广泛的爱国统一战线。要加快推进依法治市进程，推进行政决策科学化、民主化、法制化，推进基层民主法制建设，开展政务公开、村务公开、财务公开、厂务公开，确保城乡居民群众享有民主自治权利。深入开展“六五”普法，扎实推进“法律七进”，积极营造学法、用法、守法的良好社会环境。

九、全面推进党的建设新的伟大工程，不断提高党的建设科学化水平

要以改革创新精神全面加强和改进党的建设，防止精神懈怠、能力不足、脱离群众、消极腐败的危险，不断提高党的建设科学化水平，为推进拉萨跨越式发展和长治久安提供坚强有力的政治和组织保证。要扎实加强思想建设，坚持用马克思主义中国化最新成果武装头脑，使全市广大党员干部成为科学理论的积极实践者、中国特色社会主义共同理想的坚定信仰者、党的方针政策的忠实执行者、祖国统一和民族团结的坚强捍卫者。扎实加强干部队伍建设，努力建设一支政治坚定、作风优良、纪律严明、勤政为民、恪尽职守、清正廉洁的干部队伍。扎实加强基层组织建设，把党的基层组织建设成为推动发展、促进和谐、反对分裂、维护稳定、服务群众、凝聚人心的坚强战斗堡垒。扎实加强作风建设，牢固树立马克思主义群众观，把实现好、发展好、维护好人民群众的根本利益作为一切工作的出发点和落脚点，始终保持党同人民群众的血肉联系。扎实加强反腐倡廉建设，深入开展党风廉政建设和反腐败斗争，始终保持党的先进性和纯洁性。扎实加强制度建设，坚持用制度管权管事管人，努力提高科学决策、民主决策、依法决策水平，保障党的团结统一，增强党的创造活力。

同志们，宏伟蓝图已经绘就，新的征程已经开启。使命神圣而伟大，任务光荣而艰巨。让我们更加紧密地团结在以胡锦涛同志为总书记的党中央周围，以邓小平理论和“三个代表”重要思想为指导，深入贯彻落实科学发展观，认真学习贯彻胡锦涛总书记“七一”重要讲话精神，全面贯彻落实中央第五次西藏工作座谈会精神和习近平副主席出席西藏和平解放60周年庆祝活动时的一系列重要讲话精神，在区党委的坚强领导下，团结一心，锐意进取，奋发有为，为建设团结民主富裕文明和谐的社会主义新拉萨而努力奋斗！

政府工作报告

——2011年12月13日在拉萨市第九届人民代表大会第五次会议上

拉萨市市长 多吉次珠

各位代表：

现在，我代表市人民政府向大会作报告，请予审议，并请市政协委员和其他列席人员提出意见。

一、隆重庆祝中国共产党成立90周年、西藏和平解放60周年、“十二五”实现开门红

即将过去的一年，在党中央的亲切关怀、自治区党委政府和市委的坚强领导下，在北京、江苏两省市的无私援助下，在市人大、市政协的监督支持下，我们紧紧依靠全市各族人民，高举中国特色社会主义伟大旗帜，坚持以邓小平理论和“三个代表”重要思想为指导，深入贯彻落实科学发展观，以贯彻落实中央第五次西藏工作座谈会精神为引领，以“一坚持两强化三突破”为要求，以庆祝中国共产党成立90周年、西藏和平解放60周年鼓舞斗志，以深入开展基层建设年、创先争优强基础惠民生活动凝聚力量，在应对挑战中强基惠民，在推进创新中破解难题，在抢抓机遇中加快发展，较好地完成了市九届人大四次会议确定的各项目标任务，迈出了富民强市的坚实步伐。

经济结构优化升级，综合实力迈上新台阶。着力推进特色农牧业发展，预计第一产业增加值完成9.69亿元、增长3.5%。突出发展以矿产采掘、绿色食饮品、新型建材、藏毯藏药为主导的特色工业，工业挑大梁战略扎实推进，第二产业增加值完成69.44亿元、增长20.4%，二产比例提高2个百分点。统筹促进以生态旅游为龙头的现代服务业发展，成立旅游发展协调委员会推进旅游与文化、商贸、物流、设施农业、民族工业融合发展，第三产业完成增加值130.19亿元、增长13.1%。大力规范市场经济秩序，非公有制经济快速发展，新增市场主体3938户，新增注册资金11.13亿元，上缴税金占全市税收比重由去年的76%提高到89.76%。建立市场价格调控联席会议制度控制物价过快增长，居民消费价格总水平同比上涨5%，低于全国平均增幅。初步统计，全年实现地区生产总值209.32亿元，比上年增长15%；全社会固定资产投资232.93亿元，增长32%；社会消费品零售总额106.14亿元，增长20%；进出口总额有望突破10亿美元，增长21%；地方财政一般预算收入22亿元，增长46.67%；农村居民人均纯收入5753.96元，增长15%；城镇居民人均可支配收入17460元，增长5.4%；城镇登记失业率控制在2.8%以内。三次产业比重由上年的5.1∶31.2∶63.7调整为4.6∶33.2∶62.2。

突出发展现代农业，新农村建设取得新成效。认真落实强农惠农政策，推进林周现代农业示范区建设，编制曲水农村改革试验区规划，落实粮食直补资金1150万元、农机具购置补贴1790万元、农用柴油补贴847万元，新增农机具4467台(套)，农机配套率达到1∶2.4，耕种收机械化水平分别达到85%、80%、65%。大力发展设施农牧业，新增3000栋日光温室、2000户庭院经济示范户、237栋牲畜暖棚。加强农牧业科技支撑，新增180名科技特派员、20户科技示范户和21个农牧民专业合作社，达孜雪乡优质奶牛生产基地成为“全国科普惠农兴村先进单位”。着力提高农牧业综合生产能力，粮食产量达到17.09万吨，油、蔬菜、肉、奶、蛋产量达到1.34万吨、23万吨、3.45万吨、3.85万吨、764吨，分别增长7.2%、13.3%、3.9%、2.1%、0.5%；大力促进生猪生产，生猪出栏8.42万头、增长5.91%。第一次水利普查稳步推进，墨达灌区竣工并投入使用，旁多水利枢纽工程成功截流，其他重点水利工程完成投资7900万元，改善农田有效灌溉面积0.233万公顷；农村饮水安全工程完成投资2308万元，2.15万农牧民、914名师生实现安全饮水；当雄贡塘草场牧区节水灌溉试点工程投入运行，成为全国牧区水利研讨会现场观摩点。加快推进防护林、公益林、绿化林、退耕林工程，

全年造林0.865万公顷，落实公益林管护费用2232.34万元。建成4090座沼气池，总数达到24637户；农牧民安居工程配套提升8552户，纳木湖204户房屋整改重建全面完成，51312名农牧民受益；投入2.16亿元综合整治88处的村容村貌，受益农牧民达到20671人；改扩建公路646.58千米，农村公路通车总里程达到2962.1千米。全面推进农村宅基地登记发证，草场生态保护补助奖励机制逐步建立，集体林权制度改革试点区域确权发证率达到95%。“万村千乡市场工程”升级改造330个农家店，建成9个配送中心，农牧区碘盐实现全覆盖；家电家具下乡工程实现销售额3400万元，兑现补贴650万元。实施156个扶贫农发项目，到位国家资金1.34亿元、增长69.38%，对口帮扶向纵深推进，贫困农牧民生产生活条件进一步改善。加大农牧民培训转移力度，全年培训农牧民3.14万人，劳务输出8.16万人，实现收入6.25亿元，分别增长57%、12.6%、19.3%。

致力壮大特色工业，发展后劲得到新增强。突出项目带动，加强跟踪服务，金哈达药业等项目竣工投产，5100矿泉水公司在香港联交所成功上市，巨龙矿业、桑海矿业完成整合，销售收入超过5000万元的规模以上企业达到4家，规模以上企业实现销售收入45亿元、工业增加值19亿元，分别增长19%、20%（其中：市属规模以上企业销售收入、工业增加值实现23亿元、9亿元，分别增长30%）。加强银政企合作，争取中小企业发展专项资金8671.6万元，落实本级企业扶持资金3249.86万元，信用担保公司新增注册资本金5000万元，融资担保额达到2250万元。成立园区建设发展领导小组，安排1.08亿元扶持“三园”发展，中石油开发区天然气站建成供气，天知生物、娃哈哈食品、藏泉酒业青稞饮料生产线等竣工投产，华钰矿业、诺迪康药业等开工建设，“一区三园”完成工业增加值5亿元、增长35%，工业销售收入16亿元、增长42%，工业税收突破1亿元、增长56%，拉萨国家级经济技术开发区成为国家新型工业化产业示范基地，达孜工业园升格为自治区级工业园区。全面完成“质量兴市”年度工作目标，新增玛吉阿米、布达拉宫等2件中国驰名商标，5件自治区著名商标。

创新机制促服务，三产发展再创新佳绩。加强旅游基础设施建设，旅游服务中心项目通过验收，纳木措景区基建项目基本完工，3个乡村旅游配套项目、2个旅游产品研发项目交付使用；瑞吉酒店被授予国家五星级饭店暨金叶级绿色饭店，填补了我市五星级酒店的空白；香格里拉大酒店、圣地天堂洲际大饭店、飞天国际大酒店等项目加快推进；开展“六十巨变、大美西藏”、“冬游西藏、别具一格”旅游宣传推介活动，成功举办第六届纳木措国际徒步大会，加强旅游从业人员培训，规范旅游市场秩序，全年接待游客514万人次、增长24.33%，实现收入51亿元、增长21.11%。肉食品储备库冷链系统改造项目、2个再生资源分拣中心、66个再生资源回收点、19个社区连锁店投入使用，升级改造12个标准化菜市场、二手车市场和家政网络系统，家政服务业加快发展，“农超对接”成效显著，商贸流通业发展水平不断提升。“走出去”参加西博会、旅交会、电博会、京港洽谈会等知名展销节会，依托援藏资源在京举办拉萨商品大集，10天销售1104.9万元，销售额位居国内前三；“请进来”举办房展、车展和商品交易会，全年新增3家外资企业，实际利用外资6870万美元、增长5倍。唱响“幸福拉萨、多彩雪顿”主题，成功举办6大类26项丰富多彩的活动，以幸福城市市长论坛、藏茶高峰论坛、甲桑古道徒步游为亮点的2011中国拉萨雪顿节取得圆满成功，获得“节庆中华·传统节庆奖”、“中国十大节庆品牌”、“2011中国节庆产业‘金手指’·中国十大节庆城市”荣誉称号，与中央电视台经济频道联合举办的“幸福从这里出发”活动反响热烈，新华社、人民日报、中央电视台等权威媒体更多地聚焦拉萨、宣传拉萨、推介拉萨，雪顿节的品牌竞争力、影响力、吸引力持续增强，城市的开放度、知名度、美誉度大幅提升。

全力办好60大庆，城市规划建设管理水平得到新提高。高起点规划，从严落实城市总体规划，土地利用总体规划上报国土资源部，矿产资源总体规划上报自治区政府审批，着手修编东城和柳梧新区控制性详规，制作完成市域影像图，公布施行城市绿地系统规划、生物多样性保护规划，“一书三证”规划许可制度得到严格执行。高效率建设，累计投资达23.9亿元的道路改造、管线入地、绿化亮化、街景改造、民生改善等39个大庆项目如期完工，集中展示了拉萨作为国家历史文化名城、国际旅游城市、百姓幸福感最强城市的良好形象；重点项目建设进展顺利，机场高速公路竣工通车、植树20万株打造绿色景观廊道，青藏直流联网工程、污水处理厂投入试运行，拉日铁路、纳金大桥项目稳步推进，东城、柳梧新区市政道路开工建设，柳东大桥开始勘察设计，投入1981万元的数字城管中心正式启用，城投公司开始运作。高标准管理，大规模开展以市场秩序、交通环境、违章建筑、旅游环境、环境卫生为重点内容的城乡环境综合整治活动，查处违章建筑54897平方米，维修路面14.9万平方米，维修路灯6504盏，新增盲道6638平方米，设置果皮箱2451个，清理垃圾18.2万吨，补栽绿化苗木49.8万余株，完成城市绿化44177平方米，全面清理城市“蜘蛛网”，收回市直机关事业单位小型农场用地，汽车尾气治理成效初显，市容市貌整洁有序，城乡面貌焕然一新，碧水蓝天得到很好保护，生态环境持续改善。西藏和平解放60周年庆祝活动隆重热烈、安全和谐，取得圆满成功，进一步坚定了全市各族人民永远跟党走的信心和决心，进一步体现了首府城市的首位度作用，进一步昭示了拉萨繁荣进步的巨大潜力和美好前景。

倍加关注民生问题，幸福拉萨建设取得新突破。着眼民生至上、民生优先，全年财政用于民生项目的资金达到27.07亿元、增长73.5%，占到总支出的40%。

12件实事基本完成。修建114个自然村通村公路，建设木材交易市场、再生资源集散市场、农畜产品交易市场、纳金路农贸市场等2件实事进展顺利，建设3000栋日光温室，出台鼓励和扶持高校毕业生自主创业政策，建立突发灾害事故及交通事故医疗救援中心，解决失地农民非农业户口、帮助3000名失地农民实现就业，资助中职学生第三学年生活费，购买53台中小学生接送车辆，建设20个行政村学前班，提高全市教育临时工勤人员待遇，组织45岁以上城镇居民免费体检并同步建立健康档案，建设32处全民健身路径、5个社区篮球场等10件实事全部完成，12个民生项目累计投入达到4.98亿元，更多城乡居民共享发展成果。

成功创建全国文明城市。聚全民之智、举全市之力，着力夯实创建全国文明城市的物质基础、组织基础、思想基础、社会基础和生态基础，文明城市创建工作机制不断完善，文明成果向县城和农牧区持续延伸，群众性精神文明活动广泛开展，城市文明程度进一步提升，各民族和睦相处、和衷共济、和谐发展的局面更加牢固，“团结稳定是福、分裂动乱是祸”的共识深入人心，经过十二年的不懈努力，成功摘取第三批“全国文明城市”光荣称号，“六城同创”取得历史性突破，极大激发了全市各族人民发挥首府城市首位度作用、共建幸福拉萨、共谱和谐新篇、共创美好未来的热情和干劲。自治区园林城市、卫生城市创建成果得以巩固发展，国家环保模范城市、国际旅游城市创建工作取得阶段性成效。全国双拥模范城市创建通过国家测评，国防动员、双拥工作在巩固中提高、在改革中发展。

公共事业快速发展。出台教育“十二五”发展规划纲要；“两基”通过国家验收，学龄儿童、初中生入学率分别达到99.79%、100.03%，巩固率达到98.52%、97.64%；“三包”标准提高到生均2200元，幼儿园补贴政策全面落实；普高补贴政策和免费政策惠及每位学生，拉萨第四高级中学、柳梧高中开始招生，高中阶段毛入学率达到81.4%；中等职业教育实现全免费；规范使用通用语言文字，顺利通过国家一类城市通用语言文字评估验收。整合科技资金2109万元推进科技创新，6项科技成果区内领先。成功举办60大庆等一系列重大文艺文化活动，新建2个科普活动站、5个科普示范村、10户科普示范户、3个民间艺术团、115个寺庙书屋和228个农家书屋，面向农牧民放映电影11950场次，广播电视综合人口覆盖率分别达到96.69%、96.44%，爱国歌曲、优秀歌曲继续传唱，东方红电影院重建完工，拉萨市志完成第一轮修编，公共文化服务体系不断健全。编制文化文物发展规划和拉萨河文化生态保护规划，加强文化遗产保护，三大寺文物维修工程主体完工；升级完善互联网络在线实名实时监控系统，深入开展“扫黄打非”，文化市场繁荣发展。组团参加全国第七届城市运动会取得良好成绩，群众性文化体育活动得到加强。深化医疗卫生体制改革，加强藏医药公共服务，建成34个村(社区)卫生室、4个县(区)卫生服务中心，基本药品零差率销售实现乡镇全覆盖，公共卫生服务水平得到提升。深化食品药品市场专项整治，严厉打击违法违规经营行为，保障城乡居民饮食用药安全放心。推进人才强市战略，创新人才工作理念，编制出台人才发展规划和公务员培训规划，事业单位岗位设置管理试点工作顺利完成，市人力资源市场项目获批立项，人才工作取得新成效。全面落实老年优待政策，老干部活动中心投入使用，成功举办首届老年人运动会，80岁以上老人领取健康补贴123.48万元，60岁以上老人免费乘坐公交车已达

460万人次。第七届村(居)民委员会换届选举全部完成,9个城乡社区服务站交付使用。优先发展公共交通,优化公交线路,城乡居民出行更加方便快捷。邮政、通信、气象、地震、编译、档案、计划生育、妇女儿童、民兵预备役、福利慈善事业等各项工作都取得新成绩。

社会保障稳步推进。组织开展各类就业服务,动态消除零就业家庭,安置自主择业军转干部261人,全年新增就业5789人,超额完成289人。建立社会救助和保障标准与物价上涨挂钩联动机制,低保标准稳步提高,城乡低保对象每人每年分别增加360元、150元,33464名困难群众领取一次性生活补助金1263.15万元;落实409.2万元五保供养金,集中、分散供养对象年均生活费分别达到3503元、2490元;落实900万元,积极开展医疗救助、临时救助、教育救助、住房救助和流浪乞讨人员救助;落实按比例安置残疾人就业政策,制定促进残疾人事业发展实施办法,兑现落实残疾人生活补贴、居家托养补助、机动轮椅燃油补贴、危房改造补助资金342.21万元;全面推进新型农村社会养老保险,养老保险、医疗保险、生育保险、工伤保险、失业保险分别扩面3100人、5853人、1141人、3400人、812人,第五次调整退休职工养老金、人均月增资231元;492套周转房交付使用,192套廉租住房开工建设,560套公共租赁住房完成收购,1181户棚户区改造任务开始实施,570.08万元的住房租赁补贴发放到户,嘎玛贡桑棚户区改造工作稳步推进,统筹城乡的社会保障体系基本建立。拉萨被评为"百姓幸福感最强城市",城乡居民的主人翁意识、幸福感不断增强。

全力维护社会稳定,平安拉萨建设取得新进展。团结和依靠全市各族干部群众,深入推进反分裂斗争,社会局势持续稳定。制定加强和创新社会管理实施方案,排查整治232处社会治安重点地区,加强流动人口服务管理和特殊人群社区关爱工作,强化单位内部安全保卫工作,建立596个群防群治队伍,党政军警民联防联控机制不断健全,社会治安综合治理工作走在全区前列。强力推进打防控一体化建设,建成4个公安检查站、135个便民警务站,实现一村一警、市区视频监控全覆盖,全年既没出大事中事,也没出小事,各族人民安全感不断提高。加大铁路护路联防人力、物力、财力投入,689人参与全天候守护、无缝隙巡查,青藏铁路拉萨段实现安全运营。创建和谐矿区,矿群关系日益融洽。安全生产形势明显好转,各类事故死亡人数比去年下降22.47%,占年度控制指标的52.67%。加强涉法涉诉救助,办理法律援助案件406件。加大人民调解、行政调解、司法调解力度,建成315个四级矛盾调处站点,配备634名专兼职工作人员依法按政策解决群众实际问题,筹措823.8万元妥善化解27件信访积案,成功调解686件矛盾纠纷案件,受理群众信访939批次、办结率达到92%,群众合法权益得到切实维护。积极构建和谐劳动关系,严格执行建筑领域工资保证金制度,依规征收农民工工资保证金5679万元,依法及时化解364起劳资纠纷,为劳动者追缴工资等合法收入6971.3万元。平安创建扎实推进,"六五"普法全面启动,法律"七进"有序开展,应急队伍建设得到加强,应急体系初步形成。全面加强和创新寺庙管理,着力强化寺庙公共服务,切实解决僧尼的实际困难,寺庙管理规范化法制化水平明显提升,各族群众的宗教信仰自由得到充分保障。民族团结宣传教育扎实推进,各族人民大团结大发展大繁荣的局面更加牢不可破。

切实加强自身建设,政府依法行政水平得到新提升。深入开展"基层建设年"、"创先争优强基础惠民生"活动,推动科学发展、促进社会和谐、造福各族人民的能力进一步提高。自觉接受市人大及其常委会的法律监督与工作监督,积极支持市政协履行职能,办理办结人大代表议案建议181件、政协委员提案167件。深入推进法治政府建设,加强政府立法工作,完善规范性文件备案审查机制,2部地方性法规上报人大,办结9件行政复议案件,修订4件政府规章,科学决策、依法行政水平不断提高。全面推行政务公开和政府信息公开,《拉萨政报》复刊,政府网站日均点击量保持在5500人次,市长热线、市长信箱办结492件事项,群众满意率达到92%。创新服务方式,市民服务中心正式运行,东迁大楼投入使用,行政审批效率明显提高。扎实开展"小金库"治理、工程建设领域突出问题整治、扩内需转方式项目监督检查,强化行政问责,严肃查处各类违法违纪案件。加强税收征管,严格非税收入管理,深化国库集中支付制度改革,扩大政府采购范围,加强公务车辆管理,财税科学化精细化管理水平进一步提升。改革开放向深度和广度拓展,新引进项目63个,实际到位资金58亿元、增长25.9%。对外交流合作日益深化，与尼泊尔加德满都市结为友好城市，对外交流中心投入使用，成功接待外宾38批462人次。受援工作深入推进，援藏规划编制完成，市医院医技楼等项目有序建设，党校学员公寓基本建成，北京、江苏援助力度不断加大，自身造血功能得到加强。

各位代表！成绩来之不易，这是党中央国务院亲切关怀的结果，是自治区党委、政府和市委坚强领导的结果，是北京、江苏两省市无私援助的结果，是全市各族人民团结拼搏的结果。在此，我代表市人民政府，向在各个领域辛勤劳动的全市各族干部群众，向无私支援我市的北京、江苏人民，向给予政府工作有效监督和大力支持的人大代表、政协委员，向工商联、人民团体和离退休老同志，向驻市部队、武警官兵和公安干警，向所有关心、支持、参与拉萨建设和发展的同志们、朋友们，表示衷心的感谢并致以崇高的敬意！

在充分肯定成绩的同时，我们也清醒地看到存在的问题：一是经济发展起步晚，总量规模不够大，农牧业基础薄弱，工业对全市经济的拉动力不够强，服务业带动作用不够明显；二是项目前期工作不够扎实，基础设施建设仍然滞后，城乡差距依然较大；三是民生保障及社会事业等方面的工作与跨越式发展的要求还不相适应，特别是物价上涨压力大，持续提高城乡居民收入水平的难度越来越大；四是人民内部矛盾诉求多样，公共安全形势不容乐观，达赖集团变换手法进行渗透破坏，社会管理面临严峻挑战；五是发展环境不够优化，政府职能转变不到位，少数干部服务意识和依法行政意识不强、作风不实、效率不高。对这些问题和不足，我们要高度重视，努力用创新的思维、实干的作风、扎实的措施，认真加以解决。

二、充分发挥首府城市的首位度作用，努力建设幸福拉萨

明年是贯彻落实区市第八次党代会精神的开局之年，也是实施“十二五”规划的关键之年。当前，由于国家对房地产业调控力度继续加大，节能减排的硬性约束不断强化，影响我市经济发展的不稳定、不确定因素明显增多。我们必须增强忧患意识，把发展形势估计得更严峻一些，把面临困难考虑得更充分一些，把应对措施安排得更周密一些，未雨绸缪、沉着应对，趋利避害、主动作为，全面完成明年的各项工作任务。

总体工作要求：高举中国特色社会主义伟大旗帜，以邓小平理论和“三个代表”重要思想为指导，深入贯彻落实科学发展观，认真贯彻落实党的十七大、十七届四中、五中、六中全会、胡锦涛总书记“七一”重要讲话、中央第五次西藏工作座谈会、习近平副主席出席西藏和平解放60周年庆祝活动时的一系列讲话、中央自治区经济工作会议和区市第八次党代会精神，坚定不移地走有中国特色、西藏特点的发展路子，全面贯彻自治区党委政府对拉萨工作提出的“在科学发展中发挥带头作用、在维护稳定中发挥关键作用、在民族团结中发挥模范作用、在改善民生中发挥先行作用、在文化发展中发挥示范作用、在生态建设中发挥引领作用、在党的建设中发挥先锋作用”和市委提出的“四个不变、三个提速”的总体要求，着力发展特色产业，着力提升城市形象，着力改善民计民生，着力促进社会和谐，着力加强政府建设，努力保持经济平稳较快发展和社会和谐稳定，充分发挥好首府城市的首位度作用。

主要预期目标：地区生产总值增长15%，地方财政一般预算收入增长20%，全社会固定资产投资增长20%，社会消费品零售总额增长20%，农村居民人均纯收入增长15%，城镇居民人均可支配收入增长7%，城镇登记失业率控制在2%左右，居民消费价格指数控制在合理水平。

实现上述目标，要着力抓好以下八个方面的工作：

(一)着力发展现代农业，加快推进新农村建设。始终把“三农”工作作为重中之重，从农牧区最需要的地方着手，从农牧民最关心的事情着眼，从农牧业最迫切需要解决的问题着力，促进农牧业增产增效、农牧民增收致富、农牧区繁荣和谐，让农牧民享受更多发展成果。

(二)以群众增收为目标，加快发展现代农业。积极探索符合拉萨市情的现代农业发展模式，市财政安排2000万元，加快建设林周现代农业示范区。加快推进蔬菜、花卉、藏鸡、生猪、牛羊生产规模化、标准化，推广种植业标准化生产及高产创建示范田0.8万公顷，扶持2个以上生猪养殖基地、1个畜禽良种繁育基地，扶持农户兴建2000座土豆储藏窖，生猪出栏8.8万头，新增3000栋日光温室、

2000户庭院经济示范户，新增5个无公害产品、绿色食品、有机食品认证，探索举办农业节庆，打造高原特色农产品基地。继续实施农机化工程，推动良田、良种、良法、良机有机结合。加强温室大棚管理和农牧民种植技术培训，建设完善配套基础设施；建立激励机制，鼓励科技人员示范种植，用实际效果引导农民积极参与、高效经营。推进45个综合服务站、13个沼气服务点建设，不断完善农牧业社会化服务体系。扩大“农超对接”规模，引导群众利用好230个免费摊位。培育壮大农牧业产业化龙头企业、农产品交易市场，新增15家农牧民专业合作组织，完善企业与农户利益联结机制，提高合作组织服务能力和水平，切实增加农牧民收入。

以改善条件为重点，加快建设新农村。保护基本农田，保障粮食安全。尊重地域差异、包容群众需求、彰显文化特色，高质量实施好5000户的农牧民安居工程和40个村的村容村貌整治工程。加快旁多水利枢纽工程项目区的二期1044名群众搬迁安置进度，实施拉萨河流域专项治理工程，建设普松、穷普灌区，完善配套渠系，加强农田水利基本建设。加快推进农村公路通达通畅工程、农村饮水安全工程，开工建设23条农村公路、4座桥梁，实现改扩建公路298.23千米、1万人安全饮水的目标。提高“万村千乡市场工程”农家店实施效果，做好家电家具下乡、汽车摩托车下乡、家电家具以旧换新工作，巩固碘盐推广成果。推进新农村信息化进程，建设40个农村综合信息服务站。深入推进对口帮扶活动，实施好3个劳动力转移项目、5个农业综合开发项目、7个产业化经营项目和10个整乡推进扶贫项目，改善贫困农牧民生产生活条件。

以提高素质为核心，加快培育新型农牧民。围绕特色产业发展，加快推进“人人技能工程”、农牧区“一户一人”转移就业培训工程和创业培训工程，大力培育讲政治、有文化、懂技术、会经营、守纪律的新型农牧民，有专长、有技能、能致富的产业工人。着眼引导农牧民科学种养，加强特色种植、养殖和农机化新技术的普及培训，新增120名科技特派员，切实发挥好科技特派员的示范、辐射、带动作用。立足市场需求，加强实用技能培训，推进培训项目与订单培训紧密结合，年内培训2万人，转移劳动力9.06万人，实现劳务收入7.31亿元。规范村级财务管理，提高村医、兽医待遇，实现农村事务管理公开化、民主化、科学化。

（三）着力发展特色工业，增强工业经济整体实力。把发展特色工业作为实现科学发展、跨越式发展的根本，以“一区三园”为载体、“两化融合”为切入点，加快构建特色产业集群、骨干企业集聚、各类人才集中、发展方式集约的新型工业化体系，坚定不移地走特色取胜、环保取胜、科技取胜、规模取胜、质量取胜的新型工业化道路。

做大做强特色产业。大力发展矿产采掘业、绿色食饮品、新型建材业、民族手工业、藏医藏药业等支柱产业，坚持做大与做强、做特与做优并举，加快技术创新，加强政策扶持，切实将资源优势转化为产业优势、竞争优势和经济优势，促进特色优势产业实现跨越式发展。加快发展一批战略性合作项目，促进尚德集团百兆瓦级光伏并网发电基地、雨润集团高原特色牦牛食品等项目落户建设，推进藏药产业集团在经济技术开发区、藏毯产业集团在达孜工业园建设步伐，加大与四川新希望、扬子江药业集团、开利地毯公司等企业的对接合作。加大高原特色优势产品宣传营销工作力度，拓宽营销渠道，拓展国内外市场，扩大市场影响力，提高市场占有率，力争规模以上企业销售收入、工业增加值分别增长30%。

加快重点项目建设。一是确保高原天然水生产线、天创风电示范基地、大道堂养生保健品、远征纸业等在建项目竣工投产。二是确保120万吨新型干法水泥生产线、华泰龙矿业二期、羊易地热电站、瑞阳科技、合力硼业等项目开工建设。三是做好西藏藏药集团藏药生产、高原之宝牦牛奶生产加工、高争民爆二期等项目的前期筹建工作。

加快园区经济发展。围绕园区道路、配套设施、标准厂房“三大”建设，积极搭建融资平台，进一步加大投资，推进“一区三园”基础设施建设，加快拉萨国家级经济技术开发区B区建设步伐。统筹安排园区经济发展对电力的需求，积极争取国家、自治区的资金扶持和援藏资金支持，着力破解园区建设筹资难题，切实解决“一区三园”对资源要素的配置，信用担保公司新增融资担保金额力争达到1亿元。认真研究金融、财政、税收等有关扶持政策，市财政安排3600万元“三园”发展专项资金。强化优质服务理念，鼓励对“一区三园”实行最大放权和授权，努力打造项目入园发展的“绿色通道”，确保园区开发建设拥有最大限度的灵活性，力争工业税收增长30%。

(四)着力发展第三产业，打造商贸服务中心城市。充分发挥首府城市人口集中、资源丰富、交通便利、要素集聚优势，全面加快现代服务业发展，不断扩大消费需求，加快建设全区商贸服务中心城市。

突出发展旅游业。严格执行旅游总体规划，深度挖掘旅游资源，组建旅游文化开发公司，加快旅游与文化等相关行业融合发展、丰富内涵，进一步增强拉萨旅游吸引力。积极发展生态游、乡村游、民俗游、自驾游、探险游、徒步游、节庆游等特色旅游产品，提高接待服务层次，开工建设娘热、吞巴、俊巴景区基础设施，建成游客服务中心、热振景区，支持香格里拉大酒店、圣地天堂洲际大饭店、飞天国际大酒店加快建设进度，推动纳木措景区上档升级，开发建设思金拉措等景区景点。强化旅游宣传促销，规范旅游市场管理，大力兴办农家乐，开发特色旅游商品，加强从业人员教育培训，全力办好雪顿节、当雄赛马节、纳木措国际徒步大会，力争接待游客、旅游收入分别增长16%、19%以上。

努力提升商贸业。继续提升市级商业中心，有序发展3个商业副中心，开工建设西藏会展中心。规划建设农产品、消费品、大宗商品专业市场，深入推进社区商业“双进工程”，建设20个社区连锁店。完善商贸服务业设施，建设外贸服务平台，积极发展网购、团购、电视购物等新型业态，推动高原特色产品优势加快转变为品牌经济优势。

发展其他服务业。升级改造废旧电子产品处置中心和岗德林蔬菜基地农产品冷链物流系统，建立再生资源回收体系。建成拉萨房地产信息系统，推进万达集团商业地产落地建设。扩大汽车、通信、数字产品消费规模，提升文化娱乐、体育健身、休闲保健等消费水平，努力推进社区服务规范化和网络化。规范发展会计、评估、设计、信息咨询等中介服务业和金融、保险、商务服务等现代服务业。

(五)着力完善城市功能，加快推进城镇化。坚持城乡统筹、城镇建设与经济发展一体化理念，加快“一城两岸三区”整体开发，提高城镇综合承载能力，促进生产生活要素向城镇汇集，不断彰显城镇特色、增强城镇活力、繁荣城镇经济。

严格执行规划。统筹安排城乡发展布局，严格执行《拉萨市城市总体规划》，报请批准城乡土地利用总体规划，编制完善专项规划、分区规划和重点区域详细规划，编制各县土地利用总体规划大纲。严格执行各类规划的审批审核制度，切实维护城市规划的严肃性。扎实推进“东延西扩南跨、一城两岸三区”战略，编制老城区特色风貌发展与保护规划，重点保护好布达拉宫等世界文化遗产、八廓街等历史文化街区，维护城市传统风貌特色；建设好东城新区、柳梧新区，组建土地储备公司加强土地一级开发，下决心收回全部闲置土地，整体征收储备百淀片区土地，进一步拉伸城市骨架、拓展发展空间。

完善基础设施。积极配合拉日铁路建设，加快推进纳金大桥、城市供排水管网改造、老城区综合整治、嘎玛贡桑小区改造、城市电网建设改造、综合展馆等工程，建成东二路、贡布堂路，开工建设红旗路、东嘎水厂、柳梧水厂，启动城市供暖项目。加强农牧区道路、水利、能源等基础设施建设，实施澎波灌区、拉萨河城区段综合治理、柳梧至才纳公路、尼玛江热至门巴公路等工程，改造重点路段危桥，完善农村公路安全配套设施，支持农牧区教育、文化、医疗卫生等项目建设，发展农村客运市场，增加农村客运班线，逐步推进城乡基础设施一体化、城乡公共服务均等化、优质化。

精细管理城市。以科学的、现代的、先进的、人性化的理念，规划好、建设好、管理好、经营好首府城市。推进“数字城管”项目，启动电科集团“智慧拉萨”项目建设。优化集贸市场、公交线路、红绿灯、公共厕所、公交站点、地名路牌等公共设施设置，更好地方便市民出行。优先发展公共交通，加强出租车管理。建立健全规划监督检查机制，坚决遏制乱占乱建、未批先建、少批多建、批而不建等违法违规行为。全面落实“门前三包”责任制，加强户外广告管理和居民小区环境建设，创建精细化管理示范街区。提升园林绿化、环卫保洁水平，严厉打击破坏公共设施行为，创造整洁靓丽、文明有序的城市环境。

推进“六城同创”。按照目标不变、力度不减、氛围不淡的要求，深入开展国防动员宣传教育，巩固全国文明城市、全国双拥模范城市创建成果，继续抓规范、抓提高、抓深化，努力打好“六城同创”攻坚战。按照存在什么问题就解决什么问题、哪个环节薄弱就加强哪个环节的原则，迅速行动，紧盯不放，集中精力抓好整改落实，尽快实现达标要求，明年完成国家卫生城市、国家环保模范城市创建任务，尽早实现国家生态园林城市、国际旅游城市创建目标。

建设生态拉萨。进一步提升交通干道、拉萨河两侧和农牧民聚居区周边绿化品质，建设重点区域生态公益林，推进机场高速公路沿线绿化工程，新增造林面积0.8万公顷。大力发展林业产业，种植百亩核桃、沙棘、枸杞等经济林木，促进“绿起来”与“富起来”有机结合。贯彻《城市绿化评价标准》，丰富季相景观，彰显城市特色，提升城市绿化建设和管理水平，推进城市园林绿化由质量普遍提升向绿地系统效应有效发挥转变。严格落实环境影响评价“三同时”制度，着力创建3个绿色和谐矿区。积极推广节能建筑、节能家电、节水设备，加快淘汰落后产能，实施好农村沼气建设项目，加大“禁白”力度，倡导低能量、低消耗、低代价的低碳生活方式。强化汽车尾气治理，加强扬尘、噪声污染防治管理，开工建设危险废物处置中心、拉萨河源头生态功能保护等项目。加强饮用水源地保护，推进“一户一表”改造工程，适时开征污水处理费，促进污水处理厂良性运行。实施最严格的耕地保护制度和节约集约用地制度，提高单位土地投入产出率。

发展小城镇。按照产业做强、规模做大、功能做优、环境做美的要求，从改善县城基础设施和人居环境、增强和提升经济发展能力、完善综合服务功能入手，因地制宜，加快发展现代农业、工业经济、商贸服务、旅游文化等产业，突出发展中小企业，强化城镇集聚辐射功能，努力提升县域经济实力，加快构建布局合理、特色浓郁、功能互补的城镇体系。坚持小城镇规划建设与“一区三园”建设相结合，对达孜县德庆镇、曲水县聂当乡、堆龙德庆县羊达乡等特色乡镇进行合理定位，引导周边农牧民向小城镇集中。

（六）着力推进改革开放，不断增强发展活力。 坚持内外并举、上下联动，深化改革、扩大开放，不断激发内生活力和外部动力，形成建设全区科学发展、和谐稳定、民生改善、民族团结、生态美好排头兵的强大支撑。

抓改革。精心组织乡镇综合改革、医药卫生体制改革、户籍制度改革，分类推进事业单位人事制度改革，不断深化国有企业改革、集体林权制度改革、城市管理体制改革，创新城投公司投融资机制，激发经济社会发展活力。加强土地草场承包经营权流转管理和服务，稳步推进农牧业规模经营。鼓励驻市金融机构扩大信贷规模，促进保险业发展，进一步增强金融服务当地经济发展的支撑力度。

抓招商。转变思想观念，创新工作理念，抢抓大好机遇，修订完善招商引资优惠政策，大力推进产业招商、企业招商和园区招商，争取在承接食品饮品药品、建材产品、民族工艺品、有色金属半成品等产业转移上实现突破。积极开展定向招商，对内强化长三角、珠三角、环渤海、成渝经济圈，重点引进关联度大、牵引力强、产业链长的基地型项目，促进特色优势产业集群化发展、规模化壮大、优质化提升，力争招商引资到位资金增长25%。建立完善招商引资项目代办制、政府领导干部包抓项目责任制、重点项目督查制、签约项目通报制，切实为投资者提供零障碍、低成本、高效率的优质服务。

抓项目。选准项目，围绕国家投资、自治区支持方向、援藏安排和我市发展重点，积极捕捉信息，主动加强对接，努力争取更多更好项目。做实前期，围绕“十二五”项目盘子，强化项目建设全局意识，及时做好项目规划选址、土地预审、环评、节能评估、地勘、可研、设计等前期工作。加强管理，围绕国家、援藏、民间投资项目，积极推进重点工程联动机制，确保续建新建项目质量优良。高效服务，统筹实施年度固定资产投资计划、重点建设项目进度计划，加强项目调度，及时研究解决项目实施中出现的困难和问题，切实做好项目指导、服务、督查工作。

抓受援。加强与对口援助省市的沟通协调，由主要领导带团到北京、江苏两省市汇报援藏工作。认真执行“十二五”援藏规划，衔接落实好1‰援助资金和年度援藏项目，加快建成综合展馆、职工活动中心和妇女儿童活动中心，开工建设东城人民医院、群众文化体育中心、儿童乐园。发挥好援藏干部的特殊作用，统筹好江苏援藏干部交接，落实好干部、专业技术人员对口学习培训计划，健全和完善经济援藏、干部援藏、人才援藏、科技援藏的工作格局，拓宽和创新智力援藏、就业援藏的渠道和形式。

抓民营。突出强化政策、资金、人才、基础、环境、信誉支持，严格落实注册登记、财政税收、融资担保、土地供应、行政规费减免等扶持政策，切实做到政治上放心、思想上放开、政策上放宽、发展上放胆、工作上放手。运用现代技术改造传统工艺，拓宽产品销售渠道，提升管理能力和经营水平。推动银行业加大信贷支持力度，推进信用担保机构加快发展，千方百计缓解中小企业融资困难。加快培育市场主体，新发展工商企业100家以上、个体工商户1000户以上。发展壮大企业家队伍，引导广大非公有制经济人士做社会主义新拉萨的建设者。

抓环境。转变政府职能，简化审批程序，推行阳光政务，规范执法行为，提高服务效率，努力营造优惠透明的政策环境、优质高效的服务环境、安全稳定的法制环境、竞争有序的市场环境、健康诚信的人文环境，为企业松绑、为群众服务、为政府减负。扎实推进法律“七进”工作，依法严肃处理宗族势力、黑恶势力、乡霸村霸，引导各族群众学法用法守法，为优势资源开发、重大项目建设、激活民间投资打造良好的社会环境。

（七）着力保障改善民生，充分发挥好先行作用。顺应各族人民过上幸福生活的新期待，继续把新增财力向民生倾斜，切实解决好人民群众最关心、最直接、最现实的利益问题，不断增强群众幸福感，提高生活和谐度。

繁荣社会事业。优先发展教育，深化教育改革，合理调整学校布局，撤销所有教学点，加快建设寄宿制学校，提升教育教学质量，巩固提高“两基”成果，推动城乡教育均衡发展；加强青少年思想道德建设；开工建设东城中小学、市中职学校、行政学院图书信息楼，建设城乡幼儿园，办好人民满意的教育。大力推进科技进步与创新，引导企业增加科技投入、引进创新人才，推动重点企业与区内外高等院校、科研院所对接合作。完善以免费医疗为基础的农牧区医疗制度，全面推行基本药物制度，保障群众用药安全方便、价格合理；加强疾病预防控制管理，扶持和促进藏医药发展，强化农牧区健康教育，加快建设覆盖城乡居民的公共卫生服务体系。加强人口和计划生育工作，提高出生人口素质。广泛开展群众性体育活动，全面提高全民健身和竞技体育水平。统筹抓好人才工作，创新人才工作体制机制，认真落实全市人才发展规划和人才教育培训规划，加快实施“十大人才工程”，大力开发基层一线人力资源，激发各类人才干事创业的热情和活力。

推动文化繁荣。完善公益性文化服务设施，新建5个县新华书店、9个乡镇文化活动中心，改造3个县文化馆，实施数字电视整体转换，巩固农村电影放映工程、“户户通”工程成果，做好拉萨晚报赠阅覆盖、广播电视信号覆盖试点工作，推广《幸福拉萨》舞蹈。加强文物保护，推进重点文物维修工程，保护好国家历史文化名城。发展经营性文化产业，制定文化产业发展规划，完善文化扶持政策，建立文化融资平台，加快文化产业园区建设，打造1～2个文化旅游示范区。打造幸福文化品牌，实施文化精品工程，进一步加大幸福拉萨内涵的研究推广力度，使幸福文化成为拉萨最具影响力的文化品牌。突出区域文化特色，以非物质文化遗产、传统历史文化、民族民间文化和新拉萨发展变化为基础，打造格萨尔王文化、八廓街文化名街、拉萨河生态文化、甲玛沟历史文化、娘热民俗文化、俊巴渔村文化、尼木吞巴文化等特色文化品牌，为拉萨跨越式发展和长治久安提供产业支撑、精神动力和智力支持。

推进创业就业。积极扩大就业，切实做到户户有门路、人人有活干、经常有收入。扎实开展创业型城市试点工作，认真落实高校毕业生创业扶持政策，开工建设市人力资源市场，加快建设创业孵化基地、创业见习基地，建成2个县区人力资源中心。健全就业服务管理制度，加强就业再就业培训，着力解决困难群众、高校毕业生等重点人群就业，动态消除零就业家庭，新增城镇就业5600人。鼓励企业开展职工在岗培训，引导企业稳定用工、吸纳新工。

完善保障体系。以非公有制经济组织和灵活就业人员为重点，扎实推进社会保险扩面提质，养老、医疗、生育、工伤、失业保险分别新增4000人、4000人、1000人、3000人、800人。有序开展医疗保险关系转移接续工作，不断完善医疗保险基金支付办法。完善城乡救助体系，全面落实临时救助、医疗救助政策，抓紧启用儿童福利院，开工建设3个敬老院，提高农村“五保”供养水平。大力发展社会福利和慈善事业，建立完善低保边缘群体救助制度，农村低保实现全覆盖。加强残疾人社会保障和服务体系建设，实施好托养康复中心项目。开工建设220套周转房、60套廉租房、600套公共租赁房，维修改造400套周转房，着力改善各族干部群众和外来务工人员的住房条件。

加强物价监管。落实“菜篮子”市长负责制，加强粮食、肉类、酥油、砖茶、食用油等生活必需品的生产供应，加强食品药品安全监管。高度重视物价上涨对困难群众生活带来的实际困难，建立健全社会救助和保障标准与物价上涨挂钩联动机制。强化市场价格监测预警，完善农产品价格信息日报制度，严厉打击哄抬物价、合谋涨价等行为，努力保持价格总水平基本稳定。

办好12件实事。在切实巩固提高以往36个民生项目实施效果的基础上，2012年将再办12件实事。一是新购20辆安全舒适的公交车，完善公交配套设施；二是市区新建10个停车场；三是建设16所幼儿园；四是为环卫工人办理养老保险、工伤保险，购买人身意外伤害保险；五是最低工资标准由950元提高到1200元；六是解决原集体制工人住房补贴；七是组织0~6岁儿童免费体检，同步建立健康档案；八是提高城乡最低生活保障标准；九是新建145个村卫生室，实现全覆盖；十是组织500名基层专业技术人员赴内地学习考察；十一是为全市所有农牧民购买意外伤害保险；十二是市县医院全部设立残疾人就医绿色通道。

（八）着力创新社会管理，切实发挥好关键作用。深刻汲取“3·14”事件沉痛教训，谋长久之策、行固本之举，构筑反对分裂、维护稳定的铜墙铁壁，营造推动科学发展、建设幸福拉萨的良好环境。

深入推进反分裂斗争。坚持反分裂斗争方针，认真落实反分裂斗争各项措施，严密防范和严厉打击达赖集团渗透破坏活动，下好先手棋、打好主动仗、掌握主动权，实现社会局势的持续稳定。深入开展反分裂教育和“感党恩、算富账、要稳定、求发展”主题教育，教育引导各族干部群众切实增强反分裂斗争的坚定性、自觉性、主动性，构筑反对分裂、维护稳定、促进团结的铜墙铁壁。

强化社会治安综合治理。严格落实维稳工作责任制、社会治安“一票否决制”、领导干部问责制，加强人防、物防、技防投入，开工建设城市监控报警联网系统二期项目，强化党政军警民联勤联防联控，健全社会面巡控网络、单位内部治安守控网络、重点群体管控网络、视频监控网络。建立完善严打工作机制，扎实开展重点治安地区和突出治安问题专项治理整顿行动，加强行政区域界线纠纷调处，创新流动人口服务管理，加强“大调解”工作体系建设、“两新”组织服务管理、互联网建设管理和铁路护路联防，创新社会管理工作，让平安建设全民皆知、平安活动全民参与、平安成果全民共享。

正确处理人民内部矛盾。用群众工作统揽信访工作，畅通规范群众诉求表达、利益协调、权益保障渠道，认真执行矛盾纠纷分析例会、领导干部信访接待、督查督办、领导包案化解等制度。建立联合接访机制，完善舆情汇集、定期分析、超前防范、信息反馈、快速反应、责任追究机制和社会稳定风险评估机制，深入细致做好群众工作。管理使用好疑难复杂信访案件专项资金，依法按政策妥善处理人民内部矛盾，严防激化矛盾、引发事端，严防被达赖集团插手利用。推进“彩虹计划”，推动建立企业工资集体协商制度，加强劳动执法监察，构建和谐稳定的劳动关系。

扎实推进和谐社区建设。加强社区群防群治队伍建设和环境综合整治，推进社区关爱试点工作，完善社区服务体系，不断提高社区居民生活水平。推进既有小区物业管理，新建小区全部实施物业管理，实现物业管理全覆盖。健全社区志愿服务网络，努力提升居民文明素质，共同建设美好家园。大力推进政府公共服务向农村社区延伸，扶持发展农村社区商业服务，扩大农村社区建设的覆盖面和受益面。

认真做好民族宗教工作。研究制定促进民族团结进步法规，推进民族团结进步创建进村入户，评选、宣传民族团结进步模范，推动各族人民共同团结奋斗、共同繁荣发展。依法管理宗教事务，全面推进寺庙“六建”，深化寺庙法制宣传教育，强化流散僧尼管控，创建和谐模范寺庙，评选爱国守法先进僧尼，强化寺庙公共服务，推进“六通”工程，广泛开展“六个一”活动，实现僧尼养老、医疗保险全覆盖，积极引导宗教与社会主义社会相适应。

完善应急管理体制机制。切实履行政府应急工作职能，完善监测预警系统，加强风险隐患排查、源头治理，提高突发事件预防能力。加快专业应急救援队伍建设，完成人防基本指挥所项目前期工作，开工建设市县救灾物资仓库，完善气象防灾减灾管理机构，加强应急演练和应急管理教育培训，提高全社会防灾避险意识和自救互救能力。加强重点行业、重点领域安全生产执法监管、重点产品质量监管、特种设备安全监察，坚决杜绝发生重特大安全事故。

切实加强精神文明建设。坚持不懈用马克思主义中国化最新成果武装头脑、教育人民，用中国特色社会主义共同理想凝聚力量，用以爱国主义为核心的民族精神、以改革创新为核心的时代精神、以艰苦奋斗为核心的“老西藏精神”鼓舞斗志，用社会主义荣辱观引领风尚，推进社会主义核心价值体系建设，大力营造“发挥首府城市首位度作用”的浓厚舆论氛围。以创城公共指数测评和创建文明行业、文明单位、文明社区、文明村镇、文明家庭为载体，广泛开展群众性精神文明创建和公民道德实践活动，巩固发展庆祝中国共产党成立90周年、西藏和平解放60周年的经验成果，建设和谐文化，培育文明风尚。加强理想信念教育和法制宣传教育，普及科学知识，培育自尊自信、理性平和、积极向上的社会心态，提高城乡居民科学文化水平和思想道德素质。

(九)着力推动服务创新，建设人民满意政府。坚持用亲民的理念维护民利，用创新的方法破解难题，用务实的举措落实工作，用廉洁的作风提升形象，始终做到围着群众转、引着群众走、做给群众看、带着群众干，不断增强政府执行力、公信力和凝聚力。

创先争优。大兴学习之风，突出调查研究，建设学习型政府、学习型领导班子和学习型机关。牢固树立群众观念和宗旨意识，深入开展创先争优强基础惠民生活动。继续保持与时俱进、奋发有为、昂扬向上的精神状态，充分激发全市上下共建和谐拉萨、共创美好生活的热情，形成聚精会神抓建设、创先争优谋跨越、强基惠民奔小康的强大合力，实现经济社会更好更快更大发展。加强队伍建设，加大公务员教育培训力度，提高公务员队伍整体素质，打造一支勇于创新、敢于负责、严于律己、乐于奉献的公务员队伍。

依法行政。深入贯彻依法行政实施纲要，自觉接受人大依法监督和政协民主监督，认真办理人大代表议案和政协委员提案，广泛听取工商联、无党派人士和人民团体的意见建议，支持工会、共青团、妇联等群团组织参与社会管理和公共服务。规范完善政府立法工作和执法行为，加强行政复议、行政应诉工作，提高政府工作法制化水平和工作人员依法办事水平。健全政府决策咨询制度，完善决策机制，推进依法决策、科学决策、民主决策。转变政府职能，贯彻落实全国深入推进行政审批制度改革工作会议精神，继续清理规范行政审批、行政收费项目，强化市民服务中心职能。

勤政为民。加强作风建设，克服官僚主义和形式主义，切实改进工作作风、文风和会风，建立和完善绩效考核制、行政不作为和过错追究等行政效能监察制度，着力提高行政效能和服务水平。加强执行力建设，说了算、定了干，咬定青山不放松、不达目标不罢休，一级带着一级干、一级做给一级看，在“四个不变”的前提下，确保抓出成果、干出实效，努力营造风清气正的干事创业环境，努力实现“三个提速”。推进政务公开，加强电子政务、政府网站建设，完善新闻发布制度，探索实行网上公开申报、受理、咨询和办复，健全为企业、项目、群众服务机制。

廉洁从政。严肃财政收支，控制一般性支出，确保“三农”、民生、维稳等重点支出，实现收支平衡；加强税收征管，堵塞征管漏洞，做到应收尽收；创新国有资产监管方式，确保国有资产保值增值；加强财政资金监管和重大投资项目审计，完善政府采购制度，规范公务消费行为，管好用好每一分钱。严肃追究行政机关失察、失管、失职行为，加大行政问责力度，认真查处群众反映强烈的突出问题，坚决治理不作为、乱作为。强化审计监督，接受司法监督、群众监督、舆论监督，促进政府各项工作规范运行，推进行政权力阳光运行。认真落实廉政建设“一岗双责”制，抓好纠风治乱工作。进一步规范土地出让、招投标、公务用车等行为，治理突出问题，曝光典型案件，严查违法行为，维护清正廉洁的政府形象。

各位代表！推进科学发展，我们义不容辞；促进长治久安，我们责无旁贷。让我们更加紧密地团结在以胡锦涛同志为总书记的党中央周围，在自治区党委、政府和市委的坚强领导下，团结和依靠全市各族人民，解放思想、开拓创新，励精图治、求真务实，同心同德、扎实工作，奋力推进拉萨跨越式发展和长治久安，努力建设团结、民主、富裕、文明、和谐的社会主义新拉萨，共同创造全市各族人民更加幸福美好的新生活！

拉萨市人民代表大会常务委员会工作报告

——2011 年 12 月 14 日在拉萨市第九届人民代表大会第五次会议上

拉萨市人民代表大会常务委员会主任　洛桑旦巴

各位代表：

我受拉萨市第九届人民代表大会常务委员会的委托，向大会报告工作，请予审议。

2011 年主要工作

2011 年，是实施“十二五”规划的开局之年，是九届人大依法履职关键一年，我们紧紧围绕全市工作重点，在中共拉萨市委的坚强领导下，在自治区人大常委会的监督指导下，高举中国特色社会主义伟大旗帜，以邓小平理论和“三个代表”重要思想为指导，深入贯彻落实科学发展观，全面贯彻落实党的十七届五、六中全会、中央第五次西藏工作座谈会、胡锦涛总书记“七一”重要讲话精神，认真贯彻落实习近平副主席出席西藏和平解放 60 周年庆祝活动时的一系列重要讲话精神以及区党委、市委七届七、八、九次全委会、自治区和拉萨市第八次党代会、自治区人大工作会议精神，着力推动经济发展，着力维护社会局势稳定，着力改善民生，着力加强社会主义民主法治建设，解放思想，实事求是，与时俱进，努力进取，各项工作取得了新的进展。一年来，常委会审议地方性法规案 2 件；审查备案政府规章和规范性文件 3 件，清理地方性法规 19 件；办理全国人大常委会和自治区人大常委会征求意见的法规草案 6 件。听取专项工作报告 15 个；检查了 5 部法律法规的实施情况；协助自治区人大常委会开展各种执法检查、调研 10 次。组织协调办理九届人大四次会议提交的议案 10 件，建议、批评和意见 164 件。依法任免国家机关工作人员 50 人。

一、突出地方特色，抓重点提质量，立法工作取得新进展

常委会坚持实事求是、与时俱进，围绕全市中心工作，结合拉萨特点，适时调整立法规划，突出了立法重点，在提升立法质量上下功夫，立法工作取得新进展。

（一）相继出台新的法规。一是制定了《拉萨市水资源条例》。为切实加强我市水资源管理，解决水资源开发、利用及保护管理等方面存在的问题，市人大常委会通过多方论证、广泛征求区、市水利主管部门及相关部门和专家的意见建议，审议了《拉萨市水资源条例（草案）》。该条例已经拉萨市第九届人大常委会第 23 次会议通过，并经自治区第九届人大常委会第 23 次会议批准，于今年 9 月 1 日起正式施行。二是修订了《拉萨市市容市貌管理条例》。1997 年修订并实施的《拉萨市市容市貌管理条例》对促进我市市容环境卫生事业发展、加强市容市貌管理发挥了重要作用。但随着拉萨改革开放不断深入，城市建设进程加快，原条例的一些规定已不适应新的发展需要。常委会经过广泛征求意见、反复修改、论证，修订形成了《拉萨市市容环境卫生管理条例（草案）》。该条例已经拉萨市第九届人大常委会第 24 次会议通过，并经自治区第九届人大常委会第 24 次会议批准，于今年 12 月 1 日起正式施行。该条例的实施，使市容环境卫生管理工作有法可依，将会有效地解决市容环境卫生方面存在的突出问题，为市民创造一个良好、舒适的市容环境，进一步提升市民的生活质量。

（二）适时调整立法规划。为贯彻落实好区、市第八次党代会精神，根据新一届市委领导班子关于加强民族团结工作的要求，拉萨市人大常委会及时将《拉萨市民族团结进步条例》列入 2012 年立法计划，召开该条例立法协调会，着手立法前期准备工作，进行立法调研。同时决定拉萨市九届人大五年立法规划中《拉萨市城市建设用地管理条例（草案）》、《拉萨市城镇居民医疗救助实施办法（草案）》暂缓审议。

（三）集中进行法规清理。为保证国家法制统一，根据自治区人大常委会要求，市人大常委会成

立主要领导为组长的领导小组，制定了《拉萨市人大常委会关于地方性法规中有关行政强制规定清理工作的方案》，组织人员到位，职责任务明确，对我市现行的19部地方性法规，特别是行政强制方面的内容，逐条进行审查清理，提出了清理意见，为下一步法规的修订打下了基础。

(四)扎实做好规范性文件备案审查工作。常委会按照规范性文件备案审查的规定，严把行政许可和法律责任关，对市政府制定的《拉萨市林地管理办法》、《拉萨市闲置土地处理办法》、《拉萨市建设领域支付民工工资保障办法》三部新立规章进行了备案审查，提出备案审查意见。

二、服务全市大局，抓难点求实效，监督工作取得新成效

为促进拉萨经济社会又好又快发展，常委会从全市工作大局出发，依法行使监督职能，从经济、民生、司法、文化四个方面入手，开展监督工作，确保区、市党委重大决策落到实处。

(一)围绕经济发展开展监督工作。一是对《中华人民共和国促进科技成果转化法》和《西藏自治区实施〈中华人民共和国促进科技成果转化法〉办法》贯彻落实情况开展了执法检查，形成了执法检查报告。常委会认为，市政府认真贯彻落实了科技成果转化法，在科技成果转化工作中取得一定成绩。针对工作中存在的不足，建议市政府进一步完善科研及科技成果转化体制机制，不断加快科技研发与转化，提高科技贡献率。二是听取和审议了市政府关于拉萨市2011年上半年国民经济和社会发展计划执行情况的报告。大家认为，上半年全市国民经济依然保持了平稳较快的发展态势，物价总体水平相对稳定，为防止物价大幅度波动，市政府进一步加强市场宏观调控力度，大力发展经济，改善民生，稳定物价，农牧民群众的生活水平不断提高。三是听取和审议了市政府关于拉萨市2010年财政决算及2011年上半年财政预算执行情况的报告、2011年财政预算收支变化情况的报告，作出关于批准拉萨市2010年财政决算的决议、关于同意市人民政府2011年财政预算收支变化情况的决定。按照常委会的审议意见，市政府进一步加大了义务教育、文化体育、医疗卫生、社会保障和基础设施等方面投入力度，农牧民群众的生产生活条件得到极大改善。四是听取和审议了市政府关于2010年度拉萨市本级预算执行和其他财政收支情况的审计工作报告，建议审计部门继续加大重点领域、重点部门、重大投资项目、专项资金等方面的审计力度，政府要及时有效地整改审计出的问题，并将处理结果报市人大常委会。五是听取和审议了市政府关于国家级西藏拉萨经济技术开发区经济运行情况的报告。建议政府切实抓好开发区的各项工作，真正发挥出开发区在西藏经济社会发展中的窗口示范和带动辐射作用，使开发区真正成为拉萨市经济发展新的增长点。六是听取和审议了市政府关于拉萨市工商行政管理局打击侵犯知识产权和制售假冒伪劣商品专项行动工作报告。建议政府进一步加大打击侵犯知识产权和制售假冒伪劣商品力度，维护公平竞争的市场经济秩序。

(二)围绕保障和改善民生开展监督工作。一是对《中华人民共和国老年人权益保障法》和《西藏自治区实施〈中华人民共和国老年人权益保障法〉办法》贯彻落实情况开展执法检查。针对工作中的不足，建议市政府进一步加强组织领导，加大法规执行力度，健全工作机制，加大投入力度，加强维权工作，确保老有所养、老有所教、老有所医、老有所学、老有所为、老有所乐。二是听取和审议了市政府关于拉萨市农村户用沼气项目建设和管理工作报告。在审议中，大家认为，“十一五”期间，我市农村户用沼气项目建设，极大地改善了广大农牧区群众的生产生活条件和生活方式，促进了农业生态的健康可持续发展，为促进城乡统筹发展，建设社会主义新农村发挥了积极作用。三是听取和审议了市政府关于拉萨市农牧区医疗制度执行情况的报告。根据常委会审议意见，市政府加大农牧区医疗卫生工作力度，完善医疗管理制度，加大资金投入，配备高素质的医务人员，逐步实现优势资源均等化分配，农牧区医疗制度得到全面实施。四是听取和审议了市政府关于拉萨市中小学“三包”政策执行情况的报告。目前，我市中小学“三包”政策已全面落实到位，并由过去的义务教育阶段扩大到了学前教育、高中教育和职业高中教育阶段以及城镇困难家庭子女。建议政府进一步加强“三包”经费的管理和使用，预防和杜绝各种违规违纪行为发生。五是常委会组织执法检查组，先后赴柳梧新区、堆龙德庆县、城关区等地，对《中华人民共和国土地管理法》贯彻执行情况进行执法检查，建议政府提高全市土地资源管理水平，切实做好土地规划修编工作，落实好耕地保护制度，严格执行征地补偿标准，切

实保障农民的权益。六是听取和审议了市政府关于拉萨市物价调控工作运行情况报告。要求政府及有关部门充分发挥职能作用，加大宏观调控力度，强化监管队伍建设，加强市场价格监督检查，稳定物价，确保市场有效供给。

（三）围绕审判、检察开展监督工作。为确保审判权、检察权得到正确行使，确保公民、法人和其他组织的合法权益得到尊重和维护，常委会组织人员多次深入市、县人民法院、检察院实地调研，听取各方意见建议，掌握基本情况。适时听取了“两院”上半年工作报告。常委会对市中级人民法院和市人民检察院工作给予了充分肯定，对两院继续提高办案质量水平、加强队伍建设，深入推进“社会矛盾化解、社会管理创新、公正廉洁执法”三项重点工作提出了意见和建议，为我市经济社会发展、创建平安和谐拉萨提供强有力的司法保障。

（四）围绕文化大发展、大繁荣开展监督工作。为深入贯彻落实党的十七届六中全会精神，进一步深化文化体制改革、推动社会主义文化大发展大繁荣，按照区、市党委的具体部署，常委会从文化强市战略高度出发，对全市的文化事业和文化产业发展情况开展了调研，并听取了市政府关于拉萨市文化产业发展情况的报告。认为，全市文化部门牢牢把握社会主义先进文化前进方向，努力推进文化事业和文化产业的改革发展工作，积极探索文化产业发展路子，在培育文化产业品牌、深化文化体制改革、文化产业与旅游业相结合、推进文化交流等方面做了大量工作，文化事业社会效益明显提高，文化产业发展初见成效。要求政府制定具有前瞻性、指导性、可操作性的文化产业发展规划，理顺文化产业发展的体制机制，加大文化产业资金投入，扩大文化产业规模，打造文化产业知名品牌，加快文化事业发展，做大做强我市的文化产业，推进我市文化大发展大繁荣。

三、从实际出发，抓创新提素质，代表工作开创新局面

人大代表是人大工作的主体，做好人大工作，离不开代表作用的充分发挥。常委会从拉萨实际出发，在代表工作中，转换思路、创新方式、创造条件、优化服务，不断提高代表履职能力，调动代表履职积极性，增强代表责任感。

（一）转换代表工作思路。针对基层人大代表特别是农牧区妇女代表所处的工作环境、受教育程度不同，存在思想观念、整体情况参差不齐，视野不开阔，致富奔小康意识不强等情况，常委会改变以往做法，专门组织农牧区妇女代表团到其他省市考察学习，开阔眼界，激发了妇女代表履职的积极性，取得了良好效果，感受深，反响大。

（二）扩大代表知政、知情渠道。坚持邀请市人大代表、不是常委会委员的县（区）人大常委会主任列席市人大常委会会议；邀请基层代表参加专题调研、视察以及执法检查活动，让他们有机会了解社情民意。向代表印送人大信息、工作简报、常委会公报、学习资料，帮助他们及时了解全市经济社会发展情况。今年，常委会还新设了代表之家，使代表活动有了场所，交流有了对象，知政、知情渠道进一步拓宽。

（三）学习取经，提升素质，改进工作。今年5月份，常委会组织各县（区）人大常委会主任或副主任、部分基层代表和市直代表2批次30人赴江苏、北京考察学习，学习发达省市人大如何开展人大工作，找差距，补不足，学经验，取真经，使各县人大工作有了明显改进。

（四）扎实办理代表议案、建议。坚持把代表议案建议办理与常委会工作有机结合起来，充分发挥代表作用。市人大九届四次会议通过的议案10件，建议、批评和意见共164件，在规定的时间内都已办理完毕并向代表答复。11月份，常委会与市政府组成联合调研组，对2008年以来代表议案、建议、批评和意见的办理情况进行了专题调研。市政府高度重视代表议案、建议、批评和意见的办理工作，专门安排一位常务副市长负责此项工作，解决问题实际，接受意见诚恳。

（五）切实加强县、乡换届选举工作指导。按照自治区党委和自治区人大的要求，为切实做好全市县、乡人大换届选举工作，加强对县、乡换届选举工作的指导，在与自治区人大选联工委和县（区）人大常委会沟通协调基础上，制定了县、乡换届选举工作实施意见，及时研究和协调解决换届选举过程中遇到的有关问题，确保县、乡人大换届选举工作依法顺利开展。

四、牢牢把握正确的政治方向，抓载体提实力，维稳和宣传工作迈出新步伐

常委会始终坚持党的领导，服从市委安排，充

分利用各种平台，落实维稳政治责任，扎实做好维稳工作。同时，积极创办新载体，强化人大宣传工作，加强人大宣传力度。

按照市委统一安排，市人大常委会先后选派7名地级领导干部、5名县级干部、15名科级及一般工作人员深入有关县区、寺庙开展维稳工作，其中：3名地级领导干部、1名县级干部长期工作在寺庙一线，3名地级领导干部任县区维稳工作组组长。他们认真按照市委安排部署，积极主动地投身到反分裂、维护稳定的斗争中，积极维护祖国统一、反对民族分裂，为维护全市的社会稳定发挥了重要作用。同时积极组织开展“3·28”西藏百万农奴解放纪念日、西藏和平解放60周年、“红色歌曲·拉萨唱”、“六城同创”等活动，增强干部职工爱国情怀。扎实做好机关内部保卫工作。认真办理群众来信来访，做好教育引导工作，切实维护人民群众合法权益，有力地化解了社会矛盾，消除了不稳定因素，为拉萨的和谐稳定作出了积极贡献。全年接待、受理来信来访和申诉、控告案件49件52人次，转办41件，息诉8件。

常委会从增加宣传载体入手，强化人大宣传工作，力求使广大人民群众深化人民代表大会制度的认识，了解人大工作进展，强化对人大工作的监督，增强人民群众法律意识，增强参与管理国家事务、行使当家做主权利的自觉性和积极性。常委会在坚持办好人大制度宣传专栏、《人大信息》专刊、《拉萨市人大常委会公报》的同时，今年创办《拉萨人大》杂志，开办拉萨市人大网站，充实工作人员，进一步加强了对人大工作、人大制度、代表活动的宣传。加强对外交流。组织代表团参加在南宁举行的全国五民族自治区首府市人大工作经验交流会，看到了差距，学到了经验。先后接待了20个内地省市24批次人大考察代表团，加强了对外联系和交流，相互学习，相互借鉴，促进了工作，宣传了西藏和拉萨。

五、重视自身建设，抓教育重实践，常委会及机关服务能力不断提高

自治区人大工作会议提出，各级人大要按照区党委要求和人民群众期盼，进一步强化素质、转变作风，和谐共事、团结奋进，共同谱写全区人大工作新篇章。拉萨市第八次党代会提出加快推进民主政治建设，大力提高依法治市水平。按照区、市党委的要求，常委会不断加强自身建设，提高整体素质，提升履职能力和服务水平。

(一)抓学习，不断加强思想政治建设。按照建设学习型党组织要求，常委会把思想政治建设摆在首位，用中国特色的社会主义理论体系武装人大干部头脑。组织常委会组成人员及机关干部职工认真学习了中国特色社会主义理论知识，党的十七大、十七届五、六中全会，中央第五次西藏工作座谈会、胡锦涛总书记“七一”重要讲话和习近平副主席在参加庆祝西藏和平解放60周年活动时的一系列重要讲话精神，学习区、市第八次党代会和齐扎拉书记在传达学习自治区第八次党代会精神大会上的重要讲话。班子成员还积极参加市委理论中心组学习。人大干部的理论水平不断提高。

(二)抓实效，不断加强组织、作风和效能建设。常委会与办公厅、各专门委员会签订了《拉萨市人大常委会机关2011年度党风廉政建设目标责任书》，制定了《拉萨市人大机关廉政文化进机关活动计划》和《拉萨市人大2011年机关作风和行政效能建设工作思路和目标任务及工作措施》，进一步明确目标，落实责任，转变机关作风，干部职工的精神面貌焕然一新，组织纪律、责任心进一步增强，工作效率和热情明显提高。

(三)抓培训，不断加强业务建设。进一步加大干部培训力度，今年先后选派1名地级、1名县级、1名科级干部分赴延安行政学院、上海浦东干部学院和江苏南京学院参加培训，另选派10名县、科级干部到区、市党校学习政治和业务理论知识。通过培训，人大机关干部职工的综合素质得到进一步提高，为人大机关工作的扎实开展提供了强有力的智力支持。

(四)抓实践，认真开展“基层建设年”活动。按照市委的统一部署，常委会先后选派3批5人，进驻林周县春堆乡春堆村开展“基层建设年”活动，工作组共争取项目9个，落实资金147万多元，解决了乡政府驻地饮水、粮油加工厂、水利设施维修等多项农牧民群众普遍反映强烈的实际困难，受到了当地群众的好评，得到了区、市和林周县“基层建设年”活动领导小组的充分肯定。10月份，根据自治区党委统一部署，按照市委的安排，常委会又选派8名优秀干部职工组成2个工作队赴林周县春堆村和当杰村，开展“创先争优、强基础惠民生”活动。

认真做好人大离退休老干部工作，落实政治和生活待遇，及时组织学习中央及区、市党委重要文件精神，参加各项庆典活动，组织老干部到云南、林芝、山南等地参观考察。切实做好服务工作，关心老干部的生活情况，开展重大节日慰问活动，及时看望慰问住院老干部。

各位代表！市人大常委会各项工作的成绩，是在中共拉萨市委的坚强领导下、在自治区人大常委会的监督指导下，经过全体代表、常委会组成人员和机关工作人员共同努力所取得的。得到了市人民政府、市中级人民法院、市人民检察院的大力支持和协同配合，得到了各县(区)人大常委会、全市广大人民群众、社会各界的关心和支持。对此，我代表市人大常委会表示由衷的感谢！

一年来，拉萨市人大常委会各方面工作取得了可喜成绩。但是，我们也要清醒地看到，在立法质量、监督实效、代表工作等方面与市委的要求和人民群众的期望还有一定的差距。我们要高度重视这些问题，在人大的实际工作中，不断加以解决。

2012 年主要工作任务

2012 年，是本届人大及其常委会任期的最后一年，我们将迎来党的十八大的胜利召开，地方各级人大换届工作相继展开，各项任务繁重而艰巨。常委会总体要求是，以邓小平理论和“三个代表”重要思想为指导，以科学发展观统领人大工作全局，深入贯彻落实党的十七届五、六中全会，胡锦涛总书记“七一”重要讲话，中央第五次西藏工作座谈会精神和习近平副主席出席西藏和平解放60周年庆祝活动的一系列重要讲话和区、市第八次党代会精神，认真落实陈全国同志对全区人大工作的指示和充分发挥首府市的首位度作用及对拉萨市七个方面的工作要求，按照区党委常委、市委书记齐扎拉同志在视察市人大时的指示精神，积极建设法治拉萨，提高依法治市水平，把坚持党的领导、人民当家做主和依法治市有机结合起来，巩固和发展民主团结、生动活泼、安定和谐的政治局面，全面加强和改进人大工作，着力提高立法质量，着力增强监督实效，努力推动区、市党委重大决策部署贯彻落实，推进拉萨科学发展、跨越式发展和长治久安，为建设团结民主富裕文明和谐的社会主义新拉萨而努力奋斗。根据这个总体要求，我们重点抓好 8 项工作。

一、深入贯彻落实党的十七届六中全会、区市八次党代会精神，全面加强和改进人大工作

党的十七届六中全会是在全面建设小康社会时期和深化改革开放、加快转变经济发展方式攻坚时期召开的一次十分重要的会议，对我们党团结带领全国各族人民继续全面建设小康社会、加快推进社会主义现代化、开创中国特色社会主义事业新局面具有重大而深远的意义。区、市八次党代会是在我市“十二五”规划顺利起步，全市人民满怀豪情，扎实工作，奋力推进全面建设小康社会的关键时期召开的一次非常重要的会议，为我市认真贯彻落实第五次西藏工作座谈会精神、全面建设小康社会、加快推进经济社会跨越式发展和长治久安做出全面部署。我们要认真学习，深刻领会，自觉用十七届六中全会和区、市八次党代会精神，按照陈全国书记对拉萨工作提出的 7 个方面要求，统一思想，凝聚力量，进一步加强和改进人大工作。要坚持正确的政治方向，深刻认识人民代表大会制度是我国的根本政治制度，不断增强坚持走中国特色社会主义政治发展道路的自觉性和坚定性，不断增强坚持和完善人民代表大会制度的自觉性和坚定性，充分发挥人大作用，建设社会主义民主法治，保证人民当家做主，依法做好对“一府两院”的监督，促进人大工作再上新台阶。

二、进一步提高立法质量

2012 年是本届人大五年立法规划的收官之年，常委会要切实抓好目标任务的落实工作，要按照立法规划，作好《拉萨市社会医疗机构管理办法》、《拉萨市民族团结进步条例》的立法审议工作。

立法工作既要坚持急需先立，更要注意提高质量。在立法过程中，要充分调动政府及其职能部门立法积极性，充分发挥专门委员会的优势和作用，加强立法调研和论证，确保法规起草质量；要积极引导公民对立法工作的有序参与，认真听取各方面特别是基层群众和专家的意见；要继续邀请代表参与立法活动，注意发挥县(区)人大在立法中的作用，切实做到科学立法、民主立法，不断提高立法质量。

2012 年，常委会还要认真总结规划实施的情

况，并提早做好下一届人大常委会五年立法规划的调研论证工作，提出规划建议。

三、进一步增强监督实效

常委会要按照围绕中心、突出重点、讲求实效的监督工作思想，综合运用各种监督方式，推动区市重大决策部署贯彻实施。一是以推动经济社会又好又快发展为重点，加强经济监督。听取和审议市政府关于拉萨市2012年上半年国民经济和社会发展计划执行情况和下半年工作安排情况的报告；听取和审议市政府关于拉萨市2011年财政决算及2012年上半年财政预算执行情况和下半年工作安排情况的报告，审查批准拉萨市2011年财政决算；听取和审议市政府关于拉萨市2012年财政预算收支变化情况的报告，对2012年财政预算收支变化情况适时做出决定；听取和审议市政府关于拉萨市2011年财政预算执行情况审计报告。对2011年财政预算和其他财政收支情况审计后的整改情况进行跟踪调查。二是以促进社会和谐为重点，加强对民生和寺庙工作监督。对寺庙管理工作情况开展调研，形成调研报告，审议后报市委并送市政府以供决策参考。认真接待受理人民群众的来信来访，加大涉法涉诉案件信访事项督办力度，发挥人大信访倾听群众呼声、促进司法公正、构建和谐拉萨的作用。三是以完善人大对“一府两院”的监督机制，促进依法行政、司法公正为重点，加强审判、检察工作监督。听取和审议“一府两院”专题工作报告；对《中华人民共和国律师法》贯彻实施情况开展执法检查，对我市律师队伍建设、法律援助情况进行调研，督促有关部门加强律师行业管理，促进社会公平正义。四是以建设高原生态屏障为重点，加强绿化工作监督。听取和审议市政府关于全市绿化和植树造林建设情况专项工作报告。对全市植树造林面积、树苗成活率、森林保护等方面进行调研，扩大绿化面积，保护生态平衡，促进人与自然和谐，使荒山绿起来、群众富起来。五是以促进文化大发展大繁荣为重点，对拉萨文化事业和文化发展建设现状开展调研。六是听取全市广播电视发展情况专项汇报。赴各县(区)调研“村村通”和“小耳朵”治理情况，确保农牧区广播电视正常运转，确保党的声音传到千家万户。

要切实增强监督实效，对监督中发现的重大问题和代表、群众反映的典型违法案件、重要专项工作，要依法开展询问和质询，督促有关部门依法纠正、严肃处理，切实维护人民群众的合法权益。要加强跟踪监督常委会会议审议专项工作报告后形成的审议意见办理情况力度，对一些专题问题适时做出决议或决定，提高监督实效。

四、进一步加强和改进代表工作

人大代表是搞好人大工作的重要基础。要坚持把代表工作作为一项基础工作来抓，努力提高代表服务保障水平，充分发挥代表作用。要加大代表培训力度，不断提高代表整体素质和履职能力。发挥人大代表之家作用，畅通代表知情、知政渠道，采取多种形式，及时向人大代表通报常委会和“一府两院”工作情况。积极邀请代表列席常委会会议、各专门委员会会议，参加立法调研、执法检查、专项检查等各项重大活动，进一步发挥代表作用。不断丰富代表闭会期间的活动，有计划、有重点地组织代表就群众关心的热点、难点问题进行视察。密切代表与人民群众的联系，开展常委会组成人员回选举单位活动，听取人民群众意见，接受人民群众监督。组织代表对议案和建议办理情况进行视察，做好跟踪落实，提高办理质量和实效。组织部分新当选的代表赴内地省市学习考察。

五、认真抓好换届选举工作

2012年，市、县、乡三级人大将陆续进行换届选举，这是全市人民政治生活中的一件大事。各级人大常委会要把坚持党的领导、充分发挥民主、严格依法办事有机结合起来，在同级党委的领导下，周密部署，精心组织，集中精力把换届工作抓实抓好。要按照中央和区市党委关于换届选举工作的要求，认真组织，精心指导，实行早动员、早安排、早培训，依法开展各项工作。常委会要主动加强与自治区人大常委会的沟通与联系，加强对各县(区)人大换届选举工作的指导，及时解决县(区)在选举换届过程中出现的问题，确保代表的合理构成和素质，确保换届选举工作依法顺利进行，圆满完成市、县、乡三级人大换届选举工作。

六、进一步加强“创先争优、强基础惠民生”活动

全区开展的“创先争优、强基础惠民生”活动，是一件利国利民的大事。常委会要把这项活动作为常委会的一项主要工作来抓，常委会领导要经常抓，办公厅具体抓，专委会配合抓，各驻村工作组组织实施，务必出实绩、出成效。人大领导负责的驻对口乡、村的工作组，要担负起党和人民交给的光荣任务，积极配合当地党委、政府、村委会开展好各项工作，共同维护社会稳定，促进社会和谐，发展当地经济，改善群众生产生活条件，建立一支坚强的基层党组织。

七、加强人大宣传工作

要以人大网站、《拉萨人大》杂志、拉萨晚报、拉萨电视台以及其他媒体为平台，进一步做好人民代表大会制度、人大工作宣传。同时，及时宣传驻村工作组工作进展情况。适时召开人大工作经验交流会。

八、进一步加强常委会及其机关建设

按照建设“学习型党组织”、“学习型领导班子”、“学习型领导干部”要求，坚持用中国特色的社会主义理论武装头脑，不断提高思想政治理论水平，在政治上、思想上、行动上与党中央、区市党委保持高度一致，增强全心全意为人民服务意识。要坚持正确的政治方向，不断增强做好人大工作的责任感和使命感。进一步加强制度建设、作风建设，完善工作目标责任制和干部激励机制，严肃机关纪律，不断提高机关工作质量和效率。大兴学习之风、密切联系群众之风和调研之风，深入基层，倾听民意、了解民情、解决民困。树立正确的用人导向，激发全体干部职工的凝聚力和创造力。继续做好老干部工作，组织人大离退休老干部参观旁多水利工程和新农村建设。

各位代表！

我市正处于经济从加快发展到跨越式发展、社会从基本稳定到长治久安转变的关键时期。让我们更加紧密地团结在以胡锦涛同志为总书记的党中央周围，在市委的坚强领导下，高举中国特色社会主义伟大旗帜，以邓小平理论和“三个代表”重要思想为指导，深入贯彻落实科学发展观，坚持走中国特色、西藏特点的发展路子，按照区市党委的要求，认真履行宪法和法律赋予的职责，加快推进拉萨市民主法治建设步伐，坚定信心、凝聚力量、共同奋进，圆满完成本届人大工作各项任务，以优异的成绩迎接党的十八大胜利召开！

政协拉萨市第九届委员会常务委员会工作报告

——2011年12月12日在政协拉萨市第九届委员会第五次全体会议上

拉萨市政协主席 杨万福

各位委员、同志们：

我受政协拉萨市第九届委员会常务委员会的委托，向大会报告工作，请各位委员审议，并请列席会议的同志提出宝贵意见。

一、2011年工作回顾

一年来，常委会在市委的坚强领导下，在自治区政协的有力指导下，在市政府的大力支持下，始终高举中国特色社会主义伟大旗帜，以邓小平理论和“三个代表”重要思想为指导，深入贯彻落实科学发展观，认真贯彻落实胡锦涛总书记在庆祝中国共产党成立90周年大会上的重要讲话精神、中央第五次西藏工作座谈会精神和习近平副主席出席西藏和平解放60周年庆祝活动时的一系列重要讲话精神以及区、市第八次党代会精神，紧紧围绕市委、市政府中心工作，认真履行职能，充分发挥了协调关系、汇聚力量、建言献策、服务大局的作用，较好地完成了九届四次会议既定的各项目标任务，为促进我市经济发展、社会稳定作出了积极的贡献。

（一）打造学习型政协组织，筑牢履职思想政治基础

加强政治理论学习，是政协履行好职能的基础。常委会切实加强思想政治建设，以提高整体政治理论水平为抓手，以推进学习型党组织建设为依托，不断提高全体委员和机关干部职工的思想政治理论水平。在学习中，充分发挥党组理论学习中心组、常委会议、主席会议的示范带动作用，不断深化理论学习，丰富学习内容，突出学习针对性和时效性。开展了多层次、宽领域学习，理论知识、时事政治、业务知识结合学，辅导、研讨、交流等多种形式并举，形成了主要领导亲自抓，分管领导具体抓的多角度、全方位学习机制。先后认真学习了邓小平理论和“三个代表”重要思想，科学发展观，党的十七届五中、六中全会，胡锦涛总书记“七一”重要讲话精神和习近平副主席出席西藏和平解放60周年庆祝活动时的一系列重要讲话精神和区、市第八次党代会精神等，做到了时间、人员、内容、效果“四落实”。通过学习，加深了对人民政协事业重要地位和作用的认识，增强了做好人民政协工作的使命感和责任感，明确了人民政协所承担的责任和光荣的历史使命，提高了领导班子整体的履职能力和水平，坚定了实施“十二五”规划的信心和决心。通过学习，广大政协委员和机关干部职工提高了政治意识、大局意识、责任意识，增强了贯彻执行中央路线方针政策的自觉性和坚定性，工作积极性更加高涨，共同团结奋斗的思想基础更加牢固，使政协各项工作做到了与市委思想上同心、目标上同向、工作上同步，有力地推动了政协事业的新发展。

（二）发挥政协特殊作用，为促进社会和谐稳定作出贡献

维护社会稳定，是实现跨越式发展的重要前提，是全市各族人民的根本利益所在。政协党组始终把坚持维护稳定作为硬任务和第一责任，充分发挥爱国统战人士的特殊作用，深入开展反分裂斗争，为促进社会和谐稳定作出了新的贡献。

1. 夯实反对分裂、维护稳定的思想基础。及时传达学习中央及区、市党委关于维稳工作的会议和文件精神，深入开展反分裂斗争形势教育，不断打牢维护稳定的思想基础，使广大政协委员、机关干部职工进一步深刻认清西方敌对势力的险恶用心、达赖集团的反动本质，进一步深刻认清反对分裂、维护稳定的严峻形势，进一步认识到维护社会局势稳定的重大责任，自觉地把思想和行动统一到区、市党委关于维护稳定工作的安排部署上来，真正从思想深处认识到“团结稳定是福、分裂动乱是祸”的真理，更加坚定了反对分裂、维护稳定的信心和决心。

2. 发挥优势、形成合力，全方位做好维稳工作。市政协汇集了各族各界、社会各阶层的代表人士，具有广泛的代表性、群众性和包容性，在反对分裂、维护祖国统一的斗争中有着凝聚人心、汇集力量的特殊优势。常委会紧密联系实际，充分发挥

政协委员联系面广、影响力大的优势和特点，多渠道、多层次、多角度地与社会各界进行广泛联系，团结一切可以团结的力量，及时了解掌握社情民意，认真安排爱国统战人士接受新闻媒体采访、应邀担任学校和社区维稳教育辅导员等多种形式，深入寺庙、学校和社区广泛开展反对分裂、维护稳定的形势教育和宣讲活动，用他们的亲闻、亲历、亲见来说服教育各族各界群众认清达赖集团分裂祖国的反动本质和险恶用心，珍惜来之不易的幸福生活，产生了很好的社会效应。

3. 加强领导，强化措施，切实抓好机关安全防范。政协党组认真贯彻落实区、市党委的维稳工作部署，严格实行领导负责制，要求广大干部职工坚决克服麻痹松懈思想，绷紧反分裂斗争这根弦，切实做好机关的安全防范工作，严格实行24小时领导带班和值班制度。特别是在今年“3·10”、“3·14”、“3·28”、建党90周年和西藏和平解放60周年、党的十七届六中全会和区、市第八次党代会召开等敏感时期和重大活动期间，坚决按照区、市党委维稳工作部署要求，认真带班值班，从未出现漏岗、脱岗现象，确保了敏感时期和重大活动期间单位内部的绝对安全，实现了全年既没有出大事中事，也没有出小事的目标，得到了各类督查检查组的一致好评。同时，坚决服从市委的安排，先后从副主席、机关干部职工中抽调干部8人工作在维稳第一线，为全市的社会局势持续稳定作出了应有的贡献。

（三）围绕中心，服务大局，履职尽责成效显著

一年来，常委会始终把坚持发展作为硬道理和第一要务，围绕中心，服务大局，立足实际，准确站位，主动作为，坚持参政有高度、议政有深度、监督有力度的原则，服务党委决策，推进政府工作，积极助推科学发展，履职尽责成效显著。

1. 政治协商富有成效。以例会为主渠道，认真开展协商讨论，利用全委会和座谈会等各种形式，对拉萨市“十二五”规划纲要的实施进行协商讨论，邀请市领导深入讨论组，面对面地听取委员发言。委员们围绕我市经济发展、科技教育、生态文明、农牧民增收、“六城同创”等工作提出许多宝贵的意见和建议，经整理归纳后共有39条，这些意见和建议及时呈报市委、市政府，得到了市委、市政府领导及有关部门的高度重视。积极参与各类听政议政会议和活动，凡是市委安排、市政府邀请的各类重要会议、重大活动需要政协领导或政协委员参加参与的，按照相关要求，及时安排绝不推诿，而且在听政议政会议上不失时机地提出意见和建议，很多好的意见和建议被市委、市政府以及相关部门采纳，为全市经济发展、社会稳定和民生改善、社会保障等方面工作起到了积极的促进作用。有效利用常委会议、座谈会等，广泛开展咨政明情工作，如在第十二次常委会上分别听取了“关于全市农牧业生产形势及农牧民增收情况”、“国家级拉萨市经济技术开发区建设运行情况”、“拉萨市市民服务中心运行情况”的通报，使常委们能够知晓政府重点工作，掌握相关情况，进一步拓展和延伸了政治协商的形式和途径。

2. 民主监督取得实效。不断积极探索民主监督新方式新途径，力求做到民主监督取得实效。在具体的民主监督过程中，坚持做到与广大群众愿望要求一致，秉承在参与中支持、在支持中服务、在服务中监督的原则，使民主监督工作由“虚”向“实”转变，民主监督渠道进一步拓宽，方式更加多样化。引导政协委员用心把握政策，积极运用会议监督、提案监督、视察监督和知政监督等方式，全方位、多领域开展民主监督工作。向纪检委、公安、“两院”、交通、电力、教育、质监等部门推荐20多名政治素质好、政策性强、办事公道、联系群众密切的政协委员担任民主监督员，积极参加相关单位的民主监督工作，为促进相关部门进一步改进工作作风、提高工作效能，公平公正执法，实现为民服务宗旨，发挥了人民政协民主监督的应有作用，民主监督的实效性有了很大程度的提高。

3. 参政议政扎实有效。紧扣市委、市政府中心工作，抓住我市经济发展和社会稳定中的重点、难点、热点问题，立足优势，积极开展视察、调研活动，充分发挥了参谋助手作用。做到视察调研与议政协商相结合、与建言献策相结合，参政议政的针对性进一步增强。今年1月和5月分别组织近20名委员就我市电力发展情况、公安监管等工作开展调研视察，形成了《关于拉萨市电力发展情况的视察报告》、《关于拉萨市公安监管工作情况的视察报告》。6月份又组织市、县17名委员积极参与区政协组织的矿产资源开发利用情况的调研视察活动，历时4天，深入曲水、尼木、墨竹工卡、当雄四县对我市矿产资源开发利用情况进行了深入调研视察，形成了《拉萨市矿产资源开发利用情况的调研视察报告》，有针对性地提出了10条意见和建议，其中有些意见被自治区政协的调研报告吸纳，对我市乃至全区矿产资源的综合开发科学利用起到了良好的促进作用。

4. 界别委员活动有效开展。政协的优势在界别，活力在委员，界别委员活动的好坏直接关系到政协整体工作的进展。充分发挥政协组织的界别作用，调动界别委员积极开展活动是今年常委会重点工作之一。着力在求实效、增合力、抓落实上下功夫，充分调动各界别委员参政议政的积极性，提高其参政议政的质量和成效，将各界别委员活动纳入政协的整体工作中。3 月份召开了 11 个界别委员负责人会议，在征求意见的基础上，结合我市界别委员实际情况，提出了《拉萨市政协 2011 年各界别委员活动工作计划》，很多界别都紧密结合各自实际，积极主动开展活动。党政界于 5 月份组织委员赴江苏、内蒙古等地学习考察，增长了见识，开阔了眼界，学到了内地省市政协做好新时期人民政协工作的好经验、好做法，并有力地宣传了拉萨及拉萨政协。民族界、宗教界委员联合举办了纪念西藏和平解放 60 周年座谈会，委员们以拉萨的发展变迁及新旧社会变化的事实进行了热情洋溢的发言，坚定了跟党走的信念，形成了助推拉萨跨越式发展和长治久安的共识。界别活动的开展既丰富了政协工作内容，又使参政议政工作得到延伸，进一步增强了履职实效。

(四)密切关注民生，积极为民排忧解难

始终坚持把实现好、维护好、发展好最广大人民的根本利益，作为履行职能的出发点和落脚点，努力做到贴近民生，体察民情，倾听民意，积极为民排忧解难，树立了人民政协为民亲民的良好形象。

根据全市扶贫工作会议安排部署，市政协新一轮扶贫点调整到墨竹工卡县日多乡，政协党组高度重视，及时安排部署新一轮的扶贫工作计划，积极开展衔接工作。一是深入农户家中，开展调查研究，与乡政府召开对口扶贫见面会，在听取该乡意见的基础上，提出了初步的工作意见，使新一轮对口扶贫工作思路清晰、重点突出、任务明确，并拿出专项资金，购买大米、清油等生活物品前往日多乡慰问贫困户，解决了部分贫困群众的生产生活等实际困难；二是持续开展党员结对帮扶活动。新的扶贫点调整后，重新确定了机关副科级以上人员与贫困户之间的结对帮扶关系，调整后不到三个月，先后 4 次深入结对帮扶贫困户家中开展家访、进行慰问，机关的广大党员干部都纷纷表示，要尽最大努力帮助贫困户早日脱贫致富；三是认真开展“基层建设年”活动，先后从机关抽调 3 名同志在市科技局负责同志的带领下一起到堆龙德庆县昂嘎村蹲点，并组织机关干部职工、驻会委员为堆龙德庆县昂嘎村贫困户积极捐款 6000 多元，在经费十分紧张的情况下，与市科技局共同出资为该村新建了文化活动室，受到该村群众的一致好评；四是积极响应号召，深入开展创先争优强基础惠民生活动。按照区、市党委深入开展创先争优强基础惠民生活动动员大会精神要求，政协党组不推不拖，坚决服从市委安排，做到了早部署、早安排，及时成立了活动领导小组，全面安排部署了此项工作，针对政协机关老同志多、被抽调参加全市维稳工作人员多的实际情况，面对组建两个驻村工作队的艰巨任务，党组认真研究，合理安排，抽调 8 名工作责任心强、基层工作经验丰富的同志组成两个驻村工作队，由县级干部带队，按照市里规定时间进驻到两个村委会开展工作。办公厅积极为该项活动的开展创造良好的工作条件，在人、财、物各方面给予了保障，目前总体工作进展顺利。

(五)专委会工作扎实开展

专委会工作是政协工作的基础，也是政协履行职能的重要方式之一。常委会注重发挥专委会的基础作用，在年初确定全年工作安排时，就统筹谋划各专委会工作，使专委会工作融入到政协全局工作中去。各专委会选准角度、发挥优势、突出特色，各项工作有声有色，取得了可喜的成绩。提案委员会将市政协九届四次会议期间收到的 148 件委员提案，按照规定程序、规定时间，及时进行了分类，其中立案 86 件，作为意见建议处理的 62 件，筛选出重点提案 8 件。分类处理后将提案和意见建议移交市委、市政府“两办”督查室，在人员少、任务重的情况下，分别深入相关部门就提案办理情况进行调研督办，截至 2011 年 10 月底，148 件提案已全部办理完毕，回复率达 100%，委员满意率为 98%，受到了广大政协委员和各承办单位的充分肯定。经济资源社教科文卫委员会，始终坚持围绕我市经济社会的发展，充分发挥自身优势和特点，积极参与调研、视察、咨政议政等活动，为我市的经济发展提出了很多有价值的意见和建议。文史民族宗教法制委员会在 1 月份召开了全市政协文史工作座谈会暨文史资料征集培训会，这是我市政协文史资料工作史上一次十分重要的会议，为我市文史资料工作的开展奠定了良好的基础。按照会议要求，开展《政协委员“三亲”史料》一书的编撰工作是该委员会今年的一项主要工作，在编委会的指导下，经过大量的收集整理，目前该书的编撰工作已基本完成，即将印刷出版。在自治区文化厅古籍办专家的协助下，对市政协所藏历史文献资料进行了一次全面的普查登记，对所藏82函历史文献进行了详细的登记造册，其中《哇协》等64函珍贵历史文献将申报第四批《国家珍贵古籍名录》，市政协也因此成为本次申报函数最多的古籍收藏单位。

（六）广泛开展联谊联络，加强政协组织友好往来

在履职过程中注重发挥政协组织联系面广的优势，以联谊联络为纽带，团结合作为基础，多渠道多形式开展联谊联络活动，进一步密切与各族各界和区内外政协的联系与交流。一是注重加强与爱国统战人士的联络联系。在今年2月承办的全市各族各界团拜会上，邀请了较多的爱国统战人士参加，进一步密切与各界委员的联系，协助党和政府做好协调关系、沟通思想、化解矛盾、凝聚人心的工作，积极推进和谐拉萨建设。二是积极参加全国及省市政协组织承办的联席会议。先后派出10多名委员和政协工作者参加中国世界遗产地政协主席联席会第十八次会议、全国少数民族首府市政协联系会议、西南五市政协工作协作会、全国政协干部培训班等。三是加强与兄弟省市政协友好往来。为增强与内地兄弟省市政协的联系联络，我们热情欢迎全国各地政协组织来拉萨旅游考察，借此机会加强了解，增进友谊。在接待工作中，坚持热情周到、优质服务的原则，全年共接待全国各地政协组织来访团队89个、580多人次，通过接待和回访，学到了内地兄弟省市政协在履职工作中的好做法、好经验，开阔了视野，拓宽了工作思路，有力地促进了我市政协工作的开展。

（七）切实加强自身建设，努力提升整体工作水平

加强自身建设是提高履职效能的基础和前提。常委会将加强自身建设列入年内主要工作计划之一，认真对待，狠抓落实。以巩固机关效能建设活动成果和开展“创先争优”活动为平台，以提升政协工作整体水平为目标，围绕提高履职能力，推进政协工作“三化”建设，促进了整体工作水平的提高。

1. 进一步加强机关作风和行政效能建设。为进一步加强机关作风和行政效能建设，在巩固去年工作成绩的基础上，按照市委提出的“三项要求”，紧密结合政协机关实际，以作风建设为抓手，以促进工作为根本，对机关作风和行政效能建设做出了新安排，提出了年度工作计划，补充完善了一些必要的规章制度，严格了上下班制度，改革了考勤办法，很大程度提高了出勤率。通过开展加强机关作风和行政效能建设活动，市政协机关干部职工精神面貌进一步得到明显转变，工作作风进一步得到明显改进，行政效率和服务质量进一步得到明显提高，有效推动了各项工作的开展，实现了工作作风与效能建设“双赢”目标。

2. 扎实开展“创先争优”活动。按照市委的统一部署，把开展“创先争优”活动作为推动全局工作的有效载体，立足实践、围绕中心、突出重点，成立了“市政协机关创先争优活动领导小组”，制定了《拉萨市政协机关“创先争优”活动实施方案》。在“创先争优”活动中，始终坚持高起点、高标准、高质量，精心组织，狠抓落实，结合政协实际，确定了“助推发展、维护稳定当先锋，联系群众、提高效能做表率”的活动主题，引导机关干部职工尽心尽力创先进、领导干部带头示范做表率、党员立足本职争优秀，推动各项工作的开展。市政协机关党员就创先争优活动目标做出书面承诺，将自己的工作打算、努力方向、争优事项等进行了公开承诺。通过“创先争优”活动的开展，市政协广大党员干部职工的精神风貌、工作作风都有了较大转变，真正让委员和群众感受到了创先争优活动带来的新变化，整个机关呈现出积极向上、团结协作的良好氛围。

3. 积极开展和举办相关重大活动。开展健康有益的文体活动，既丰富了干部职工业余文化生活，又增添了政协机关文化建设内容。配合今年全市各项节庆活动的举办，开展了具有纪念意义、丰富多彩的各项活动。为切实展现市政协机关的整体素质，积极组织开展“红色歌曲·拉萨唱”活动，其中舞蹈《幸福在路上》在全市“五一”红歌演唱中受到一致好评。在庆祝建党90周年之际，举办了“感党恩、唱红歌”演唱会，激发了大家对党的热爱和感激之情。为庆祝西藏和平解放60周年，根据市委的安排，市政协积极承办了全市各族各界庆祝西藏和平解放60周年座谈会，来自我市各族各界代表80多人参加了座谈会，会上9位同志从不同角度，畅谈了我市在中国共产党领导下，60年来在政治、经济、社会事业等方面发生的巨大变化和取得的辉煌成就，表达了对中国共产党、对伟大祖国、对社会主义新拉萨的热爱之情，展望了对未来拉萨的美好憧憬。这些活动的开展，展示了人民政协“人才荟萃”的优势所在，弘扬了人民政协的文化精神。实践证明：不断加强自身建设，是政协履职工作中不可缺少的重要组成部分，必须认真对待，切实抓好，才能不断提升政协工作的整体水平。

各位委员、同志们：

回顾一年来的工作，成绩的取得是中共拉萨市委正确领导的结果，是自治区政协有力指导和市人大、市政府密切配合和大力支持的结果，是市政协各参加单位和广大政协委员团结奋斗的结果，也是各族各界人士通力合作的结果。在此，我代表市政协常委会，对一年来关心支持政协工作的各级党政领导和社会各界人士，表示崇高的敬意和衷心的感谢！向一年来为政协工作付出辛勤劳动的全体委员和工作人员致以诚挚的问候！

新的时期，新的使命，对做好人民政协工作提出了更高的要求，我们深深体会到：必须坚持中国共产党的领导，只有把政协工作自觉置于党的领导之下，才能把最广泛的爱国统一战线巩固好、发展好，把中国共产党领导的多党合作和政治协商制度坚持好、完善好，才能使政协工作始终沿着正确的政治方向前进；必须坚持围绕中心、服务大局，只有自觉服从和服务于全市跨越式发展和长治久安的大局，政协工作才能不断发挥自身的价值和作用；必须突出团结和民主两大主题，只有牢牢把握团结和民主两大主题，才能最广泛地调动一切积极因素，促进大团结、大联合，才能为构建社会主义和谐拉萨作出更大的贡献；必须全面加强自身建设，只有全面加强自身建设，才能不断提高政协组织的凝聚力和战斗力，才能不断推动社会主义民主政治建设向前发展；必须坚持与时俱进、开拓创新，只有坚持与时俱进、开拓创新，政协工作才能充满生机与活力，才能真正体现时代性、把握规律性、富于创造性。

在肯定成绩的同时，我们也清醒地认识到，开展好新时期的人民政协工作，与党的要求，人民的期望还存在一定差距：参政议政的质量和效果有待进一步提高；民主监督的形式单调，力度不够；界别委员作用未能得到充分发挥，活动开展不够深入；对委员提案和意见建议办理的督促检查力度不够；专委会的机构和人员配置急需加强。对存在的这些问题，在新的一年里，我们将认真研究，不断改进创新，努力把各项工作做得更好。

二、2012 年工作重点

2012 年是党的十八大召开之年，是我市深入贯彻落实党的十七届六中全会和区、市第八次党代会精神的重要一年，也是政协拉萨市第九届委员会履职的最后一年，是大事多、要事多的一年，做好全年的工作具有特殊的重要意义。2012 年拉萨市政协工作总体要求是：高举中国特色社会主义伟大旗帜，以邓小平理论和“三个代表”重要思想为指导，深入贯彻落实科学发展观，认真学习贯彻党的十八大精神、胡锦涛总书记在庆祝中国共产党成立 90 周年大会上的重要讲话精神、全面贯彻落实中央第五次西藏工作座谈会精神和习近平副主席出席西藏和平解放 60 周年庆祝活动时的一系列重要讲话精神以及区、市第八次党代会精神，牢牢把握团结和民主两大主题，紧紧围绕科学发展、跨越式发展和长治久安，服务“发挥首府城市首位度作用”各项工作，务实有效地履行政治协商、民主监督、参政议政职能，努力提升政协工作的整体水平，再创政协工作新局面。

(一)加强学习，凝聚共识，自觉用科学理论指导推动政协事业发展

在新的一年里，要继续以学习型党组织建设带动学习型机关建设，把思想理论建设放在各项工作的首位，发扬人民政协注重学习的优良传统，发挥好党组理论学习中心组的示范带头作用，组织政协委员、全体党员、干部职工扎实开展中国特色社会主义理论体系、社会主义核心价值体系、时事政治和形势政策、反腐倡廉、统一战线及人民政协基本理论、国家法律法规等方面的学习，特别要加强学习党的十八大，区、市第八次党代会精神，深刻把握精神实质，把学习成果转化为谋划工作的思路、促进工作的举措、提升工作的本领，切实在武装头脑、指导实践、推动工作上实现新突破，自觉地融入全局，服务全局，充分发挥政协组织的优势，增强求作为的责任意识、提升求作为的发展思路、谋划求作为的工作举措、突破求作为的重点任务，以思路的拓展促进履职工作的开展，为我市跨越式发展和长治久安出实招、鼓实劲、办实事。

(二)坚持不懈深入开展反分裂斗争，切实为维护社会稳定作出新贡献

明年是大事多、要事多的一年。反分裂斗争形势依然会十分严峻，要进一步深刻认识反分裂斗争的长期性、艰巨性和复杂性，牢固树立大局意识、责任意识和忧患意识，站在战略全局的高度，围绕全市社会局势稳定工作，认真贯彻落实中央和区、市党委关于维稳工作的指示精神，按照市委的统一部署，坚持不懈地深入开展反分裂斗争。要充分发挥好政协组织的特殊优势，积极协助党委和政府做好宣传教育、争取人心、凝聚力量、协调关系、化解矛盾、增进共识的工作，团结和影响广大群众认清达赖集团分裂祖国的反动本质和险恶用心， 为维护社会稳定打下坚实的群众基础，为党委政府分忧，切实为维护社会稳定作出新贡献。

(三)把握团结和民主两大主题，努力在咨政建言上有新作为

明年是我市实施“十二五”规划的第二个年头，也是贯彻落实区、市第八次党代会精神的头一年，我们要牢牢把握团结和民主两大主题，围绕中心、服务大局，找准位置、选准角度，主动融入、主动作为，切实发挥自身优势和作用，认真履行“三大”职能，积极探索在新形势下服务经济社会发展的有效途径，组织委员进行经济、科技、教育、文化、卫生等方面的视察调研，提供有价值的视察调研报告不少于6篇。按照市委第八次党代会确定的到“十二五”末地区生产总值、地方财政收入、农村居民人均纯收入“三个翻一番”的奋斗目标，努力在咨政建言上有新作为，增强政治协商可行性、民主监督针对性、参政议政时效性，提出管用实用的高质量意见建议，为市委、政府的科学决策建睿智之言，献务实之策。

(四)高度关注民生，着力为促进改善民生营造良好环境

要以开展创先争优强基础惠民生活动为契机，高度关注民生，抓好、抓实驻村工作队的工作，定期或不定期前往两个村了解驻村工作队工作开展情况，加强检查指导，尽力解决群众困难，确保活动取得实效。积极做好对口扶贫工作，经常深入基层和群众中去，加大结对帮扶力度，通过人民政协的广泛联系与团结合作机制，调动一切积极因素，发挥政协组织优势，促进对口扶贫工作见实效，组织委员和机关干部开展科技扶贫、救急济困、捐资助学等社会公益活动，竭诚为群众排忧解难。紧紧围绕就业、教育、医疗、住房、环保等事关群众切身利益的民生问题，关心关怀弱势群体，通过提案和社情民意等多种渠道，及时反映群众的诉求和愿望，使党委、政府的决策更加科学、更加符合群众的需求，着力为促进改善民生营造良好环境。

(五)外塑形象，内强素质，着力加强自身建设

政协机关是常委会集中办事机构，承载着为政协工作服务、为委员服务、为参政议政服务的职责，是常委会联系各族各界人士的桥梁和纽带，处于承上启下的重要位置。要把加强管理、狠抓落实作为推进机关工作的重要保障，积极推进“三化”建设，不断更新工作理念，丰富工作载体，延伸工作触角，对市政协各项制度的执行情况进行督促检查，及时修订和完善有关规章制度，逐步形成较完善、可操作的制度体系，努力使管理的各个方面和各个环节有章可循，保证机关工作高效运转，切实做到用制度教育人、管理人、约束人，努力提高机关工作人员的整体素质和服务水平，做到重质量、讲效率、明规范、强协作，切实外塑形象，内强素质，把加强自身建设提高到一个新的水平。

(六)以高度的政治责任感，抓好政协换届工作

政协换届工作关系到人民政协事业的可持续发展，是一项重要的政治任务，是全市各族各界群众政治生活中的一件大事，各族各界群众都十分关心和关注。做好这次换届工作，对配强配好新的一届政协组织，具有十分重要的意义。本届全体政协委员要再接再厉，善始善终，以良好的工作业绩为本届政协的各项工作画上一个圆满的句号，为下一届政协的工作打下良好的基础。市政协要在市委的坚强领导下，加强领导，精心组织，认真筹备，明确换届工作步骤，严明换届工作纪律，创造一个风清气正的换届工作环境，有序推进换届工作有条不紊开展，确保换届工作顺利圆满完成。

各位委员、同志们：

团结奋进创伟业，继往开来谱华章。新的一年即将来临，新形势、新任务对人民政协工作提出了新的要求、赋予了新的使命。让我们在市委的正确领导下，在自治区政协的有力指导下，按照区、市第八次党代会确定的奋斗目标，全面贯彻落实科学发展观，坚定信心，开拓进取，扎实工作，以更加饱满的热情，更加高昂的斗志，更加务实的作风，同心同德，携手奋进，不断开创我市政协工作新局面，谱写人民政协事业发展新篇章，以优异的成绩迎接党的十八大胜利召开!

坚持以人为本 狠抓工作落实
为“十二五”规划顺利开局提供坚强保证

——2011年3月29日在中国共产党第七届拉萨市纪律检查委员会第五次全体会议上的工作报告

中共拉萨市纪律检查委员会书记 达娃欧珠

各位委员、同志们：

现在，我代表中共拉萨市纪委常委会向第五次全体会议报告工作，请予审议。

这次会议的主要任务是：全面贯彻党的十七届五中全会、中央第五次西藏工作座谈会、十七届中央纪委六次全会和区党委七届七次全会、七届区纪委七次全会、市委七届七次全会精神，回顾总结2010年全市党风廉政建设和反腐败工作，研究部署2011年工作任务。市委对这次会议十分重视，市委常委会听取了市纪委关于这次会议筹备情况的工作汇报，专门研究了今年的党风廉政建设和反腐败工作，区党委常委、市委书记秦宜智同志出席今天的会议并将作重要讲话，我们要认真学习领会，全面贯彻落实。

一、2010年党风廉政建设和反腐败工作回顾

过去一年，市委、市政府团结带领全市各族人民，牢牢把握推进跨越式发展和长治久安这个主题，按照“一坚持、两强化、三突破”工作要求，坚定不移抓发展，旗帜鲜明反分裂，尽心竭力惠民生，持之以恒抓党建，实现了全市经济较快发展、社会和谐稳定、民生不断改善、城乡日新月异、党建继续加强的目标。全市各级党政组织特别是党政主要领导切实履行“一岗双责”，认真落实党风廉政建设责任制，各级纪检监察机关坚持标本兼治、综合治理、惩防并举、注重预防方针，以“四个注重”为导向，以“三个强化”为抓手，扎实推进党风廉政建设和反腐败斗争各项工作，初步形成了“党委统一领导、党政齐抓共管、纪委组织协调、部门各负其责、群众支持参与”的反腐倡廉工作格局。

（一）注重从政治和大局着眼抓好反腐倡廉工作。纪检监察工作的重要使命，是保证党的政治纲领和政治目标的实现，首要任务是检查党的路线方针政策和决议执行情况，维护党的团结统一。过去一年，我们始终坚持把严明党的政治纪律放在首要位置，加强对党员干部执行党的政治纪律情况的监督检查，在春节和藏历新年、世博会、国庆节、亚运会等敏感时期大力开展维稳督查，积极引导广大党员干部严格按照“十个决不允许”要求，不断提高执行党的政治纪律的自觉性。纪检监察工作作为全市工作大局的重要组成部分，必须坚持围绕中心、服务大局，去年，我们紧紧围绕市委、市政府的中心工作理清工作思路、谋划工作布局、确定工作重点，狠抓落实，多次与有关部门联合对党的路线方针政策特别是中央第五次西藏工作座谈会精神的贯彻落实情况进行专项督查，先后多次对中央扩大内需项目进行了重点抽查，不断加强对各项惠民政策及安居工程、安全生产、环境保护、六城同创、灾后重建、干部选拔任用等重大决策部署和政策措施落实情况的监督检查，为中央和区、市党委政府各项重大决策部署的贯彻落实提供了有力保证。

（二）注重以教育和预防为主抓好反腐倡廉工作。反腐倡廉建设的最大任务是让党的各项方针政策始终沿着正确的方向运行，使广大党员干部始终按照党纪国法廉洁从政；最高境界是把“爱”作为出发点，把“护”作为落脚点，从而达到保护、爱护干部的目的。因此，抓反腐倡廉工作必须首先从教育和预防着手，通过教育和预防提高广大党员干部的反腐倡廉意识，不断巩固党的执政地位。2010年，我们始终把教育和预防工作摆在突出位置，当作反腐倡廉建设最基础性的工作来抓，将工作重心向教育和预防工作倾斜，使教育和预防工作得到进一步深化。一是以全市党风廉政教育基地和法纪警示教育基地为载体，有计划地开展了9期12个班次、683人次的专题培训活动，市委党校还在全年32期主题班次中专题进行了党风廉政教育，各县（区）也紧密结合自身实际开展了丰富多样的教育和预防工作，推动了教育预防工作经常化、制度化、

系统化、规范化。二是大力开展巡查工作，首次对部分市直单位贯彻落实中央重大决策部署情况、区市党委政府各项政策措施执行情况、部门工作任务完成情况进行了全面巡查，对存在问题及时反馈、限期整改。通过巡查，进一步推动了各项决策部署和工作措施的贯彻落实，为市委、市政府科学决策起到了参谋作用，同时对一些苗头性问题起到了早提醒、早预防的作用。三是对市民服务中心行政审批项目入驻前的模拟运行情况加大了监督检查力度，对转变政府职能、规范权力运行、转变工作作风、提高工作质量和效率起到了积极的促进作用。四是通过全程监督各类考试、严厉查处“高考移民”、坚决纠正人事、教育、医疗、卫生、食品、服务等行业中存在的不正之风，防止了违纪违规问题的出现。五是严格执行领导干部报告个人有关事项的规定，对党员领导干部参与赌博、大操大办、借机敛财、公车私用等问题进行了治理，各纪检组还对辖管单位执行“三重一大”情况开展了经常性监督，各县(区)对政府采购进行了有效监督，增强了党员领导干部的廉洁从政意识，收到了较好的预防效果。

(三)注重动员社会力量参与反腐倡廉建设。当前，反腐倡廉建设已经成为全社会关注的热点和焦点问题之一，这既是机遇，也是挑战。如果引导好了，就会形成推动纪检监察工作的强大合力；如果引导不好，势必涣散人心、动摇党的执政根基。过去一年，我们在拉萨电视台、拉萨晚报、拉萨人民广播电台等主要媒体，大力开展反腐倡廉宣传教育，树立了正确的舆论导向；组织十家单位深入开展以“诚实守信、服务为民”为主题的民主评议政风行风活动，公开行业服务承诺，现场解答群众问题，提高了各部门科学、民主、依法执政的能力和水平；集中开展效能建设年“宣传日”活动，发放各类宣传资料3万多份，接受群众现场咨询1800余人次，组织全市机关干部参加全区效能建设年知识竞赛活动和观看专题文艺晚会，举办全市机关作风和行政效能建设主题演讲比赛活动，积极营造了全社会崇廉倡廉的良好氛围；广泛开展机关作风和行政效能建设“万人评议”活动，让社会各界来评价市直各单位的机关作风和行政效能建设；大力推行党务公开、政务公开和村务公开、厂务公开，充分调动了党员干部群众关注发展、参与发展的积极性和主动性，使基层组织的权力运行更加公开、更加透明，为广大群众进行有效监督创造了良好环境。通过一系列举措，切实提升了全社会对纪检监察工作的关注度，提升了纪检监察工作的社会地位，初步形成了社会积极参与支持反腐倡廉建设的合力。

(四)注重反腐倡廉工作的开拓创新。纪检监察工作的生命力在于创新，只有通过体制机制创新、方式方法创新、工作载体创新，才能使反腐倡廉工作始终充满生机与活力。为了抓好市直机关作风和行政效能建设，建立完善了以充分调动每个干部职工的主观能动性和创造性为核心，以“内部激励为主、外部监督为辅、内力外力相结合”的长效机制，市直各单位紧密结合效能建设年活动的开展，认真落实理清思路、制定目标、强化责任、健全制度等工作措施，纪检监察机关开展了营造氛围、明察暗访、综合考评等大量行之有效的工作，使市直机关作风有了一定的好转，机关行政效能得到不断提高；为抓好党员干部廉政教育，建立了党风廉政教育基地和法纪警示教育基地，并开展了大量针对性很强的培训工作；为了发挥群众在惩治和预防腐败中的积极作用，进一步畅通群众信访渠道，健全完善了市县两级纪委书记信访接待日制度，对群众合理诉求和社会关切及时过问、及时解决；为了切实发挥查办案件的治本功能，实行案件初查报告和案件分析报告同时上报的“一案双报告”制度，在查办案件的同时深刻剖析案件发生的原因，力求查处一起案件，杜绝一类问题；为了进一步深化对市直各单位的监督检查，积极发挥各纪检组的职能作用，提出并建立了巡查工作制度，首次对部分市直单位开展了深入巡查；等等。通过这些创新举措，使全市党风廉政建设和反腐败工作始终在开拓创新中注入新的生命与活力，始终在开拓创新中得到深化和推动。

(五)强化反腐倡廉制度建设。依靠制度惩治和预防腐败，是依法治国的重要体现，是从源头上防治腐败的根本举措。2010年，中央先后出台了《中国共产党党员领导干部廉洁从政若干准则》、《关于领导干部报告个人有关事项的规定》、《党政主要领导干部和国有企业领导人员经济责任审计规定》等一系列反腐倡廉法规制度，充分体现了中央加强反腐倡廉制度建设的决心和力度。为了强化制度建设，提高制度执行力：一是狠抓学习宣传。利用各级党政组织理论学习中心组、市委党校、党风廉政教育基地、各新闻媒体等途径，广泛深入地开展了法规制度的学习宣传活动，使广大党员干部领会制度精神、熟知制度内容，教育引导党员干部牢固树立严格按制度办事的观念，养成自觉执行制度的习惯。二是抓好责任落实。年初，市委、市政府主要领导与八县(区)、市直各单位签订了《拉萨市党风廉政建设责任书(2010—2011 年)》，各县(区)、市直各单位也逐级签订了责任书，明确了各级党政领导的工作职责，明确了各项工作任务的落实要求和完成时限，形成了一级抓一级，层层抓落实的责任体系。三是强化监督检查。为了推动各项法规制度特别是党风廉政建设责任制和《工作规划》的落实，全年开展了全方位、多层级的督促检查，对发现的问题要求相关部门进行认真整改；在开展工程建设领域突出问题专项治理工作中，重点解决工程建设领域存在的重视不够、制度缺失、执行不力、管理不到位、程序不规范等问题，积极探索建立和完善相关制度；市直各单位和各县(区)也紧密结合自身实际，建立和完善了一批制度，并采取有效措施不断提高制度执行力。

(六)强化查办案件工作。对腐败分子的容忍，是对违纪违法行为的纵容，也是对遵纪守法干部的伤害，因此在反腐倡廉建设中，必须始终坚持党要管党、从严治党方针，对腐败分子绝不能姑息迁就、心慈手软。2010 年，全市各级纪检监察机关共查处 172 件群众信访举报案件，其中转立案 16 件，给予党纪政纪处分 8 人，处理工程建设领域违纪违法领导干部 15 名，处理参与赌博党员干部 6 名，收缴违纪违法资金 200 多万元，特别是八一农场姜景西一案，是近几年来拉萨唯一使用两规措施查办的案件。通过严肃查办各类违纪违法案件，既严厉惩处了腐败分子、严明了党的政治纪律，又教育警示了党员干部，发挥了惩治腐败的治本功能。

(七)强化纪检监察机关自身建设。加强纪检监察机关自身建设是形势与任务发展的必然要求，是推进党风廉政建设和反腐败工作的组织保证，其中最核心的，就是要建设一支政治坚强、公正廉洁、纪律严明、业务精通、作风优良的纪检监察干部队伍。去年，在加强纪检监察机关自身建设方面，努力实现了“四个一批”，即：使用了一批干部，改善了领导班子和干部队伍结构，进一步调动了纪检监察干部的工作积极性；充实了一批干部，为纪检监察战线补充了新鲜血液，增强了纪检监察战线的生机与活力；培训了一批干部，进一步提高了纪检监察干部的业务素质和工作能力；建立、完善了一批制度，不断强化制度的执行力，提高了通过制度管人管事的能力和水平。同时，还改善了各级纪检监察机关的工作学习条件，努力营造了奋发有为、拴心留人的环境。

以上成绩的取得，值得肯定，但也要清醒地看到，当前反腐倡廉成效明显与问题突出并存，防治力度不断加大与腐败现象易发多发并存，群众对反腐败期望值不断上升与腐败现象短期内难以根治并存，反腐败斗争形势依然严峻、任务依然艰巨。就我市而言，还存在一些不容忽视的问题：个别党员干部党的观念淡薄，党员意识不强，在政治上不能起到先锋模范作用；一些领导干部宗旨意识淡薄，不把群众利益放在心上，存在脱离群众、奢侈浪费、享乐主义思想严重的问题；少数领导干部违纪违法问题仍然比较严重，腐败现象在权力集中的部门和岗位、在资金密集的领域和行业、在监管薄弱的领域和环节，仍然易发多发；领导干部作风和廉洁自律方面的问题仍然比较突出，少数党组织和党员干部纪律观念淡薄、执行纪律不严，一些群众反映强烈的突出问题仍然没有得到有效解决；纪检监察机关自身建设方面还存在干部队伍表率意识不强、人员素质参差不齐的问题；等等。大家必须深刻认识反腐败斗争的长期性、复杂性、艰巨性，既要看到反腐败斗争形势依然严峻复杂，增强忧患意识，又要充分认识推进反腐倡廉建设的有利条件，增强机遇意识，以更加坚定的信心、更加坚决的态度、更加有力的措施，推进反腐倡廉各项工作。

二、2011 年党风廉政建设和反腐败工作任务

今年是中国共产党成立 90 周年和西藏和平解放 60 周年，是实施“十二五”规划的开局之年，也是落实《工作规划》、推进我市惩治和预防腐败体系建设的关键一年，做好今年的党风廉政建设和反腐败工作任务艰巨，意义重大。总的要求是：全面贯彻党的十七届五中全会、十七届中央纪委六次全会、区党委七届七次全会、七届区纪委七次全会、市委七届七次全会精神，以邓小平理论和“三个代表”重要思想为指导，深入贯彻落实科学发展观，坚持标本兼治、综合治理、惩防并举、注重预防的方针，牢固树立“以人为本、执政为民”理念，紧紧围绕推动中央第五次西藏工作座谈会精神贯彻落实这个

中心，牢牢把握服务跨越式发展和长治久安这个大局，着力落实党风廉政建设责任制，着力推进惩治和预防腐败体系建设，着力完善机关作风和行政效能建设长效机制，着力查办重点领域和关键环节的违纪违法案件，着力解决人民群众反映强烈的突出问题，努力取得党风廉政建设和反腐败斗争新成效，为“十二五”规划顺利开局提供坚强保证。

（一）围绕中心、服务大局，切实维护政令畅通。坚持把维护党的政治纪律摆在首位，深入开展政治纪律教育，引导广大党员干部增强党的意识、宗旨意识、执政意识、大局意识、责任意识，自觉同中央和区、市党委保持高度一致，始终做到立场十分坚定，旗帜十分鲜明，行动十分坚决。张庆黎书记在第七届区纪委七次全会上指出，我区广大党员干部在遵守党的纪律特别是政治纪律方面做得是好的，但也确实有个别党员干部政治不清醒，立场不坚定，对中央和区党委的重大决策学习不认真、贯彻不得力，在党不言党，甚至阳奉阴违、说三道四、评头论足，有的与党和人民不是一条心，在一些公共场合发表有损党和政府形象的言论，造谣信谣传谣、扰乱民心；有的吃着共产党的饭，却把来生寄希望于达赖，暗中追随达赖，极个别人甚至公然站到党和人民的对立面；有的明里暗里散布一些不利于民族团结的言论，蓄意制造民族矛盾。这些问题在我市党员干部中也不同程度地存在，对这些问题，我们绝不能掉以轻心，各级党政组织和纪检监察机关一定要时刻紧绷政治这根弦，架好架牢政治纪律这条“高压线”，教育引导广大党员干部绝不能在政治上犯迷糊，对那些政治不清醒、立场不坚定，拒不执行中央对达赖集团斗争方针政策和区党委关于反对分裂、维护稳定决策部署的，要依纪依法严肃处理，从严查办违反政治纪律的案件，对有令不行、有禁不止、阳奉阴违、各行其是的，要坚决纠正。

随着中央第五次西藏工作座谈会精神的贯彻落实，随着“十二五”规划的组织实施，又将有一大批惠民政策、项目、资金落实到位。各级党政组织特别是纪检监察部门肩负着为各项惠民政策、项目、资金顺利实施并发挥最大效应保驾护航的重任，为使中央的关心、全国人民的支援真正惠及全市各族人民，今后一段时间，要加强对中央和区、市党委政府各项重大决策部署的贯彻落实情况，特别是中央第五次西藏工作座谈会精神和“十二五”规划落实情况的监督检查，确保中央各项方针政策和区、市党委政府各项决策部署落到实处，促进“十二五”规划顺利启动。要坚决防止思想上不重视、行动上不负责、工作上推诿扯皮的现象，坚决纠正不切实际、不顾民力、急功近利的决策和乱铺摊子、乱上项目、劳民伤财的行为，坚决克服官僚主义、形式主义、弄虚作假、铺张浪费等问题，对因决策失误、监管不力、行动迟缓、敷衍塞责等造成重大损失或恶劣影响的，要严肃追究责任。

今年是市、县、乡党委和村居“两委”换届之年，要严格落实中央《关于严肃换届纪律保证换届风清气正的通知》精神，严格执行“严明纪律、严肃教育、严格监督、严厉查处、严密组织”的要求，切实把严肃换届纪律的各项工作摆上重要日程，广泛开展“5 个严禁、17 个不准、5 个一律”教育，做到教育在先、警示在先、预防在先。要把严格监督贯穿于干部提名推荐、考察、公示和换届选举的各个环节，畅通信访渠道，重视群众举报，坚决惩治跑官要官、买官卖官、拉票贿选和违规提拔干部等行为，防止和纠正“带病上岗”、“带病提拔”等问题，严厉查处违反换届纪律和组织人事纪律的行为，营造风清气正的选人用人环境。

（二）加强教育、强化监督，抓好领导干部廉洁自律。各级领导干部是党风廉政建设的重点，因为领导干部掌握着党和人民赋予的权力，领导干部的形象往往代表着党和政府的形象，领导干部的作风直接影响广大党员干部队伍的作风，甚至影响全社会的风气，可以说领导干部的一切权力都是人民赋予的，必须对人民负责，为人民谋利，接受人民的监督。要认真贯彻落实中央《关于加强领导干部反腐倡廉教育的意见》，制定覆盖面更广、针对性更强的反腐倡廉教育培训计划，继续加强党员领导干部的思想政治教育、警示教育和岗位廉政教育，切实发挥反腐倡廉教育在筑牢领导干部拒腐防变思想防线中的基础性作用。

要深入贯彻落实《廉政准则》，严格执行领导干部廉洁自律各项规定，着力解决党员领导干部在廉洁自律方面存在的突出问题。要严格执行《关于领导干部报告个人有关事项的规定》，领导干部必须按要求如实报告个人收入、住房、投资、配偶子女从业等事项和配偶子女移居国外境外的情况，对不按时报告、不如实报告、隐瞒不报等行为，要严肃处理。各级党政机关要带头厉行节约，反对奢侈浪费，加强和规范公务用车配备使用管理，严格控制公务接待费用支出，严禁用公款大吃大喝、请客送礼。

(三)以人为本、纠风惠民，进一步密切党群干群关系。扎实开展加强基层建设年活动。要按照区、市党委提出的“宣传党的方针政策、着力解决突出问题、密切党群干群关系、加强基层组织建设”的目标要求，通过130个驻村工作组长达半年多的驻村工作，扎实推进基层基础工作，为广大群众办实事、做好事、解难事，让群众感受到党和政府的温暖，提高广大党员干部做群众工作的能力，进一步密切党群干群关系。要组织力量对加强基层建设年活动进行巡回检查，全程督查各驻村工作组的工作开展情况，及时反映动态、报告进度，严厉查处巡查中发现的问题，确保活动有声势、有力度、有成效。

当前，纪检监察工作任务越来越繁重，涉及政治、经济、文化、生态等方方面面，可以说，党员、干部工作的领域涉及哪里，纪检监察工作的触角就要延伸到哪里。为了进一步强化社会监督，今年将在全市聘任1000名党员、干部作为社会监督员，通过设立专用电话、畅通信息反映渠道等方式，逐步建立一套社会信息反馈研判工作机制，切实提高监督工作的灵敏度，切实增强监督工作实效。要畅通群众反映问题、表达合理诉求的渠道，认真做好群众来信来访工作，关注群众特别是困难群众的实际问题和利益诉求，集中解决信访突出问题，维护群众的合法权益，加强对反腐倡廉舆情信息的收集、研判和处置，积极回应社会关切。

坚决纠正损害群众利益的不正之风，着力解决群众反映强烈的突出问题。加强对各项惠民政策和资金落实情况的监督检查，抓好流程管理，减少中间环节，使惠民政策与群众面对面。会同有关部门重点解决征地拆迁、住房保障、食品药品安全、安全生产等方面损害群众利益的突出问题，坚决纠正教育、卫生、旅游等行业中存在的不正之风。加大对“高考移民”问题的查处力度，通过大力开展政策宣传、加强考生户籍审核、严格审查报名资格等措施，切实做到“关口”前移，努力净化招生考试环境。

作风体现形象，效能事关发展。加强机关作风和行政效能建设既是一项长期而艰巨的任务，又是一项现实而紧迫的工作，要进一步巩固完善机关作风和行政效能建设长效机制。市直各单位要紧密结合实际抓好理清思路、落实责任、强化督查等工作措施的落实。今年要在适当时候召开一次市直各单位主要领导参加的机关作风和行政效能建设经验交流会，对目前取得的好做法、好经验进行认真总结推广，对存在的问题加以解决，促进我市机关作风和行政效能建设进一步深化。积极配合市政府抓好市民服务中心的运作管理，组织力量对各项审批服务事项规范运行情况进行专项督查，保证中心能够真正为政府转变职能、转变作风、方便群众办事起到促进作用，真正为规范权力、预防腐败起到有效作用。

深化专项治理，努力遏制重点领域违纪违法问题易发多发势头。深化工程建设领域突出问题专项治理，加大对重点工程的专项检查力度，加强工程建设领域机制制度建设，认真解决当前政府投资工程建设中带有普遍性的问题，严肃查处违规项目审批、规划调整以及规避招标、虚假招标、转包、违法分包等行为，严肃查办在项目实施、工程质量、资金使用、政府采购中的违纪违法案件。继续抓好“小金库”专项治理工作，对群众有反映的单位进行重点检查，巩固治理成果，建立完善防治“小金库”的长效机制。认真制定《拉萨市2011年巡查工作方案》，对部分市直单位进行全面巡查，认真查找被巡查单位存在的突出问题，发现问题及时反馈相关单位限期整改，通过巡查切实解决部门存在的问题，推动市委、市政府各项工作任务全面落实。

(四)从严治党、惩贪治腐，加大查办案件工作力度。坚持党要管党、从严治党方针，严肃查处发生在领导机关和领导干部中贪污贿赂、失职渎职案件，重点领域和关键环节中的违纪违法案件；严肃查处重大责任事故和群体性事件涉及的失职渎职及背后的腐败案件；严肃查处侵占各种惠民补贴、扶贫救灾、社会保障等专项资金以及擅自处置集体资产资源、侵吞集体收益的案件；严肃查处违反组织人事纪律的案件；严肃查处食品药品质量、安全生产、环境保护等方面严重侵害群众切身利益和生命安全的案件。

提高查办案件工作水平，努力形成纪检监察、组织、法院、检察院、公安、审计等机关和部门联合办案工作机制。严格规范举报、受理、初核、立案、调查、审理、处分、执行、监管等各个环节程序，正确把握和运用政策，宽严相济、区别对待，切实做到依纪依法办案、安全文明办案，努力取得查办案件的政治效果、法纪效果和社会效果，发挥查办案件的惩戒作用和治本功能。

有序推进问责工作。组织各级党政组织和领导干部认真学习、贯彻执行中央《关于实行党政领导干部问责的暂行规定》和自治区的《实施意见》，结合拉萨实际积极稳妥地开展问责工作。对领导干部因不履行或不正确履行职责，导致在生态环境、国家资源、基础设施、人民生命财产等方面产生严重损失或造成恶劣影响的，要按照规定严肃进行问责，督促各级领导干部增强责任意识，忠实履行职责，切实收到“问责一人、教育一片”的效果。

（五）源头管控、全面覆盖，深入推进反腐倡廉制度建设。今年是推进符合拉萨实际的惩治和预防腐败体系建设的关键一年。各级党委（党组）要切实担负起全面领导惩治和预防腐败体系建设的政治责任，采取有力措施，扎实推进目标任务的完成；28个牵头单位要切实履行主抓职责，加强协调联络，对各项目标任务的进展和完成情况进行全面排查，制定详细的日程安排表，确保各项目标任务按期完成；45个协办单位要积极主动地配合好牵头单位，协助牵头单位抓好有关工作；各级纪检监察机关要进一步强化措施，做好对各单位的组织协调和监督检查工作，切实推动我市贯彻落实《工作规划》取得实质性进展。

认真组织全市和迎接自治区对我市落实《2010—2011年党风廉政建设责任书》情况的考核验收，按照新修订的《关于实行党风廉政建设责任制的规定》，组织实施新一轮党风廉政建设责任制。纪检监察机关要全面履行组织协调职责，积极协助党委、政府加强责任分解和检查考核，把抓反腐倡廉工作的成效纳入领导班子和领导干部的目标管理和检查考核之中，并把检查考核结果作为对领导班子总体评价和领导干部业绩评定、奖励惩处、选拔任用的重要依据。

进一步提高制度执行力。认真抓好反腐倡廉法规制度的宣传教育，督促引导领导干部带头学习制度、严格执行制度、自觉维护制度。各级党政机关和纪检监察机关要把制度执行摆在突出位置来抓，要健全制度执行的责任机制和督查机制，加强对法规制度实施情况的监督检查，逐步形成推进制度落实的强大合力。要健全制度执行的考核机制，把反腐倡廉制度执行情况纳入惩防体系建设和党风廉政建设责任制检查考核范围，严格责任追究，切实维护制度的严肃性和权威性。

（六）忠诚履职、争做表率，切实加强纪检监察机关自身建设。认真贯彻落实中央纪委《关于进一步加强和改进纪检监察干部队伍建设的若干意见》，努力建设一支政治坚强、公正清廉、纪律严明、业务精通、作风优良的纪检监察干部队伍。切实加强学习型纪检监察机关建设，着力提高广大纪检监察干部服务、保障和促进科学发展的能力，做好群众工作和维护社会和谐稳定的能力，有效防治腐败的能力，落实执行的能力。按照中央纪委和区、市党委的要求，以市、县、乡三级党委和村居“两委”换届为契机，进一步加强市县两级纪检监察领导班子建设，县纪委设立常委会，并切实把党性好、作风正、能力强、威信高的干部选拔到纪检监察领导班子中来，努力推动乡（镇、街道）纪检机构建设和领导班子配备，逐步开展村居纪检监察工作，构建城乡统筹的基层纪检监察工作新格局。健全完善纪检监察派驻机构监督检查工作机制，规范运行管理，充分发挥职能作用。广大纪检监察干部要严格遵守政治纪律、工作纪律、办案纪律、保密纪律和廉政纪律，切实做到“五严守、五禁止”，主动接受组织、群众和舆论的监督，秉公执纪，依法办事，树立纪检监察干部可亲、可信、可敬的良好形象。

全市广大纪检监察干部要坚持以人为本、执政为民，更加自觉地把实现好、维护好、发展好最广大人民根本利益作为纪检监察工作是否取得成效的根本标准。要回应人民群众的关切，着力解决群众反映强烈的突出问题；要顺应人民群众的期待，积极营造风清气正、政通人和的良好环境；要集中人民群众的智慧，推动反腐倡廉建设与时俱进；要立足人民群众的认可，尽心尽力履行党和人民赋予的职责，不辜负党和人民群众的重托，做出经得起实践、人民、历史检验的实绩，做党的忠诚卫士、当群众的贴心人。

同志们，让我们在市委、市政府和自治区纪委的领导下，与时俱进、开拓创新，团结一心、扎实工作，不断以党风廉政建设和反腐败斗争新成效取信于民，为全市“十二五”规划顺利开局提供坚强保证，为建党90周年和西藏和平解放60周年献礼，为建设小康、平安、和谐、生态拉萨作出新的更大的贡献！

拉萨市中级人民法院工作报告

——2011年12月14日在拉萨市第九届人民代表大会第五次会议上

拉萨市中级人民法院院长　马　方

各位代表：

现在我代表拉萨市中级人民法院向大会报告工作，请予审议，并请各位政协委员和列席人员提出宝贵意见。

2011年工作回顾

2011年是我们党成立90周年、西藏和平解放60周年，也是全面实施“十二五”规划的开局之年。全市法院在市委的坚强领导、人大及其常委会的有力监督、政府的大力支持、政协的民主监督下，按照拉萨市九届人大四次会议的决议要求，紧紧围绕党委中心工作大局，按照既定的“11351”工作思路，深入贯彻落实科学发展观，坚持“三个至上”指导思想，认真践行“为大局服务，为人民司法”，深入推进三项重点工作，扎实开展两项活动，有效推动三个提升，圆满完成了各项工作任务。

一、充分发挥审判职能，全力服务跨越式发展和长治久安大局

紧紧围绕建设“小康、平安、和谐、生态拉萨”目标，认真履行职责，推进能动司法，强力定纷止争，有力促进了社会和谐稳定。全市法院共受理各类案件7105件，审执结6730件，同比分别上升17.7%和16.8%，综合结案率为94.7%。其中市中院共受理各类案件2150件，审执结2013件，综合结案率为93.6%。

(一)依法惩治犯罪，全力维护国家安全和社会稳定

全市法院受理刑事案件491件(不含减刑、假释)，同比下降9%，审结465件，结案率为94.7%，判处罪犯504人。

——坚持反分裂斗争指导思想不动摇。认真贯彻“旗帜鲜明、针锋相对、掌握主动、争取人心、强基固本”方针，依法审判、严厉打击煽动分裂国家及为境外非法提供情报等危害国家安全的刑事犯罪。

——坚持严打方针不动摇。全力维护社会治安秩序，增强人民群众安全感，严厉打击故意杀人、故意伤害、绑架等严重暴力犯罪、黑恶势力犯罪、“两抢一盗”等多发性犯罪270件，依法被判处十五年以上有期徒刑、无期徒刑、死刑的罪犯37人。依法打击破坏社会主义市场经济秩序犯罪27件，对我市首例利用POS机套现非法经营案非法获利数额巨大、情节特别严重的4名罪犯予以严惩。严厉惩处贩卖、运输、持有毒品犯罪案件47件。依法惩处原吉庆公司董事长王伟民挪用资金4886万元案等贪污、贿赂、渎职、挪用公款职务犯罪案件7件8人。认真抓好大要案审判工作，高度重视，多方协调，周密制定方案，妥善审理了最高法院督办的张新峰侵犯知识产权案等大要案。

——认真贯彻落实宽严相济刑事政策不动摇。坚持对主观恶性小、犯罪情节轻微、社会危害不大的初犯、偶犯和未成年人犯罪，依法从轻、减轻或免予处罚。依法对73名罪行较轻、不致再危害社会的罪犯宣告缓刑，对1440名认罪伏法、确有悔改表现、接受改造的罪犯依法予以减刑、假释。积极开展重点人员及未成年犯回访帮教工作，充分发挥刑事审判预防犯罪作用。

(二)坚持能动司法，全力服务经济社会发展大局

全市法院共受理民商事案件3578件，同比上升8.5%，审结3427件，结案率为95.7%，同比上升8.2%，标的4.8亿元。

——维护公平竞争、诚实守信市场交易秩序。妥善审结借款、买卖、房地产开发经营、建设工程承包、股权转让等合同纠纷案798件，依法调解我市首例涉及上市公司股份转让系列案。紧密结合我市“六城同创”及重大项目推进工作，通过召开座谈会、组织法官到项目工地调研、法制讲座等形式，主动为企业提供法律服务，公正审理非公经济发展

过程中出现的各类纠纷，依法保护民营及外资企业合法权益。

——营造和谐稳定的社会环境。认真审理与群众生产生活密切相关的财产权属、人身损害赔偿、财产损害赔偿纠纷等231件。为杨盛礼、贺兴友贷款诈骗执行案申请人挽回经济损失5500万元，妥善安置涉案企业职工123名。注重保护妇女、儿童、老年人合法权益，精心审理婚姻家庭、遗产继承、赡养纠纷案472件。立足推进新农村建设，妥善审理土地征用补偿、虫草交易、矿产开采、草场承包等涉农案件477件。

——积极化解行政争议。全市法院共受理行政案件24件，审结24件，结案率100%。高度重视因城市拆迁、土地征用和社会保障等热点问题引发的群体性行政诉讼，推进建立行政首长出庭应诉制度，探索行政诉讼和解机制，对具体行政行为合法但处理细节存在瑕疵的案件，主动提出司法建议，防止矛盾激化，增进了当事人与行政机关之间的理解与信任。

(三)立足为民宗旨，全力维护当事人合法权益

——多措并举破解“执行难”。全市法院共受理执行案件1553件，执结1358件，同比分别上升67%和61.8%，执结率87.4%，高出全国平均执结率接近26个百分点。其中有4个基层法院执结率达100%。扎实开展“无执行积案法院”和“反规避执行”创建活动，摸清底数、查找原因、因案施策，在对内强化责任意识、完善执行机制、创新工作方法的基础上，加大对个案的执行力度，通过财产申报、财产调查、公开曝光、多方联动等措施执结一批长达数年的积案。对涉及地域广、人数多、涉案金额大、矛盾尖锐突出的西藏阳光公司阿旺晋美、巴桑措姆合同诈骗执行案，采取并案处理、整体拍卖方式，为上千名受害群众集中兑现案款1.2亿元，有力维护了当事人合法权益，促进了社会局势稳定。

——千方百计解决“诉讼难”。认真开展“文明立案窗口”建设，着力规范立案场所、简化立案环节、畅通诉讼渠道、推行初步审查与合议审查相结合立案法，方便当事人诉讼。建立立案导诉和举证指导制度，实行立案公开、文明接待、诉讼引导、代拟文书，使用藏语开庭、调解，指定辩护人，推行上门立案、电话预约立案和“一站式”服务举措。积极开辟农民工及弱势群体维权通道，推行巡回到乡村、院坝、田间地头，就地审理，有效减轻当事人诉累。全市法院共为59名被告人指定辩护人，为755件经济确有困难的案件当事人和农牧民减免缓交诉讼费63万余元，为困难申请执行人及刑事被害人发放救助金42万余元。

——竭尽全力化解“信访难”。高度重视涉法涉诉信访工作，坚持预防与处置同行，源头治理与疏导并举，逐步完善矛盾纠纷常态化排查化解机制。建立涉诉信访联络机制，确定全市法院18名干警为联络员；严格落实院(庭)长接访、限期回复及领导包案制度，确保矛盾不堆积、纠纷不激化。市中院积极创新“情、理、法、疏、调、帮”六字工作法，中央政法委、市委政法委督办的8件涉诉信访积案全部办结。堆龙法院妥善处置化解了一起涉及十三户菜农、社会影响大、区市党委高度关注的群体性越级上访事件。

(四)围绕中心工作，全力推进社会管理创新

——不断加大维稳工作力度。紧紧围绕区市党委中心工作大局，结合大庆活动及全区维稳“三大战役”的总体部署和要求，积极组建3个驻村工作队12名干警深入林周县江热夏乡三个村开展“强基惠民”活动，结对帮扶成绩显著，通过协调相关部门、自筹资金和干警捐款共计70余万元，为扶贫村建起3个砖厂和两套无塔供水工程。坚持24小时值班带班制度，组织干警参与西藏和平解放60周年大庆、党代会等各种重大节假日、重要敏感日期间寺庙管控、重点部位防范、社会面管控、维稳护路、蹲点设卡等工作。组织干警参与寺庙维稳660人次，巡逻值勤1420人次，维稳护路6910人次，出动车辆5246次。

——着力创新法制宣传形式。积极深入高争水泥厂等重点企业和拉日铁路等重要项目工地开展“司法暖企业”活动，组织“法官之声”文艺队送法下乡，采取法制宣传、司法建议、指导调解等形式深入推进社会管理创新。“法官之声”巡回演出30余场次；开展“司法暖企业”活动15次；对在审判执行中发现的普遍性、苗头性、倾向性问题，及时向行政机关、有关部门发出司法建议10余份。

——全面推进“法律七进”活动。通过公开宣判、编排小品歌舞、以案讲法、法律咨询，组织青少年参观法制教育基地、模拟或旁听庭审，深入校园开展法制讲座、安全讲座和关爱农民工子女志愿服务活动，选任优秀法官担任法制副校长、校外辅导员，共建法学教学基地等喜闻乐见形式，深入开展“法律七进”活动927次，发放宣传资料7万余份，受教育人员11万余人次。

二、规范法院管理机制，确保公正廉洁司法

认真贯彻落实《人民法院第三个五年改革纲要》，将2011年确定为全市法院司法规范化建设年，研究制定了《拉萨市中级人民法院2011—2013年司法规范化建设规划》，决定利用三年左右的时间，逐步推进审判、队伍及司法政务管理规范化、科学化。

——不断规范审判管理机制。市中院研究制定了《院、庭长及合议庭审判职责划分的规定(试行)》，全面推行量刑规范化工作，着力规范法官自由裁量权。完善了《审判委员会议事规则》，共组织召开审判委员会18次、研究重大疑难案件65件。积极推进“阳光审判”，实行立案公开、庭审公开、执行公开、听证公开，以公开促公正。制定了《执行流程管理办法》。探索创新了融情、理、法为一体的多元化纠纷解决机制，认真贯彻“调解优先、调判结合”，注重诉讼调解与非诉调解相衔接，司法调解、人民调解与行政调解程序对接、效力确认、法律指导，充分发挥街道、居委会及乡村调解组织作用。共调撤民商事案件2297件，调撤率为67%，指导人民调解494次202件。探索调研工作机制，积极开展“关于藏区传统婚俗有关法律问题”等国家级重点课题调研。

——不断规范队伍管理机制。市中院探索制定了切合全市法院实际的《年度目标管理考核办法》，对各基层法院和本院内设机构从共性目标和职能目标方面进行季度考核，把季度考评与年终考核、评先评优和晋级晋职挂钩。各基层法院和本院各部门结合实际进行二级考核，实行奖勤罚懒、奖优罚劣，充分调动了干警工作积极性。

——不断规范司法政务管理机制。市中院完善了《规范公务接待暂行规定》、《财务管理暂行办法》、《车辆及驾驶人员管理规定》、《电子打卡考勤制度》等制度20余项，不断提高法院政务管理水平。年初，院领导分批带队到基层法院调研指导、调研督查、听取意见、了解困难，为党组科学决策提供了重要依据。探索建立了《督查工作制度》，得到区高院肯定，并在全区法院推广。

三、切实加强队伍建设，全力提升司法能力

——狠抓思想政治建设。以深入开展各项主题活动为载体，认真学习贯彻落实党的十七大及十七届六中全会、中央第五次西藏工作座谈会、区市各次全委会及第八次党代会精神，不断深化职业道德教育、革命传统教育、理想信念教育和司法为民教育，牢固树立“忠诚、为民、公正、廉洁”司法核心价值观，切实增强反对分裂、维护祖国统一的坚定性和自觉性。

——狠抓司法能力建设。积极开展向周广智、詹红荔同志学习活动，全市法院“忠诚与亲民”先进事迹在自治区高级法院和全市政法部门交流巡回报告。高度重视教育培训，采取有力措施，多形式、多层次组织参加党委、上级法院和对口援助法院开展各类培训550余人次。积极开展业务技能考试，拉萨法院警务技能考试在全国法院司法警察岗位大练兵考核中获得优异成绩。健全完善岗位培训机制，通过审判经验交流、疑难案件研讨、专题讲座等着力培养审判业务的专门人才。坚持“请进来、走出去”，邀请北京、江苏高院专家学者来拉萨授课，选派50余名业务骨干到北京、江苏对口援助法院挂职交流、跟案学习、参加培训；鼓励干警参加高层次学历教育、继续教育和司法考试考前培训，全市法院司法考试通过率70%以上，新任命法官40名。

——狠抓法院文化建设。举办全市法院首届法官文化艺术节，充分利用学术讲座、文艺汇演、主题演讲、文体竞赛、摄影书画展等形式多样的平台，弘扬法治精神，传承法院文化，展示法院风采，教育、引导法官把“忠诚、为民、公正、廉洁”作为共同的理想信念、价值追求和行为准则。积极组织开展军民共建活动7次，参与人员达1700余人次。

——狠抓党风廉政建设。认真制定《案件廉政回访制度》及《三重一大实施意见》，着力强化干警的廉政意识和纪律意识。认真落实党风廉政建设责任制，层层签订廉政建设责任书，开展廉政讲座、警示教育、重点岗位专项检查，查找差距，筑牢拒腐防变坚固防线。严格落实“五个严禁”、“六条禁令”要求，聘请廉政监督员、发放廉政监督卡、设立廉政信箱及举报电话，规范群众检举、来信来访调查核实程序，着力防范司法不公、司法不廉。

四、着力夯实基层基础，不断提升保障水平

——切实加强组织建设。市中院党组积极协助市委配齐配强两级法院领导班子。以创建“学习型党组织”为契机，制定实施了党建工作责任制，完善党组议事规则、理论中心组学习及民主生活会制度，党的组织建设得到加强。通过大力实施“天平基层基础工程”，重新核定了两级法院领导职数，审判组织和内设机构得到充实完善、结构更加合理。

——切实加强物质装备建设。紧紧抓住“十二五”规划开局之年有利时机，将城关法院、堆龙法院改扩建项目申请列入“十一五末”建设规划，中院诉讼便民服务楼及其余六县法院改扩建工程已申请列入“十二五”规划。目前城关、堆龙、墨竹法院改扩建项目已立项，今年4月份陆续开始动工建设，有4个人民法庭拟在年底完工投入使用；市中院新审判综合楼于今年7月初顺利完成整体搬迁入驻并正式办公，执法办案功能更加齐全，工作条件得到改善。

——切实加强对口援助工作。北京、江苏法院组织9个考察团赴拉萨调研指导，并与拉萨法院签订了新一轮援助协议。目前北京法院已兑现2011年首批“温馨工程”援助资金，完成电子图书阅览室援建并投入使用，援赠各类图书资料4600余册。江苏法院已全部兑现2011年“温馨工程”援助资金，完成干警活动室援建并投入使用，选派4名审判业务骨干赴拉萨对口法院挂职交流。

——切实加强巡回办案载体建设。充分发挥“车载流动法庭”广覆盖、宽服务、机动快捷的功能，积极创新巡回办案载体，墨竹法院的“女子流动法庭”、城关法院的“假日法庭”、堆龙法院的“乡村和谐法庭”、达孜法院的“天平送法下基层”、尼木法院的“天平在你身边”，深入农牧区有案办案，无案宣法。全年“车载流动法庭”行程30余万千米，巡回办案1352次，审理案件1272件，开展法制教育768场。

五、坚持党的领导，自觉接受人大及社会各界监督

坚持重大司法措施、重大工作部署、重大疑难敏感案件及时向党委请示汇报，确保法院正确的政治方向，确保党的路线方针政策和党委重大决策部署得到全面贯彻执行。

坚持认真负责地向人大及其常委会报告审判职能履行情况以及重大案件审判情况。高度重视市人大常委会对《拉萨市中级人民法院上半年工作情况报告》的审议意见，认真制定措施，切实加以整改。认真办理人大代表、政协委员、上级领导交办的事项、建议、来信和个案48件次，答复率达100%。加强与人大代表、政协委员的联络，组织邀请人大代表、政协委员、廉政监督员召开座谈会、旁听庭审119次。高度重视检察机关的法律监督，邀请检察长列席审判委员会6次10案。推进司法民主，促进司法公正透明，邀请28名人民陪审员参与办案194件。

各位代表，2011年，全市法院各项工作取得了一定的成绩，这些成绩的取得，是党委的正确领导、人大及其常委会的有力监督、政府关心帮助、政协民主监督和社会各界大力支持的结果。在此，我代表全市法院向长期关心支持人民法院工作的各位领导、各位代表和各界人士表示衷心的感谢！

面对新形势，我们也清醒地认识到，全市法院工作还存在一些问题和不足，审判理念还不完全适应拉萨经济社会发展的司法需求；审判质量和效率还有待进一步提高；一些法官化解矛盾纠纷、做群众工作的能力还有待进一步提升。为此，我们将立足自身，积极争取各方支持，尽最大努力加以解决。

2012年工作思路

各位代表，2012年是全面贯彻实施“十二五”规划的关键之年，也是全市法院实施“规范化建设工程”、争创“全区示范、全国优秀”法院的推进之年。全市法院工作的总体思路是：认真贯彻落实党的十七大及十七届六中全会、中央第五次西藏工作座谈会和区市第八次党代会精神，深入贯彻落实科学发展观，以“三个至上”为指导，紧紧围绕跨越式发展和长治久安大局，始终坚持为大局服务、为人民司法，全面提升队伍素质、提升审判质量、提升司法公信力，努力为拉萨经济社会更好更快更大发展提供有力的司法保障。

一是深入学习贯彻区市第八次党代会精神。要把认真学习贯彻区市第八次党代会和陈全国书记参加拉萨代表团讨论时的重要讲话精神作为当前和今后一段时期重要的政治任务，切实把思想和行动统一到推进我市跨越式发展和长治久安这个大局上来，

统一到能动服务我市“发挥首府城市首位度作用”总体部署上来，切实增强做好新形势下司法审判工作的责任感、使命感和紧迫感，牢固树立社会主义法治理念，始终坚持党的领导，自觉接受人大、政协及社会各界的监督，努力使法院工作围绕“首位度”总体部署推进，审判职能围绕“首位度”总体部署行使，审判理念满足“首位度”总体部署需要，司法能力达到“首位度”总体部署要求的奋斗目标，扮演好人民法院作为构建小康、平安、和谐、生态拉萨，推进“首位度”总体部署和推动文化大发展大繁荣的重要建设者和保障力量这个角色，当好拉萨稳定和谐的守护神、公平正义的捍卫者、各族群众的贴心人。

二是忠实履行审判职责。深入持久地开展反分裂斗争，全面贯彻宽严相济的刑事政策，高度重视刑事司法领域的人权保护，在严惩严重刑事犯罪的同时，积极探索建立刑事自诉和刑附民案件的调解机制，切实维护社会稳定，努力减少社会不稳定因素。着力在抓源头上出实招，加大法律释明力度，妥善处理改革发展过程中出现的各类纠纷，防止案中矛盾激化，保护公平竞争，服务经济发展。及时调处涉及千家万户的婚姻家庭、损害赔偿、劳动争议等民事纠纷，高度重视群体性纠纷化解，保障当事人合法权益。健全完善行政诉讼和解机制，及时司法建议，有效定纷止争。着力在清积案上下功夫，加大执行力度，创新执行措施，提高执行兑现率。积极参与社会管理创新，深入开展“六五”普法，扎实推进“法律七进”，努力在党委中心工作中积极作为。

三是全面落实司法为民措施。健全和完善便民诉讼机制，深入开展“文明立案窗口”建设，全面推行导诉制度、举证指导制度、电子系统案件查询及审理进程告知制度，方便当事人诉讼。着力在建机制上求突破，不断深化速裁机制，探索完善多元化纠纷解决机制，充分利用社会资源，形成化解社会矛盾的整体合力，减轻当事人诉累，努力实现案结事了、定纷止争。进一步加大司法救助、执行救助和刑事被害人救助力度，确保经济确有困难的当事人打得起官司、确保胜诉当事人的诉讼利益得到保障。

四是努力提升队伍综合素质。丰富和创新“人民法官为人民”主题实践活动载体，深化两项活动成果，不断增强团结意识、大局意识、服务意识和公正意识，健全规范管理机制，有效推动三个提升，充分发挥审判工作的服务保障作用。继续加大教育和培训力度，狠抓队伍的思想、作风建设和职业道德教育，大力弘扬“忠诚、为民、公正、廉洁”的司法核心价值观，不断提升司法能力和水平。加强党风廉政建设，确保司法廉洁。

五是切实打牢基层基础。完成中院内设机构的增设，配齐配强中层领导班子。加强对基层法院工作指导和监督，进一步健全工作机制，完善对基层法院的考核制度。全面加大“温馨工程”建设力度，加强审判办公信息化，推进三级法院联网进程，充分利用现代信息技术，推动网上办公、审判管理跃上新台阶，使审判工作成为让人民群众“看得见的公正”。继续发挥“车载流动法庭”的平台作用，全面落实便民利民措施，妥善化解矛盾纠纷，维护社会和谐稳定。

各位代表，实现拉萨科学发展、跨越式发展和长治久安的宏伟目标，对司法审判工作提出了更新更高更严的要求，责任重大、任务艰巨、使命光荣。新的一年，全市法院将在市委的坚强领导和市人大及其常委会的监督支持下，认真落实本次大会决议，以更加振奋的精神、更加坚定的信心、更加扎实的工作，忠实履行宪法和法律赋予的职责，为建设小康、平安、和谐、生态拉萨，推进“首位度”总体部署和推动社会主义文化大发展大繁荣提供坚强有力的司法保障而努力奋斗！

附件

拉萨市中级人民法院工作报告有关用语说明

1.“11351”工作思路：是市中院为贯彻落实中央第五次西藏工作座谈会、区市党委工作会议、全区法院工作会议精神，结合拉萨法院工作实际，经中院党组反复研究酝酿提出的当前和今后一个时期，全市法院工作的指导思想和总体思路，是“贯穿一条主线，把握一个主题，推进三项重点工作，实施五项工程，实现一个目标”，即：始终贯穿中央第五次西藏工作座谈会和市委工作会议这条主线，牢牢把握“为大局服务、为人民司法”工作主题，深入推进社会矛盾化解、社会管理创新、公正廉洁执法三项重点工作，大力实施“五项工程”（即规范化建设工程、公正与效能工程、素质工程、民心工程、强基工程），努力把全市法院建设成政治坚定、业务精通、作风扎实、廉洁高效的“全区示范、全国优秀”法院。

2.“三个至上”：是指党的事业至上、人民利益至上、宪法法律至上。是2007年12月，胡锦涛总书记在全国政法工作会议代表和全国大法官、大检察官座谈会上的讲话中提出的要求，随后，最高人民法院将“三个至上”确立为人民法院工作指导思想。

3. 能动司法：是人民法院在新形势下，为更好地服从服务于经济社会发展和人民群众司法需求，而进行的积极主动和有作为的司法活动。能动司法与保持司法权的被动性、中立性之间并不矛盾，能动司法主要表现为各级法院在为大局服务、为人民司法中的一种工作态度和工作方法，也就是要能够把经济社会发展变化可能反映在司法领域中的各种情况和问题，预料在前、应对在前；司法权的被动性则主要体现在诉讼程序的启动，即强调必须严格遵循“不告不理”的原则。

4.“两项活动”、“三个提升”：是指最高法院王胜俊院长在学习贯彻十一届全国人大四次会议精神电视电话会议上提出的扎实开展“两项活动”（即创先争优和“发扬传统、坚定信念、执法为民”主题实践活动）、有效推动“三个提升”（即通过深入开展“两项活动”，有效推动提升队伍素质、提升审判质量、提升司法公信力）。

5.“两抢一盗”：是指抢劫、抢夺和盗窃案件。

6. 量刑规范化改革：是中央确定的重要司法改革项目，也是人民法院第三个五年改革纲要的重要内容。最高人民法院在组织部分法院开展试点工作的基础上，于2010年10月全面铺开。量刑规范化改革的主要任务是，在现行刑法制度比较粗放、法定量刑幅度和裁量空间比较大的情况下，将量刑纳入法庭审理程序，提出量刑建议，使法官量刑越来越公正精心，增强量刑公开和透明度。通过量刑规范化改革，进一步规范量刑活动、规范法官裁量权和量刑程序、统一量刑标准、确保量刑公正。

7. 司法建议：是指人民法院以预防纠纷和犯罪的发生为目的，针对审判工作中发现的有关单位、企业和管理部门在制度上、工作上存在的问题，以书面形式提出的健全规章制度、堵塞漏洞、改进工作、进行科学管理的意见和建议。当前，提出司法建议已经成为人民法院进行法制宣传、扩大办案效果、参与社会治安综合治理的一个重要手段。

8. 车载流动法庭：自治区高院为方便人民群众诉讼，结合西藏地广人稀的实际，于2009年为我市“七县一区”基层法院配备了“车载流动法庭”。“车载流动法庭”上配有帐篷、发电机、法台、法徽、电脑、打印机、摄像机等设施，实现“车子开到哪里、案子就审到哪里、法律服务就送到哪里”的目标要求。

9.“人民法官为人民”主题实践活动：是最高人民法院部署的人民法院开展深入学习实践科学发展观活动、深化“三个至上”指导思想和社会主义法治理念教育、进一步开展“大学习、大讨论”活动的重要实践载体。目的在于转变思想观念、改进工作作风、坚持改革创新、强化工作落实、推动工作发展，为人民法院在新的历史条件下更好地服务科学发展和实现自身科学发展奠定坚实的基础。

10.“五个严禁”：是最高人民法院制定的规范法官职务行为的相关规定，其内容是①严禁接受案件当事人及相关人员的请客送礼；②严禁违反规定与律师进行不正当交往；③严禁插手过问他人办理的案件；④严禁在委托评估、拍卖等活动中徇私舞弊；⑤严禁泄露审判工作秘密。

11.“六条禁令”：是区高级人民法院制定的规范法官职务行为的相关规定，其内容是①严禁散布、传播有损国家声誉和民族团结的言论；②严禁拒绝执行上级的决定和命令；③严禁泄露审判秘密和工作秘密；④严禁玩忽职守，擅离岗位；⑤严禁饮酒；⑥严禁违反枪支警械使用管理规定。

12．天平基层基础工程：是自治区高级人民法院为进一步加强全区法院基层基础工作，提出并经区党委批准实施的一项新举措。具体是从2009年开始，用三至五年时间，在全区法院实施“天平基层基础工程”，着力解决西藏自治区法院基层工作滞后、基础工作薄弱的突出问题。主要内容包括思想建设、纪律作风建设、基层党组织和领导班子建设、教育培训工作、反腐倡廉建设、审判组织建设、经费保障机制建设、基础设施建设、物质装备建设。

13．温馨工程：是全国法院第三次援藏工作座谈会确定的对口物质援助项目。即：为西藏自治区高级人民法院建设“一小温馨工程”即林芝进出藏干部中转站、高海拔干警疗养所；为七个地市中级人民法院建设“二小温馨工程”（即应急备勤室和干警活动室）；为全区73个基层人民法院建设“三小温馨工程”（即应急备勤室、干警活动室和生活服务室）。

拉萨市人民检察院工作报告

——2011年12月14日在拉萨市第九届人民代表大会第五次会议上

拉萨市人民检察院检察长　次仁旺堆

各位代表：

现在，我代表市人民检察院向大会报告工作，请予审议，并请政协各位委员和其他列席人员提出意见。

2011年，在市委、自治区检察院的坚强领导和市人大及其常委会的有力监督下，在市政府的大力支持、市政协的民主监督和社会各界的关心帮助下，全市检察机关深入贯彻落实科学发展观，紧紧围绕全市工作大局，努力营造“四个环境”，全力筑牢“两个根基”，全面履行法律监督职能。全年共受理各类刑事案件2450件2959人；受理群众举报、控告、申诉案件37件；受理民事行政申诉案件15件；为国家挽回经济损失440万元，各项检察工作扎实推进。

一、围绕平安拉萨建设，深入推进社会矛盾化解和社会管理创新，努力营造和谐稳定的社会环境

我们始终把维护和谐稳定作为第一责任，着力防范和化解影响社会和谐稳定的源头性、根本性、基础性问题。

全面贯彻宽严相济刑事政策，切实做到“严到位、宽适度”。强化国家安全和政权安全意识，坚持打击保稳定，严密防控、严厉打击达赖集团的渗透破坏活动，始终保持对故意杀人、抢劫、毒品等严重刑事犯罪的高压态势，全年共批准逮捕各类刑事犯罪617人，审查起诉629人。坚持宽缓促和谐，对初犯、偶犯、过失犯、未成年犯、老年犯和“民转刑”案件中的一些犯罪情节轻微人员，依法决定不批捕29人、不起诉17人。

坚持结合办案化解社会矛盾，努力实现案结事了人和。积极探索刑事和解、民事调解、控申疏解“三解方案”，引导群众采取非诉手段解决矛盾纠纷，对受理的12件民事申诉案件通过调解实现息诉。不断完善执法办案风险评估预警机制，对复杂敏感案件实行风险评估。加强不批捕、不起诉、不抗诉等环节的释法说理工作，努力实现最佳执法效果。

积极参与社会管理创新，着力推进社会管理服务体系建设。努力推动社会治安防控体系建设，全年投入经费234.95万元，抽调干警7411人次在敏感时段参加蹲点、设卡、巡查和守护铁路，抽调42名干警开展驻村和驻寺工作，全力确保维稳“三大战役”的胜利。切实加强对特殊人群的服务管理，认真做好服刑在教人员未成年子女教育帮助和预防犯罪摸底工作，不断完善“青少年维权岗”，派出55名法制副校长、辅导员深入学校开展法制宣传108次，受教育师生达1.51万余人次；切实维护被监管人员的合法权益，完善约见检察官制度，被约见检察官28人次，为被监管人员追回财产3万余元。积极参与对网络虚拟社会的规范管理，城关区检察院办理了全区首个“网络赌博”案件。深入开展法制宣传，扎实推进“法律七进”，在《拉萨晚报》“检察官说法”栏目中刊出案例说法69篇，取得了良好的宣传效果，得到了最高人民检察院的充分肯定。

二、围绕经济发展大局，不断完善服务措施，努力营造诚信有序的市场环境

我们始终围绕经济建设这个中心，牢牢抓住发展这一要务，不断加强和改进检察工作，助推经济又好又快发展。

坚持“内抓预防、外创环境”，持续服务重大项目建设。进一步扩大服务重大项目的范围，全程服务1000万元以上重大项目9个。紧盯公共资金投入部位，参与自治区自然科学博物馆、拉萨纳金大桥等项目的“阳光招投标”活动，提出预防检察建议。积极开展行贿档案查询，为拉萨电业局等单位招投标活动提供行贿档案查询5次，涉及121个单位和个人，努力保障项目建设的资金、管理和生产安全。

坚持“以防助市、以打护市”，着力维护市场经济秩序。深入市场，走进企业调研25次，为企业

提供法律咨询、法律服务，支持企业依法维权，引导企业守法经营。依法起诉破坏市场经济秩序犯罪42人，林周县检察院成功办理了由最高人民检察院、全国“打黄扫非”办公室等中央五部门联合挂牌督办的全区首个侵犯著作权案件，该院检察长卓越同志因此被授予“全国打黄扫非先进个人”称号。

坚持“有限职责、无限服务”，着力优化市场经济环境。坚持打击与保护并重，依法妥善处理转变经济发展方式中出现的新型案件，既严格执法，又热情服务。今年4月，我院在全区首次召开了邀请工商界人士参加的“检察服务企业发展座谈会”，得到了工商界人士的高度评价。

三、围绕惩防体系建设，扎实推进查办和预防职务犯罪，努力营造廉洁高效的政务环境

我们始终坚持反腐败领导体制和工作格局，把查办和预防职务犯罪工作摆在突出的位置，深入推进反腐败斗争。

坚持办案数量、质量、效率、效果、安全相统一，稳妥推进查办职务犯罪工作。正确处理打击与保护、执法办案与服务大局的关系，切实克服就案办案、机械执法等倾向。全年共立案查处各类职务犯罪10人，其中大要案4人，成功起诉了以自治区司法厅出纳央金贪污案为代表的数额特别巨大、影响特别恶劣的职务犯罪案件，有力推进了职务犯罪查办工作。

深入贯彻中央文件精神，切实加强反渎职侵权工作。认真落实全国人大常委会审议渎职侵权检察工作专项报告的意见，加大办案力度，健全办案机制，全年共受理渎职侵权犯罪案件线索7件7人，立案查处1件1人。认真贯彻中办、国办转发的《关于加强行政执法与刑事司法衔接工作的意见》，同市国土资源局、工商局等14个单位初步建立了“两法衔接”工作机制，着力解决渎职侵权犯罪发现难、立案难、查证难、处理难等问题。

紧密结合执法办案，扎实开展预防工作。积极开展食品安全监管环节专项预防工作，深入市工商局、食品药品监督局等单位，有针对性地开展预防工作。加强系统预防，与中国石油拉萨分公司、墨竹工卡县农业银行等单位会签了《预防职务犯罪工作联系配合制度实施意见》。全年共开展预防调查26次，警示教育活动63次，法制讲座8次，受教育人数3700余人次，有力减少和遏制了职务犯罪。

四、围绕公正廉洁执法，不断强化诉讼监督，努力营造公平正义的法治环境

我们始终牢牢把握检察机关的宪法定位，切实把功夫下在监督上，努力维护社会主义法制的统一、尊严和权威。

加大诉讼监督力度，切实维护司法公正。不断加强对侦查活动、刑事立案的监督，发出检察建议、纠正违法通知书7份，要求侦查机关说明不立案理由8件、监督立案3件。强化对审判活动的监督，提出刑事抗诉2件、民事抗诉2件。加强对刑罚执行的监督，依法监督减刑、假释1440件，监督保外就医48件，建议调整减刑幅度226人，取消减刑6人、保外就医1人，纠正减刑裁定错误28次，努力维护司法的公正廉洁。

坚持监督与支持并举，共同维护司法权威。正确处理诉讼监督与诉讼制约的关系，更加注重在监督中协调、沟通和支持，防止越权代替、无序监督、包打天下、不讲效果。积极做好息诉服判工作，对13件不符合抗诉条件的民事行政申诉案件，耐心细致地做好息诉罢访工作，努力维护司法权威。

改进监督方式方法，不断增强监督实效。积极建立与其他执法司法机关的工作联系机制，形成了信息共享、线索移送、协助调查等会议纪要，受理案件线索2件，监督立案1件。不断推进量刑建议和检察长列席审判委员会等制度，对92%的公诉案件提出量刑建议，列席审判委员会6次，参与12起案件讨论，向前向后延伸了监督关口。

五、围绕密切党群关系，努力践行“以人为本、执政为民”理念，全力筑牢党的执政根基

我们始终把人民放在心中的最高位置，努力实现好、维护好、发展好最广大人民群众根本利益，全力巩固党同人民群众的血肉关系。

积极搭建群众工作平台，着力推进“亲民检察”建设。牢记群众利益无小事，对群众的诉求，满腔热忱为其排忧解难，不让群众满怀希望而来，带着寒心和失望而去；以公正爱民之心对待上访群众，耐心听其诉求，诚心解其困难；对群众的实际困难，尽力帮忙，施以救助；对重点疑难信访案件

采取检察长负责制，盯着办、定人办、限时办，保证了涉检信访案件不进京、不聚集、不反弹、不缠访、不添乱。

不断完善便民措施，着力推进“便民检察”建设。加强文明接待室规范化建设，完善检察长接待日制度，开展下访巡访和预约接访，着力解决群众上访难的问题。全年共接待群众信访27人次，受理举报线索17件，受理控告申诉案件20件，调处各类矛盾纠纷4件，化解信访积案1件。城关区检察院控告申诉科荣获了“全国检察机关文明接待示范窗口”称号。

依法惩治危害民生犯罪，着力推进“护民检察”建设。围绕社会关注、群众关切的治安热点问题，严厉打击危害群众生命健康和财产安全的犯罪，依法起诉此类犯罪394人。严厉打击了以雷秀祥故意杀人(焚尸)案和林周县贡嘎、阿旺益西等6人组织、领导、参加黑社会性质组织案为代表的一系列严重暴力犯罪和涉黑案件，妥善处置了以“1·28”虫草诈骗案为代表的情况复杂、影响重大的涉众型经济犯罪，有力保障了民生维护了民利。

深入开展基层建设年活动，着力推进“利民检察”建设。深入开展对口帮扶和创先争优强基惠民活动，努力为群众办实事、做好事、解难事。一是让村级组织“强”起来。狠抓对口帮扶点和16个驻村的两委班子和党员队伍建设，使其成为建设基层、发展基层、巩固基层的坚强柱石和带领群众致富的“领头雁”。二是让广大群众“富”起来。全市检察机关和干警共自筹28.31万元的资金、物资，为帮扶点解决生产、生活困难；协调有关部门落实资金119万元，为驻村建设了一批惠农、富农项目。三是让山乡村庄“靓”起来。在去年协调400万元为帮扶点修建50栋居民房的基础上，今年继续做好村庄的硬化、亮化、绿化、净化和美化工程。今年7月15日，《西藏日报》第一版以《情满山乡换新天》为题对我院的对口帮扶工作进行了报道。

六、围绕检察工作主题，不断强化自身建设，全力筑牢检察工作科学发展的根基

我们始终以队伍建设为根本、基层建设为基础、检察受援为推力，不断强化自身监督，努力推动检察工作科学发展。

全面加强检察队伍建设，不断强化检察工作科学发展的组织保障。坚持把思想建设放在首位，以创建“学习型班子”为抓手，充分发挥“龙头”的示范作用，认真开展创先争优、“建设学习型党组织、创建学习型检察院”和“发扬传统、坚定信念、执法为民”主题教育实践等活动，确保检察队伍政治坚定、思想纯洁；坚持把领导班子建设作为重中之重，重视民主集中制建设，加大对下级院的协管、巡视力度；坚持把能力素质建设作为重要方向，开展大规模教育培训，共培训干警1549人次，积极营造良好的用人环境，加大干部交流力度，对31.7%的干部进行轮岗，使一批优秀年轻人才脱颖而出；坚持把执法规范化建设作为基本保障，建立公诉案件“四色考评”机制，对公诉案件庭审情况进行考评和公示，有效提高了办案质量；坚持把自身反腐倡廉建设放在突出位置，认真贯彻领导干部廉洁从检若干规定，广泛开展“反特权思想、反霸道作风”专项教育，巡回播放反腐专题片，筑牢拒腐防变的思想防线，全市检察队伍未发生违纪违法问题。

坚持检力资源下沉，不断夯实检察工作科学发展的基础。2011年，基层院新增编制14人、检务用车13辆，招录人员8名，三个县区院完成了技侦业务用房工程前期准备工作，一个县院完成了技侦业务用房主体工程建设，基层执法条件得到进一步改善。

积极调整受援工作思路，形成推动检察工作科学发展的合力。今年3月，市检察院在全区检察系统率先与对口援助单位北京市、江苏省检察院签署了《2011—2013年拉萨市检察机关智力、项目、资金援助协议》，迈出了援藏工作新步伐：一是创新智力援藏举措，建立了互派挂职干部和共同培养人才机制，相互派出31名干警进行交叉挂职锻炼和共同培养。二是突破科技援藏瓶颈，同北京市、江苏省检察院搭建了检察内网共享平台，实现了法律资源和检察业务、政务、事务管理等网络资源的共享。三是改变项目、资金援藏思路，将所有援藏项目、资金扎口集中到北京市院和江苏省院，在其统一组织下，有序、有效地开展援助，促进援藏效益最大化。上述工作得到了区党委常委、拉萨市委原书记秦宜智同志的充分肯定，并做了重要批示。

不断强化自身监督，切实提高执法公信力。健全执法监督制约机制，严格落实职务犯罪案件逮捕权上提一级制度，完善了重点案件、敏感案件请示

汇报制度。进一步深化检务公开，全面落实当事人权利义务告知制度，推行办案流程公开，努力把“阳光检务”提高到一个新水平。积极探索向人大及其常委会报告工作、重大监督事项报备制度，组织召开与市人大代表座谈会，广泛征求代表对检察工作的意见。不断完善人民监督员的联络服务机制，制定了“五个一措施”，召开“全面推行人民监督员制度”座谈会。自觉接受各界群众和社会监督，切实以监督促公正、保廉洁、赢公信。

一年来，全市检察工作取得了新的成绩，主要业务工作继续保持全区检察机关首位，57 个集体和个人受到区市党委、自治区检察院和国家部委表彰，涌现出了首批“全国‘四化’建设示范院”和“全国先进基层院”——城关区检察院、“全国政法系统优秀党员干警”——索朗晋美等一批先进典型，这是全市检察机关和全体检察干警齐心协力、共同拼搏的结果，更是各级党委、人大、政府、政协和社会各界以及北京、江苏检察机关高度重视、大力支持的结果。在此，我代表全市检察机关表示衷心的感谢！

同时，我们更加清醒地认识到，当前全市检察工作仍然存在不少突出问题：一是检察队伍整体素质与党和人民群众的要求还有差距，有些检察人员服务大局、执法为民等意识还不够强，联系群众还不够深入；二是法律监督职能发挥得还不够充分、有效，监督不力、监督不到位、监督效果不佳的现象仍然存在；三是基础设施、装备建设和信息化水平与工作任务繁重的矛盾依然突出；四是领导职数缺乏、内设机构不健全、“三监三所”派驻检察室空白和干警职级待遇偏低，不利于检察工作的正常开展和留住人才。对此，我们将争取支持，努力解决。

2012 年，全市检察机关要全面贯彻党的十七届六中全会、区市党委第八次党代会和本次人大会议精神，紧紧围绕科学发展、跨越式发展和长治久安的主题，提升一产、壮大二产、做强三产、转变经济发展方式的主线，以强化法律监督、强化自身监督、强化队伍建设为总要求，以六个“更加注重”为着力点，推动检察工作全面发展，为充分发挥拉萨首府城市的首位度作用提供更加有力的司法保障。

更加注重服务经济社会发展。坚持把检察工作放到全市工作大局中去谋划和推进，把执法办案作为服务大局的基本途径，努力在服务项目建设、民营经济发展、产业调整和规范市场经济秩序、改善投资消费环境、保障政府投资安全等方面，更好地发挥拉萨检察机关作为全区检察机关排头兵的带头作用。

更加注重维护社会和谐稳定。坚持把反对分裂、维护稳定置于检察工作的最高位置，牢固树立稳定压倒一切的思想，不断强化安全、责任、忧患意识，狠抓防控措施落实，健全维稳工作机制，不断深化三项重点工作，进一步把检察职能向化解社会矛盾、修复社会关系、推动社会管理创新、预防和减少违法犯罪延伸，充分发挥拉萨检察机关作为拉萨和谐稳定的坚强柱石作用。

更加注重维护人民群众权益。坚持把维护群众利益作为一切检察工作的出发点和落脚点，深入开展创先争优强基惠民活动，加强民意沟通，倾听群众呼声，抓住人民群众最关心的公共安全问题、最关切的权益保障问题、最关注的社会公平正义问题，全面履行检察职能，全力推进“民生检察”建设。

更加注重推进反腐倡廉建设。坚持把严肃查办、积极预防职务犯罪摆在突出位置，严肃查办发生在领导机关和领导干部中的案件以及重点领域和关键环节中的职务犯罪案件。坚持惩治与预防并举、办案与服务并重，切实加强预防宣传、警示教育和预防建议等工作，努力从源头上预防和遏制职务犯罪。

更加注重维护社会公平正义。坚持检察工作主题，以自治区人大常委会审议通过的《关于加强检察机关法律监督工作的决定》为动力，完善和落实监督机制，突出监督重点，提高监督质量，增强监督实效。进一步改进监督方式，坚持力度与效果、监督与支持、抗诉与息诉、权利与责任并重，努力维护司法公正和权威。

更加注重队伍建设和基础建设。深入开展“发扬传统、坚定信念、执法为民”主题教育实践活动，强化领导班子和干部队伍建设，建立以竞争择才、以绩效论才，能者上、平者让、庸者下的用人机制，树立真抓实干、务期必成的工作作风，扎实推进层级管理，严格实行问责制和连带责任追究制，着力提高队伍整体素质。不断强化基层职能，完善基础保障，全力巩固基层基础。

各位代表，在新的一年里，我们决心在市委和自治区检察院的领导下，恪尽职守，锐意进取，扎实工作，努力开创检察工作新局面，为建设团结、民主、富裕、文明、和谐的社会主义新拉萨作出新贡献，以优异的成绩迎接党的十八大的胜利召开！

拉萨市2011年国民经济和社会发展计划执行情况与2012年国民经济和社会发展计划草案的报告

——2011年12月13日在拉萨市九届人大第五次会议上

拉萨市发展和改革委员会

各位代表：

受市人民政府委托，现将拉萨市2011年国民经济和社会发展计划执行情况与2012年国民经济和社会发展计划草案提请本次会议审议，并请政协委员和列席代表提出意见。

一、2011年国民经济和社会发展计划执行情况

2011年是“十二五”开局、起步之年。一年来，在市委的坚强领导下，在市人大的有力监督下，全市上下紧紧围绕市人大九届四次会议审议批准的经济社会发展目标任务，按照“一坚持两强化三突破”的要求，以庆祝中国共产党成立90周年、西藏和平解放60周年为动力，深入贯彻落实科学发展观，在挑战中开拓进取，在困难中抢抓机遇，取得了速度加快、结构优化、后劲增强、民生改善、社会和谐的重大成就，圆满实现“十二五”开门红。全市地区生产总值完成209.32亿元，增长15%，其中：第一产业增加值完成9.69亿元，增长3.5%；第二产业增加值完成69.44亿元，增长20.4%；第三产业增加值完成130.19亿元，增长13.1%。地方财政一般预算收入达到22亿元，增长46.67%。

（一）农牧业结构调整不断推进、生产效益稳步提升。全面贯彻落实强农惠农政策，曲水全国农村改革试验区、林周现代农业示范区以及农业科技园、农业综合开发区加快建设，农牧业生产效益稳步提升。农林牧渔业总产值达到16亿元。坚持稳粮扩饲调结构，农牧业结构进一步优化，粮、经、饲比例与去年基本持平。农畜产品产量逐步扩大，粮食产量达到17.09万吨，肉产量达到3.45万吨，增长3.9%。财政投入3990.5万元，加快发展设施农牧业，2000户庭院经济全部建成，3000栋高效日光温室建设进展顺利，蔬菜种植面积达到0.46万公顷，蔬菜产量达到23万吨，增长13.3%。农牧业产业化进程快速推进，龙头企业培育扶持力度加大，落实专合组织项目扶持资金1010万元，专合组织新增21个。农牧业科技水平逐渐提高，落实农机购置及农柴油补贴资金2637万元，新增农机具4467台(套)，农机总动力达到47.53万千瓦，耕、播、收机械化水平分别达到85%、80%、65%。开展测土配方施肥0.333万公顷，建设标准化生产示范1.067万公顷。农牧民培训转移成效明显，组织实用技术培训2.66万人、就业创业培训4820人。累计转移农村劳动力8.16万人，增长12.6%，实现劳务收入6.25亿元，增长19.3%。

（二）园区规划建设迈出新步伐、工业经济快速发展。积极培育市场主体，加快建设“一区三园”，加强工业经济运行综合协调，不断优化生产要素配置，工业对经济增长贡献快速提高。全市规模以上企业实现销售产值、工业增加值分别达到45亿元、19亿元，分别增长19%、20%，其中市属规模以上企业实现销售产值、工业增加值分别达到23亿元、9亿元，各增长30%。工业投入明显好于往年，争取国家和自治区中小企业发展专项资金8671.6万元、企业改革扶持资金3249.86万元，信用担保公司新增注册资本金5000万元，城投公司注册资金达到3亿元，提供9家中小企业融资担保2250万元。工业项目加快实施，开工建设华泰龙矿业二期、5100矿泉水改扩建、当雄光伏电站二期等，天创风电、金哈达药业等一批项目竣工投产，120万吨新型干法水泥生产线和民族手工业园项目前期工作顺利。园区发展迅速，建立完善园区组织机构，编制完成园区产业发展规划及控制性详细规划，制定了《拉萨市市级园区认定标准》，整合安排1.08亿元资金重点支持达孜、堆龙和曲水园区基础设施建设，园区工业总产值、销售产值、工业增加值分别达到14亿元、16亿元、5亿元，分别增长38%、42%、35%，工业税收突破1亿元、增长56%。品牌创建取得成效，“优·敏芭古藏香”等4家企业5件注册商标获“自治区著名商标”，新增中国驰名商标2件。

（三）服务业经济带动作用凸显、发展水平明显提高。抓住我市作为全国服务业综合改革第一批试点城市机遇，加快推进旅游景区景点基础设施建设，加大旅游对外促销力度，强化旅游服务管理，旅游业保持快速发展。接待国内外游客514万人次，增长24.33%。实现旅游收入51亿元，增长21.11%。旅游基础设施不断完善，纳木措景区基础设施、乡村旅游配套设施和旅游产品研发基地等项目完工。旅游推介工作圆满，完成了中国幸福城市市长论坛、以“幸福在路上”为主题的第六届纳木措国际徒步大会以及“六十巨变大美西藏”、“雪域圣地高原明珠”、“幸福拉萨欢迎您”宣传推广活动，参加西安中国国内旅游交易会、北京国际旅游博览会、上海旅游节，拉萨知名度进一步提升。旅游接待水平不断提高，瑞吉度假酒店正式运营，全市星级宾馆饭店116家，旅行社122家。旅游服务管理能力逐步增强，出台了《拉萨市旅游厕所管理办法》，制作完成西藏和平解放60周年拉萨巡游花车，开展星级酒店和家庭旅馆的评定工作。加强市场体系建设，不断优化商业网点布局，城乡居民消费活跃，消费拉动作用增强。实现社会消费品零售总额106.14亿元，增长20%。认真落实国家促进消费政策措施，深入推进万村千乡市场工程，开展家电家具下乡，实现销售额3400万元，兑现补贴650万元。商贸市场流通体系逐步健全，农畜产品交易等四个市场建设稳步推进，拉萨储备库冷链系统、好帮手家政网络系统、圣祥二手车交易市场三家改造升级以及拉萨亿鑫、振兴两个分栋中转中心项目顺利建成使用，建设改造再生资源回收网点66个，建设配送中心9个。商贸流通层次逐步提升，积极实施“农超对接”，扩大“双进工程”范围，建成社区连锁店19个，新建农家店330个，农牧区碘盐实现全覆盖。

（四）基础设施条件进一步改善、投资规模逐步扩大。以项目建设为龙头，加大投资争取落实力度，实施季度调度和项目集中开工建设活动，固定资产投资保持强劲增长。完成全社会固定资产投资232.9亿元，增长32%。抢抓西藏和平解放60周年、自治区分解落实“十二五”规划项目机遇，千方百计争取项目和资金，国家和自治区投资明显好于往年。安排市级预算内投资6600万元，重点支持基础设施、产业发展、社会事业、民生改善等方面项目建设。扎实推进项目前期工作，采取“一对一”工作模式，主动协助项目业主单位办理审批手续，组织开展前期工作重点项目82个，总投资68.1亿元，林周澎波灌区、污水处理厂二期、综合展馆、环城路、拉萨德吉罗布儿童乐园等重点项目前期工作进展顺利，安排项目前期工作经费2255万元。加快推进重点项目建设，全力支持拉日铁路建设，协调铁路部门和承建单位开展了征地拆迁、环境保护、文物保护、治安保障、宣传报道、施工协调等工作，沿线群众参与铁路机械租赁、车辆运输及劳务输出创收1.4亿多元，供应砂、石料创收5亿多元。旁多水利枢纽工程成功截流，墨达灌区、拉贡机场专用公路、青藏直流联网工程建成并投入使用，民族南路改造、主城区美化亮化等60大庆项目如期完工，曲水才纳大桥、达孜县曲尼大桥、麻江公路等交通基础设施建设项目稳步推进，曲水、当雄两县户户通电全面完工，当雄县羊八井镇光伏电站有序进行，达孜县城区段防洪、尼木县续迈灌区、墨竹工卡县开发区防洪堤等水利工程建成。农村公路通车总里程2962.1千米，改善农田有效灌溉面积0.233万公顷。

（五）首府城市建设取得新进展、城市功能不断完善。“六城同创”取得阶段性成果，“创文明城市”方面，大力加强未成年人思想道德建设，完成全国文明城市综合测评，做好中央11家媒体集中宣传拉萨创建全国文明城市典型经验宣传报道，精心组织开展中国共产党建党90周年、西藏和平解放60周年系列宣传文化活动。顺利通过作为推荐城市参评全国文明城市资格审查，今年11月列入第三批全国文明城市候选名单。“创园”方面，实施建设广西友谊小学门前绿化、格桑花公园、拉贡机场专用公路区域造林绿化工程，种植植物近20万株，拉萨市周边防护林工程栽植各类苗木1.3万余株。“创模”方面，认真梳理创模新指标以及创模文本修编，细化分解创模工作任务，积极开展清洁生产审核试点工作，加大“三渠一河”垃圾及淤泥的清洁力度。“创卫”方面，开展以“清洁城市、健康人生”为主题的爱国卫生月活动，加强城乡环境卫生综合整治和12项未完成指标督导检查。“创建双拥模范城”方面，在柳梧新区、机场快速通道上建成2个永久型双拥广告位，组织开展“拥政爱民、拥军优属一条街服务”宣传，召开双拥创建工作经验交流会，我市双拥模范城（县）顺利通过全国检查考核。“创旅游城市”方面，建立完善创建国际旅游城市指标体系，已达标或基本达标指标13项。按照“东延西扩南跨、一城两岸三区”的城市空间布局，加强市政基础设施建设，北京中路改造、五条管线入地等项目全面竣工，污水处理厂建成并试运行，纳金大桥、城市供排水管网工程加快建设，东二路、贡布堂路等市政道路项目进展顺利，首府城市服务功能进一步提升。维修路面14.9万平方米，维修路灯6504盏，新增盲道6638平方米，设置果皮箱2451个，完成城市绿化44177平方米。

（六）改革开放步伐进一步加快、经济发展活力增强。建立完善领导联系企业机制，加强对11家国有企业及改制企业调查摸底，强化企业产权管理登记和租赁型企业监管，国有资产实现保值增值。坚持走出去、请进来相结合，组织我市特色产品参加渝洽会、西博会、夏洽会、郑交会等展会，邀请尼泊尔商人在“雪顿节”期间参展，全年实际利用外资6870万美元，增长5倍，进出口总额有望突破10亿美元，增长21%。建立健全招商引资工作机制，及时清理完善招商引资政策，进一步加强宣传推介，采取产业招商、行业招商、以商招商，扎实做好拉萨圣地天堂洲际大饭店、拉萨香格里拉大酒店、拉萨飞天国际大酒店等重点项目的跟踪落实，全市招商引资工作成效突出。落实招商引资项目131个，其中新引进项目63个，实际到位资金58亿元，增长25.9%。援藏工作领域不断拓展，编制完成北京、江苏两省市“十二五”时期对口援藏发展规划，制定援藏项目资金管理办法，东环快速干道、堆龙德庆东嘎西路、东二路、综合展馆等援藏项目顺利实施，争取落实援藏资金5.62亿元。依托北京市援藏平台，参加十五届北京·香港经济合作研讨洽谈会、北京燕莎商品大集等活动，进一步加大北京与我市产业援建合作力度，通过政府引导、企业营销，积极构建“平台共享、多方共赢”的国际化高端合作平台。

（七）保障和改善民生工作扎实、社会事业全面发展。城乡居民收入稳步提高，收入差距逐步缩小，城镇居民人均可支配收入达到17460元，增长5.4%；农村居民人均纯收入达到5753.96元，增长15%。城乡居民收入比由去年的3.31：1缩小到3.03：1。加大民生工程建设力度，推进实施年初确定的十二件实事，确保了项目早完工、效益早发挥、群众早受益，全面兑现政府承诺。深入实施农牧民安居、农村安全饮水、农村道路等工程，完成农牧民安居工程配套提升8552户，村容村貌综合整治88个点，解决了2.15万农牧民和914名师生的饮水安全问题。坚持整乡推进、整项脱贫，批复10个乡镇扶贫项目49个，总投资3199万元，开工建设41项。争取面上扶贫项目59个，批复总投资3899万元，开工建设19项。保障性住房建设与管理成效明显，廉租房、公共租赁房、干部职工周转房、棚户区改造等2425套保障性住房工作稳步实施，落实租赁住房补贴1315户1863人、发放资金570.08万元。社会事业全面发展，教育方面，“两基”通过国家验收，学前和高中阶段教育补贴政策和免费政策全面落实，中等职业教育实现全免费，年生“三包”标准提高到2200元。本级安排下达配套资金2.03亿元，主要加强中小学危房改造、义务阶段教育、高等教育、职业教育、特殊教育等基础设施建设，全年新开工教育项目48个，涉及学校50所，完成23所学校改扩建，学龄儿童纯入学率达到99.79%，初中、高中阶段毛入学率分别达到100.03%、81.4%。科技方面，积极争取科技型中小企业技术创新基金等项目，支持城关、堆龙、曲水、达孜四县（区）无公害蔬菜瓜果生产基地及现代农业科技园建设，整合落实投资2109万元。开展科技特派员制度推行工作，下拨补助资金154.2万元，新聘科技特派员180名。加强科普宣传和科技培训，科普基础设施条件逐步改善，拉萨市“科技信息网”开通，新建科普活动站2个，科普示范村5个，科普示范户10户。卫生方面，加快推进医疗卫生体制改革，全面做好疾病预防控制、妇幼保健、人口计生等工作，建设完成市县乡标准化医院6个、社区卫生服务中心4个和村卫生室34个，公共医疗服务水平不断提升。强化食品药品监督管理，保障公众饮食安全。文化文物方面，成功举办春节、藏历新年主题文艺慰问演出、电视文艺晚会，与北京、江苏两地联袂打造60年大庆主题献礼文艺晚会，努力推动文化文艺事业不断繁荣发展。加快农家（寺庙）书屋建设，最大限度满足群众精神文化需求，建成寺庙书屋115个、农家书屋229个，农家书屋实现全覆盖。文物保护工作取得新进展，公布策门林寺等10处和拉萨老城区56处古建大院为市级文物保护单位，完成色拉寺、哲蚌寺、甘丹寺为世界文化遗产以及楚布寺、查拉鲁普石窟寺为全国重点文物保护单位的申报。千方百计扩大就业，坚持劳动者自主择业、市场调节就业、政府促进就业的方针，全面落实就业再就业政策，组织举办招聘会、“春风行动”、“拉萨市第二届人力资源洽谈会”等活动，开展高校毕业生创业培训以及农牧民职业技能培训，开发就业再就业岗位5872个，新增就业再就业5789人，城镇登记失业率控制在2.8%以内。逐步完善社会保障制度，进一步扩大社会保险扩面，养老保险、医疗保险、生育保险、工伤保险、失业保险等扩面分别达到3100人、5853人、1141人、3400人、812人。居民保障水平逐步提高，城镇居民最低生活保障标准月人均由原来330元调整为360元，农村居民最低生活保障标准年人均由原来的1300元调整为1450元。充分保障五保对象基本生活，五保供养标准年人均由2000元提高到2200元，五保集中供养率达到73%。

（八）生态环境保护与建设加大、着力构建生态拉萨。生态环保方面，加快以防护林、重点区域生态公益林、拉萨及周边造林、拉萨至贡嘎机场专用公路造林、城市主要干道绿化等为重点的造林绿化，完成造林绿化0.865万公顷，落实公益林管护费用2232.34万元。建立草原生态保护补助奖励机制，及时编制《拉萨市建立草原生态保护补助奖励机制2011年度实施方案》。加强自然保护区晋级申报，全市建立自然保护区和重要湿地生态功能区27个。节能减排方面，启动环境保护和污染治理设施建设项目，柳梧新区北京大道路灯改造资金已经落实。完成全市节能建筑执行率和清洁能源使用率等指标测算，开展72家公共机构能耗数据统计以及资料收集整理，公共机构节能工作顺利通过国家考核组的初步考核。加快淘汰落后产能，以逐步淘汰立窑式水泥生产线为重点，加强对西藏祁连山粉磨水泥厂监管。加大对涉矿企业管理，依法关闭西藏望果矿业有限公司东嘎铁选矿厂等3家企业，挂牌督办限期整改西藏钢源矿业发展有限公司磁选矿厂等8家企业。加强工业企业节能减排管理，严格落实能源消耗季报制度，节电、节水、节材等有大的提高。开展危废处置专项检查，加大汽车尾气的检测，检测车辆3万台。执行项目“三同时”，严把建设项目环境准入关，主要污染物排放总量得到有效控制。

即将过去的一年，我市经济社会发展取得了较好的成绩，但是我们也要认识到当前面临的一些突出矛盾和困难，主要是：城乡差距大，物价上涨压力大，城乡居民增收难度大；三产整体不发达、关联程度不高，农牧业基础薄弱，工业对全市经济的拉动力不够，服务业带动作用不明显；重点项目前期工作推进缓慢，基础设施建设仍然滞后；社会局势依然复杂，社会管理面临严峻挑战。对于这些问题，我们必须高度重视并认真加以解决。

二、2012年国民经济和社会发展的主要目标、任务和措施

在科学发展中发挥带头作用，建设辐射全区的经济核心区，2012年，我市经济社会发展的主要预期目标是：地区生产总值增长15%，地方财政一般预算收入增长20%，全社会固定资产投资增长20%，社会消费品零售总额增长20%，农村居民人均纯收入增长15%，城镇居民人均可支配收入增长7%，城镇登记失业率控制在2%左右，居民消费价格指数控制在合理水平。围绕这些目标，按照区、市第八次党代会的总体部署，充分发挥首府城市的首位度作用，强化措施，抓好落实，重点抓好以下工作。

（一）坚持项目带动促发展，基础设施建设掀起新高潮。加强交通、水利、能源、信息基础设施建设，加快构建功能配套、安全高效的网络化和现代化基础设施体系，为全市经济跨越式发展和社会长治久安提供强有力的支撑，力争全社会固定资产投资完成280亿元。扎扎实实做好项目前期工作，认真做好国家投资、援藏投资、地方投资和民间投资的项目衔接，进一步谋划和筛选好一批重点项目，尽快办理完成项目规划选址、用地预审、环境影响评价、节能评估、水土保持等前置审批手续，大力推进澎波灌区、拉萨河干流治理、污水处理厂二期、历史文化街区保护和开发、民族手工业园项目前期工作，加快完成环城路、玻玛路、东嘎区给水管网、堆龙德庆县德庆乡基础设施等项目前期工作，为争取投资和项目建设打下良好基础。千方百计筹措项目资金，充分发挥国家投资在项目建设中的引导促进作用，加强完善争取投资与项目建设工作机制，切实提高项目跑办实效，积极争取落实更多的国家和自治区项目投资。加大本级财政投入，提高地方财政一般预算收入用于基础设施和民生工程等方面的项目建设和前期工作的支出。加强和改进项目贷款管理，加快建立形成项目还贷长效机制，增强政府信誉度；发挥好城市建设投资经营有限公司作为政府投融资平台作用，努力扩大信贷投资规模，保证重点建设项目信贷需求。促进民间投资较快增长，

落实鼓励民间投资发展政策措施，拓宽民间投资的领域和范围。认认真真推进项目建设，坚持早动手、早安排、早实施，大力开展项目集中开工建设月活动，着力解决重点项目资金、征地、拆迁等问题，继续配合做好拉日铁路、旁多水利等重点工程建设，加快推进纳金大桥、东嘎水厂、市公安局技侦业务用房等续建项目建设，全面完成寺庙管委会业务用房及基本公共服务基础设施建设任务，开工建设堆龙德庆109国道县城段、墨竹工卡县嘎则新区跨河大桥、特警支队二期等一批国家项目和年度援藏投资项目。切实加强项目管理，优化工程建设环境，畅通群众诉求渠道，严厉打击干扰项目建设、阻碍经济社会发展的违法犯罪。创新项目管理机制，贯彻落实《拉萨市重点工程建设管理办法》，加快组建项目评审中心，推行集中审批和并联审批。执行项目基本建设程序，加大政府投资项目的稽查力度，确保项目建设进度和资金、质量安全。加强项目建设安全管理，落实安全生产责任。

（二）做大做特现代农牧业，农牧民增收有新举措。围绕提升一产，加大农牧业综合开发力度，不断提高农业科技水平，建立粮食和农牧业稳定增产长效机制，确保农牧民持续稳定增收。加快农业内部结构调整，进一步优化农业生产布局，提高农牧业比较效益，逐步缩小农经饲比例。稳定粮食播种面积，提高粮食单产，加强标准化农田建设，推进高产创建示范活动，进一步提高商品粮基地县粮食生产能力，粮食产量稳定达到16.5万吨，油菜产量稳定达到1.15万吨。大力发展草原畜牧业，实施草原灌溉工程，建设短期育肥基地、饲草料基地，提高畜产品出栏率和商品率，肉、奶、禽、蛋产量分别达到3.48万吨、3.88万吨、1179吨和768吨。把发展设施农业作为发展现代农牧业的重要突破口，认真贯彻落实好《拉萨市设施农业发展规划(2011—2015)》，以抓好温室和配套设施建设为依托，重点加强蔬菜瓜果基地、花卉苗木基地建设，扶持农户兴建2000座土豆储藏窖，建成温室大棚3000座，蔬菜产量达到24.1万吨。提高农牧业科技含量，强化科技特派员工作，加快推进农业机械化，加强林周县现代农业示范区和曲水全国农村改革试验区建设，加快解放农牧区劳动力步伐。坚持引导不参与、鼓励不包办、扶持不干扰的原则，提高专合组织生产运作能力，逐步形成多元化的农业社会化服务格局，培育发展专合组织15个。扶持重点龙头企业，培育知名品牌，重点在无公害认证、绿色认证、有机认证上下功夫，不断提高农业产业化经营水平。建立农牧民培训长效机制，推动政企联合培训，突出农牧民实用技术培训、岗前培训和技能培训，转移输出劳动力9.06万人，实现劳务收入7.31亿元。

（三）做大做强特色优势工业，工业经济发展上新水平。围绕壮大二产，坚持工业向园区集中，加快资源、地域禀赋向市场和经济优势转变，推动工业发展上规模、上水平，规模以上工业企业总产值、工业增加值分别增长30%。培育发展以矿产采掘业、绿色食(饮)品业、藏医药业、新型建材业、民族手工业为主的新型特色工业体系，加快发展太阳能等绿色环保能源产业，建立完善服务企业长效机制，引进符合产业发展导向、科技含量高、就业容量大、市场竞争力强的大企业和大项目落户我市。加强协调联系，建设120万吨新型干法水泥生产线工程，提升西藏天知生物科技开发有限公司等投产企业产品规模，督促西藏高原天然水、力诺集团西藏科技园等项目竣工投产，为特色工业快速健康发展提供强大支撑。加快新能源基地建设，重点打造从事太阳能光伏、光热、新型电池电板生产的企业，以实施“金太阳科技工程”为重点，推动新能源产业发展。培育扶持重点企业发展，积极争取国家中小企业发展专项资金、自治区经济运行调节资金，建立和完善多层次的金融服务体系信用担保体系，不断拓宽企业融资渠道。以“一区三园”为载体，加大对园区资金投入，进一步完善园区道路、电力、给排水等基础设施，开工建设民族手工业园，加快发展建设拉萨经济开发区B区，早日实现A、B两区互动，大力推进镇江南路、滨河路、园区自来水厂、污水处理厂和110KV变电站建设，提高园区综合承载能力。建立健全园区逐级准入机制，扎实做好曲水县雅江和堆龙德庆县工业园区设立市级园区工作。“一区三园”实现工业增加值、销售产值、工业总产值分别达到5.85亿元、16.9亿元、18.2亿元。

（四）做大做精旅游商贸服务业，现代服务业发展有新举措。围绕做强三产，立足丰富独特的自然、生态和文化资源，培育以“藏文化”为主题的世界级、国家级旅游大品牌，力争旅游人数增长16%以上、旅游收入增长19%以上。按照“一城一湖三廊道”的旅游空间布局，以景点景区为依托，做好热振寺景区和扎叶巴寺后期管理，建成“三网一库”

旅游信息系统、旅游集散中心以及旅游信息标识系统，加快推进香格里拉、圣地天堂洲际大饭店等项目建设。大力开发旅游景区景点，打造自然风光游、生态休闲游、民俗风情以及佛教名寺游，提升纳木措景区档次，全年争创5A级景区1个、3A级景区3个。依托318国道和109国道，培育一批富有特色具有竞争力的乡村旅游景区(点)和旅游村(镇)，重点打造桑珠林乡、德庆乡、羊八井镇、日多乡等重点旅游乡镇，建立形成拉萨特色乡村旅游体系。坚持政府主导、媒体引路、企业跟进、市场运作，大力发展国内旅游，积极发展国际旅游，适度发展出境旅游，加强旅游线路的组织与营销，实现区域联合互动，拓展国内外旅游客源市场。发挥市场机制的作用，重点发展连锁经营，大力发展现代物流业，完善城市商业网点布局，推动城乡市场建设，构建统一、开放、竞争、有序的现代化大市场，全社会消费品零售总额达到127.4亿元。合理规划商业网点布局，方便人民群众生活，推进东城区、柳梧新区、东嘎新区商贸服务设施建设，鼓励有实力的连锁企业参与社区商业建设，建成社区连锁店20个。做好西藏会展中心建设，推进实施拉萨现代物流园区，开展“万村千乡市场工程”，逐步建立现代商品流通体系。围绕便民利民为民，深入开展“农超对接”，选择4～5家具备条件的经合组织或协会与市区连锁超市对接；利用好230个农贸市场免费摊位平台，促进更多特色农畜产品进入流通市场环节；巩固碘盐推广成果，实现碘盐全覆盖。建立完善市场运行监测体系，加快建设堆龙德庆县和曲水县生活必需品市场监测平台，加强生活必需品、重要生产资料、重点领域企业监管。

(五)加快推进城乡统筹步伐，城镇建设发展有新成就。突出城市特色与文化品质，凸显城市风情，持续推进“六城同创”，努力实现国家卫生城市和国家环保模范城市创建目标。加强以市政道路、供排水、管线入地为重点的基础设施建设，不断完善城市综合服务功能，提升首府城市形象。突出建新城保老城，实施好老城区管线入地及恢复、嘎玛贡桑自建小区工程，全力推进学府路、红旗路、西二路、东二路、东一路延伸段、中和国际城二期项目建设，完善城市路网体系。加强市政公用设施建设，开工建设柳梧新区水厂和10个停车场，购置20辆安全舒适的公交车，推进50个公交站台、东城区水系等项目建设。加快推进城乡基础设施一体化进程，建设好县城和重点节点乡镇交通、供排水、垃圾处理基础设施以及医院公共设施，推进尼木墨竹工卡两县排水、当雄林周两县供水、墨竹工卡县嘎则新区跨河大桥、堆龙德庆县109国道县城段、曲水县泰州路以及当雄县当曲卡镇基础设施等项目建设，建立形成功能完善的城镇体系。扎实推进新农村建设，争取国家、自治区的资金支持，重点抓好“八到农家”工程，完成好5000户农牧民安居工程和40个村村容村貌整治，解决1万人安全饮水问题，推进23条农村公路建设，改扩建公路298.23千米。稳步推进45个农牧区综合服务站和13个沼气服务网点建设，提升农牧区服务能力。加强农田水利建设，大力实施高标准农田，完成高标准农田建设0.14万公顷，生态综合治理0.133万公顷。进一步改善贫困地区生产生活条件，提高贫困群众抗灾防灾和自我发展能力，加大整乡推进扶贫，落实以到户帮扶为主的开发项目，确保完成1517户的到户任务。

(六)进一步深化改革开放，经济发展增强注入新动力。努力破解体制机制难题，以改革促发展、创新。优化经济发展环境，提高政府工作效能以及公共服务水平。加强中小企业服务体系建设，全面落实促进中小企业和非公有制经济发展政策措施，放心放开放宽放胆放手发展非公有制经济，推动非公有制经济大发展快发展。推进农村信用社改革，扩大农户小额信用贷款和农户联保贷款。扩大农业保险范围，做好政策性农业保险试点工作，为全市所有农牧民购买意外伤害保险。推广南木乡集体林权制度改革试点成果，加快推进曲水县其他乡镇集体林权制度主体改革。深化投融资体制改革，放宽市场准入，拓宽民间投资的领域和范围。推进医药卫生体制改革、文化体制改革。加强国有资产监管体制改革，盘活国有资本存量。坚持“走出去”和“请进来”，创新招商引资跟踪服务机制，参加农交会、投洽会、广交会等招商贸易洽谈活动，举办好市长峰会论坛、雪顿节经贸洽谈会，加强泛华集团、中坤集团、万达集团等重点企业的跟踪落实，招商引资到位资金增长25%。以美国科罗拉多州博尔德市与我市建立友好城市为契机，加强促进投资和贸易互动。继续深化受援工作，全力推进东城人民医院、群众文化体育中心及拉萨德吉罗布儿童乐园等援藏项目实施，加强干部、人才培训与交流以及企业合作，不断拓展智力、产业、科技等受援工作新领域。

(七)努力保障和改善民生，基本公共服务能力有大提升。在改善民生中发挥先行作用，有效解决群众困难，真心实意关心人民群众生活，推动社会事业全面进步。继续推进教育优先发展，加快发展学前教育，巩固义务教育普及成果，加强高中阶段教育，大力发展职业教育，关心和支持特殊教育，鼓励和规范社会力量办学。完善教育基础设施，实施东城幼儿园、东城小学、东城中学、中等职业技术学校一期等项目，新建16所幼儿园。加强青少年思想道德建设，把社会主义核心价值体系教育融入教育全过程，增强教育工作的针对性和时效性。加大科技普及力度，引进和推广先进实用技术，加快科普示范村、科普示范户建设，做好科技特派员的选派和培训，组织500名基层专业技术人员赴内地学习考察，大力推进科学技术创新，为促进经济发展方式转变提供有力的科技支撑。促进基本公共卫生服务均等化，以防控重大突发公共卫生事件为重点，加强公共卫生服务体系建设，强化医疗质量管理，市县医院全部设立残疾人就业绿色通道，不断提升医疗机构服务能力。加强基层医疗卫生机构建设，建设完成乡镇卫生院、社区服务中心以及145个村卫生室，村卫生室实现全覆盖，完善农牧区三级卫生服务网络。稳妥推进基本药物制度的实施和基本药品零售差率销售工作，保障农牧民基本用药，乡(镇)卫生院实施国家基本药物制度全覆盖。实施“降消项目”和“母子系统保健项目”，降低孕产妇和婴幼儿死亡率，组织0~6岁儿童免费体检，同步建立健康档案，提升妇女儿童健康水平。大力发展文化体育事业，在文化发展中发挥示范作用，实施文化强市战略，推动文化改革发展，做好乡镇综合文化站、村级文化室以及社区书屋、寺庙书屋建设，开工建设市群艺馆、县级新华书店发行网点等项目，购置县级流动售书车。深入开展“四观”、“两论”和新旧西藏对比教育，坚决维护文化和意识形态安全，积极发展文化创意、文化旅游、影视制作、演艺娱乐、出版发行、民族工艺、高原极限运动等特色文化产业，大力发展公益性文化事业，推动文化大发展大繁荣，提升特色文化产业的竞争力。深入开展群众体育活动，筹办好雪顿节马术表演暨传统体育竞技赛，广泛开展“阳光体育”活动，改建人民体育场。健全社会保障制度，加快墨竹工卡县等6县人力资源和社会保障服务中心建设，大力提升社会保障服务能力和水平。继续做好社会保险扩面征缴，提高社会保障统筹层次和待遇水平。加强敬老院、福利院、救灾仓库建设，推进以扶老、助残、救孤、济困为主要内容的社会福利事业，提高城乡居民最低生活标准，提高孤老残幼等特殊群体福利水平。建立完善住房保障体系，加快推进保障性住房建设，实施周转房220套、廉租房60套、公共租赁房600套、棚户区改造1519套，解决原集体制工人住房补贴，逐步实现住有所居的目标。努力提升人民生活水平，最低工资标准由950元提高到1200元。

(八)落实节能减排责任，生态环保工作有新成绩。在生态建设中发挥引领作用，坚持生态环境保护优先，大力实施“绿色拉萨”和“碧水蓝天”工程，美化好城乡环境，让拉萨的美誉度更高、人民生活环境更好。统筹兼顾城外造林和城内绿化，加快推进重点区域造林、防护林和城市环境绿化美化等建设。继续实施退耕还林、退牧还草、天然林保护。抓好高耗能行业改造和建筑节能管理，实施雪新村路灯改造、仙足岛道路改造、扎基路路灯改造，加快节能产品在农牧区的应用，逐步开展安居住房节能改造。扎实开展环境污染的专项整治，开展主要矿产资源区、重要生态功能区的生态补偿试点，推进工业废气、机动车尾气、餐饮业油烟等大气污染防治，加强农村面源污染治理，开工建设危险废物处置中心，建成城市供排水管网，实施好农村沼气建设项目。为环卫工人办理养老保险、工伤保险，购买人身意外伤害保险。加强审批项目源头管理，引导企业加大技术改造投入，加快淘汰落后产能，积极支持远大、东嘎、信通三家水泥厂的落后生产线淘汰工作。

各位代表，经济社会发展改革任务光荣而艰巨。让我们在市委的坚强领导下，在市人大的有力监督下，深入贯彻落实科学发展观，全面贯彻落实中央第五次西藏工作座谈会精神、十七届六中全会以及区、市第八次党代会精神，同心同德，奋力拼搏，为建设团结民主富裕文明和谐的社会主义新拉萨作出新的更大的贡献，以优异成绩迎接党的十八大胜利召开。

关于拉萨市2011年财政预算执行情况和2012年财政收支预算(草案)的报告

——2011年12月13日在拉萨市第九届人民代表大会第五次会议上

拉萨市财政局

各位代表：

受拉萨市人民政府委托，现将拉萨市2011年财政预算预计执行情况和2012年财政收支预算(草案)的报告提请拉萨市九届人大五次会议审议，并请政协各位委员提出意见。

一、2011年财政预算预计执行情况

2011年是全面实施“十二五”规划的开局之年，在市委的正确领导下，在市人大的监督指导以及上级业务部门的关心支持下，全市各级财政部门坚持以科学发展观为统领，认真贯彻落实中央第五次西藏工作座谈会、十七届六中全会、区市党代会、经济工作会议和财政工作会议精神，紧紧抓住发展和稳定两件大事，积极实施国家宏观调控政策，创新理财思路，优化支出结构，强化预算管理，深化财税改革，加强宏观调控，为推动改革、促进发展、改善民生、维护稳定提供了可靠的财力保障。

(一)全市2011年财政预算及变更情况

拉萨市九届人大四次会议批准的2011年度全市地方财政收支预算为：财政总财力462179.8万元(其中:上级财政补助收入286679.8万元,地方财政收入175500万元)。支出预算为462179.8万元。

在年度预算执行过程中，根据财力变化情况，经拉萨市九届人大常务委员会第二十五次会议批准，全市财政支出预算调整为626129.35万元。

(二)全市2011年预算执行情况预计

考虑自治区财政对我市的财力补助不断增加和地方财政收入超收等因素，经测算，2011年全市财政总财力预计将达到70亿元，比上年决算增加18.15亿元，增长35%。

全市地方财政一般预算收入预计将突破22亿元，比上年决算数增加7亿元，增长46.67%。其中：税收收入预计完成20.1亿元，比上年决算数增长57%；非税收入预计完成1.9亿元，比上年决算数下降16%。

全市财政一般预算支出预计完成69.5亿元，为调整预算的111%，比上年决算数增加18.15亿元，增长35.35%。收支相抵后能够实现收支平衡，略有结余。

全市财政基金预算收入预计完成5.6亿元，基金预算支出预计完成5亿元，结余6000万元。

以上预计执行数与最终决算数将会有一定出入，待全市财政收支决算正式编制完成并经区财政厅审核批复后，将专题向市人大常委会报告。

二、2011年财政主要工作

(一)加强财政宏观调控，促进经济又好又快发展

2011年是“十二五”规划开局之年，又是庆祝中国共产党成立90周年、西藏和平解放60周年大庆之年，在中央第五次西藏工作座谈会精神的鼓舞下，各级财政部门认真贯彻落实国家宏观调控政策，继续实施积极财政政策，统筹兼顾、突出重点，加大投入、抓好关键，促进了地方财政一般预算收入强劲增长。

一是努力增加政府公共投资，拉动投资增长。首先，按照财政部《关于加强对口支援西藏资金管理的通知》精神，市财政及时将江苏援藏资金3.13亿元落实到位，保证了拉萨市综合展馆、东二路、西二路、学府路等重点项目顺利开工；其次，下达区、市基本建设支出144274万元(其中:自治区投资101250.11万元、拉萨市投资43023.89万元)，确保了城市六条主要道路的高压线管线入地、民族南路和北京路改造、城区17条道路两侧建筑物“穿衣戴帽”、13条道路两侧建筑物亮化、市政设施专项维护、柳梧大桥和布宫广场亮化、农村公路自然村通达工程、广播电视综合铁塔及广电中心大楼亮化改造、市政景观亮化等一批大庆项目顺利实施。

二是大力支持工业园区建设，增强造血功能。市级财政投入资金5200万元，用于支持达孜、曲

水、堆龙三个县级工业园区基础设施建设和达孜县产品展示交易中心建设，不断提升园区功能，优化发展环境，为县级工业园区招商引资打造良好投资环境。

三是积极扶持优势产业发展，提高收入增长质量。为拉萨市担保公司注入资金5000万元，扩充担保公司注册资本，增强担保能力，切实解决中小企业融资难问题；认真落实藏政办发〔2009〕95号文件精神，落实企业扶持资金1793.47万元，大力支持农牧业特色产业、旅游产业、优势矿产业及藏医药业发展；充分利用企业改革与发展的资金规模优势，落实企业发展资金9951.6万元(其中自治区级8671.6万元,市级1280万元)，有效增强了企业扩大再生产和更新改造能力，提升企业综合实力和竞争力；落实工业企业奖励资金97万元，表彰了发展工业先进县(区)、支持工业经济发展先进单位和8强工业企业，调动了工业企业增产增收的积极性；会同相关部门对中小企业进行调研，帮助中小企业充分利用国家优惠政策发展企业生产，增加积累。

四是大力支持招商引资、旅游促销，增强发展后劲。落实各项招商引资资金159.14万元，表彰了在2010年招商引资工作中作出突出贡献的先进集体和先进个人。支持组团参加兰洽会、民交会等经贸活动，进一步加强对外招商力度；及时落实旅游促销资金261.72万元，加大旅游宣传，促进旅游业加快发展，推进国际旅游城市建设。

五是丰富财政补助方式，扩大城乡消费。通过提高城乡居民低保标准、企业退休职工基本养老金待遇水平、“五保户”供养标准，发放春节藏历年一次性生活补助等方式，刺激扩大居民消费，稳定消费预期；通过落实“家电家具下乡”、“汽车摩托车下乡”、“汽车、家电以旧换新”等财政补贴政策，实施“万村千乡”市场工程，推动农牧区市场发展，挖掘农牧区消费能力。此外，安排天恩屠宰场专项补助255.9万元，为有效稳定我市猪肉价格发挥了积极作用。

六是加强收入征管，做到应收尽收。落实资金283.9万元，表彰奖励了19家2010年纳税大户和18名税收优质服务先进个人；财政部门积极与税务部门加强协调配合，完善征管手段、加大稽查力度、挖掘增收潜力、堵塞征收漏洞，保证了税收收入的平稳增长和及时足额入库。与此同时，进一步完善行政事业性收费收入缴入国库工作，非税收入实现了较快增长。

(二)不断加大“三农”投入，推进社会主义新农村建设

按照市委关于巩固和加强农牧业基础地位，全面推进农牧区小康建设的精神，遵循“因地制宜，突出重点，农牧结合，协调发展”的指导方针，继续加大对农牧业的投入，全面推进社会主义新农村建设。

——争取上级财政涉农资金支持。争取并落实自治区财政支农专项资金26302.74万元。实施了水土保持、防沙治沙、园艺作物标准园创建、拉贡高速公路沿线造林绿化、农村户用沼气建设、自然保护区管护、重点区域生态公益林建设、退耕还林、特大抗旱、乡村防洪、特大防汛、财政扶贫、少数民族发展、农发产业化项目、东嘎农贸市场建设等项目建设。支持了农民专业合作组织以及特色产业发展。通过项目实施，加快了我市农田水利等基础设施建设步伐，有效改善了农田土质，增加了农田灌溉面积，促进了生态良好发展，进一步改善了农牧业生产条件。

——加大本级涉农资金投入。全市农林水事务支出预计达到51000万元，比上年同期增加7941万元，增长18.44%(其中:市本级财政投入支农专项资金5890万元)。支持了全市农牧业基础工作顺利开展；落实资金613.5万元，开展农田水利基本建设、拉萨河堤岁修防汛及防汛物资储备等工作；整合资金3510.5万元，推进设施农业建设，新建了3000栋高效日光温室；配套资金120万元，推动农业产业化项目发展，120栋蔬菜温室顺利建成；落实资金157万元，改善了堆龙德庆县无公害蔬菜基地附属设施；落实资金1000万元，加快推进林周县现代农业示范区建设步伐；落实资金360万元，支持全市庭院经济发展；安排配套资金305.14万元，在全市七县一区全面推行涉农政策性保险以及农用机动车保险。继续实施能繁母猪政策性保险；兑现了良种新品种推广补贴、农作物良种补贴、粮食直补、农资综合补贴、农机柴油、农药化肥等补贴资金2581.16万元；落实资金455万元，用于野生动物肇事补助，降低农牧民损失；落实资金150万元，支持实施重大动物疫情防控、动物疫病监测、动物检疫；落实气象保障经费107.84万元，支持加大人工影响天气作业面，有力增强了农牧业抗风险能力；落实市级面上扶贫资金250万元，安排了13个“短、平、快”扶贫项目，加快了贫困群众增收步伐，使712户群众受益；落实资金1242.9万元，支持园林绿化、大庆花卉购置、罗布林卡广场纪念亭维修、娘热路栏杆维修等工作。整合区市两级培训资金690万元，保障农牧民培训工作顺利开展，着力提高农牧民群众劳动技能和综合素质，增加农牧民群众的现金收入，增强劳务输出的竞争力，拓宽增收的渠道。继续实施对全体村(居)委会干部每年增加1000元补贴和下派村干部每月200元~300元的生活补助。

——农牧民安居工程建设工作稳步推进。2011年整合资金16500万元，用于全市新建6000户的农牧民安居工程建设，预计到年底，全市农牧民安居工程建设能完工3901户，在建2099户。

——农村人居环境建设和环境综合整治工作有序开展。按照“清洁水源、清洁田园、清洁家园”的要求，落实资金10896.27万元，深入开展农村人居环境建设和环境综合整治工作，对40个点进行人居环境建设和环境综合整治。

——交通干道沿线安居工程整体配套提升基本完成。为进一步改善和提升我市道路交通沿线安居工程整体质量和水平，以良好的村容村貌和整洁美观的环境迎接西藏和平解放60周年，各级财政整合资金33235万元(其中:市级配套补助资金20450万元,援藏配套补助资金6944万元,县级配套补助资金5841万元)，对交通干道沿线8552户安居房进行整体提升，已基本完成。

——村容村貌整治工作顺利进行。结合交通干道沿线安居工程配套提升工作，整合市级财政、援藏、县级政府资金10500万元，对48个村进行了村容村貌整治。

——纳木湖乡安居工程整改重建工作全面完成。通过一年多时间的努力，纳木湖乡204户农牧民房屋的整改重建工作已全面完成并达到了质量过关、群众满意的要求，当地农牧民群众已搬进了安全舒适的新房。

(三)坚持保障和改善民生，健全社会保障制度体系

按照以人为本的要求，把保障和改善民生作为推进改革、促进发展、维护稳定的大事。2011年，社会保障和就业支出预计28200万元，比上年增加10706万元，增长61.2%。一是完善城乡社会保险制度。及时足额发放离退休人员养老金，今年自治区再次上调了企业退休职工养老金待遇水平，月人均养老金水平已达到2439元；实现了全市新型农村养老保险全覆盖，已登记参保人数达到103711人，全年预计兑现60岁以上老人基础养老金960万元；在全面推行新型农村养老保险制度的基础上，按照《西藏自治区城镇居民基本养老保险暂行办法》规定，城镇居民基本养老保险前期工作全面铺开，实现了养老保险制度全覆盖。二是完善城乡各项保险制度。做足做实职工医疗保险个人账户，在职职工保健经费直接记入本人医疗保险账户；城镇居民医疗保险参保人数达到46326人；失业保险、工伤保险和生育保险制度不断完善，参保人数分别达到1048人、2478人、658家单位；三是继续提高标准，保障特困群众基本生活需要。从2011年1月1日起，再次提高城乡居民最低生活保障标准，城镇居民最低生活保障标准由月人均330元调整为360元，调整了农村居民最低生活标准，重点保障对象补助标准由年人均920元调整为1070元，特殊保障对象由658元调整为772元，一般保障对象由478元调整为564元；针对物价波动，给予了城镇低保户每人600元、农村低保户每人100元一次性生活补助，减少物价波动对低收入群体生活的影响；将“五保户”供养标准从2000元/年提高到2200元/年；对“三老人员”、五保户、优抚对象等每户发放了100元的一次性慰问金；在庆祝西藏自治区和平解放60周年之际，为每一位“三老”人员发放了600元慰问金；从2011年1月1日起，对全市698名孤儿每月发放360元生活补贴，保障社会散居孤儿基本生活和成长发育需要；四是落实自然灾害资金，确保受灾群众生活。落实资金160万元，保证了农牧民冬令春荒时期生活。未雨绸缪，落实资金368万元，充实救灾物资储备，进一步提高应急救灾能力。五是积极落实各项就业补助政策，及时兑现高校毕业生就业奖励、职业培训和职业介绍补助资金，确保就业局势保持基本稳定。政府购买公益性岗位3050个，并根据社会最低工资水平、社会平均工资等指标变化情况提高了公益性岗位补助标准。六是加大保障性住房建设力度。足额配套全市干部职工住房公积金5700万元，配套全市周转房、廉租房、公租房等保障性住房建设资金12139万元，逐步解决干部职工安居问题。

(四)大力支持社会事业发展，促进基本公共服务均等化

2011年，全市教育支出预计达到101000万元，比上年增加11519万元，增长12.87%。及时落实市政府教育配套资金20671.65万元，支持城乡义务教育薄弱学校改造和校园安全建设，改善办学条件，提高教学能力；配合做好“两基”迎国检工作，及时补足以前年度教育配套资金；进一步提高城乡义务教育保障水平，继续免收城镇义务教育阶段在校生学杂费、作业本费。免收中等职业学校农牧民子女学费、住宿费。免除高等师范及农牧林水地矿类学生学费、住宿费及部分生活费。从2011年起，将城镇困难家庭子女纳入“三包”经费保障范围，同时将农牧民子女“三包”政策从义务教育阶段覆盖到学前教育、高中教育、中等职业教育，并进一步提高义务教育阶段“三包”经费保障标准，提标后国家对城镇困难家庭子女、农牧民子女上幼儿园、小学、初中、高中、中等职业学校各个阶段人年均补助2000元，特殊教育学校人年均补助5000元；科技、文化体育与传媒支出预计达到9600万元，比上年增加1866万元，增长24.13%。下达重点科技项目资金670万元，支持农牧业科技项目、特色产业和设施农业、科学技术普及等工作，进一步促进科技成果转化应用和社会公众科技素质的提高。第四批自治区及国家级非物质文化遗产代表做申报、民族艺术宫维修、建党90周年、西藏和平解放60周年文艺演出、广播电视等均得到了财政资金支持；医疗卫生支出预计达到19000万元，比上年减少3047万元，下降13.82%。及时下达鼠疫防控、艾滋病防治、食品药品监督管理等专项经费、进一步改善基层卫生室医疗条件。节能环保支出预计达到2000万元，比上年增加190万元，增长10.5%。大力支持城市环境质量指标监测体系建设、配备了环境监测设备、保证了生态环保城市创建工作顺利开展。

(五)充分发挥财政职能，确保政府中心工作开展

——着力支持12件实事落实。为支持2011年12件民生工程，市财政积极筹措资金，支持各项工作的开展。筹措资金8761.6万元，按照《自然村公路通达工程实施方案》，启动实施自然村通达工程建设；落实资金100.53万元，支持木材交易市场建设；落实资金3510.5万元，推进3000栋日光温室建设；落实资金1000万元，全力支持林周县现代农业示范区建设；筹措资金216.26万元，为当雄、曲水、墨竹工卡三县交通事故医疗救助中心配备了救助设备；下达资金177.6万元，资助中职学生第三学年生活费；安排资金1420.62万元，通过政府采购形式为八县(区)57个乡镇配备了中小学生接送车辆，并对所有车辆进行了统一保险；下达资金547.2万元，按月工资950元标准核定了全市顶岗教师和后勤人员工资；下达资金70万元，按照每人120元标准安排了45岁以上城镇居民体检并建立了健康档案。

——大力支持“六城同创”工作。根据“六城同创”工作目标和市委的总体部署，在确保拉萨经济社会各项事业正常运转的前提下，充分发挥财政职能，通过多渠道积极筹措、整合财政资金，全力支持了全市“六城同创”各项工作的顺利开展。2011年，落实“六城同创”专项建设资金8516.89万元，主要支持了园林绿化、生态保护、文明宣传、卫生和旅游创建，以及城市基础设施建设等方面的工作。

——支持城市基础设施建设筹资方式转变。调剂资金8000万元，将城投公司的注册资金增加到1亿元，为城投公司早日投入运营并按要求发挥作用奠定了坚实的基础。

——支持城市能力完善。筹措专项资金7000万元，保证全市公交正常运营。

——支持开展创先争优强基础惠民生活动。筹措资金2057.2万元，落实驻村工作队日常运行、基本生活设备购置、办公设备购置、交通费补助等经费，平均每个工作队达到5万元左右。另安排市级项目资金5000万元，用于50万元以下的短平快项目的落实。同时，专项为市创先争优强基惠民活动领导小组办公室安排工作经费27.7万元，保证了全市创先争优强基础惠民生活动的顺利开展。

——支持便民警务站建设。已安排资金8400万元，支持便民警务站建设和设备配备，其中：安排5300万元，保证了新建和购买135个便民警务服务站工作顺利推进；通过政府采购配备14辆44座大客车用于摆渡警员，为各个警务站配备了办公桌椅、文件柜、更衣柜、热水器、微波炉、电脑、打印机、床等价值1500万元的办公设备；投入1600万元，用于便民警务站信息化建设。预计年底前还需投入7000万元，用于警务站日常运行、干警生活补助、后勤设施完善和建设、辅警人员服装及装备购置、培训等。在加大本级财政投入和支持力度的同时，积极协调上级财政、公安等部门，保证了汽车、摩托车、单警个人防护装备警具警械等及时到位。

——支持全市加强和创新寺庙管理工作。配合做好全市加强和创新寺庙管理工作，积极安排落实各寺庙管委会新增工作人员生活设施经费及工作经费。

(六)完善政法经费保障机制，确保社会局势稳定

按照“稳定压倒一切”原则，不断加大反分裂斗争和维护稳定工作的投入力度，促进全市社会局势稳定和长治久安。2011年落实维护稳定专项资金8000万元，一是支持了民族宗教、市属各寺庙法制宣传教育、铁路护路、治安巡防、流动人口服务与管理、政法部门维护稳定等工作。二是加强基层基础维稳工作。落实治安、消防辅警员经费保障，有效补充维稳力量，缓解我市警力不足问题。三是全力保障维护稳定投入，确保中国共产党成立90周年、西藏和平解放60周年各项庆祝活动顺利开展。

(七)深入推进财政科学化精细化管理，强化财政监督

稳步推进国库集中支付改革，在市直部门全面推行国库集中支付制度改革，全市107个单位顺利实施了财政国库、代理银行、预算单位间网上支付，建立了以国库单一账户为核心的集中支付体系；有序推进部门预算改革，进一步规范市本级及各县(区)部门预算编制。提早着手，从2011年9月起即开始部署2012年市直单位部门预算编制工作，并细化了预算支出项目，推进了部门预算精细化管理；深入推进我市县直党政群机关后勤服务社会化改革；进一步推进乡财县管改革；进一步规范了国有资产收入管理；加强公务车辆管理；不断规范政府采购行为，共组织实施政府采购282次，金额达22520万元，资金节约率为5.1%；不断完善财政监督机制，确保基本建设、社会保障、涉农等专项资金专款专用；开展了财政专户清理整顿工作；加强对中央财政森林生态效益补偿资金、“六城同创”专项资金、涉农专项资金、工程建设资金等使用情况监督检查，提高资金使用效率；深入开展了“小金库”专项治理工作。

各位代表，在市委的正确领导下，通过全市广大财政干部的共同努力，2011年各项财政工作取得了新的成绩。成绩来之不易，在总结成绩的同时，我们也清醒地认识到，当前我市财政工作中仍然存在着一些薄弱环节，一是目前国际金融危机深层次影响仍在持续，全球和全国经济形势仍然十分复杂，影响我市经济发展的不确定因素较多，随着地方财政收入基数的扩大，全市财政增收压力不断加大；二是随着各项社会事业的进一步发展和反分裂斗争的不断深入，财政增支因素增多，给我市财政宏观调控增添了新的难度；三是事权与财权相统一的意识还有待进一步加强；四是各级财政当家理财意识、责任意识、创新意识需要进一步增强。对于这些问题，我们将认真研究，通过创新理念、更新观念、加强管理逐步加以解决和完善。

三、2012年财政收支预算(草案)

按照自治区财政的统一要求，结合我市国民经济和社会发展目标以及全市财力情况，我们编制完成了2012年全市财政收支预算(草案)。

(一)2012年全市财政一般收支预算安排情况

——全市一般预算总财力。2012年全市财政一般预算总财力为629421万元，比上年年初预算增加167241.1万元，增长36.19%。其中：地方财政收入211000万元，上级补助收入418421万元。分级情况为：市本级230274.9万元，比上年年初预算增加44978.1万元，增长24.27%。八县(区)、经济开发区和柳梧新区安排399146.1万元，比上年年初预算增加122263万元，增长44.16%。八县(区)、经济开发区和柳梧新区财力占全市总财力的63.41%，由于部分年初安排在市本级的财力(如涉农、教育、科技等专项资金)，预算执行中实际使用于各县(区)，最终县(区)级财力占全市总财力的比例将达到70%以上。

——上级补助收入构成情况。总财力中上级补助收入418421万元的主要构成：一是返还性收入68020万元；二是一般性转移支付218658.8万元；三是专项转移支付131742.2万元。

——总财力增加的主要因素：一是上级补助增加131741.2万元，增加的主要因素是：税收返还比上年增加29400万元；体制补助比上年增加2.6万元，主要是新增农牧半脱产技术人员补助；均衡性转移支付比上年增加16702万元，主要是均衡性转移支付进入2012年基数部分增加以及2012年均衡性转移支付增长10%部分；农村税费改革转移支付比上年增加205.6万元，主要是村干部基本报酬和业绩考核奖励增量、计划生育人口增加补助；其他一般性转移支付补助比上年增加60285.6万元，主要是2011年行政事业单位工作人员取暖费调标以及按照自治区财政结算要求，增加对我市所得税基数返还部分资金；专项转移支付比上年增加25145.4万元，主要是为增加预算的严肃性和科学性，自治区财政将以往通过专项下达的教育事业费73507.6万元、政法部门业务经费、基本公共卫生服务经费、村医补贴、农业综合开发、小型农田水利设施建设、森林生态效益补偿、产粮大县奖励补助、农牧民安居工程补助等专项资金进入对我市的年初补助基数，因此，2012年预算中专项补助部分增长较大。二是全市地方财政收入增加35500万元。

2012年新增财力中，地方财政收入增量部分，主要考虑对农牧业、基本建设、教育、科技、社会保障、公共安全等重点项目的支持；自治区财政专项补助收入增量部分，将按照自治区确定的用途安排项目；税收返还和转移支付增量主要考虑兑现各项政策性增资和新增人员工资、适当提高公用经费标准、大力支持全市社会事业发展。

——全市地方财政一般收入预算安排。2012年全市地方财政一般收入预算计划安排211000万元，比上年预算增加35500万元，增长20.23%，其中：市本级安排80000万元，比上年预算增加13500万元，增长20.3%；八县(区)安排69000万元，比上年预算增加9500万元，增长15.97%；经济开发区安排52000万元，比上年预算增加9000万元，增长20.93%；柳梧新区安排10000万元，比上年预算增加3500万元，增长53.85%。

——全市财政一般支出预算安排及保障重点。全市财政一般支出预算安排629421万元，比上年年初预算增加167241.1万元，同比增长36.19%。其中：市本级安排230274.9万元，比上年增加44978.1万元，同比增长24.27%；八县(区)安排275267.91万元，比上年增加64839.51万元，同比增长30.81%；经济开发区安排101417.46万元，比上年增加41919.66万元，同比增长70.46%；柳梧新区安排22460.73万元，比上年增加15503.83万元，同比增长2.22倍。

按照现行收支分类，2012年度全市财政一般支出分项目安排情况为：

1. 一般公共服务安排83674.1万元，比上年增加16569.1万元，增长24.69%。

2. 外交支出安排150万元，与上年持平。

3. 国防支出安排711.5万元，比上年增加641.5万元，增长9倍。

4. 公共安全支出安排58941万元，比上年增加10991万元，增长22.92%。

5. 教育支出安排111289.7万元(含自治区财政下达进入年初预算的教育事业费7.3亿元)，比上年增加11182.1万元，增长11.17%。

6. 科技支出安排2386万元，比上年增加236万元，增长10.98%。

7. 文化体育与传媒支出安排7328.9万元，比上年增加698.9万元，增长10.54%。

8. 社会保障和就业支出安排30155.7万元，比上年增加1925.7万元，增长6.82%。

9. 医疗卫生支出安排25859.6万元，比上年增加3155.7万元，增长13.9%。

10. 节能环保支出安排1515.6万元，比上年增加265.6万元，增长21.25%。

11. 城乡社区事务支出安排30656.7万元，比上年增加14256.7万元，增长86.93%。

12. 农林水事务支出安排66939.2万元，比上年增加15629.2万元，增长30.46%。

13. 交通运输支出安排6640万元，比上年增加5540万元，增长5倍(主要是增加对公交公司运营补助5500万元)。

14. 资源勘探电力信息等事务支出安排95740.1万元，比上年增加93140.1万元(主要是将以往年度安排在其他支出中的企业扶持资金，按照《2012年财政收支分类科目》要求，安排在此科目)。

15. 商业服务业等事务安排2221万元，比上年增加21万元，增长0.95%。

16. 国土资源气象等事务支出安排1622万元，比上年增加707万元，增长77.26%。

17. 住房保障支出安排27523万元，比上年增加17323万元，增长1.7倍(主要是增加保障性住房建设资金)。

18. 粮油物质储备管理事务支出安排446万元，比上年增加86万元，增长23.89%。

19. 预备费安排21700万元，比上年增加3700万元，增长20.56%。

20. 其他支出安排53921.2万元，比上年减少28827.1万元，下降34.84%。[下降的主要因素是将以往年度安排在此科目的企业扶持资金安排到资源勘探电力信息等事务支出科目中。其他支出中主要含基本建设29400万元(市县两级基本建设支出)、“六城同创”资金8000万元、一区三园建设资金3600万元、实施民生项目专项资金3000万元、实施强基惠民项目资金5000万元、加强和创新社会管理工作经费3000万元]。

(二)2012年全市财政基金收支预算安排情况

2012年全市基金收入预算安排42900万元，基金支出预算安排42900万元，按照基金预算管理规定，基金预算将主要用于征地拆迁补偿、土地储备、城市建设等方面。

(三)市本级财政支出预算安排的具体情况

市本级安排的230274.9万元支出中，除优先保证人员工资发放和行政事业机构的正常运转外，重点支持市委、市政府各项中心工作有效开展，支持全市经济社会协调可持续发展，支持各项民生政策全面落实。初步计划，2012年市本级财政支出主要向以下方面倾斜：

大幅度增加“三农”投入，扎实推进社会主义新农村建设。继续把支持“三农”发展作为2012年预算安排和财政保障的重中之重。2012年财政预算安排农林水事务支出30498.7万元，比上年增加7038.7万元，增长30%。其中，安排财政支农专项支出7068万元，比上年增加1178万元，增长20%；安排安居工程和贷款贴息10000万元，比上年增加4500万元，增长81.82%；安排农业机械化推广补助资金2000万元，比上年增加1000万元，增长100%；安排农牧民技能培训资金350万元；安排村(居)委会干部补贴资金800万元，比上年增加400万元，增长100%；安排乡镇基层工作经费补助171万元；安排设施农业建设资金2500万元，比上年增加500万元，增长25%。主要支持设施农业、林业生产和农田水利基础设施建设，推进农牧业综合开发、扶贫开发，提高农业综合生产能力和农业综合效益；加大设施农业投入力度；继续落实各项涉农补贴政策，保持财政涉农补贴持续增长；继续支持安居工程建设，着力改善农牧民生产生活条件；支持乡镇企业和龙头企业发展，发挥财政资金的带动作用，引导社会资金加大向农牧业的投入；加强农牧民技能培训，促进农牧民增收，加快农牧民脱贫致富以及富余劳动力转移步伐；提高基层机关运行能力；继续对村居干部实施补贴；扶持贫困地区加快发展。

大幅度增加社会保障投入，切实保障和改善民生。2012年计划对教育科技文化卫生环境保护等社会公共事业投入61869万元，比上年增加10112.4万元，增长19.54%。其中：市级政府对教育事业投入16600万元，比上年增加4200万元，增长33.87%；科技支出1000万元，比上年增加300万元，增长42.86%；安排优秀人才引进资金300万元，比上年增加100万元，增长50%；安排精神文明建设资金300万元，比上年增加40万元，增长15.38%；新增安排文化发展资金1000万元；县以下医疗机构改善办公条件300万元。继续改善城乡各类教学机构特别是农村中小学办学条件，加快职业教育发展。落实好教育“三包”、“两免一补”和非义务教育阶段贫困生救助政策，改善教职工生活待遇。进一步加大先进适用技术的引进、推广和创新，推动产学研有机结合，鼓励科研成果向现实生产力转化，强化对农村科技服务的支持和保障；支持文化产业加快发展，打造特色旅游文化品牌；继续支持广播电视、新闻出版、群众文化等事业健康发展。支持文物保护与重点档案抢救等工作；支持全市精神文明建设，提高全民素质；支持优秀人才引进，实施人才强市战略；继续把医疗卫生工作重点放在农村，提高农村公共医疗保障能力。进一步改善县以下医疗机构办公条件；进一步加强环境保护，建立拉萨生态屏障。

计划安排社会保障和就业支出15243万元，比上年增加3713万元，增长32.2%，其中：社会保障补助6300万元、就业补助500万元、城镇低保620万元、农村低保250万元、城镇居民养老保险100万元、新型农村养老保险100万元、城镇居民医疗保险及医疗救助资金400万元、农牧民免费医疗及医疗救助资金400万元、政府购买公益性岗位资金1500万元。进一步完善养老保险、医疗保险、失业保险、生育保险、工伤保险、妥善解决自主择业军转干部医疗保险；落实城乡居民最低生活保障和城乡救助政策，妥善解决困难群众的生产生活问题；开展城镇居民养老保险工作、继续安排资金购买公益性岗位，落实就业再就业政策；加大税费减免、技能培训等各项优惠政策的实施力度，重点支持农牧民转移就业，鼓励大中专毕业生自主择业。

大幅度增加产业发展投入，做大做强特色优势产业。遵循“一产上水平、二产抓重点、三产大发展”的经济发展战略，不断加强和完善财政职能，进一步创新财政支持经济社会发展的机制，实现拉萨经济又好又快发展。2012年计划安排挖潜改造资金500万元，企业发展资金500万元、工业企业奖励资金100万元、招商引资资金300万元、旅游促销及发展资金850万元，比上年增加50万元，增长6.25%、纳税大户奖励资金200万元，比上年增加100万元，增长100%；新增安排非公经济发展资金500万元、品牌创建资金100万元。大力调整产业结构，加快特色优势产业发展，支持非公经济发展，支持企业品牌创建，提高企业自主创新能力和市场竞争能力；建立激励机制，鼓励企业加快发展。加大招商引资力度，巩固和发展招商引资成果。培育旅游、文化市场，大力支持旅游业的发展，通过旅游业的发展，带动宾馆、餐饮、文化等相关产业的发展，促进经济增长。

大幅度增加公共安全投入，努力实现长治久安。2012年计划安排公共安全支出38007.2万元，比上年增加11657.2万元，增长44.24%。其中：社会治安综合治理专项经费2200万元(含社会治安综合治理、维护稳定、平安建设、群防群治、“217”工程等经费)；突发公共事件应急处置资金500万元、普法专项资金100万元；消防部队专项经费2000万元，比上年增加1000万元，增长100%；安排处置疑难信访案件专项经费500万元，比上年增加300万元，增长1.5倍；新增安排加强和创新寺庙管理经费600万元。支持突发公共安全事件应急处突工作；支持社会治安综合治理、平安拉萨建设、群防群治及流动人口服务与管理、加强和创新寺庙管理等各项工作，加大对社会面的管控力度；提高消防部队经费保障标准；加大解决社会热点、难点问题的资金投入，妥善处理疑难信访案件，化解社会矛盾，维护社会正常秩序和社会局势的长期稳定。

大幅度增加保障性住房等投入，确保重点建设需要。2012年，继续加大对各项重点建设的保障力度，预计安排预算内基本建设投资8000万元，比上年增加1400万元，增长21.21%；安排“六城同创”专项资金8000万元，比上年增加2000万元，增长21.21%；安排城市维护资金7000万元，比上年增加2000万元，增长40%，全力促进“六城同创”工作，维护城市环境，倾力打造美丽拉萨；安排保障性住房建设资金7000万元，比上年增加5000万元，加快干部职工周转房、廉租房、公租房建设和棚户区改造；安排专项资金300万元，建立拉萨市担保公司风险补偿金；安排资金3600万元，比上年增加2000万元，增长1.25倍，支持一区三园建设；安排3000万元，实施民生项目；新增安排强基惠民项目资金5000万元，强基惠民工作及生活补助资金1700万元，全力保障强基惠民各项工作开展；新增安排公交公司运营补贴资金5500万元，市医院设备改造资金1000万元，着力公共设施建设，促进公共资源均等化，让全市人民共享改革成果。

四、依法理财，科学管理，确保2012年财政预算任务圆满完成

2012年，各级财政部门将坚持以科学发展观为指导，深入贯彻党的十七届六中全会和八届党代会精神，按照第五次西藏工作座谈会和区市经济工作会议的要求，继续实施积极的财政政策，进一步优化财政支出结构，推进财政科学化精细化管理，巩固宏观调控成果，保持经济平稳较快发展，满怀信心，奋发进取，圆满完成2012年的财政预算收支任务。

(一) 继续加强和改善财政宏观调控

紧紧围绕促进科学发展和社会和谐，不断健全财政宏观调控机制。按照中央第五次西藏工作座谈会和第八次党代会的决策部署，继续实施积极的财政政策，注重推进经济发展方式转变和结构调整，注重保障和改善民生，注重统筹区域协调和城乡统筹发展，增强财政宏观调控能力。

(二)着力调整和优化财政支出结构

坚持统筹兼顾、突出重点、有保有压的原则，财政预算支出要向“三农”、保障和改善民生、社会事业发展、节能环保等方面倾斜。同时，要坚决压缩一般性支出，从严从紧安排会议、接待、公务用车购置、出国等费用，扎实推进节约型政府建设。

(三)扎实推进财政科学化精细化管理

加强财政各项基础性工作，强化乡镇财政财务管理，确保各项惠民政策落到实处。加快实施财政应用支撑平台系统建设，提高财政管理信息化、数字化水平。不断完善部门预算、国库集中收付等财政制度，建立健全预算编制、预算执行与预算监督有机结合的财政预算管理体系。

(四)进一步规范财政资金使用行为

健全覆盖所有财政资金和财政运行全过程的监督机制，确保财政资金安全、合规、高效运行；充分发挥基层财政就地和就近监管的优势，强化基层财政监管；加强会计管理与培训，提高财政财务管理水平，特别是要不断提高县级财政管理水平，规

范和加强乡村财务管理，把乡镇财务管理纳入规范化、法制化的轨道；全面加强国有资产管理和会计核算工作，做到资产实物管理与价值管理相统一，防止国有资产流失。

(五)不断强化财政自身建设

按照科学发展观的要求，结合加强机关作风和行政效能建设活动，进一步转变作风，提高工作效率，提高财政部门服务社会的能力；以财政信息大平台建设为依托，提高财政管理质量和水平；加强财政干部队伍培训，全面提升干部队伍整体素质，努力建成一支人民满意的财政干部队伍。

各位代表，新的一年，我们将在市委的坚强领导下，自觉接受人大对财政工作的指导和监督，认真听取政协委员的意见和建议，继续解放思想，改革创新，坚定信心，团结协作，开拓进取，扎实工作，为全市经济跨越式发展，社会局势长治久安、全面建设团结、民主、富裕、文明、和谐的社会主义新拉萨提供强有力的物质保障。

专　　文

跨越发展六十年　硕果累累展辉煌

拉萨市统计局

拉萨市作为西藏自治区首府，是一座具有1300年历史的古城。它位于雅鲁藏布江支流拉萨河北岸，海拔3650米，是国务院首批公布的24座国家历史文化名城之一。拉萨市辖堆龙德庆县、曲水县、尼木县、当雄县、墨竹工卡县、林周县、达孜县和城关区七县一区，全市行政区划总面积近3万平方千米，市区建成区面积62.88平方千米，2010年全市常住人口55.9万人。

西藏和平解放以来，特别是十一届三中全会以来，在党中央、国务院的亲切关怀下，在国家相关部委的大力支持和北京、江苏两省（市）的无私援助下，在自治区党委、政府的坚强领导下，拉萨市委、市政府团结带领全市各族人民，奋发图强、抢抓机遇、创新思路、大胆实践，基本实现了自治区提出的“经济发展当好火车头、城市建设创一流、党的建设上水平、稳定工作带好头”的总体要求，国民经济和社会发展取得了令人瞩目的成绩，城市面貌发生了翻天覆地的变化。

一、国民经济实现伟大跨越，各行各业取得重要突破

60年来，拉萨市经济总量不断增加，综合实力显著增强，特别是在改革开放后，拉萨市的国民经济得以蓬勃发展，经济总量和综合实力持续、快速提升，产业结构明显优化。

（一）经济规模稳步扩大

全市生产总值从1951年的0.25亿元增加到2010年的178.91亿元，60年增加178.66亿元，每年增加3.02亿元。特别是“六五”计划实施以来，拉萨市经济呈现出快速发展势头，按可比价计算，60年增长186倍，年均增长9.3%。其中：“六五”期间年平均增速10.8%，“七五”期间年平均增速3.6%，“八五”期间年平均增速11.1%，“九五”期间年平均增速17.1%，“十五”期间年平均增速达16.2%，“十一五”期间年平均增速13.6%，总体经济发展在改革调整中实现了有效提升，并在“九五”时期以来表现出了更高的发展水平。

伴随着经济总量的快速增加，人均水平也在不断提高。全市人均生产总值1951年仅为134元，1984年突破千元大关，2001年突破万元大关，到2010年攀上三万元新台阶，达到31948元，比1951年增加31814元，平均每年增加530元。

（二）产业结构逐步优化

从产业结构看，一、二、三产业的构成得到明显优化，实现了产业结构由以第一产业为主体，向二、三产业并重的发展模式转变，三次产业结构由1951年的92.0∶0.8∶7.2，调整到1978年的24.6∶22.0∶53.4，再逐步调整到2010年的5.1∶31.2∶63.7，经济结构类型实现了由“一三二”型向“三一二”型再向“三二一”型的过渡。

（三）地方财政实力不断增强

经济发展规模的扩大，促使财政收益的提高。全市地方财政收入1959年仅为235.09万元，在

1973年突破千万元大关，1993年突破1亿元大关，2009年突破10亿元大关，到2010年增加到15.02亿元，年均增速达到了13.5%。同时，随着中央对西藏的支持力度不断加大，国家财政的补助收入快速增加，有效保障了国民经济发展和社会进步所需的财政支出。1959年，全市财政支出仅为564万元，继1964年突破千万元大关，1983年突破1亿元大关，2003年突破10亿元大关后，到2010年增加到51.35亿元，年均增速达到了14.3%。

(四)农牧业生产能力大幅提高

经过60年的发展，农牧业经济由单一的生产转向综合性经营。十一届三中全会以来，在"服务城市，富裕农村，城乡一体，协调发展"的农村经济发展目标的指导下，拉萨市实行了家庭联产承包制，提高了粮食、牲畜和其他农畜产品收购价格，改革了农牧产品统派统购制。2005年，市委、市政府全面贯彻中央农村政策，在改革开放初免征农牧业税的基础上，又实施了粮食直补、农资综合补贴等各项惠农政策，极大地调动了农牧民生产积极性，农牧业经济结构得到了调整，使农林牧渔业实现了平稳较快发展。农林牧渔业总产值由1951年的0.56亿元增加到2010年的14.99亿元，增加了14.43亿元，年均增加0.24亿元；农林牧渔业增加值由1989年的1.38亿元增加到2010年的9.14亿元。

60年来，不断加大农牧业生产条件的改善，农畜产品生产能力不断提高。2010年，粮食产量达17.16万吨，比1952年的1.95万吨增长了7.8倍；肉类产量达2.97万吨，比1952年的1058吨增长了27倍；油菜籽产量达1.20万吨，比1952年的513吨增长了22.4倍；蔬菜产量达18.87万吨，比1971年的202.55吨增长930.4倍。

(五)固定资产投资硕果累累

和平解放后，国家为改善西藏基础设施落后的局面，不断加大对西藏的投入，特别是中央第三次西藏座谈会以来，国家的支持力度进一步加大，并实施了对口援助西藏的政策，极大地促进了固定资产投资规模的扩大。全社会固定资产投资总额由1959年的1601万元，增加到2010年的176.46亿元，年均增速达到14.7%。"十五"期间全市累计完成固定资产投资达到214.37亿元，超过前40年的总和；"十一五"期间，累计完成固定资产投资588.87亿元，又是"十五"期间的2.7倍。固定资产投资项目建设力度不断加大，进一步夯实了发展基础，改善了发展环境，有力拉动了经济的增长。

(六)工业经济日益壮大

解放初期，拉萨仅有极少量手工业和一个造币厂，工业基础非常薄弱。改革开放后，在市委、市政府大力扶持和兄弟省市的支援下，现代工业迅速发展壮大，初步建立起具有民族特色的现代化工业，总量和规模不断扩大。2010年，全市工业总产值41.62亿元，比1956年增长2972倍，年均增速达到16%；工业增加值达到19.72亿元，按可比价计算，比1980年增长60.6倍，年均增速达到9.3%。随着工业经济的快速发展，企业规模不断扩大，2010年，全市规模以上工业企业已达到62家，规模以上工业总产值从2004年12.38亿元增加到2010年的37.82亿元，增加了25.44亿元；工业增加值从2004年的6.86亿元增加到2010年15.88亿元，增加了9.02亿元。截至年底，拉萨市已形成了以采掘业、农副食品加工业、饮料制造业、民族手工业、电力生产供应等为主具有拉萨特色的工业体系。

现代工业的不断发展，工业生产能力稳步提高。1978年至2010年，发电量由9391万千瓦时增加到93565.99万千瓦时；水泥产量由4.02万吨增加到112.75万吨；地毯产量由2271平方米增加到11563平方米。铅锌出矿量由1996年的9069吨增加到2010年的45956吨；啤酒由1991年的1635千升增加到2010年的10.92万千升；自来水由1996年的2204吨增加到2010年的9872万吨。

(七)交通运输网络日渐完善

和平解放前，拉萨基本没有可以通行汽车的公路。和平解放后，在建成了青藏、川藏公路等主干道后，又逐步建设了通县、通乡(镇)和村级公路，并通过改造不断升级，当雄机场建成并通航，打破了"空中禁区"的神话，尤其是拉萨贡嘎机场、"两桥一隧"、青藏铁路、机场专用通道等重大交通建设项目的建成，拉日铁路开工建设，给拉萨经济社会的发展注入强大动力。截至2010年，全市公路通车里程达到2867千米，县(区)通油路达到了100%；乡镇通油路达到91.2%，行政村通油路达到46.8%，交通运输网络体系日益完善。拉萨市城市公交从无到有，到2010年年末公交车运营车辆达到了825辆，运营线路26条；市区出租车达到1160辆。

(八)消费市场逐步健全

和平解放后，逐步建立了以国有商业为主的商贸体系，打破了原有“物物交换”的落后贸易方式，一定程度满足了广大人民的消费需求。通过改革开放，拉萨的消费品市场由计划经济的凭票供应向流通全面开放搞活，国有和集体垄断经营的市场流通主体单一局面彻底改变，多种经济成分、多种流通渠道、多种经营方式的大流通格局逐步形成与完善。尤其是20世纪90年代以来，相对单一的传统百货店、副食品店销售方式逐步被越来越多的连锁经营店、专卖店、大型超市、商场，以及电子购物和物流配送等新型商业所取代，拉萨市正成为西藏一个辐射力较强的区域性消费中心。2010年，全市社会消费品零售总额达88.45亿元，比1952年的500万元增长1768倍。

(九)金融服务体系日趋完善

60年来，拉萨从逐步建立金融服务体系，到不断深化金融体制和信贷管理体制改革，着力转变经营方式，金融体系从无到有、从单一的银行体制向多种金融机构并存的多元化体制转变，信贷资金管理体制由高度集中的计划体制向市场体制转变，金融经营体制由垄断型向竞争型转变，金融服务水平大幅提高，区域金融中心地位凸显。驻市金融机构由1978年的寥寥几家增加到2010年的12家，其中：银行7家，各类保险公司4家，证券及营业部1家。2010年末，金融机构存款余额(本外币)达到896.13亿元，各项贷款余额(本外币)达到214.05亿元；各类保险保费收入3.25亿元、赔款支出和给付达到1.35亿元。

(十)市场开放度日益提高

西藏的和平解放，为拉萨从封闭走向开放提供了条件。特别是十一届三中全会后，拉萨市改革开放力度逐年加大，给经济发展注入了新的活力。1993年拉萨市招商引资到位资金只有1.6亿元，到2010年达到了46.08亿元，年均增速达到21.9%。与此同时，对外贸易快速增长，2010年拉萨市进出口总额达8.26亿美元，其中出口达7.65亿美元，分别比2000年(1117万美元、132万美元)增长了4.5倍和578.5倍，年均增速达到了18.5%和88.9%。

(十一)旅游事业迅猛发展

随着旅游景区、景点配套设施的进一步完善和综合接待能力的进一步提高，西藏独特的地理、人文环境和旅游客源市场逐渐扩大，拉萨旅游业得到了蓬勃发展，旅游业已逐渐成为全市经济的重要增长点。2010年，旅游人数达到了413.42万人次，其中，接待入境旅游者14.39万人次，是1990年0.31万人次的46.4倍，年均增长21.2%。旅游总收入达42.11亿元，比1990年的484.49万元增长868.2倍，年均增长40.3%。

二、社会事业全面发展，保障体系不断完善

(一)科技事业日益兴旺

和平解放后，科学技术逐步得以发展和应用。改革开放以来，拉萨的科技事业得到了快速发展，形成了较为完整的科技体系。从1996年开始，相继建立了县(区)科技管理机构，县(区)、乡(镇)政府配备了科技副职，建立了市、县(区)科技推广服务机构。采取引进、嫁接、挂靠等方式在高原生物、太阳能工程技术、绿能生化科技等方面组建了8个科研所，到2008年累计实施科研项目446项，取得280项科技成果，其中多数成果达到了区内领先水平。同时，建立了一支具有整体实力的科技人才队伍，截至2010年年底，全市拥有专业技术人员7914人，其中：农业技术人员335人，工程技术人员178人。

(二)文化产业健康繁荣

和平解放以来，拉萨市不断加大对文化产业的投入，电视台、博物馆、文化馆(站)等文化建设项目先后建成，文化基础设施得到很大改善，建立了纵到底、横到边的群众文化网络，文化活动丰富多彩，形成了一批各具特色、富有影响的群众文艺社会组织，多层次、多渠道地满足了群众日益增长的文化生活需要。到2010年，拉萨市共有专业艺术表演团体1个、群众艺术馆1个、文化馆(站)22个、公共图书馆1个、博物馆1个、剧场影院2个；广播电台2个，广播综合人口覆盖率达到96.29%；市辖区电视台2座，广播电视转播台5座，电视综合人口覆盖率达96.04%；全年出版图书874种，印刷出版杂志33种，总印刷数1606万册；印刷出版报纸11种，总印刷数达6694万份。

(三)教育事业蓬勃发展

从和平解放后建立第一所现代学校，到小学、中学、中等职业技术、高等教育和特殊教育、幼儿教育等教育体系的完善，从农牧区教育“三包”政策实施，到城市义务教育免除学杂费，从普及义务

教育，到“两基”的顺利完成，拉萨各级各类教育全面发展。截至2010年年底，拉萨普通高等学校4所，普通中学24所，中等职业教育学校5所，小学94所，特殊学校1所。普通高等学校在校生和专任教师分别达到2.4万人和1285人，分别比1978年的2263人、221人增长9.6倍和4.8倍。

（四）医疗卫生服务能力不断增强

现代医疗卫生事业从无到有，从单一依靠政府发展，到逐步形成企业、团体、个体多渠道筹资办医，已形成了以公有制为主体，多种所有制并存的新格局，拉萨医疗卫生服务条件有了明显的改善。截至2010年年底，全市共有卫生机构318个（不含村卫生室），比1962年的9所增长了34.3倍，其中：医院22个（含私立医院8个），妇幼保健院（所、站）6个，防疫和防治机构9个。卫生机构床位数由1962年的23张增加到2010年的2092张。

（五）社会保障制度不断健全，保障体系日趋完善

和平解放以来，从群众最关心的问题入手，积极推进社会保障制度改革，社会保障制度不断完善，覆盖范围不断扩大，保障功能逐步增强。截至2010年年底，全市已形成了以城镇职工基本养老保险、基本医疗保险、失业保险、工伤保险和生育保险为主的社会保障体系。基本养老保险参保人数达到了1.5万人，城镇基本医疗保险参保人数约3万人，失业保险参保人数达1003人，生育保险参保人数2.02万人，工伤保险参保人数1.5万人。

新型农村养老保险实施，60岁以上农牧民全部享受基础养老金，新型农村合作医疗制度的建立与推广，使农牧民公平地享受社会保障。到2010年，农村医疗参保人数达到了28.54万人，参合率达到了100%；农村低保人数达到20453人，45岁以上的农村居民免费体检，并全部建立了健康档案。

三、城市建设欣欣向荣

（一）城市规模不断拓展

从1959年到2010年，拉萨城区建成区面积由3平方千米增加到62.88平方千米，增长20.0倍。《拉萨市城市总体规划（2009—2020）》批准实施，为统筹做好新时期拉萨城市规划、建设和管理提供了科学和法律依据。该规划面积295.29平方千米，为进一步拓展拉萨发展空间、提升城市综合功能提供了保证。

（二）城市发展环境不断改善

民主改革前的拉萨市城区狭小、房屋简陋、道路狭窄，基本没有供电设施和污水排放功能，城市破烂不堪。民主改革后，拉萨市加快了城市建设步伐，特别是十一届三中全会以后，在中央和全国无私援助下，拉萨市在大力发展生产的同时，大力实施基础项目建设，如道路、给排水、公园、安居园等工程，城市道路、水电等配套设施进一步完善。近期又制定了“东延西扩南跨、一城两岸三区、一疏散两引导三集中”的城市发展战略。随着投资的增加，城市道路、供水、供电等基础公益设施日臻完善，城市整体功能将不断增强。太阳岛和仙居岛建设，市区拉萨河的整治，北京路、江苏路、二环路等市区主要干道的改扩建，六横十五纵的道路骨架基本形成。布达拉宫、龙王潭、罗布林卡周边环境的重点整治，为市民提供了健康而舒适的休闲广场。新建了火车站、开通了布达拉宫广场地下通道，架起了柳梧大桥，极大地方便了市民市内通行。此外，拉萨市还实施了老城区保护工程和东城新建16条市政道路项目建设。截至2010年年底，城市道路达到了311千米，比1979年的47.8千米增长了5.5倍。

从2007年开始，全市着力实施“六城同创”的城市发展战略，“全国文明城市”、“国家生态园林城市”、“全国环保模范城市”、“中国最佳旅游城市”、“国家卫生城市”、“全国双拥模范城市”等建设取得阶段性成果，先后荣获自治区园林城市和卫生城市，五次荣获全国双拥模范城市称号。

2000年以来，全市各县城及部分小城镇的水、电、路、通信等基础设施建设进一步加强，县城基本完成主干道的建设以及改扩建，县城道路交通框架基本形成。实施给排水工程，基本解决了县城供水难、时间短等问题。县城农贸市场、文化活动中心等重点基础设施建设完成，县城功能基本完善，县城环境极大改善。

（三）邮电通讯长足发展

民主改革后，特别是改革开放后，邮电通讯事业得到了长足发展，现今的邮电通讯事业已跨越有线时代，正向无线数字化、e时代发展。1961年，拉萨固定电话用户也仅有两百多户，到2010年，拉萨市已拥有固定电话用户9.97万户，移动电话用户58.92万户，互联网用户数约4万户；邮电业务总量达到7.11亿元。

(四)供水能力明显提高

60 年来，拉萨市通过新建北郊、西郊、东郊水厂，实施多项水利工程，改造城市配水管网，使城市供水能力不断增强，基本满足了拉萨的供水问题。截至 2010 年，市区供水管道达到 698.64 千米，比 1979 年的 7 千米增长 98.8 倍；供水综合生产能力达到 26 万吨/日，比 1979 年的 0.15 万吨/日增长了 172.3 倍，全年供水量达到 9872 万吨，比 1979 年的 35 万吨增长 281.1 倍，年均增长 20.0%。

(五)园林绿化成效明显

民主改革后，拉萨逐步开展了城市道路绿化带建设、城区周边绿化林和拉萨南山绿化建设。2008 年拉萨市委、政府又提出了创建国家园林城市的目标，颁布实施了《城市绿化管理办法》。经过 60 年的努力和发展，拉萨初步形成了干道绿化为骨架，公园、广场、社区、庭院各种绿地相互交融，乔、灌、花、草搭配，点、线、面协调发展的城市生态系统。截至 2010 年年底，拉萨城市绿化面积达到了 2548 公顷，比 1979 年 415 公顷增长了 5.1 倍。公园个数达到 61 个，比 1979 年增长 19.0 倍；公园面积达到 221 公顷，比 1979 年增长了 3.3 倍。城市绿化覆盖率达到 43.1%，比 1979 年提高 31.0 个百分点；人均公共绿地面积达到 10.26 平方米。

四、居民收入稳步增加，生活质量显著提高

(一)居民收入大幅提高

民主改革以来，尤其是改革开放后，随着国民经济的发展，社会保障和救助制度的不断建立与完善，人民群众得到了更多实惠，城乡居民生活水平进一步提高，生活质量进一步改善，向全面建设小康社会迈出了坚实的一步。城市居民人均可支配收入由 1993 年的 2900 元增加到 2010 年的 16567 元，年均增长 10.8%；农牧民人均纯收入由 1971 年的 125.38 元增加到 2010 年的 5003 元，年均增长 9.9%。

(二)生活质量不断改善

随着居民收入的增加，城乡居民的消费观念发生根本变化，消费层次不断提高。消费热点由改革前的自行车、手表、收音机发展到 20 世纪 80 年代的彩电、冰箱、洗衣机、录音机，进而发展到 20 世纪 90 年代的空调、电话、手机、高档音响。如今，空调、家用电脑、汽车不仅进入城市居民家庭，同时也进入到了部分高收入农牧民家中，拉萨居民的消费倾向从追求数量向追求质量转变。收入增长促进了居民生活质量的提高，城乡居民家庭耐用消费品拥有量明显增加。2010 年，城市居民家庭每百户拥有电冰箱、彩色电视机、家用电脑分别达到 97 台、144 台、63 台，分别比 2000 年增加 23 台、24 台和 15 台；农村居民家庭每百户拥有电冰箱、电视机、洗衣机和照相机 14 台、103 台、11 台、4 架，分别比 2007 年增加 7 台、12 台、3 台和 1 架。

2010 年年末，农牧民人均生活消费支出中用于文教娱乐用品及服务支出达到 35 元，比 2007 年增长 45.8%，年均增长 13.4%；家庭设备、用品及服务达 223 元，比 2007 年增长 70.2%，年均增长 19.4%；医疗保健支出达到 113 元，比 2007 年增长 1.3 倍，年均增长 31.8%；交通通讯达 381 元，比 2007 年增长 1.1 倍，年均增长 27.4%。城市居民生活消费支出中用于教育文化娱乐服务支出达到 1032 元，比 1993 年增长 6.6 倍，年均增长 12.7%；家庭设备、用品及服务达 1013 元，比 1993 年增长 6.6 倍，年均增长 12.7%；医疗保健支出达到 887 元，比 1993 年增长 13.3 倍，年均增长 16.9%；交通通讯达 1828 元，比 1993 年增长 26 倍，年均增长 21.4%。

回顾历史，让我们看到了 60 个春秋所取得的巨大成就，放眼前瞻，拉萨将在新的历史起点上走向更加美好的未来。尽管前方的道路充满艰辛和困难，但机遇、挑战并存。只要我们在市委、市政府的正确领导下，坚持以邓小平理论和“三个代表”重要思想为指导，深入贯彻落实科学发展观、中央第五次西藏工作座谈会和区党委七届七次全委会精神，坚定信心，解放思想，真抓实干，就一定能够创造一个生态环境良好、文化特色鲜明、市民生活幸福、社会和谐稳定的新拉萨。

拉萨概览

历史沿革

拉萨，古称“卧玛塘”、“萨”，因其与“山羊”和“土”字的藏语发言相近，故后人修建大昭寺时，有山羊背土填湖的传说。古汉语典籍也有“逻些”、“逻娑”等称呼，皆为“惹萨”的变音。8世纪初藏文始称“拉萨”，意为“圣地”。

7世纪以前，卧玛塘、拉萨河谷及其以北一代曾属于苏毗部落势力。

7世纪初，吐蕃赞普松赞干布统一西藏高原，建立了吐蕃政权，并在境内置5个茹进行统治。其中的卫茹(意为中央翼或中央地区)于惹木齐(今拉萨市小昭寺一带)设治所直辖惹萨地区(包括今拉萨市的城关区、堆龙德庆县、曲水县、当雄县、达孜县、林周县、墨竹工卡县、尼木县部分地区)。

9世纪中叶，吐蕃政权崩溃后，其王室云丹的后裔占据卫茹，并建立拉萨王系进行氏族统治，拉萨为其直辖地。

13世纪，元统一中国后，在拉萨地区建立了3个万户：一为直贡(元史称“必里公”)万户府，治所在今墨竹工卡县直贡寺，由直贡寺噶举派首领出任万户长；二为加麻(元史称“加麻巴”)万户府，治所在今墨竹工卡县加玛乡，由地方势力首领出任万户长；三为蔡巴(元史称“搽里巴”)万户府，治所在今拉萨市城关区的蔡公堂村，由蔡巴噶举派首领出任万户长。随后，蔡巴万户府划为元世祖忽必烈的封地，由元朝廷直辖。

14世纪中期，帕木竹巴地方政权在拉萨地区建立了4个宗：一为乃邬宗，治所在今堆龙德庆县的柳梧乡；二为扎噶宗，治所在今达孜县的扎嘎村；三为伦珠孜宗，治所在今曲水县的曲水村；四为齐日达孜宗，治所在今达孜县境内。明末清初，五世达赖在固始汗的扶持下，在拉萨建立甘丹颇章地方政权，管理西藏宗教事务，固始汗负责西藏军政事务，拉萨逐步成为西藏政治、经济、文化、宗教中心。

17世纪中叶，摄政第巴洛桑金巴在拉萨设立雪列空，管辖布达拉宫城墙内外和“雪”及其近郊18个豁卡的行政、治安和赋税。康熙六十年(1721年)，清朝中央政府制定噶伦制度管理西藏。雍正五年(1727年)，清朝中央政府在拉萨设立驻藏大臣办事衙门，派遣办事大臣和帮办大臣常驻拉萨，督办西藏事务。乾隆十六年(1751年)，清政府授权七世达赖喇嘛掌管西藏地方政务，西藏地方政府在拉萨设置了朗孜厦列空，与雪列空平行。

民国时期，西藏地方政府将雪列空所辖24个宗、豁调整组建为7个宗、12个豁卡进行治理。

1951年，西藏和平解放后。拉萨下设置26个宗、豁。1956年4月，西藏自治区筹备委员会成立，设拉萨基巧办事处，下置3个宗级办事处和28个宗、豁。1957年8月，撤销3个宗级办事处。1959年3月23日，拉萨成立军事管制委员会，撤销朗孜厦列空和雪列空等原西藏地方政府所设各级旧政权。1959年9月相继建立曲水县、尼木县、堆龙德庆县、当雄县、达孜县、墨竹工卡县、林周县、旁多县人民政府和东城区、南城区、西城区、北城区、东郊区、西郊区人民政府。10月，拉萨军管会和基巧办事处相继撤销，建立拉萨市，隶属自治区筹委会。

1960年1月，西藏自治区成立拉萨市人民政府，下置林周县、达孜县、墨竹工卡县、曲水县、尼木县、堆龙德庆县、当雄县、旁多县8个县和东城区、南城区、西城区、北城区4个区。

区划人口

拉萨市位于西藏自治区中部偏东南的雅鲁藏布江中游；地处北纬29°14′26″～31°03′47″，东经89°45′11″～92°37′22″之间，跨距277千米；东与林芝地区交界，南与山南地区紧连，西与日喀则地区接壤，北与那曲地区毗邻。辖区面积29518平方千米。

2011年，辖1个区（城关区）、7个县（堆龙德庆、当雄、曲水、尼木、达孜、林周、墨竹工卡）、48个乡、9个镇、8个街道办事处、225个村、42个社区居委会、363个居民小组。年末总人口576068人，其中非农业人口264870人；人口自然增长率3.5‰。

地质地貌

拉萨市位于冈瓦纳大陆北缘晚古生代—中生代冈底斯—喜马拉雅构造区，冈底斯—拉萨—腾冲陆块之冈底斯火山岩浆弧中段南缘。由北东部的念青唐古拉山变质核杂岩和东南部褶冲带组成。

地形由高山深谷相间组合并呈北—东南向微微倾斜的巨大立体块体。西北部念青唐古拉山脉山脊海拔在6000米～7000米以上，绵延140余千米；东南部山峰脊海拔5300米～5600米；西北部当雄—羊八井谷地海拔4300米～4500米；东南部拉萨河下游谷地海拔3600米～3900米。念青唐古拉山主峰海拔7168米，为海拔最高点。地势由此渐向东南低倾，至拉萨河中下游，海拔才低于4000米。拉萨河与雅鲁藏布江交汇处海拔3576米，为海拔最低点。拉萨市海拔高度大于6000米的面积占总积的1.2%，5000米～6000米占3.85%，3000米～4000米占50.9%，小于4000米占9.4%。

受雅鲁藏布深断裂和念青唐古拉断块山的控制，形成具有3个走向的山谷组合类型。（1）北东向。念青唐古拉山主脊与当雄—羊八井谷地。（2）南北向和北西向。尼木玛曲及其两侧山地为北西走向，安岗谷地和羊八井以南的谷地均为南北走向的断裂谷地。（3）北西向与北东向。分布于当雄—羊八井谷地以南、羊八井—安岗谷地以东的拉萨河流域中、下游。

拉萨地区大致可划分4种地貌区域。（1）北部冰蚀极高山、高山地貌区。位于拉萨市北部，西起尼木县境西北的谭门千峰（海拔6373米），东至当雄县境东与那曲县交界的各斗峰（海拔6121米），呈北东—南西走向。（2）当雄—羊八井盆地地貌区。位于念青唐古拉山西段山前地带，其东段（当雄—羊八井）呈北东走向与念青唐古拉山平行，自羊八井折转向南至尼木县霍德一带，东北与当雄县桑曲淌上折北出境，是西藏规模最大的横向断裂谷“亚东—康马—羊八井—那曲断陷带”的一部分；该盆地总长约150千米，宽约5千米～15千米，谷底海拔4200米～4500米，谷坡海拔4600米～4800米。（3）纳木措高寒中、低山湖盆地貌区。位于念青唐古拉山北侧纳木措的东半部。北自阿列雄，南到曲嘎切一线以西为班戈县所辖；其东西长约70千米，南北宽20千米～30千米。（4）南部融冻侵蚀高、中山河谷地貌区：分布于当雄—羊八井断陷盆地以南，行政上包括林周县等四县一区的全部和尼木县的中部及南部；东西长约220千米，南北宽约30千米～100千米，是全市面积最大的一个地貌区域。

河谷地貌，包括拉萨河中、下游及尼木玛曲和雅鲁藏布江泽南沟口—曲水段。主要包括拉萨河谷地貌区、尼木玛曲地貌区、雅鲁藏布江泽南—曲水河段地貌区。

气候条件

拉萨市属高原温带半干旱季风气候。极端最高温度为30.4℃，出现在2009年7月24日；极端最低气温为－16.5℃，出现在1968年1月17日。主要气候特点：日照充足，太阳辐射强烈；日温差大，年温差小；四季不明显，冬无严寒、夏无酷热；干湿季明显，雨季降水集中，多夜雨；蒸发量大，空气干燥，干季多大风。

2011年，拉萨市各地年平均气温在2.6℃～9.3℃之间，与历年平均值相比基本正常，其余各地偏高，其中拉萨城区和墨竹工卡县偏高1.2℃。各地年降水总量在349毫米～554.8毫米之间，与历年同期相比均正常。年日照时数在2880小时～3140小时之间，拉萨城区和尼木县偏多，其余各地偏少。冬季气温比正常值略偏高，降水量偏少。春季，拉萨城区和当雄县气温偏高，其余正常；降水量尼木县偏多，其余正常。夏季，拉萨城区气温偏高，其余各地正常；降水量均正常。秋季，拉萨城区和墨竹工卡县气温偏高，其余各地正常；降水量拉萨城区偏少，其余各地正常。

2011年，全市主要气象灾害有强降水、洪涝、泥石流、雷灾和雹灾。具体灾情如下：6月23日19

点30分，尼木县塔荣镇林岗村发生短时强降雨天气，导致尼续公路林岗段7处地方被泥石流冲毁，并发生险情。此次强降雨因伴有冰雹灾害，对塔荣镇林岗村农作物，特别是油菜作物有一定程度影响。8月2日晚，受短时强降雨天气的影响，达孜县琼达村50间民房出现严重裂缝，部分墙体倒塌；造成143公顷农田受灾，其中绝收20公顷；冲毁11座乡村水泥桥，冲毁公路0.6千米。章多乡拉木村36.6公顷农田受灾，其中重灾27.5公顷。林周县农田受灾面积达106.9公顷，绝收0.3公顷，冲毁两座桥墩，共238户1398人受灾。7月13日凌晨1点，尼木县续迈乡霍德村一组发生雷击事件，造成4头牦牛死亡。8月1日21点40分，羊八井镇发生雷击事件，造成1人当场死亡，致死15头牦牛。7月12日，曲水县曲水镇境内遭遇冰雹、暴雨袭击，致使该县两个行政村1040户4601人受灾，其中因灾死亡1人、重伤2人；受损房屋36间；农田受灾面积118.9公顷，其中绝收45.6公顷、重灾46.3公顷；受损倒塌温室92栋，部分防洪堤坝、水渠、绿化护栏被损毁。直接经济损失1135.65万元。

水文资源

拉萨市境内河流众多，其中流域面积超过1000平方千米的河流有8条，均属雅鲁藏布江水系。

境内江河年均径流量340亿立方米，湖泊储水200亿立方米，地下水丰厚，念青唐古拉山主峰及附近578平方千米的冰川和永久积雪带储存大量固体水。人均水量和每亩占水量均高于全国水平。

拉萨河全长551千米，根据河谷形态划分为三段：从河源至桑曲汇入口为上游段，长约256.4千米；从桑曲河汇入口至学绒藏布河汇入口为中游段，长约138.1千米；学绒藏布河汇入口至河口河为下游段，长约156.5千米。拉萨河主要支流为墨竹玛曲河、玉年曲河、堆龙曲河。

拉萨河水量丰富，曲水河口处年平均径流量为105亿立方米，落差较大，从上游4240米降到3576米，其天然水能蕴藏量约171.5万千瓦。全市有各类水库15座，其中中型水库1座、小Ⅰ型水库1座、小Ⅱ型水库13座，总库容2951万立方米；各类塘坝64座；有电力提灌站12处、农用井11眼、乡村水电站2座，年发电量359.7万千瓦时，农村用电量达到1255万千瓦时。全市现有万亩灌渠12条、中小型灌渠110条，有效灌溉面积达到3.28万公顷，旱涝保收面积1.12万公顷，机电排灌面积0.006万公顷。

土壤植被

拉萨市境内土壤共分10个土类，28个亚类，70个自然土壤土属，24个农地土壤土属，174个自然土壤土种，189个农地土壤土种。主要有：高山寒漠土，分布于海拔5300米~5400米以上的高山上部，在拉萨市辖区的7县1区都有分布。高山草原土，分布于拉萨市当雄县纳木湖区约2700平方千米，地处东湿西旱的过渡地段。高山草甸土和亚高山草甸土，为分布最广、面积最大，其中高山草甸土多在海拔5000米以上，面积近155.133万公顷；亚高山草甸土分布在海拔4000米~4600米左右，面积61.2万公顷。灌丛草原土，主要分布于4000米以下，面积17.333万公顷。草甸土，绝大部分都分布于河流、沟谷、湖泊、盆地，面积7.73万公顷，占土壤总面积的2.8%。潮土，主要分布于墨竹工卡县直孔以下拉萨河下游宽谷、林周县澎波盆地和雅鲁藏布江沿岸洪积低斜平原，面积1.84万公顷。沼泽土，主要分布于当雄盆地、纳木湖滩地、拉萨西郊沼泽地，尼木安岗盆地，林周县澎波宽谷槽盆与两侧山麓洪积扇之间的交接洼地和堆龙德庆县藏布曲谷坡的洪积扇渗溢带。新积土，主要分布在山麓洪积扇或山前缓斜平原的新近堆积覆盖地段，面积3.2万公顷。风沙土，拉萨市风沙土总面积为2333.33多公顷，90%以上分布于曲水县。

拉萨地区属藏南山地灌丛草原带，为独特的高寒半干旱生态环境，其植被主要有以下几种类型。高山稀疏垫状植被，分布于高山带上部海拔5200米~5600米的地区，覆盖度极稀(5%左右)，绝大部分地面裸露，景象荒凉。高山草甸，上限海拔5200米~5400米，下限海拔为4400米~4600米，植被总覆盖度40%~90%，亩产鲜草50千克~150千克。高山灌丛草甸，高山灌丛草甸与高山草甸同带幅，上限稍有下降，其湿度条件较好，适宜灌丛生长，总覆盖度为50%~90%，亩产鲜草100千克左右。高山草原，主要分布于北部和北西部海拔4600米~5000米的地区，总覆盖度30%~60%，亩产鲜草50千克左右。亚高山草甸，分布范围在海拔4100米~4800米之间，覆盖度与高山草甸相近或略低，亩产鲜草50千克~100千克。亚高山灌丛草甸，分布高度范围与亚高山草甸相同，总覆盖度60%～90%，亩产鲜草50千克～120千克。亚高山草原，集中分布于境内西北部的羊八井一带，海拔在4200米～4800米之间，覆盖度40%～60%。亩产鲜草50千克左右。山地灌丛草原，分布在海拔4200米以下，总覆盖度为20%～60%，亩产鲜草30千克～40千克。草甸和沼泽，集中分布于当雄县谷地，各河溪、湖泊及潜水地带，海拔3600米～5000米地段，总覆盖度80%以上，亩产鲜草200千克～500千克。沙荒植被，大部分布于拉萨河下游的聂当、柳梧以下沿河两岸平原和山坡，覆盖率为15%左右，并开始向草原类型演化和过渡。

土地资源

2011年，拉萨有土地面积2963400.64公顷，合29634平方千米。农用地面积2534816.42公顷，占85.9%。其中耕地55325.49公顷，占农用地2.18%，占总土地面积1.8%；园地14.16公顷；林地353573.3公顷，占农用地13.95%，占总土地面积11.94%；牧草地2125903.47公顷，占农用地83.87%，占总土地面积71.74%。耕地中，基本农田44474.68公顷。建设用地17123.21公顷，占总土地面积0.58%。其中居民点及独立工矿用地8826.45公顷，占建设用地的51.55%，占总土地面积0.3%；交通用地4907.69公顷，占建设用地28.67%，占总土地面积0.17%；未利用地406553.32公顷，占总土地面积13.52%。

矿产资源

拉萨市地处冈底斯—念青唐古拉成矿带与雅鲁藏布江成矿带之间的郭喀拉日成矿带段，是中国“十大”矿产资源集中区之一，也是西部最有找矿前景的成矿区(带)。从区域矿产分布来看，拉萨市中西部尼木县至墨竹工卡县一带，发育有远景的斑岩型、矽卡岩型、海底热水流沉积型铜钼多金属矿产及贵金属矿产；南部有大量的花岗岩、板岩等建材矿产；雅鲁藏布江一带有刚玉、宝玉石、铬铁、金等矿产；在西北部有铅、锌多金属矿及铀钍、铌钽等稀有金属矿异常区；在当雄县、尼木县一带的断陷盆地中，分布有丰富的泥炭和地热资源。截至2010年年底，已发现矿种53种，已查明一定资源量，在自治区矿产资源储量简明表上备案的有18种。有大型矿床8处，中型矿床24处，矿床地200余处(矿化点)。在已探明的矿种中，地热、刚玉储量居全国第一位，火山灰储量居全国第三位，自然硫储量居全国第四位，拉萨地区已初步查明的有色金属储量居自治区第一位，已探明的18种矿产资源潜在价值居自治区第一位。全市选矿厂年设计矿石处理能力达286万吨。湿法炼铜年生产量6.8万吨。矿泉水年生产量在3000万箱左右，每年开采规模为50万吨。全市从事矿业人员19300人左右，矿业产值达3.8亿元左右，占工业产值的32%。现有矿产储量：铜的远景储量2000万吨以上，年开采量89万吨左右；石灰石已探明储量8.65亿吨；石膏、高岭土(火山灰)已探明储量673.56万吨，年开采量57万吨，属于小规模开采；矿泉水、地热水在全市资源分布比较丰富。

森林资源

2011年，拉萨市有林地面积53.87万公顷，其中人工林3.38万公顷、天然乔木林0.61万公顷、疏林地0.0472万公顷、灌木林地49.94万公顷，森林覆盖率17.3%。物种资源共有938种(植物、鱼类和鸟类)。其中植物741种，分别属于4个门、81科、306个属；鸟类175种，分别属于11目、31科、89个属；鱼类22种、3个目、4个科、13个属。有国家级自然保护区1个、国家级森林公园2个、市级自然保护区3个、县级自然保护区2个，国家一级保护动物41种。

旅游资源

2011年，拉萨市是世界著名的旅游文化城市，也是世界历史文化名城之一，其中有布达拉宫、大昭寺、小昭寺、八廓街等著名景点。拉萨市为国家级历史文化名城，市内拥有世界文化遗产3处(布达拉宫、大昭寺、罗布林卡)；国家级名胜风景区1处(纳木措——念青唐古拉山风景名胜区)，国家4A级景区，全国重点文物保护单位大昭寺、罗布林卡、八廓街、小昭寺、色拉寺、哲蚌寺、下密寺、仓姑寺等，国家级重点文物保护单位8处(大昭寺、布达拉宫、噶丹寺、色拉寺、哲蚌寺、罗布林卡、小昭寺、聂塘卓玛拉康)；自治区级文物保护单位49处，市(县级)文物保护单位141处。还有众多的国家级、自治区级非物质文化遗产和具有民族特色的娘热民俗风情园，拉萨赛马场民俗园、国家自然保护区、拉鲁湿地等名胜景区。

大　事　记

2011 年拉萨市大事记

1　月

6 日　市委副书记、市长多吉次珠，副市长、政府秘书长龚会才及市财政局、市发展改革委、市交通运输局和市安居办等相关部门负责人，前往当雄县考察安居工程建设情况并看望慰问了牧民群众。

12 日　中央电视台财经频道《CCTV 经济生活大调查》节目组举办颁奖晚会。在此次调查中，拉萨市获“百姓幸福感最强城市”。

19 日　市委副书记、市长多吉次珠主持召开了 2011 年第一次市政府常务会议。会议研究并原则通过了《拉萨市人民政府 2011 年立法计划(草案)》。

▲　《平安颂歌》综艺晚会在自治区歌舞团隆重举行。西藏自治区党政领导及驻区部队官兵等一同观看。

28 日　全市农牧民安居工程建设工作会议召开。多吉次珠出席会议并发表了讲话。

29 日　多吉次珠在市委常委、常务副市长曹边疆，市政协副主席、城关区区长谢廷锡及市政府办公厅、市发展改革委、市农牧局、市商务局、市工商局、市卫生局等有关部门负责人的陪同下，检查了拉萨市节前市场供应及物价情况。

2　月

2 日　拉萨市举行迎新春焰火晚会。

16 日—20 日　举办全市重点寺庙主任、副主任及驻寺管委会人员培训。

3　月

1 日　2011 年藏历新年电视联欢晚会在西藏人民会堂上演。

8 日　价值 300 余万元的车辆等配发到林周县基层政法队伍中。

15 日　市妇联组织全市妇女干部开展妇科病免费体检活动启动。此次活动持续一个月，同时对寺庙尼姑进行常规体检。

17 日　拉萨市区部分地方出现碘盐抢购现象，一些不知情的群众也跟风抢购，造成拉萨市区和相关地区超市碘盐供应暂时紧张。17 日下午，自治区召开专题会议，研究部署碘盐工作。市委常委、常务副市长曹边疆，副市长张延清出席了专题会。

▲　拉萨交通综合执法支队挂牌成立。

24 日　拉萨市各族各界群众在市政协礼堂欢聚一堂，同庆“西藏百万农奴解放纪念日”设立两周年，并进行了座谈。市委副书记、市人大常委会主任洛桑丹巴出席会议并发表讲话。市委常委、统战部部长达娃主持座谈会。

25 日　拉萨市政府在宇拓路举行拥政爱民、拥军优属一条街服务活动，数千名市民前来咨询。

26 日　由拉萨市设置批准的首家民营专科医院——西藏首家高端品牌拉萨阳光泌尿生殖专科医院揭牌成立。

27 日　“西藏百万农奴解放纪念日”主题晚会《翻身农奴把歌唱》上演。

28 日　拉萨市举行庆祝“西藏百万农奴解放纪念日”升国旗、唱国歌仪式。

29 日　中国共产党第七届拉萨市纪律检查委员会第五次全体会议召开。多吉次珠主持会议。市领导杨万福、洛桑旦巴、焦建俊、贾沫微、王茂雄、刘江、土旦赤列、宇文雪芹、曹边疆、赤列多吉、诸伟敏、达娃、陈宗荣及市委、市人大常委会、市政府、市政协等有关领导出席大会。

30日　拉萨市委党校学员公寓奠基仪式举行，标志着北京市、江苏省“十二五”援藏项目正式启动。

4　月

4日　中央统战部常务副部长朱维群一行，在自治区党委常委、政协副主席、区党委统战部部长齐扎拉等领导的陪同下，前往哲蚌寺与驻寺工作组成员及驻寺各单位负责人座谈。

▲　多吉次珠在拉萨市会见尼泊尔联邦民主共和国驻拉萨总领事馆总领事纳因德拉·普拉萨德·乌帕达雅一行。

5日　100余名在拉萨市工作的第六批援藏干部来到拉萨革命烈士陵园，瞻仰为西藏解放和建设献身的先烈们，并深切缅怀为支援西藏、服务西藏而牺牲的孔繁森同志。

▲　中央统战部常务副部长朱维群，自治区领导张庆黎、白玛赤林、杨金山、郎友良、秦宜智、齐扎拉，市领导洛桑旦巴、贾沫微、王茂雄、刘江、宇文雪芹、曹边疆、赤列多吉、诸伟敏、达娃、陈宗荣和拉萨各族各界代表500人来到拉萨烈士陵园参加清明节祭扫活动，向革命英雄纪念碑敬献花圈。

6日　石家庄艺术学校2007级西藏班学员完成学业，在堆龙德庆县举行了文艺汇演。

15日　由市政府主办，市人力社保局承办的2011年拉萨第二届人力资源洽谈会开幕。

16日至20日　拉萨民族手工业展销会在江苏省扬州市举行。

19日　拉萨市“数字城管”正式开工建设。

22日　在“4·26”世界知识产权日来临之际，拉萨市集中销毁了盗版图书、盗版音像制品、盗版电子出版物等各类侵权盗版及非法出版物3900余种13万余件和赌博机80余台。

24日　由国务院扶贫办外资项目管理中心副主任刘俊文为组长的国务院扶贫办贫困村互助资金检查组一行赴墨竹工卡县，就互助资金试点工作开展情况进行了实地检查指导。

25日　北京市公安局向拉萨市公安局援助资金仪式在拉萨市举行。北京市公安局向拉萨市公安局援助资金200万元，用于购置警务车辆。

▲　民航西藏综合业务基地工程在拉萨市柳梧新区奠基开工。

▲　拉萨市举行加强基层建设年活动捐款仪式，号召大家向生活在农牧区基层的困难群众献出一份爱心，力所能及地帮助困难群众改善生活、发展生产、过上安居乐业的好日子。市领导及市委办公厅、市纪委、市委组织部、市委宣传部、市委统战部、市外办的全体干部职工参加了这次的捐款活动。

28日　达孜县塔杰乡完全小学宿舍楼奠基仪式举行。

29日　制定完成《组建拉萨市藏药产业集团的方案(草案)》和《组建拉萨市藏毯产业集团的方案(草案)》。

30日　多吉次珠调研北京市援助拉萨市重点项目建设情况，并慰问一线施工人员。

5　月

4日　拉萨创建国家卫生城市2010年工作总结表彰暨2011年工作安排大会召开。市委副书记贾沫微讲话，并与各责任单位签订目标管理责任书。

6日　拉萨市交通运输管理分局、拉萨市地方海事局正式挂牌成立。

11日　在第二十二个“全国助残日”来临之际，副市长、市政府秘书长龚会才，市政协副主席亚古在相关部门负责人的陪同下，对拉萨市61名特困残疾人进行了慰问，给他们敬献了哈达、送去了慰问金。

14日　“六十巨变、大美西藏”旅游宣传推广活动高峰论坛举行。

16日　2011年拉萨招商引资项目推介会在深圳市隆重召开。共签约项目30个，总投资达64.8亿元。

18日　拉萨市新闻出版局、文物局正式挂牌成立。

▲　中国黄金集团西藏华泰龙矿业开发有限公司在柳梧新区举行“拉萨基地”奠基仪式。

19日　在国家首个旅游日，市旅游局及相关旅游服务单位20余家在宇拓路开展旅游宣传活动。

20日　拉萨市各族各界人士庆祝“西藏和平解放60周年”座谈会举行。

22日　华中师范大学考察团一行8人赴藏考察，并与拉萨师范高等专科学校举行了开放式网络机房、语音教室援建项目揭牌仪式。

23 日　拉萨各族各界群众 5000 余人在布达拉宫广场举行升国旗、唱国歌仪式，向西藏和平解放碑敬献花篮，庆祝西藏和平解放 60 周年。

▲　《西藏和平解放 60 周年》纪念邮票在拉萨举行首发仪式。

▲　北京市邮票公司在北京新闻大厦举办纪念西藏和平解放 60 周年纪念邮票暨《涌泉相报》礼仪产品首发仪式。副市长王常生出席。

28 日　西藏首家国际奢华品牌酒店—— 拉萨瑞吉度假酒店正式挂牌，这是西藏首家五星级旅游饭店。

▲　话剧《农奴泪》在西藏自治区人民大会堂上演。

30 日　北京市海淀区党政代表团向城关区捐赠教育援助资金 800 万元。

6　月

1 日　副市长计明南加陪同西藏自治区党委书记张庆黎在堆龙德庆县中心幼儿园参加“童心向党·健康成长”庆祝 2011 年“六一”国际儿童节活动。

2 日　色拉寺有线数字广播电视开通仪式举行。

8 日　拉萨市开展首期国有企业党风廉政建设培训班。

▲　大昭寺文物保护维修工程竣工。

10 日　全市自然村公路通达工程开工仪式在尼木县举行。

▲　北京市援建拉萨市文化体育中心项目设计方案签约仪式在柳梧新区举行。

▲　“红色歌曲·拉萨唱”达孜县专场演唱会在宗角禄康公园举行。

13 日　四川省遂宁市驻拉萨流动党员党委成立。

14 日　“红色歌曲·拉萨唱”曲水县专场演唱会在宗角禄康公园举行。

▲　举行林芝米拉山景观工程——牦牛雕塑揭幕仪式。副市长马新明参加。

16 日　辉煌拉萨 60 年经济社会发展成就图片展览在江苏生态园大酒店举行。

18 日　柳梧新区世纪大道正式通车。

21 日　“红色歌曲·拉萨唱”尼木县专场演唱会在宗角禄康公园举行。

22 日　《幸福拉萨》、《经典拉萨》歌曲集，《非物质文化遗产展示片》，大庆专题片《幸福六十年》、《传承文化见证历史》5 个大庆文化产品首发仪式在拉萨举行。

23 日　拉萨经济技术开发区举行国家新型工业化产业示范基地(高原绿色食品)揭牌仪式。

24 日　大清真寺荣获全国解经工作先进场所颁证仪式在大清真寺举行。

25 日　全市退(离)休干部举行座谈会，忆传统、谈巨变、颂党恩，共庆中国共产党成立 90 周年和西藏和平解放 60 周年。

29 日　拉萨市 12 个民生项目之一——首批宇通专用校车使用启动仪式举行。

7　月

1 日　江苏省教育代表团到拉萨市考察。

▲　西藏冰川矿泉水有限公司在香港联交所主板上市。

▲　拉萨市农村综合信息服务站建设试点工程(一期)正式运行，该工程(一期)覆盖 7 个县 40 个行政村。

4 日　由华润集团捐建的拉萨燃机电厂 1 × 180WM 机组成功实现联合循环并网发电。

▲　四川大学校友会为拉萨市捐赠了一株价值百万元的红豆杉母本树。

5 日　拉萨市庆祝西藏和平解放 60 周年专题文艺晚会——《幸福路上 60 年》举行首场演出。多吉次珠等领导出席。

5 日　江苏省无锡市交通产业集团向拉萨市捐赠车辆仪式。

7 日　拉萨经济技术开发区举行 2010 年度纳税大户、优秀企业和先进工作者表彰大会。

8 日　拉萨市市民服务中心入驻运行启动仪式举行。

▲　“红色歌曲·拉萨唱”当雄县专场演唱会举行。

12 日　曲水县曲水镇曲水村和茶巴郎村，由于遭到强降雨和冰雹的袭击，两个村部分村民的房屋进水，水渠决口，部分农田被淹，部分温室大棚倒塌。

▲　原拉萨市委书记、市人大常委会主任扎西彭措因病逝世，享年 86 岁。

13 日　市政协举行庆祝西藏和平解放 60 周年

《拉萨政协——特刊》暨拉萨市政协成立50周年《同舟共济——50年》大型画册赠送仪式。

14日 总投资1.22亿元的拉萨市污水处理厂工程竣工典礼暨试运行启动仪式举行。

15日 副市长段高喜出席拉萨市《幸福拉萨》、《经典拉萨》(CD)歌曲集向公交车、出租车发放仪式。

17日 西藏自治区第一条高速公路——拉萨至贡嘎机场高速公路建成通车。

18日 西藏和平解放60周年成就展在西藏博物馆开幕。中共中央政治局常委、国家副主席、中央代表团团长习近平为成就展剪彩并观看展览。

19日 西藏自治区2万余名各族各界干部群众在布达拉宫广场隆重集会，热烈庆祝西藏和平解放60周年。

21日 中央代表团副团长、中央代表团拉萨分团团长、十届全国人大常委会副委员长热地在拉萨市看望慰问各族干部群众，向拉萨市委、市政府赠送胡锦涛总书记亲笔题写的“祝贺西藏和平解放六十周年”贺匾。

22日 江苏·拉萨展销中心等十大重点工程集中开工奠基仪式在达孜工业园区隆重举行。

23日 拉萨市委党校、市行政学院与首都经贸大学考察团交流会暨捐赠仪式举行。

25日 位于墨竹工卡县城东郊的卡东公园完工并投入使用。

26日 西藏航空有限公司成立暨首航仪式在拉萨贡嘎机场举行。

▲ 来自拉萨市各县区的30名中小学生参加了“感恩祖国、感受北京”——京藏两地中小学生民族团结夏令营开营仪式。

29日 北京市委副书记、市长郭金龙亲切会见拉萨市中小学生北京夏令营的同学，并向每一名营员赠送了语音识别器、北京画册等礼品。

8 月

1日 拉萨市工业和信息化局电子政务平台正式投入使用，总投资191.6万元。

2日 拉萨市加强基层建设年活动“社会主义新农村建设成就展”启动仪式在堆龙德庆县东噶村举行。

3日 北京市朝阳区捐赠垃圾压缩清运车仪式在堆龙德庆县举行。

5日 北京市第六批第一期援藏医生欢送会在北京援藏公寓举行。

9日 全市首届涉外家访点培训班开班。

10日 多吉次珠出席2011年拉萨雪顿节系列活动之一——中国网球公开赛“昆仑山·中网巅峰之旅”活动。

11日 《城关区志》、《藏族传统手工宝典》首发式。

▲ 拉萨市委、市政府召开庆祝西藏和平解放60周年活动总结表彰大会，多吉次珠等领导出席大会并颁奖。

16日 举行“甲桑古道”徒步游启动仪式。副市长马新明出席。

17日 中央电视台心连心艺术团在布达拉宫广场举行雪域欢歌——全国人民和西藏人民共同庆祝西藏和平解放60周年慰问演出。

19日 “当吉仁”赛马节在当雄县赛马场开幕。全国人大常委会民族委员会副主任列确应邀出席。

▲ 藏泉酒业万吨青稞酒厂开业庆典暨日喀则2000公顷青稞种植基地签约仪式。副市长王常生出席。

22日 拉萨市迎接国家一类城市语言文字工作评估验收动员部署会召开，市委常委、副市长陈宗荣出席并讲话。

27日 拉萨市与尼泊尔加德满都市结为友好城市协议签字仪式举行。

28日 2011中国拉萨雪顿节幸福城市市长论坛开幕。来自俄罗斯、尼泊尔两国和国内30多个城市的政府官员代表共同探讨幸福城市发展之路。

▲ 市妇联举行拉萨市首个家庭教育指导中心成立暨授牌仪式，并向北京四中网校拉萨分校授予“拉萨市家庭教育指导中心”牌匾。

▲ 拉萨市交通运输局正式挂牌成立。

▲ 北京大学西藏校友会成立仪式在西藏大学举行。

29日 由拉萨市政府主办的5100冰川矿泉水·2011中国拉萨雪顿节经贸洽谈会开幕。

▲ 2011中国拉萨雪顿节开幕式文艺演出暨焰火晚会在布达拉宫广场举行。

30日 拉萨市与北京市举行城关区嘎玛贡桑小区棚户改造项目合作框架协议签订仪式。

▲ 城关区第六届旅游文化节暨嘎吉林青稞酒节开幕。

▲　2011中国拉萨雪顿节项目签字仪式举行。仪式上，拉萨岗地经贸有限公司与北京昆五九鼎投资管理有限公司就国家文化产业示范基地——吞米岭·藏艺文博园项目签署了8000万元的合作协议。

▲　2011中国拉萨雪顿节汽车展销会开幕。

31日　拉萨市群众文化体育中心奠基仪式举行。

▲　首届“中国西藏藏荣高峰论坛”举行。

9　月

2日　江苏省食品药品监督局一行到拉萨市考察，与拉萨市药监系统签订了《对口支援协议》，向全市药监系统赠送了90万元援助资金。

4日　2011年中国拉萨雪顿节闭幕式颁奖晚会举行。多吉次珠等领导出。

6日　第六届“幸福在路上”西藏拉萨纳木措国际徒步大会在布达拉宫广场举行了开幕仪式。

7日　西藏自治区人民政府第十二次常务会议通过《西藏拉萨国家级经济技术开发区管理办法》，9月14日起实施。

8日　主题为“人与生物圈在中国和生物圈保护与气候变化”的“人与生物圈计划四十周年纪念大会”暨第十三届中国生物圈保护区网络大会在拉萨市召开。

10日　第六届拉萨国际半程马拉松挑战赛举行。

15日　“全国安全用药”西藏自治区暨拉萨市科普宣传活动启动仪式在宇拓路迎宾馆广场举行。

16日　自治区城镇流动人口计划生育“市民服务，属地化管理”试点项目在城关区加措社区居委会启动。

▲　开展了以“平安西藏人人有责，和谐西藏人人共享”为主题的“平安西藏”宣传活动。

17日　2011拉萨传统赛风筝旅游文化节开幕。

19日　拉萨市首届农村敬老院管理服务人员培训班开班典礼举行。

19日　举行国家拉萨经济技术开发区成立十周年庆祝活动。

▲　副市长计明南加出席拉萨市残疾人全纳教育试点工作总结暨表彰大会。

▲　拉萨国家级经济技术开发区举行B区开发建设启动仪式。

26日　拉萨市人民政府与尚德电力控股有限公司建立百兆瓦级光伏并网发电产业基地合作项目签约仪式举行。

29日　第二届环喜马拉雅国际市民徒步穿越大会在拉萨市开幕。

30日　昆仑能源西藏有限公司拉萨天然气站一期工程在拉萨经济技术开发区建成并投入运行。工程设计能力日供气15万立方米，是整个拉萨市的天然气供应基地。

10　月

1日　拉萨市各族各界干部群众在布达拉宫广场集会，举行“升国旗、唱国歌”仪式，共同庆祝伟大祖国62周年。

9日　拉萨市古籍普查动员大会召开。副市长马新明出席并讲话。

10日　5家内地知名医药企业向尼木县续买乡政府捐赠危房改造资金50万元。

▲　拉萨市群众文化体育中心项目系列活动签约仪式在北京新闻大厦举行。

▲　《拉萨市市政市容环境卫生管理条例》正式颁布，12月1日正式实施。

12日　由中央电视台财经频道联合拉萨市委、市政府、国家统计局、中国邮政集团公司共同举办的《CCTV2011经济生活大调查》在拉萨启动。多吉次珠出席启动仪式并接受记者采访。

13日　拉萨市各单位和社会各界为亚东灾区募集资金170万元。

19日　江苏、拉萨农业科技援藏青稞育种合作项目签字仪式举行。市农牧局与扬州市农业科学院签订了合作协议书。

20日　西藏自治区第一所高层次藏传佛教综合性院校——西藏佛学院在拉萨市曲水县聂当乡正式落成开院。

▲　拉萨市政府与中国石油西藏销售公司战略框架协议签字仪式举行。

21日　由北京市支援合作办、北京市投资促进局共同主办的第十五届京港洽谈会北京对口支援地区投资推介活动在北京市举行。此次推介会拉萨市共推出43个招商项目，总投资超55亿元。

▲　2011北京“西藏(拉萨)商品大集”在北京金源新燕莎购物中心开幕。

23日　市委副书记、市长多吉次珠在北京出席拉萨市政府与中国电科“智慧城市”系统集成公司长江数据股份有限公司签订战略合作协议签字仪式，标志着“智慧拉萨”项目正式启动。

24 日　中央电视台驻西藏自治区记者站在拉萨市正式挂牌成立。

▲　由国家体育总局主办，国家体育总局社会体育指导中心、西藏自治区体育局承办，拉萨市教育(体育)局协办的 2011 年国家体育总局健身自愿服务“走进西藏·拉萨站”正式启动。

26 日　由中国石油天然气集团公司建设的西藏自治区首座天然气站工程在拉萨市建成投产。

26 日—27 日　拉萨市人民政府由太阳岛临时办公地搬迁至拉萨市江苏大道 69 号。

11　月

3 日　城关区特色园艺产业化科技示范区温室使用证发放暨揭牌仪式在蔡公堂举行。

9 日　拉萨市首届秋季老年运动会开幕。

10 日　副市长次仁央宗参加拉萨市乡(办)、村(居)“妇女之家”授牌仪式。

16 日　由市妇联主办的拉萨市农牧区、城镇贫困妇女驾驶培训班开班。

21 日　第六届中国创意产业年度大奖在北京文博会揭晓，拉萨岗地经贸有限公司董事长多吉顿珠荣获中国创意产业“领军人物奖”。

▲　“中国·拉萨雪顿节”成功获得 2011 年度中国节庆产业金手指奖——“中国十大节庆城市”奖。拉萨市政府副秘书长、中国·拉萨雪顿节组委会办公室主任江嘎荣获 2011 年度中国节庆产业金手指奖——“十大新闻人物”奖。

29 日　拉萨市召开干部大会，动员部署“充分发挥拉萨首府城市首位度作用”涉及的“七个方面”工作。区党委常委、拉萨市委书记齐扎拉主持大会并作讲话。市领导多吉次珠、洛桑旦巴、焦建俊、贾沫微、王茂雄、刘江、宇文雪芹、赤列多吉、达娃欧珠、诸伟敏、达娃、陈文、陈宗荣、周广智出席大会。

12　月

1 日　市领导多吉次珠、次仁央宗赴墨竹工卡县就突发灾害事故及交通事故医疗救援中心项目和日光温室建设情况进行了实地检查指导。市政府办公厅、市财政局、市发展改革委、市卫生局、市民政局、市公安局、市交通运输局、消防支队、市旅游局等单位负责人陪同检查。

10 日　拉萨市首个社区卫生服务中心——城关区扎西社区卫生服务中心启动。

15 日　中国国际航空公司正式开通北京—拉萨往返直达航线，单程飞行时间 4 小时左右，是国内首次实现北京和拉萨间定期航班往返直达。

▲　团市委举行以“服刑在教人员未成年子女群体服务管理和预防犯罪”为主题教育活动。

▲　在第十届中国城市竞争力新闻发布会上，拉萨市荣获“2010 年中国十佳宜游城市”和“2011 中国十大美丽城市”两项大奖。

16 日　拉萨市先进文化进寺庙覆盖工程启动仪式在哲蚌寺举行。

▲　拉萨市举行城镇居民社会养老保险基础养老金发放仪式。全市 3724 人领到 5362560 元基础养老金，每人每月 120 元。

17 日　全市公安机关人民警察首次基本执法资格考试举行。

20 日　市妇联在拉萨市第二高级中学举行 2011 年“蓝天春蕾班”资助金发放仪式，为该校 149 名女学生发放了助学金 19 万余元。

▲　全国精神文明建设工作表彰大会召开，拉萨市荣获“全国文明城市”称号。

21 日　色拉寺举行了“两险一保”证书发放仪式，在编僧人医疗、养老保险参保率达到 100%。

▲　国家税务总局、拉萨市人民政府“中国税务林”资产移交及后续管理备忘录签字仪式在拉萨举行，标志着“中国税务林”项目已经建设成功并正式投入使用，项目位于拉萨市流沙河北侧，色拉寺南侧，占地面积约 32 万平方米，栽植各类苗木 37 万多株，绿化面积为 31 万平方米，绿化率达到 96%。

27 日　市纪委聘请党风监督员会议及证件颁发仪式举行，来自全市各行各业的 1000 名党风监督员正式被市纪委聘请。

28 日　《拉萨“智慧城市”总体规划方案》在北京电子国际大厦通过评审。

▲　齐扎拉主持召开八届四次常委会，研究全市经济工作会议《拉萨市引进人才优惠政策实施细则》试行、《拉萨英才评选管理办法》试行和《拉萨市享受政府特殊津贴专家评选管理办法》试行等事项。

▲　拉萨市和谐模范寺庙爱国守法先进僧尼表

彰会举行。齐扎拉、多吉次珠等领导向2341名爱国守法先进僧尼颁发了证书和奖金。

30日　拉萨市举行党风廉政建设和基层党建责任书签字仪式，齐扎拉出席会议并讲话。

中国共产党拉萨市委员会

综　　述

2011年，中共拉萨市委紧扣科学发展主题，以庆祝中国共产党成立90周年、西藏和平解放60周年为契机，深入贯彻落实中央第五次西藏工作座谈会精神，召开了2次市委全会、22次市委常委会、27次专题会。就加强“一区三园”建设，推动“六城同创”、“加强和创新社会管理”、“充分发挥拉萨首府城市首位度作用”等重大议题作出决策部署，明确了“一坚持、两强化、三突破”（坚持项目带动促发展；强化政策落实惠民生、强化固本之举保稳定；在建新城保老城、六城同创上求突破，在深化改革、优化发展环境上求突破，在加强基层党建、夯实基层基础上求突破）的总体思路，着力推动经济社会持续快速发展，实现了“十二五”规划的良好开局。

经济发展成绩突出。全年地区生产总值222.09亿元，比上年增长14.6%。财政总收入29.60亿元，比上年增长112.9%；一般预算收入23.43亿元，增长56%。全社会固定资产投资达到222.2亿元，增长25.9%。社会消费品零售总额达到105.14亿元，增长18.9%。城镇居民人均可支配收入17654元，增长6.6%。全年地区外贸进出口总额13.07亿美元，同比增长58.3%。

认真落实强农惠农政策，推进林周县现代农业示范区建设，编制曲水农村改革试验区规划。加强农牧业科技支撑，新增180名科技特派员、20户科技示范户和21个农牧民专业合作社，达孜雪乡优质奶牛生产基地成为“全国科普惠农兴村先进单位”。农牧业实现增加值9.69亿元，增长3.5%；农牧民人均纯收入达6019.14元，比上年人均增加1015.7元，增长20.3%，首次实现年人均增长千元以上。

加大招商引资力度，拓展招商引资渠道，首次在深圳市举办招商引资项目推介会。全年新引进项目63个，实际到位资金58亿元，增长25.9%。实施商标品牌战略初见成效。中国驰名商标新增2件，达到8件；西藏著名商标新增5件，达到34件。金哈达药业等项目竣工投产，5100矿泉水公司在香港联交所成功上市，巨龙矿业、桑海矿业完成整合。全市销售收入超过5000万元的规模以上企业达到4家，实现规模以上工业增加值21.94亿元，比上年增长24.4%，增速比“十一五”期间平均增速提高11.4个百分点。

推进“一区三园”建设。中石油开发区天然气站建成供气，天知生物、娃哈哈食品、藏泉酒业青稞饮料生产线等竣工投产，华钰矿业、诺迪康药业等开工建设。拉萨国家级经济技术开发区发展成为国家新型工业化产业示范基地，达孜工业园区升格为自治区级工业园区。

加强旅游基础设施建设，规范旅游市场秩序，开展旅游宣传推介活动。成立旅游发展协调委员会，统筹促进以生态旅游为龙头的现代服务业发展。旅游服务中心项目通过验收，纳木措景区基建项目完工；瑞吉度假酒店被授予国家五星级饭店暨金叶级绿色饭店称号。以幸福城市市长论坛、藏茶高峰论坛、甲桑古道徒步旅游为亮点的2011中国拉萨雪顿节取得圆满成功，获得“节庆中华·传统节庆奖”、“中国十大节庆品牌”、“2011中国节庆产业‘金手指’·中国十大节庆城市”荣誉称号。全年接待海内外游客514.43万人次，增长24.4%；实现收入

51 亿元，增长 21.11%。

人民生活水平持续改善。坚持民生为先，大力推进社会民生事业。年内，在《CCTV 生活大调查》中，拉萨市连续 4 年被评为“百姓幸福感最强城市”。出台《教育“十二五”发展规划纲要》。学龄儿童、初中生入学率分别达到 99.79%、100.03 %，巩固率达到 98.52%、97.64%，高中阶段毛入学率为 81.4%。“三包”标准提高到生均 2200 元，幼儿园补贴政策全面落实；普高补贴政策和免费政策惠及每位学生；中等职业教育实现全免费。拉萨市第四高级中学、柳梧高中开始招生。

全方位、多渠道、宽领域促进就业、再就业工作。新增就业、再就业 5974 人(包括就业困难群体 3545 人)，开发就业和再就业岗位 6222 个(包括 600 个公益性岗位)，城镇登记失业率控制在 2.8%。共组织劳务输出 8.16 万人，实现劳务收入 6.25 亿元。开展职业技能培训 56 期，培训人数达 4977 人；完成农牧民转移就业培训 4688 人，合格率达 96%，培训后实现就业 3060 人，就业率达 68%；通过公益性岗位安置城镇失业人员、零就业家庭等就业困难人员 325 人，动态消除零就业家庭 9 户。积极开展高校毕业生就业引导培训、创业培训、困难家庭就业援助等帮扶活动，使 36 名高校毕业生通过网络招聘实现就业、106 名大学生通过公益性岗位实现就业，全日制应届高校毕业生全部实现就业。

全面落实老年优待政策。举办首届秋季老年人运动会。80 岁以上老人领取健康补贴 123.48 万元，60 岁以上老人免费乘坐公交车达 460 余万人次。

启动实施城镇居民养老保险，健全统筹城乡社会保障体系。建立城乡低保标准动态调整机制，将城市居民最低生活保障标准由月均 330 元提高到 360 元，农村低保标准由年均 1300 元提高到 1450 元。

全年完成 12 个民生项目。建设 3000 栋日光温室；出台拉萨市《关于鼓励和扶持高校毕业生自主创业的实施意见》；建立突发灾害事故及交通事故医疗救援中心；解决失地农民非农业户口，帮助 3000 名失地农民实现就业；资助中职学生第三学年生活费；购买 53 辆中小学生接送车辆；建设 20 个行政村学前班；组织 45 岁以上城镇居民免费体检并同步建立健康档案；建设 32 处全民健身路径、5 个社区篮球场等 10 件实事全部完成。加快实施为 114 个自然村修建通村公路，建设木材交易市场、再生资源集散市场、农畜产品交易市场、纳金路农贸市场 2 件实事。

截至年底，拉萨市近 5 万户 30 万农牧民住上了安全适用的新房，农村居民人均住房面积达到 27 平方米，比 2005 年增加 7 平方米，广大农牧民群众的住房条件得到很大改善。

推进城乡一体化建设。完成土地利用总体规划、矿产资源总体规划并分别上报国土资源部、自治区政府审批，启动东城和柳梧新区控制性详规修编，制作完成市域影像图，公布施行城市绿地系统规划、生物多样性保护规划，严格执行“一书三证”规划许可制度。

累计投资 23.9 亿元的道路改造、管线入地、绿化亮化、街景改造、民生改善等 39 个大庆项目如期完工。机场高速公路竣工通车。植树 20 万株打造绿色景观廊道。青藏直流联网工程、污水处理厂投入试运行。推进拉日铁路、纳金大桥项目。东城、柳梧新区市政道路开工建设。投入 1981 万元的数字城管中心建成并启用。截至年底，市区供水管道长度达 727.97 千米，同比增长 4.2%。公交运营线路网长达 499.8 千米，年客运量达 6980 万人次。大规模开展以市场秩序、交通环境、违章建筑、旅游环境、环境卫生为重点内容的城乡环境综合整治活动。汽车尾气治理成效初显，市容市貌整洁有序，城乡面貌焕然一新，生态环境持续改善。

全市区共实施园林绿化工程 5 项，创建市级园林化单位 115 个。共有公园 62 个，其中综合性公园 1 个、街头游园 45 个、街旁绿地 5 块。拉萨市空气质量平均优良率达到 99.7%。

加强思想文化建设。加强学习型党组织建设。以市委理论教育讲师团和各县(区)委宣讲组、驻村工作组(队)为骨干，深入开展重大会议精神宣传教育、新旧对比教育、形势政策教育、首位度教育、感恩教育，全年巡回宣讲 3000 余场次。

新建 2 个科普活动站、5 个民间艺术团、115 个寺庙书屋和 228 个农家书屋。继续实施农村电影放映工作，全年面向农牧民放映电影 11950 场次。广播电视综合人口覆盖率分别达到 96.69%、96.45%。举办西藏和平解放 60 周年大庆等一系列重大文艺活动。制作完成“八个一”文化产品：一张歌曲集——《幸福拉萨》和《经典拉萨》歌曲集，一个展示片——《非物质文化遗产展示片》专题宣传片，一本书——《传承文化 见证历史》非物质文化遗产书籍，一个展览——《辉煌拉萨六十年》发展成就展，一台晚会——《幸福路上60年》献礼晚会，一张文化事业图——全市宣传文化阵地布局图，一张文化产业图——全市文化产业示范点布局图。

加强文化产业化建设。形成全市文化产业示范点环线，共涉及创收文化单位类、文化市场类、园区文化类、民间文艺团体类、文化就业培训类、一县一特类、旅游文化类、民族手工艺品类、文化企业类九大类804个产业点。建成国家级文化产业示范基地1个、自治区级文化产业示范基地5个。

切实加强未成年人思想道德建设。深入开展创建文明单位、文明村镇、文明社区、文明家庭、新农村精神文明建设示范户等群众性精神文明创建活动，2011年拉萨市成功创建“全国文明城市”。

提升社会建设管理水平。研究制定并实施《加强和创新社会管理实施方案》，着力加强流动人口服务管理和特殊人群社区关爱工作，健全党政军警民联防联控机制，社会治安综合治理工作走在全自治区前列。全年共建立596个群防群治队伍、4个公安检查站，135个便民警务站建成并投入使用。全面启动“六五”普法，法律“七进”（进机关、进农牧区、进社区、进学校、进企业、进单位、进寺庙）有序开展。开展青少年群体教育帮助和预防犯罪试点工作。加强和创新寺庙管理，大力推进和全面落实寺庙“六建”工作并认真开展“六个一”和“9+5”活动，寺庙管理规范化、法制化水平明显提升。推进和谐矿区创建活动。2011年亿元GDP生产安全事故死亡率下降46.1%。全年各类安全生产事故死亡78人，同比下降32.8%。其中道路交通事故死亡75人、工矿商贸事故死亡3人，分别下降68.8%和42.8%。推进社会矛盾化解，加强突发事件应对体系建设，制定实施《拉萨市解决特殊疑难信访问题专项资金管理实施细则》，完善社会矛盾多元调解体系。有力地保障了社会的安全稳定。

提高党的建设科学化水平。结合创先争优和“基层党建年”活动，深入开展创先争优强基础惠民生活动。市财政先后安排“加强基层建设年”活动资金670.08万元，安排“创先争优强基惠民”活动资金7057.2万元。市县两级机关单位共选派924名干部组成230个驻村工作队，确保了驻村工作“全覆盖、无缝隙”。工作队成员深入基层与村干部、村民面对面打交道，同吃、同住、同学习、同劳动，在密切联系群众中帮助理清科学发展思路、解决实际困难、办实事好事。截至年底，全市各单位和驻村(居委会)工作队共为群众办实事1000多件，投入资金近2000多万元。加强基层党组织建设和党员管理。新增基层党组织17个，城关区蔡公堂乡农业示范协会党支部、城关区市政执法基层大队党支部等一批基层党组织相继成立。建立流动党员台账和信息库。全市在册流动党员928名，长期对接联系外来流动党组织4个，建立流动党员服务中心1个、服务站12个、服务点44个。完成了市、县、乡党委换届工作。

加大反腐倡廉宣传教育，举办首期国企党风廉政建设专题培训，筑牢了党员领导干部拒腐防变思想防线。启动开展“小金库”专项治理复查工作，坚决查处各类违法违纪案件；围绕贯彻党风廉政建设责任制、推进惩治和预防腐败体系建设、贯彻落实《中国共产党领导干部廉洁从政若干准则》和党的基层组织实行党务公开等重点工作在全市范围内开展检查验收，有效推动了构建惩治和预防腐败体系建设。

（周　丽）

重要会议和活动

【市领导会见尼泊尔外交官】 4月4日，市委副书记、市长多吉次珠会见了尼泊尔联邦民主共和国驻拉萨市总领事馆总领事纳因德拉·普拉萨德·乌帕达雅一行。双方进行了亲切友好的交谈，并就进一步合作达成了共识。多吉次珠强调，双方需进一步增强旅游、商贸、商品展销等领域的合作。自治区外办主任巨建华，市委常委、常务副市长曹边疆及市外办有关领导出席会见。

（周　丽）

【庆祝中国共产党建党90周年表彰大会召开】 6月28日，拉萨市隆重举行庆祝中国共产党建党90周年表彰大会。市委副书记、组织部部长王茂雄宣读了《中共拉萨市委关于表彰全市基层党建工作创新县、先进基层党组织、优秀共产党员、优秀党务工作者的决定》，与会领导为受表彰的先进集体和优秀党务工作者、优秀共产党员颁奖。自治区党委常委、拉萨市委书记秦宜智出席表彰大会。市委副书记、市长多吉次珠主持大会。市领导杨万福、洛桑旦巴、贾沫微、刘江、宇文雪芹、赤列多吉、达娃欧珠、诸伟敏、陈宗荣等出席。

(周　丽)

【《幸福路上60年》首演】　7月5日，由北京市、江苏省、拉萨市三地艺术家联袂打造的大型文艺晚会——拉萨市庆祝西藏和平解放60周年主题晚会《幸福路上60年》举行首场演出，演出分《吉祥的格桑梅朵》、《多彩的格桑梅朵》、《幸福的格桑梅朵》、《格桑梅朵的憧憬》等四大板块。11个独立文艺节目，150多名演员参演。秦宜智、多吉次珠、杨万福、洛桑旦巴、贾沫微、土旦赤列、宇文雪芹、赤列多吉、达娃欧珠、诸伟敏、达娃、陈宗荣及市人大、市政府、市政协和拉萨市有关领导、退休地级党员代表与拉萨市各族干部群众一同观看演出。北京市、江苏省宣传文化系统代表团领导应邀出席并观看晚会。

(周　丽)

【拉萨市污水处理厂竣工试运行】　7月14日，拉萨市污水处理厂工程竣工典礼暨试运行启动仪式举行。项目总投资1.22亿元，设计日处理污水5万立方米。秦宜智、周春来、宫蒲光和自治区政协副主席刘庆慧，自治区政府副秘书长王维杰及市领导诸伟敏、梁学伦、龚会才、格宪华出席启动仪式。多吉次珠出席并致辞。副市长果果主持。

(周　丽)

【西藏首条高速公路建成通车】　7月17日，西藏第一条高速公路——拉萨至贡嘎机场高速公路建成通车。中共中央政治局常委、国家副主席习近平，中共中央政治局委员、国务院副总理回良玉，全国人大常委会副委员长李建国，中央统战部部长杜青林，全国政协副主席帕巴拉·格列朗杰，全国人大常委会副委员长热地，中央军委委员、总参谋长陈炳德和自治区党委书记张庆黎、自治区人大常委会主任向巴平措、区政府主席白玛赤林等为高速公路通车剪彩。自治区政府常务副主席郝鹏致辞。自治区政府常务副主席吴英杰主持仪式。

(周　丽)

【庆祝西藏和平解放60周年】　7月19日，西藏2万余名各族各界干部群众在拉萨市布达拉宫广场集会，热烈庆祝西藏和平解放60周年。中共中央政治局常委、国家副主席习近平向自治区赠送由胡锦涛总书记亲笔题写的“祝贺西藏和平解放60周年”的贺匾并发表重要讲话。国务院副总理回良玉宣读贺电。中央领导李建国、杜青林、帕巴拉·格列朗杰、热地、陈炳德和中央代表团其他成员出席庆祝大会。自治区党委书记张庆黎和西藏军区司令员杨金山在大会上发言。拉萨市达孜县塔杰乡巴嘎雪村党支部书记拉巴代表各界群众在大会上发言。自治区政府主席白玛赤林主持大会。拉萨市委书记秦宜智出席大会。

(周　丽)

【拉萨市与加德满都市缔结友好城市】　8月27日，拉萨市与尼泊尔首都加德满都市结为友好城市协议签字仪式在拉萨市举行。市委副书记、市长多吉次珠与加德满都市市长甘那诗·若尔代表两市签署结为友好城市协议。市委常委、常务副市长曹边疆、尼泊尔驻拉萨总领事等参加签字仪式。同日，秦宜智会见了尼泊尔加德满都市政府代表团一行，双方表示要增强互信，推动友好合作不断向前发展。市领导多吉次珠等参加会见。

(周　丽)

【市领导会见俄罗斯客人】　8月29日，自治区党委常委、拉萨市委书记秦宜智会见了俄罗斯卡尔梅克共和国埃利斯塔市市长纳姆鲁耶夫·维亚切斯拉夫·哈济科维奇一行。会谈指出，自2004年两市正式缔结为友好城市以来，在经济、教育、文化、医疗等方面进行交流与合作，希望双方进一步增强在各个领域的合作。市长多吉次珠和自治区对外友好协会有关负责人参加会见。

(周　丽)

【市领导会见北京市代表团】　8月30日，自治区党委常委、拉萨市委书记秦宜智会见了以北京市委常委、常务副市长吉林为团长的北京市代表团一行。秦宜智讲话强调，拉萨市将一如既往地在政治上信任、工作上支持、生活上关心、精神上激励北京援藏干部，给他们创造更大更好的平台。吉林表示，北京市将进一步整合资源、创新机制，积极参与拉萨市的援建工作。会见中，北京市代表团向拉萨市捐赠了800万元援建资金。市领导多吉次珠、贾沫微、赤列多吉、诸伟敏、陈文、陈宗荣、马新明、果果、谢廷锡参加会见。

(周　丽)

【中共拉萨市委第八次代表大会召开】　10月17日

至18日，中共拉萨市委第八次代表大会召开。应出席大会的正式代表293名，实到271名。大会审议通过了秦宜智代表中共拉萨市委第七届委员会所作的题为《全面贯彻落实中央第五次西藏工作座谈会精神,为建设团结民主富裕文明和谐的社会主义新拉萨而努力奋斗》的工作报告和市委常委、市纪委书记达娃欧珠代表拉萨市纪律检查委员会作的工作报告。大会总结了过去5年所取得的成绩，提出了今后五年全市经济社会发展的总体要求、奋斗目标和主要任务。选举产生了中共拉萨市第八届委员会委员36名、候补委员7名和中共拉萨市纪律检查委员会委员23名，选出拉萨市出席中共西藏自治区第八次代表大会的代表60名，通过了《关于中国共产党拉萨市委第七届委员会报告的决议》、《关于中国共产党拉萨市纪律检查委员会工作报告的决议》。10月18日，中共拉萨市委八届一次全委会召开。选举产生了中共拉萨市委第八届委员会常务委员17名，书记1名，副书记6名(包括常务副书记1名)。秦宜智当选市委书记，多吉次珠、洛桑旦巴、贾沫微、王茂雄、刘江当选市委副书记，焦建俊当选市委常务副书记，秦宜智、多吉次珠、洛桑旦巴、焦建俊、贾沫微、王茂雄、刘江、土旦赤列、宇文雪芹(女)、曹边疆、赤列多吉、达娃欧珠、诸伟敏、达娃、陈文、陈宗荣、周广智当选常务委员。同时选举产生了中共拉萨市纪律检查委员会。选举出中共拉萨市纪律检查委员会常务委员9名，书记1名，副书记4名。达娃欧珠当选纪检委书记，周俊杰、顿珠多吉、拉巴次仁、龙惠华(女)当选副书记，达娃欧珠、周俊杰、顿珠多吉、拉巴次仁、龙惠华(女)、杨昆、王玉(女)、 旺堆、洛桑尼玛当选常务委员。

(周　丽)

【西藏第一所佛学院落成】　10月20日，自治区第一所高层次藏传佛教综合性院校——西藏佛学院在拉萨市曲水县聂当乡正式落成开院。

(周　丽)

【部署首府城市"首位度作用"工作】　11月28日，自治区党委常委、拉萨市委书记齐扎拉主持召开市委常委会，研究部署充分发挥拉萨首府城市"首位度作用"工作。会议听取了拉萨市在科学发展中如何发挥带头作用、在民族团结中如何发挥模范作用、在生态建设中如何发挥引领作用、在改善民生中如何发挥先行作用、在党的建设中如何发挥先锋作用、在维护稳定中如何发挥关键作用、在文化发展中如何发挥示范作用七个方面的汇报，并就进一步完善好、修改好"七个方面"工作进行了讨论，提出意见和建议。齐扎拉讲话指出，要按照自治区党委提出的"抓机遇再把握、抓项目再提速、抓民营再给力、抓产业再调整、抓环境再改善"的要求，贯彻中央第五次西藏工作座谈会、深入实施西部大开发战略、国家实施"十二五"规划等重大历史性机遇，全面把握并切实用好中央赋予的特殊优惠政策和北京市、江苏省的援助，充分发挥资金、技术、人才、信息在拉萨市的集聚效应，牢牢抓住跨越式发展和长治久安的目标任务，推动拉萨市的科学发展，确保拉萨市和谐稳定；要通过开展大讨论、召开座谈会等形式，在全市大力营造"发挥首府城市首位度作用"浓厚舆论氛围，充分调动、凝聚各方面的力量，共同服务"发挥首府城市首位度作用"各项工作；要确保"发挥首府城市首位度作用"各阶段目标任务落到实处；牵头单位和督查部门要相互协调、加强联动，强化督查力度；要多方争取中央、自治区和援藏省市对拉萨市在项目、资金、政策等多方面的倾斜，为"发挥首府城市首位度作用"提供强有力的保障支持。11月29日，市委召开全市干部大会，动员部署"充分发挥拉萨首府城市首位度作用"涉及的"七个方面"工作，落实责任领导、责任部门及完成时限，确保工作要求落到实处、取得实效。

(周　丽)

【推进非公经济跨越式发展会议召开】　12月5日，拉萨市加强和改进新时期工商联工作暨推进非公有制经济跨越式发展会议召开。齐扎拉出席并讲话强调，要认真学习贯彻落实全国非公有制经济先进典型事迹电视电话报告会精神、自治区第八次党代会精神和自治区领导在全区加强工商联暨非公有制经济发展工作会议上关于放手发展非公有制经济的重要讲话精神，加大政策、资金、人才、基础、环境、信誉"六个方面"的支持，推动在非公有制经济领域更好地发挥首府城市的"首位度作用"。与会人员就讲话精神和有关文件进行了分组学习讨论。就贯彻落实好这次会议精神，市委常务副书记焦建俊提出了五点要求：一是深入学习领会中央和区党委的文件精神，二是积极搭建为非公有制经济跨越式发展服务的平台，三是把开展非公有制经济组织创先争优活动作为抓落实的重要动力，四是切实加强各级工商联自身建设，五是进一步加强组织领导。会上，还宣读了《中共拉萨市委员会、拉萨市人民政府关于表彰拉萨市首届优秀中国特色社会主义事业建设者的决定》，并向受表彰人员颁奖。市发展改革委、市工商局及受表彰的民营企业代表作了交流发言。

（周　丽）

【全市经济工作会议召开】 12 月 30 日，全市经济工作会议召开。齐扎拉、多吉次珠出席会议并作重要讲话。大会向在 2011 年度县（区）目标管理责任制综合考评中获得一、二、三等奖的县（区）颁奖。常务副市长曹边疆通报了 2011 年度县（区）目标管理责任制综合考评情况。会议指出，2012 年全市经济工作要认真贯彻落实中央和全区经济工作会议及自治区市第八次党代会精神，坚持走有中国特色、西藏特点的发展路子，突出稳中求快的经济发展总基调，紧紧围绕自治区对拉萨市提出的“充分发挥首府城市首位度作用”的总体要求，牢牢把握发展和稳定两件大事，始终坚持维护稳定和保护生态环境两条底线，扎实推进目标、任务、效能三大提速，继续抢抓政治、历史、政策、发展四大机遇，大力实施环境立市、文化兴市、产业强市、民生安市、法治稳市五大战略，着力抓好项目拉动、园区带动、产业推动、民营促动、人才培养、环境创优等六项重点，全面实现发展带头、稳定关键、团结模范、民生先行、文化示范、生态引领、党建先锋等七项突破。

（周　丽）

【动员部署加强和创新社会管理工作】 12 月 30 日，拉萨市召开加强和创新社会管理工作动员部署会议。市委有关领导就《中共拉萨市委员会、拉萨市人民政府关于加强和创新社会管理的意见》作了说明。齐扎拉出席并讲话指出，拉萨市加强和创新社会管理工作的目标是：通过几年的努力，社会矛盾化解、社会治安综合防控、社会规范体系建设取得新成就，数字化社会服务管理体系、综治维稳工作体系、和谐社区管理体系、社会动员体系、社会领域党建工作体系全面形成，初步建立起符合市场经济、民主政治、和谐社会要求，体现时代特征，具有拉萨特色的社会服务和社会管理新模式。主要任务是：着力加强社会管理源头治理体系、治安综合防控体系、基层服务体系、社会矛盾调解体系、流动人口和特殊人群服务管理体系、宗教领域社会管理体系、公共领域安全保障体系、“两新组织”和虚拟社会管理体系、应急指挥平台和社会管理信息化等九大建设，全面打造拉萨安全稳定的社会环境、公平正义的法治环境、优质高效的服务环境、团结和谐的人文环境。市领导多吉次珠、洛桑旦巴、土旦赤列、宇文雪芹、曹边疆、达娃欧珠、诸伟敏、达娃、陈宗荣出席会议。

（周　丽）

中共拉萨市委员会

书　　记　秦宜智（11 月免）
齐扎拉（11 月任）
副 书 记　多吉次珠
杨万福（10 月免）
洛桑旦巴
焦建俊（常务）
贾沫微
王茂雄
刘　江
常　　委　土旦赤列
宇文雪芹
曹边疆
赤列多吉
达娃欧珠
诸伟敏
达　娃
陈　文（4 月任）
陈宗荣
周广智（10 月任）
秘 书 长　诸伟敏
副秘书长　张　慧
李振华
央　金
任道波

组 织 工 作

【概况】 2011年，紧紧围绕服务跨越式发展和长治久安大局，凝聚力量、振奋精神，做到市县乡党委集中换届、创先争优和基层党建“三大重点”统筹抓；改革创新、完善职能，推进组织工作、干部工作、人才工作“三个轮子”一起转；围绕中心、服务大局，促进干部教育培训、机构编制、老干部“三项工作”上台阶，为拉萨市“十二五”开好局、起好步提供了坚强的组织保证。

（尚志清）

【基层组织建设】 年内，全市新增城关区蔡公堂乡农业示范协会党支部等基层党组织17个，并在全市乡(镇)完小单独成立党支部。全市中等职业学校、中学、机关、国有企业党组织覆盖面达100%；成立了拉萨市个体私营经济协会党委，在全市非公有制经济组织中共建立党组织58个(党总支4个,党支部54个)，使符合建立党组织条件的规模以上非公有制经济组织党组织覆盖面达到了96%。长期对接联系外来流动党员党组织3个，并建立流动党员服务中心1个、流动党员服务站12个、流动党员服务点44个。按照“党建带工建、带团建、带妇建，以工建促党建，以团建、妇建服务党建”的要求，全市新增共青团组织19个、工会组织35个、妇联组织28个，并通过开展“迈入青春门，走好人生路”、“巾帼建新功，岗位创一流”等主题实践活动，形成了全市各行各业创先争优的深厚氛围。

（杨栋章）

【乡村队伍建设】 年内，采取“下派、内选、回请”的方式，选优配强村(社区)“两委”班子，进一步强化了村级领导班子建设。建立了乡(镇、街道)领导、包村(社区)干部、村(社区)干部“3+1”帮带制度，壮大大学生“村官”队伍。

（杨栋章）

【基层政权建设】 年内，加大基层基础工作和基层政权建设投入力度，有效改善了村级组织活动场所，提高村(社区)干部待遇。截至年底，拉萨市村(社区)党支部书记和主任每人每年最低工资达8134元、最高33482元，村(社区)“两委”其他干部每人每年最低工资达4567元、最高27915元。

（杨栋章）

【开展基层建设年和创先争优活动】 年内，深入开展基层建设年活动。继续深化拓展了“三项工程”、突出“三个主题”、实行“两帮两转变”、推行“三事三走访”，扎实推进基层党建工作改革创新。全市130个驻村工作组集中开展党的方针政策宣讲610余场，落实惠民项目434个，筹集资金4513余万元，帮助2000余户困难群众解决实际困难3400余件，成功调处化解各类矛盾纠纷40余起。深化创先争优活动。坚持将抓好活动评议作为深入开展创先争优活动的有效抓手，广泛发动党员、群众和领导干部参与活动评议。在市民服务中心等窗口单位和服务行业扎实开展“为民服务、创先争优”活动，提高窗口单位和服务行业创先争优水平。做好深入开展“创先争优强基础惠民生”活动动员部署工作，完成了驻村工作队布点、驻村干部选派、专项活动资金安排工作和全市231个驻村工作队驻村进点任务。

（杨栋章）

【人事制度改革】 年内，完善干部评价体系。坚持以德为先、德才兼备的用人标准，完善了干部考核具体办法，特别是通过单独设置测评量表和明察暗访等，强化了对干部“德”的考核，突出政治标准和政治要求，不断提升干部考核工作的科学化水平。推行公开选拔选调。全年拿出6个副县级领导岗位面向全市开展了公开选拔，各县区也广泛开展了科级干部竞争上岗工作。完成了第二批到信访一线挂职锻炼干部的选派工作。推进轮岗交流任用。推进干部上下交流、平行交流模式，注重把市直部门干部到县区锻炼，县区直部门干部到乡镇、社区(街道)锻炼，各县区干部互相交流和从基层一线选拔结合起来，形成了年轻干部到基层锻炼、优秀干部从基层培养、经验丰富的干部互相交流的选拔任用链。从市直机关下派9名县级后备干部到城关区乡(街道)挂职锻炼，将4名长期在城关区基层一线工作的正科级干部交流到市直机关工作，从各县(区)直机关选派58名乡科级后备干部到乡镇提拔使用。

（袁国军）

【加强各级各类干部教育培训】 年内，利用各级党校、高校和对口支援优势，着力健全集理论学习、业务提升、实践锻炼为一体的干部教育培训体系，全市共培训各级各类干部5124人次。专门研究制定了《2010—2014年拉萨市赴对口支援省市培训干部规划》和《2009—2010年拉萨市干部教育培训工作规划》，建立健全智力援助干部教育培训工作常态机制。结合拉萨市“六城同创”活动，安排了卫生、环保、发改部门干部共计60人赴北京市、江苏省挂职培训。推动农村党员干部现代远程教育。截至年底，拉萨市建有农村党员干部现代远程教育终端站点252个，其中市级平台1个、县级节点8个(含4个县级平台)、乡镇(街道)扩展型站点63个、村级基本型站点164个、光盘站点16个。

(巴　珠)

【推进机构编制工作】　年内，提出了拉萨市寺庙管理机构设置、市县(区)两级宗教工作领导小组办事机构、寺庙派出所设置及所需编制的意见，提出了市公安局组建便民警务站、内设机构(派出机构)调整、市公安局建制升格和政法系统政法专项编制需求的意见。推进“一区三园”体制机制建设，认真研究经济开发区管理体制和机构编制问题，就机构升格和内设机构、派出机构设置提出意见。指导达孜县完成达孜工业园区管委会“三定”的拟定工作，对曲水县、堆龙德庆县工业园区管理体制机制和机构编制问题进行了研究；认真研究“六城同创”涉及的机构编制事项；做好市县(区)两级文化市场综合执法、农畜产品质量安全监测中心、语言文字工作委员会、拉萨市污水处理中心、拉萨市儿童福利院等机构的设立和组建工作；做好市档案馆、市农开办、市编译室更名和机构编制调整工作。围绕拉萨市“十二五”经济社会发展需要，科学测算“十二五”时期拉萨市行政、政法、事业机构编制需求。做好中央编办对拉萨市政府机构改革督查评估、乡镇机构改革和事业单位改革调研工作。着力加强机构编制制度建设，推进机构编制管理和监督检查工作，努力提高机构编制工作制度化、规范化、科学化水平，被中央编办评为全国机构编制工作先进集体。

(李艳红)

【聘请退休干部校外辅导员】　年内，先后投入12.51万元，续聘或新聘313名退休干部校外辅导员，在全市122所学校举办新旧西藏社会对比等专题教育307场次，受教学生达55000余人。

(拉乌次仁)

【慰问老党员】　在庆祝中国共产党成立90周年、西藏和平解放60周年及“三大节日”期间，共安排慰问“三老”人员和生活困难党员1355人次，发放慰问金72.12万元。

(拉乌次仁)

【全市基层党建工作会召开】　1月7日，拉萨市召开全市基层党建工作会议。总结创先争优和基层建设年活动开展情况，部署2011年基层党建工作，交流好经验、好做法。为全市第二批27个“共产党员先锋岗”授牌。

(尚志清)

【抽调500余干部加强基层建设】　3月，市委从市县两级机关单位抽调了500余名干部组成120个驻村工作组，进驻“困难较大、问题较多”的村(社区)，开展加强基层建设年活动。与村(社区)干部、群众面对面打交道，同吃、同住、同学习、同劳动；筹集投入资金4513.27万元，用于帮助群众解决生产生活困难、改善基础设施、增收致富等方面，惠及群众13.08万人。

(尚志清)

【轮训496名村(社区)支部书记】　4月至6月，对全市七县一区496名村(社区)党支部书记、副书记进行轮训，每期时间为9天。

(尚志清)

【首次制定中长期人才规划】　4月，发布了全市第一个中长期人才发展规划纲要，对人才工作提出了“总量稳步增长、素质大幅提高、集聚效应初步显现”等五大发展目标，对人才资源总量、人力资本投资、结构调整目标等核心指标分别提出量化指标。全年共举办人才招聘会4场次，吸引200余家用人单位和近10000名人才参加，4600余名各类人才与用人单位达成就业意向。

(尹正岷)

【下发开好民主生活会通知】　7月，市纪律检查委员会、市委组织部联合下发了《关于以“坚持以人为本,执政为民理念,发扬密切联系群众优良作风”为主题开好2011年度县以上党和国家机关党员领导干部民主生活会的通知》。要求各级领导班子党员干部紧紧围绕“坚持以人为本，执政为民理念，发扬密切联系群众优良作风”这个主题召开民主生活会。

(尚志清)

【表彰先进集体和个人】　7月，在中国共产党成立90周年之际，市委表彰先进集体和个人108个，其中基层党建工作创新县1个、先进基层党组织31个、优秀共产党员47名和优秀党务工作者29名。

(尚志清)

【村(社区)“两委”换届座谈会召开】 8月9日，拉萨市召开村(社区)“两委”换届选举工作座谈会。市委副书记、组织部部长、市村(社区)“两委”换届选举工作领导小组副组长王茂雄出席并作讲话，副市长、市村(社区)“两委”换届选举工作领导小组副组长计明南加主持会议。

(尚志清)

【下拨党内帮扶金20.46万元】 9月，市委组织部下拨党内激励帮扶资金20.46万元，对108名党员进行帮扶。

(尚志清)

【赴外省市培训党政干部】 10月14日，拉萨市委组织部召开第三批拉萨市党政干部赴江苏省培训动员大会。10月18日，拉萨市党政干部培训班在南京大学举行开学典礼。11月1日，拉萨市党政干部培训班在中国浦东干部学院昆山分院举行开学典礼。11月8日，拉萨市编办举办机构编制统计培训班。

(尚志清)

【选调公务员75名】 11月，拉萨市2011年公开选调公务员工作结束，全市共选调75名。

(尚志清)

中共拉萨市委组织部

部　长　王茂雄

宣　传　工　作

【概况】 年内，全市宣传思想文化工作高举中国特色社会主义伟大旗帜，以邓小平理论和“三个代表”重要思想为指导，深入贯彻落实科学发展观，认真贯彻落实胡锦涛总书记“七一”重要讲话精神、习近平副主席出席西藏和平解放60周年庆祝大会上的讲话精神及党的十七届六中全会、自治区、拉萨市第八次党代会和齐扎拉书记在全市党员干部大会上的讲话精神。按照“围绕一个主题、抓住两个契机、突出三大活动、实现四个突破、开展好二十个系列宣传、抓好八个方面工作”的全年工作思路，坚持“三贴近”原则，统筹推进、扎实开展了理论武装、舆论引导、精神文明建设、对外宣传等各项工作，为全市科学发展、跨越式发展和长治久安提供了强有力的思想保证、舆论支持、精神动力和文化条件。

(李小燕)

【全市宣传思想和外宣工作会议召开】 3月24日，全市宣传思想工作和外宣工作会议召开。市委常委、宣传部部长宇文雪芹出席讲话，马新明主持会议。大会表彰了2010年度全市宣传思想工作目标管理责任制考评先进单位；市委宣传部与八县(区)签订《2011年宣传思想工作目标管理责任书》；总结了2010年全市宣传思想工作和外宣工作取得的成绩和经验，对2011年工作做了具体的安排部署。全市宣传文化系统、各市直单位主要负责人、主管领导200余人参加。

(李小燕)

【完成两项重大纪念活动】 年内，拉萨市政府组织纪念中国共产党成立90周年和西藏和平解放60周年庆祝活动圆满完成。先后组织干部群众4万余人参加了庆祝西藏和平解放60周年庆祝大会、焰火晚会、中央代表团迎送、中央代表团拉萨分团迎送和“5·23”“升国旗、唱国歌”仪式等一系列庆祝活动。举办“红色歌曲·拉萨唱”活动，弘扬了爱国主义主旋律。全年完成了26项宣传文化工作任务。制作完成了“八个一”（一张歌曲集——《幸福拉萨》和《经典拉萨》歌曲集、一个展示片——《非物质文化遗产展示片》、一个宣传片——《幸福60年》专题宣传片、一本书——《传承文化 见证历史》非物质文化遗产书籍、一个展览——《辉煌拉萨六十年》发展成就展览、一台晚会——《幸福路上60年》献礼晚会、一张文化事业图——全市宣传文化阵地布局图、一张文化产业图——全市文化产业示范点布局图）的文化产品。

(李小燕)

【多种形式加强宣传工作】 年内，完成了“3·28”、“5·23”、“10·1”三次大型庆祝活动的“升国旗、唱国歌”活动宣传报道；完成了雪顿节宣传和《我眼中的幸福拉萨》雪顿征文活动；8月17日，配合自治区完成了中央电视台“心连心”艺术团赴藏慰问演出活动；完成中央电视台财经频道2012“经济生活大调查”《幸福从这里出发》在拉萨市的启动仪式；协助《人民画报》第九期成功出版拉萨市特刊;《西藏日报》“首府新闻”扩版;11月10日,《拉萨晚报》县(区)版改版试运行。先后两次召开驻市中央、自治媒体座谈恳谈会,与驻市中央、自治区媒体的联系沟通更加紧密。

(李小燕)

【开展创建全国文明城市工作】 年内,坚持把创建全国文明城市作为全市“六城同创”的龙头工程,作为推动拉萨市经济社会全面协调可持续发展的重要手段和有效载体。着力在丰富和创新载体上下功夫,深化群众性精神文明创建活动。

(李小燕)

【加强未成年人思想建设】 年内,着力加强未成年人思想道德建设。形成了市、县(区)、乡(镇、办事处)党政一把手亲自抓未成年人思想道德建设的领导机制,充分发挥法制副校长、法制辅导员和校外德育辅导员的作用。深入开展“全民阅读和中华经典诵读”、“向国旗致敬——做一个有道德的人”、“传唱优秀童谣——做一个有道德的人”、“小手牵大手——做一个有道德的人”等主题活动和百部爱国主义教育影片进校园活动、法制宣传教育活动。开展了互联网和校园周边环境等专项整治行动,为未成年人健康成长提供了良好的成长环境;依托学校德育室、文化走廊和乡镇文化站、农家书屋等,推进“乡村少年宫”建设,为未成年人和学生的业余活动创造了条件、提供了便利。

(李小燕)

【实施文化产业园区发展战略】 年内,以拉萨经济技术开发区、东城新区、曲水工业园、堆龙德庆工业园、达孜工业园、吞米岭·藏艺文博园和市文化体育中心、中国牦牛馆建设为载体,突出民族文化特色,筑巢引凤、招商引资,改善投资环境,多渠道吸收民间资本、外来资本参与拉萨市文化产业发展,建设集生产、销售、宣传、展示、旅游于一体的多功能文化产业园区。

(李小燕)

【参加第七届深圳文博会】 5月,拉萨市牵头承办的“第七届中国(深圳)文化产业博览会”上,文化产业现场交易额达110万元,签订投资意向协议书5380万元。

(李小燕)

【拉萨市新华书店改制】 年内,拉萨市新华书店成功改制,成为了“自主经营、自负盈亏、自我约束、自我发展”的法人实体和市场主体,经济社会效益良好,成为了全区文化体制改革的典范。

(李小燕)

【宣传树立拉萨市新形象】 年内,以中国共产党建党90周年、西藏和平解放60周年为契机,在西藏自治区政府新闻办公室召开了拉萨市专场新闻发布会。建立了以“三线两区”(“三条线”:从堆龙德庆县至当雄县的公路铁路沿线的以农牧民安居工程和生态环境保护为主要内容的采访线,曲水县至尼木县以民族手工艺传承保护为主的采访线,达孜县至墨竹工卡县以“产业园区”为主的采访线;“两个区”:“老城区”主要展示城市历史风貌保护、文物古遗迹保护和民风民俗,“新城区”主要展示城市建设的发展变化和民生工程)为主要内容的采访线。

(李小燕)

【开展网上主题宣传活动】 年内,围绕建党90周年、西藏和平解放60周年、拉萨经济社会发展成就展览、“红色歌曲·拉萨唱”、“六城同创”、青少年思想道德建设、创先争优强基惠民、拉萨市第八次党代会等重大活动,精心组织网上重大主题宣传,开办专栏20余个,发送文字图片稿件1000余篇(张),市政府门户网日点击量达5000人次。广泛开展红色短信和网络文章网上征集活动,征集红色短信200余条、网络文章60余篇。组织37名网评人员撰写文章100余篇。

(李小燕)

【新闻发布工作进一步加强】 年内,认真贯彻落实区党委《关于建立党委新闻发言人制度的意见》,确定了市各县(区)和党委各部门新闻发言人22名。

(李小燕)

【做好接访服务管理工作】 年内,认真做好特殊敏感时段和常态形势下国内外媒体的接访服务管理工作,全年接访13批142人次的国内外记者、专家、学者赴藏考察,充分展示了社会主义新拉萨的良好形象。

(李小燕)

【推进学习型党组织建设】 截至年底,市委理论学习中心组集中学习了11次,有效带动了全市党员干部的理论学习。组织4名地级干部带队对全市推进学习型党组织建设工作进行了全面督导检查,并下发了《拉萨市委理论学习中心组学习安排意见》、《全市理论学习安排意见》和《拉萨市创建学习型党组织工作2011年工作要点》等文件,切实加强了对各级党委、党组的指导,理论学习更加科学化、规范化、制度化、常态化，做到了有机构、有计划、有载体、有记录、有制度、有检查、有成果。全市各级党员干部开展理论学习和贯彻落实科学发展观的自觉性、主动性、针对性、实效性明显增强，全市干部群众构建和谐、促进发展的共同思想基础进一步巩固。

（李小燕）

中共拉萨市委宣传部

部　长　宇文雪芹

统　战　工　作

【概况】　年内，拉萨市全面贯彻落实中央对西藏工作的一系列重要指示精神，以科学发展观为统领，解放思想、开拓创新、锐意进取，以民族团结为保障，以宗教工作为重点，坚决同达赖分裂主义集团做斗争，凝聚人心保稳定、汇聚力量促增长，进一步巩固和发展爱国统一战线新力量。

（单增郎杰）

【全市统战部部长会议召开】　1月28日，全市统战部部长会议召开。市委副书记、市人大常委会主任洛桑旦巴出席会议作重要讲话，市委常委、统战部部长达娃作工作报告。市人大常委会、市政府、市政协有关领导出席会议。各县（区）分管副书记、统战部长，市直各有关部门负责人及市民宗局、市佛协、市工商联有关领导干部共90余人参加了会议。会议传达了全国和全自治区统战部部长会议精神，总结2010年工作，分析当前形势，安排部署2011年各项目标任务，与各县（区）签订目标责任书，并对2010年度全市统战工作调研优秀成果和信息工作先进集体进行了总结表彰。

（单增郎杰）

【自治区领导到色拉寺慰问】　2月6日，自治区党委副书记郝鹏率队前往色拉寺，对驻寺工作组、执勤部队、管委会、辖区派出所和消防大队进行慰问并召开座谈会。

（单增郎杰）

【爱国人士座谈会召开】　2月15日至16日，市委统战部召开爱国人士座谈会，对拉萨市74名政协党外常委、委员，遗属遗孀，归国定居藏胞进行慰问，向他们敬献了哈达、送去了慰问金。座谈会上，市委统战部领导指出，希望在座各位继续发扬爱国爱藏的优良传统，一如既往地关心和支持拉萨市经济社会等各项事业健康发展。

（单增郎杰）

【归国藏胞及境外藏胞亲属茶话会举行】　2月20日，拉萨市归国定居藏胞及境外藏胞境内亲属喜迎藏历新年茶话会在拉萨举行。自治区、拉萨市、城关区三级主要领导、归国定居藏胞、境外藏胞境内亲属等共150余人参加了茶话会。

（单增郎杰）

【色拉寺举行“普杰”大型佛事活动】　3月1日，一年一度的色拉寺“普杰”（朝拜金刚厥）正式向广大信教群众开放。

（单增郎杰）

【纪念西藏百万农奴解放52周年】　3月24日，市委统战部组织各族各界人士召开纪念西藏百万农奴解放52周年座谈会。市委副书记、市人大常委会主任洛桑旦巴出席会议并发表讲话，市委常委、统战部部长达娃主持座谈会。市直相关部门主要负责人及拉萨市宗教界爱国人士、知识分子、非公经济界人士、归国定居藏胞、离（退）休老干部、翻身农奴、青少年学生等各界代表共100余人参加了座谈会。

（单增郎杰）

【60周年大庆宗教仪仗队动员会召开】　7月4日，西藏和平解放60周年大庆宗教仪仗队动员大会召开。自治区政协副主席、区民宗委主任洛桑久美和市领导洛桑旦巴、长达娃、陈宗荣及区市统战民宗部门相关负责人参加了会议。拉萨市市属11座寺庙来自不同教派的152名僧人参加了西藏和平解放60周年大庆宗教仪仗队。

（单增郎杰）

【部署加强和创新寺庙管理工作】　9月29日，市委统战部召集拉萨市七县一区统战部部长、民宗局局长召开关于加强和创新寺庙管理工作动员部署会议。传达了《中共西藏自治区委员会、西藏自治区人民政府关于加强和创新寺庙管理决定》精神，并对各县（区）加强和创新寺庙管理工作做了全面的安排部署。

（单增郎杰）

【加强统一战线人士思想建设】 12月22日，市委统战部组织全体干部职工、离退休干部、党外代表人士及归国定居藏胞代表，邀请市委讲师团成员、市委党校副教授李健作党的十七届六中全会精神和区、市第八次党代会精神报告会。报告会上，专家重点从四个方面对党的十七届六中全会精神和自治区、市第八次党代会精神进行了深刻讲解。

（单增郎杰）

【深化寺庙法制宣传教育工作】 年内，市委统战部坚持把深化寺庙法宣教育作为一项常抓不懈的重要工作，列入重要议事日程，经常性地研究和解决工作中的热点、难点问题，稳步推进寺庙法宣教育工作。深入开展寺庙法制宣传教育“回头看”整改落实巡访活动，针对全市寺庙法制宣传教育工作“回头看”活动中查找出来的问题，认真抓好整改工作的落实。坚持重要敏感时段及时调整驻寺工作组的工作重心，突出针对性和实效性。在全市范围内挑选政治素质好、政策理论水平高、具有丰富寺庙法宣工作经验的干部和具有一定宗教造诣、在僧众中有一定威望的宗教界人士，组成2个巡回宣讲组，对拉萨市13座重点寺庙、1109名僧尼进行了巡回宣讲，开展新旧对比教育、反分裂斗争教育、法律法规教育、爱国主义教育、民族宗教政策教育、寺庙戒律教育等六个方面的宣讲。

（单增郎杰）

【表彰信息工作】 年内，市委统战部对2011年度拉萨市统战系统的信息工作进行了评比。评选出先进信息工作集体3家，予以通报表彰。

（单增郎杰）

【表彰调研工作】 对拉萨市统战系统的调研工作进行了综合评审，评选出理论调研优秀组织奖3家、优秀调研成果10篇，其中一等奖1篇、二等奖1篇、三等奖2篇、优秀奖6篇，并予以通报表彰。

（单增郎杰）

【开展全市宗教调研工作】 年内，市委统战部针对寺庙属地管理、护法神问题、朝佛人员剧增问题及藏胞归国探访滞留问题开展专题研究，并安排部署各县(区)结合工作实际，认真查找宗教领域和宗教工作中存在的薄弱环节，对宗教界代表人士培养滞后、依法管理宗教力度不够、基层工作力量薄弱等问题进行了调研。全年累计完成各类调研报告27篇，形成了一批有价值、有深度的研究成果，为加强全市统一战线工作提供了切实可行的思路和方法。根据自治区党委统战部的安排，统战部专门组织人员参与编写宣讲材料《深入揭批达赖集团政治上的反动性、宗教上的虚伪性、手法上的欺骗性》。

（单增郎杰）

中共拉萨市委统战部

部　长　达　娃

党　校　教　育

【概况】 2011年，拉萨市各级党校(行政学院)实现了“坚持一个主题，贯穿一条主线，深化三项改革，着力五个推进，争取九项突破”的年度目标任务。年内获得“全区基层建设年活动先进驻村工作组”、“拉萨市平安单位”、“2011年度社会治安综合治理工作先进集体”、“拉萨市2011年公务员法知识竞赛组织奖”、“拉萨市五·五普法先进集体”等荣誉称号。

（索朗丹增）

【举行春季开学典礼】 3月23日，市委党校(市行政学院)举行2011年春季开学典礼。拉萨市委常务副书记、党校校长焦建俊出席并作题为《把握时代要求 巩固执政之基 加强和改进新形势下的群众工作》的讲话。市委组织部、市纪检委、市委宣传部、市委党校有关领导，全市学习贯彻中共十七届五中全会精神及形势政策宣讲骨干培训班全体学员，第十期党政机关文秘干部培训班学员等共170余人参加了开学典礼。

（索朗丹增）

【学员公寓项目启动】 3月30日，北京市、江苏省“十二五”援藏项目启动仪式暨拉萨市委党校（市行政学院）学员公寓奠基典礼举行。市委副书记、市长多吉次珠及自治区党校、市委、市政府有关领导出席庆典，并为项目开工奠基。学员公寓总投资2183万元，建筑面积7047平方米，建成后可供200人食宿，并开展活动。

（索朗丹增）

【举办三期专题讲座】 4月15日至5月中旬，北京市援藏前线指挥部与市委党校(市行政学院)联合举办了三期有关西藏政治、经济与社会发展系列专题讲座。西藏问题研究专家孙勇等作了《当前西藏反分裂斗争形势和有效化解宗教渗透的应对策略》的一系列专题讲座。北京市、江苏省援藏干部，中直机关援藏干部及党校全体干部职工共300余人参加活动，并进行现场交流。

(索朗丹增)

【参加全国省会城市党校校长会议】 5月7日至12日，市委党校副校长杨洪荣一行3人，赴浙江省杭州市参加全国省会城市党校校长会议，并学习交流。

(索朗丹增)

【接待北京市委代表团来访】 6月8日，由中共北京市委副秘书长秦刚为团长的北京市委代表团一行来到拉萨市委党校，对北京市援建的拉萨市委党校教学综合楼及学员公寓楼建设进展情况进行了现场考察。市委副书记贾沫微、常务副市长陈文、副市长马新明及北京市援藏前线指挥部和市发展改革委有关领导陪同考察。

(索朗丹增)

【教学综合楼项目通过验收】 7月15日，市发展改革委主持召开党校教学综合楼工程竣工验收会。市委常务副书记、党校校长焦建俊，市委副书记贾沫微，市委副书记、组织部部长王茂雄，市委常委、常务副市长曹边疆，市委常委、副市长陈宗荣等领导及各有关单位负责人出席验收会议。

(索朗丹增)

【与首都高校开展交流】 7月17日至24日，首都经济贸易大学赴藏考察团到党校考察交流。首都经贸大学党委书记柯文进，党委副书记朱玉华，拉萨市委常委、副市长陈宗荣等出席考察交流会。双方交流了办学经验，首都经贸大学向市委党校捐赠了10万元对口援助资金。

(索朗丹增)

【人才、就业与社会保障研讨会召开】 8月18日至19日，拉萨市人才、就业与社会保障研讨会召开。北京首都经贸大学金融学院、劳动经济学院10多位专家学者和拉萨市从事人才工作干部90余人参加研讨，与会人员就人才资源开发理论与政策分析，劳动法实施及社会保障发展问题研究，当前就业现状、难点与解决办法，拉萨市人才、就业与社会保障等工作中的难点问题及发展思路开展专题讲座和研讨。

(索朗丹增)

【举行秋季开学典礼】 9月21日，市委党校(市行政学院)举行2011年秋季学期开学典礼。市委常务副书记、党校校长焦建俊出席典礼并发表讲话。市委组织部、市纪检委、市委宣传部有关领导，第七期新任副县级党风廉政建设培训班学员，第一期乡(镇、街道办事处)党建专职副书记培训班学员，第十四期公务员初任培训班学员等共180余人参加了开学典礼。焦建俊作了题为《认真学习深刻领会“七一”讲话精神　全力推动拉萨经济社会率先跨越发展》的讲话。

(索朗丹增)

【参加全国行政学院院长会议】 12月23日，全国行政学院院长会议在北京市召开，市委党校常务副校长许广林参加会议。

(索朗丹增)

【人才培养与外省市交流】 年内，市委党校加强同中央党校和内地知名高校的沟通协作，选送6人分别赴首都经贸大学和中央党校、中国人民大学攻读博士和硕士研究生，选派干部职工业务进修10人次，组织干部职工参观考察和学员异地培训48人次；承接了郑州市、太原市等10余个内地省市党校赴藏考察交流。

(索朗丹增)

【培训干部1325人】 年内，立足拉萨市情，不断扩大培训规模、转变培训模式、创新培训方法，结合社会热点、难点问题，在主体班次中增设了57个新专题，教学中重点推出了现场教学、模拟法庭、咖啡论坛等新教学形式，并在扎细社区和绕赛社区两个点开展了现场教学观摩活动。截至年底，共举办各类班次24个，其中计划内班次20期、计划外班次4期，培训各级各类干部1325人。

(索朗丹增)

【选派干部赴基层开展宣传培训】 年内，围绕庆祝中国共产党建党90周年和西藏和平解放60周年，选派15名党员干部和骨干教师到各县(区)、市直部门、学校、乡镇、办事处、寺庙等地，开展宣讲教育培训工作。主要进行了“党建党课”、“中央第五次西藏工作座谈会”、“民族理论”、“民族政策教育”、“反对分裂”、“党的惠民政策”等内容的宣讲，培训人数达19969人次。

(索朗丹增)

【科研成果显著】 年内，完成了《全市深化干部教育培训模式改革》和《拉萨市人才资源开发》两项课题调研项目，编写了拉萨市党政干部培训和基层干部藏文口语教材；《拉萨社会科学》杂志从每年两期增加到四期，采编《理研信息》9 期和《教学资料摘编》18 期；干部职工发表论文 35 篇，5 篇获自治区党校优秀论文奖。

（索朗丹增）

【市委党校新增两个专业】 年内，市委党校依托首都经贸大学师资力量和办学经验的办学平台，设立了首都经贸大学人力资源和工商管理两个专业的拉萨市函授站，共招生录取专升本函授 14 人，中央党校函授教学在读 64 人。

（索朗丹增）

【加强基层建设】 年内，在加措居委会和曲水达嘎乡色甫村设立了两个驻村工作点。为基层争取项目及捐款 40 多万元，修建了便民水渠，维修敬老院等，组织当地百姓开展了一系列主题教育活动。市委党校驻曲水县达嘎乡色甫村工作组荣获全区基层建设年活动先进驻村工作组称号。

（索朗丹增）

【加快基础设施建设】 年内，市委党校教学综合楼正式搬迁启用，学员公寓项目主体工程基本完工，中央党校远程教学（A 级）站及教学计算机教室搬迁启用，实现与中央党校的远程资源共享，校园设施得到明显改善。同时，实现了与自治区党校教学资源库的共享。

（索朗丹增）

中共拉萨市委党校（拉萨市行政学院）

党委书记 许广林
校长 焦建俊（兼任）
行政学院院长 陈文（兼任）

中共拉萨市委直属机关工作委员会

【概况】 截至年底，中共拉萨市委直属机关工作委员会（简称市直工委）在职干部职工 12 人，内设办公室、组宣部、群工部（团工委）3 个职能部（室）。辖 54 个市（中）直单位党组织，其中 40 个党组、4 个基层机关党委、10 个党总支；173 个党支部（含 36 个企业党支部），3463 名党员。54 个市（中）单位中应建团组织 14 个，已建团组织 14 个；有 2 个团总支、14 个团支部、117 名团员。年内，市直工委在抓机关党建工作中，做到了“六个结合”：一是把学习贯彻《中共中央关于加强和改进新形势下党的建设若干重大问题的决定》（以下简称《决定》）与加强各级党组织学习型机关、提高党员干部素质相结合，二是把学习贯彻《决定》与加强和改进机关党员干部作风、密切同人民群众血肉联系相结合，三是把学习贯彻《决定》与拉萨市开展“基层党建年”活动相结合，四是把学习贯彻《决定》与维护社会稳定、加强民族团结、促进经济发展相结合，五是把学习贯彻《决定》与开展民族团结宣传教育活动相结合，六是把学习贯彻《决定》与拉萨市开展“六城同创”工作相结合。

（葛同荣）

【理论学习】 年内，组织市直机关党员重点学习了党的十七大，十七届五中、六中全会报告，区、市八次党代会报告，中央第五次西藏工作座谈会精神和胡锦涛总书记“七一”重要讲话，习近平副主席出席西藏和平解放 60 周年庆祝活动时的一系列重要讲话精神等。

（葛同荣）

【机关党建】 在藏历新年来临之际，向市直机关（企事业）单位的 110 名困难党员赠送生活慰问品，价值 3 万多元。4 月，在拉萨烈士陵园组织市直机关 100 多名新党员举行入党宣誓仪式。年内，召开市直机关退休党支部书记座谈会。广泛征求对市直机关基层组织党组织建设和基层党员管理工作等方面的意见建议，76 名市直机关退休党支部书记参加座谈会。6 月，在市委党校举办市直机关、企事业单位入党积极分子培训班，126 名入党积极分子参加培训。组织市直机关干部职工踊跃参与中国共产党建党 90 周年和西藏和平解放 60 周年系列庆祝活动。6 月起，组织市（中）直各机关开展“爱国歌曲大家唱”活动，“七一”前夕，市直机关 1000 多名党员干部职工参加在宗角禄康公园庆祝“七一”党的生日主题演唱会活动。

（葛同荣）

【机关团建】 4 月，举办市直机关团干部培训班，市直机关、团市委及城关区团委共 56 名团干部参加培训。4 月，组织召开市直机关团组织工作表彰会议。年内，组织市直机关团员青年开展了“增强共青团员意识"、"创建全国文明城市志愿者"、"纪念五四运动92周年"、"青年文明号"、"青年岗位能手"、"扶贫助学志愿者服务"、"募集捐款支持灾区抗旱"、"讲文明树新风促和谐"、"高举团旗跟党走"、"为团旗增辉、服务一条街"等活动。

（葛同荣）

中共拉萨市直属机关工作委员会

书　记　诸伟敏(兼任)

拉萨市人民代表大会常务委员会

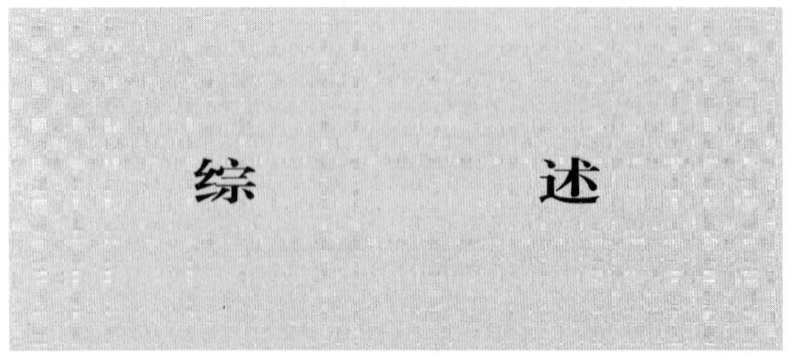

2011年，市人大常委会紧紧围绕全市工作重点，进一步加强和改进了立法、监督、代表工作和自身建设。年内，常委会审议地方性法规案2件；审查备案政府规章和规范性文件3件，清理地方性法规19件；办理全国人大常委会和自治区人大常委会征求意见的法规草案6件。听取专项工作报告15个，检查了5部法律法规的实施情况，协助自治区人大常委会开展各种执法检查、调研10次。组织协调办理九届人大四次会议提交的议案10件，建议、批评和意见164件。依法任免国家机关工作人员50人。

（罗　梅）

重要会议和活动

【九届人大常委会第二十二次会议】 3月29日，拉萨市九届人大常委会举行第二十二次会议。会议听取和审议了市人大常委会财经委员会关于对市政府备报的《拉萨市林地管理办法》、《拉萨市闲置土地处置办法》和《拉萨市建设领域支付民工工资保障办法》的审议意见，并同意予以备案。审议通过了市人大常委会关于接受尹正民辞去拉萨市人大常委会副主任职务，公衍慧辞去拉萨市九届人大常委会委员职务的决定。听取和审议了拉萨市人大常委会主任会议关于提请任免九届人大常委会代表资格审查委员组成人员的议案等任免职的议案；听取和审议了市人民检察院关于提请陈继伦等任免职的议案，并为被任命人员颁发了任命书。

（罗　梅）

【九届人大常委会第二十三次会议】 6月13日，拉萨市九届人大常委会举行第二十三次会议。会议听取和审议了《市政府关于拉萨市物价调控工作运行情况的报告》和关于提请审议《拉萨市市容环境卫生管理条例(草案)》的议案、说明；听取和审议了市人大常委会法制委员会关于对《拉萨市水资源条例(草案)》修改情况的报告、《拉萨市水资源条例(草案)》及市人大常委会法制委员会关于《拉萨市水资源条例(草案)》审议结果的报告，并表决通过了该《条例(草案)修改稿》，该条例自9月1日起施行。审议通过了市中级人民法院关于提请刘睿萍等任免职的议案，表决通过了市人大常委会关于接受范红英辞去拉萨市九届人大常委会委员职务的决定；审议通过了拉萨市人大常委会主任会议关于提请刘睿萍等任免职的议案、市政府关于提请洛嘎等任免职的议案、市人民检察院提请有关任免职的议案，并为被任命人员颁发了任命书。

（罗　梅）

【九届人大常委会第二十四次会议】 8月12日，拉萨市九届人大常委会举行第二十四次会议。会议听取和审议了市人大常委会法制委员会关于《拉萨市市容环境卫生管理条例（草案）》修改情况的说明、《拉萨市市容环境卫生管理条例（草案）》及审议结果的报告，并表决通过了《拉萨市市容环境卫生管理条例》，该条例自12月1日施行；听取和审议了市政府关于拉萨市2011年上半年国民经济和社会发展计划执行情况、市政府关于拉萨市2010年财政收支决算和2011年上半年财政预算执行情况、拉萨市中级人民法院关于上半年工作情况、拉萨市人民检察院关于上半年工作情况、拉萨市人大常委会执法检查组关于检查《中华人民共和国土地管理法》实施情况、拉萨市人民政府关于《拉萨市文化产业发展情况》、拉萨市政府关于《拉萨市农牧区医疗制度执行情况的报告》等7个报告。会议同意了上述报告的各项审查意见，并表决通过了拉萨市人大常委会关于批准拉萨市2010年财政决算的决议；审议通过了市人民检察院关于提请扎西任职的议案，并为被任命人员颁发了任命书。

（罗　梅）

【九届人大常委会第二十五次会议】　10月28日，拉萨市九届人大常委会举行第二十五次会议。会议听取和审议了拉萨市政府《关于拉萨市2011年财政预算收支变化情况的报告》、《2010年度拉萨市本级预算执行和其他财政收支的审计工作报告》、拉萨市政府《关于国家级西藏拉萨经济技术开发区经济运行情况的报告》、市人大常委会执法检查组关于拉萨市贯彻执行《中华人民共和国老年人权益保障法》和《西藏自治区实施〈中华人民共和国老年人权益保障法〉办法》，《中华人民共和国促进科技成果转化法》和《西藏自治区实施〈中华人民共和国促进科技成果转化法〉办法》实施情况报告，并同意了上述报告的各项审查意见；表决通过了拉萨市人大常委会关于召开拉萨市第九届人民代表大会第五次会议的决定（草案）、市人大常委会副主任孔宪贵的《辞职报告》及《拉萨市人大常委会关于接受孔宪贵辞去拉萨市人民代表大会常务委员会副主任的决定（草案）》；表决通过了市人大常委会副主任王康英提请冯明生免职的议案、市政府关于提请张勤任职的议案、市人民检察院常务副检察长谢彦军提请免去黄晓艳职务的议案，并为被任命人员颁发了任命书。

（罗　梅）

【九届人大常委会第二十六次会议】　12月8日，拉萨市九届人大常委会举行第二十六次会议。会议听取和审议了拉萨市人大常委会工作报告草案，市政府关于九届人大四次会议代表议案、建议、批评和意见办理情况的报告《市人民政府关于拉萨市中小学“三包”政策执行情况的报告》，原则同意市人大教科文卫委员的审议意见；听取和审议了市人大法制委员会关于拉萨市九届人大常委会五年立法规划调整的说明，并表决通过该决定；听取和审议了市九届人大常委会代表资格审查委员会关于代表资格的审查报告，并通过了该报告；审议通过了市九届人大五次会议各类名单及会议议程等相关内容。会议表决通过了市人大常委会提请关于补选齐扎拉为西藏自治区人大代表的议案，关于次仁顿珠、拉巴次仁免职的议案，市政府关于提请布琼次仁等免职的议案，市中级人民法院常务副院长赵利国提请关于德吉等任免职的议案，市人民检察院常务副检察长谢彦军提请关于尼玛措任职议案，并为被任命人员颁发了任命书。

（罗　梅）

【九届人民代表大会第五次会议】　12月13日，拉萨市第九届人民代表大会第五次会议举行。出席会议的代表204人。大会期间，听取并审议了市长多吉次珠作的《政府工作报告》；书面审议了拉萨市政府关于2011年国民经济和社会发展计划执行情况及2012年国民经济和社会发展计划草案、拉萨市政府关于2011年财政预算执行情况及2012年财政预算（草案）两个报告；听取并审议了市人大常委会主任洛桑旦巴作的《拉萨市人民代表大会常务委员会工作报告》、拉萨市中级人民法院院长马方作的《拉萨市中级人民法院工作报告》、拉萨市人民检察院检察长次仁旺堆作的《拉萨市人民检察院工作报告》，并表决通过了上述报告的各项决议。会议还听取了拉萨市常委副市长曹边疆代表市政府所作的《拉萨市人民政府关于办理拉萨市第九届人民代表大会第四次会议代表议案、建议、批评和意见办理情况的报告》。

（罗　梅）

立　法　工　作

【制定《拉萨市水资源条例(草案)》】　6月13日，拉萨市九届人大常委会第二十三次会议表决通过《拉萨市水资源条例(草案)》。《拉萨市水资源条例(草案)》加强了拉萨市水资源管理，解决了水资源开发、利用及保护管理等方面存在的问题，《拉萨市水资源条例(草案)》于9月1日起正式施行。

（罗　梅）

【修订《拉萨市市容市貌管理条例》】　8月12日，拉萨市九届人大常委会第二十四次会议表决通过修订后的《拉萨市市容环境卫生管理条例》，并于12月1日起正式施行。

（罗　梅）

【适时调整立法规划】　年内，为贯彻落实好区、市第八次党代会精神，根据新一届市委领导班子关于加强民族团结工作的要求，拉萨市人大常委会及时将《拉萨市民族团结进步条例》列入2012年立法计划，召开该条例立法协调会，着手立法前期准备工作，进行立法调研。决定拉萨市九届人大五年立法规划中《拉萨市城市建设用地管理条例(草案)》、《拉萨市城镇居民医疗救助实施办法(草案)》暂缓审议。

（罗　梅）

【集中进行法规清理】　年内，市人大常委会成立以主要领导为组长的领导小组，制定了《拉萨市人大常委会关于地方性法规中有关行政强制规定清理工作的方案》，对拉萨市现行的19部地方性法规，特别是行政强制方面的内容，逐条进行审查清理，提出了清理意见，为下一步法规的修订打下了基础。

（罗　梅）

【完成三部新立规章备案审查工作】　年内，市人大常委会按照规范性文件备案审查的规定，严把行政许可和法律责任关，对市政府制定的《拉萨市林地管理办法》、《拉萨市闲置土地处理办法》、《拉萨市建设领域支付民工工资保障办法》三部新立规章进行了备案审查，提出备案审查意见。

（罗　梅）

监　督　工　作

【围绕经济发展开展监督】　年内，对《中华人民共和国促进科技成果转化法》和《西藏自治区实施〈中华人民共和国促进科技成果转化法〉办法》贯彻落实情况开展了执法检查，形成了执法检查报告。建议市政府进一步完善科研及科技成果转化体制机制，不断加快科技研发与转化，提高科技贡献率。听取和审议了市政府关于拉萨市2011年上半年国民经济和社会发展计划执行情况的报告。听取和审议了市政府关于拉萨市2010年财政决算及2011年上半年财政预算执行情况的报告、2011年财政预算收支变化情况的报告，做出关于批准拉萨市2010年财政决算的决议、关于同意市政府2011年财政预算收支变化情况的决定。听取和审议了市政府关于2010年度拉萨市本级预算执行和其他财政收支情况的审计工作报告，建议审计部门继续加大重点领域、重点部门、重大投资项目、专项资金等方面的审计力度，政府要及时有效地整改审计出的问题，并将处理结果报市人大常委会。听取和审议了市政府关于国家级西藏拉萨经济技术开发区经济运行情况的报告。建议政府切实抓好开发区的各项工作，真正发挥出开发区在西藏经济社会发展中的窗口示范和带动辐射作用，使开发区真正成为拉萨市经济发展新的增长点。听取和审议了市政府关于拉萨市工商行政管理局打击侵犯知识产权和制售假冒伪劣商品专项行动工作报告。建议政府进一步加大打击侵犯知识产权和制售假冒伪劣商品力度，维护公平竞争的市场经济秩序。

（罗　梅）

【围绕保障和改善民生开展监督】　年内，对《中华人民共和国老年人权益保障法》和《西藏自治区实施〈中华人民共和国老年人权益保障法〉办法》贯彻落实情况开展执法检查。建议市政府加大法规执行力度，健全工作机制，加大投入力度，加强维权工作。

听取和审议了市政府关于拉萨市国债农村户用沼气项目建设和管理专项工作报告、市政府关于拉萨市农牧区医疗制度执行情况的报告。听取和审议了市政府关于拉萨市中小学“三包”政策执行情况的报告。建议政府进一步加强“三包”经费的管理和使用，预防和杜绝各种违规违纪行为发生。另外，市人大常委会组织执法检查组，先后赴柳梧新区、堆龙德庆县、城关区等地，对《中华人民共和国土地管理法》贯彻执行情况进行执法检查，建议政府提高全市土地资源管理水平，切实做好土地规划修编工作，落实好耕地保护制度，严格执行征地补偿标准，切实保障农民的权益。听取和审议了市政府关于拉萨市物价调控工作运行情况报告。要求政府及有关部门加大宏观调控力度，加强市场价格监督检查，稳定物价，确保市场有效供给。

（罗　梅）

【围绕审判、检察开展监督】　年内，市人大常委会组织人员多次深入市、县人民法院、检察院实地调研。适时听取了“两院”上半年工作报告，对两院继续提高办案质量水平、加强队伍建设，深入推进“社会矛盾化解、社会管理创新、公正廉洁执法”三项重点工作提出了意见和建议。

（罗　梅）

【围绕文化大发展、大繁荣开展监督】　年内，市人大常委会对全市的文化事业和文化产业发展情况开展了调研，并听取了市政府关于拉萨市文化产业发展情况的报告。要求政府制定具有前瞻性、指导性、可操作性的文化产业发展规划，理顺文化产业发展的体制机制，加大文化产业资金投入，扩大文化产业规模，打造文化产业知名品牌，推进拉萨市文化大发展、大繁荣。

（罗　梅）

代　表　工　作

【组织代表团赴外省市考察学习】　年内，市人大常委会专门组织农牧区妇女代表团到外省市考察学习，激发了妇女代表履职的积极性。5月，市人大常委会组织各县（区）人大常委会主任或副主任、部分基层代表和市直代表2批次30人赴江苏省、北京市考察学习，学习发达省市如何开展人大工作。

（罗　梅）

【扩大代表知政、知情渠道】　年内，市人大常委会邀请市人大代表、不是常委会委员的县（区）人大常委会主任列席市人大常委会会议；邀请基层代表参加专题调研、考察及执法检查活动，让他们有机会了解社情民意。向代表印送人大信息、工作简报、常委会公报、学习资料，帮助他们及时了解全市经济社会发展情况。市人大常委会还新设了代表之家，使代表活动有了场所，交流有了对象，知政、知情渠道进一步拓宽。

（罗　梅）

【办理代表议案、建议情况】　年内，市人大常委会把九届四次会议通过的议案10件，建议、批评和意见共164件，在规定的时间内办理完毕并向代表答复。11月，市人大常委会与市政府组成联合调研组，对2008年以来代表议案、建议、批评和意见的办理情况进行了专题调研。

（罗　梅）

【加强县、乡换届选举工作指导】　年内，市人大常委会加强对县、乡换届选举工作的指导，在与自治区人大常委会选联工委和县（区）人大常委会沟通协调的基础上，制定了县、乡换届选举工作实施意见，及时研究和协调解决换届选举过程中遇到的有关问题，确保县、乡人大换届选举工作依法顺利开展。

（罗　梅）

宣传工作

【扎实做好维稳工作】 年内，市人大常委会先后选派7名地级领导干部、5名县级干部、15名科级及一般工作人员深入有关县区、寺庙开展维稳工作。其中3名地级领导干部、1名县级干部长期工作在寺庙一线，3名地级领导干部任县区维稳工作组组长。组织开展“3·28”西藏百万农奴解放纪念日、西藏和平解放60周年、“红色歌曲·拉萨唱”、“六城同创”等活动，增强干部职工爱国情怀。认真办理群众来信来访，切实维护人民群众的合法权益，有力地化解了社会矛盾。全年接待、受理来信来访和申诉等案件49件52人次，转办41件，息诉8件。

（罗 梅）

【加强宣传力度】 年内，市人民代表大会常委会在坚持办好人大制度宣传专栏、《人大信息》专刊、《拉萨市人大常委会公报》的同时，创办《拉萨人大》杂志、拉萨市人大网站，加强了对人大工作、人大制度、代表活动的宣传。年内，组织代表团参加在广西壮族自治区南宁市举行的全国五民族自治区首府市人大工作经验交流会，先后接待了20个省市24批次人大考察代表团。通过上述活动加强了与外省市的联系和交流，同时宣传了西藏自治区和拉萨市。

（罗 梅）

自身建设

【思想政治建设】 年内，市人大常委会组成人员及机关干部职工认真学习了中国特色社会主义理论知识，党的十七大、十七届五、六中全会，中央第五次西藏工作座谈会，胡锦涛总书记“七一”重要讲话和习近平副主席在参加庆祝西藏和平解放60周年活动时的重要讲话精神，学习自治区、市第八次党代会和齐扎拉书记的重要讲话精神。

（罗 梅）

【党风廉政建设】 年内，市人大常委会与办公厅、各专门委员会签订了《拉萨市人大常委会机关2011年度党风廉政建设目标责任书》，制定了《拉萨市人大机关廉政文化进机关活动计划》和《拉萨市人大2011年机关作风和行政效能建设工作思路和目标任务及工作措施》。

（罗 梅）

【干部综合素质建设】 年内，市人大常委会先后选派1名地级、1名县级、1名科级干部分赴延安行政学院、上海浦东干部学院和江苏南京学院参加培训，另选派10名县、科级干部到区、市党校学习政治和业务理论知识。

（罗 梅）

【开展“基层建设年”活动】 2月，市人大常委会先后选派3批5人，进驻林周县春堆乡春堆村开展“基层建设年”活动。工作组共争取项目9个，落实资金147万多元，解决了乡政府驻地饮水、粮油加工厂、水利设施维修等多项农牧民群众普遍反映强烈的实际困难。10月，市人大常委会选派8名优秀干部组成2个工作队赴林周县春堆村、当杰村，开展“创先争优、强基础惠民生”活动。

（罗 梅）

拉萨市人大常委会

主　任　洛桑旦巴
副主任　梁学伦　桑颇·才旺桑配
　　　　次仁旺久　索朗罗布
　　　　王康英　扎西次登
秘书长　梁小平
副秘书长　卓　玛　张志文

拉萨市人民政府

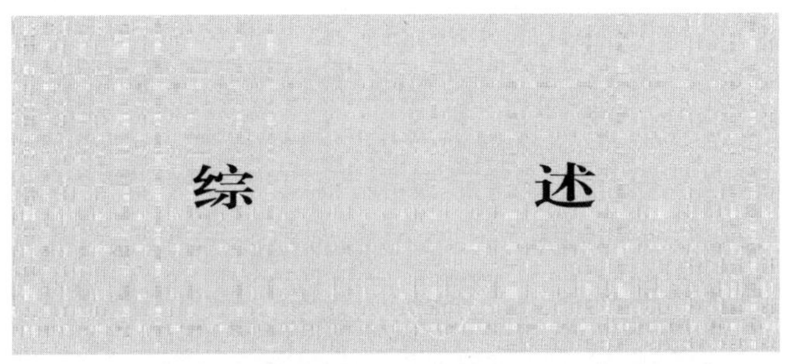

综　　述

2011年，市政府深入贯彻落实科学发展观和中央第五次西藏工作座谈会精神，较好地完成了市九届人大四次会议确定的各项目标任务，推动拉萨经济社会发展方面取得了新的成绩。

提高城市规划建设管理水平。年内，全力筹办西藏和平解放60周年庆祝活动。落实城市总体规划，着手修编东城和柳梧新区控制性详规，制作完成市域影像图，公布施行城市绿地系统规划、生物多样性保护规划，严格执行“一书三证”规划许可制度。累计投资达23.9亿元，进行道路改造、管线入地、绿化亮化、街景改造、民生改善等39个大庆项目，集中展示了拉萨市作为国家历史文化名城、国际旅游城市、百姓幸福感最强城市的良好形象；机场高速公路竣工通车；植树20万株打造绿色景观廊道，青藏直流联网工程、污水处理厂投入试运行，推进拉日铁路、纳金大桥项目，东城区、柳梧新区市政道路开工建设，投入1981万元的数字城管中心正式启用，城投公司开始运作。大规模开展以市场秩序、交通环境、违章建筑、旅游环境、环境卫生为重点内容的城乡环境综合整治活动。查处违章建筑54897平方米，维修路面14.9万平方米、路灯6504盏，新增盲道6638平方米，设置果皮箱2451个，清理垃圾18.2万吨，补栽绿化苗木49.8万余株，完成城市绿化44177平方米。全面清理城市“蜘蛛网”，收回市直机关事业单位小型农场用地，汽车尾气治理成效初显，市容市貌整洁有序，城乡面貌焕然一新。

实现经济平稳较快增长。着力推进特色农牧业发展，第一产业增加值完成9.69亿元，增长3.5%。突出发展以矿产采掘、绿色食饮品、新型建材、藏毯藏药为主导的特色工业。第二产业增加值完成69.44亿元，增长20.4%，二产比例提高2个百分点。统筹促进以生态旅游为龙头的现代服务业发展，成立旅游发展协调委员会推进旅游与文化、商贸、物流、设施农业、民族工业融合发展。第三产业完成增加值130.19亿元，增长13.1%。非公有制经济快速发展，新增市场主体3938户，新增注册资金11.13亿元，上缴税金占全市税收比重由上年的76%提高到89.76%。建立市场价格调控联席会议制度控制物价过快增长，居民消费价格总水平同比上涨5%，低于全国平均增幅。全年实现地区生产总值222.09亿元，比上年增长14.6%；全社会固定资产投资222.2亿元，增长25.9%；社会消费品零售总额105.14亿元，增长18.9%；地方财政一般预算收入22.43亿元。农村居民人均纯收入5753.96元，增长15%；城镇居民人均可支配收入17654元，增长6.6%。城镇登记失业率控制在2.8%以内。三次产业比重由上年的5.1∶31.2∶63.7调整为4.6∶33.2∶62.2。

新农村建设取得新成效。推进林周县现代农业示范区建设。编制曲水县农村改革试验区规划，落实粮食直补资金1150万元、农机具购置补贴1790万元、农用柴油补贴847万元，新增农机具4467台(套)，农机配套率达到1∶2.4，耕种收机械化水平分别达到85%、80%、65%。大力发展设施农牧业。新增3000栋日光温室、2000户庭院经济示范户、237栋牲畜暖棚。加强农牧业科技支撑。新增180名科技特派员、20户科技示范户和21个农牧民专业合作社，达孜雪乡优质奶牛生产基地成为“全国科普惠农兴村先进单位”。着力提高农牧业综合生产能力。粮食产量达到17.09万吨，油、蔬菜、肉、奶、蛋产量达到1.34万吨、23万吨、3.45万吨、3.85万吨、764吨，分别增长7.2%、13.3%、3.9%、2.1%、0.5%；生猪出栏8.42万头，增长5.91%。推进第一次水利普查，墨达灌区竣工并投入使用，旁多水利枢纽工程成功截流，其他重点水利工程完成投资7900万元，改善农田有效灌溉面积0.23万公顷；农村饮水安全工程完成投资2308万元，2.15万农牧民、914名师生实现安全饮水；当雄县贡塘草场牧区节水灌溉试点工程投入运行，成为全国牧区水利研讨会现场观摩点。加快推进防护林、公益林、绿化林、退耕林工程，全年造林0.86万公顷，落实公益林管护费用2232.34万元。建成4090座沼气池，总数达到24637座；农牧民安居工程配套提升8552户，纳木湖204户房屋整改重建全面完成，51312名农牧民受益；投入2.16亿元综合整治88处村容村貌，受益农牧民达到20671人；改扩建公路646.58千米，农村公路通车总里程达到2962.1千米。全面推进农村宅基地登记发证，建立草场生态保护补助奖励机制，集体林权制度改革试点区域确权发证率达到95%。“万村千乡市场工程”升级改造330个农家店，建成9个配送中心，农牧区碘盐实现全覆盖；家电、家具下乡工程实现销售额3400万元，兑现补贴650万元。实施156个扶贫农发项目，到位国家资金1.34亿元，增长69.38%。对口帮扶向纵深推进，改善贫困农牧民生产生活条件。加大农牧民培训转移力度，全年培训农牧民3.14万人，劳务输出8.16万人，实现收入6.25亿元，分别增长57%、12.6%、19.3%。

壮大特色工业。突出项目带动，加强跟踪服务。金哈达药业等项目竣工投产，5100矿泉水公司在香港联交所成功上市，巨龙矿业、桑海矿业完成整合。销售收入超过5000万元的规模以上企业达到4家，规模以上企业实现销售收入45亿元、工业增加值19亿元，分别增长19%、20%。其中市属规模以上企业销售收入、工业增加值实现23亿元、9亿元，分别增长30%。加强银政企合作，争取中小企业发展专项资金8671.6万元，落实本级企业扶持资金3249.86万元，信用担保公司新增注册资本金5000万元，融资担保额达到2250万元。成立园区建设发展领导小组，安排1.08亿元扶持“三园”发展。中石油开发区天然气站建成供气，天知生物、娃哈哈食品、藏泉酒业青稞饮料生产线等竣工投产，华钰矿业、诺迪康药业等开工建设。“一区三园”完成工业增加值5亿元，增长35%；工业销售收入16亿元，增长42%；工业税收超过1亿元，增长56%。拉萨国家级经济技术开发区成为国家新型工业化产业示范基地，达孜工业园升格为自治区级工业园区。完成“质量兴市”年度工作目标，新增玛吉阿米、布达拉宫等2件中国驰名商标、5件自治区著名商标。

三产发展再创新绩。旅游服务中心项目通过验收，纳木措景区基建项目完工，3个乡村旅游配套项目、2个旅游产品研发项目交付使用；瑞吉酒店被授予国家五星级饭店暨金叶级绿色饭店，成为拉萨市首家五星级酒店；推进香格里拉大酒店、圣地天堂洲际大饭店、飞天国际大酒店等项目；开展“六十巨变、大美西藏”、“冬游西藏、别具一格”旅游宣传推介活动，举办第六届纳木措国际徒步大会；加强旅游从业人员培训，规范旅游市场秩序。全年接待海内外游客7514.43万人次，增长24.4%；实现收入51亿元，增长21.11%。肉食品储备库冷链系统改造项目、2个再生资源分拣中心、66个再生资源回收点、19个社区连锁店投入使用，升级改造12个标准化菜市场、二手车市场和家政网络系统。家政服务业加快发展，“农超对接”成效显著，商贸流通业发展水平不断提升。“走出去”参加西博会、旅交会、电博会、京港洽谈会等知名展销节会；依托援藏资源在北京市举办拉萨商品大集，10天销售1104.9万元，销售额位居国内前三。“请进来”举办房展、车展和商品交易会。全年新增3家外资企业，实际利用外资6870万美元，增长5倍。唱响“幸福拉萨、多彩雪顿”主题，举办6大类26项丰富多彩的活动；以幸福城市市长论坛、藏茶高峰论坛、甲桑古道徒步游为亮点的2011中国拉萨雪顿节取得圆满成功，获得“节庆中华·传统节庆奖”、“中国十大节庆品牌”、“2011中国节庆产业‘金手指’·中国十大节庆城市”荣誉称号。与中央电视台经济频道联合举办的“幸福从这里出发”活动反响热烈，新华社、人民日报、中央电视台等权威媒体更多地聚焦拉萨市、宣传拉萨市、推介拉萨市，雪顿节的品牌竞争力、影响力、吸引力持续增强，城市的开放度、知名度、美誉度大幅提升。

关注民生问题，幸福拉萨建设取得新突破。着眼民生至上、民生优先，全年财政用于民生项目的资金达到27.07亿元，增长73.5%，占到总支出的40%。12件民生实事完成，累计投入达到4.98亿元，更多城乡居民共享发展成果。

创建全国文明城市。着力夯实创建全国文明城市的物质基础、组织基础、思想基础、社会基础和生态基础，文明城市创建工作机制不断完善，文明成果向县城和农牧区持续延伸，群众性精神文明活动广泛开展，城市文明程度进一步提升，各民族和睦相处、和衷共济、和谐发展的局面更加牢固，“团结稳定是福、分裂动乱是祸”的共识深入人心。获得第三批“全国文明城市”光荣称号，“六城同创”极大激发了全市各族人民发挥首府城市首位度作用、共建幸福拉萨、共谱和谐新篇、共创美好未来的热情和干劲。自治区园林城市、卫生城市创建成果得以巩固发展，国家环保模范城市、国际旅游城市创建工作取得阶段性成果。全国双拥模范城市创建通过国家测评。

公共事业快速发展。出台教育“十二五”发展规划纲要。“两基”通过国家验收，学龄儿童、初中生入学率分别达到99.79%、100.03%，巩固率达到98.52%、97.64%；“三包”标准提高到生均2200元，幼儿园补贴政策全面落实；普高补贴政策和免费政策惠及每位学生，拉萨第四高级中学、柳梧高中建成招生，高中阶段毛入学率达到81.4%；中等职业教育实现全免费。规范使用通用语言文字，通过国家一类城市通用语言文字评估验收。投入科技资金2109万元推进科技创新，6项科技成果自治区内领先。新建2个科普活动站、5个科普示范村、10户科普示范户。举办西藏和平解放60周年大庆等一系列重大文化活动，新建5个民间艺术团、115个寺庙书屋和228个农家书屋。面向农牧民放映电影11950场次，广播、电视综合人口覆盖率分别达到96.69%、96.45%，爱国歌曲、优秀歌曲继续传唱，东方红电影院重建完工，拉萨市志完成第一轮修编，公共文化服务体系不断健全。编制文化文物发展规划和拉萨河文化生态保护规划，加强文化遗产保护，三大寺文物维修工程主体完工。升级完善互联网络在线实名实时监控系统，深入开展“扫黄打非”行动。组团参加全国第七届城市运动会取得良好成绩，群众性文化体育活动得到加强。深化医疗卫生体制改革，加强藏医药公共服务。建成34个村(社区)卫生室、4个县(区)卫生服务中心，基本药品零差率销售实现乡镇全覆盖，公共卫生服务水平得到提升。深化食品药品市场专项整治，严厉打击违法违规经营行为，保障城乡居民饮食用药安全放心。编制出台人才发展规划和公务员培训规划，事业单位岗位设置管理试点工作完成，市人力资源市场项目获批立项。全面落实老年优待政策，老干部活动中心投入使用，举办首届老年人运动会，80岁以上老人领取健康补贴123.48万元，60岁以上老人免费乘坐公交车达460万人次。第七届村(居)民委员会换届选举全部完成，9个城乡社区服务站交付使用。优先发展公共交通，优化公交线路，城乡居民出行更加方便快捷。

社会保障稳步推进。组织开展各类就业服务，动态消除零就业家庭，安置自主择业军转干部261人，全年新增就业5789人，超额完成289人。建立社会救助和保障标准与物价上涨挂钩联动机制，城镇每人每月提高30元、农村每人每年提高150元，33464名困难群众领取一次性生活补助金1263.15万元；落实409.2万元五保供养金，集中、分散供养对象年均生活费分别达到3503元、2490元。落实900万元，积极开展医疗救助、临时救助、教育救助、住房救助和流浪乞讨人员救助。落实按比例安置残疾人就业政策，制定促进残疾人事业发展实施办法，兑现落实残疾人生活补贴、居家托养补助、机动轮椅燃油补贴、危房改造补助资金342.21万元。全面推进新型农村社会养老保险，养老保险、医疗保险、生育保险、工伤保险、失业保险分别扩面3100人、5853人、1141人、3400人、812人。第五次调整退休职工养老金，人均月增资231元。492套周转房交付使用，192套廉租住房开工建设，560套公共租赁住房完成收购，1181户棚户区改造任务开始实施，570.08万元的住房租赁补贴发放到户，嘎玛贡桑棚户区改造工作稳步推进。拉萨市被评为“百姓幸福感最强城市”。

平安拉萨建设取得新进展。制定加强和创新社会管理实施方案，排查整治232处社会治安重点地区；加强流动人口服务管理和特殊人群社区关爱工作；强化单位内部安全保卫工作，建立596个群防群治队伍，健全党政军警民联防联控机制，社会治安综合治理工作走在自治区前列。强力推进打防控一体化建设，建成4个公安检查站、135个便民警务站，实现一村一警、市区视频监控全覆盖。加大铁路护路联防人力、物力、财力投入，689人参与全天候守护、无缝隙巡查，青藏铁路拉萨段实现安全运营。创建和谐矿区，矿群关系日益融洽。安全生产形势明显好转，2011 年生产安全事故死亡率下降46.1%。全年各类安全生产事故死亡 78 人，同比下降 32.8%。加大人民调解、行政调解、司法调解力度，建成 315 个四级矛盾调处站点，配备 634 名专兼职工作人员依法解决群众实际问题。筹措 823.8 万元妥善化解 27 件信访积案，成功调解 686 件矛盾纠纷案件；受理群众信访 939 批次、办结率达到 92%，群众合法权益得到切实维护。严格执行建筑领域工资保证金制度，依规征收农民工工资保证金 5679 万元，依法及时化解 364 起劳资纠纷，为劳动者追缴工资等合法收入 6971.3 万元。“六五”普法全面启动，法律“七进”有序开展，加强应急队伍建设，应急体系初步形成。全面加强和创新寺庙管理，着力强化寺庙公共服务，切实解决僧尼的实际困难，寺庙管理规范化、法制化水平明显提升，各族群众的宗教信仰自由得到充分保障。推进民族团结宣传教育，形成各族人民大团结大发展大繁荣的局面。

提升依法行政水平。深入开展“基层建设年”、“创先争优强基础惠民生”活动，推动科学发展、促进社会和谐、造福各族人民的能力进一步提高。自觉接受市人大及其常委会的法律监督与工作监督，积极支持市政协履行职能，办理、办结人大代表议案、建议 181 件，政协委员提案 167 件。深入推进法治政府建设，加强政府立法工作，完善规范性文件备案审查机制，2 部地方性法规上报市人大常委会，办结 9 件行政复议案件，修订 4 件政府规章。全面推行政务公开和政府信息公开，《拉萨政报》复刊，政府网站日均点击量保持在 5500 人次，市长热线、市长信箱办结 492 件事项，群众满意率达到 92%。创新服务方式，市民服务中心正式运行，东迁大楼投入使用，行政审批效率明显提高。开展“小金库”治理、工程建设领域突出问题整治、扩内需转方式项目监督检查，强化行政问责，严肃查处各类违法违纪案件。加强税收征管，严格非税收入管理，深化国库集中支付制度改革，扩大政府采购范围，加强公务车辆管理，提升财税科学化精细化管理水平。改革开放向深度和广度拓展，新引进项目 63 个，实际到位资金 58 亿元，增长 25.9%。与尼泊尔加德满都市结为友好城市，对外交流中心投入使用，全年接待外宾 38 批 462 人次。援藏规划编制完成，加快市医院医技楼等项目建设，党校学员公寓建成，北京市、江苏省援助力度不断加大。

(张玉虎)

政　务　工　作

【加强审计管理】 1 月 10 日，市政府批转了市审计局《拉萨市 2011 年度审计项目计划》，对财政财务收支部门预算执行情况、重点建设项目、经济责任、专项资金、国有企业等六大类 19 个项目加强审计管理。

(张玉虎)

【规范会议安排及程序】 1 月 25 日，印发《拉萨市人民政府 2011 年会议议题计划的通知》。对会议议题安排的指导思想、议题范围、会议类型、会议议题的提出和确定、会议议定事项的落实做出了明确规定。

(张玉虎)

【改善农牧民居住条件】 2 月 28 日，市政府批转了市安居办《拉萨市 2011 年农牧民安居工程实施方案》。对安居工程实施的基本原则、总体目标和实施方式、配套措施、职责分工、实施步骤、组织领导做了全面部署。整合自治区、市资金，全面提高补助标准。2011 年，安排曲水县、当雄县、尼木县、达孜县、林周县、城关区、堆龙德庆县、墨竹工卡县共 6000 户安居建设任务，安排补助资金 16500 万元。其中游牧民定居 1500 户，每户补助标准 3.5 万元；农房改造 4500 户，每户补助标准 2.5 万元。

(张玉虎)

【开展农村人居环境综合整治】 2 月 28 日，市政府批转了市安居办《拉萨市 2011 年农村人居环境建设和环境综合整治工作实施方案》。成立拉萨市农村人居环境建设和环境综合整治工作领导小组。年内，安排补助资金 8256.64 万元，对全市 40 个行政村（当雄县 3 个、尼木县 4 个、城关区 4 个、林周县 4 个、曲水县 6 个、墨竹工卡县 6 个、堆龙德庆县 6 个、达孜县 7 个）开展农村人居环境建设和环境综合整治工作。

(张玉虎)

【推进民主项目实施】 3月2日，印发了《关于成立拉萨市2011年12件民生项目推进工作领导小组的通知》。成立了启动实施自然村公路通达工程领导小组等12个项目领导小组。

(张玉虎)

【创建国家环境保护模范城市】 3月4日，市政府批转了市环境保护局《拉萨市创建国家环境保护模范城市规划2011年实施方案》。推进拉萨经济战略性调整，优化城市功能和生产力布局，着力打造可持续发展城市新形象，加快扩大对外开放和招商引资步伐，努力提高公众生活质量。

(张玉虎)

【落实村村通工程】 年内，投资8700.2万元完成自然村通达工程381.762千米，截至2011年底，全市村村通工程通达率100%。

(张玉虎)

【规范二手房交易市场】 4月18日，印发了《拉萨市区二手房交易指导价格实施意见的通知》。本通知进一步加强和规范了拉萨市区二手房交易环节的税收征管，堵塞了税收漏洞，营造了“公平、公正、公开”的二手房交易环境。

(张玉虎)

【全面推进依法行政】 6月1日，印发了《进一步加强政府立法公正的意见》。规范了政府立法程序，提高了政府立法工作质量，为推进依法行政和充分发挥立法工作服务经济社会发展起到积极作用。

(张玉虎)

【加强教育事业建设】 7月14日，印发了《拉萨市教育事业“十二五”发展规划的通知》。全面贯彻党的教育方针，实施科教兴市、人才强市战略，坚持优先发展教育；坚持社会主义办学方向，坚持教育为人民服务、为社会主义服务；以实施素质教育为基础，推进教育现代化建设为主线，提高教育质量和促进教育公平为重点；深化教育改革为动力，立足市情、优化结构、完善体系，努力办人民满意的教育。

(张玉虎)

【做好防汛抗旱工作】 7月22日，市政府批转市水利局《拉萨市防洪预案及拉萨市城市防洪预案》。协调水利、气象、水文、发改委、财政、公安、环保、国土、民政、农牧、交通、卫生、电信、电业、物资供应、物价、工商管理、新闻等18家部门全力做好防汛抗旱工作，确保全市人民生命财产安全。

(张玉虎)

【鼓励和支持高校毕业生自主创业】 8月19日，印发了《拉萨市关于鼓励和支持高校毕业生自主创业的实施意见的通知》。按照鼓励支持、积极引导、完善服务、保障权益的原则，建立健全“政府促进、社会支持、市场引导、自主创业”的大学生创业体系；完善创业政策、优化创业环境、激发创业激情，教育和引导高校毕业生树立正确的就业观、择业观，形成以创业带动就业的良好局面。

(张玉虎)

【实施人才强市战略】 10月9日，印发了《2011至2015年拉萨市行政机关公务员培训规划的通知》。以践行科学发展观，提高构建和谐社会能力为主体，以提高思想政治素质为基础，以加强机关效能建设为核心，按照整体推进、重点突出、按需施教、科学管理的指导方针，充分利用对口援藏培训资源，全面加强公务员培训工作，建立健全具有拉萨特点的公务员培训体系，提高公务员整体素质和为人民服务的水平，建设一支德才兼备的高素质公务员队伍。

(张玉虎)

【加大督查工作力度】 年内，下发《领导批示》共210期、《督办事项通知》共50期、《督查通报》共26期，上报《督查专报》共205期、《督查简报》共15期、《政务督查》共10期。采取跟踪督查、电话督查、实地督查、明察暗访等形式，对大庆项目建设进展情况、机场高速公路等主要干道环境卫生综合整治情况、安居工程提升改造工程进展情况、安保工作开展情况等进行督查督办。

(张玉虎)

【人大、政协建议提案全部办结】 年内，共收到人大建议174件、政协提案145件，对建议、提案进行详细分类，交付45个市直部门联合办理，办结率达100%。

(张玉虎)

【电子政务】 年内，在“中国·拉萨”门户网站开设了隆重庆祝中国共产党90华诞和西藏和平解放60周年，幸福拉萨歌曲集，辉煌拉萨60年经济社会发展成就展，拉萨市“两基”迎国检，拉萨市深入开展创先争优强基惠民活动，学习贯彻中共十七届六中全会和自治区、市八次党代会精神，拉萨2011

“两会”特别报道等8个专题栏目。完善丰富了“六城同创惠民生”和“红色歌曲·拉萨唱”两个专题。截至年底，“中国·拉萨”政府门户网站主动公开各类信息12528条，网站访问量超过160万人次。全年通过政府网站广泛征求民生项目意见，为市委、政府选好选准每年实施的12个民生项目提供决策。接到网民投诉、意见、建议422条，办理和有效答复363条，发内部情况通报4期，加强对各县(区)和市直各有关部门的信息报送及办理网民来信工作的督促。年内，为自治区政府门户网站报送信息800多条，被采用630条；为自治区气象网报送农牧信息200余条，被采用180条。

（张玉虎）

【政策研究】　年内，争取调研经费28万元，紧扣拉萨市经济社会发展中的热点、难点问题，以及拉萨市未来发展的深层次问题，深入开展了7个方面的课题调研，形成了设施农业、园区发展、小城镇建设、城市管理等7篇调研报告。全年共完成《政府工作报告》、经济工作会议讲话、60大庆动员大会和总结表彰大会讲话、幸福城市论坛主旨演讲、人才工作会议、教育工作会议、农牧民安居工程建设工作会议等各类重要文稿280余篇，累计100万字以上。

（张玉虎）

【政务信息】　年内，共采用各县(区)、市直各部门信息3939条，自采信息1851条。其中收集、整理、编辑《政务信息》、《政务信息专报》达871期4023条，《政务信息特报》210期489条，《内部情况通报》12期。全年《政务信息特报》受到各级领导批示达50余条，其中受到市长、副市长批示达30余条。向自治区政府报送信息累计得分达到1217分，连续9年名列全区第一，被评为全区信息工作先进集体。

（张玉虎）

【接待工作】　全年共接待区内外团队373批次4500余人次。完成了雪顿节期间市长论坛、天堂草原望圣城等活动接待任务；西藏和平解放60周年大庆期间，完成了大庆中央代表团拉萨分团宴请任务一场160余人次；完成中央电视台“幸福从这里出发”启动仪式，并接待中央电视台及全国各大媒体团队3批120余人次。

（张玉虎）

【拉萨市政府驻京联络处】　年内，围绕拉萨市招商、经贸工作，及时收集最新的政策信息和项目信息，为领导决策提供依据，共报送综合信息28期、简报22期。主动加强与北京市有关部门的沟通和联系，制定详细的接待服务方案，完成了拉萨雪顿节、市长论坛及市委、市政府领导在北京的接待和活动安排工作。受北京市委组织部邀请，就拉萨基本情况和民俗风情、礼仪等方面对北京市第六批援藏干部第二期专业干部进行了培训。

（张玉虎）

【拉萨市政府驻成都市办事处】　年内，认真收集整理有关信息，为拉萨市招商引资、经济发展服务。参与完成了雪顿节在成都市的推荐工作，拉萨市创建文明城市有关信息收集工作，香格里拉大酒店、四川新会展在拉萨市投资的有关工作。协助市发展改革委在成都市召开对口援藏有关项目对接；完成市开发区管委会、市旅游局、市招商局在成都市开展的有关招商推介工作，市民服务中心、城关区村支部书记等单位人员在成都的考察联系工作。全年完成了3371人次的接待任务。

（张玉虎）

【布达拉宫广场建设和管理】　年内，在布达拉宫广场共举行“西藏和平解放60周年大庆”、“3·28”、“5·23”等重大活动11场。为确保布达拉宫广场的干净整洁，确保各项活动顺利进行，每天安排一名干部职工负责卫生工作巡查，每周安排全体干部职工进行一次卫生大扫除。对人工湖内的白色垃圾进行清理，清除广场绿篱中的杂草、烟头、纸片等生活垃圾，对广场各种景观灯进行擦洗除尘，对损坏的地埋灯、垃圾箱进行修复，清理流动商贩460余人次。年内，投入维修改造资金234.87万元，对音乐喷泉、西区灯光系统、音响系统进行了全面的维修改造。补栽侧柏、云莎、红叶小苞、红叶李、苹果树等有型植物35000余株，摆放装点鲜花95000余盆。

（张玉虎）

关系群众生活的12件实事

第1件 实施自然村公路通达工程。分别在堆龙德庆县投资837.878万元，新修11条公路、15座桥梁；墨竹工卡县投资1962.72万元，新修24条公路、46座桥梁；尼木县投资665.21万元，新修8条公路、6座桥梁；达孜县投资80.3049万元，新修1条公路、1座桥梁；城关区自然村公路通达工程建设投资46.38万元，新修1条公路、1座桥梁；林周县投资1554.8388万元，新修18条公路、22座桥梁；曲水县投资637.134万元，新修8条公路、6座桥梁；当雄县投资948.78万元，新修16个条路、13座桥梁。由市交通局承担的县(区)20米以上独立桥共有15座，投资1966.9562万元。

第2件 规划建设农畜产品批发市场、再生资源集散市场、木材交易市场、东郊农贸市场。

第3件 建设3000栋日光温室。其中尼木县40栋、当雄县20栋、达孜县645栋、曲水县493栋、墨竹工卡县100栋、堆龙德庆县602栋、林周县100栋、城关区400栋，民间投资建设的600栋分别在城关区、达孜县、堆龙县。均已完成。

第4件 制定大学生自主创业扶持政策。8月19日，《拉萨市鼓励和扶持高校毕业生自主创业的实施意见》由市政府批转印发。

第5件 在当雄县、曲水县、墨竹工卡县等3个县建立突发灾害事故及交通事故医疗救援中心。3县救援中心(站)已结合各自实际，进一步完善了突发灾害事故及交通事故医疗救援方案及工作流程，并上报县政府审核后纳入该县整体救援预案中。市卫生局垫资10万元，市财政拨款70万元用于购置急需应急床、救护车等8种医疗急救设备。年内，已到位救援人员24人，其中曲水县12人、墨竹工卡县8人、当雄县9人。市卫生局先后组织3县救援人员在市人民医院和自治区人民医院急救中心进行业务培训两次，内容包括演练培训和急救技能培训。

第6件 解决失地农民户口农转非，开展技能培训，帮助3000名失地农民实现就业。

年内，全市各级市人力社保机构共解决了3149名失地农民的就业问题，完成了年度目标任务的105%。

第7件 资助中职学生第三学年生活费。市财政局从教育配套中下达资金预算177.6万元。4月，市教育局按照生均标准750元，将相关资金拨付给各县(区)并予以落实，共惠及农牧民子女1184人。

第8件 为县(区)解决中小学生接送车辆。4月，市教育局和市财政局采购中心共同完成招标；6月29日，53辆车已全部到位，其中城关区4辆、当雄县7辆、林周县9辆、墨竹工卡县7辆、曲水县6辆、尼木县7辆。

第9件 建设20个行政村学前班。截至11月11日，20所村级幼儿园均已开工建设。

第10件 提高全市顶岗教师和后勤服务人员待遇，月工资达到950元。市财政局下达财政预算547.2万元，按照每人950元发放标准，将资金拨付到8个县(区)学校和14个市直义务教育阶段学校，共涉及93所学校，惠及后勤人员574人。

第11件 组织45岁以上的城镇居民免费体检，同步建立健康档案。全市45岁以上城镇居民共7750人，其中自愿参加体检的5784人。9月，体检工作全部结束，共体检5690人，体检率98.4%。

第12件 建设32处全民健身路径，修建5个社区篮球场。

(张玉虎)

拉萨市人民政府

市　　长 多吉次珠
常务副市长 曹边疆　陈　文
副 市 长 陈宗荣　计明南加
段高喜　阿　布
张延清　王常生
王　晖　次仁央宗
马新明　果　果　龚会才
秘 书 长 龚会才(兼)
副秘书长 江　嘎
岳国红
张长祥
央金卓嘎
强巴江才
贡扎曲旺
杨如军
万　平
曹志明

政　府　法　制

【概况】 年内，市政府法制办公室以贯彻落实国务院《全面推进依法行政实施纲要》、《国务院关于加强市县政府依法行政的决定》和《国务院关于加强法治政府建设的意见》为重点，着力抓好政府立法工作和化解行政争议、推进行政权力公开透明运行等重点工作，认真履行政府法制机构在推进依法行政方面的参谋、助手和法律顾问的职责。

（高子茗）

【政府立法】 年内，落实推进《拉萨市人民政府立法工作计划》，及时制定立法工作进度计划，明确立法项目的责任人。集中研究审核修正立法项目。通过走访相关部门和单位、积极组织各方座谈会、在市(区)内外进行专题调研等方式，扩大了公众参与的范围，进一步增强立法的透明度和科学性。全年，市政府提请市人大常委会审议《拉萨市市容环境卫生管理条例》、《拉萨市城乡特困居民医疗救助实施办法》、《拉萨市旅游管理办法》3件地方性法规；完成《拉萨市户外广告、牌匾标识设置管理办法》、《拉萨市城市绿化收费缴纳办法》、《拉萨市禁止一次性塑料餐具、塑料袋管理办法》、《拉萨市城市公厕管理规定》、《拉萨市五保供养服务管理办法》5件政府规章项目；起草了《拉萨市人民政府关于进一步加强政府立法工作的意见》,以市政府文件的形式下发。规范了政府各部门立法工作程序，提高立法工作质量，并对进一步更新立法理念，提高政府立法工作认识提出了要求。

（高子茗）

【加强执法监督】 年内，起草了《拉萨市人民政府关于规范性文件备案审查工作的通知》和《关于进一步加强重大行政处罚决定备案和行政处罚统计报告工作的通知》，并以市政府文件形式下发执行。要求各单位认真组织学习了《中华人民共和国行政处罚法》、《西藏自治区重大行政处罚决定备案制度》和《西藏自治区行政处罚情况统计报告制度》，并对拉萨市行政处罚案件进行了一次全面的统计，进一步规范了行政处罚监督统计工作。

（高子茗）

【受理行政复议申请11件】 年内，共收到行政复议申请11件，现已审结9件。其中维持3件，撤回申请1件，重新做出决定1件，撤销1件，其他3件。起草了《关于进一步加强行政机关负责人行政诉讼出庭应诉工作的通知》，从而更好地保护公民、法人和其他组织的合法权益。

（高子茗）

【强化工作指导】 年内，适时指导下级行政复议机构法律咨询事项共5余起，接待行政相对人行政复议法律事务咨询事项10余起。通过行政复议程序及时纠正了行政机关违法和不当的行政行为，发挥了行政复议在解决行政争议、化解人民内部矛盾、维护社会和谐稳定中的主渠道作用。

（高子茗）

【提供法律服务】 年内，共提出各种法律意见、建议20余件。参与领导交办的晋扎花园专案和有关征地拆迁规章和文件、行政审批事项专项清理工作，《西藏自治区政府投资建设项目审计监督办法》的调研和研提意见工作，《关于加快推进法治政府建设的意见》的研提意见工作。配合市委组织部，开展关于鼓励优秀人才先行先试、自主创新政策的课题研究；帮助市信访局审查修改市财政局起草的用于“基扎”项目的借款协议。年内，审核各类规范性文件、法律性文件送审稿40余件，为政府决策的法制化和法治政府建设做出了努力。全年共接待信访2件，并及时向市信访局做出了书面说明。

（高子茗）

【加强政府法制宣传培训】 年内，举办法制专题讲座。参加“全国安全生产月”、“全国法制宣传月”等法律宣传活动，发放《拉萨市规章规范性文件汇编》、《中华人民共和国行政复议法》、《仲裁规则》等法律法规宣传资料1000余份。在市商务局开展“国有土地上房屋征用和补偿条例”专题讲座1期，在市旅游局开展“执法人员依法行政”专题讲座2期。组织经开区、市发展改革委、柳梧新区、市旅游局、市民政局、市农牧局、市公安局等9家单位的13名法制工作人员，赴北京市观摩学习行政执法案卷评查工作，参加北京市举办的依法行政培训班。

（高子茗）

【办理仲裁案件9件】 年内，共收到仲裁案件11件，办结9件，涉案标的金额4500余万元。

（高子茗）

拉萨市人民政府法制办公室
党组书记、主任 郭龙贵

信访工作

【概况】 年内，全市信访工作突出信访积案化解、领导干部接访、体制机制建设、干部队伍能力建设四个重点，有效防止矛盾积聚、风险叠加，为促进拉萨市社会和谐稳定、实现“十二五”开局之年经济平稳较快发展发挥了应有作用。

（李秀莲 冯 林）

【建立四级矛盾纠纷排查调处体系】 1月30日，市委办公厅下发《〈关于建立拉萨市四级矛盾纠纷排查调处中心的意见〉的通知》。年内，建立了市、县（区）、乡（镇、街道办事处）、村（居）委会四级矛盾纠纷排查调处中心，形成了较为健全的矛盾纠纷排查调处工作体系。其中市级矛盾纠纷调处中心1个，县（区）级8个，乡（镇、街道办事处）级65个，村（居）委会242个；配备专（兼）职人员共计634人，其中专职人员92名、兼职人员542名；投入建设资金41.5万元。各级矛盾纠纷排查调处中心充分发挥作用，主动开展工作，基本实现了“小事不出村、中事不出乡、难事不出县、要事不出市”的工作目标。

（李秀莲 冯 林）

【开展“信访积案化解年”活动】 2月至6月，市委副书记、市政协主席杨万福率领市委督查室、市信访局相关人员，先后对拉萨市涉及信访问题较多，矛盾纠纷突出的市中级人民法院、国土资源规划局、住房与城乡建设局和城关区、堆龙德庆县、曲水县、墨竹工卡县、达孜县等县（区）、单位进行了实地督办，逐一听取了所涉信访积案汇报，提出了意见，对办结时限、工作方式方法、应采取的措施提出了明确要求。年内，全市共排查清理信访积案44件，化解27件，引导进入司法程序5件，化解率63.1%，投入和协调资金达832.87万元。

（李秀莲 冯 林）

【召开全市信访工作会议】 2月15日，全市信访工作会议召开，自治区信访局副局长郭顺成，市委副书记、市政协主席杨万福，市委常委、常务副市长曹边疆，市委常委、市委秘书长诸伟敏等领导出席会议。会议回顾总结了2010年信访工作，表彰了市委政法局、市公安局、市中级人民法院、市发展改革委、市交通局、市环保局、市教育局、市政市容委、市住建局、市人保局、市信访局及曲水县、墨竹工卡县、尼木县、城关区共16个先进集体和29名先进个人。市信访局局长央金卓嘎对2011年工作进行了安排部署，全年主要有6项重点工作，一是加强领导、强化责任；二是信访积案矛盾纠纷大排查、大化解工作；三是创新体制机制；四是完善信访长效机制；五是全力做好重要活动期间信访稳定工作；六是抓好班子、带好队伍。

（李秀莲 冯 林）

【召开6次信访联席会议】 年内，拉萨市共召开6次处理信访突出问题及群体性事件联席会议。会议主要对全市的信访稳定工作进行通报，分析信访形势，研究信访工作中存在的突出和疑难问题，安排部署阶段性信访稳定工作。

（李秀莲 冯 林）

【赴三市考察学习】 3月26日，市政府副秘书长、市信访局局长央金卓嘎率市信访局办公室、接访科负责人前往邯郸市、北京市、沈阳市进行考察工作。重点就信访工作的成功经验及联合接访模式、信访代理模式和一单式信访工作进行了考察，带回了很多可借鉴的做法和经验。结合拉萨市信访工作实际，围绕“事要解决”，整合行政资源，探索建立接待工作“一站式”进行，群众来访“一条龙”服务、信访事项“一体化”调处，解决问题“一竿子插到底”的工作运行机制，实现信访接待由“中转站”向“终点站”的转变。

（李秀莲 冯 林）

【10名后备干部到市信访局挂职】 4月20日，市委组织部安排第二批10名干部到市信访局锻炼，主要来自市司法局、市检察院、市政市容管委会、城关区、达孜县、墨竹工卡县、尼木县、曲水县、堆龙德庆县、当雄县。

（李秀莲 冯 林）

【深入开展信访干部业务培训工作】 2月、5月，市政府副秘书长、信访局局长央金卓嘎先后对各县(区)信访局局长、市联席会议7个专项工作小组成员、区市直部门和各县(区)综治干部、部分乡镇干部授课，重点对信访业务知识进行了培训。6月，市信访局派出1名局级领导和业务骨干人员对墨竹工卡县、当雄县的三级矛盾纠纷调处中心工作人员和农牧民进行了2次信访知识培训，使其对信访工作程序和矛盾纠纷排查工作的重要性有了较为明确的认知。6月，市信访局有关领导前往北京市参加了全国信访局局长培训。

(李秀莲　冯　林)

【解决疑难信访专项资金管理细则出台】 5月24日，市政府办公厅下发《拉萨解决特殊疑难信访问题专项资金管理实施细则》，自6月1日起施行。

(李秀莲　冯　林)

【化解矛盾纠纷排查】 年内，全市共排查矛盾纠纷205件。对排查出的矛盾纠纷，实行“四定五包”(定包案领导、定责任单位、定化解措施、定完成期限，包案件调查、包解决问题、包教育疏导、包案结事了、包稳控管理)，调处化解153件，调处率74.6%。对147件重点难点矛盾纠纷实行领导包案，落实“五个一”(一个问题、一个领导、一套班子、一个措施、一抓到底)的工作要求，组成专门班子，制定有效化解方案，确保问题得到妥善解决，矛盾纠纷得到有效化解。包案信访问题共妥善解决了125件，解决率达85%。

(李秀莲　冯　林)

【完善多项规章制度】 年内，制定服务承诺制、岗位责任制、限时办结制、信访事项督查督办制等制度。进一步严肃组织纪律和工作纪律，杜绝“门难进、脸难看、事难办”现象。

(李秀莲　冯　林)

【开展创先争优活动】 年内，市信访办下发了《拉萨市信访系统以创先争优为动力，加强干部队伍能力建设活动实施方案》，要求努力提高全市信访干部“五种能力”，实现“五个一流”的信访工作目标。活动中，信访干部公开承诺，牢记“为党分忧、为民解难”宗旨要求，不断增强工作责任心，扎实开展各类信访问题和矛盾纠纷排查化解工作，取得了信访干部队伍提能力、信访群众得实惠、信访工作上水平的明显效果。

(李秀莲　冯　林)

【强基惠民驻村工作】 10月，由市信访局党组书记彭朝晖率3名工作人员组成驻墨竹工卡县扎雪乡龙珠岗村工作队，开展强基础惠民生活动。工作队在深入调研的基础上，提出6项民生项目建议书、18个项目实施方案；为民办实事3件，慰问贫困老党员和因病致贫户2户。

(李秀莲　冯　林)

【开展宣传活动】 年内，以综治宣传月、综治宣传周、9·16平安西藏宣传等活动为契机，发放藏汉文《信访条例》、《信访人在信访活动中应当遵守的有关规定》、《信访条例》知识问答以及《西藏自治区信访条例》等共2000余份。

(李秀莲　冯　林)

【受理群众信访2694人次】 年内，全市受理来信来访市长热线和网上信件共计1112批2694人次，办结1041件，办结率93.6%。

(李秀莲　冯　林)

拉萨市信访局

党组书记　彭朝晖

局　　长　央金卓嘎

藏语文工作(编译局)

【概况】 年内，拉萨市藏语文工作委员会办公室(拉萨市编译局)编制18人，其中县级编制3人、科级编制8人；内设综合科、校审科、翻译科、语管科。按照《中华人民共和国民族区域自治法》、《西藏自治区学习、使用和发展藏语文若干规定》和《拉萨市社会用字管理办法》等法律法规，积极地开展各项业务工作，有效地推进了拉萨市藏语文工作与经济增长的协调发展，进一步促进社会用字的规范性。

(洛桑平措)

【为基层群众办实事】 年内，单位11名干部职工捐款捐物折合人民币4.25万元为4名结对帮扶对象购买了粮食、衣物、图书等生活和学习用品。单位先后出资3.5万元为南木村4组的群众修通乡村小道，为南木村2组修建温室大棚项目、购买电杆和电线。

（洛桑平措）

【大力宣传党的政策方针】 年内，利用业务干部精通双语的优势，在全市范围内大力宣传《中央第五次西藏工作座谈会精神》和《党的惠民政策》等文件，宣讲面达到1400多人次。针对农忙时节群众大多数在田地的情况，宣教组深入田间地头和老党员的家中进行宣传。通过宣传，使广大农牧民深深感受到了党中央对西藏农牧民群众的深切关怀和特殊照顾，为进一步深化党群干群关系起到桥梁作用。

（洛桑平措）

【强基惠民驻村工作】 年内，在曲水县南木乡驻村工作组开展了《拉萨市农牧民城市居民家庭全面建设小康社会计划(2010年—2020年)》的制定工作。全乡共有604户，全部制定小康建设计划，制定率达到100%。

（洛桑平措）

【加强业务人员队伍建设】 年内，组织7县1区编译人员，开展藏语文翻译业务培训3次，参加人数达到84人次；藏语文计算机软件培训2次，参加人数达到48人次。

（洛桑平措）

【检查社会用字】 年内，联合城关区政府、市工商局、大庆办、市住建局、市政市容管委等部门，对宇拓路、江苏路、八廓街、娘热路、德吉路、林廓北路等十几条主要路段及罗布林卡、宗角禄康公园周边等旅游景点社会用字进行检查。发放《拉萨市社会用字管理办法》宣传单800多张，共检查7973块招牌及广告牌，有问题的421块，占总检查数的5.28%，其中发现牌匾陈旧15块、藏文翻译有误57块、有汉文无藏文85块、藏汉文比例严重失调78块、有藏文无汉文3块、掉字61块、错字122块，整改299块，整改率达到100%。

（洛桑平措）

【翻译各类文件材料70万字】 年内，编译完成《中央第五次西藏工作座谈会精神提纲》、《党的惠民政策》、《拉鲁湿地保护条例》、《党的光辉暖人心、和平解放换新天》、《“辉煌拉萨60周年”发展成就图片展说明词》、《纪念西藏和平解放60周年献礼片文稿》、《60年来农牧业生产发生翻天覆地的变化》、《铭记历史、珍惜现在、创造新辉煌》、《西藏和平解放60周年拉萨教育事业蓬勃发展》、《牢记党史、不忘党恩、珍惜现在的幸福生活》、《见证拉萨的发展与变化》、自治区驻哲蚌寺工作组宣传材料《建设社会主义新西藏,必须建设社会主义先进文化》、拉萨市政协成立50周年材料、全市每年两会材料的翻译和校审工作。翻译量达到70万字左右。

（洛桑平措）

拉萨市编译局

党组书记、局长　马　丁(11月免)
　　　　　　　　达娃次仁(11月任)

市民服务中心

【概况】 拉萨市市民服务中心正式集中迁入林廓东路99号新址办公。中心为拉萨市政府的直属正县级事业单位，编制为20名，内设综合科、业务科(信息网络科)、督查科3个科室。市民服务中心主要依据《行政许可法》，组织、协调、监督和管理市政府各职能部门的行政服务工作。按照“依法、公开、便民、高效”的原则，为公民、法人和其他社会组织提供“一条龙”、“一站式”服务。进驻中心的市政府各职能部门共有35家，办理193项行政许可、非行政许可和便民事项。其中第一批进驻拉萨市市民服务中心的有22个部门和135项行政许可、非行政许可事项以及12项便民事项。窗口工作人员共计82人(其中A岗45人、B岗29人、C岗8人)。年底，第一批进驻中心的窗口共受理报件68590件，办结率达到99.65%，无一起过错投诉。

（杜仕聪）

【参加全国政务服务交流会】 10月，市民服务中心有关领导参加了在宁夏回族自治区银川市召开的第七届全国政务服务工作交流会议。

（杜仕聪）

【工作成绩显著】 年内，全区窗口行业单位现场会参会领导对中心的建设运行情况进行现场观摩。拉萨市委组织部将市民服务中心作为党员先锋岗示范单位，在全市树立了亮点。在全市党风廉政建设责任制考评中，服务中心被评为全市市直单位党风廉政建设综合考评第一名。西藏各大新闻媒体对中心的建设运行情况进行持续报道。服务中心集中运行后取得以下成效：一是推动了拉萨市政府职能的转变。通过实行集中审批服务，扭转了行政管理工作中长期形成的重审批、轻服务、轻监管的倾向。同时，通过明确审批事项设定依据，再造审批流程，公开收费依据和收费标准等措施，做到了审批服务公开透明，推进了市行政审批制度改革工作向纵深发展；二是提高了审批服务效率。通过实行集中审批服务，群众到政府部门办事由过去“办一事，进百门”转变为“办百事，进一门”，行政服务更加快捷、更加方便、更加高效，群众更加满意；管理运行逐步规范；三是通过市政府批转的《拉萨市市民服务中心运行管理办法》及拉萨市纪委下发的《关于严明纪律确保拉萨市市民服务中心高效运转》的通知，在第一批进驻的22家单位的全力配合支持下，拉萨市市民服务中心通过制度建设，落实了管理职责。通过规范文明用语，实行首问负责制、限时办结制等工作制度，工作人员服务意识明显增强，服务效率明显提高，大厅运行管理逐步规范；四是加强了廉政建设。通过在第一批进驻的22个部门全面推行政务公开，实现审批服务公开透明，保障了群众的知情权、监督权；五是促进了拉萨市社会更加和谐稳定。通过建设市民服务中心这一便民平台，政府社会管理和公共服务职能得到更好的落实，树立了党和政府良好的形象。

（杜仕聪）

拉萨市民服务中心

党组书记 索朗多吉

主　　任 岳国红

拉萨市委党校（拉萨市行政学院）

①3月30日，“十二五”援藏项目——拉萨市委党校学员公寓楼开工典礼
②3月23日，拉萨市委党校召开春季开学典礼，市委常务副书记焦建俊讲话
③6月8日，北京市委代表团到党校考察指导工作
④7月23日，首都经贸大学领导考察党校教学科研等情况并捐款人民币10万元
⑤9月21日，拉萨市委党校召开秋季开学典礼
⑥1月30日，拉萨市委党校在曲水县达嘎乡开展“基层党建年”帮扶活动

拉萨市审计局

党组书记　史勇

局长　次旦

2011年，拉萨市审计局紧紧围绕市委、市政府中心工作，坚持“全面审计，突出重点”的审计工作方针，大胆实践、积极探索，扎实履行审计监督职责，使审计质量和水平得到显著提高，审计监督和服务职能得到明显加强，审计形象和影响力不断扩大。

完成了2010年度本级预算执行和其他财政收支情况审计1个、拉萨市农牧系统2010年度预算执行情况审计1个，拉萨市卫生系统2010年度预算执行情况审计1个，拉萨市地方政府性债务审计1个（审计对象包括全市八县区和市直相关部门），拉萨市2008年至2010年基础教育经费专项审计调查及拉萨市2007年至2010年“两基”教育经费投入和管理使用情况专项审计调查2个，拉萨市养老保险基金专项审计调查1个，农发专项资金审计4个，行政事业审计3个，经济责任审计2个，固定资产投资审计2个，企业审计4个。审计总金额922,016.69万元，通过审计共查出违纪违规资金19，754.84万元，挽回经济损失9.9万元，核减工程款5.14万元。编报审计综合信息101篇，撰写征文文章4篇，审计提出建议39条，被相关单位采纳39条。

北京市对口援建座谈会

与内地兄弟单位进行业务交流

拉萨市检察院

检察长 次仁旺堆

检察长次仁旺堆到林周县松盘乡与贫困户亲切交谈

①②③
④

①检察长次仁旺堆到松盘乡进行藏历年慰问
②检察长次仁旺堆给定点扶贫乡林周县松盘乡送去医疗器械
③3月31日，检察长次仁旺堆为松盘乡送去60吨水泥并考察农牧新居建设情况
④4月27日，检察长次仁旺堆到林周县松盘乡赠送基层建设年捐款并考察水渠维修工程进度

拉萨市中级人民法院

党组书记、院长　马　方

最高人民法院院长王胜俊到堆龙德庆县人民法院考察工作

①3月，区党委常务副书记、政府常务副主席、政法委书记郝鹏考察市中级人民法院法宣工作
②群众送来锦旗
③审判大厅
④市法院“法官之声”文艺队

公正司法　一心为民

拉萨市司法局

党组书记　蔡严林

局长　次 培

拉萨市司法局1984年6月成立，人员76人，机构和职能逐步健全，基础设施装备正在逐步建立完善。

2003年起，市辖各县（区）也都相继建立了司法局。截至年底，全市辖有8个县（区）司法局、5个律师事务所（含两个国办所）、1个公证处、1个法律援助中心，全市基本形成完整的司法行政组织体系。全市司法行政系统现有工作人员（包括七县一区）共151人，其中汉族38名，占总人数的25%，藏族112名，占总人数的74%，回族1人，占总人数的1%；其中市司法局为76人，占总数50%。具有法律专业资格从事公证、律师专业法律服务的人员（含各所聘用的律师）28人，占总数19%。大专以上学历131 人，占总数87%（其中研究生2人）；中专及以下20人，占总数13%。

25年来，司法行政工作伴随着拉萨市的社会发展，逐步成长壮大，司法行政业务工作领域逐步拓展。各项司法行政工作得到了长足发展和应有的加强，司法行政事业踏上坦途，走向辉煌。

为群众办理公证业务

开展扶贫慰问活动

“和谐西藏、与法同行”司法专题晚会

党委书记　刘　江

局长　张延清

拉萨市公安局

10月19日，交警支队青巡大队换届会群众送别民警

辖区群众慰问警务站民警

特警队员训练

8月23日，拉萨市公安局交警支队女子中队举行换装仪式图为换装之后的女民警在布达拉宫景区亮相

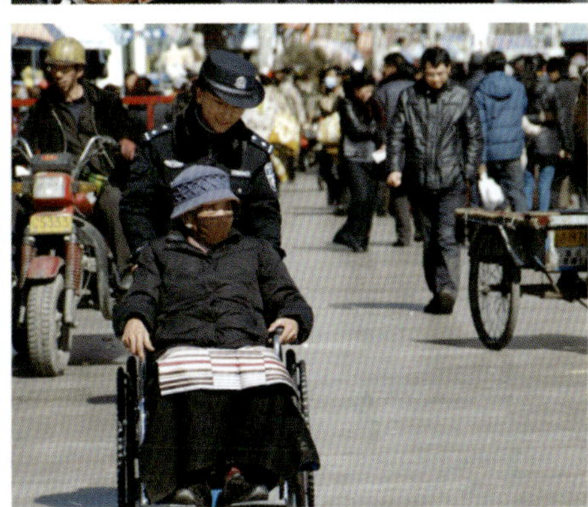

①12月13日，指挥中心民警工作中
②12月7日，群众向布达拉宫广场便民警务站赠送锦旗
③12月3日，便民警务站设立旅游咨询点
④12月15日，铜牛警务站民警操作身份证识别仪
⑤12月3日，便民警务站民警提供便民服务
⑥2月17日，向扶贫点唐古乡群众拜年

雪顿节消防官兵执勤现场

拉萨警备区

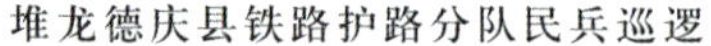

堆龙德庆县铁路护路分队民兵巡逻

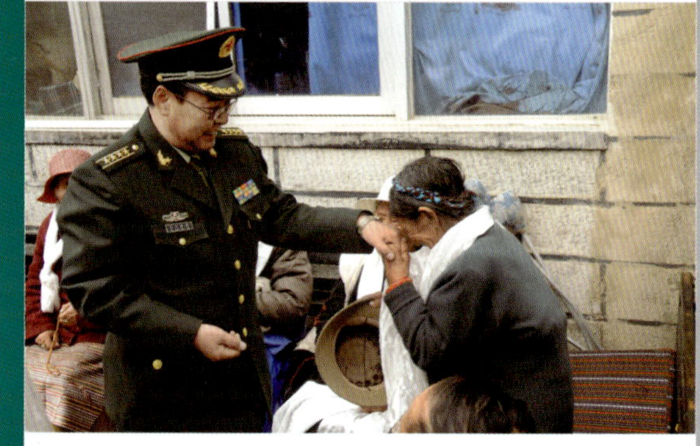

①②③④

①拉萨警备区党委第一书记齐扎拉与司令员徐定国、政委土旦赤列研究部署工作

②9月30日，拉萨警备区司令员徐定国与"全国国防建设十佳新闻人物"——城关区委书记赤列多吉交流工作经验

③拉萨警备区政委土旦赤列看望城关区福利院孤寡老人并送上慰问品

④拉萨警备区参谋长朱金兵带头组织首长机关手枪射击训练

3月，拉萨市民兵培训基地奠基仪式

7月，拉萨警备区组织城关区民兵在拉萨市城关区夺底乡夺底沟进行抗洪抢险

6月，墨竹工卡县人武部组织民兵进行反恐维稳战术演练

2011年，拉萨警备区在西藏军区党委及拉萨市委、市政府正确领导下，在军地双方的共同努力下，始终坚持以科学发展观为指导，认真贯彻主题主线重大战略思想，围绕中心搞建设，突出重点抓落实，注重经常打基础，狠抓工作末端落实，在确保部队自身安全稳定的基础上，有力地维护了拉萨地区的社会稳定，警备区部队全面建设和拉萨市国防后备力量建设稳步推进。

一是齐抓共建有力度。坚持党管武装原则，始终把国防动员建设摆上党委重要议事日程，定期召开拉萨国防动员委员会会议和拉萨市委议军会，认真落实地方党政“一把手”双向兼职、述职、联席会议和过军事日活动等制度。在城市规划、交通运输、通信网络等民用基础设施建设中，充分考虑国防需求，预留军事功能“接口”。积极开展团以上领导干部“1+1”助学活动。拉萨市委常委、城关区委书记赤列多吉被评为“2011年度全国国防后备力量建设新闻人物”。高标准、高质量完成了拉萨市的新兵征集任务，没有出现因政治不合格而退兵的现象。

二是动员准备有举措。认真落实2010年市委、市政府联合下发的拉萨市《关于进一步加强应急民兵分队建设的意见》，完善了民兵的教育训练、执行任务等相关保障机制。及时组织召开市委议军工作会议，听取各县(区)人武部党委第一书记述职情况，研究拉萨市国防和后备力量建设工作，在去年拉萨市民兵训练基地主体工程修建完成的基础上，及时解决了一期垫支经费和二期工程建设经费等问题。积极组织国防教育“进社区、进牧区、进乡村、进学校”等活动，充分利用广播、电视、报刊、网络等媒体，深入开展全民国防教育。

7月，拉萨市女子民兵方阵参加西藏和平解放60周年大庆活动，接受首长检阅

拉萨市外事办公室

党组书记、主任　康娜美朵

市长多吉次珠会见尼泊尔驻拉萨总领事乌帕达雅

市委、市政府主要领导会见加德满都市政府代表团

市委、市政府主要领导会见俄罗斯卡尔梅克共和国埃利斯塔市政府代表团

尼泊尔加德满都市市长在拉萨幸福城市市长论坛上作交流发言

①主任康娜美朵调研强基惠民活动驻村工作
②主任康娜美朵调研涉外项目管理工作
③主任康娜美朵慰问林周县松盘乡岗巴村困难群众
④首届金砖国家友好城市暨地方政府合作论坛在拉萨举行
⑤全市外事工作会议成功召开

拉萨市与尼泊尔加德满都市结为友好城市

拉萨市总工会

党组书记白玉福慰问武警官兵

主席 余刚

①林周县职工之家挂牌仪式
②西藏工会就业培训基地揭牌暨技能培训开班仪式
③慰问环卫职工
④与区就业局联合开展藏式家具职业技能培训
⑤送医送药暨法制宣传
⑥非公企业农民工慰问活动

拉萨市妇女联合会

党组书记、主席　达 娃

农牧区妇女驾驶班开班

庆祝西藏百万农奴解放纪念日座谈会

八届五次执委会

大地之爱・母亲水窖项目验收

“三八节”慰问仓姑寺尼姑

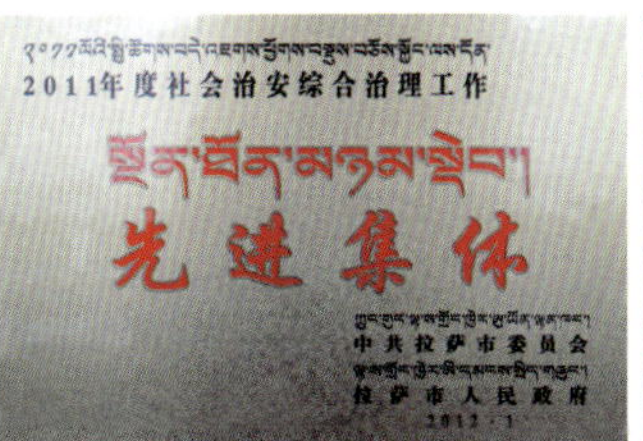

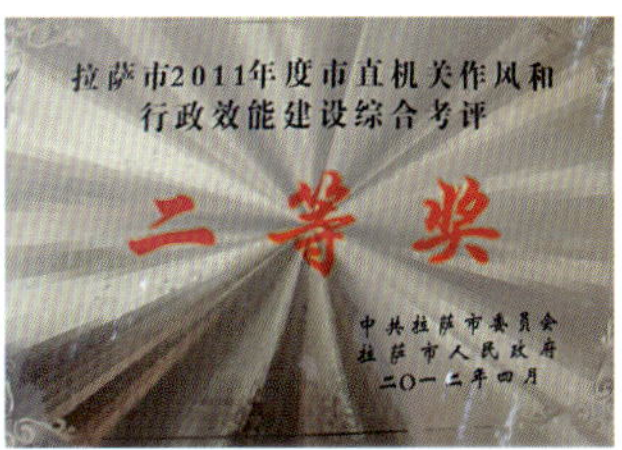

拉萨市发展和改革委员会

党组书记　达　瓦

主任　赵亚萍

拉萨市发展和改革委员会是主管全市国民经济和社会发展的综合职能部门，担负着研究提出经济社会发展战略目标和重大政策、措施，编制全市经济社会发展中长期规划和年度计划，编制重点项目计划，审批管理权限内固定资产投资项目，牵头协调招商引资、产业发展、经济体制改革和宏观经济运行，负责物价监测、检查、调查等管理，同时兼管市粮食局，工作千头万绪，责任重大。委机关内设10个职能科室，现有干部职工65人，其中县级干部10人。

2011年，拉萨市发展和改革委员会在自治区发展和改革委员会的大力支持下，在市委、市政府的正确领导下，围绕市委提出的“一坚持两强化三突破”的总体要求，以庆祝中国共产党建党90周年和西藏和平解放60周年为动力，深入贯彻落实科学发展观，扭住宏观不放松，集中力量上项目，突出重点抓产业，不失时机促消费，全力以赴促和谐，有力推动了全市经济社会平稳较快发展，圆满实现了“十二五”开门红。

区市领导参观“厦洽会”拉萨展区

市领导为市歌舞团项目奠基

发改委举行庆“七一”建党大会

江苏对口援建的江苏大道

农村安全饮水项目

北京对口援建的城关区塔玛小康示范村

堆龙藏鸡养殖基地项目

2011年中国拉萨雪顿节经贸洽谈会开幕式

拉萨市民政局

党组书记　何春林

局长　扎西白珍

4月5日，中央统战部副部长朱维群、自治区党委书记张庆黎、自治区主席白玛赤林出席清明节祭扫活动

自治区党委常委、市委书记秦宜智慰问空军拉萨指挥所

自治区副主席洛桑江村参观市儿童福利院

自治区民政厅副厅长肖白、市民政局局长扎西白珍考察社区便民服务站

市民政局局长扎西白珍慰问女子民兵

全市双拥工作经验交流会在堆龙德庆县召开

市民政局局长扎西白珍节日期间慰问老人

西藏自治区各地、市民政部门领导参观林周县福利院

拉萨市林业绿化局

党组书记　占 堆

局长　宋留柱

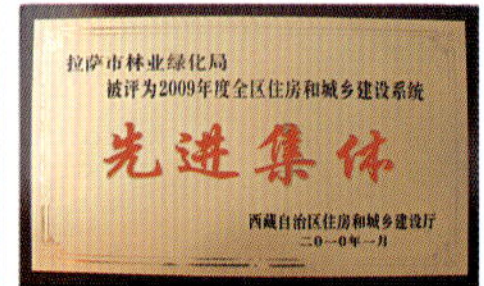

局领导深入基层了解民情

4月8日，自治区林业厅副厅长索朗旺堆考察机场专用高速公路区域绿化工程

局技术人员为扶贫点宣讲科普知识

河坝林公园绿化景点

机场高速公路景观节点绿化工程

4月12日，党、政、军警民义务植树活动

拉萨市农牧局

局长　刘俊博

自治区副主席格桑次仁、区农牧厅厅长坚参、拉萨市副市长次仁央宗考察拉萨市温室生产情况

党组书记其美旺姆在邦达村组织市级龙头企业召开企业用工洽谈会

江苏拉萨农业科技援藏青稞育种合作项目签字仪式

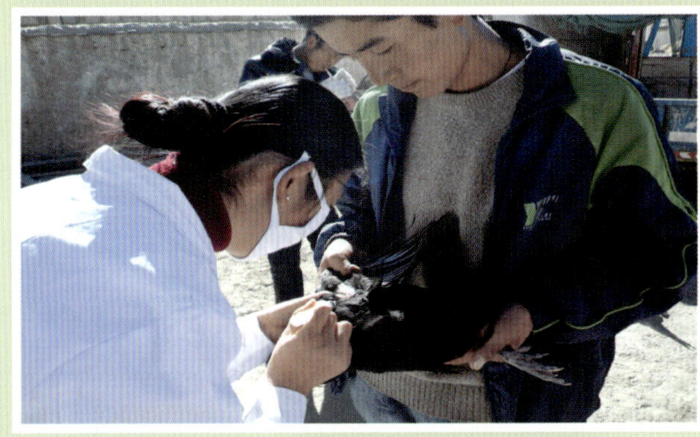

兽医专技人员赴基层进行动物免疫注射

动检人员正在进行快速检测

农牧民在日光温室中为西葫芦绑蔓

局长刘俊博检查指导青稞病虫害防治工作

拉萨市人力资源和社会保障局（拉萨市公务员局）

党组书记　彭丽华

局长　徐海元

市人社局副局长黄彬赴县（区）向农牧民发放新农保养老金

①劳动监察“春暖行动”定期召开，切实维护用人双方合法权益
②10月，全市城镇居民养老保险首次启动，标志着拉萨市统筹城乡的社会保障制度实现了全覆盖
③全市事业单位岗位设置管理试点工作部署会召开，标志着全市事业单位改革正式铺开
④拉萨市新型农村社会养老保险动员大会召开，将领取待遇的农牧民完全纳入统一的社会化管理服务体系

达孜县轰轰烈烈地开展土地治理工作

拉萨市扶贫办

主任 拉巴顿珠

国务院扶贫办主任范小建调研拉萨扶贫工作

授予：拉萨市扶贫开发领导小组办公室
"十一五"期间定点扶贫工作
先进集体
中共拉萨市委员会
拉萨市人民政府
二〇一一年四月

2011年度拉萨市民族团结进步
模范集体
中共拉萨市委员会
拉萨市人民政府
2012年4月

自治区扶贫办副主任曲尼杨培调研达孜县借畜还畜项目

主任拉巴顿珠赴达孜县检查指导土地治理工作

拉萨市扶贫农发工作会议

曲水县聂当乡2012年农业综合开发动员大会

拉萨市粮食局

局长　宗金贤

自治区副主席宫蒲光在拉萨市民营粮食企业指导工作

拉萨市市委常委、常务副市长曹边疆和拉萨市发展改革委党组书记达瓦参加粮食局与新乡市粮食局合作签约仪式

①②
③④

①局长宗金贤带队赴北京市粮食局交流工作经验
②局长宗金贤带队考察北京市古船面粉厂
③局长宗金贤在达孜县粮食局检查指导工作
④局长宗金贤在拉萨市鼎业面粉厂检查指导工作

拉萨市卫生局

党组书记　次旦朗杰

局长　扎西德吉

自治区卫生厅厅长普布卓玛考察拉萨市卫生专业职称考试考场

市卫生局慰问驻市部队开展双拥活动

市卫生局领导热情迎接北京医疗队工作人员

拉萨市食品药品监督管理局

3月，自治区人大常委会副主任宋善礼在宇拓路考察食品药品宣传活动

市食药局积极开展强基惠民和送温暖活动

拉萨市人口和计划生育委员会

市人口计生委与北京对口援助单位进行援藏工作座谈

市人口计生委副主任吴珠旺姆到当雄县乌玛乡向农牧民宣传优生优育知识

市人口计生委上街宣传优生优育健康知识

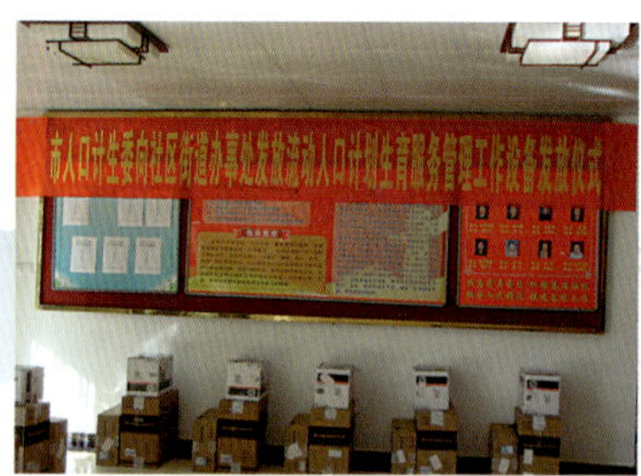
市人口计生委向城关区社区配备流动人口计划生育管理工作电脑

拉萨市

①区党委常委、市委书记齐扎拉、市长多吉次珠检查指导疾控中心工作
②市疾控中心开展传染病防治宣传活动
③局领导带队开展流动儿童查漏补种工作
④疾控人员开展中西部地区口腔项目干预工作

拉萨市妇幼保健院

自治区人大常委会副主任阿登考察市妇幼保健院工作

市长多吉次珠考察市妇幼保健院工作

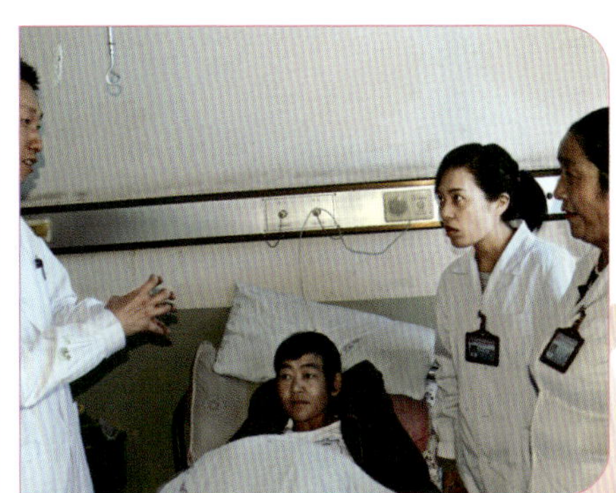

市妇幼保健院援藏医疗队与医务人员交流业务

党组书记　唐登田

局长　欧阳莉萍

自治区党委书记张庆黎检查林周县水利工程

自治区主席向巴平措检查拉萨市城关区段防洪工作

9月，自治区主席白玛赤林在林周县考察中小河流治理工程

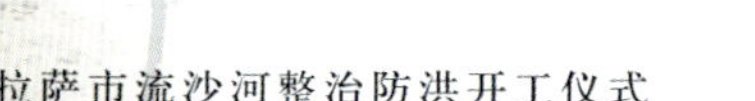
拉萨市流沙河整治防洪开工仪式

拉萨市文化局

党组书记　王秀梅

局长　王德隆

9月，副市长马新明到达孜县文化产业园区考察基层文化建设

清查文化市场

实现寺庙书屋全覆盖

丰富多彩的基层群众文化活动

欢乐雪顿节开幕式

拉萨市档案局（馆）

局长　马荣清

①拉萨市档案局（馆）邀请藏学专家抢救西藏古老筹算文化
②拉萨市档案局（馆）检查指导市（中）直部门档案工作开展情况
③看望慰问贫困户人员
④拉萨市档案局（馆）新馆于2011年7月奠基
⑤拉萨市档案局（馆）收集特色档案（图为尼木“三绝”之一的藏香制作现场）

拉萨市气象局

7月12日，中国气象局副局长许小峰一行赴尼木县气象局考察工作

经济开发区自动气象观测站

墨竹工卡县工卡镇拉龙村举办“37”高炮操作培训

江苏、北京两省市气象局对口支援第八次援藏协调会会议现场

堆龙德庆县乃琼镇实施火箭增雨

11月17日，在堆龙德庆县岗德林合作社蔬菜大棚内建立一套四要素无人自动气象站，分别监测大棚内的温度、湿度、地表温度、土壤湿度。标志着设施农业气象服务正式启动

拉萨市残疾人联合会

理事长　央金卓嘎

中国残疾人联合会党组副书记王乃坤在西藏自治区政府副主席德吉的陪同下赴当雄县调研基层残疾人工作

①市委常务副书记焦建俊考察城关区俄杰塘智力残疾儿童康复服务站
②拉萨市残疾人联合会宣传雷锋活动点
③拉萨市残疾人联合会三关爱活动宣传点

拉萨交通运输管理分局

党组书记　扎　桑

局长　宋世良

文明出租车评选授灯活动

献爱心捐款活动

出租车发车仪式

运政执法中

查扣非法营运车辆

拉萨市国家税务局

党组书记　其美

局长　葛程蓉

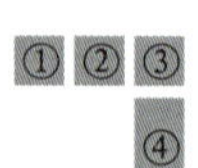

①局党组书记其美检查指导驻村工作
②局长葛程蓉接受零距离栏目访谈
③局长葛程蓉带队慰问驻村工作队
④给藏族阿妈赠送税收宣传环保购物袋

国家税务总局局长
肖捷考察市局工作

为对口扶贫点捐赠汽车

税务巾帼风采

税务干部向纳税人宣传税收优惠政策

拉萨市城关区

拉萨市委副书记、城关区委书记　赤列多吉

拉萨市政协副主席、城关区区长　谢廷锡

城关区位于雅鲁藏布江支流拉萨河中下游，东邻达孜县，南与山南地区贡嘎县和扎囊县接壤，西与堆龙德庆县相连，北靠林周县。城关区总面积554平方公里，其中城区面积58平方公里，行政区域东西跨距28公里，南北跨距31公里，现辖4个乡、8个街道办事处、37个居委会、12个村委会。全区总人口55443人，其中城市人口40272人、农村人口15171人。

城关区旅游资源丰富、独特。不仅有闻名于世的布达拉宫、大昭寺、罗布林卡，还有众多的古建筑、摩岩造像、金石匾额、珍贵文物和古遗址，以及绚丽神奇的自然景观，独具神韵的藏戏、藏舞和异彩纷呈、别具一格的风俗民情。

城关区矿产资源十分丰富，已发现的主要有铁、石灰石、花岗石、瓷土等十多种，且品位高、储量丰富、易于开采。目前已开发的有石灰石、花岗石、瓷土资源。

2011年，全区完成地区生产总值45.32亿元，同比增长16.43%，其中第一产业增加值完成0.74亿元，第二产业增加值完成5.62亿元，第三产业增加值完成38.96亿元，分别同比增长2.48%、15.65%、19.45%；人均GDP预计达到45650元，同比增长16.11%。地方财政一般预算收入一举

自治区常务副主席洛桑江村考察城关区社会福利院

自治区党委常委、拉萨市委书记齐扎拉到社区调研

①市委副书记、城关区委书记赤列多吉慰问军区总医院
②8月27日，市委副书记、城关区委书记赤列多吉检查创城工作
③市委副书记、城关区委书记赤列多吉慰问公安干警
④8月13日，城关区第八次党代会

突破3亿元大关，预计达到3.4亿元，同比增长33.89%；全社会固定资产投资预计达到27.15亿元，同比增长21.31%。城镇居民人均可支配收入预计达到18140元，同比增长7.55%；农牧民人均纯收入预计达到7890元，同比增长16.17%；城镇登记失业率控制在4.3%以内。三次产业比重调整为1.6：12.4：86。

回眸拉萨城关区专场

①② ③④

①2月23日，市政协副主席、城关区区长谢廷锡慰问环卫工人
②市政协副主席、城关区区长谢廷锡慰问公安干警
③城关区统建社区“迎奥运、讲文明、树新风”社区花展
④8月30日，城关区第六届旅游文化艺术节暨嘎吉林青稞酒节

城关区塔玛村安居房

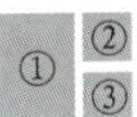

①蔡公堂乡农机冬播
②繁华的农贸市场
③城关区奶牛养殖基地

城关区江苏中学整洁的教学楼

拉萨市 堆龙德庆县

县委书记　于海波

县长　安央金

一、地理位置

堆龙德庆藏语意为“上谷极乐之地”，县城位于青藏高原腹部地带，即念青唐古拉山西南麓，雅鲁藏布江中游北岸支流拉萨河下游区，地处西藏自治区首府拉萨西北部，属拉萨市唯一的近郊县。地理坐标北纬29°26′～30°39′，东经90°27′～91°01′，周边分别东与拉萨市城关区比邻，东南与贡嘎县相连，南与曲水县相接，西与当雄、尼木两县接壤，北与林周县紧靠，整个县域呈“S”状。东西最大距离约80公里，南北最大距离约63公里，土地总面积2704.25平方公里，占拉萨市总面积的9.25%，占自治区总面积的0.22%，耕地面积6364公顷。

二、自然气候

堆龙德庆县属高原温带气候，平均海拔4000米。西北部为堆龙河谷区，以山地丘陵为主，气候严寒，冬长夏短，属高山寒温带半干旱季风气候区。东南部属拉萨河谷区，地势平坦开阔，属高原温带季风气候区。气温分布北低南高，西北部山地高原，年平均气温4℃，平均无霜期100天，平均降雨量420毫米，平均湿度59%，年平均日照2839小时，年平均蒸发量1422毫米，最大风力为12级；东南部农耕区，空气透明度高，阳光强烈，夏季最高气温29℃，冬季最低气温-15℃，平均日照13小时，年降雨量470至510毫米，多集中于夏末秋初，春末夏初多干旱。常见的自然灾害有冰雹、干旱、霜冻、寒潮、洪涝等。

三、行政区划与人口

堆龙德庆县是拉萨市的“西大门”，距拉萨市中心约12公里。县城驻地东嘎镇是全县政治、经济、文化的中心，城区规划面积1.5平方公里。县辖德庆乡、马乡、古荣乡、羊达乡、东嘎镇、乃琼镇、柳梧乡共7个乡(镇)，34个行政村。

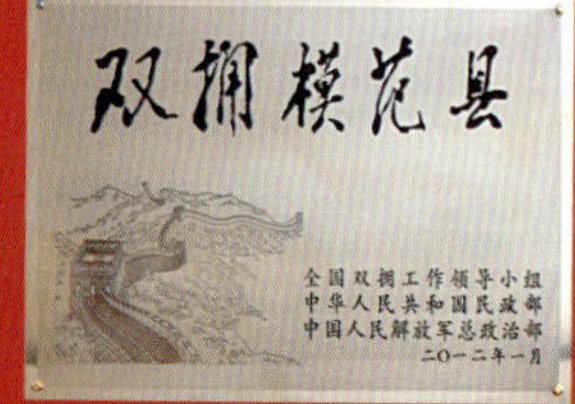

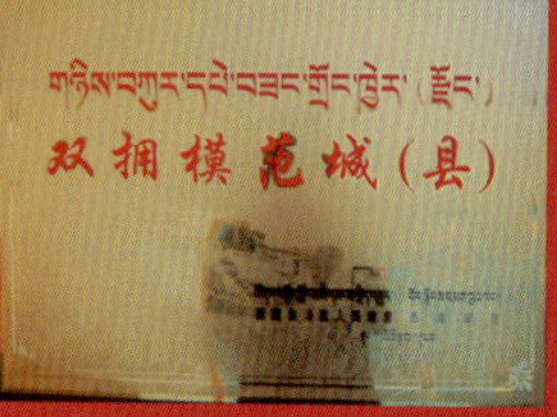

全区“两基”工作先进单位

中共西藏自治区委员会
西藏自治区人民政府
二〇一一年十二月

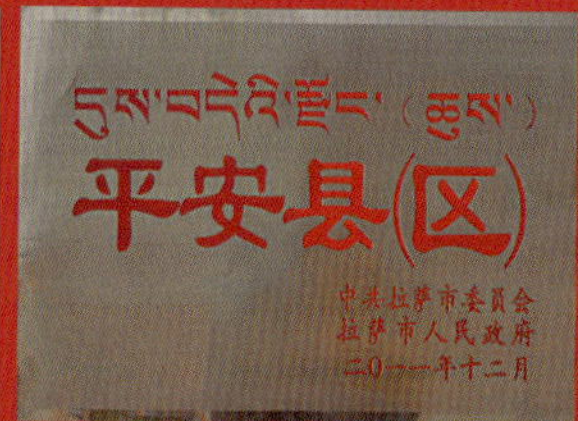

①②
③④

①6月1日，自治区党委书记张庆黎赴堆龙德庆县幼儿园与孩子们欢度“六一”儿童节

②区党委书记陈全国到堆龙德庆县暗访干部驻村、驻寺工作。图为：陈全国在拉萨市堆龙德庆县乃琼镇岗德林村，详细了解驻村工作开展情况

③北京市委常委、常务副市长吉林率北京市党政代表团成员考察堆龙德庆县羊达乡无公害蔬菜基地

④6月4日，区党委常委、市委书记秦宜智，市长多吉次珠深入通嘎村考察西藏和平解放60周年大庆项目

全县总人口4.6万多人，共1.3万多户。青藏公路、拉贡公路、中尼公路在堆龙德庆县境内交汇，青藏铁路横贯全县6个乡镇，青藏铁路客运站、货运站及国家经济技术开发区、柳梧新区分别位于堆龙德庆县柳梧乡柳梧村、乃琼镇色玛村和东嘎镇东嘎村。

四、名胜古迹与旅游资源

堆龙历史悠久，藏文化底蕴深厚，有吐鲁番时期的历史传说和考古遗物，名胜古迹众多，是藏传佛教噶举派的发源地。雄巴拉曲等佛教圣地名扬雪域。有著名的如楚布寺、措麦寺、嘎东寺等，涉及多个教派。以楚布河谷、尼玛塘、桑木自然民俗村、邱桑温泉等为主的观光游览、民俗休闲度假、旅游购物、康疗保健旅游结构体系已基本形成，受到了国内外游客的广泛欢迎和青睐。

五、经济社会发展

近年来，堆龙德庆县在西藏自治区、拉萨市党委、政府的正确领导下，在北京市的大力支援下，经济社会取得了较快发展。2011年，全县实现地区生产总值12.9亿元，同比增长17%；实现财政收入1.46亿元，同比增长67.3%；实现税收近2.2亿元，同比增长98%；完成全社会固定资产投资25.56亿元，同比增长21.45%；完成社会消费品零售总额

①4月2日，市委副书记贾沫微到羊达乡检查指导西藏和平解放60周年大庆项目工程进展情况
②12月20日，堆龙德庆县“四大班子”领导赴县寺庙看望慰问驻寺管委会人员
③3月3日，县委副书记、县长安央金看望慰问环卫工人
④北京市第六批援藏干部于海波、刘盛杰、刘学勇深入藏族群众家里拜年

3.4亿元，同比增长20%；农牧民人均纯收入达到6234元，同比增长17%，全县国民经济主要指标保持了良好的增长态势。

六、受援工作成效显著，资金项目力度倍增

2011年，争取6000余万元完成了堆龙大道东嘎西路和羊达乡无公害蔬菜生产基地两个项目，确定了每年1000万元的工业园区建设资金，并将工业园区规则编制纳入援藏项目。同时，一方面加强与援藏干部派出地的交流，先后争取项目资金300万元和价值165万元的设备；另一方面进一步拓宽人才交流面，全年派出人大、农牧、教育、政法、卫生等系统干部职工40余人赴北京学习考察、挂职锻炼。目前，受援工作已成为推动县域经济社会跨越式发展的重要活力和动力。

七、“十二五”时期，全县经济社会发展的主要目标

全县地区生产总值达到24.18亿元（可比价），年均增长

藏戏演出　植树活动　唱红歌　堆龙德庆县工业园区

17%；人均GDP超过全国平均水平。地方财政一般预算收入达到2.2亿元，年均增长20%，公共财政保障能力显著增强。固定资产投资累计达到188亿元，年均增长20%。社会消费品零售总额达到7亿元，年均增长20%。农村居民人均纯收入达到11700元，年均增长17%，基本实现村村通油路。学龄儿童入学率达到99.86%，劳动力平均受教育年限达到9年。加大科技投入，使其对全县经济增长贡献率达到40%以上。每千人口卫生专业技术人员达到5.5人，孕产妇死亡率控制在120/十万以内，婴幼儿死亡率控制在18‰以内。文化事业实现大发展大繁荣，县、乡、村文化网络服务体系更加健全和完善。城镇化率提高到45%。森林覆盖率达到13%，城镇绿化率不低于35%。草原生态保护奖励补助机制全面建立，水资源保护进一步加强，耕地和湿地面积保持稳中有增。建立覆盖城乡的污水处理和垃圾处理系统。完善城镇绿化布局，加强生态环境保护，走可持续发展之路。

县委书记于海波看望慰问驻地部队

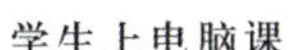

学生上电脑课

羊达乡羊达村安居工程

县城鸟瞰全景图

拉萨市墨竹工卡县

县委书记 林涛

县长 林生

墨竹工卡县位于西藏中部、拉萨河中上游，318国道横贯东西。面积5492平方公里，人口4.9万余人，平均海拔4200米以上，辖7乡1镇40个行政村。素有“天边之乡”的美誉，野生动植物资源有黑颈鹤、斑头雁、虫草、雪莲花、红景天等，矿产资源有铜、铅、锌、金、钼、大理石等。境内名胜古迹众多，旅游资源得天独厚，距今850多年历史的直孔梯寺闻名国内外，具祛病美容效用的日多温泉、德仲温泉和有财神湖之称的思金拉措等自然景观独具魅力，直孔水磨糌粑、斯布牦牛等农畜产品驰名区内外，以松赞拉康、松赞干布纪念馆、霍尔康庄园、甲桑古道徒步游为重点的藏王松赞干布出生地——甲玛景区已完成松赞干布纪念馆建设并于2010年8月底对游客开放。

①9月17日，国家农业综合开发办公室农发处处长李建民莅临墨竹工卡县检查2010年度农业综合开发土地治理项目建设情况

②6月2日，自治区常委，纪检委书记金书波莅临墨竹工卡县指导工作

③6月14日，自治区党委副书记、常务副主席吴英杰出席米拉山景点牦牛揭幕仪式

④4月15日，自治区副主席格桑次仁莅临墨竹工卡县考察指导农业生产工作

①②
③④

①3月23日，市长多吉次珠考察安居工程建设情况和春耕备耕工作，对墨竹工卡县安居工程建设和春耕备耕工作进行指导

②6月29日，纪念建党90周年暨表彰大会在县礼堂隆重举行

③5月23日，墨竹工卡县隆重庆祝西藏和平解放60周年暨红歌颂党恩献礼演出上，各族干部群众载歌载舞，庆祝西藏和平解放60周年

④8月22日，墨竹工卡县第二届甲玛松赞文化艺术节开幕，区、市有关领导出席开幕式

塔巴陶瓷

加大安居工程配套，建设资金实现向农牧区倾斜，向民生倾斜，真正惠及农牧民群众，经济发展成果真正实现了与农牧民群众共享，民富县强的发展目标凝聚着墨竹工卡发展的不竭动力

甲玛松赞文化艺术节赛牦牛活动

积极推进农业机械化进程，唐加乡农业机收场景

松赞干布出生地大门

传统民族刺绣唐卡

墨竹工卡县思金拉措湖

拉萨市当雄县

县委书记 于 波

县长 尼 玛

当雄县位于西藏自治区中部，藏南与藏北交界地带，是自治区首府拉萨的北大门，距拉萨市165公里，是拉萨市唯一一个纯牧业县。全县国土面积1.2万平方公里，可利用草场面积937.2公顷。现辖6乡2镇，28个行政村。全县总人口为4.8万人，其中牧业人口43984人。

当雄县矿产资源丰富，主要有多金属矿、高岭土、石膏矿、铜矿、铅锌矿、火山灰、石灰石等。其中5100矿泉水和羊八井地热温泉享誉海外。当雄县野生动物资源物种繁多，包括野驴、狐狸、猞猁、雪鸡、水鸭、豹子、石羊、白天鹅、黑颈鹤等，出产冬虫夏草、藏贝母、藏雪莲、红景天、龙胆等经济药用植物。

当雄县名胜古迹和旅游景点包括：世界海拔最高的咸水湖——纳木措、历史名城冲嘎固始汗夏宫遗址、享有盛名的藏传佛教噶当派创始人——仲敦巴旧址、藏北八塔等，并拥有嘎洛寺、多吉林寺、羊八井寺、康玛寺等寺庙。“神山”念青唐古拉山座落在当雄境内，主峰下是第十一届亚运会圣火取火点。羊八井、宁中乡、康玛温泉度假村设施齐全、环境优美，是旅游度假、疗养休闲的绝佳去处。

“十二五”以来，当雄县在市委、市政府的正确领导

自治区党委常委、人大常委会主任向巴平措在当雄调研

自治区党委常委、市委书记秦宜智看望慰问纳木湖乡牧民群众

自治区党委常委、统战部部长齐扎拉参加当雄县2011年赛马节

市长多吉次珠检查当雄县“两基”迎国检工作

下，在北京市的大力援助下，以科学发展观为统领，以富民强县为出发点，深入贯彻落实“一产上水平、二产抓重点、三产大发展”的经济发展战略，一手抓稳定、一手抓发展，解放思想、实事求是、团结拼搏、真抓实干，全县经济社会呈现出跨越式发展的良好势头。

县政府办公大楼

2011年全县实现地区生产总值6.5亿元，同比增长18.61%；地方财政一般预算收入实现8524万元，同比增长100%；完成全社会固定资产投资8.91亿元，同比增长30.13%；社会消费品零售总额4771.99万元，同比增长44.61%；牧民人均收入5923.37元，同比增长15.43%；全年共接待国内外游客43.6万人次，实现旅游收入5209万元，分别同比增长22.47%、33.36%；多种经营收入1.83亿元，同比增长22.64%。

当雄县政务服务中心和信访大厅揭牌仪式

当雄县开展两用温棚试点工程

当雄县举办2011年赛马节

①②
③④

①县长尼玛在“当吉仁”赛马节上致辞
②“当吉仁”赛马节是当雄草原上的一项重要的传统节日，它既传承着历史的发展，又反映着时代的变迁。如今“当吉仁”赛马节不仅成为集赛马、物资交流、文艺、竞技等为一体的大型群众性民间体育文化盛会，也成为拉萨传统节日——雪顿节的重要品牌活动
③当雄县民间艺术团在“当吉仁”赛马场向牧民群众献民间舞蹈
④当雄县2011年举办物交会

市长多吉次珠到当雄县检查安居工程建设情况

县长尼玛带头植树

具有当雄特色的服饰专卖店

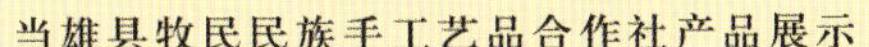

当雄县牧民民族手工艺品合作社产品展示

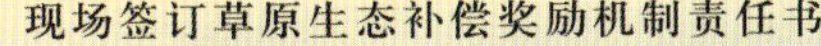

现场签订草原生态补偿奖励机制责任书

在康玛寺开展安装地面卫星设备仪式的情景

回眸拉萨60周年“红色歌曲·拉萨唱”当雄专场现场

拉萨市达孜县

县委书记　李忠法

县长　阿努次仁

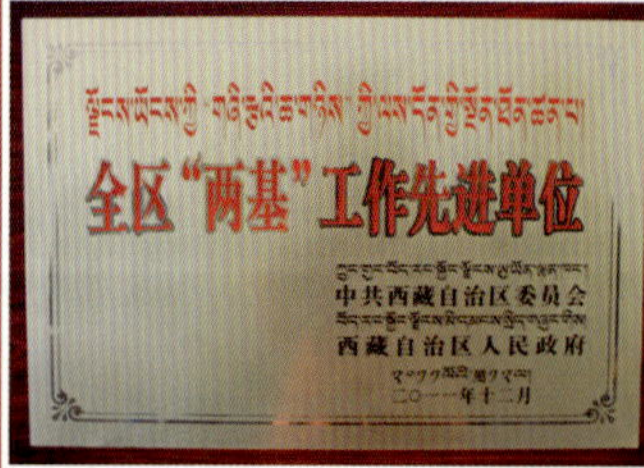

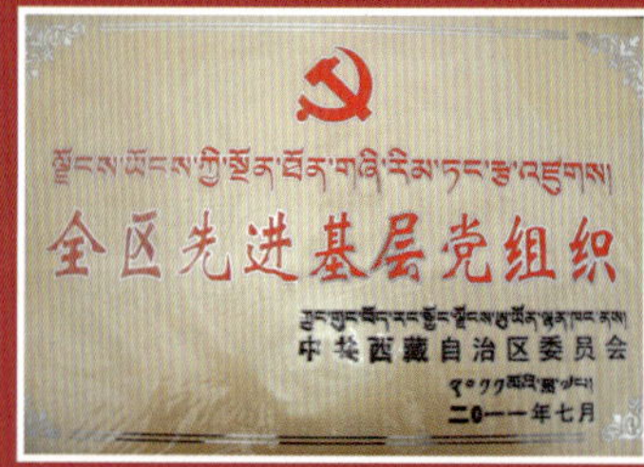

落户在达孜县境内雅江黑颈鹤自然保护区内的黑颈鹤

①②
③④

①第十届全国人大副委员长热地率中央代表团考察金叶敬老院

②6月22日，自治区主席白玛赤林（中）、自治区人民政府常务副主席郝鹏（左一）出席墨达灌区工程竣工典礼现场

③6月22日，自治区常务副主席郝鹏（中）、拉萨市市长多吉次珠出席墨达灌区工程竣工典礼现场

④市长多吉次珠赴墨达灌区竣工典礼现场

塔杰乡巴嘎雪村防风固沙造林项目

①5月10日，拉萨市副市长果果调研达孜县庭院经济
②县长阿努次仁向执勤官兵拜年
③县长阿努次仁慰问女民兵
④藏历年期间慰问贫困户
⑤县长阿努次仁、常务副县长薛军民观看图片展
⑥副县长卜兴荣(第六批援藏干部)陪同欧洲驻华大使参观天威英利
⑦江苏援藏医疗队组建免费义诊医疗团
⑧达孜县中学学生参加县"红色歌曲"演唱会

达孜县

ལྷ་སའི་ལོ་རིམ་མེ་ལོང་།

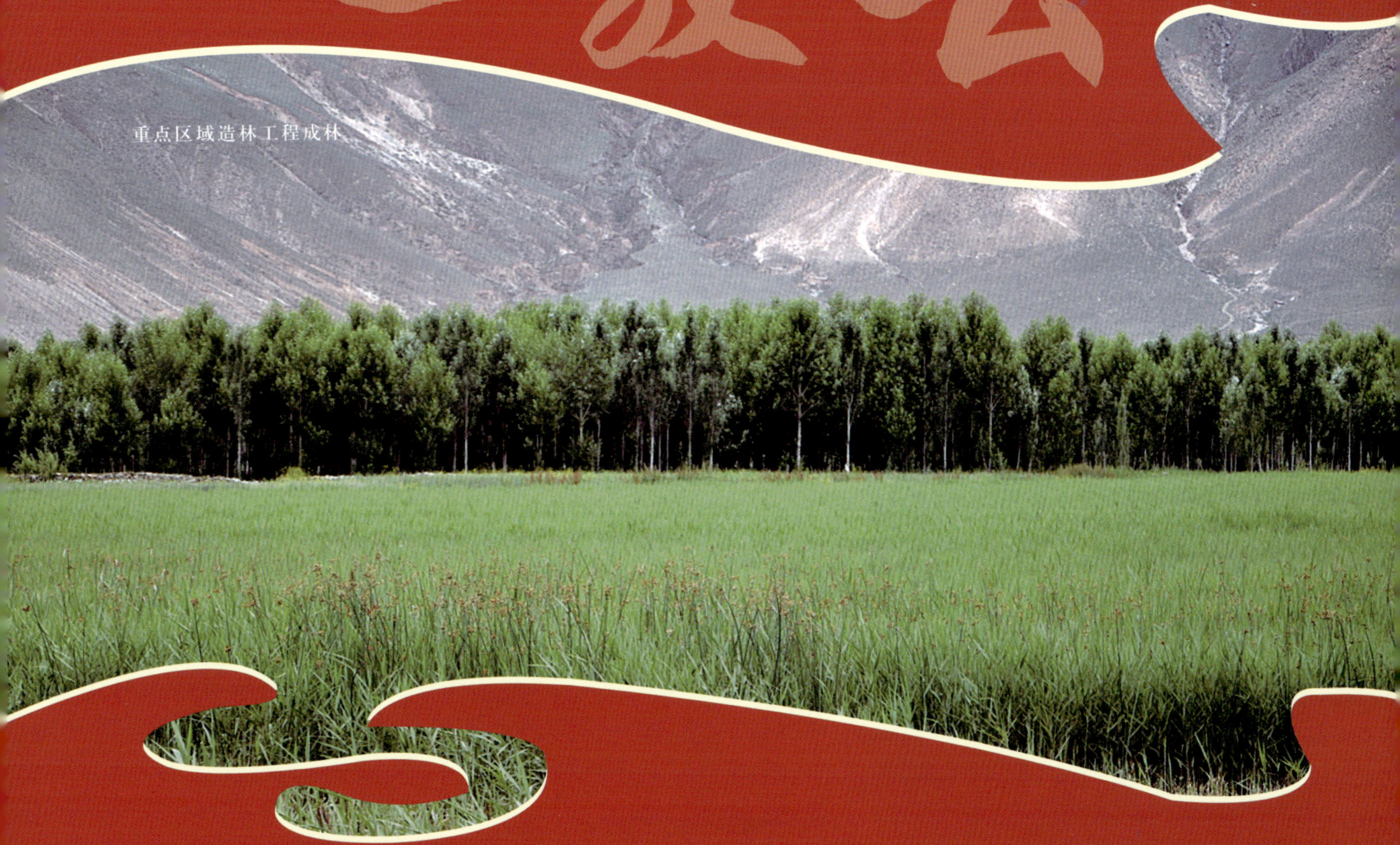

重点区域造林工程成林

①②③
④⑤

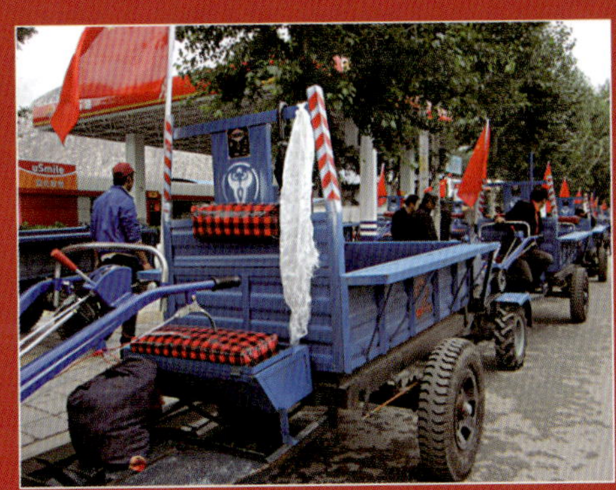

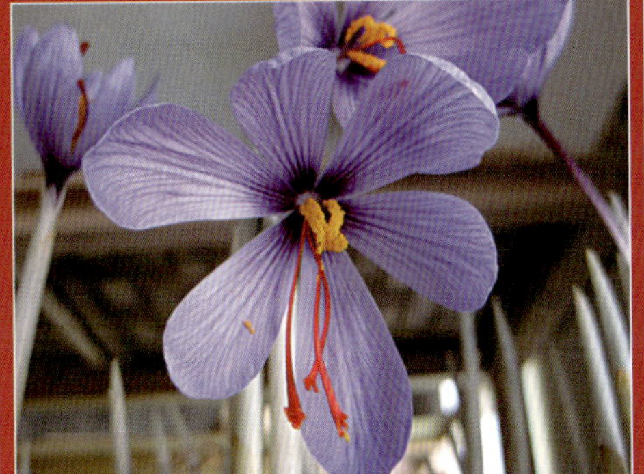

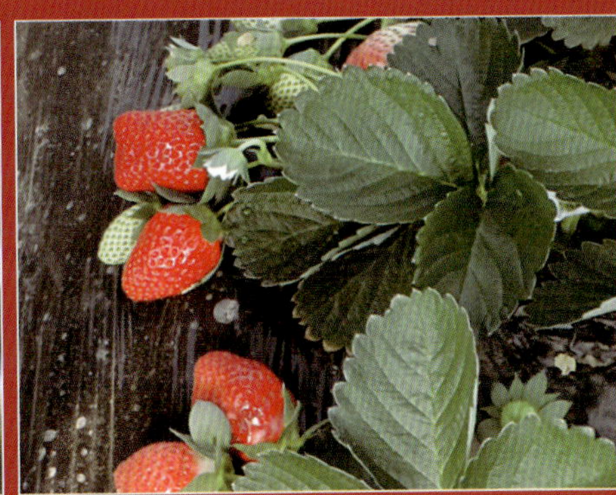

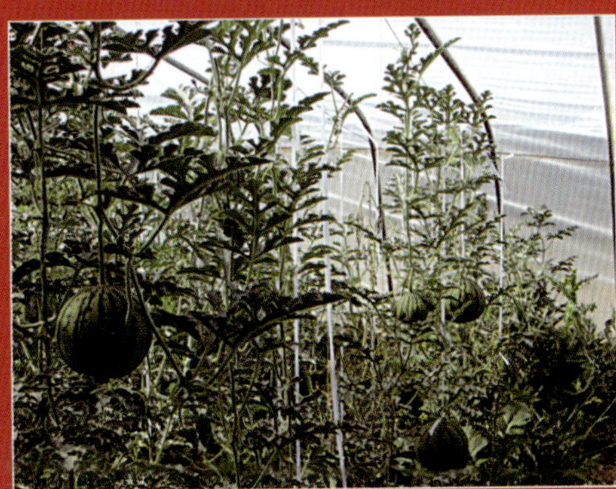

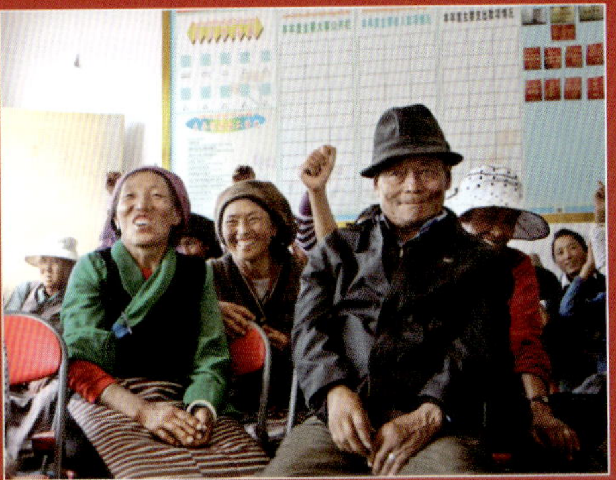

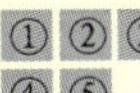

①发放农机具
②藏红花试种项目
③草莓种植项目
④温室西瓜
⑤村委会召开党员大会

拉萨市曲水县

【地理】曲水县境内以雅鲁藏布江断裂(北界断裂)为界，以北的大部分地区地层属冈底斯——念青唐古拉地层区拉萨——察隅分区，可进一步分为北部的拉萨小区和南部的曲水小区；以南的局部地区（茶巴拉乡一带）的地层为喜马拉雅地层区雅鲁藏布地层分区朗杰学小区。曲水县位于自治区首府拉萨市的西南部，居北纬29° 14′ ~29° 36′ 。东经90° 21′ ~90° 04′ 之间，地处拉萨河下游与雅鲁藏布江中游交汇的曲水宽谷上，南临雅鲁藏布江，与山南地区的浪卡子县和贡嘎县隔江相望，西面和西北与尼木县、当雄县接壤，北侧和东北侧与堆龙德庆县毗邻。全县东西长68公里，南北宽39.75公里。土地总面积1648.5平方公里。境内雅鲁藏布江由西南向东流，经茶巴拉、达嘎等地在县城与拉萨河汇集，然后转向南流。拉萨河由东北向西南，经聂当、才纳、南木在县城南部汇入雅鲁藏布江。

【植被】曲水县由于地处冈底斯山与念青唐古拉山区和雅鲁藏布江区之间的雅鲁藏布江深大断裂带上，北高南低，南北高差悬殊，地形复杂气候变化大，植物种类较多。境内主要植被以高寒草甸植被为主，其次是高寒灌丛草甸植被，高寒草原植被，温性草原植被，山地灌丛草原植被以及少量的灌丛植被。

【水文】全县水域面积31.5平方公里，占总面积的1.88%，境内有9个湖泊：拉隅果措、那扩措、措穷、冈桑拉措、昂措、普措庆、曲水措、措锅错、那穷措。较大河流9条：雅鲁藏布江、拉萨河、热堆沟、茶巴拉沟、南木沟、曲甫沟、色甫沟、察巴朗沟、色麦沟；主干渠11条，总长120公里。区域支流河谷落差大，水流急。曲水县位于雅鲁藏布江中游和拉萨河下游的宽谷地带，只有才纳乡一条小河由东向西流入拉萨河，其余小河均由西北向东南流入拉萨河或雅鲁藏布江，其中色普曲、曲甫曲等水资源丰富。雅鲁藏布江泽南沟口曲水河段，年径流量230亿立方米，其雨水、融水、地下水补给分别占年径流量的45%、20%、35%。水源充

县委书记　周广智

县长　孙宝祥

沛，适宜牧、工、农、林、渔等行业用水。雅鲁藏布江丰水期在6月至9月，占全年径流总量的70%以上。枯水期11月至次年4月，仅占总流量的20%～30%。径流量年变化小，变差系数在0.27～0.18之间。全县地下水十分丰富，平均深埋5米～10米处，含人体有害物质少。同时，还有许多泉水出露，故曲水县天然水资源丰富。

【气候】曲水县属于温带半干旱气候，年平均气温7.5℃，极端最高气温29.4℃，月平均最高气温22.5℃(6月)，极端最低气温-16.5℃，月平均最低气温-10.2℃(1月)，平均日较差14.5℃，年平均相对湿度45%，最小相对湿度为零，年平均降水量444.8毫米。最大日降水量41.6毫米／日，降水量主要集中在5月至9月，占全年降水量的85%以上。年平均蒸发量2205.6毫米，约为降水量的5倍。年平均日照时数3007.7小时，日照百分率为68%。随着海拔的升高，温度降

①②
③④

①5月12日，自治区主席白玛赤林调研拉日铁路施工现场
②2月22日，自治区副主席董明俊到曲水县工业企业调研
③4月14日，自治区副主席格桑次仁考察曲水县农牧业生产情况
④2月17日，自治区党委常委、纪检委书记金书波赴曲水县调研创先争优工作开展情况

县委书记周广智陪同自治区主席白玛赤林考察拉日铁路建设

4月13日，自治区党委常委、市委书记秦宜智到才纳乡调研基层党组织建设情况

4月22日，市长多吉次珠调研高速公路两侧环境整治工作

8月，茶巴拉乡水库发生险情，县委书记周广智带领县委班子指导防洪工作

低(温度降低推算、海拔每增高100米，温度约下降0.6℃左右)。年降雪平均8.3天，最多19天，年雹日数平均6.2天，最多16天，最少1天。南受印度洋暖流，北受西伯利亚寒流的影响，冬夏、昼夜气候温差大，冬春时干旱多风，风季一般从10月中旬开始到次年5月中旬结束，年平均风速每秒2.1米，极大风速达32.3米，风沙日数每年6天，最多达27天。全年无霜期平均231天，霜期134天，无霜期最长253天，最短200天左右，初霜期一般在10月初，终霜期4月底至5月中旬，主要灾害性气候为水灾、旱灾、雹灾、涝灾、虫灾、风灾。

曲水县县长孙宝祥在曲水县农村养老保险金发放仪式上讲话

曲水县县长孙宝祥慰问曲水县中队官兵

拉萨市林周县

县委书记　钱文辉

县长　次仁顿珠

国家水利部副部长矫勇考察林周县旁多水利枢纽工程移民搬迁安置点

自治区主席白玛赤林考察新集镇建设情况

①
②③

①4月7日，自治区党委副书记、常务副主席吴英杰到林周县考察旁多水利枢纽工程
②9月18日，市长多吉次珠赴林周县边角林乡调研农机合作社
③3月5日，县委书记钱文辉赴强嘎乡慰问

①②
③

①12月14日，县委书记钱文辉与和谐模范寺庙、爱国守法僧尼表彰大会受表彰僧尼合影
②8月1日，县长次仁顿珠慰问县中队官兵
③8月25日，林周县旁多水利枢纽工程第一批搬迁群众欢迎仪式

2011年3月8日，林周县举行维稳誓师大会暨车辆装备发放仪式

林周县机械化秋收场面

林周县澎波半细毛羊推广养殖

科技人员为群众讲解现代科技知识

唐古乡热振国家森林公园

6月17日，县委书记钱文辉在“红色歌曲·拉萨唱”林周县专场演唱会现场

拉萨市 尼木县

县委书记 袁新民

县长 赵涛

尼木，藏文之意为“麦穗”。地处西藏中南部，雅鲁藏布江中游北岸，系前后藏的结合部。尼木历史悠久，在元世组时代即已设宗。全县地域面积3273平方公里，现辖7乡1镇，35个行政村，人口31000余人。是全国社会治安综合治理平安县、全国国防教育先进县。

尼木县属高原温带半干旱气候区，具有四季分明、空气干燥、无霜期短、昼夜温差大、日照时间长、冬春两季多风等特点。尼木山峦起伏，河谷纵横，地形西高东低，平均海拔4000米以上。尼木县自然资源丰富，野生动植物资源尤为可观，多达300余种，均具有很高的经济价值与药用价值。尼木的矿藏以矿种多、分布广、规模大、品位高为特色。部分铜矿目前在逐步开发，其生产工艺居全国领先水平，发展前景广阔。尼木是藏文字的发祥地、藏民族文化发展的摇篮、拉萨民族手工业的后作坊。藏纸、藏香和雕刻绘画并称“尼木三绝”，享誉区内外。

2011年，全县国内生产总值达到38620万元、增长率为22.4%，其中一产6981万元、二产13138万元、三产18501万元，三次产业比重由上年的18.7：35.5：45.8调整为18：34：48；完成固定资产投资37827.27万元、增长27.4%；农牧民人均纯收入达到5598.93元、增长21.5%；财政收入完成1486万元、增长29%；城镇居民可支配收入达16293.67元、增长13.3%。

自治区党委常委、市委书记齐扎拉到尼木县指导工作

县委副书记、县人大常委会主任洛桑赤列慰问基层干部

①②
③④

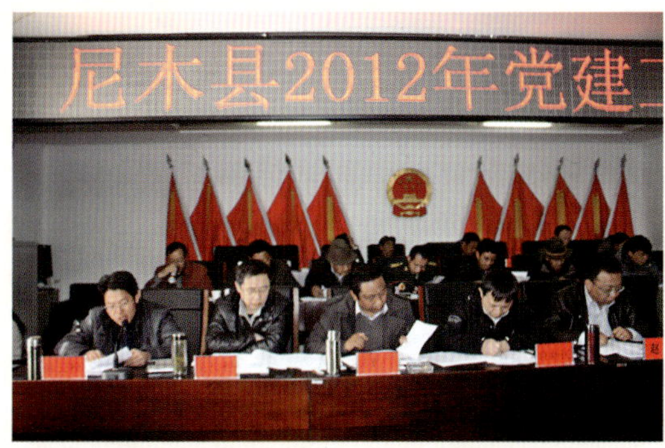

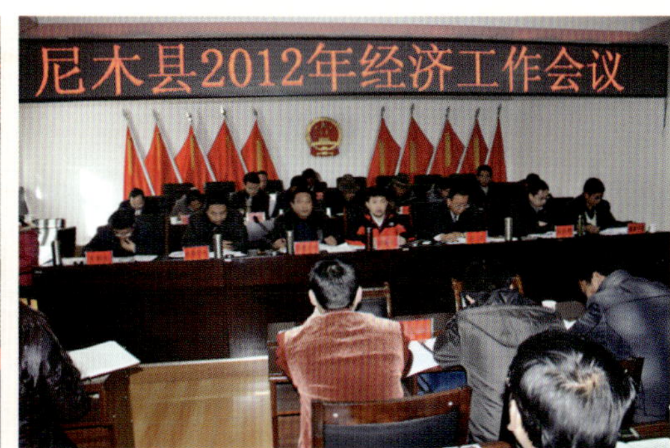

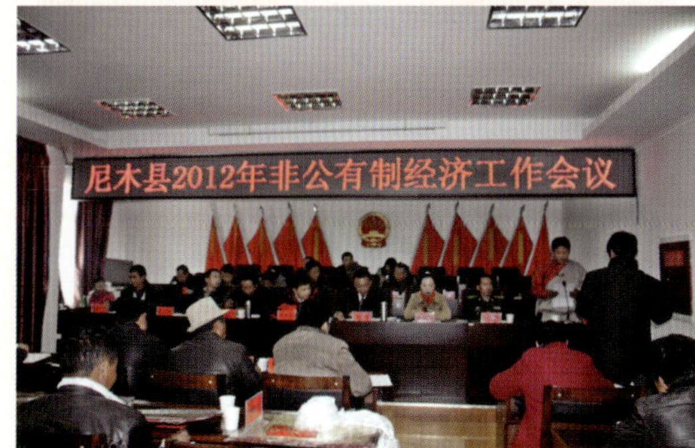

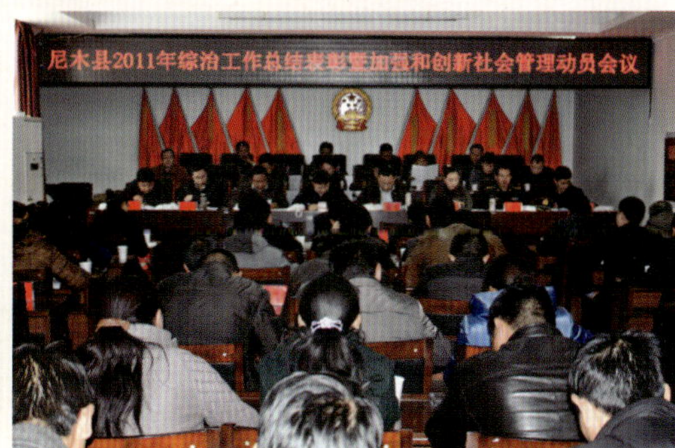

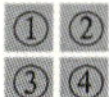

①党建工作会议
②经济工作会议
③非公有制经济工作会议
④综治工作会议

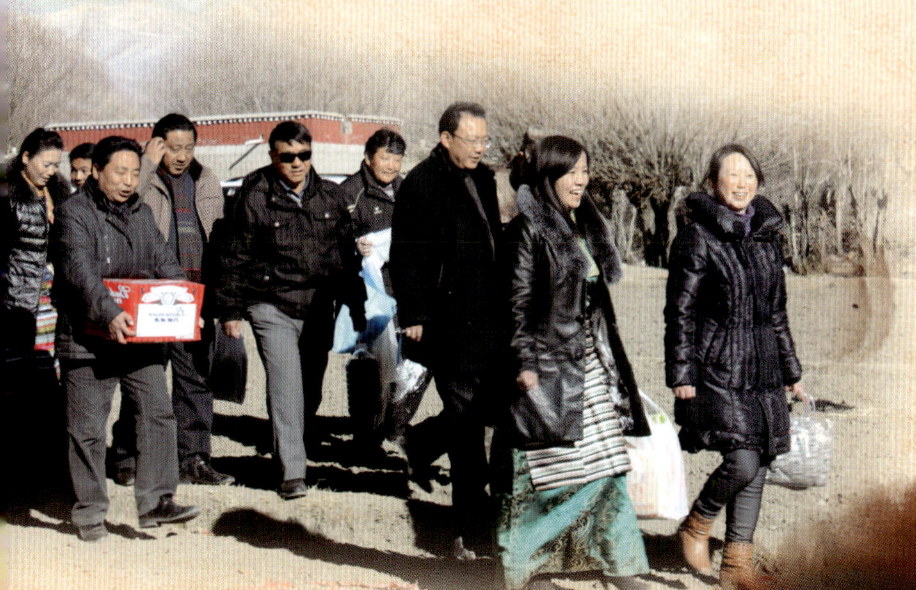

12月，县委书记袁新民、县长赵涛、人大常委会主任洛桑赤列前往塔荣镇慰问驻村工作队

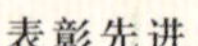
表彰先进

接受群众监督

大力弘扬雷锋精神

听取群众意见

广播电视村村通

家电下乡

吞巴景区的水磨

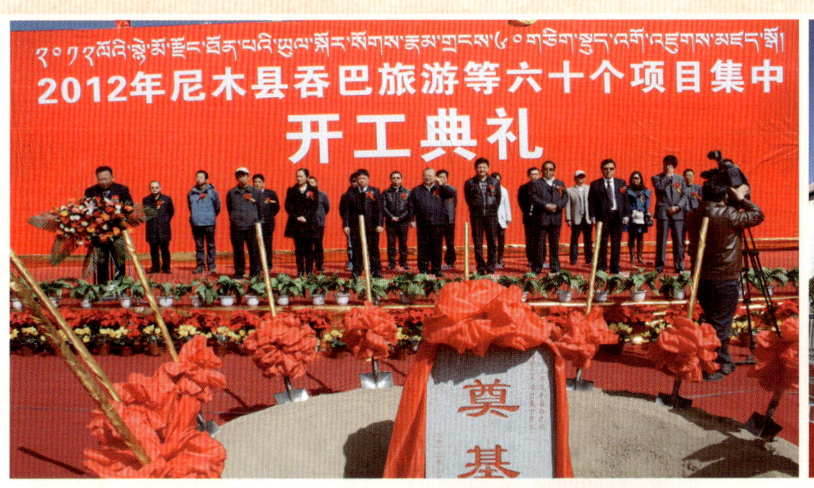

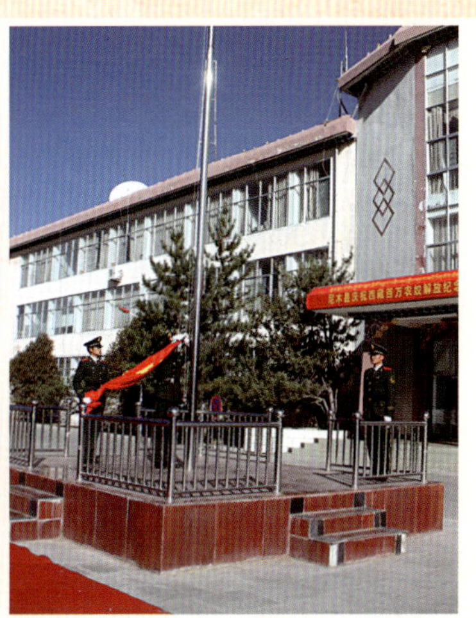

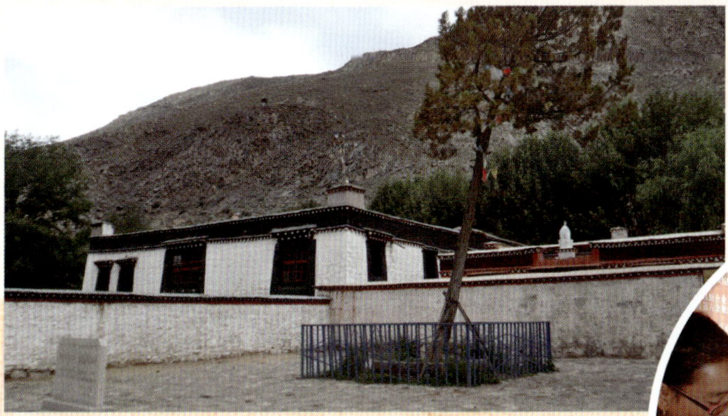

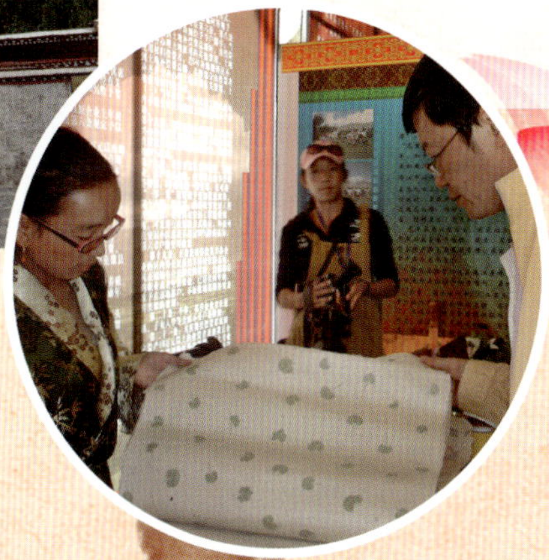

① ②
③ ④

①项目集中开工
②升国旗、唱国歌
③吞巴景区的民居
④游客观摩藏纸

拉萨市柳梧新区管委会

①②
③④
①中共中央政治局委员、北京市委书记刘淇到柳梧新区考察
②全国人大常委会副委员长热地到柳梧新区考察
③自治区党委书记张庆黎到柳梧新区考察
④自治区主席白玛赤林到柳梧新区考察

柳梧新区是拉萨市“东延西扩南跨，一城两岸三区”城市发展战略的重要组成部分，也是充分发挥青藏铁路辐射带动作用，拓展拉萨城市发展空间，缓解老城区人口压力而开发建设的新城区。2007年11月13日，柳梧新区管委会经批准正式揭牌成立，作为市政府的正县级派出机构，全面负责新区开发建设。

柳梧新区的城市定位和发展目标是：拉萨市城市副中心之一，形成以客运枢纽、商贸服务、旅游集散、总部经济、特色居住为主的西藏现代化城市典型示范区。新区规划用地布局由北、中、南三个组团构成，规划控制区面积42.7平方公里，规划用地24平方公里，规划总人口10万人~12万人。其中拉萨火车站所在的北组团是新区重点启动区，规划控制区面积9.04平方公里，规划用地面积6.44平方公里，规划常住人口3.5万人~4万人。

管委会成立4年多来，在原柳梧新区筹备组征用9060亩土地的基础上，严格按照市委、市政府“高品位规划、高质量建设、高水平管理”的工作要求，以科学发展观为指引，科学确定城市定位和发展目标，边组建完善机构，边筹备项目建设，一手旗帜鲜明反分裂，一手坚定不移抓发展，新区各项工作有序推进，现代化城市雏形逐步形

①②
③④

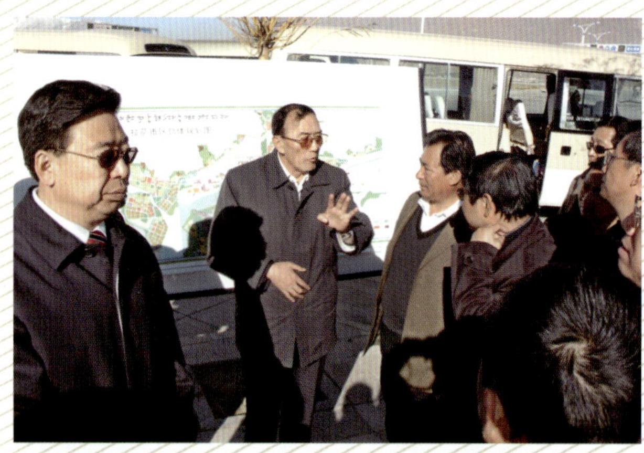

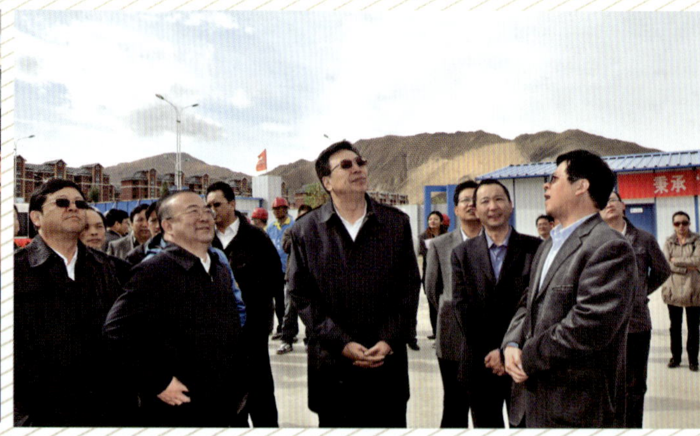

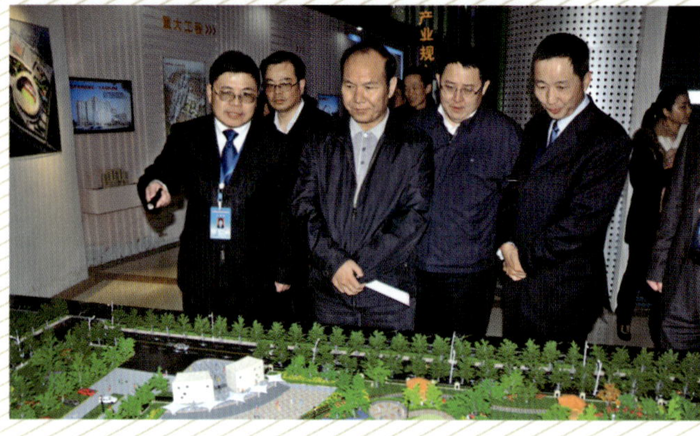

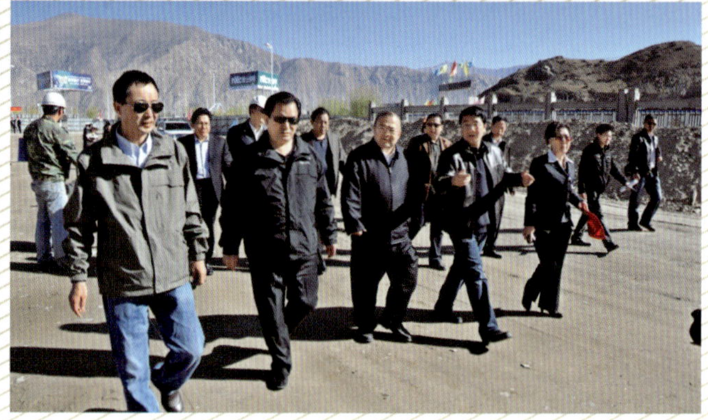

①自治区人大常委会主任向巴平措到新区考察
②自治区党委常委、副主席吴英杰考察群众文化体育中心项目
③自治区党委常委、市委书记齐扎拉到新区考察
④市长多吉次珠到新区考察

柳梧大厦奠基仪式

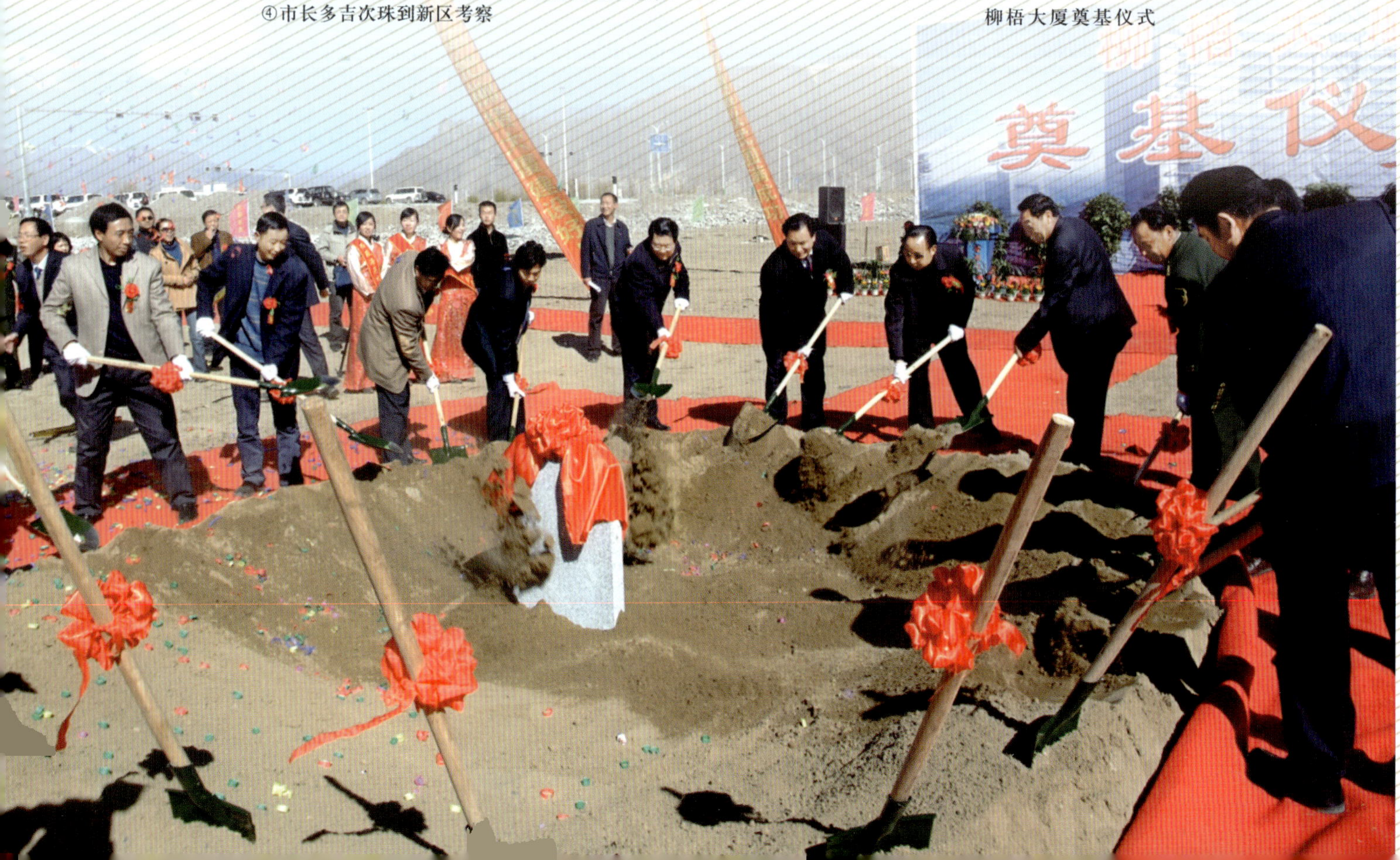

①4月23日，市长多吉次珠出席阿一实业君泰大厦奠基仪式
②管委会领导与西藏反恐总队共度"八一"建军节
③慰问当地群众

成。

4年多来，柳梧新区累计完成财政一般预算收入1.87亿元，完成固定资产项目104个，完成投资35亿元，引进招商引资项目37个，协议资金86.9亿元，到位资金26.5亿元。全长23.08公里和北京大道、察古大道、世纪大道、柳梧大道、团结路等城市交通主次干道相继建成，新区交通路网基本形成；浙江海亮集团、奇正藏药集团、内蒙古蒙发集团、华泰龙矿业、金川集团、西藏天知企业集团、中国人寿西藏分公司、飞天酒店、西藏银行、民航西藏自治区管理局等一批有影响力的企业相继落户柳梧，为新区更好更快发展注入了强劲活力；柳梧高级中学、红军小学、拉萨群众文化体育中心、拉萨德吉罗布儿童游乐园、柳梧新区医院、中国共产党西藏历史纪念馆、柳梧农贸市场等一批文、教、卫、体项目通过国家投资、援藏投资、新区自筹等方式正在建设或筹建；给水厂、污水处理厂、银行、保险公司、公交等生活配套系统逐步完善；青铁安置小区、向冲小区建成，群众就业门路不断拓展，失地农民得到妥善安置。

拉萨经济技术开发区管理委员会

党工委书记、主任　黄羽天

拉萨经济技术开发区党工委书记、主任黄羽天看望“创先争优强基惠民”驻村工作组并慰问贫困户

①②③
④⑤⑥

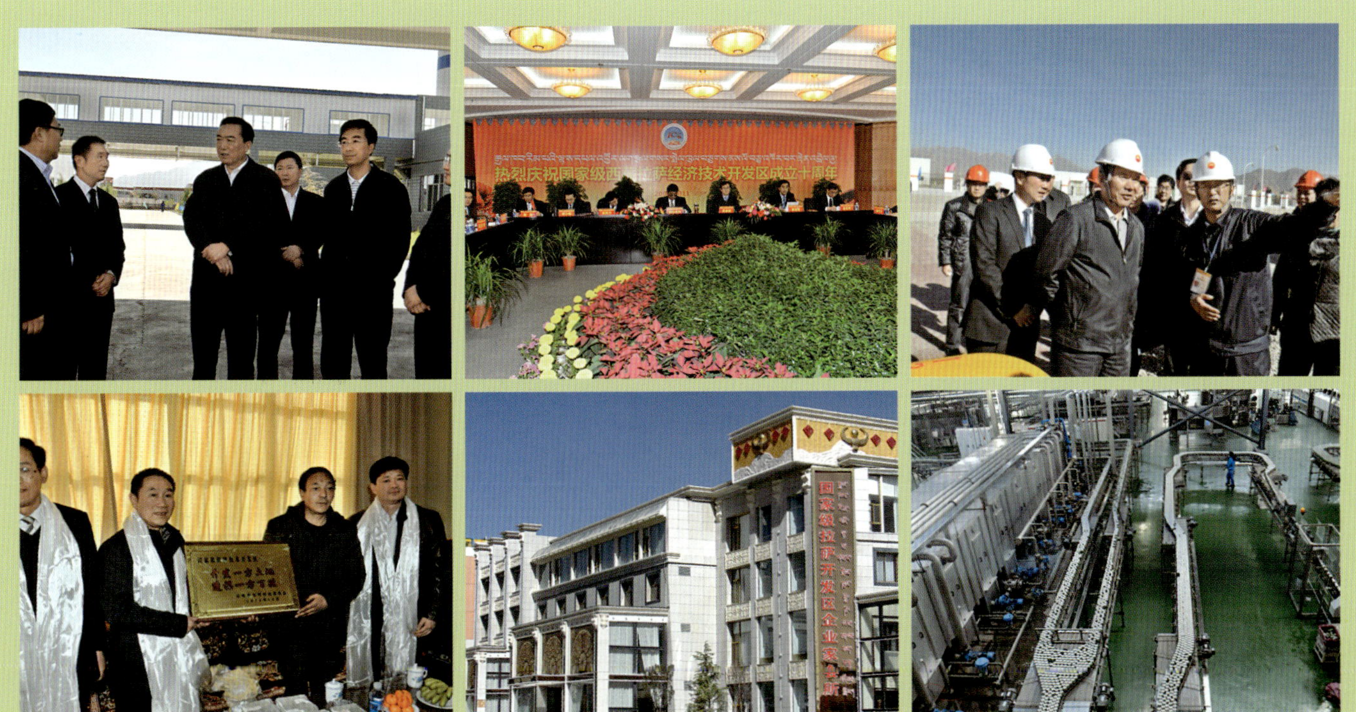

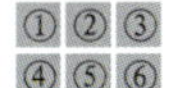

①8月31日，自治区党委书记陈全国考察拉萨经济技术开发区
②9月19日，拉萨经济技术开发区举行成立十周年庆典活动，自治区主席白玛赤林出席
③11月30日，自治区党委常委、拉萨市委书记齐扎拉考察拉萨经济技术开发区
④12月28日，拉萨经济技术开发区为失地群众送去兴办经济实体所得利润
⑤拉萨经济技术开发区软件服务设施——企业家会所
⑥拉萨啤酒厂现代化生产线

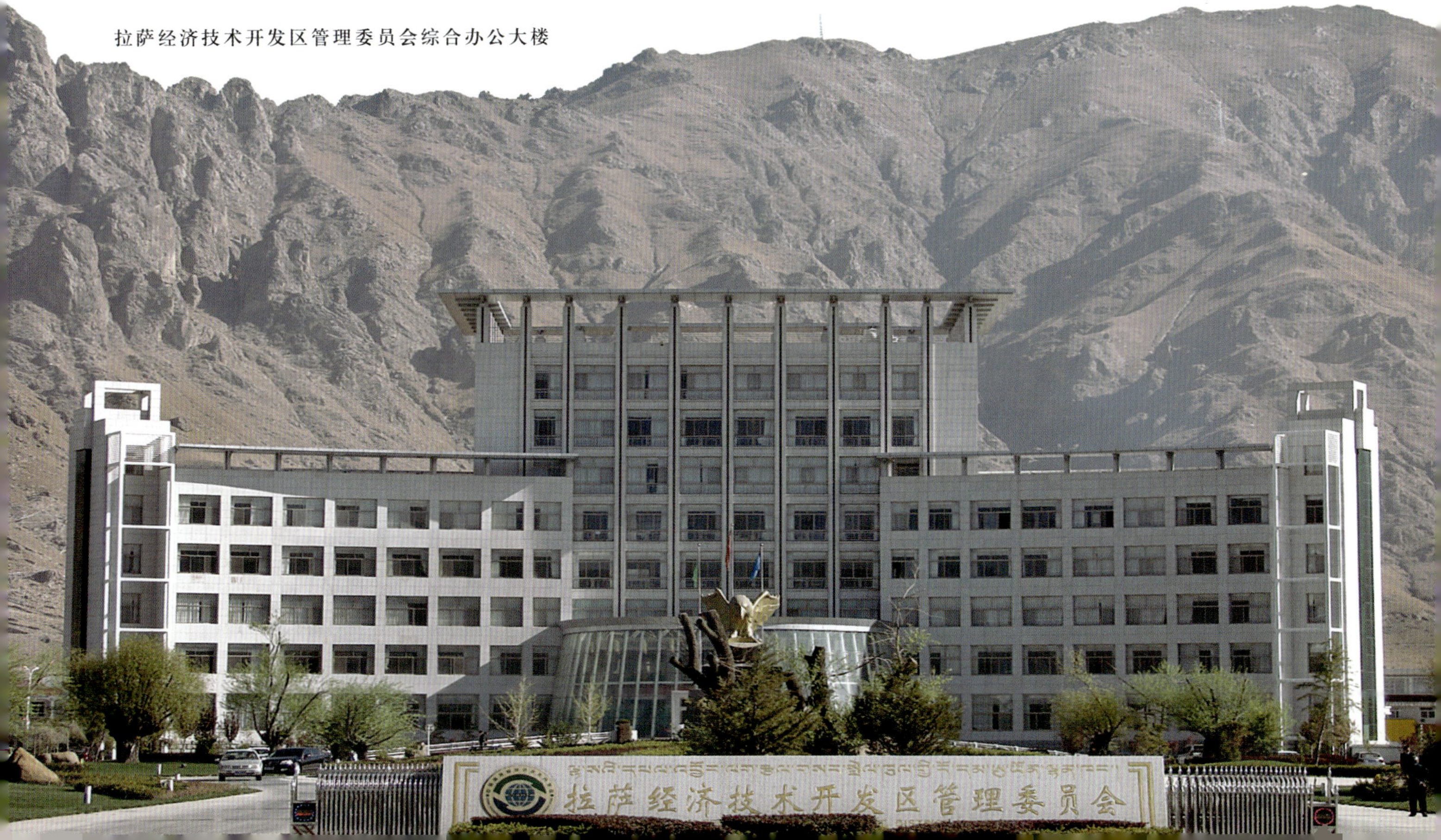

拉萨经济技术开发区管理委员会综合办公大楼

城关区雪社区居委会

自治区党委书记张庆黎到社区考察

自治区党委常委、市委书记齐扎拉到社区考察

自治区党委副书记、政法委书记王宾宜到社区调研

雪社区居委会党组书记洛桑检查工作

目前在辖区居住的常住人口和离退休干部共968户，总人口为5101人，其中常住居民754户，人口1914名，其中妇女1058人。离退休干部561名、流动人口2626人。辖区内现有11家事业单位、8家国家机关、19家国营企业、3所学校、1所幼儿园、29家私营企业、793家个体工商户。在常住人口中，公房和私房共计81栋，其中有1个文明集体、2个文明巷、8个文明大院、42家文明户。

城关区雪社区居委会成立于1960年，在繁华的布达拉宫北侧雪新村，所辖范围有功德林、甲热村、雪一村、二村、三村共五个小区组成。居委会整个面积为196765平方米。

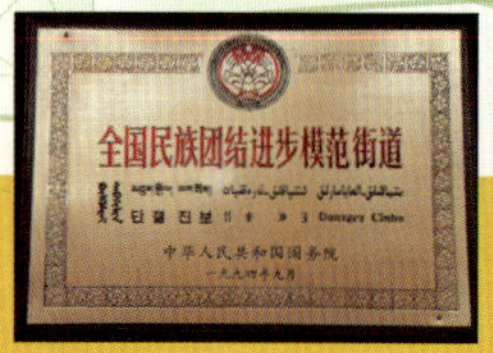

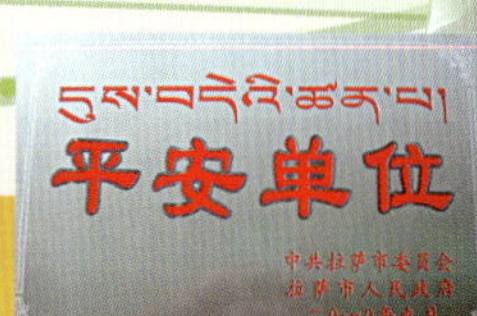

中国人民政治协商会议拉萨市委员会

综　　述

2011年，市政协认真履行职能，充分发挥了协调关系、汇聚力量、建言献策、服务大局的作用，较好地完成了九届四次会议既定的各项目标任务。

打造学习型政协组织。充分发挥党组理论学习中心组、常委会议、主席会议的示范带动作用，突出学习针对性和时效性。先后认真学习了邓小平理论和“三个代表”重要思想，科学发展观，党的十七届五中、六中全会精神，胡锦涛总书记“七一”重要讲话精神和习近平副主席出席西藏和平解放60周年庆祝活动时的一系列重要讲话精神和自治区、市第八次党代会精神等，做到了时间、人员、内容、效果“四落实”。通过学习，提高了政治意识、大局意识、责任意识，增强了贯彻执行中央路线方针政策的自觉性和坚定性，加深了对人民政协事业重要地位和作用的认识，增强了做好人民政协工作的使命感和责任感，提高了领导班子整体的履职能力和水平。

发挥政协特殊作用。继续深入开展反分裂斗争教育，主动做好宣传鼓舞、教育群众、解疑释惑、化解矛盾、凝聚力量的工作，为拉萨市的长治久安奠定坚实的群众基础。以中国共产党成立90周年庆祝活动和西藏和平解放60周年庆祝活动为契机，召开委员座谈会，组织委员现身说法。通过西藏新旧社会对比，控诉旧社会的残酷黑暗，歌颂西藏自和平解放以来在党领导下取得的巨大成就，揭露达赖集团分裂祖国、破坏民族团结的阴谋罪行。安排爱国统战人士接受新闻媒体采访、担任学校和社区维稳教育辅导员，深入寺庙、学校和社区广泛开展反对分裂、维护稳定的形势教育和宣讲活动。抽调包括副主席在内的8名机关干部，配合市委、市政府做好维稳工作。

履职尽责成效显著。以全委会和座谈会等形式，对拉萨市“十二五”规划纲要的实施进行协商讨论，邀请市领导参加会议，面对面地听取委员发言。委员们围绕拉萨市经济发展、科技教育、生态文明、农牧民增收、“六城同创”等各项工作归纳总结出意见和建议共39条，并及时呈报市委、市政府。参加全市各类听政议政会议和活动，积极提出意见和建议，很多好的意见和建议被市委、市政府以及相关部门采纳，对全市经济发展、社会稳定和改善民生、社会保障等方面工作起到了促进作用。利用常委会议、座谈会等，广泛开展咨政明情工作，在第十二次常委会上分别听取了“关于全市农牧业生产形势及农牧民增收情况”、“国家级拉萨经济技术开发区建设运行情况”、“拉萨市市民服务中心运行情况”的通报，使常委们能够知晓政府重点工作，拓展和延伸了政治协商的形式和途径。

民主监督取得实效。向纪检委、公安、“两院”、交通、电力、教育、质监等部门推荐20多名政治素质好、政策性强、办事公道、联系群众密切的政协委员担任民主监督员，发挥了人民政协民主监督的应有作用，提高民主监督的实效性。

参政议政扎实有效。抓住拉萨市经济发展和社会稳定中的重点、难点、热点问题，积极开展考察、调研活动，充分发挥了参谋助手作用，参政议政的针对性进一步增强。1月24日，由市政协副主席元旦罗布、副秘书长格列旺青带领9名政协委员，重点围绕拉萨市电业运行状况、供需情况、客户服务情况等，到110Kv柳梧变电站、西郊变电站、市电业局电业厅(客户服务中心)及调度室开展调研，形成了《关于拉萨市电力发展情况的视察报告》。5月4日，由市政协副主席格宪华带队，组织各界别9名政协委员，到拉萨市看守所等单位进行了考察，形成了《关于拉萨市公安监管工作情况的视察报告》。5月31日至6月3日，市政协副主席元旦罗布、格宪华等领导带队，会同区政协调研组，组织市、县两级政协委员20余人，赴曲水县鸡公钼矿，尼木县彭岗铜矿，墨竹工卡县宇玛矿业、华泰龙矿业，当雄县冰川矿泉水等矿业大县及重点矿业企业进行调研，形成了《拉萨市矿产资源开发利用情况的调研视察报告》，有针对性地提出了10条意见和建议，其中有些意见被自治区政协的调研报告吸纳。

界别委员活动有效开展。3月，召开了11个界别委员负责人会议，提出了《拉萨市政协2011年各界别委员活动工作计划》，很多界别都紧密结合各自实际，积极主动开展活动。5月，党政界组织委员赴江苏省、内蒙古自治区等地学习考察，学到了其他省市政协做好新时期人民政协工作的好经验、好做法，并有力地宣传了拉萨市及拉萨市政协。民族界、宗教界委员联合举办了纪念西藏和平解放60周年座谈会。

积极为民排忧解难。年内，市政协新一轮扶贫点由堆龙德庆县马乡调整为墨竹工卡县日多乡。为此，市政协及时制定并实施了相应的扶贫工作计划。一是深入农户家中，开展调查研究，并与乡政府召开对口扶贫见面会，提出了较完善的工作意见；二是办公厅拨出专项资金，购买大米、清油等生活物品前往日多乡慰问贫困户，解决了部分贫困群众的生产生活困难。确定了机关副科级以上人员与贫困户之间的结对帮扶关系。

认真开展“基层建设年”活动。先后从机关抽调3人在市科技局负责人的带领下一起到堆龙德庆县昂嘎村蹲点，同时组织机关干部职工、驻会委员为该村贫困户捐款6000多元，市科技局共同出资为该村新建了文化活动室。

深入开展“创先争优强基础惠民生活动”。年内，市政协抽调8名工作责任心强、基层工作经验丰富的人员组成两个驻村工作队，由县级干部带队，按照市里规定时间进驻到两个村委会开展工作。办公厅为该项活动的开展创造良好的工作条件，在人、财、物各方面给予了保障。

加强政协组织友好往来。在履职过程中注重发挥政协组织联系面广的优势，密切与各族、各界和区内外政协的联系与交流。加强与爱国统战人士的联络联系。邀请了更多的爱国统战人士参加多种形式的活动；积极参加全国及省市政协组织举办的各类会议。先后派出10多名委员和政协工作者参加中国世界遗产地政协主席联席会第十八次会议、全国少数民族首府市政协联席会议、西南五市政协工作协作会、全国政协干部培训班等；加强与兄弟省市政协友好往来。全年共接待全国各地政协组织来访团队89个、580多人次，学习内地兄弟省市政协在履职工作中的好做法、好经验，开阔了视野，拓宽了工作思路。

加强自身建设。年内，以作风建设为抓手，以促进工作为根本，对机关作风和行政效能建设做出了新安排，补充完善相关的规章制度。

扎实开展“创先争优”活动。成立了“市政协机关创先争优活动领导小组”，制定了《拉萨市政协机关“创先争优”活动实施方案》。确定了“助推发展、维护稳定当先锋，联系群众、提高效能做表率”的活动主题，引导机关干部职工尽心尽力创先进、领导干部带头示范做表率、党员立足本职争优秀，推动各项工作的开展。市政协机关党员就创先争优活动目标做出公开承诺。通过此项活动的开展，市政协广大党员干部职工的精神风貌、工作作风都有了较大转变，整个机关呈现出积极向上、团结协作的良好氛围。

2011年7月，编辑出版了机关刊物——《拉萨政协》2011年第一期(专刊)。

(羊　征)

重 要 会 议

【常务委员会第十一次会议】 4月13日，政协拉萨市第九届委员会第十一次常务委员会议召开，副主席元旦罗布主持会议。会议传达学习了胡锦涛总书记在十一届全国人大第四次会议上的讲话精神，全国“两会”及区政协九届四次会议主要精神；秘书长杨汉元，常委贡扎曲旺、普布次仁作交流发言；通报了《市政协2011年界别委员活动工作安排意见》。

（羊 征）

【常务委员会第十二次会议】 11月25日，政协拉萨市第九届委员会第十二次常务委员会议召开，副主席洛布主持会议。会议传达学习了党的十七届六中全会及区、市第八次党代会主要精神；听取了拉萨市政府关于全市农牧业生产形势及农牧民增收情况通报、国家级拉萨经济技术开发区管委会经济运行情况通报、市民服务中心工作开展情况通报；审议通过了召开政协拉萨市第九届委员会第五次会议的决定、《政协拉萨市第九届委员会常务委员会工作报告(草案)》、《政协拉萨市第九届委员会常务委员会关于政协九届四次会议以来提案工作情况的报告(草案)》；审议通过了政协拉萨市第九届委员会第五次会议日程、议程(草案)。

（羊 征）

【九届五次会议】 12月10日至13日，政协拉萨市第九届委员会第五次会议召开。政协拉萨市第九届委员会共有委员239人，出席会议的有224人。市政协副主席元旦罗布主持开幕会和闭幕会。会议听取并审议了市政协主席杨万福代表常务委员会所作的工作报告，副主席格宪华代表常务委员会所作的关于九届四次会议以来提案工作情况的报告；听取了市直相关部门工作情况通报；审议政协拉萨市第九届委员会提案审查委员会关于政协九届五次会议提案审查情况的报告；审议通过政协拉萨市第九届委员会第五次会议政治决议和提案工作情况报告的决议。会议期间收到委员提案125件，经提案审查委员会审查立案67件。自治区区党委常委、拉萨市委书记齐扎拉，自治区政协副主席央金，市委副书记、市长多吉次珠及市委、市人大常委会、市政府、市政协及领导等应邀出席开幕式和闭幕式。

（羊 征）

专门委员会工作

【文史民族宗教法制委员会】 1月召开全市政协文史工作座谈会暨文史资料征集培训会。完成了《哲蚌寺寺史》一书的出版前期准备工作。在拉萨市历届政协领导、政协委员、党外人士及社会各界人士中征集西藏和平解放以后各个历史时期的“三亲”资料(亲历、亲见、亲闻)，共征得稿件50余篇，形成了《拉萨市政协委员“三亲”史料》初稿。在自治区文化厅古籍办专家的协助下，对市政协所藏82函历史文献资料作了登记造册，其中《哇协》等64函珍贵历史文献申报第四批《国家珍贵古籍名录》，市政协也因此成为本次申报函数最多的古籍收藏单位。

（羊 征）

【提案委员会】 年内，市政协共收到九届四次会议委员提案148件，经提案审查委员会审查立案86，作为意见建议处理的62件，筛选出重点提案6件。提案委按照规定程序于1月11日将提案移交市委、市政府督查室。提案专门委员会加大跟踪力度，在分管领导的带领下，组织提案调研组分别深入到各县(区)和20多个市直部门，就提案办理情况进行调研督办，对在办理过程中存在的问题，及时沟通协商，加快了提案的办理进度。截至年底，提案专门委员会共收到各单位提案答复件148件，答复率100%，委员满意率98%。

（羊 征）

【经济资源环境社会科教文卫委员会】 年内，市政协经济资源环境社会科教文卫委员会紧紧围绕全市经济和社会发展大局，积极开展考察和调研活动。配合自治区政协，开展了自治区、市两级政协委员考察活动，先后深入墨竹工卡县、当雄县、尼木县、曲水县，对全市矿产资源科学开发、综合利用情况，采取“听、看、问、议”的方式，进行了较为全面系统的调研，形成了《拉萨市矿产资源科学开发、综合利用情况的调研报告》，并及时上报市委、市政府，反馈给相关县区和相关部门，为推动拉萨市矿产资源科学开发、综合利用起到了积极的促进作用。

(羊　征)

中国人民政治协商会议拉萨市委员会

主　　席　杨万福

副 主 席　拉宗卓嘎

元旦罗布

裴鹏霞

欧珠平措

洛　布

格宪华

亚　古

谢廷锡

秘 书 长　杨汉元

副秘书长　格列旺青

拉巴洛旦

羊　征

纪 检·监 察

【概况】 2011年，拉萨市各级纪检监察机关和广大纪检监察干部围绕中心、服务大局、突出工作重点、狠抓任务落实，为隆重庆祝中国共产党成立90周年和西藏和平解放60周年、召开拉萨市第八次党代会，推动拉萨市经济社会持续快速发展提供了有力保证。

（何 平）

【发挥监督检查职能作用】 年内，拉萨市各级纪检监察机构加大对党员领导干部遵守政治纪律的监督检查力度。组织专门力量开展了维稳专项督查，加大了对违反政治纪律行为的问责和惩处力度，切实维护了社会和谐稳定。加强对中央第五次西藏工作座谈会关于惠民富民政策、重大项目建设、生态环境保护等决策部署贯彻落实情况的监督检查，加强对加快转变经济发展方式、扩大内需、援藏项目、安居工程、“六城同创”、安全生产等工作的重点监督，对部分市直部门进行全面巡查，对全市便民警务站规划选址、施工建设、工程验收进行全程参与和监督。切实严把市、县、乡党委和村(居)“两委”换届纪律，会同市委组织部对干部提名推荐、考察、公示和换届选举各个环节进行全程监督，营造了风清气正的选人、用人环境。从机关单位、街道社区、农牧区等各行、各业聘请了1000名党风监督员，使监督延伸到经济社会发展更多的领域。

（何 平）

【党员领导干部廉政监督】 抓好《中国共产党党员领导干部廉洁从政若干准则》、《关于领导干部报告个人有关事项的规定》等反腐倡廉法规制度的学习宣传，将党风廉政教育纳入市委党校教学和各级党委(组)理论中心学习组计划；在党风廉政教育基地和法纪警示教育基地开展了4期3个班次的党风廉政专题教育培训，受训人员1620余人次。深化廉政文化“六进”活动，在各新闻媒体开设“廉政之窗”，展播“扬正气、促和谐”全国优秀廉政公益广告，设立宣传专栏；创办《拉萨风纪》刊物，发送廉政短信，组织订阅廉政书刊，设制廉政公益广告牌，举办廉政知识竞赛、廉政文艺晚会、主题演讲比赛等活动，在全市营造了崇廉倡廉的良好氛围。严格执行党员领导干部报告个人有关事项的规定，抓好各级领导干部述职述廉活动，对有违反党纪政纪苗头的干部及时进行诫勉谈话。先后下发严禁参与赌博、严禁大操大办、严禁奢侈浪费、规范公务用车等文件，对各类顶风违纪现象进行了重点督查和严肃查处，有效遏制了党员领导干部中的不良风气。

（何 平）

【基层建设年和创先争优强基惠民活动】 年内，市纪检委会同市委组织部组织协调130个区、市、县三级驻村工作组，500多名党员干部深入基层开展基层建设年活动，解决了一批涉及群众生产生活的实事难事。贯彻落实自治区区党委关于开展创先争优强基础惠民生活动的决策部署，组织260个驻村(居)工作队、1095名党员干部按时进点，协助基层党组织选优配强村(居)“两委”班子成员，完善各项规章制度；深入开展走访调研，通过开展技能培训、组织劳务输出，想方设法为基层群众寻找致富门路，帮助群众增收；开展富民惠民政策宣讲，进行“八看、一算账、一揭批、四增强”感党恩主题教育活动；从群众最关心的劳动就业、看病就医、入学教育、社会保障入手，千方百计为群众排忧解难。

（何 平）

【机关作风和行政效能建设】 年内，继续实施以抓工作思路为龙头、层层分解任务、层层考核评价的目标管理制度，着力加强各项目标任务落实情况的监督检查，认真受理作风效能方面的举报投诉，广泛开展市直机关作风效能状况万人评议活动，推动机关作风效能长效机制建设。加快市民服务中心建设步伐。截至年底，共有22家单位的135个行政审批项目和12个便民服务项目入驻中心，各窗口单位共受理申报事项68590件，办结率达99.89%，切实提高了行政审批时效，基本实现了群众“进一扇门、办全部事”的愿望。

（何　平）

【推进执法纠风和专项治理工作】　年内，市纪检委开展工程建设领域突出问题专项治理工作，对全市涉及住房、农牧、水利、交通、城市建设、园林绿化、农业开发项目进行了多次检查，对中央、自治区和拉萨市查找出问题进行了认真整改。会同市财政局、市审计局开展了“小金库”专项治理；开展公务用车专项治理工作，对全市2638辆公务用车基本信息进行逐一甄别，初步认定了超编、超标车辆。对全市行政审批项目进行了集中清理。加强对各类考试各个环节的全程监督。对政府集中采购和市、县两级药品、医疗器械统一招标采购工作进行重点监督。组织市发展改革委、市工信局等25家单位走进“政风行风热线”栏目并进行民主评议，切实维护了人民群众的合法权益。

（何　平）

【查处各类违纪违法案件】　年内，共接受信访举报84件(次)，核实72件、转立案3件，挽回直接经济损失400余万元。查办案件过程中，对违纪违法人员进行严肃处理，力求做到查处一个、震慑一批，防止同类案件的再次发生；对一些有影响的案件，实行“一案双报告”制度，认真挖掘案件检查过程中发现的深层次问题，建立健全相关管理制度，逐步形成预防腐败的长效机制。加强和改进信访工作，畅通群众信访举报途径，对举报反映失实的问题及时予以澄清。

（何　平）

【落实党风廉政建设责任制】　年内，对各县(区)、市直各单位贯彻落实党风廉政建设责任制情况、《建立健全惩治和预防腐败体系2008—2012年工作规划》和《分工方案》确定的18项目标任务落实情况进行检查考核，表彰了一批成绩突出的单位，完成了新一轮党风廉政建设责任书的签订工作。在全自治区2010—2011年党风廉政建设责任制考核验收中，拉萨市荣获先进单位。各级党政组织建立和完善了一批机制、制度，如当雄县制定了“8+1”系列制度、城关区实行了“一诺两述三落实”长效机制、市纪检委研究提出“三项谈话制度”(纪委书记同下级党政主要负责人谈话制度、领导干部任前廉政谈话制度、领导干部诫勉谈话制度)。根据《关于加强农牧区基层党风廉政建设的若干规定》提出的36条具体规定，制定下发《拉萨市党的基层组织党务公开实施方案》，全面开展基层党务公开。

（何　平）

【自身建设】　年内，以学习型党组织建设和开展加强基层建设年和创先争优强基础惠民生活动为契机，加强对干部职工进行思想政治教育和业务技能培训，不断提升干部队伍的综合素质和履职水平。加强对基层党风廉政建设和纪检监察工作的指导和支持，加大基层纪检监察机关组织建设。在县、乡党委和村(居)“两委”换届工作中，各县(区)成立了纪委常委会，各乡(镇)成立纪委配备了纪委书记和专职纪检干部，各村委会也配备了党风监督员，逐步形成推动基层党风廉政建设的立体化工作格局。

（何　平）

中共拉萨市纪律检查委员会
拉萨市监察局

书　记　达娃欧珠

局　长　周俊杰

群　众　团　体

拉萨市总工会

【概况】 2011年围绕市委、市政府中心工作，加强维权机制建设，积极推动构建和谐劳动关系。高度关注职工群众生产生活，做好工会帮扶工作。“三大节日”期间，各级工会共为475户困难职工送去慰问金38万元。为178户困难职工发放大(重)病救助金及生活救助金24万元，为827名困难职工子女发放金秋助学金34万元。向27名劳模发放了2011年生活困难补助金、特殊困难帮扶资金、健康体检金和2012年春节慰问金共9万元。看望慰问市直单位、企业困难职工(农民工)、劳模和部队、武警官兵、公安干警、铁路护路队员及孤儿院孤儿等，送去慰问金、帮扶金共计123万元，帮扶对象达785人(次)，把党和政府的温暖送到了千家万户。实施女职工“关爱行动”，投入13.7万元为200名环卫工人、农民工及国企女职工进行“两癌”检查并对患病者给予帮扶救助。10月中旬组织20名基层职工赴青岛疗休养，投入资金20万元。做好、做实农民工职业技能培训工作，共投入107万元为270名农(牧)民工提供驾驶、地毯编织、古艺建筑、酒店管理、计算机等技能培训，帮助解决了一大批农(牧)民工、下岗工人以及待业青年在就业、创业、培训等方面的突出困难。深入开展创先争优活动，不断加强工会自身建设。以深入开展“加强基层建设年”和“创先争优强基础惠民生”活动为载体，努力加强干部队伍建设，切实为职工群众解决实际困难。市总工会机关驻村工作组、工作队和各级工会驻村工作人员，长期与驻村群众同吃、同住、同学习、同劳动，并积极为驻村群众办实事、办好事、解难事，受到当地群众的称赞。加大工会干部教育培训力度。先后选派60多名工会干部参加全总举办的工会干部培训、企业工资集体协商培训以及自治区总工会举办的拉萨地区非公企业工会干部培训等等；邀请市委党校讲师开展了庆祝中国共产党成立90周年、西藏和平解放60周年和全国“两会”精神宣讲活动，进一步统一了干部职工的思想，明确奋斗目标。深入基层、深入企业、深入职工，调查研究企业生产、职工生活、“职工之家”建设以及社会稳定和工会工作的新情况新问题。同自治区总工会调研组先后深入西藏华泰龙矿业开发公司、远大建材公司、市地毯厂等10家企业进行工资集体协商调研活动，为推动拉萨市企业工资集体协商工作打下扎实基础。对八县(区)总工会“职工之家”建设情况开展深入调研，为完善县(区)总工会“职工之家”建设计划奠定了基础。全力做好“拉萨市职工活动中心”建设工作。由江苏投资2169.04万元援建的“拉萨市职工活动中心”已于去年10月开工建设，工程进展顺利。坚持按照维护社会稳定是第一政治责任的要求，继续加强综合治理、流动人口服务和管理工作，坚持24小时值班制度和领导带班制度，确保重大节日、重要活动及敏感时段不出事。

（范　昕）

【开展信访积案及矛盾纠纷排查、化解工作】 1月4日，市总工会召开工作会议，安排部署了工会系统信访积案及矛盾纠纷“大排查、大化解”工作，结合自身实际采取了系列措施：一是建立健全相关工作制度。进一步完善了《拉萨市总工会处理职工信访突发事件应急预案》，制定了《拉萨市总工会关于进一步加强矛盾纠纷排查化解工作的实施方案》。二是积极开展各项维稳活动。市总工会矛盾纠纷排查工作小组继续深入企业和职工群众中，深入开展调研和释疑解惑、凝聚人心、疏导情绪、化解矛盾的工作，并制定和落实工作措施，协助党委、政府努力把影响职工队伍团结统一和社会稳定的因素解决在基层、消除在萌芽状态。按照《拉萨市总工会处理职工信访突发事件应急预案》的要求，做好职工来信来访接待工作和“12351”职工维权热线电话接听工作。重点关注影响拉萨市社会局势稳定的信访热点难点问题，特别重视企业困难职工的生产生活问题，认真落实首问责任制、限时办结制等制度，努力做到限期解决、逐一落实，坚决防止和杜绝矛盾激化和越级上访。继续在职工群众中深入开展“团结稳定是福、分裂动乱是祸”、“三个离不开”、“六个好”等主题教育活动，提升职工群众的爱国主义热情，积极维护职工队伍的团结和稳定。

（范　昕）

【举行“三会”精神宣讲报告会】 1月21日，市总工会和城关区总工会组织亚宾馆、神湖酒店、城关区农牧民古建筑艺术队等企业的职工，在神湖酒店会议举行党的十七届五中全会精神、区市党委七届七次全委会精神宣讲报告会，宣讲报告会由市委讲师团成员、市委党校讲师德吉央宗主讲。在宣讲报告会上，德吉央宗讲解了全面贯彻落实中央第五次西藏工作座谈会、区市党委七届七次全委会议精神的重大意义和精神实质，以及“十一五”期间拉萨市在农牧业基础设施建设、工业经济发展、重大项目建设、旅游产业发展、农牧民群众得实惠和生活水平提高等各方面所取得的巨大成就，拉萨市“十二五”发展所面临的机遇和挑战等内容。

（范　昕）

【九届五次全委（扩大）会议】 3月31日在拉萨召开。市工会九届委员会委员，八县（区）总工会，市直各系统（行业）、企业工会，市直各单位机关工会负责人共130余人参加了会议。市委常务副书记焦建俊出席会议并做讲话，自治区总工会党组成员、副主席边巴次仁，市政府副市长段高喜，自治区总工会副巡视员、组织部部长郭连虎，市政协副主席元旦罗布出席了会议。市总工会党组副书记、主席余刚作了题为《服务大局 凝聚力量 团结动员全市各族职工为实现“十二五”规划目标任务建功立业》的工作报告。市总工会党组书记、副主席白玉福主持会议。焦建俊在讲话中充分肯定了2010年全市工会工作，并对2011年的全市工会工作提出了三点要求：一是要认清形势，不负重托，切实增强做好职工群众工作的紧迫感、责任感和使命感；二是要围绕中心，服务大局，在推动科学发展、促进社会和谐中发挥主力军作用；三是要改革创新，创先争优，不断加强工会自身建设。余刚所作的工作报告中明确提出2011年要坚持“促进发展，维护稳定，促进和谐，保障民生，履行职责，提升能力”的工作思路。他要求一是加强对职工群众的政治思想教育，促进职工队伍和谐稳定。二是围绕发展大局，组织引导职工群众为实现“十二五”规划目标任务建功立业。三是扎实推进“两个普遍”，不断扩大工会工作覆盖面、增强工会组织凝聚力。会议期间，还颁发了2010年度工会工作目标管理模范单位、先进集体和个人等奖项。

（范　昕）

【企业工资集体协商制度培训班开班】 4月28日上午，由市总工会、市人社局和市工信局联合举办的企业工资集体协商制度培训班在市人社局二楼会议室正式开班，来自各县（区）人社局、工会及工信局主要负责人、各试点企业负责人、工会负责人等共约50多人参加了培训活动。市工信局副局长陈强传达学习了《西藏自治区全面推进企业工资集体协商工作实施方案》精神，强调了当前在企业签订工资集体协商的重要性；市总工会法律保障部负责人详细讲解了工资集体协商的程序、方式及法律依据；市人社局领导黄彬讲解了有关劳动法律知识及工资增长问题。最后，参加培训的人员同“三方机制”单位进行了互动交流，就拉萨市推进企业工资集体协商、中小企业劳动合同签订工作发表了意见和建议。

（范　昕）

【获全国荣誉称号】 4月29日，西藏自治区庆祝“五一”国际劳动节暨全国五一劳动奖状、奖章和全国工人先锋号颁奖大会在自治区总工会举行。自治区党委书记张庆黎、政府主席白玛赤林及自治区有关领导出席颁奖大会并为获奖集体和个人颁奖。大会上，自治区政协副主席、总工会主席央金宣读了表彰决定；自治区领导颁奖；获奖代表发言；白玛赤林作了讲话。拉萨市人民政府副市长王常生、拉萨市总工会主席余刚代表拉萨市参加了颁奖大会。拉萨市华泰龙矿业开发有限公司荣获全国五一劳动奖状先进集体，拉萨公交公司20路和拉萨市公安局特警支队荣获全国工人先锋号先进班组。

（范 昕）

【召开企业工资集体协商工作协调会】 5月11日，总工会、市人社局和市工信局在市人社局会议室召开企业工资集体协商工作协调会，对如何进一步推动拉萨市企业工资集体协商工作和自治区调研活动进行了研究和部署。各县(区)人社局、工会及工信局主要负责人、各试点企业负责人、工会负责人等共约30多人参加了会议。会上，市人社局领导介绍了拉萨市企业工资集体协商工作开展情况；市总工会法律保障部负责人对5月19日自治区调研组到拉萨市调研企业工资集体协商活动进行了安排和部署；市工信局负责人强调了推进企业工资集体协商工作的重要性和重大意义；市总工会主席余刚要求各级工会组织和相关部门，高度重视、精心组织、加强协作，努力推进拉萨市企业工资集体协商工作有序开展。大会最后还征求了各有关部门负责人对推进拉萨市企业工资集体协商工作的意见和建议。

（范 昕）

【庆祝中国共产党建党90周年演讲比赛举行】 5月26日，市总工会举行了以“庆祝建党90周年及西藏和平解放60周年”为主题的演讲比赛。18名参赛选手演讲内容包括歌颂党、祝福党以及讴歌西藏和平解放60年以来发生的翻天覆地的变化等。比赛最后评定了名次，城关区检察院的其美卓嘎和拉萨师范专科学校的选手并列第一。

（范 昕）

【开展关爱农民工志愿服务活动】 从6月开始，根据《关于组织开展关爱农牧民志愿服务活动的通知》精神，拉萨市总工会积极开展了“阳光援助”农民工活动。市总工会在堆龙德庆县、当雄县、墨竹工卡县举办了农民工自我维权普法培训及宣传工作，对860余名农民工进行了培训，投入资金9.5万元；对墨竹工卡县罗布工贸有限公司、民间建筑公司、堆龙德庆县青达公司、市地毯有限责任公司及城关区环保局等的160名职工及农民工开展送温暖活动，慰问资金12.8万元；对城关区环保局的100名女职工在西藏阳关泌尿生殖医院开展了女职工“两癌”检查，投入资金5.4万元；对当雄县的174名铁路护路队员开展了体检活动，投入资金1.5万元。

（范 昕）

【举办工资集体协商培训班】 为适应社会主义市场经济条件下的企业工资决定机制，顺利推进拉萨市工资集体协商工作，8月15日下午，市总工会在区总会议室举办拉萨市开展工资集体协商培训班，参加培训班的领导有全总集体合同部张建国部长、区总边杰光副主席、市总余刚主席和非公企业的230名职工代表。张建国对工资集体协商工作进行了讲述。边杰光就针对工会如何在开展工资集体协商工作中发挥作用提出了明确的要求，并对今后的工作进行了安排部署。

（范 昕）

【法人资格审查登记工作】 9月5日至9月27日，市总工会对全市范围内的基层工会委员会工会法人进行了重新审查登记。在此次工作中，共对市辖193家工会委员会的工会法人进行了重新审查登记，其中县(区)工会8家、乡(镇)街道办事处45家、国有企业27家、集体企业29家、非公企业36家、党政机关及事业单位48家，并对8家破产企业和兼并重组企业的工会法人进行了注销。

（范 昕）

【开展女职工“关爱行动”】 9月28日，从市辖国有企业、集体企业、城关区环卫局等组织200名困难女职工，在拉萨阳光泌尿生殖医院进行了免费体检，体检费用共计10.8万元，由自治区总工会困难职工帮扶中心支付。此次对困难女职工开展免费体检活动是根据《自治区总工会关于实施女职工“关爱行动”的通知》精神而开展的。

（范 昕）

【县区总工会目标管理责任制综合考评】 11月21日至12月5日，市总工会考评小组赴各县(区)进行考评，检查核实各县(区)总工会2011年度责任目标完成情况。考评工作采取各县(区)总工会自查自评和市总工会集中考评两种方式，考评内容主要为年初市总工会九届五次全委会上部署的全年重点工作完成情况；《2011年度工会工作目标管理责任书》中各项工作目标任务分解指标落实情况；2011年工会信息报送情况等等。凡被年度考评为先进单位的工会，由市总工会在2012年初的全市工会工作会议上给予通报表彰和奖励。

（范 昕）

【非公企业统计工作协调会召开】 12月7日，市总工会在城关区人民检察院会议室召开非公企业统计工作协调会，安排部署全市非公企业统计工作。市总工会机关相关部室、各县(区)总工会、工商局、工商联以及达孜、柳梧、堆龙经济开发区、工业园区工会负责人等参加了会议。会议由市总工会党组副书记、主席余刚主持。根据《关于进一步做好全区非公企业统计工作的通知》精神和要求，市总工会召开专题会议，研究部署如何落实好这项工作，并制定了有关工作方案。在协调会上，市总工会组宣部负责人传达了自治区总工会有关文件精神，余刚就如何做好非公企业统计工作提出了具体要求，与会人员对如何做好这项工作交换了意见并提出了一些好的建议。

（范　昕）

【年度奖项】 1月，拉萨市总工会荣获全总、国家安全生产监督总局联合颁发的“全国‘安康杯’竞赛优秀组织单位”。12月，荣获自治区总工会颁发的“工会送温暖活动20周年先进集体”。

拉萨市总工会

党组书记　白玉福

主　　席　余　刚

拉萨市妇女联合会

【概况】 年内，拉萨市1个地级市妇联，8个县(区)妇联，65个乡(镇)街道妇联，261个村(社区)妇代会，54个市直机关(非公企业、国有企业)妇委会。18个县(区)、乡(镇)街道、村(社区)“妇女之家”和“流动妇女儿童”之家，1个家庭教育指导中心，94所家长学校。

（洛桑玉珍　格　珍）

【“两新”组织建设取得新成果】 年内，全市建立全区首个“村级巾帼志愿者队伍”、首个家庭教育指导中心；建立了2个县级“妇女之家”，15个乡(镇)街道、村(社区)级“妇女之家”；在拉萨市、曲水县、墨竹工卡县8家非公企业中建立妇委会。

（洛桑玉珍　格　珍）

【拓展惠及妇女群众的渠道】 年内，全市妇女小额担保财政贴息贷款共计发放贷款202.5万元，落实中央财政贴息资金6.1万元；针对城镇待业女性和农牧区贫困妇女，共争取80.752万元的培训经费，举办了民族歌舞技能、驾驶技术、藏香制作、酒店宾馆服务、美容美发、民族手工艺技能、劳动力转移等各类培训班，培训达800人；争取了近50万元的“春蕾”助学项目，资助了近200名女童；向自治区妇联争取曲水县、林周县、达孜县、尼木县7个点254.25万元的“母亲水窖”工程。

（洛桑玉珍　格　珍　刁　莉　何　梅）

【新创办14所县级家长学校】 年内，新创办了14所县级家长学校，举办的家教教育活动使近10000名家长受益；组织近100名家长举办了“争做合格家长、培养合格人才”为主题的专题讲座。

（格　珍　何　梅）

【驻村工作取得效果】 年内，拉萨市妇联先后选派了3批干部进驻达孜县塔杰乡主西村开展工作。办好事实事30多件，投入资金达7.3万元；协调有关部门争取生产、医疗、水利及发家致富等方面的项目30多个，争取资金近150万元。

（赵金花　向巴彩喜）

【妇女事业经费投入力度加大】 年内，市政府以拉萨市户籍妇女人数为基数，按照每人2元的标准，为妇女发展事业解决了51.6万元的专项经费；市财政局每年给予市妇儿工委办公室6万元的办公专项经费；全市八县(区)从2010年均将妇女儿童工作经费纳入了财政预算，经费从0.5万至3万不等，其中全国实施“两纲”示范县的堆龙德庆县，每年投入1万元的妇儿工委办公室经费和20万元的培训经费。

（达　娃）

【关爱行动扎实有效】 年内，实施农村妇女“两癌”免费检查项目，为广大农牧区妇女进行了免费检查；组织仓姑寺80余名尼姑和市直单位500余名妇女干部职工开展了免费体检活动，组织近1000名妇女开展了免费妇科检查活动；帮助拉萨市18名先心病儿童赴北京接受免费手术治疗；卓玛门诊部巾帼志愿服务队先后3次为塔杰乡的贫困群众免费诊治，免费发放药品价值近4万元。

（何　梅）

【开展红歌比赛活动】 年内，围绕“讴歌党和祖国、歌颂辉煌成就”这一主题，向市委宣传部推荐舞蹈、小品等节目41个，八县(区)妇联开展“红色歌曲·家家唱”主题活动298场次，参加人数达27.23万人次。

（扎西群培）

【开展宣传活动】 年内，借助“三八”维权周、“拥政爱民、拥军优属”、综治宣传月、“助残日”等活动日，发放维护妇女权益相关宣传资料38000余份，宣传了党和国家的方针政策，为维护拉萨社会局势稳定营造了良好氛围。

（洛桑玉珍 格 珍）

【开展低碳家庭·时尚生活活动】 年内，发放宣传册和倡议书200余份，进一步增强了社区家庭的环保意识和社会责任感。

（洛桑玉珍）

【开展孝老爱老之星评选活动】 年内，向市文明办推荐了3名“孝老爱老之星”，营造了全社会共同关心老人、孝敬老人的良好氛围。

（扎西群培）

【推进六城同创工作】 年内，发挥巾帼志愿者作用，开展“关爱农民工子女”、“关爱孤单老人”活动，加强未成年人思想道德建设和积极推进拉萨市六城同创活动。

（洛桑玉珍 格 珍）

【制定妇女儿童发展规划】 年内，科学编制2011—2015年拉萨妇女儿童发展规划，形成了新一轮拉萨市妇女儿童发展规划的审议稿。

（格 珍）

【拓宽妇女参政议政渠道】 年内，市妇联制定了《妇女人才规划》，为广大妇女干部参政议政创造了良好条件。在村“两委”换届选举工作中，将各级妇联组织纳入换届领导小组中，督促落实村“两委”中至少有1名妇女成员、村妇代会主任由村“两委”成员中的女性兼任，对女委员实行专职专选的内容纳入党委换届意见中，确保村“两委”中女性的比例比上一届有所提高。截至年底，全市229个村妇代会主任和32个社区妇代会主任进“两委”班子达100%。

（达 娃 洛桑玉珍 刁 莉）

【开展信访工作】 年内，按照“及时排查、各负其责、工作预防”为主的工作原则，综合运用教育、疏导、服务、调解等手段，开展来信来访工作，将矛盾化解在基层，问题解决在萌芽状态。截至年底，共接待来信来访35件，其中：走访案件7件，接访案件28件；涉及婚姻家庭类18件，未成年人案件5件，救助类4件，其他类8件。案件调解率达100%。

（格 珍 何 梅）

【干部培训工作取得成效】 年内，组织了13名县、乡、村妇女干部、女致富带头人、女经纪人参加了区妇联赴北京、天津考察学习培训活动，通过学习培训，使基层妇女干部更新了理念、拓展了思维、开阔了眼界。

（赵金花）

【开展女性在押人员心理疏导活动】 年内，邀请心理专家对在押女性进行了面对面的心理疏导和法制教育，鼓励她们树立信心、积极改造，使部分在押女性不良情绪有所缓解。同时还为拉萨市监管处30余名民警开展了心理疏导培训，在参与社会管理创新工作中发挥了积极作用。

（格 珍 何 梅）

拉萨市妇女联合会

党组书记、主席 达 娃

拉萨市工商业联合会

【概况】 2011年，拉萨市工商联深入学习实践科学发展观，认真贯彻落实《中共拉萨市委员会 拉萨市人民政府关于加快推进非公有制经济跨越式发展的意见》拉党发【2011】6号文件和《中共拉萨市委员会 拉萨市人民政府关于加强和改进新时期工商联工作的实施意见》拉党发【2011】7号文件，围绕中心，服务大局，坚持“三性”有机统一，充分发挥“六个”作用，全力促进“两个健康”，各项事业稳步推进。年内，市工商联企业会员206家，团体会员837人，县级工商联组织4家，行业协会6个，个人会员139人。非公经济人士担任各级人大职务4人次；担任各级政协职务13人次；担任各级工商联职务48人次。非公有制经济会员企业建立党组织14个，党员161人。

（张正军）

【开展“平安单位”创建活动】 年内，加强对重要节点和敏感日的安全保卫工作。在西藏和平解放60周年大庆、中国共产党建党90周年活动、“3·14”、“3·28”、“萨嘎达瓦”等重大节假日、敏感日期间，组织全体干部职工积极投入维稳工作，坚持24小时值班制度、领导带班制度、守岗责任制度。加强对外来人员的管理。按照《拉萨市流动人口服务和管理试点工作实施方案》提出的目标要求，加强对外来人员的服务和管理，坚决落实“谁主管、谁负责，谁受益、谁负责”的责任制，逐户、逐门、逐人进行清理登记，摸清底数，督促外来人员及时办理暂住证，教育和引导他们遵纪守法，诚实守信、文明经商，确保了商品房和出租房屋的安全。开展创建“平安单位”活动。组织动员全体干部职工，深入开展“平安单位”创建活动，狠抓安全防范措施的落实，努力推动“平安单位”创建工作。加强对非公企业安全生产的教育引导。深入20多家非公有制企业，了解企业安全生产情况，进一步强调做好安全生产工作的重要性，引导企业加强管理，切实把安全生产责任制落到实处，严防各类安全事故的发生。

（张正军）

【“六城同创”工作深入开展】 年内，按照市委的统一部署，组织全体干部职工，开展“六城同创”工作。参加全民义务植树活动，保护拉萨优美环境；参加迎大庆卫生整治活动，保护拉萨干净整治的人居环境；引导企业落实《拉萨市创建国际旅游城市五年行动计划》、《质量兴市创建活动》，转变经济发展方式，狠抓节能减排，提高质量水平，加快推进国际旅游城市和质量兴市创建活动；开展“文明城市”迎检活动。组织干部职工积极投入“文明城市”迎检活动，负责对单位门前路段的交通、卫生等工作的劝导；深入开展关心未成年人的活动。向文明办提供了拉萨非公有制经济代表人士关心未成年人思想道德建设案例材料4篇，即：城关区市政公司致富思源、捐资助学；市工商联党员情系扶贫点学生；退休不褪色、积极投身到关心下一代思想道德教育中；市工商联退休干部深入学校做新旧西藏对比报告。

（张正军）

【推进各项业务工作】 年内，非公企业党建工作取得新进展。为了扎实推进非公企业党建工作，制定了《全市非公企业基层党建工作考核办法(试行)》、《关于在全市非公企业党组织和党员中深入开展公开承诺制度的实施办法》，与非公企业党组织负责人签订了《2011年非公企业党建工作责任书》，组织召开企业负责人和党支部(党小组)书记座谈会，了解和掌握非公企业党建工作面临的困难和问题，研究讨论解决问题的措施，并对非公企业党建工作进行了安排部署。从5月下旬开始，工商联深入非公企业开展党建工作调研，形成了《非公有制企业党组织功能定位问题研究》的调研报告，获得了自治区党委统战部颁发的优秀调研成果奖。成立非公企业党支部1家，培训入党积极分子16名，发展预备党员4名、正式党员3名。截至年底，工商联企业会员中建立党组织的企业达14家，党员达161名。开展西藏和平解放60周年和建党90周年庆祝活动。组织干部职工和非公有制经济代表人士参加全市庆祝西藏和平解放60周年和建党90周年一系列活动，组织召开非公有制经济代表人士座谈会，回顾西藏和平解放60周年来拉萨经济社会发展取得的巨大变化和非公有制经济从无到有、从小到大、从弱到强的发展历程。开展调研工作。自5月份以来，利用两个多月的时间，深入30多家非公有制企业和协会组织，调查了解非公有制企业生产经营情况、党组织建设情况、职工参加社会保险情况、大中专生就业情况，以及企业生产经营过程中遇到的困难和问题，形成了20多篇专题调研信息。针对冬虫夏草系列加工产品办不到生产许可证和市场流通许可证的情况，专门形成了调研情况报告，向市委、市政府和自治区工商联作了书面汇报，代市委草拟了上报给自治区党委、政府的情况报告。会员工作取得新成绩。全年共发展了72家会员单位，其中直属企业会员发展21家，堆龙德庆县工商联发展会员36家，曲水县和达孜县工商联发展会员15家。成立了拉萨市天珠研究所。帮助非公有制企业争取扶持资金。年内，市工商联帮助15家企业申报了有关项目。帮助西藏沃田农牧科技有限公司、拉萨市城关区萨博科技发展有限公司、西藏奇神保健品有限公司争取到了千万元的扶持资金。组织开展感恩活动。利用拉萨市双拥模范城市创建活动的有利时机，在2011年“八一建军节”前夕，组织下属团体会员拉萨市糖酒饮料副食品协会、拉萨市美容美发协会开展了双拥活动，向武警拉萨支队送去了价值2.4万元的矿泉水。9月份，组织20多家非公有制企业、个体工商户、协会组织，开展了向亚东灾区捐款活动，捐款达5.78万元。引导非公经济人士参与社会事务活动。向市纪检委推荐12名非公有制经济代表人士党风监督员。

狠抓矛盾纠纷的化解。组织专门力量深入中和国际城公司协调商户反映的问题，受理了中和国际城小商品市场商户的来信来访，化解了国际城公司与商户之间的矛盾纠纷。

（张正军）

【基层建设年和强基惠民活动有序推进】 3月至9月，专门下派一名科级干部，深入联系点聂当先热堆村深入开展“基层建设年”活动，向基层群众大力宣传“三会精神”和惠农政策，努力解决群众生产生活中的困难和问题，送去了2000多元的现金和价值1000多元的衣物。根据市委关于在全市深入开展创先争优强基础惠民生活动的统一安排，克服人员少、装备差的现实困难，由会党组书记亲自挂帅，抽调精干人员组成驻当雄县羊八井镇甲马村工作队，开展走村入户调查摸底、慰问困难群众等强基惠民工作。截至年底，已投入了1.5万元，慰问困难群众，改善村委会办公条件。

（张正军）

【非公经济发展大会召开】 12月5日，召开了全市加强和改进新时期工商联工作暨推进非公有制经济跨越式发展会议，出台了《中共拉萨市委员会 拉萨市人民政府关于加快推进非公有制经济跨越式发展的意见》和《中共拉萨市委员会 拉萨市人民政府关于加强和改进新时期工商联工作的实施意见》。

（张正军）

【市县工商联换届工作完成】 根据中办发【2011】17号文件和自治区工商联关于各地市工商联换届工作的通知精神，工商联积极筹备第三次会员代表大会。于12月21至22日在江苏生态园召开了拉萨市工商联第三次会员代表大会，会议学习贯彻区市加强和改进新时期工商联工作暨加快推进非公有制经济跨越式发展会议精神，回顾了过去五年工作，明确提出了今后五年工商联工作的指导思想、目标任务、保障措施，选举产生了三届执委会，挂牌成立了拉萨总商会。按照要求，拉萨市达孜县、曲水县、城关区工商联换届工作顺利完成。堆龙德庆县工商联挂牌成立。截至年底，拉萨市县级工商联组织达4家。

（张正军）

拉萨市工商业联合会

党组书记　次仁占堆

主　　席　李崇新

政 法

综 述

2011年是中国共产党建党90周年和西藏和平解放60周年的大庆之年。在一年的工作中，全市各级政法维稳综治部门全面围绕“三大战役”，坚持下好先手棋、打好主动仗，制定落实安保预案，严管重点地区、重点寺庙、重点人员，取得了“三大战役”的全面胜利，确保了大事不出、中事不出、小事也不出，实现了全面稳定、全年稳定。

突出抓好稳定工作，确保了拉萨市社会局势持续稳定。强化维稳机制，坚决打赢维稳三大战役。及时调整充实了维稳工作领导小组，完善了拉萨市维稳指挥部，健全完善各类方案预案，提升情报信息的汇总整编、分析研判能力，完成了西藏和平解放60周年大庆、中国共产党建党90周年和3月份敏感期、中国拉萨雪顿节等重大节庆活动及敏感时段，以及重要宾客访藏团等活动期间大局稳定。强化对危害国家安全犯罪活动的打击。2011年，全市公安系统危安案件破案率为100%，检察系统和法院系统也依法对危安案件犯罪嫌疑人进行了公诉和审判。开展网上维稳工作，全力构建“大网安”工作格局。以整治互联网和手机媒体淫秽色情及低俗信息专项行动、有害信息监控查处、网吧管理、网上追逃等为重点，切实加强网上舆情监测、引导和控制工作。推进铁路护路联防工作。2011年，市、县、乡三级共投入大量人力、物力、财力，确保了铁路护路联防工作的顺利进行。推进社会矛盾化解。健全了市县乡村四级矛盾纠纷排查调处工作网络和人民调解、司法调解、行政调解“三位一体”的大调解工作格局，建立完善领导干部定期下访包案制和信访突出问题及群体性事件联席会议制度，深入开展集中清理涉法涉诉信访积案和“百万案件”评查工作，切实把一大批矛盾纠纷化解在基层，解决在萌芽状态。

深入推进社会治安综合治理工作，确保了社会治安秩序良好。全市各级党政组织和驻市各单位始终坚持以反分裂斗争、维护稳定为中心工作，以深化“平安拉萨”建设，构建和谐社会为目标，夯实社会治安综合治理基层基础工作，加强社会治安综合治理各项措施和综治工作领导责任制以及目标管理责任制的落实，社会治安综合治理工作水平有了进一步的提高。深入开展严打整治行动。始终保持打击违法犯罪活动的高压态势，对危害大、影响大的现行案件，抓重点，出重拳，动用一切侦查手段和精干力量，集中时间合力攻坚，有效遏制各类犯罪的多发势头。推进城市网格化管理。按照“警务综合化、防控全时化、警力街面化、覆盖网格化、服务便捷化”的要求，先行试点建设了多个便民警务站，形成了“天罗地网式”管控。推进大防控体系建设。在市委、市政府和市维稳指挥部的领导下，有机整合驻市军队、武警执勤力量和基层治保力量，形成了联勤联防工作机制，加强了集治安、交通和查缉布控为一体的“环拉萨”（护城河）治安、交通综合检查站建设。动员、组织驻市各机关企事业单位、民生目标、特种行业等按照“谁主管、谁负责、谁受益、谁负责”的原则，积极开展本单位、本场所的24小时值班巡逻防控工作。推进流动人口服务管理工作。按照以证管人、以房管人和以业管人相结合的总体要求，将各类流动人口和出租房屋纳入管理视线，严格落实登记备案制度，随时掌握流动人口动态变化情况，基本做到了人来登记、人走注销。推进平安创建工作。将“三月综治宣传月”、“六月平安拉萨宣传周”、“9·16”平安西藏宣传日与“六五”普法宣传工作有机结合起来，开展“法律七进”活动，营造“深化平安建设，构建和谐社会”的良好舆论氛围和社会环境。2011年，拉萨市评选出152家单位为拉萨市市级“平安单位”，并举行了“平安县(区)、机关、企事业单位、学校、乡镇(村､社区)、寺庙”授牌仪式。

加强政法队伍建设，促进公正廉洁执法，树立政法队伍良好形象。学习领会党中央和区、市党委关于维护社会稳定的一系列决策部署，切实提高思想认识。全市各级政法机关切实把深入学习贯彻落实胡锦涛总书记在庆祝中国共产党成立90周年大会上的重要讲话和习近平副主席出席西藏和平解放60周年庆祝活动时的一系列重要讲话精神及区、市第八次党代会精神作为当前和今后一个时期的首要政治任务和头等大事，深刻领会维护社会稳定、实现长治久安的任务要求和政策措施，找准方位，理清思路，全心、全力、全面地推动拉萨市政法、维稳、综治各项工作。以开展“发扬传统、坚定信念、执法为民”主题教育实践活动为契机，全面提升政法队伍的素质。全市各级政法机关通过重温入党誓词、重读红色经典、瞻仰革命旧址、走访革命前辈和召开报告会、座谈会、研讨会等形式，加强了对政法干警思想政治、理想信念、服务群众的教育，并取得了显著成绩。2011年，拉萨市政法系统有5名干警被评为全国政法系统优秀党员，14名干警被评为全区政法系统优秀共产党员，12个党支部被评为全区政法系统先进基层党组织。开展“基层建设年”和“创先争优强基惠民”活动，不断加强机关作风和行政效能建设。全市各级政法部门认真贯彻落实区、市党委安排部署，不断提高政法干警增强机关作风和效能建设的自觉性和主动性。在“基层建设年”和“创先争优强基惠民”活动中，各驻村工作队在狠抓维稳工作和党恩教育的同时，积极配合当地党委、政府为民办实事，寻找致富门路。突出党风廉政建设，促进公正廉洁执法。全市各级政法部门围绕廉洁型班子建设，以规范和制约权力为核心，深入贯彻《廉政准则》和四项监督制度，健全全市各级政法部门党委(党组)和班子成员的议事规则和决策程序，将党风廉政建设工作和反腐败工作纳入议事日程，层层签订党风廉政建设责任书，不断改进工作作风，提高科学决策、民主决策、依法决策水平。推进队伍专业化建设。全市各级政法机关采取“请进来、走出去”的学习培训方式，大力推进岗位练兵、内部交流、交叉挂职，多渠道、多方式、多层面地加强对政法干警的培养，不断提高广大政法干警的理论素养、个人修养和业务水平。

（强巴丹增　周　杰）

拉萨市委政法委员会

书　记　刘　江

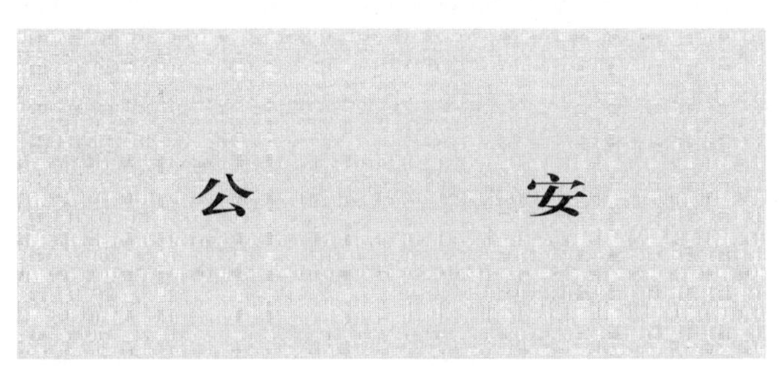

【概况】　年内，拉萨公安机关面对一系列政治敏感节点、重大宗教活动接踵而至和对敌斗争形势错综复杂的新挑战，落实区市党委、政府提出的“大事不出，中事不出，小事也不出”的目标和“五个坚决防止”的要求，完成了西藏和平解放60周年大庆、建党90周年和3月份敏感期、中国拉萨雪顿节等重大节庆活动、敏感时段，以及重要宾客访藏团等780余项安全保卫防范任务。以严重暴力犯罪、多发性侵财犯罪和盗窃犯罪为重点，破获刑事案件3165起，抓获犯罪嫌疑人983名。破获经济犯罪案件103起，涉案总金额7384.7308万元，抓获犯罪嫌疑人70人，挽回经济损失675.49万元。加大对治安重点地区和突出治安问题的联合清理整治力度，全年查处治安案件2323起，处罚违反治安管理人员2812人，查结率为88.4%，调解纠纷522起。开展全市火灾隐患排查整治，检查各类场所5429家，发现火灾隐患3541处，整改隐患2244处，实施各类行政处罚134起。交通管理工作始终保持“严管、严查、严处、严控、严督”的高压态势，紧抓源头管理，紧抓事故黑点，全市共发生各类上报交通事故274起，死亡75人，伤297人，直接经济损失220.345万余元。交通事故与去年同期相比下降13.1%，死亡人数下降40%，受伤人数下降

18.5%，直接经济损失上升33.9%。全力打击黑恶势力犯罪，严厉打击多发性侵财犯罪和拐卖妇女儿童犯罪，严厉打击毒品犯罪，打击色情赌博吸毒违法犯罪，开展“清网”追逃行动和消防“清剿火患”专项行动、“亮剑”专项行动，创新流动人口服务管理工作，完成便民警务站建设，推进公安信息化建设，完善信息化基础设施建设，推动警务综合平台和行政管理“两大平台”推广应用和推动信息化全警实战应用。开展“发扬传统、坚定信念、执法为民”主题教育实践活动和创先争优强基础惠民生活动，取得了良好效果。

（德　吉　尹培凤　高　巍）

【开展出租汽车集中整治行动】 1月份，市公安局通过强化宣传教育和舆论引导、与出租汽车公司签订《交通安全责任书》、狠抓路面管理、加大巡逻检查力度等方式，开展了为期一个月的全市出租汽车集中整治行动。共查处出租汽车违法行为931起，出租汽车违法掉头、乱停乱放、超速、闯红灯、逆向行驶等违法行为明显减少。

（德　吉　尹培凤　高　巍）

【召开全市公安工作会议】 1月23日，全市公安工作会议召开。会议学习贯彻落实各级党委、政府、政法、公安工作会议精神，总结去年全市公安工作，表彰先进，分析形势，研究部署全年的公安工作。

（德　吉　尹培凤　高　巍）

【开展实弹射击考核活动】 2月份，市公安局在驻藏某部队靶场进行实弹射击考核活动。1200余名民警参加考核活动，进一步提高民警公务用枪的使用基本技能和实战技能水平。

（德　吉　尹培凤　高　巍）

【完成“色拉崩坚”活动安全任务】 3月1日至2日，色拉寺举行了一年一度的“色拉崩坚”活动。参加活动的群众达131500余人次。市公安局以“防范第一，处置高效，不出事为核心”，按市区局部区域升级进行防控、重点部位加强力量部署进行守护的原则，投入警力2523名，确保了活动顺利进行。

（德　吉　尹培凤　高　巍）

【完成“3·28”活动安防任务】 3月28日，市公安局投入警力2848名，在布达拉宫广场完成庆祝“3·28”西藏百万农奴解放纪念日升国旗、唱国歌活动安全防范任务。自治区领导、区直、中直、市直单位干部职工、群众代表、解放军、武警代表3000余人参加活动。

（德　吉　尹培凤　高　巍）

【完成藏历新年期间安全防范任务】 3月份，市公安局在整个藏历新年安全防范工作中，共出动警力22000余人次，除完成各类社会面防控任务，完成了藏历二十七色拉崩坚、藏历二十九驱鬼、藏历三十及初一大昭寺朝拜活动、藏历初一宗角禄康公园慰问演出活动、藏历初二乃琼祭神活动以及藏历初三马术表演、桥头禁止烧香等多项活动期间的安防工作。确保了社会局势持续稳定和各项活动的顺利进行。

（德　吉　尹培凤　高　巍）

【举办“严打”成果展】 5月25日，市公安局2011年“严打”成果展在城关公安分局院内举行。展出收缴的各类管制器具600余把、手机200部、仿造工艺品195件、麻将机13台、赌博机60台、导火索1盘、雷管10枚、鞭炮5箱。城关区各街道办、居委会及各企事业单位代表和租赁房屋业主500余人参加成果展。

（德　吉　尹培凤　高　巍）

【抓获网上通缉逃犯195人】 5月至12月，市公安局充分利用信息化条件创新工作机制，多警种联合，立足缉捕，积极规劝，多措并举，共抓获网上通缉逃犯195人，其中协助外省抓获网上通缉在逃人员69名。

（德　吉　尹培凤　高　巍）

【完成西藏和平解放60周年庆祝活动“安保”工作】 7月19日，西藏和平解放60周年庆祝大会在布达拉宫广场举行。中央代表团团长习近平，中央代表团、区内外嘉宾、自治区领导、全区各族各界2万余名代表在广场参加庆祝活动，5000余名游行方队代表和15台彩车方队通过主席台接受检阅。市公安局共出动警力36000余人次，各类车辆3200余台次，制定24个主方案，58个分(子)方案，24个工作流程，130张各类警卫路线图、警力部署图。组织治安巡防队员、社区保安员等职业力量5万余人。治安巡逻志愿者、治保积极分子、“红袖标”等义务力量16万余人次，全面开展各项安保工作，完成了大庆各项安保任务。

（德　吉　尹培凤　高　巍）

【获得公安部嘉奖】 7月26日，市公安局获得公安部授予的“圆满完成西藏和平解放60周年庆祝活动安全保卫任务”集体嘉奖令。

（德　吉　尹培凤　高　巍）

【完成中国·拉萨“雪顿节”安保任务】 8月29日至9月4日2011年中国·拉萨“雪顿节”期间，在拉萨市各处举行了展佛、马术表演、文艺演出、藏戏表演、经贸洽谈、商品展销、主题论坛等45项形式多样、内容丰富的系列活动。市公安局组织有关单位制定安保总体方案和实施方案16个。“雪顿节”期间共部署9620名警力，以各活动现场安保为重点，以确保“活动安全、群众安全、场地安全、秩序良好、和谐宽松”为目标，完成了“雪顿节”期间举行系列活动的安保工作及社会面安全防控工作。

（德 吉 尹培凤 高 巍）

【举行向地震灾区捐款活动】 9月26日，市公安局举行了“拉萨市公安机关向日喀则地震灾区捐款活动”。局领导带头捐款，全局2000余名民警、辅警共为灾区筹得爱心款130018元。

（德 吉 尹培凤 高 巍）

【建设便民警务站】 9月28日至11月24日，市公安局完成129个便民警务站规划、设计、建设工作，11月25日投入试运行，工程投资近2.5亿元。警务站按照“爱民、便民、为民、安民”原则，发挥七大职能，实现了社会面管控工作全覆盖、维稳基础工作无空白，便民利民零距离的目标。

（德 吉 尹培凤 高 巍）

【改善特警办公环境】 10月份，市公安局投入资金4420.07万元完成特警支队一期工程建设工程，新建了14400平方米的办公楼、民警备勤房、食堂等。

（德 吉 尹培凤 高 巍）

【人民警察基本级执法资格考试】 12月17日，拉萨公安机关2011年度人民警察基本级执法资格考试在实验小学举行，由公安部统一命题，考试内容分为公共科目和警种专业科目，采取闭卷形式，全局民警分为两批参加了此次考试。

（德 吉 尹培凤 高 巍）

【完成“色拉协曲”和“甘登昂曲”宗教活动安防】 12月20日，全市各大寺庙举行“色拉协曲”、“甘登昂曲”宗教活动，朝佛转经群众达162000余人次。市公安局组织公安民警、执勤部队、武警、消防、警校、基层治保等执勤力量共7800余名，做好了活动期间各项安全防范工作，确保了整个活动的安全、正常、顺利进行。

（德 吉 尹培凤 高 巍）

【五人获得公安部表彰】 年内，市公安局平措顿珠被评为全国公安机关警车和涉案车辆违规问题专项治理工作成绩突出工作者；吴昌军被评为全国公安机关集中整治执法过程中涉案人员非正常死亡工作成绩突出工作者；杨建林被评为全国公安技侦工作先进个人；朱坤垒被授予全国公安监管部门信息技术应用先进个人；普布次仁被授予全国公安监管部门“清网行动”先进个人。

（德 吉 尹培凤 高 巍）

【组织创先争优强基惠民活动】 年内，市公安局组织5个20人的驻村工作组深入基层单位开展“创先争优强基惠民”活动。同时，以基层所队和基层民警为重点，深入机关、企事业单位、学校和社区、农牧民家庭等，广泛走访社会各界群众；共41376人次深入基层、深入群众家庭进行了走访慰问，民警走访率达到95%以上；召开座谈会606次，走访机关、企事业单位、学校365家，矿山23座，走访联系人大代表、政协委员176人次，走访寺庙97座、僧尼215人次，走访英烈及困难民警142人，走访群众370786人次，结对帮扶135人，发放走访慰问金495953.1元，发放征求意见表74568份，征求意见建议317条，开展宣传活动406次，接待咨询群众72次共计980人次，发放宣传资料15.9万余份(册)，受教育群众达到46万余人次，排查矛盾纠纷43起，排查治安隐患310余处，为民办实事、好事2600余件，悬挂横幅964条，发放警民联系卡11.26万余张，收集情报信息5000余条。

（德 吉 尹培凤 高 巍）

【整治保安服务行业】 年内，市公安局组织了5个清查小组，针对保安服务行业存在“保安制服与便服混穿、留长发、染发”等问题，对全市雇佣保安的797家机关企事业单位、学校、宾馆、娱乐场所、物业小区进行整治，重点整治着装不规范、不统一、仪容仪表和私聘保安等问题，规范全市保安服务业管理。

（德 吉 尹培凤 高 巍）

【加强“两大平台”推广应用】 年内，市公安局加强警务信息化建设工作，完成了警综平台、行政管理平台两大主干平台需求调研、标准规范、软件开发、应用培训等阶段的工作，积极推广办公自动化系统，信息化应用已覆盖全市所有公安业务领域。民警普遍养成了“上班先开机、开机必上网”的习惯。共利用警综平台办理刑事案件2680余起、治安案件2300余起，采集其他各类信息51万余条。

（德 吉 尹培凤 高 巍）

【启动消防“清剿火患”专项行动】 年内，拉萨公安消防支队依托消防“六进”工作为载体，开展各类宣传活动230次，受教育人数7万余人，开放消防站8次，发放宣传资料4万余份，并在“清剿火患”行动中设立了举报投诉奖励基金10万元。深入推进火灾隐患排查整治工作，重点对“涉庆”场所、公共娱乐场所、重点文物建筑、“九小场所”等进行了排查。共成立检查组1863个，出动警力11614人次，检查各类场所5429家，发现火灾隐患3541处，整改隐患2244处，实施各类行政处罚134起。共审核建筑工程221项，面积260万平方米，验收建筑工程105项，面积160万平方米，开展投入使用前消防安全检查616次。并在重大节庆活动期间，全警动员，深入开展“清剿火患”战役“零点”行动，借助媒体开设“隐患单位曝光台”，对3家重大火灾隐患单位进行了挂牌督办，清理了违章搭建建筑20余处，对各个重要庆典活动场所进行死看死守，实现了“不冒烟、不起火”的工作目标，确保了全年没有发生较大以上火灾事故。年内，共出动警力12639人次，车辆1840辆次，扑救火灾108起，抢险救援109起，公务执勤674次，社会救助39次，抢救被困人员137人，疏散被困或受灾人员508人，共打捞和取出尸体18具。

（德　吉　尹培凤　高　巍）

【打击“黄赌毒”违法犯罪】　年内，市公安局组织警力严厉开展了打击“黄赌毒”违法犯罪专项行动，有效净化社会环境。共抓获卖淫嫖娼48起98人；拉客招嫖36起47人；容留、介绍他人卖淫9起11人；出售淫秽物品7起7人。赌博及为赌博提供条件14起21人，查获赌博窝点5处，收缴赌博机97台、麻将桌30张、违禁及盗版光碟154940余张。抓获并处理涉嫌吸毒的违法嫌疑人366人次。

（德　吉　尹培凤　高　巍）

【开展打击拐卖妇女儿童犯罪行动】　年内，市公安局破获拐卖妇女儿童案件48起，打掉涉拐团伙9个涉案35起，解救被拐妇女34名、儿童3名，找回疑似被拐卖人员203人；打掉组织强迫妇女卖淫团伙5个破案23起，打掉组织强迫未成人乞讨犯罪团伙1个，解救被强迫乞讨儿童4名；破拐骗未成年人案1起，抓获犯罪嫌疑人56名，抓获涉拐网上在逃人员17名。以短信群发的方式发布打拐举报电话6次，张贴、散发打拐防拐宣传材料4.5万份，进校园、小区、老城区开展打拐防拐宣传20余次。

（德　吉　尹培凤　高　巍）

【加强出入境管理】　年内，全市临时到拉萨市旅游的境外人员达77533人(次)，市公安局以动态信息掌握控制为核心，进一步提高对外国人“入境、居留、出境”全过程的动态综合管控和服务水平，共受理涉外案(事)件50起；签订《拉萨市涉外接待单位外管人管理责任书》209份，召开座谈会5次；查处“五非人员”3人，发现布控人员1人；检查走访涉外单位423家(次)，涉外宾馆4092家(次)，抽查旅行团89个658人(次)，走访常住外国人592人(次)，走访尼侨380户984人(次)。

（德　吉　尹培凤　高　巍）

【创新流动人口服务管理】　年内，市公安局以实有人口动态管控为重点，探索流动人口服务管理新办法，将市区租赁房屋划分为20间以上和20间以下两种类别，逐步推行租赁房屋旅店业管理模式，并相继制定了《拉萨市租赁房屋申请出租管理规定》、《拉萨市租赁房屋治安备案登记本》、《拉萨市租赁房屋治安星级评定暂行办法》。在109处租赁房屋中建立了治安联络点，在87处租赁房屋安装了旅店业管理系统。共登记建档租赁房屋7996处10196间(套)，掌握流动人口213065人。按照“进千家门、访千户、知千家事、解千家难”的要求，各派出所定期、不定期地召开租赁房屋和流动人口管理工作不同规模的会议50余次，参会人员达4万余人次。共通过办证系统比对抓获各类在逃人员、涉案人员315人；处罚租赁房屋业主185起317人，下发隐患通知书15份，取缔9家。并在全市44个村、社区居委会建立了流动人口服务管理站，实现了社区警室与基层组织的流动人口服务管理站的有序衔接、合并办公。

（德　吉　尹培凤　高　巍）

【加强旅馆业治安专项管理】　年内，市公安局在全市500家宾馆、饭店全部完成了旅馆业信息管理系统的安装，信息系统的覆盖率达100%。通过旅馆业信息管理系统协助破案达180余件(次)。并加大了对旅馆业治安管理的处罚力度，共检查旅馆业4600余次，对190家旅馆予以当场责令整改；对290家下达责令整改通知书，对32家予以行政罚款，对52家予以停业整顿处罚，对2家旅馆业负责人做出行政拘留处罚，取缔非法家庭旅馆71家。

（德　吉　尹培凤　高　巍）

【开展“亮剑”专项行动】　年内，市公安局与市烟草专卖局、工商局、质量技术监督局、食品药品监督管理局、文化市场稽查等管理部门共同开展了打击侵犯知识产权和制售伪劣商品犯罪的“亮剑”专项行动。重点打击涉案金额巨大、涉及面广、影响社会稳定、党委政府和人民群众关注的严重经济犯罪案件，重点整治市场秩序混乱、经济犯罪案件多发的领域和区域。共查获各种违法卷烟共1639条，价值约46万元；收缴各类假冒名酒152瓶、假酒包装1716件及制假工具2台，涉案金额8.2万余元；收缴各类假冒商品1145件套。并协助外地公安机关办理经济案件21起，协助外地公安机关抓获网上通缉的逃犯5名。

（德　吉　尹培凤　高　巍）

【命案破案率100%】 年内，市公安局在命案侦破工作中不断完善组织指挥、快速反应、多警联动、捆绑作业等各项攻坚机制，通过广大参战民警的努力，全市共获破命案18起，先后侦破了“1·17”、“2·5”、“3·11”、“5·10”、“6·8”等故意杀人案和“2·13”、“5·21”、“7·27”等故意伤害致人死亡案，破案率达100%。

（德　吉　尹培凤　高　巍）

【加大打击经济犯罪力度】 年内，市公安局加大对经济犯罪的打击力度。破获经济犯罪案件103起(其中诈骗66起,合同诈骗15起,职务侵占4起,生产销售伪劣产品3起,虚假出资2起,挪用资金1起,逃税1起,逃避追缴欠税1起,非国家工作人员受贿1起,虚假注册商标6起,非法经营3起)，涉案总金额7384.7308万元，抓获犯罪嫌疑人70人，挽回经济损失675.49万元。

（德　吉　尹培凤　高　巍）

【强化毒品预防宣传教育】 年内，市公安局加大毒品预防宣传教育力度。开展以“珍爱生命、拒绝毒品”、“参与禁毒斗争、构建和谐拉萨”等主题的各类宣传活动17次，发放宣传单8.5万余份，受教育群众4.5万人余次，发放禁毒纪念品4000余份。深入全市各类院校进行禁毒法制宣传教育共15次，开展讲座6次，发放宣传资料6.5万余份，受教育师生达5万人余次。同时充分利用报纸、电视电台、手机短信等平台，开展禁毒宣传，公布禁毒举报电话，覆盖率达95%。

（德　吉　尹培凤　高　巍）

【开展主题教育实践活动】 年内，市公安局以创建学习型党组织、学习型机关、学习型队伍为目标，以全国、区市政法工作会议精神为主要学习内容，开展“发扬传统、坚定信念、执法为民”主题教育实践活动。共制作宣传专栏170余面、黑板报143期、学习园地128期，学习各类理论文章400余篇，撰写心得体会11300余篇。

（德　吉　尹培凤　高　巍）

案例举要

【破获利用色情抢劫盗窃案】 1月1日，市公安局接报，拉萨市冲赛康附近有人被抢现金5万元。经侦查，锁定以郑孝忠(男,汉族,1967年出生,系湖北省石首市人)为首的利用色情消费等手段实施抢劫盗窃的犯罪团伙，并于1月3日成功抓获4名犯罪嫌疑人，经深挖破获抢劫、盗窃案件20起，涉案金额达10万余元。

（德　吉　尹培凤　高　巍）

【破获年度最大贩卖毒品案】 4月2日，市公安局破获一起特大贩卖毒品案，抓获犯罪嫌疑人2名，缴获毒品海洛因430克。犯罪嫌疑人马志海(别名:马一不拉,男,东乡族,1974年5月3日出生,甘肃省东乡族自治县人)、马清连(男,东乡族,1979年8月5日出生,甘肃省东乡县人)对贩卖毒品的犯罪事实供认不讳。

（德　吉　尹培凤　高　巍）

【破获特大车内物品盗窃案】 6月14日，拉萨市娘热路、当热路相继发生两起车内物品被盗案，共被盗现金16.64万元。市公安局接报后于7月29日在东郊物流中心将一名涉案嫌疑人妥辉华(男,东乡族,1971年出生,系甘肃省临夏市人)抓获，并于11月份在甘肃省临夏州公安局的大力协助下在临夏市将涉嫌盗窃的在逃嫌疑人陕玉忠(男,回族,1978年出生,系甘肃省临夏回族自治州临夏市人)抓获。经审，犯罪嫌疑人对其盗窃车内物品的犯罪事实供认不讳。

（德　吉　尹培凤　高　巍）

【打掉一街头扒窃犯罪团伙】 8月8日，市公安局抓获17名扒窃犯罪嫌疑人，打掉一街头扒窃犯罪团伙。经查，2011年7月份以来，犯罪嫌疑人强巴旦增、旦真旺杰等17人在拉萨市德吉路、西郊建材市场、天海夜市、团结新村等人员密集场所及路段、公交车上实施扒窃68起，共窃得手机52部、现金5580余元、自行车7辆、电动车2辆及数码相机、银行卡等一批物品，涉案金额达4万余元。

（德　吉　尹培凤　高　巍）

【破获街头系列抢劫案】 10月份以来，拉萨市北郊旧货市场附近、加荣村等地连续发生多起拦路抢劫案，歹徒主要针对深夜单身行人，以持刀威胁或用自行车锁链抽打受害人的方式，抢走现金、手机等财物，如遇反抗，轻则拳打脚踢，重则持刀伤人，作案手段残忍。市公安局组成专案小组，锁定犯罪嫌疑人，于12月3日在纳金路将正实施抢劫的2名嫌疑人旦真旺杰（男，藏族，1990年出生，系山南地区浪卡子县人）、桑旦曲扎（男，藏族，1990年出生，系山南地区洛扎县人）当场抓获。并经工作，将另外2名犯罪嫌疑人旦增罗布、旦巴加措抓获。经审，犯罪嫌疑人对其拦路抢劫作案14起，抢走现金万余元和手机若干，并捅伤多名受害人的犯罪事实供认不讳。

（德　吉　尹培凤　高　巍）

【铲除恶势力犯罪团伙】 11月9日，一个长期从事敲诈勒索、充当打手、吸贩毒交易的恶势力犯罪团伙在一起敲诈勒索案件中被发现。市公安局经工作，成功抓获以付正军（男，汉族，1971年出生，系四川省大邑县人）为首的恶势力犯罪团伙成员7名，破获刑事案件4起（非法获利10.5万元），查处治安案件4起，缴获冰毒2.54克、砍刀7把、弩1把、子弹1盒。

（德　吉　尹培凤　高　巍）

【破获特大虫草被盗案】 11月10日，拉萨市江苏路“仁鑫”小区1A1号房内发生一起盗窃案，被盗铁皮箱一个，内有虫草15公斤，价值190余万元。市公安局专门成立“11·10”专案组，仅用50小时成功抓获索朗坚参（男，藏族，1965年7月20日出生，系昌都地区贡觉县人）、夏尼（男，藏族，1976年2月9日出生，系昌都地区贡觉县人）两犯罪嫌疑人，顺利侦破此案、全额挽回损失。经审，犯罪嫌疑人对犯罪事实供认不讳。

（德　吉　尹培凤　高　巍）

拉萨市公安局

党委书记　刘　江
局　　长　张延清

检　　察

【概况】 年内，市检察院共受理各类刑事案件2450件2959人，批准逮捕617人，审查起诉629人。积极探索控申疏解“三解方案”，引导群众采取非诉手段解决矛盾纠纷，对受理的12件民事申诉案件通过调解实现息诉。开展法制宣传，推进“法律七进”。参与自治区自然科学博物馆、拉萨纳金大桥等项目的“阳光招投标活动”，为拉萨电业局等单位招投标活动提供行贿档案查询5次，保障项目建设的资金、管理和生产安全。依法起诉破坏市场经济秩序犯罪42人，办理了由最高人民检察院、全国“扫黄打非”办公室等中央五部委联合挂牌督办的全区首个侵犯著作权案件。围绕惩防体系建设，推进查办和预防职务犯罪，营造廉洁高效的政务环境。全年共立案查处各类职务犯罪10人，其中大要案4人，起诉了数额特别巨大、影响特别恶劣的自治区司法厅出纳央金贪污案，推进了职务犯罪查办工作。全年共受理渎职侵权犯罪案件线索7件7人，立案查处1件1人。积极开展专项预防，加强系统预防，全年共开展预防调查26次，警示教育活动63次，法制讲座8次，受教育人数3700余人次，与《拉萨晚报》联办“检察官说法”栏目，刊登案例69件。不断加强对侦查活动、刑事立案的监督，发出检察建议、纠正违法通知书7份，要求侦查机关说明不立案理由8件、监督立案3件。强化对审判活动的监督，提出刑事抗诉2件、民事抗诉2件。加强对刑罚执行的监督，依法监督减刑、假释1440件，监督保外就医48件，建议调整减刑幅度226人，取消减刑6人、保外就医1人，纠正错误减刑裁定28次，维护司法的公正廉洁。做好息诉服判工作，对13件不符合抗诉条件的民事行政申诉案件，做好息诉罢访工作，维护司法权威。不断推进量刑建议和检察长列席审判委员会等制度，依法对92%的公诉案件提出量刑建议，列席审判委员会6次，参与12起案件讨论，向前向后延伸了监督环节。全年共接待群众信访27人次，受理举报线索17件，受理控告申诉案件20件，调处各类矛盾纠纷4件，化解信访积案1件。围绕社会关注、群众关切的治安热点问题，严厉打击危害群众生命健康和财产安全的犯罪，依法起诉此类犯罪394人，严厉打击了以雷秀祥故意杀人（焚尸）案和贡嘎、阿旺益西等六人组织、领导、参加黑社会性质组织案为代表的一系列严重暴力犯罪和涉黑案件，妥善处置了以“1·28”虫草诈骗案为社会关注焦点的情况复杂、影响重大的涉众型经济犯罪。深入开展对口帮扶和创先争优强基惠民活动，全年共自筹28.31万元的资金、物资，协调有关部门落实资金119万元，为驻村建设了一批惠农、富农项目。围绕检察工作主题，不断强化自身监督，全力筑牢检察工作科学发展的根基。检察院建立了公诉案件“四色评估”机制，并对公诉人出庭情况进行实地考评，并公示考评结果，有效提高了办案质量。不断强化外部监督，积极探索向人大及其常委会报告工作、重大监督事项报备制度，组织召开与市人大代表座谈会，通过制定“五个一措施”不断完善人民监督员制度。

（陈　杰　陈　莉）

【行贿档案查询工作】　年内，为拉萨市电业局等单位的招投标活动提供行贿档案查询5次，涉及121个单位和个人，努力保障重大项目建设的资金、管理和生产安全。

（陈　杰　陈　莉）

【做好行刑衔接工作】　年内，认真贯彻中办、国办转发的《关于加强行政执法与刑事司法衔接工作的意见》，同市国土资源局、工商局等14个单位初步建立了“两法衔接”工作机制，形成了信息共享、线索移送、协助调查等会议纪要，着力解决渎职侵权犯罪发现难、立案难、查证难、处理难等问题。通过行刑衔接，共受理案件线索2件，监督立案1件。

（陈　杰　陈　莉）

【对特殊人群的服务管理】　年内，市检察院认真做好服刑在教人员未成年子女教育帮助和预防犯罪摸底工作，不断完善“青少年维权岗”，共派出55名法制副校长、辅导员深入学校开展法制宣传108次，受教育师生达1.51万余人次。维护被监管人员的合法权益，完善约见检察官制度，被约见检察官28人次，为被监管人员追回财产3万余元。

（陈　杰　陈　莉）

【实施公诉案件“四色评估”机制】　年内，为进一步提高公诉部门的办案质量和公诉人员的业务水平，拉萨市检察院制定了《拉萨市人民检察院公诉案件“四色评估”机制》，并全面施行，对公诉人员所承办的每一起案件采用量化标准，对案件办理情况、庭审情况和卷宗装订情况予以全面考核，考评结果以“绿色、黄色、橙色、红色”四色标志牌公示，作为办案人员年度评优评先、部门评优评先、人员职级晋升以及执法业绩考核的主要依据。共对公诉部门2011年办理的26起案件进行了全面考评，干警办案积极性明显提高，案件审查质量大为改善。

（陈　杰　陈　莉）

【开办检察官说法专栏】　年内，拉萨市检察院与《拉萨晚报》合办“检察官说法”法制宣传专栏，采取以案说法的形式，抓住与社会和谐稳定、市场经济发展、人民群众生产生活密切相关的热点难点问题，通过一个个生动的案例，以通俗易懂的文字诠释法律精神。年内，共发表检察官说法文章69篇。

（陈　杰　陈　莉）

案例举要

【旦增桑布、扎西群培抢劫案】　被告人旦增桑布，男，1983年1月7日出生；被告人扎西群培，男，1988年1月2日出生，二被告人系亲兄弟。被告人旦增桑布、扎西群培抢劫案由拉萨市公安局侦查终结，由拉萨市人民检察院审查起诉。经依法审查查明：被害人次昂卓玛曾（二被告人姨妈）向被告人旦增桑布借款一万多元人民币，一直未归还。因此，被告人旦增桑布与被告人扎西群培预谋去姨妈家中偷钱。2010年6月30日凌晨1时许，二被告人来到次昂卓玛家行窃，被告人旦增桑布在途经厨房时随手拿起菜刀潜入佛堂翻找柜子，被次昂卓玛的丈夫强巴发现，被告人旦增桑布遂手持菜刀朝被害人强巴的头和脖子处砍了数刀。这时被害人次昂卓玛惊醒并呼救，被告人旦增桑布捂住被害人次昂卓玛的嘴，直到其没有反应后，继续返回佛堂翻找钱财。后二被告人将菜刀包裹在带有血迹的裤子内一同离开案发现场，搭车来到拉萨河丢弃了作案工具及被告人扎西群培作案时穿的带有血迹的衣裤。2011年2月24日，拉萨市检察院对被告人旦增桑布、扎西群培以抢劫罪提起公诉。同年11月18日，市中级人民法院一审判决被告人旦增桑布犯抢劫罪，判处死刑，剥夺政治权利终身，没收个人全部财产；被告人扎西群培犯抢劫罪，判处无期徒刑，剥夺政治权利终身，没收个人全部财产。

（索朗旺庆）

拉萨市检察院

党组书记、检察长　次仁旺堆

审　　判

【概况】　年内，全市各级法院受理各类案件6808件，审执结6529件，同比分别上升6.4%和6.3%，综合结案率为95.9%。其中市中院共受理各类案件1964件，审执结1918件，综合结案率为97.7%。全市法院共受理刑事案件491件，同比下降6.6%，审结474件，结案率为96.5%，判处罪犯545人。共受理民商事案件3463件，同比上升2.6%，审结3394件，结案率为98%，同比上升2.9%，标的4.98亿元。共受理行政案件23件，审结23件，结案率100%。共受理执行案件1514件，执结1322件，同比分别上升61%和54.2%，执结率87.3%，高出全国平均执结率接近26个百分点，其中当雄、曲水、达孜、墨竹4个基层法院执结率达100%。

（黄　畅）

【审结刑事案件474件】　年内，全市法院共受理刑事案件491件，同比下降6.6%，审结474件，结案率为96.5%，判处罪犯545人。坚持严打方针不动摇，依法审结故意杀人、故意伤害、绑架等严重暴力犯罪、黑恶势力犯罪、“两抢一盗”等多发性犯罪269件，判处十五年以上有期徒刑、无期徒刑、死刑的罪犯50人。审结破坏社会主义市场经济秩序犯罪27件，对拉萨市首例利用POS机套现非法经营案获利数额巨大、情节特别严重的4名罪犯予以严惩。审结贩卖、运输、持有毒品犯罪案件48件。审结原吉庆公司董事长王伟民挪用资金4886万元等职务犯罪案件7件8人。抓好大要案审判工作，妥善审理了最高法院督办的张新峰侵犯知识产权案、全区范围内具有较大影响的张进忠合同诈骗案等大要案。贯彻落实宽严相济刑事政策，依法对72名罪行较轻、不致再危害社会的罪犯宣告缓刑，对1300名认罪伏法、确有悔改表现、接受改造的罪犯依法予以减刑、假释。开展重点人员及未成年犯回访帮教工作，发挥刑事审判预防犯罪作用。

（黄　畅）

【审结民商事案件3394件】　年内，全市法院共受理民商事案件3463件，同比上升2.6%，审结3394件，结案率为98%，同比上升2.9%，标的4.98亿元。妥善审结借款、买卖、房地产开发经营、建设工程承包、股权转让等合同纠纷案2551件，依法调解拉萨市首例涉及上市公司股份转让系列案。结合拉萨市“六城同创”及重大项目推进工作，通过召开座谈会、组织法官到项目工地调研、法制讲座等形式，主动为企业提供法律服务，公正审理非公经济发展过程中出现的各类纠纷。积极营造和谐稳定的社会环境，认真审理与群众生产生活密切相关的人身权、财产权纠纷等462件，为杨盛礼、贺兴友贷款诈骗执行案申请人挽回经济损失5500万元，协调安置涉案企业职工123名。注重保护妇女、儿童、老年人合法权益，审理婚姻家庭、遗产继承、赡养纠纷案450件。服务新农村建设，妥善审理土地征用补偿、虫草交易、矿产开采、草场承包等涉农案件477件。化解行政争议，共受理行政案件23件，审结23件，结案率100%。重视因城市拆迁、土地征用和社会保障等热点问题引发的群体性行政诉讼，推进建立行政首长出庭应诉制度，行政机关首长出庭、参与案件协调数占审结案件的72%。探索行政诉讼和解机制，对具体行政行为合法但处理细节存在瑕疵的案件，主动提出司法建议，防止矛盾激化，增进了当事人与行政机关之间的理解与信任。

（黄　畅）

【执结案件1322件】　年内，全市法院扎实开展“无执行积案法院”和“反规避执行”创建活动，摸清底数、查找原因、因案施策，在对内强化责任意识、完善执行机制、创新工作方法的基础上，加大对个案的执行力度，通过财产申报、财产调查、公开曝光、多方联动等措施执结一批长达数年的积案。共受理执行案件1514件，执结1322件，同比分别上升61%和54.2%，执结率87.3%，高出全国平均执结率接近26个百分点，其中当雄、曲水、达孜、墨竹4个基层法院执结率达100%。对涉及地域广、人数多、涉案金额大、矛盾尖锐突出的西藏阳光公司阿旺晋美、巴桑措姆合同诈骗执行案，采取并案处理、整体拍卖方式，为上千名受害群众集中兑现案款1.2亿元，维护了当事人合法权益，促进了社会局势稳定。推进救助制度建设，在市委政法委、市财政局等相关部门大力支持下，设立了执行救助金专户，为困难申请执行人及刑事被害人发放救助金50万余元。开展“文明立案窗口”建设，着力规范立案场所、简化立案环节、畅通诉讼渠道，市中院积极推行初步审查与合议审查相结合立案法，方便当事人诉讼，效果明显。建立立案导诉和举证指导制度，实行立案公开、文明接待、诉讼引导、代拟文书，使用藏语开庭，调解、指定辩护人，推行上门立案、电话预约立案和“一站式”服务举措。开辟农民工及弱势群体维权通道，推行巡回到乡村、田间地头，就地审理，有效减轻当事人诉累。全市法院共为59名被告人指定辩护人，为781件经济确有困难的案件当事人和农牧民减免缓交诉讼费65.6万余元。坚持预防与处置同行，源头治理与疏导并举，逐步完善矛盾纠纷常态化排查化解机制。建立涉诉信访联络机制，确定全市法院18名干警为联络员；严格落实院(庭)长接访、限期回复及领导包案制度，确保矛盾不堆积、纠纷不激化。市中院积极创新“情、理、法、疏、调、帮”六字工作法，中央及区市政法委督办的8件涉诉信访积案全部办结。堆龙法院妥善处置化解了　起涉及13户菜农、社会影响大、区市党委高度关注的群体性越级上访事件。

（黄　畅）

【推进社会管理创新】　年内，全市法院围绕区市党委中心工作大局，结合大庆活动及全区维稳“三大战役”的总体部署和要求，坚持24小时值班带班制度，组织干警参与西藏和平解放60周年大庆、党代会等各种重大节假日、重要敏感日期间寺庙管控、重点部位防范、社会面管控、维稳护路、蹲点设卡等工作。全市法院组织干警参与寺庙维稳660人次，巡逻值勤1420人次，维稳护路6910人次，出动车辆5246次。深入高争水泥厂等重点企业和拉日铁路等重要项目工地开展“司法暖企业”活动，组织“法官之声”文艺队送法下乡，采取法制宣传、司法建议、指导调解等形式深入推进社会管理创新。“法官之声”巡回演出30余场次；开展“司法暖企业”活动15次；对在审判执行中发现的普遍性、苗头性、倾向性问题，及时向行政机关、有关部门发出司法建议10余份。通过公开宣判、编排小品歌舞、以案讲法、法律咨询，组织青少年参观法制教育基地、模拟或旁听庭审，深入校园开展法制讲座、安全讲座和关爱农民工子女志愿服务活动，选任优秀法官担任法制副校长、校外辅导员，共建法学教学基地等喜闻乐见形式，深入开展“法律七进”活动927次，发放宣传资料7万余份，受教育人员11万余人次。

（黄　畅）

【规范审判管理机制】　年内，市中院研究制定了《院、庭长及合议庭审判职责划分规定(试行)》，全面推行量刑规范化工作，规范法官自由裁量权。完善了《审判委员会议事规则》，共组织召开审判委员会22次、研究重大疑难案件75件。推进“阳光审判”，实行立案公开、庭审公开、执行公开、听证公开，以公开促公正。制定了《执行流程管理办法》，探索创新了融情、理、法为一体的多元化纠纷解决机制，贯彻“调解优先、调判结合”，注重诉讼调解与非诉调解相衔接，司法调解、人民调解与行政调解程序对接，积极开展对基层民间调解组织的调解协议的效力确认、法律指导，发挥街道、居委会及乡村调解组织作用。全市法院共调撤民商事案件2238件，调撤率为65.9%，指导人民调解494次202件。探索调研工作机制，开展“关于藏区传统婚俗有关法律问题”等国家级重点课题调研。

（黄　畅）

【思想建设得到加强】　年内，以开展各项主题教育活动为载体，认真学习贯彻中央、区市各次会议精神，深化职业道德教育、革命传统教育、理想信念教育和司法为民教育，全市法院“忠诚与亲民”先进事迹在自治区高级法院和全市政法部门交流巡回报告，牢固树立“忠诚、为民、公正、廉洁”司法核心价值观。

（黄　畅）

【参加各类培训550余人次】　年内，积极开展向周广智、詹红荔学习活动。重视教育培训，多形式、多层次组织参加党委、上级法院和对口援助法院开展各类培训550余人次。

（黄　畅）

【加强文化建设】　年内，举办全市法院首届法官文化艺术节，利用学术讲座、文艺汇演、主题演讲、文体竞赛、摄影书画展等形式，弘扬法治精神，传承法院文化，展示法院风采，教育、引导法官把“忠诚、为民、公正、廉洁”作为共同的理想信念、价值追求和行为准则。积极组织开展军民共建活动7次，参与人员达1700余人次。

（黄　畅）

【推进党风廉政建设】　年内，制定《案件廉政回访制度》及《三重一大(重大决策、重要人事、重大项目)实施意见》，强化干警的廉政意识和纪律意识。落实党风廉政建设责任制，层层签订廉政建设责任书，开展廉政讲座、警示教育、重点岗位专项检查，查找差距，筑牢拒腐防变坚固防线。落实“五个严禁”、“六条禁令”要求，聘请廉政监督员、发放廉政监督卡、设立廉政信箱及举报电话，规范群众检举、来信来访调查核实程序，着力防范司法不公、司法不廉。

(黄　畅)

【组织建设得到加强】 年内，市中院党组协助市委配齐配强两级法院领导班子。以创建“学习型党组织”为契机，制定实施了党建工作责任制，完善党组议事规则、理论中心组学习及民主生活会制度，党的组织建设得到加强。通过实施“天平基层基础工程”，核定了两级法院领导职数，提拔使用科级干部力度加大，审判组织和内设机构得到充实完善、结构更加合理。

(黄　畅)

【司法条件得到改善】 年内，紧紧抓住“十二五”规划开局之年有利时机，将城区关法院、堆龙法院改扩建项目申请列入“十一五末”建设规划，中院诉讼便民服务楼及其余六县法院改扩建工程以及七县17个乡镇人民法庭已申请列入“十二五”规划。截至年底，城关、堆龙、墨竹法院改扩建项目已立项，去年四月份陆续开始动工建设，有2个人民法庭竣工并投入使用；市中院新审判综合楼于去年7月初顺利完成整体搬迁入驻并正式办公，在全区法院率先完成科技法庭建设，实现了数字法庭四同步，执法办案功能更加齐全、工作条件得到改善。

(黄　畅)

【受援工作深入推进】 年内，北京、江苏法院组织9个考察团赴拉萨调研指导，并与拉萨法院签订了新一轮援助协议。截至年底，北京、江苏法院已兑现本年度首批“温馨工程”援助资金，完成电子图书阅览室、干警活动室援建并投入使用，援赠各类图书资料4600余册。江苏法院选派4名审判业务骨干赴拉萨对口法院挂职交流，全市法院积极选派业务骨干赴北京江苏两省市法院跟案培训。

(黄　畅)

【巡回办案载体作用有效发挥】 年内，发挥“车载流动法庭”广覆盖、宽服务、机动快捷的功能，创新巡回办案载体，城关法院的“假日法庭”、堆龙法院的“乡村和谐法庭”、墨竹法院的“女子流动法庭”、达孜法院的“天平送法下基层”、尼木法院的“天平在你身边”，深入农牧区有案办案，无案宣法。全年“车载流动法庭”行程30余万千米，巡回办案1352次，审理案件1272件，开展法制教育768场。

(黄　畅)

案例举要

【央金贪污案】 年内，拉萨市中级人民法院对央金贪污案做出一审判决。被告人央金犯贪污罪，判处死刑，缓期二年执行，剥夺政治权利终身，并处没收个人全部财产。被告人央金，女，1964年3月17日出生，藏族，中专文化，西藏林芝地区察隅人，原西藏自治区司法厅机关财务出纳，2011年5月18日因涉嫌犯挪用公款罪被刑事拘留，同年6月1日由西藏自治区人民检察院以涉嫌犯贪污罪决定逮捕。2007年7月至2011年4月间，被告人央金利用其在西藏自治区司法厅计划财务装备处担任出纳的职务之便，采取提取现金、转账不入账、销毁支票存根及银行对账单、伪造银行进账单、做假账、携款潜逃等手段，先后将其管理的基本户、装备户、零余额户三个账户公款共计7033625.89元非法侵吞，用于赌博与归还赌债。2011年4月21日，被告人央金携公款逃匿，后于5月13日在四川省泸州市合江县被侦查人员抓获。案发后追回赃款27万元。法院判决认定：被告人央金身为国家机关财务工作人员，利用职务之便，采用提取现金、转账不入账、销毁银行对账单及存根、伪造银行进账单、做假账、直接侵吞、携款潜逃等手段，将单位公款7033625.89元据为己有且全部用于赌博，情节严重，其行为已构成贪污罪，做出上述判决。

(黄　畅　方　芳)

【工伤认定纠纷案】 上诉人(原审原告)西藏自治区交通客运总公司第一分公司。被上诉人(原审被告)西藏自治区劳动和社会保障厅。第三人骆光坤，男，汉族，生于1981年9月，军人，四川省罗江县人，现住四川省罗江县新盛镇场镇。2006年10月10日，上诉人客运分公司与第三人骆光坤之父骆绍斌签订了《联合经营协议书》，协议约定由上诉人审查并办理和签注资格证及办理上岗证后骆绍斌方可上岗，骆绍斌必须服从上诉人的统一管理，服从上诉人站点调度的统一调配，遵守站务管理，按规定参加上诉人组织的交通知识学习等有意义的活动，并受上诉人制定的“安全管理制度”、“生产运务管理办法”及“驾驶员上岗管理办法”等规章制度的约束。另查明，死者骆绍斌持有的营业性道路交通运输驾驶员从业资格证，其中服务单位一栏为上诉人客运分公司，同时死者具有上诉人2006年度一公司安全生产驾驶员培训考试卷及具有上诉人签章并填写考核意见的驾驶员培训考核档案表，上诉人还为骆绍斌建立了从业档案编号。2006年11月30日，骆绍斌驾驶藏AA8319号车辆向略阳方向行驶，途中发生交通事故导致骆绍斌死亡。2007年6月12日死者骆绍斌之子骆光坤向被上诉人区劳保厅申请工伤认定，被上诉人于当日受理该申请，并于2007年8月8日作出藏工伤〔2007〕19号《工伤认定通知书》，上诉人不服，于2007年10月19日向西藏自治区人民政府申请行政复议，西藏自治区人民政府于2007年12月10日作出藏政复决〔2007〕7号《行政复议决定书》，维持了被上诉人作出的工伤认定，上诉人不服，于2007年12月19日向一审法院提起行政诉讼，要求撤销被上诉人作出的工伤认定，并由被上诉人承担本案的诉讼费用。法院经审理认定，《工伤保险条例》第五条第二项规定，县级以上地方各级人民政府劳动保障行政部门负责本行政区域内的工伤保险工作。被上诉人区劳保厅作为劳动保障行政部门，具有作出工伤认定的法定职权。上诉人客运分公司称被上诉人越权作出工伤认定，根据《工伤保险条例》第十七条第二项规定，用人单位未按前款规定提出工伤认定申请的，工伤职工或者其直系亲属、工会组织在事故伤害发生之日或者被诊断、鉴定为职业病之日起1年内，可以直接向用人单位所在地统筹地区劳动保障行政部门提出工伤认定申请，以及《西藏自治区实施〈工伤保险条例〉办法》第十一条规定，用人单位、职工或者其直系亲属、工会组织应当按照《条例》第十七条规定的时限，向用人单位进行工伤保险登记的劳动保障行政部门提出工伤认定申请。本案上诉人客运分公司的工伤保险申报表是在被上诉人处进行的登记，故上诉人以被上诉人越权作出工伤认定的诉请，本院不予支持。上诉人提出与第三人骆光坤之父骆绍斌不存在劳动关系，双方属挂靠经营关系的主张，根据劳动和社会保障部《关于确立劳动关系有关事项的通知》第一条规定，用人单位招用劳动者未定立书面劳动合同，但同时具备下列情形的，劳动关系成立：(一)用人单位和劳动者符合法律、法规规定的主体资格；(二)用人单位依法制定的各项劳动规章制度适用于劳动者，劳动者受用人单位的劳动管理，从事用人单位安排的有报酬的劳动；(三)劳动者提供的劳动是用人单位业务的组成部分。以及该通知第二条规定，用人单位未与劳动者签订劳动合同，认定双方存在劳动关系时可参照下列凭证：(一)工资支付凭证或记录(职工工资发放花名册)、缴纳各项社会保险费的记录；(二)用人单位向劳动者发放的“工作证”、“服务证”等能够证明身份的证件；(三)劳动者填写的用人单位招工招聘“登记表”、“报名表”等招用记录；(四)考勤记录；(五)其他劳动者的证言等规定。上诉人与死者骆绍斌签订的《联合经营协议书》约定，由上诉人严格审查并办理和签注资格证，死者骆绍斌必须服从上诉人的统一管理、服从上诉人各站点调度的统一调配，受上诉人制定的“安全管理制度”、“生产运务管理办法”及“驾驶员上岗管理办法”等规章制度的约束，同时上诉人对死者进行了驾驶员培训考试，为死者建立了驾驶员培训考核档案，死者骆绍斌持有的营业性道路运输驾驶员从业资格证服务单位一栏中，也具有上诉人的签章。据此，上诉人与死者骆绍斌已形成事实上的劳动关系。骆绍斌在上诉人调度排班下，于2006年11月30日发生交通事故死亡，其死亡系发生在运营期间，符合《工伤保险条例》第十四条第(五)项规定的应当认定为工伤的情形。故被上诉人作出的工伤认定，本院予以支持。一审法院判决，认定事实清楚、适用法律正确。依据《中华人民共和国行政诉讼法》第六十一条第(一)项之规定，判决驳回上诉，维持原判。

（黄　畅　向海菊）

拉萨市中级人民法院

党组书记、院长　马　方

司 法 行 政

【概况】 年内，全市司法行政系统围绕市委、市政府中心工作，开展普法依法治理、法律服务、人民调解、安置帮教、社区矫正等各项工作，取得较好成绩。

(吴玉梅)

【做好法制宣传教育工作】 年内，全市共聘法制副校长115名，其中，市直各学校聘23名，七县一区聘92名；全市共聘法制辅导员132名，其中，市直各学校聘38名，七县一区聘94名。全市司法行政系统共开展“三下乡”、“3·15”消费者权益保护日、“安全生产月”、“综治宣传月”、“拥军优属”、“9·16西藏平安宣传日”、“民族团结宣传月”等上街集中法制宣传服务活动131场/次，举办针对寺庙管理人员、青少年、综治人员、流动人口、农牧民群众等不同人群的各类法制讲座305场/次，发放宣传资料20万余份(册)，受教育人数达4万余人/次。修订完善了《在全市公民中开展法制宣传教育第六个五年规划》。投入资金34余万元，编制印刷了包括《中华人民共和国宪法》、《中华人民共和国刑事诉讼法》、《中华人民共和国土地管理法》、《中华人民共和国治安管理处罚法》等法律宣传册3万余册，录制了《拉萨市“六五”普及法律知识宣传资料之流动人口法律知识宣传专辑》音像光盘3套共300余张，为“六五”普法提供充足的宣传资料。坚持每周在《拉萨晚报》上刊登《公证之窗》和《大家学法》栏目，让广大群众在休闲娱乐的同时，学习法律，增强自身法律意识。

(吴玉梅)

【调处矛盾纠纷751件】 年内，全市共有调解委员会391个，其中，村委会调解委员会231个，居委会调解委员会31个，乡镇调解委员会57个，街道调解委员会8个，企事业调解委员会35个，其他调解委员会29个；共有调解员2416人，其中，村委会调解员1624人，居委会调解员103人，乡镇调解员237人，街道调解员24人，企事业单位调解员309人，其他调解员119人；专职调解员263人，兼职调解员2153人。全市各级人民调解组织共调解各类矛盾纠纷765件，调处成功751件，调解成功率为98%，涉及当事人2310人，协议涉及金额237.97万元。举办人民调解员培训班，对400余名司法助理员和人民调解员进行了培训。健全排查调处信息反馈和统计制度、联席会议制度、大调解工作责任目标的考评机制、责任查究机制。在开展“争当人民调解能手”活动中，通过司法部批准，1人获得“全国人民调解能手”荣誉称号。

(吴玉梅)

【做好刑释解教人员安置帮教工作】 年内，全市刑释解教人员共计549人，建档率100%。共衔接刑释解教人员21名，以稳定就业形式安置7名刑释解教人员，其余人员也基本实现临时性就业。

(吴玉梅)

【办理法律援助案件406件】 年内，全市共有法律援助中心9家，专兼职法律援助工作者26人，“1+1法律援助志愿者律师”4名，分别在堆龙德庆县、城关区、林周县和达孜县开展法律援助服务工作。拉萨市各级法律援助中心共办理法律援助案件406件，其中，民事案件359件、刑事案件43件、执行案件3件、行政案件1件；受理法律援助咨询300余人次，代写法律文书50余份。共向中央专项彩票公益金法律援助项目办报送法律援助案件234件，申请资金25.5万元。经对328件法律援助案件进行质量评查，评估90分以上的案件占结案的20%，评估70分以上的占案件总数的80%，无评估不合格案件。

(吴玉梅)

【律师事务所办理案件329件】 年内，全市共有律师事务所5家，专职律师22人。5所律师事务所共办理各类案件329件；咨询和代写法律文书845件，担任机关法律顾问10家。年内，新成立3家律师事务所。

(吴玉梅)

【出证7233件】 年内，全市共有公证处1家，专职公证员7人。阳光公证处共出证7233件，其中，国内经济2669件，国内民事4347件，国内执行28件，涉外民事189件；拒证43件；提供法律咨询15000余人次，涉外公证书发往十多个国家和地区，涉及标的5亿元，公证收入300余万元。

(吴玉梅)

【做好社区矫正试点工作】 年内，全市共有社区服刑人员75人，涉罪类型分别为：盗窃罪23人、故意伤害罪14人、放火罪1人、交通肇事罪3人、拐卖妇女罪1人、强奸罪3人、聚众扰乱罪1人、包庇窝藏罪1人、抢劫罪3人；刑种分别为：缓刑共63人、假释1人、管制2人、监外执行9人。

（吴玉梅）

拉萨市司法局

党组书记　蔡严林

局　　长　赵　涛(5月免)

次　培(5月任)

档案·党史·地方志

档　案

【概况】　年内，拉萨市档案工作被市委、市政府正式列入了2011年促进县(区)经济社会科学发展考核评价指标体系，与经济、社会、生态、维稳、党建等各项工作同安排、同部署、同考核。市档案局(馆)被西藏自治区人社厅、西藏自治区档案局联合授予“全区档案系统先进集体”称号，市审计局勇忠和城关区检察院尼娜被授予“全区档案系统先进个人”称号。4月召开的全市办公厅(室)主任工作会议上，对全市档案工作给予了充分肯定。堆龙德庆县档案馆等5家单位、城关区法院的康敏等6名同志分别被授予“全市档案工作先进集体”、“全市档案工作先进个人”称号。在10月17日召开的中国共产党拉萨市第八次代表大会上，区党委常委、市委书记秦宜智《全面贯彻落实中央第五次西藏工作座谈会精神为建设团结民主富裕文明和谐的社会主义新拉萨而努力奋斗》的报告中，首次对档案工作进行了肯定。3月17日，市委常委、统战部部长达娃到市档案局(馆)检查指导民族宗教领域档案工作时，对市档案局(馆)在人员少、办公条件简陋的情况下所做的大量工作和取得的优异成绩给予了充分肯定，并指出做好民族宗教领域档案工作对维护社会稳定、反对分裂起到积极作用。

(刘淑娟)

【加强馆库建设】　7月19日，市综合展馆开工奠基。推进县馆建设。加强与各县(区)的联系与沟通，积极督促被列入2010年西藏自治区县级综合档案馆建设的曲水县档案馆、林周县档案馆按照《档案馆建筑设计规范》和《档案馆建设标准》要求，加紧实施县馆开工建设。乡镇档案室建设。按照市委、市政府新农村建设工作的要求，扎实推进乡(镇)档案室建设，深化新农村建设档案工作。拉萨市已完成乡(镇)档案室26个，占全市乡镇总数的46%。

(刘淑娟)

【加强档案资源建设】　年内，拉萨市档案馆始终注重从源头上将反映地方历史文化、风土人情、民风民俗、特殊事件、名人、名胜、名优特产等档案资料及时收集进馆，以特色档案提升馆藏价值和地位，优化档案资源结构。

(刘淑娟)

【抢救西藏古老筹算文化档案】　5月23日，市档案馆在市政协民族会议室举行了抢救西藏古老筹算文化演算会，邀请市政协和西藏大学的有关专家现场演示了古老筹算方法，市档案馆对筹算演算全过程制作声像档案。西藏新闻网、市电视台、拉萨晚报等新闻媒体对此进行了跟踪报道。

(刘淑娟)

【收集整理农垦档案和将军档案】　年内，市档案馆全力收集农垦档案和将军档案，继续加强与市八一农场、西藏军区地图库等相关单位联系，收集相关档案6卷，真实地再现十八军进军西藏、建设西藏、艰苦创业的历史。

(刘淑娟)

【收集整理西藏和平解放60周年大庆档案】　年内，拉萨市档案馆围绕西藏和平解放60周年庆祝活动，开展大庆期间档案资料收集工作，确保大庆期间所形成的原始文字资料、录音、录像、影片以及实物档案的齐全完整。完成收集拉萨市庆祝西藏和平解放60周年活动相关档案资料初步分为四部分：文书、资料、照片、影像等档案，其中文书2万多件、资料55件、照片632张、光碟27张。

（刘淑娟）

【开展电子档案收集工作】 年内，开展拉萨市历届领导政务活动为主的电视新闻、电视专题节目的数字化采集工作。

（刘淑娟）

【做好特色档案的收集工作】 年内，为逐步建立和完善具有地域特色档案，拉萨市档案馆积极指导各县（区）档案馆开展特色档案的收集工作，更好地为县域经济建设和社会发展服务。堆龙德庆县收集名人证书27本，知青照片集锦2本。林周县已收集整理非物质文化遗产（春堆楚杰藏戏、旁多铁索桥、旁多藏刀、陶瓷制作、热振羌姆、阿朗乡传统服饰、热振锅庄）档案11卷，照片191张；灾后重建档案180卷，新旧对比照片306张；寺庙档案1卷；农牧民安居工程档案215卷。尼木县收集整理援藏档案11卷，民俗民风档案1卷，安居工程档案资料5卷，同时与县文化部门联合建立了非物质文化遗产实物展示陈列厅，使遗产实物档案征集保存工作得到创新发展。

（刘淑娟）

【档案宣传工作】 年内，拉萨市档案局（馆）强化档案宣传工作，通过采取悬挂横幅、利用报刊、印发宣传材料、业务指导等多种形式进行经常性档案宣传教育。借助新闻媒体加强档案宣传报道工作，全年报送档案工作信息75期，其中《围绕中心抓重点 服务大局创特色 拉萨市档案工作取得突破性进展》、《拉萨市召开筹算演算会抢救西藏古老文化》、《市档案局国家通用语言文字工作呈现出四个特点》等多篇信息被中国档案报、区档案局、市委办督查处、市委办信息处、拉萨晚报等媒体和单位采用。拉萨市尼木“三绝”档案、曲水俊巴渔文化档案的宣传报道引起了中国档案报报社的关注，7月4日，《中国档案报》编辑部，专门采访报道了拉萨市特色档案工作，认为拉萨市围绕地方特色，开展了特色档案的挖掘收集工作，有亮点，创造性地开展了档案工作，进一步扩大了拉萨市档案工作的知名度和影响力。

（刘淑娟）

【档案安全建设】 年内，根据国家档案局提出的档案馆实施重要档案异地备份制度的要求，拉萨市档案局（馆）积极开展档案异地备份前期筹备工作，先后与区档案局、林芝、阿里地区档案馆就相关重要档案异地备份的结对工作进行了多次座谈协商，交流档案异地备份工作方案，并于9月27日与林芝地区档案馆签订了《拉萨市档案馆 林芝地区档案馆互存重要档案备份协议书》，明确了档案异地备份保管条件和要求。

（刘淑娟）

【档案业务培训】 年内，市档案局（馆）采取以岗代训、外出学习交流、业务授课、现场指导等多种培训形式，加强档案业务人员的继续教育和岗位培训工作，为尼木县、市政协办公厅、市委组织部、市委统战部、市水利局、市人民医院等单位以岗代训档案工作人员122人次，为墨竹工卡县、市民政局等单位举办的档案业务培训班，进行业务培训110余人。有针对性地组织了档案工作人员外出参观学习，先后组织市、县、乡三级档案业务骨干15人到上海参加为期一周的档案干部培训班，13人到雅安进行为期一个月的档案专业知识的学习，达到了开阔视野，提高技能的目的，受到了市、县、乡三级档案部门及档案工作人员的好评。

（刘淑娟）

【档案业务检查】 市档案局成立了以主要负责人担任组长，各科室负责人为成员的档案工作专项检查小组，制定了具体的检查工作计划和检查测评方案，大力加强档案工作检查力度。4月18日至5月19日，按照2011年全市档案工作要点，拉萨市档案局深入八县（区）、64家市直单位从领导重视、档案基础设施建设、档案制度建设、档案规范化整理等八个方面对全市档案工作开展情况进行了专项检查。拉萨市档案馆边开展业务监督检查，边现场讲解档案法律法规，向分管档案工作的领导和档案工作人员发放《西藏自治区实施〈中华人民共和国档案法〉办法》210余册，并实地查看档案库房与档案整理情况，并按照档案工作要求现场逐项评分，边查边纠。市委办公厅对此项工作也给予了高度重视，以党办督查的形式下发了《关于2011年全市档案工作专项检查情况的通报》（督字〔2011〕26号），肯定了全市档案工作取得的成绩，指出了全市档案工作中存在的问题。9月19日开始至9月27日，市档案局（馆）再次深入八县（区）、61家市直单位，分别从组织领导与制度建设、档案库房安全管理、档案保管保护设施设备安全管理、档案实体安全管理、档案信息安全管理等五个方面对拉萨档案安全工作进行了专项检查。在9月28日、29日以区档案局王政副局长为组长的全区档案安全检查组一行3人莅临拉萨市检查指导档案工作时对市档案局(馆)档案工作的开展情况给予了高度评价，认为拉萨市档案局(馆)在市委、市政府领导的高度重视下，克服了人员少、经费少、办公条件差等困难，工作开展很全面，有特色、有突破、有创新，走在了全区前列，起到了领头羊、排头兵的表率作用。

（刘淑娟）

【档案利用工作】 年内，为充分发挥档案保管利用的服务职能，拉萨市档案局(馆)在指定专人做好现行文件接收，保管、提供利用等服务工作的基础上，不断强化服务意识，急查档者之所急，想查档者之所想，努力为利用者排忧解难，尽最大努力满足利用者需求。先后为区党委、市政府办公厅、市委组织部、市国土资源规划局、国家统计局拉萨调查队、市民服务中心等单位调档994卷，247件，4654卷(次)，复制档案72份。

（刘淑娟）

【创先争优强基础惠民生活动】 年内，市档案局(馆)驻村工作队紧紧围绕“建强组织、维护稳定、帮助致富、感恩教育、办好实事”五项任务，按照市委的统一部署，以“充分发挥首府城市首位度作用”为主线，将强基惠民活动作为重大政治任务，把握“五项任务”，突出“八看”“一算账”“一揭批”“四增强”感党恩主题教育活动，承担应尽的社会责任，有序推进强基惠民活动的开展。通过召开会议、走村入户、帮扶慰问、开办宣传栏、申报惠民项目等形式，用通俗易懂的语言，向村组干部、农民党员、群众广泛宣讲中央第五次西藏工作座谈会、中央十七届三中、五中、六中全会、区市第八次党代会精神及党的惠民政策。

（刘淑娟）

【国家一类城市语言文字迎检工作】 9月，国家一类城市语言文字工作评估验收组一行7人到拉萨市档案局(馆)评估验收语言文字工作。通过实地考察和评估，国家一类城市语言文字工作评估验收组一致认为拉萨市档案局(馆)，语言文字工作制度体系健全，宣传教育工作扎实，文件档案规范。将语言文字工作与提高工作效能、转变作风、公务活动、规范机关公文处理、招录公务员工作有机结合，有环境、有氛围。

（刘淑娟）

拉萨市档案局（馆）

局(馆)长 马荣清

党史研究

【党史工作】 1985年8月，成立拉萨市委党史资料征集办公室，1991年8月，更名为中共拉萨市委党史研究室。年内，按照“广征、核准、精编”的原则，抓党史基础工作，编写了党史大事记。完成了2001年至2010年10年期间《中共拉萨党史大事记(2001—2010)》初稿，共计35万字。从《拉萨晚报》、《西藏日报》等官方媒体报刊摘抄拉萨大事、要事，形成2011年党史大事记初稿9万字。整合资源，加强协作，利用“档案是编史资料的重要来源”这一平台，在市档案馆的大力协助下，开展了《中共拉萨市历届党代会重要文献选编》的收集整理工作。将原有不定期内部刊物《拉萨党史信息》更名为《拉萨党史》，改版升级为半年期定期出版刊物，着力宣传党在拉萨的执政历史，展示拉萨经济社会发展成就，弘扬党的优良传统，内容与形式进一步丰富。

（周　丽）

拉萨市委党史研究室

主　任 刘立君(10月免)

地　方　志

【贯彻《地方志工作条例》】 年内，是拉萨地方志贯彻《地方志工作条例》颁布实施的第5周年，市地方志办公室深入学习、贯彻条例，主动运用“条例”赋予的规划管理全市地方志的职能，针对修志工作中的薄弱环节，培训修志人员、提高修志法律意识和执法能力。

（张玉虎）

【加强修志交流】 10月20日，北京市地方志办公室党组书记、主任王铁鹏一行到拉萨考察调研地方志工作，并召开拉萨—北京对口援藏修志工作座谈会。座谈会上，王铁鹏指出，为贯彻落实10月15日至18日召开的中国共产党第十七届中央委员会第六次会议精神，推动社会主义文化大发展大繁荣，北京市地方志决定对拉萨市修志事业在智力、财力、物力、制度建设、稿件审查等各方面给予大力支持。年内，拉萨市地方志办公室还与昆明、辽宁、西安、武汉等地方志办公室进行了交流。

（张玉虎）

【志书编修】 截至年底，全市9部志书中，已出版志书5部（第一、第二轮志书合并）：《拉萨市志》、《堆龙德庆县志》、《城关区志》、《墨竹工卡志》、《林周县志》完成首轮志书出版任务的55.6%。已提交出版社印刷出版的2部：《达孜县志》、《曲水县志》。提交自治区地方志办公室验收的1部：《当雄县志》、完成终审的1部：《尼木县志》。市地方志主持总编了《曲水县志》；参与完成了《林周县志》、《达孜县志》的总编工作；完成了《当雄县志》、《尼木县志》终审工作，约250多万字。12月10日，市委办公厅、市政府办公厅联合印发了关于启动《拉萨年鉴》编纂工作的通知，全面启动了拉萨和8县（区）的年鉴编纂工作。

（张玉虎）

拉萨市地方志办公室

主　任　张玉虎

民 族·宗 教

综 述

2011年，按照市委、市政府的工作要求，以寺庙法制宣传教育为载体，以解决寺庙存在的重点难点问题为突破口，以实现寺庙僧尼管理法制化、规范化为着眼点，以形成寺庙管理长效机制、促进宗教领域和谐稳定为目标，依法建立正常宗教秩序，积极开展“民族团结进步”表彰活动，有效开发和保护民族发展项目，保护民族特色村寨，依法开展各项宗教活动，积极引导宗教与社会主义社会相适应。

（次仁旺久）

民 族 工 作

【开展“民族团结进步”表彰活动】 年内，全市共召开了4次民族团结进步表彰大会，表彰先进集体共216个、先进个人共424人，并向国务院推荐先进集体7个，先进个人9个人，在各条战线、各行各业树立了一批民族团结进步先进典型和榜样。

（次仁旺久）

【加大民族团结宣传力度】 年内，由市委宣传部、市民宗局牵头，市直28个单位集中参与宣传自治区“民族团结日”活动，共发放各类宣传册近20个品种、15000余册，宣传单10个品种近10000余张。以西藏和平解放60年来各行各业所取得的辉煌成就为主题，设计了大型宣传展览活动，集中展示了社会主义新拉萨的新气象、新风貌。

（次仁旺久）

【落实少数民族发展资金项目】 年内，共落实少数民族发展资金项目8个，总投资为360万元。其中城关区蔡公堂乡香嘎度假村建设项目国家投资40万元；堆龙德庆县古荣乡那嘎村昂仁牧业七组道路建设项目国金投资40万元；林周县唐古村1、2、3组道路建设项目国金投资45万元；墨竹工卡县工卡镇嘎则村道路建设项目国金投资22万元；门巴乡巴日卡村、仁多岗村道路建设项目国金投资25万元；尼木县吞巴乡民族村寨建设项目国金投资100万元；曲水县茶巴拉乡茶巴拉村1、20组道路建设项目国金投资47万元；当雄县羊巴井拉多村1、2组道路维修项目国家投资25万元，群众义务投劳为5万元。

（次仁旺久）

2011年国家投资创建扎细社区居委会民族团结进步示范(试点)一览表

表1

建设内容	项目规模	建设年限	建设地点	国家投资	项目性质	受益人数	建设单位	备注
办公楼和附属工程	2500余平方米	2011年至2012年	扎基寺庙对面(冉茂祥出租院)	400万元	新建	3000多人	国土资源规划厅、区发改委、财政厅、城关区人民政府	同时解决土地问题
道路硬化、给排水、路灯设施改建	2000余平方米	2011年	扎细社区居民住宅区	550万元	新建	400人	自治区发改委、建设厅、财政厅、区交通厅	
解决居民户口问题和房屋两证问题(产权证和土地证)		2011年	扎细社区失地居民				区公安厅、国土资源规划厅、建设厅、民政厅	

宗教工作

【开展寺庙法制宣传教育活动】 4月初，拉萨市寺庙法制宣传教育工作领导小组从全市涉宗部门抽调活佛、普通僧人、老干部、法制宣讲员等11人，对全市13座重点寺庙开展法制巡回宣讲31场次，参加学习的僧尼达1109人次(其中:僧人829名,尼姑280名)。

(次仁旺久)

【加强涉宗领域稳定工作管理】 年内，对全市是否存在违规修建灵塔、佛塔等情况进行一次集中检查。做好各种大型宗教活动的管理。确保了“色拉普杰”（131500人次）、“大昭寺藏历初一朝拜”（42500人次）、“乃琼拉苏”（22000余人次）、“拉萨桥头烧香”（13500人次）、热振寺“恰达曲巴”（18000人次）、“雪顿节”（420000人次）。堆龙德庆县乃朗寺第十一世巴吾活佛为信教群众举行摸顶等各项宗教活动得以安全、有序、正常开展。

(次仁旺久)

【开展“四证”颁发工作】 年内，对全市168座寺庙颁发了藏传佛教宗教活动场所登记证；对167座寺庙颁发了藏传佛教宗教活动场所法人登记证；对53个宗教活动场所颁发了宗教活动点登记证；对合法的藏传佛教活佛颁发了藏传佛教活佛证。对拉萨市僧尼颁发了宗教教职人员证。

(次仁旺久)

【寺庙法制宣传】 年内，开展以《宗教事务条例》、《西藏自治区实施〈宗教事务条例〉（试行)》、《民族区域自治法》、《西藏自治区寺庙管理长效机制》、《法律知识》、《深入揭批达赖集团政治上的反动性、宗教上的虚伪性、手法上的欺骗性宣讲稿》为主要内容的法制宣传教育工作，参加学习的僧尼总数为4701人，参学率达到100％。

(尊 追)

【组织“姜贡曲”冬季大法会】 年内，研究制定法会期间各项议程和佛事活动，保障了“姜贡曲”冬季大法会取得成功。

(次仁旺久)

【寺庙管委会培训班举办】 2月15日，市委统战部举办了拉萨市第五期寺庙管委会成员培训班开班仪式。来自全市30座寺庙的40名僧尼参加了培训，培训为期12天。

(单增郎杰)

【直贡梯寺活佛“坐床”仪式举行】 6月15日，墨竹工卡县直贡梯寺举行第十三世活佛“坐床”仪式。市委常委、统战部部长达娃协同自治区党委统战部、自治区民宗委相关负责人等相关人员到现场进行督导。来寺庙参加“坐床”仪式的信教群众约有8000余人。

(单增郎杰)

【组成僧人宗教仪仗队】 7月3日，从全市12座寺庙选拔了152名僧人，参加了西藏和平解放60周年宗教仪仗队，并取得成功。

(次仁旺久)

【完成学位晋升夏季预考】 8月15日至21日，协助佛协西藏分会完成了2011年藏传佛教学经僧人格西“拉认巴”学位晋升夏季考试的报名考核、陪考人员资格审查和晋升格西“拉让巴”学位立宗暨颁证仪式等相关工作。

（次仁旺久）

【首批25人到西藏佛学院学习】 10月15日，市委统战部、市民宗局主持召开欢送会，欢送首批来自拉萨市不同寺庙的22名僧人和3名政府认定活佛到西藏佛学院学习。会上，来自三大寺的僧人代表、各县（区）的僧人代表及活佛代表分别作了发言。

（单增郎杰）

【完成学员推荐】 年内，按照西藏自治区佛学院招生工作计划和报考条件，做好审查、体检、考试、考核等各项工作。共向区佛学院推荐学员25人（其中宁玛派3名，噶举派7名，格鲁派12名，活佛3名）。

（次仁旺久）

【举行格鲁派格西拉让巴学位晋升考核】 组织拉萨市3名（甘丹寺、哲蚌寺、色拉寺各1名）符合考核条件的僧人进行格西拉让巴学位晋升考核，在考核中按照藏传佛教的传统习俗对参加考核的僧人进行了“五部大论”（般若论、中观论、具宿论、戒律论、释量论）方面知识考核，3名参加考核的僧人通过“姜贡曲”法会的初试及在哲蚌寺进行的复试，在大昭寺颁发格西拉让巴学习证书。

（尊 追）

【开展僧尼自愿参保登记】 11月27日至12月23日，按照自愿参加的原则，为全市4176名自愿参加社会养老保险、基本医疗保险、最低生活保障的僧尼进行了登记（其中60周岁以上的245人，18—59周岁的3931人），参加基本医疗保险共有4126名（其中60周岁以上的202人），参加基本医疗保险共有4126名（其中60周岁以上的202人），参加最低生活保障金僧尼共有1970人（其中60周岁以上的153人）。

（次仁旺久）

【首次表彰模范寺庙及僧人】 12月31日，中共拉萨市委、拉萨市人民政府隆重召开大会，首次表彰和谐模范寺庙暨爱国守法先进僧尼。决定对公德林寺等16座和谐模范寺庙和桑旦平措等2341名爱国守法先进僧尼进行表彰。

（次仁旺久）

拉萨市民族宗教事务局

党组书记 刘惠兴

局　　长 布琼次仁

外 事

综 述

2011 年，拉萨市外事工作主动配合外交全局和涉藏外交，大力推进“请进来”、“走出去”战略，服务中央总体外交的能力得到提升，对外交往领域不断拓宽，务实合作得到加强发挥外事部门优势，为服务首府城市经济发展作出新贡献。

外事接待工作取得新成绩。年内，接待和协助接待了来自美国、德国、南非、阿根廷、澳大利亚、俄罗斯、尼泊尔、欧盟等 24 个国家和组织的外宾、新闻记者共 40 批 550 人次，较 2010 年的 32 批 280 人次分别增长了 25% 和 96%。全市因公出国境总计 26 批 53 人次，其中地级领导 2 批 2 人次，县级领导 13 批 18 人次，专业技术人员 4 批 13 人次，科级及以下干部 6 批 10 人次，企业 1 批 10 人次。汉族 21 人次，藏族 31 人次，回族 1 名。出访国家有美国、德国、加拿大、韩国、尼泊尔、希腊、新加坡等。出访任务涉及教育交流、培训、参加残奥会等。12 月 9 日，外交部 2012 年新年招待会在北京钓鱼台国宾馆举行，拉萨企业生产的 5100 矿泉水、青稞啤酒、餐巾纸首次出现在了外交部新年招待会上。

对外交往渠道有新变化。2011 年 8 月，在平等互利原则基础上，拉萨市与尼泊尔加德满都市在拉萨签署两市结为友好城市的协议，正式缔结为友好城市。俄罗斯卡尔梅克共和国埃里斯塔市政府代表团、尼泊尔加德满都市政府代表团应邀参加 2011 中国拉萨雪顿节。尼泊尔加德满都市商务代表团一行 6 人参加 2011 中国拉萨雪顿节商品展销活动。参加在海南三亚举办的“首届金砖国家友好城市暨地方政府合作论坛”。

外事工作机制有创新。制定签订担保书、预交担保金、备案、团长负责制等四项新措施，进一步规范了全市因公出国（境）管理工作。

（王 涛）

对外交往

【接待外宾 550 人】 年内，全市接待和协助接待了来自美国、德国、南非、阿根廷、澳大利亚、俄罗斯、尼泊尔、欧盟等 24 个国家和组织的外宾、新闻记者共 40 批 550 人次，其中记者 2 批 7 人次；外宾、外交官 38 批 543 人次。参观、访问内容涉及宗教、商务、旅游、安居工程建设、民生、企业、教育、文化等内容。重要团组有俄罗斯常驻联合国代表丘尔金大使、日本驻华大使、美国国会高级助手代表团、尼泊尔副总理访华代表团等。

（王 涛）

【市政府教育代表团访美】 2 月 20 日至 25 日，作为与友城博尔德市实质性交往内容之一，拉萨市政府教育代表团一行 6 人赴美国博尔德市开展教育交流。

（王 涛）

【会见尼泊尔驻拉萨总领馆总领事】　4月4日下午，市委副书记、市长多吉次珠会见并宴请了尼泊尔驻拉萨总领馆总领事乌帕达雅一行，双方就拉萨市与尼泊尔加德满都市结为友好城市，在经贸、旅游等方面开展实质性交往进行了会谈。

(王　涛)

【俄罗斯市政府代表团参加拉萨幸福城市市长论坛】　8月26日至31日，俄罗斯卡尔梅克共和国埃里斯塔市政府代表团来拉萨市参加2011中国拉萨幸福城市市长论坛。其间，参观了大昭寺、色拉寺、罗布林卡、堆龙德庆县柳梧乡柳梧村农牧民安居工程建设、西藏博物馆、西藏60年成就展、拉萨市妇幼保健医院、城关区二小、城关区敬老院等。

(王　涛)

【尼泊尔加德满都市政府代表团参加拉萨幸福城市市长论坛】　8月25日至30日，尼泊尔加德满都市由市长带队，组成9人代表团来拉萨市参加2011中国拉萨幸福城市市长论坛。市长甘纳诗·若尔先生在幸福城市市长论坛峰会上作为友城代表作了交流发言。

(王　涛)

【市领导会见尼泊尔加德满都市政府代表团】　8月27日下午，市委书记秦宜智、市长多吉次珠在拉萨饭店会见并宴请了尼泊尔联邦共和国加德满都市政府代表团一行，秦宜智书记祝贺拉萨市与加德满都市结为友好城市，同时向客人简要介绍了拉萨市近年来的社会经济发展情况，同时希望拉萨市与加德满都市作为好朋友、好伙伴、好兄弟，加强交流，增强互信，加深友谊，不断推进两市的友好合作。

(王　涛)

【拉萨市与尼泊尔加德满都市结为友好城市】　8月27日，拉萨市市长多吉次珠、加德满都市市长甘纳诗·若尔先生代表各自城市，在拉萨饭店签署了拉萨市与加德满都市结为友好城市的正式协议，拉萨市与加德满都市正式结为友好城市。

(王　涛)

【市领导会见俄罗斯埃利斯塔市政府代表团】　8月29日下午，秦宜智、多吉次珠在江苏生态园大酒店会见并宴请了俄罗斯卡尔梅克共和国埃利斯塔市政府代表团，秦宜智对埃里斯塔市政府代表团应邀来拉萨参加2011中国拉萨幸福城市市长论坛表示热烈欢迎，同时秦宜智向客人介绍了西藏和平解放60年来发生的翻天覆地的变化，并希望拉萨市与埃里斯塔市进一步增强双方在各个领域的交流与合作，不断加深双方友谊。

(王　涛)

【尼泊尔加德满都市商务代表团参加拉萨雪顿节商品展销】　8月27日至9月4日，拉萨市邀请尼泊尔加德满都市商务代表团一行6人参加2011中国拉萨雪顿节商品展销活动。尼泊尔加德满都市参展商对受拉萨市邀请来拉萨参展非常感谢，并希望明年能再次来拉萨参加雪顿节商品展销活动。

(王　涛)

【友城美国博尔德市负责人来访】　9月23日至30日，友城美国博尔德市友城比尔主席一行2人来拉萨市访问。在访问期间，拉萨—博尔德市友城项目办主席比尔一行与拉萨市外办、市商务局、市旅游局、市教育局、市农牧局、市环保局、市文化局等单位就开展相关合作进行了座谈，同时参观了西藏大学，观摩了一堂外国留学生上藏语课。自治区外办副主任刘耀华就拉萨市与博尔德市开展交流等与比尔一行进行了座谈，拉萨市委副书记、市长多吉次珠会见并宴请了比尔主席一行。

(王　涛)

【尼泊尔副总理来访】　11月23日上午，纳拉扬·卡基·诗雷斯塔副总理一行参观了大昭寺，市委常委、常务副市长曹边疆等领导陪同参观。

(王　涛)

外事管理与服务

【全市外事工作会议召开】　4月15日，召开了全市外事工作会议，会期半天。会议总结了“十一五”期间全市外事工作，并谋划了全市外事工作“十二五”蓝图。七县一区、市直涉外部门共90余名负责外事的领导及工作人员参会。

(王　涛)

【向友城尼泊尔加德满都市发慰问电】　9月18日，印度、尼泊尔边境地区发生6.8级地震，地震造成了友城加德满都市3人死亡，多人受伤。市委常委、常务副市长曹边疆于9月19日以拉萨市人民对外友好协会名义，向友城加德满都市发去了慰问电，加德满都市伤亡民众表示慰问，对尼泊尔人民致以诚挚的问候，加德满都市回电表示感谢。

（王 涛）

【拉萨市对外交流中心投入使用】 10月28日，拉萨市对外交流中心项目正式投入使用。

（王 涛）

【出席首届金砖国家友好城市合作论坛】 12月1日至3日，首届金砖国家友好城市暨地方政府合作论坛在中国海南三亚举办，曹边疆等领导出席了此次论坛，在12月3日金砖国家友好城市推介会上，曹边疆作为中方代表，作了题为《加强友城交流，携手共同发展》的主旨发言。

（王 涛）

【特色产品推进外交部新年招待会】 12月9日，外交部2012年新年招待会在北京钓鱼台国宾馆举性，国务委员戴秉国、各国驻华使节、国际组织驻华代表及中外嘉宾400多人出席，外交部部长杨洁篪主持会议。拉萨市企业生产的5100矿泉水、青稞啤酒、餐巾纸首次出现在了外交部新年招待会上。

（王 涛）

【创办拉萨外事月报】 年内，以月报形式，编写了《拉萨市外事月报》，内容涉及拉萨市每月外事接待、因公出国境管理、NGO、友协工作、国外媒体涉藏内容报道等，供拉萨市外事领导小组主要领导参阅。

（王 涛）

【举办首届全市涉外家访点培训】 年内，根据在调研中拉萨市涉外“家访点”在外事接待中存在的薄弱环节，多方争取资金，首次在全市开展了涉外“家访点”培训，培训共分3批，分别对城关区、堆龙、曲水、达孜的120户“家访点”户主就党的惠民政策、外事接待礼宾礼仪知识等内容进行了全面培训。

（王 涛）

【推进“强基惠民”活动】 年内，办驻村工作队区市党委、政府的统一安排部署，扎实推进“强基惠民”活动，通过赠送资金，解决村委会办公经费不足的实际困难；安装太阳能路灯，解决村委会夜间照明问题；安装有线闭路，拓宽农牧民群众了解党的惠民政策和致富信息渠道；紧急抢修白增水塘，确保465.33公顷农田和林地冬灌无忧等实事，将10万元为民办实事经费用在刀刃上，用在关键处。按照实施短、平、快项目要求，在走村入户调研基础上，经邀请有关专家实地勘察，形成了《拉萨市林周县松盘乡岗巴村文化活动室方案设计》、《拉萨市林周县松盘乡岗巴村太阳能路灯照明项目设计方案》、《组建拉萨市林周县松盘乡岗巴村农牧民施工队项目》等10个项目规划。

（王 涛）

因公出入境管理

【出国境53人次】 年内，全市因公出国境总计26批53人次，其中地级领导2批2人次；县级领导13批18人次；专业技术人员4批13人次；科级及以下干部6批10人次；企业1批10人次。汉族21人次，藏族31人次，回族1名。出访国家有美国、德国、加拿大、韩国、尼泊尔、希腊、新加坡等。出访任务涉及教育交流、培训、参加残疾人奥运会、节能培训、商务考察、司法培训、人力资源开发培训等。

（王 涛）

【制定因公出国（境）管理四项措施】 年内，结合拉萨市因公出国（境）管理工作，制定了签订担保书、预交担保金、备案、团长负责制等四项新措施，进一步规范了全市因公出国（境）管理工作。

（王 涛）

拉萨市人民政府外事办公室

主 任 康娜美朵

2011年外国代表团来访拉萨一览表

表2

序号	来访团组名称	人数	来自国家地区	来访内容	接待人员	负责人	来访时间
1	美国老人团	80	美国	参观、访问	次仁旦珍	康娜美朵	2月17日
2	不丹王国公主朝佛团	7	不丹	朝佛	张成	康娜美朵	2月20日至22日
3	斯洛伐克驻华使馆领事	1	斯洛伐克	参观、旅游	张成	康娜美朵	4月13日至16日
4	意大利驻华使馆武官处随员	2	意大利	参观、旅游	次仁旦珍	康娜美朵	4月28日至5月3日
5	土耳其驻华使馆公使兼参赞	2	土耳其	参观、旅游	次仁旦珍	康娜美朵	5月27日至31日
6	卢森堡大公国驻上海总领事	2	卢森堡	参观、旅游	张成	康娜美朵	5月21日互5月26日
7	越南祖国阵线	13	越南	参观访问	张成	康娜美朵	6月11日至14日
8	意大利议会“中国之友”协会代表团	5	意大利	参观访问	曹恩宏	康娜美朵	6月17日至21日
9	德国前财长	3	德国	参观访问	张成	康娜美朵	6月16至19日
10	尼泊尔联邦共和国和平与团结理事会代表团	7	尼泊尔	参观访问	张成	康娜美朵	6月21日至23日
11	俄罗斯常驻联合国代表丘尔金大使	2	俄罗斯	参观访问	张成	康娜美朵	7月13日至5日
12	欧盟驻华使节团	8	欧盟	参观访问	次仁旦珍	康娜美朵	8月1日至7日
13	美加部分参政华人访华代表团	16	美国、加拿大	参观访问	曹恩宏	康娜美朵	8月5日至9日
14	联合国亚太经社会代表团	4	联合国	参观访问	索朗德吉	康娜美朵	8月8日至9日
15	德国社民党青年政治家代表团	9	德国	参观访问	次仁旦珍	康娜美朵	8月12日至13日
16	美中政策基金会组织的美国国会助手团	10	美国	参观访问	张成	康娜美朵	8月12日至14日
17	美国国会高级助手团	11	美国	参观访问	张成	康娜美朵	8月13日至16日
18	日本驻华大使代表团	17	日本	参观访问	张成	康娜美朵	8月17日至20日
	南非驻上海总领事馆签证两市	2	南非	参观旅游	张成	康娜美朵	5月31日至6月5日
19	丹麦驻上海总领事馆科技领事	1	丹麦	参观访问	次仁旦珍	康娜美朵	8月20日至22日
20	亚非拉驻华使节团	12	亚非拉	参观访问	达瓦次仁	康娜美朵	8月23日至29日
21	美国伊利诺伊州议员代表团	12	美国	参观访问	查斯	康娜美朵	8月25日至27日
22	尼泊尔联邦共和国加德满都市代表团	15	尼泊尔	参加2011中国拉萨幸福城市市长论坛、2011拉萨雪顿节商展，访问	全办干部职工	康娜美朵	8月25日至9月4日
23	俄罗斯卡尔梅克共和国埃利斯塔市政府代表团	2	俄罗斯	参加2011中国拉萨幸福城市市长论坛、访问	全办干部职工	康娜美朵	8月26日至31日
24	加拿大驻华使馆二等秘书	2	加拿大	参观访问	张成	康娜美朵	9月24日至28日
25	亚太空间合作组织官员	1	泰国	参观访问	张成	康娜美朵	9月28日至10月3日

序号	来访团组名称	人数	来自国家地区	来访内容	接待人员	负责人	来访时间
26	美国博尔德市拉萨——博尔德市项目主席	2	美国	访问	晋美扎巴	康娜美朵	9月23日至30日
27	澳大利亚维多利亚州州长驻议会秘书	2	澳大利亚	参观访问	索朗德吉	康娜美朵	9月26日至10月日
28	美国博尔德市市民友好代表团	9	美国	参观访问	索朗德吉	康娜美朵	9月30日至10月7日
29	阿根廷驻华使馆二等秘书	2	阿根廷	参观访问	张成	康娜美朵	10月1日至10月7日
30	美国老人团	83	美国	参观旅游	张成	康娜美朵	10月17日至19日
31	加拿大驻华大使团	4	加拿大	参观访问	张成	康娜美朵	10月21日至25日
32	爱沙尼亚议员代表团	5	爱沙尼亚	参观访问	张成	康娜美朵	10月31日至11月2日
33	尼泊尔副总理纳拉扬·卡基·诗雷斯塔访华 代表团	9	尼泊尔	参观访问	王涛	康娜美朵	11月21日至23日
34	新西兰驻华使馆代表团	5	新西兰	参观访问	晋美扎巴	康娜美朵	11月26日至30日

共34批365人次，来自24个国家及地区。

2011年内宾来访拉萨一览表

表3

序号	来访团组名称	人数	组织单位	来访内容	接待人员	负责人	来访时间
1	香港妇女协进会代表团	23	中国香港	参观访问	张成	康娜美朵	8月8日至10日
2	中国驻朝鲜大使	4	外交部	参观访问	索朗德吉	康娜美朵	8月11日至16日
3	中国驻外使节团	71	外交部	参观访问	索朗德吉	康娜美朵	8月22日至27日
4	全国城市外事系统协作会代表	80	全国五大城市	参观、参会	千涛	康娜美朵	9月26日至9月30日

共4批178人次。

2011年记者团来访拉萨一览表

表4

序号	来访记者团组名称	人数	来自国家地区	参观采访内容	接待人员	负责人	来访时间
1	日本电视网中国总局记者	1	日本	参观访问	达瓦次厂	康娜美朵	9月28日至10月1日

共1批1人次。

2011年拉萨市地厅级干部出访一览表

表5

序号	姓名	单位名称	职务	出访团组名称	出访国家地区	出访时间	出访任务
1	王常生	市政府	副市长	西藏自治区政府赴港代表团	中国香港	6月29日至7月1日	参加西藏冰川矿泉水有限公司在香港联交所主 板上市活动
2	王常生	市政府	副市长	赴港代表团	中国香港	7月13日至7月16日	参加西藏冰川矿泉水有限公司在港说明会

共2批2人次，汉族2人。

2011 年拉萨市县级干部出访一览表

表 6

序号	姓名	民族	单位名称及职务	出访国家地区	出访时间	出访任务	在外停留时间
1	达 瓦	藏族	市发改委党组书记	日本	2 月 13 日至 26 日	节能培训	14 天
2	穷 达	藏族	市教育局副局长	美国	2 月 20 日至 25 日	教育交流	6 天
3	申延福	汉族	拉萨经开发区经发局局长	新加坡	6 月 11 日至 19 日	综合行政 管理培训	9 天
4	张长祥	汉族	市政府副秘书长	尼泊尔	8 月 10 日至 15 日	考察	6 天
5	皮泽洪	汉族	市商务局副局长	尼泊尔	8 月 10 日至 15 日	考察	6 天
6	曹恩宏	汉族	市外办副主任	尼泊尔	8 月 10 日至 15 日	考察	6 天
7	普布次仁	藏族	色拉寺管委会副主任	韩国	11 月 1 日至 6 日	访问	6 天
8	蔡严林	汉族	市司法局党组书记	美国	11 月 26 日至 12 月 16 日	培训	21 天
9	许广林	汉族	市委党校党委书记	德国	11 月 27 日至 12 月 17 日	培训	21 天
10	李 嵘	藏族	市国土资源规划局副局长	加拿大	11 月 4 日至 24 日	培训	21 天
11	徐海元	汉族	市人社局局长	加拿大	11 月 4 日至 24 日	培训	21 天
12	格桑平措	藏族	市住建局局长	加拿大	11 月 4 日至 24 日	培训	21 天
13	马百胜	汉族	市人社局副局长	德国	11 月 15 日至 12 月 5 日	培训	21 天

共 13 人次，其中藏族 5 人次，汉族 8 人次。

2011 年拉萨市科级及以下干部出访一览表

表 7

序号	姓名	民族	单位名称及职务	出访国家地区	出访时间	出访任务	在外停留时间
1	索朗德吉	藏	市外办涉外项目管理科副科长	美国	2 月 20 日至 25 日	教育交流	6 天
2	陈小英	汉	拉萨市经开区财政所所长	新加坡	6 月 11 日至 19 日	管理培训	9 天
3	汤翠花	汉	拉萨市财政局监督检查科科长	新加坡	6 月 11 日至 19 日	管理培训	9 天
4	罗 莉	汉	拉萨市经开区规划建设局科员	新加坡	6 月 11 日至 19 日	管理培训	9 天
5	张兴全	汉	拉萨市经开区办公室科员	新加坡	6 月 11 日至 19 日	管理培训	9 天
6	孙美娥	汉	拉萨市经开区行政科员	新加坡	6 月 11 日至 19 日	管理培训	9 天
7	李国庆	汉	市商务局综合业务科科长	尼泊尔	8 月 10 日至 15 日	考察	6 天
8	阿 努	藏	堆龙德庆县羊达乡通嘎村党支部书记	美国、加拿大	10 月 18 日至 31 日	访问	14 天
9	平措朗杰	藏	城关区人社局局长	中国香港	10 月 29 日至 11 月 12 日	培训	15 天
10	次仁德吉	藏	城关区八廓社区居委会党支部书记	希腊	11 月 10 日	访问	

共 6 批 10 人次，其中藏族 4 人次，汉族 6 人次，女性 6 人次，男性 4 人次。

2011 年拉萨市专业技术人员出访一览表

表 8

序号	姓名	民族	单位名称及职务	出访国家地区	出访时间	出访任务	在外停留时间
1	冯兴娟	汉	市实验小学校长	美国	2 月 20 日至 25 日	教育交流	6 天
2	尼玛仓决	藏	城关区第二小学校长	美国	2 月 20 日至 25 日	教育交流	6 天
3	罗 罗	回	城关区第二小学学生	美国	2 月 20 日至 25 日	教育交流	6 天
4	白 央	藏	城关区第二小学学生	美国	2 月 20 日至 25 日	教育交流	6 天
5	嘎 果	藏	拉萨市特校学生	希腊	6 月 20 日至 7 月 6 日	参加第 13 届夏季特奥会	17 天

共 2 批 5 人，其中藏族 3 人，汉族 1 人，回族 1 人。

2011 年拉萨市企业人员出访一览表

表 9

序号	姓名	民族	单位名称及职务	出访国家地区	出访时间	出访任务	在外停留时间
1	多吉顿珠	藏	吞柏古藏香有限公司董事长	尼泊尔	10 月 30 日至 11 月 8 日	商品展销	10 天
2	慈仁尼玛	藏	拉萨地毯有限责任公司	尼泊尔	10 月 30 日至 11 月 8 日	商品展销	10 天
3	尼 玛	藏	拉萨地毯有限责任公司	尼泊尔	10 月 30 日至 11 月 8 日	商品展销	10 天
4	达 瓦	藏	优格仓工贸有限公司销售经理	尼泊尔	10 月 30 日至 11 月 8 日	商品展销	10 天
5	杜运建	汉	坎巴嘎布卫生用品有限公司董事长	尼泊尔	10 月 30 日至 11 月 8 日	商品展销	10 天
6	齐晓尧	汉	坎巴嘎布卫生用品有限公司业务员	尼泊尔	10 月 30 日至 11 月 8 日	商品展销	10 天
7	索朗德吉	藏	城关区地毯厂副厂长	尼泊尔	10 月 30 日至 11 月 8 日	商品展销	10 天
8	白 珍	藏	城关区地毯厂顾问	尼泊尔	10 月 30 日至 11 月 8 日	商品展销	10 天
9	刘伯清	汉	拉萨青达陶瓷有限公司销售部经理	尼泊尔	10 月 30 日至 11 月 8 日	商品展销	10 天
10	旺 堆	藏	拉萨青达陶瓷有限公司副董事长	尼泊尔	10 月 30 日至 11 月 8 日	商品展销	10 天

总计 10 人次，其中藏族 7 人次，汉族 3 人次。

拉萨市友城一览表

表 10

结好城市	结好时间	友城英文名	结好协议签署地	协议签署人/职务
美国科罗拉多州博尔德市	1987 年 4 月 10 日	Boulder Colorado	拉萨	洛嘎市长
玻利维亚波多西市	1995 年 6 月 1 日	Potosi, Bolivia	玻利维亚拉巴斯市	索朗多吉副市长
俄罗斯卡尔梅克共和国埃利斯塔市	2004 年 10 月 27 日	Elista, Republic of Kalmyk, Russian Federation	北京	罗布顿珠市长
以色列贝特谢梅什市	2008 年	Beit Shemesh, Israel	拉萨	罗布顿珠市长
尼泊尔联邦民主共和国加德满都市	2011 年 8 月	Katmandu	拉萨	多吉次珠市长

2011 年拉萨市领导人会见外宾一览表

表 11

时间	市领导	国别（地区）	代表团及客人姓名
4 月 4 日	多吉次珠	尼泊尔联邦民主共和国	会见驻拉萨总领馆总领事乌帕达雅
8 月 27 日	秦宜智、多吉次珠	尼泊尔联邦民主共和国	会见加德满都市政府代表团甘南诗·诺尔市长
8 月 29 日	秦宜智、多吉次珠	俄罗斯卡尔梅克共和国	会见埃利斯塔市政府代表团纳姆鲁耶夫·维亚切斯拉夫·哈 济科维奇市长
9 月 23 日	多吉次珠	美国	会见拉萨—博尔德市友城项目办主席比尔
9 月 29 日	曹边疆	美国	会见博尔德市市民友好代表团

军 事

拉萨警备区

【概况】 2011年，拉萨警备区在西藏军区党委及拉萨市委、市政府领导下，以科学发展观为指导，贯彻主题主线重大战略思想，围绕中心搞建设，突出重点抓落实，注重经常打基础，抓工作末端落实，在确保部队自身安全稳定的基础上，维护了拉萨地区的社会稳定，警备区部队全面建设和拉萨市国防后备力量建设稳步推进。

年内，在拉萨市委、市政府大力支持下，先后投入1210万元用于修建拉萨市国防动员培训指挥中心和民兵训练基地。开展团以上领导干部“1+1”助学活动。城关区书记赤列多吉被评为“2011年度全国国防后备力量建设新闻人物”。完成了历年拉萨市的新兵征集任务，没有出现因政治不合格而退兵的现象。

积极组织国防教育“进社区、进牧区、进乡村、进学校”等活动，利用广播、电视、报刊、网络等媒体，深入开展全民国防教育。在全市130所院校开设国防教育课，进行防灾救灾模拟训练。完成了近3000余名学生的军训。规定人武部主官每年下乡蹲点不得少于30天，其他干部60天，在蹲点过程中，为民做好事、办实事、解难事。

落实《关于进一步加强拉萨市民兵应急分队建设》意见，以“青年民兵之家”为平台，在民兵队伍中开展了“爱党忠诚、爱国奉献”和“六好”教育。围绕“重要城镇、企业单位、交通沿线”等区域，探索了“党政机关公务员、企事业单位职工、农牧区青壮年”等三种编组模式，基本达到“县有连、乡有排、村有班”的民兵布局。立足区直、中直公务员队伍组建了1000人的民兵应急营，在城关区组建了600人的民兵应急分队，并在当雄5100矿泉水厂、堆龙远大集团、达孜工业园等企业分别组建1个民兵应急连。根据西藏军区通知，将民兵原作战、勤务保障、应急、其他队伍四种类型，调整为应急、支援、储备队伍三种类型。按照在各行政村、乡镇(街道)、企事业单位都应编配普通民兵的要求，参照各区县人口数质量情况，编配民兵力量。采取分批集中轮训、与现役部队挂钩训、重点专业代培训、重大活动联演联训等办法，狠抓民兵反恐维稳等课目针对性训练，每年均超额完成上级下达的民兵训练人数指标。

组织民兵参加“六城同创”(全国文明城,国家卫生城,国家生态园林城,国家环保模范城,国家双拥模范城,国际旅游城)。在西藏和平解放60周年大庆期间，广泛开展“一兵稳一户、一排稳一村、一连稳一乡”活动，发动民兵积极参与护村、护厂、护路，并针对寺管会力量相对薄弱的堆龙德庆县德庆乡丁嘎寺、古荣乡楚布寺，分别指定专武部长带2~3名民兵驻寺开展维稳工作，促进了和谐平安寺庙建设。229名民兵常年担负青藏铁路巡线护路任务。年内，共出动民兵7800余人次，在当地政府的统一安排下，部署在各县、乡(镇)，以及青藏铁路(拉萨段)沿线，配合公安、武警和辖区内执勤部(分)队担负重要目标守护、重点寺庙监控和社会动态搜集等任务；组织民兵612人次，完成城关区夺底沟、堆龙德庆县和曲水县等方向的抗洪抢险行动5次。依托部队自身优势，先后举办民兵种(养)殖技术骨干培训班共5批(次)220人。为迎接西藏和平解放60周年大庆，在时间短、任务重、标准高的情况下，抽组260名女子民兵进行50天的强化训练。

按照“一个项目一个规划，一套班子一抓到底，一旦验收一定问责”的要求，对拉萨市1区7县8个人武部(其中,4个人武部搬迁新建,4个人武部原址改扩建)进行基础设施建设，成立了军地联合领导小组，截至年底，新建营房16389平方米，维修营房880平方米。8个人武部基础设施建设的主体工程、室内装修和部分附属配套工程已基本完成，其中，6个人武部已搬迁入驻新营房(墨竹工卡县、当雄县人武部因市政配套工程未搬迁)。结合人武部“大调研大检查大帮带”活动，为8个人武部一次性全部通过上级达标验收任务明确了标准，指引了方法和路子。截至2011年年底，已完成了各人武部自评和警备区初评。

(熊 钢)

【调整民兵组织布局】 年内，民兵整组工作中树立“向编组要战斗力”的思想，立足“编为用、建为战”要求，着眼“平时应急战时应战”的需要，按照警备区“民兵组织建设的三种模式”(即党政机关民兵、企事业单位民兵、农牧区民兵)要求，进一步调整了民兵组织布局，优化组织结构，拓宽编组渠道，提高编组质量。整组后，男民兵占民兵总数的77.3%、女民兵占民兵总数的22.7%，初中以上文化程度占民兵总数的22.2%，初中以下文化程度占民兵总数的77.8%，平均年龄在18岁至31岁之间，形成了一支规模适当、布局合理、结构科学、素质较高的后备力量队伍。

(张 庆)

【民兵军事训练扎实开展】 年内，各县(区)人武部重点进行了巡逻、设卡、执勤、射击等科目训练，着重突出反恐维稳、抢险救灾、应对公共突发事件和战斗勤务、警棍(盾牌)防暴术、防暴队形、喊话、设卡、抓捕、押解等科目训练。截至10月底，共组织1837名民兵进行了军事训练。采取请进来“帮训”和住进去“带训”的方式，将专业对口的难点课目，通过挂钩方式得到解决。5月，组织堆龙双37高炮分队民兵骨干30人开展了与部队的挂钩训练。在“3·10”、“3·14”、“5·23”等敏感日及大庆安保期间，采取“以勤代训”的方式组织2102名民兵参与辖区内重要目标守护及青藏铁路巡护。

(张 庆)

【加强武器装备管理工作】 年内，警备区多次派工作组深入各人武部，专项检查武器管理等情况，对民兵训练用枪、用弹报批程序进行规范统一，做到动用有请示、出入库有登记、检查保养有记录，确保了民兵枪、弹的绝对安全。5月份，警备区利用“大调研大检查大帮带”活动之机，对8个人武部的16名武器仓库看管人员进行了业务和政治考评，进一步完善了看管员档案，确保看管员“政治可靠、思想稳定、业务熟悉”。10月份，警备区利用国家财政部、总参动员部调研之机，再次对人武部军械库室进行清理和规范，对人武部军械看管员进行了政审和教育。11月份，按照“统一计划、分级负责、稳步推进、安全处理”的原则，周密计划安排、精心组织实施，扎实搞好民兵报废弹药销毁工作，按期完成了8330发(枚)报废弹药顺利移交军区装备部统一销毁的任务。

(张 庆)

【有效组织民兵应急抢险】 年内，针对全年辖区灾情频繁的实际，警备区及时完善了相关预案，建立健全了灾情通报制度，各人武部针对灾害频发时节和地点，利用民兵地形熟，语言通的特点，有针对性地组织民兵应急分队，确保遇有险情，能够及时拉得出、用得上。堆龙德庆、当雄两县组织民兵282人常年巡护辖区铁路，确保了青藏铁路安全畅通。8月1日、2日，城关区人武部组织民兵200余人，两次到夺底沟排除洪水险情，填石50余方，清理淤泥150余吨。6月份，堆龙德庆人武部组织292名民兵两次参加羊达乡、乃琼镇抗洪抢险；11月份，组织120名民兵参加消防演习。7月份，曲水人武部组织40名民兵参加318国道抗洪清淤工作。2月份，墨竹工卡人武部组织150名民兵参加“铁拳”震慑联合演练。5月份，尼木县人武部两次组织民兵72人参加续迈乡、尼木乡抗洪抢险。

(张 庆)

【兵役工作组织严密】 年内，警备区开展了普通高校和普通高中应届毕业生网上预征报名工作。

(张 庆)

【学生军训工作圆满完成】 年内，学生军训工作，以全面提高青年学生军训质量为目标，注重国防教育与军事训练相结合，把握军训时间和施训方法，协调军训与保障的关系。于8月5日至9月25日，历时27天时间，派出军训教员59名，完成了西藏大学、拉萨市第一高级中学共2799名学生军训任务。

（张 庆）

【征兵工作顺利完成】 本年度新兵征集工作从10月12日开始，至12月10日结束，分为会议部署、宣传动员、报名登记、文化测试、体格检查、政治审查、审批定兵、兵员交接、总结等九个阶段，征集的新兵与往年新兵文化素质相比，有所提高。12月7日，所有征集新兵全部安全顺利到达服役部队。

（陆青松）

【扎实做好征兵宣传发动工作】 年内，拉萨市征兵办公室把宣传发动作为征兵工作的重要环节来抓。10月26日至11月18日，市县两级征兵办采取多种手段和形式，每日分上、下午和晚上3个时间段，利用广播电视反复播放征兵宣传政策，同时协调移动、联通、电信公司群发公益短信13万余条，发放征兵宣传传单6700余份，悬挂宣传横幅240余条，大力宣传征兵工作的重大意义，把国防教育、爱国主义教育和依法服兵役教育有机结合起来，使广大适龄青年懂得依法服兵役是每个适龄青年应尽义务。各级征兵办以自治区开展的“创先争优强基础惠民生活动”为契机，协调相关职能部门和驻村工作队，逐一到各户适龄青年家中宣传退役士兵优抚安置等相关规定，重点做好对自治区新制定的政府扶持就业及义务兵家属优待政策宣传（优待金从两年1200元提高到两年24000元）。各乡（镇）专武干部召集辖区内适龄青年进行集中教育宣传，对个别不在家的适龄青年，还采取打电话方式进行宣传。通过多渠道、多方式、多办法的宣传发动，使广大适龄青年形成了踊跃报名参军的良好局面。

（陆青松）

【严把报名关口】 年内，兵员集训过程中，征兵办公室严格把好报名关，分为4个组（验证组、目测组、登记组和咨询组），严格“五证”（毕业证、户口簿、各级各类院校预征对象登记表、村委会或街道办事处证明、派出所介绍信）不全不登记规定。有效地防止了假户口、假年龄、假学历等问题。对身体初检时视力、体重、身高不合格的报名青年一律不予登记。

（陆青松）

【开展“大调研大检查大帮带”活动】 年内，拉萨警备区根据西藏军区《关于对人武部进行“大调研大检查大帮带”的实施意见》精神，拉萨警备区着眼发挥功能作用固基础，履行职能任务搞创新，以按“标”（《人武部全面建设考评标准》）抓建为依据，以“三大活动”为契机，认真对照条令条例、《基层建设纲要》、《西藏自治区人武部全面建设实施细则（试行）》和《人武部全面建设考评标准》，着重在工作制度化、办公程序化、管理科学化上下功夫。3月起，警备区对拉萨市一区七县人武部分四个阶段开展“大调研大检查大帮带”活动，并于9月22日在城关区人武部组织现场观摩会，年底前完成了各人武部的自查自评和警备区初验初评。从总分看，各单位均在850分以上，基本达标。

（格桑次旦）

【组织女子民兵方队参加60周年大庆活动】 7月19日，拉萨警备区组织拉萨市七县一区及拉萨师范学校学生227名女民兵，完成了庆祝西藏和平解放60周年阅兵任务。拉萨市七县一区及拉萨师范学校学生抽组参训女民兵共计260人（含预备人员）。其中，师范学校学生100人、公务员40人、农牧民63人、企事业单位职工57人；汉族34人、藏族225人、土家族1人；党员37人、团员166人、青年57人；本科17人、专科134人、高中（中专）46人、初中63人；年龄最大的42岁，最小的17岁，平均年龄24.7岁。主要完成了内务设置、军人基本常识、体能、队列、分列式、95式自动步枪操枪、阅兵等内容的学习和训练、演练。此次集训，参训率100%，合格率100%。

（格桑次旦）

【召开拉萨市委议军会议】 12月29日，拉萨市委、市政府、拉萨警备区联合召开了拉萨市委议军会议暨县（区）“人武部党委第一书记述职”会议。拉萨市委、市政府有关部（局、委）的领导，警备区部门以上领导，各县（区）委书记（区、县长），各县（区）人武部部长（政委）等共60余人参加了会议。各县（区）人武部党委第一书记进行了党管武装工作述职，警备区土旦赤列政委对第一书记履职情况进行了点评；警备区总结了2010年“三会”（拉萨市国动委第四次全体会议、人武部党委第一书记述职会议、拉萨市委议军会议）召开以来拉萨后备力量建设情况，市委常委就当前面临的困难和问题进行了分析研究和集中讨论；自治区党委常委、拉萨市委书记齐扎拉就如何加强党管武装、建武装、强武装提出了要求。

（格桑次旦）

【抓好民兵政治工作】 年内，围绕“三大活动”狠抓民兵政治工作落实。根据军区人武部“大调研大检查大帮带”工作部署，指导人武部进一步规范“五室二场一家”（资料室、图书室、党员活动室、娱乐室、荣誉室、篮球场、排球场、青年民兵之家）建设。开展“爱党忠诚、爱国奉献”教育。年内共出动民兵3000余人次，参与地方基础工程建设项目5个。以国防日和军事日活动为载体，创新活动形式，深入开展国防教育周活动，营造浓厚氛围，强化了地方干部群众的国防观念和忧患意识。坚持在人武部和广大民兵中开展唱响《中国民兵之歌》活动，积极参加庆祝中国共产党建党90周年、西藏和平解放60周年歌咏比赛，增强了民兵政治工作感染力。抓好“青年民兵之家”建设，全年警备区共新建14个乡（镇）“青年民兵之家”。拉萨市投资1210万元修建的国防动员教育中心和民兵综合训练基地主体工程已完工。结合担负的维稳任务，组织民兵开展反恐维稳“三战”实战化演练，提高了民兵“三战”能力。围绕在私企中编组民兵应急分队，配齐配强民兵干部骨干，拟制各类政治工作保障方案，编发藏汉双语教材。5月份，在城关区人武部开展“学习新规定、贯彻新规定、落实新规定”试点，研究制定了1个《细则》(《学习贯彻〈规定〉实施细则》)，形成了1套长效制度机制（考核奖惩、监督制约、综合保障机制和分析部署、学习教育、人员培训、对口帮带制度），制作了2盘演示光碟（民兵组织整顿中政治工作演示、民兵心理战分队训练科目演示）；规范了3项工作流程（民兵政治教育流程、民兵组织整顿中政治工作流程、专武干部工作流程），梳理细化了4类职责（地方党委职责、第一书记职责、人武部职责、民兵干部职责），增强了工作的规范性和可操作性。

（张玲丽）

【推动营区综合配套整治工作】　年内，警备区以推动部队全面建设为目标，搞好营区基础设施建设和整治。搞好营区配套设施建设。对拉萨市国防动员教育培训中心和拉萨市民兵训练基地新建项目进行了可行性论证和方案设计，组织工程招投标、监督工程施工。截至年底，民兵训练基地综合大楼施工任务已基本完成；国防动员教育培训中心已完成主体施工。搞好人武部基础设施建设收尾工作。按照人武部“三大活动”达标建设要求，为新建营房添置了灶具、窗帘、办公家具等基本生活、办公设施，安装了太阳能热水系统和碳纤维取暖器，完成了营区外通信网络光纤线路施工。年内，除当雄、墨竹工卡县人武部外，其余人武部均已搬迁新营区办公生活。规范房地产管理。根据房地产管理规定和军区“倾向性问题整治”的通知要求，加强了对各单位租赁房地产经营项目的审查和审批力度，统一签订军队制式合同，严格落实租金收支两条线管理规定。

（黄瑞波　陆启航）

武警拉萨市支队

【概况】　年内，拉萨市支队坚持以主题主线重大战略思想为统领，紧跟总队“三不”工作思路和“三句话”建设目标，围绕建设现代化高原武警支队，着力强组织、建队伍，抓一线、促经常，固基本、正秩序，科学统筹，严密组织，狠抓经常性基础性工作落实。

突出首位意识，政治建警思想更加强固。持续深化主题教育。以总队经常性思想教育“五个读本”为基本教材，以互动式话题教育为主要形式，围绕“四个专题”深入开展主题教育。与自治区党委党校、西藏大学开展“一队两校三共”活动，举办“青年论坛”，探索具有时代特点的维护民族团结的重大课题，深化了主题教育效果。6月下旬，开展“爱党爱国爱西藏”的“三爱”大讨论，使核心价值观根植官兵灵魂、融入官兵血脉，践行于部队建设和遂行任务之中。大力建设先进军事文化。引导官兵读健康书籍、唱革命歌曲、学党史军史、做红色传人。开展“嘹亮军歌献给党”歌咏比赛，举办“党旗下的誓言”文艺晚会，参加拉萨市组织的“唱红歌、颂党恩”活动。在八中队、十三中队建设文化试点，在室内建走廊文化、在营区设灯箱橱窗和景观石等，营造警营文化氛围。做好经常性思想工作。充分运用“三互”、“双四一”等有效载体，组织编写《密切内部关系教育资料选编》，创新“六个一”工作法，深化了“深知兵、真爱兵”活动成果。继续设立扶贫帮困关爱基金。日喀则亚东县地震和四川、陕西、重庆发生洪涝灾害后，拿出专项经费缓解受灾官兵家庭燃眉之急。组织“法律服务到基层”活动。开展心理服务工作。官兵思想稳定。

突出中心工作，执行任务能力得到提升。科学组勤施勤。3 次组织召开执勤工作现场会，对正规化执勤进行全面规范，代表总队在总部正规化执勤等级评定交叉检查中取得优秀成绩。落实“三员一兵一组”组勤模式，根据任务需要，调整兵力部署。全年，完成了庆祝建党 90 周年和西藏和平解放 60 周年系列安保活动、“三大战役”执勤备勤和经常性临时勤务 185 起。贴近实战训练。突出针对性训练、实战化演习和维稳课题研究演练。以布达拉宫广场核心区防控为重点，对执勤基础动作、反恐防袭和应对处置“自焚”事件进行研究性训练。总结推广了查勤“两看”、“五步法”和勤务哨兵情况处置“六步法”等执勤训练方法落实战备。组织形势任务教育，开展评选“十佳哨位、十佳哨兵”活动。落实战备制度，加强勤务值班。推进“四防一体化”建设，狠抓执勤基础规范和隐患排查，与青铁公司协调治理铁路守护分队执勤设施问题。

突出从严治警，安全发展秩序不断规范。按照条令规范秩序。深化总部“高岭集训”精神和总队“七长”集训成果，制定《支队机关正规化管理实施细则》，规范了机关秩序。开展“洁警服、正警姿、严警容”专项教育，狠抓军人形象养成，锤炼官兵精气神，进一步塑造了“四军样子”。扭住重点问题治理。严管“人车枪弹酒、水火电毒密、小散远直差”。在人员上，突出公勤人员和在外人员管理，盯紧盯实领导机关身边人员，重点做了长期在外治病人员的工作；在时机上，加大节假日、双休日和夜间零点以后的查铺查哨力度；在内容上，加强枪弹、车辆和经费物资管理，对机要密码安全保密问题进行重点排查。持续治理“跑贪假赌俗”五种不良风气，以开展“三查一除”活动为契机，进一步正规部队秩序。

突出队伍建设，履职尽责素质有效提高。在干部队伍中开展了“四个专题”教育。为各级党的书记编印党务知识手册和为士官购买学习书籍。依托“三个之家”，搞好经常性培训。开展机关评文评稿、基层优秀教练员、“四会”政治教员和各类技术能手评比活动。举办了第一期干部《纲要》集训。组织“两官”到西藏军区、第一支队和西藏大学参观见学，选送赴内地院校深造，积淀了文化力。把完成任务当作锤炼“两官”队伍能力的实践平台。领导机关精细作战方案、科学调兵遣将；基层干部搞好战斗编组、加强作战指导，有效提高了精确指挥的能力；一线战斗员勇猛顽强、冲锋陷阵，有效提高了敢打必胜的能力。落实武警部队《营以下干部考核评价实施办法》，树立正确用人导向，坚持用政治素养高的人，用工作能力强的人，用道德操守好的人，营造了良好的干事创业氛围。着眼复合培养干部，把市区中队和边远县中队主官交叉任用、把担负各类勤务的干部轮换调配、把机关干部和基层干部互为代职，激发了干部活力。

突出按纲抓建，基层发展基础持续夯实。成立了抓基层领导小组，全面指导和协调抓基层建设力量；落实总队《进一步规范和加强大队全面建设的意见》，充分发挥“前沿指挥所”作用；建立健全支委会工作机制，4 月份干部调整后，及时进行改选，提高“三个能力”；重视抓好“两个群众性组织”建设，聚合了按纲抓建力量。在《纲要》框架内，修订完善支队《按纲指导计划》和基层《按纲建队计划》；编印《基层组织工作本簿表册填写规范手册》；在创先争优活动中倡导党员“学党纪党规、当优秀党员”，制作评比栏，践行了“一诺三评”；开展“双争”评比和优秀基层党(团)组织、优秀党(团)员评选活动，激发了官兵参与基层建设的热情。支队针对基层单位编制员额不等、任务类型多样、驻地环境各异、建设基础不一的特点，为提升按纲抓建标准，把担负警卫勤务的一中队、“两看”勤务的八中队、临时驻勤点的十三中队和墨竹工卡县中队树为基层建设的“样板中队”，分类指导，组织试点，推广经验，促进了全面建、整体上。

突出综合保障，现代后勤建设稳步推进。立足遂行任务需要，加强支队、大队、中队三级应急保障体系建设，能够一次性同时保障三个不同方向分队执行任务。着眼提高官兵生活质量，实行集团化采购，坚持集中配送，落实管理“五项制度”，“菜篮子”日益丰富。落实财经制度，严控“四类经费”，严防超预算开支、超财力办事。推行公务卡结算和士官工资卡集中管理办法。开展资源“七节”活动。举办司务长、军械员、驾驶员培训，提高了后勤队伍素质能力和遵规守纪意识。注重基础设施经常性建设，对已整治的中队营房科学管理使用，对机关营区和未整治的单位主动向上级申请，争取尽早整治。认真落实自治区党委议警会议精神，协调营建工作。加强卫生防病，部队无重大疫情发生。

突出党委班子，党建科学化水平不断提高。坚持用理论武装把握部队科学发展政治方向。始终用主题主线重大战略思想统揽全局。开展“加强党性修养，锤炼思想作风”教育整顿。举办了党的“四级”书记培训，加强班子团结，营造共事氛围。努力探索高原执勤部队建设特点规律，树立了“五破五立”思想。建立部门以上领导包片、机关干部包队、大(中)队干部包点的帮建责任制。先后派出5批××(次)工作组下基层传帮带。工作组返回后，党委及时分析建设形势，研究解决倾向性问题。开展“读书思廉”活动，采取党委领导上党课、组织观看反腐倡廉和保密教育警示片等形式，帮助大家保持清醒头脑。坚持党委集体管权、领导公正用权，调整使用干部、选送士兵提干对象、选拔技术学兵和选晋士官、开支经费，都按要求和程序办事。

（许　兵）

【举行新兵授衔、宣誓】 1月30日上午，根据总队统一安排部署，支队隆重举行了2011年度新兵授衔暨宣誓仪式。支队常委领导、机关干部、新兵营全体官兵参加了仪式。宣读了授予××名新兵列兵警衔命令；支队领导为新兵佩戴了帽徽、警衔和领花；全体新战士进行了庄严宣誓；新兵代表向支队党委表了决心。

（许　兵）

【区领导看望慰问】 2月3日上午，自治区党委书记张庆黎，自治区党委副书记、自治区政府主席白玛赤林，自治区党委秘书长公保扎西，自治区党委常委、拉萨市委书记秦宜智等领导到支队一中队看望慰问官兵。2月3日上午，自治区党委副书记、常务副主席、政法委书记郝鹏，自治区副主席多吉泽仁，西藏自治区高级人民法院院长罗布顿珠，西藏军区副司令员王桂生，武警西藏消防总队总队长高雨祥，自治区党委副秘书长李访希，自治区政府副秘书长梁建平，拉萨市副市长到支队26、30中队看望慰问官兵。郝鹏代表自治区党委、政府和全区各族人民，向中队官兵致以了节日的祝福和亲切的慰问，并献上哈达，赠送了慰问金。2月21日，自治区党委常委、自治区常务副主席、区党委政法委副书记、综治委第一副主任、铁路护路联防工作领导小组组长洛桑江村等一行工作组，到支队羊八井隧道守护中队看望慰问官兵。2月26日下午，自治区党委副书记、区政府主席白玛赤林，自治区人大副主任多吉，自治区副主席多吉泽仁，自治区政协副主席洛桑久美，自治区政府秘书长高扬、自治区民政厅副厅长刘家杰到支队市政府执勤点和电台守护中队看望慰问官兵。12月3日上午，西藏自治区党委书记、西藏军区第一书记陈全国，自治区党委副书记、政府主席白马赤林，自治区党委常委、政府常务副主席、自治区政法委常务副书记洛桑江村，自治区党委常委、党委秘书长邓小刚，自治区政府副主席、公安厅党委书记、厅长、武警西藏总队第一政委、第一书记李昭等一行领导到支队一大队一中队考察并看望慰问官兵。

（许　兵）

【教育整顿活动思想交流大会召开】 2月25日上午，支队召开党委机关“加强党性修养、锤炼思想作风”教育整顿活动干部思想交流大会。支队党委委员、机关干部共××人参加。会上，宣读了《拉萨市支队党委加强思想作风建设整改措施》，随机抽点了五名机关干部进行交流发言。支队领导强调，要把加强党性修养、锤炼思想作风作为共产党人改造世界观、人生观的永恒课题，不断学习、增强素质、提升内涵，把教育成果体现在实际工作上，发挥好机关干部能参善谋的作用，在认真履职尽责中彰显政治品德，施展工作才能，实现人生目标。

（许　兵）

【主题教育动员部署会召开】 4月2日上午，支队召开“培育当代革命军人核心价值观、争做党和人民的忠诚卫士”主题教育动员部署会。会议由孙明华支队长主持。会上宣读了《支队主题教育实施方案》，支队领导讲了四点意见：一是统一思想认识，认清开展主题教育活动的重大意义；二是把握重点环节，提升开展主题教育活动的层次水平；三是精心组织实施，确保开展主题教育活动的质量效果；四是抓好学用结合，增强开展主题教育活动的实践标准。

（许　兵）

【“条令法规学习”动员部署会召开】 4月6日，支队组织召开“条令法规学习”活动动员部署会。会上宣读了《支队条令法规学习月活动实施方案》，支队领导进行了深入动员。有关领导从学条令，守条令；抓工作，务正业；尽心力，保安全三个方面进行了强调。

（许　兵）

【宣布命令大会】 4月7日上午，支队召开营职以下干部宣布命令大会。支队党委常委、部门领导和机关、基层全体官兵参加了大会。会上分别宣布了总队、支队命令，并对这次新晋升、调整任职的干部从报到时间到严格执行纪律和谈话安排等做了强调，支队领导从“常怀感恩之心、常修为官之德、常提履职之能”三个方面提了要求。

（许 兵）

【政治工作系列培训】 4月19日上午，支队在电视会议室召开政治工作系列培训动员大会。此次培训，旨在深入贯彻落实三级党委全体（扩大）会议精神，深入学习贯彻《中国人民解放军政治工作条例》、《军队基层建设纲要》等法规制度。支队所属基层党支部书记、团支部书记、武警委员会主任、保卫委员、思想工作骨干参加。

（许 兵）

【组织“武警世纪林”植树活动】 4月22日，根据自治区总体部署和总队统一安排，支队组织××余名官兵参加“武警世纪林”植树活动。

（许 兵）

【抗震救援实兵检验拉动演练】 4月22日，支队以抗震救援任务为课题，组织×个大队和驻市区××个执勤分队，抽组××名兵力，出动××台车辆，往返120余千米，进行了抗震救灾实兵检验性拉动演练。

（许 兵）

【召开第二次党代会】 4月26日至27日上午，中国共产党武警拉萨市支队第二次代表大会隆重召开。来自支队各个岗位的××名代表参会。大会全面回顾了支队第一次党代表大会以来部队党的建设和全面建设，总结了实践经验，谋划部署未来五年部队建设目标和具体工作任务；审议通过了支队第二届党的委员会工作报告和支队纪律检查委员会工作报告；选举产生了支队第二届党的委员会和纪律检查委员会；选举支队第二届党委常委；选举罗德礼、孙明华分别为支队第二届党委书记、副书记。

（许 兵）

【《党旗下的誓言》文艺晚会】 4月26日晚，支队在礼堂举办以《党旗下的誓言》为主题的庆祝中国共产党建党90周年文艺晚会。本台晚会以歌舞、小品为主，融思想性、故事性、战斗性、艺术性为一体，反映出支队官兵的精神风貌。

（许 兵）

【“四级”书记培训】 5月10日至16日，支队结合总队理论学习网上集训暨党委书记培训，举办了党组织“四级”书记培训。支队党委书记、副书记，机关各部党委书记，基层党委（支部）书记、副书记和机关干部共××人参加培训。

（许 兵）

【做好双拥共建工作】 6月1日，支队政治部李启章副主任带领官兵来到达孜县章多乡武警爱民小学，与全体师生共度“六一”儿童节，并赠送了助学金。6月2日上午，支队派出××余名官兵组成3个“助民服务小分队”，在市区设立茶水、法律咨询服务点，为群众免费提供茶水和法律服务。

（许 兵）

【举行安全保卫誓师大会】 6月28日上午，支队召开庆祝中国共产党诞辰90周年暨西藏和平解放60周年安全保卫誓师大会。支队官兵庄严宣誓：听党指挥，服务人民；勇上一线，敢打头阵；依法执勤，文明执勤；英勇善战，再立新功。支队领导要求：充分认清担负大庆安保任务的重大意义；清醒认识担负大庆安保任务面临的严峻形势；准确把握担负大庆安保任务的目标要求。

（许 兵）

【赴曲水县抢险救灾】 7月12日，支队曲水县中队出动××名官兵赶赴曲水县哈日村泥石流灾害事故现场，参加抢险救灾。

（许 兵）

【西藏和平解放60周年庆祝大会安全保卫】 根据总部、总队统一部署，7月19日上午，支队完成了“西藏和平解放60周年庆祝大会”现场安全保卫任务，受到了各级领导和各界群众的肯定和赞扬。

（许 兵）

【国家财政部、武警总部检查调研】 9月2日下午，国家财政部国防司巡视员李军、武警总部后勤部副部长傅凌一行工作组，在总队副总队长卓珠、后勤部部长冯家海和支队政委罗德礼、后勤部部长文浩瞩的陪同下，对支队墨竹工卡县中队、达孜县中队和十四中队营房综合整治情况进行调研。

（许 兵）

【补选退工作会议】 11月18日，支队组织召开了2011年度补选退工作部署电视会议。会上传达了上级有关指示精神，安排部署了今冬补选退工作，明确了任务要求；就补选退工作中思想政治和后勤保障工作做了安排部署；风气建设问题做了强调；分析了今冬补选退工作形势，结合实际，提出了要求。

（许 兵）

【年终军事训练考核】 根据总队党委统一部署和年

度军事工作安排，11月14日至18日，第三批联合工作组对支队进行了年终军事训练考核。

（许　兵）

【退伍老兵欢送大会】 12月4日、5日凌晨，支队在支队礼堂举行2011年度退伍老兵欢送大会。支队常委领导、机关部分干部、送兵干部和全体退伍老兵参加了会议。

（许　兵）

【干部集训】 12月12日上午，支队在礼堂举行干部集训动员大会，机关、基层干部参加，会议由杨克明副支队长主持。洛桑副政委宣读了《拉萨市支队干部集训方案》，罗德礼政委进行了集训动员，深刻阐述了举办这次干部集训班的重要性与必要性，并以《大抓基层建设，干部要强化“四力”》为题为参训干部进行了辅导授课。

（许　兵）

拉萨市公安消防支队

【概况】 年内，拉萨消防支队在市委、市政府和消防总队、市公安局的领导以及上级业务部门的悉心指导下，围绕维稳处突、防火灭火、应急救援等中心任务，坚持以打好维稳“三大战役”为重点，深入开展“五大活动”和“清剿火患”行动，着力打造现代化“高原消防铁军”，全面加强“两化一树”建设，实现了消防工作和部队建设的新突破，确保了社会局势、火灾形势和部队内部的总体稳定，受到了各级党委政府和社会各界的高度赞誉。拉萨市共发生火灾109起，死亡1人，受伤2人，直接财产损失446565元。与去年同期相比（火灾起数120起，死亡0人，受伤5人，直接财产损失1097718元），火灾起数下降了10%，死亡人数增加1人，受伤人数下降了60%，直接财产损失下降了59.3%。

（贯　奔）

【部队应急处突能力得到提升】 年内，支队注重加强对维稳处突工作的组织领导，通过召开党委会、行政办公会、军人大会、专题分析会等形式，落实了各项维稳工作制度。同时，支队大力加强“六熟悉”工作，不断修订完善预案，年内在市反恐办的组织下，先后开展了以防劫持、防爆炸、防自焚为内容的反恐演练8次，共出动警力168人次，出动车辆28辆次。支队以打好维稳“三大战役”为重点，从健全指挥体系、强化预案演练、落实战勤保障、做好现场勤务等方面狠抓落实，严格执行等级战备制度，完成了“三月敏感期”、“建党90周年”、“西藏和平解放60周年”、雪顿节、燃灯节等重大活动和敏感节点的消防安全保卫任务674次，出动车辆1840台次，出动警力12639人次。

（贯　奔）

【提升公共消防安全水平】 年内，围绕“政府主抓”这一主线，提请政府召开了36次消防工作联席会议，签订了各类责任书3400份，提请政府主要领导带队开展消防安全检查达116次。自治区党委常委、拉萨市委书记齐扎拉亲临支队视察指导工作，并组织准备召开议警会，研究“十二五”期间消防工作开展的重点、难点问题；拉萨市多吉次珠市长先后两次主持召开市长会议，研究部署市政消防设施建设和消防装备建设。支队以开展培训和现场指导等方式，对1300余家社会单位开展“四个能力”建设，受教育人数达7万余人。支队完成了消防安全重点单位、国家级文物保护单位、人员密集场所“四个能力”建设的达标任务。支队落实执法例会、法制审核、集体议案、警务公开、挂职锻炼等工作制度，通过多种形式狠抓“五个规范化建设”，杜绝消防监督执法中的“四个不了”。开展便民服务活动，取消了300平方米以下“九小场所”消防行政许可手续的办理，取消了部分繁杂而不必要的前置条件，强化“一站式”的服务质量。在全社会营造了“人人参与消防、共筑平安大庆”的强大宣传声势，开展“119消防日”和《全民消防安全宣传教育纲要》的宣贯工作；支队依托消防“六进”工作为载体，开展各类宣传活动230次，受教育人数7万余人，开放消防站8次，发放宣传资料4万余份，并在“清剿火患”行动中设立举报投诉奖励基金10万元。2011年，支队共成立检查组1863个，出动警力11614人次，检查各类场所5429家，发现火灾隐患3541处，整改隐患2244处，实施各类行政处罚134起。年内，共审核建筑工程221项，面积260万平方米，验收建筑工程105项，面积160万平方米，开展投入使用前消防安全检查616次。

（贯　奔）

【部队遂行多样化任务能力得到提升】 年内，加强警地联动响应。拉萨市七县两区相继建立综合应急救援队，形成全市综合应急救援联动体系。先后参加了抗洪抢险、交通事故救援、危化品泄漏处置、火灾扑救、西藏和平解放60周年消防安全保卫、“9·18”亚东地震救援等急难险重任务236次，先后组织和参与了“地震灾害应急救援拉动演练”、“高原卫士——2011反恐怖演习”、“高原消防铁军——2011”综合应急救援联合演练和全市各大宾馆、商场、学校应急疏散演练，完成了各项工作任务，全面提升了全市综合应急救援能力。支队结合工作实际，以特勤大队一中队为试点，加强智能、体能和技(战)术等科目的训练，突出特殊火灾和危险化学品泄漏、道路交通事故、地震灾害事故的专业训练，并发放打造铁军训练专项奖金9.7万元。支队投入1026万元，购置了各类消防车辆17辆，个人防护装备、灭火和抢险救援器材2170件(套)，推动了消防装备和消防车辆的更新。

（贯 奔）

【打造消防部队特色精品】 年内，支队及所属各单位结合工作实际，开展形式多样的双拥共建共保活动，效果显著。支队共走访慰问困难群众70余人次，走访社会单位100余家，发放慰问金6万余元；出动警力200余人次开展各类助民爱民活动，向亚东地震灾区捐款12万元，向5个驻村点群众捐款32万余元，用实际行动增进了与广大群众之间的感情。在总队党委的统一领导下，支队加大对布达拉宫大队的工作指导力度，坚持硬件、软件两项建设齐抓并进，打牢组织领导、基础建设、火灾防控“三个基础”，树立严守党性、圣宫铁军、倾心为民“三种形象”，强化崇尚荣誉、团结协作、爱岗敬业“三种意识”，着力夯实了典型推树工作基础。10月21日，中央军委主席胡锦涛、国务院总理温家宝签署命令，授予布达拉宫大队“布达拉宫模范消防大队”荣誉称号。

（贯 奔）

【部队正规化建设水平得到提升】 年内，开展“五个严查严管和整治”、争创“六无”、作风纪律整顿及部队管理教育集中整顿活动，教育官兵牢固树立安全发展理念，普及安全常识，推广经验做法；严格落实安全工作责任制，层层签订安全目标责任书，细化任务分工，明确职责要求，形成主要领导亲自抓、分管领导具体抓、司政后防合力抓、党委成员分片包干的工作格局；加大条令条例学习力度，积极开展形式多样的安全教育和警示教育活动，充分发挥警营文化的导向、警示、约束、激励和凝聚作用，切实筑牢思想、行为、制度、治本、奖惩五道防线，全面提高官兵安全防范意识。以深化内控机制建设为抓手，开展形势任务和崇尚荣誉教育，最大限度预防和减少违纪、违法事件发生；加强了驾驶员队伍的教育培训，杜绝了交通事故的发生；加强安全勤务和个人防护教育，杜绝了执勤训练和灭火救援中出现安全事故。结合维稳工作，大力补充了防暴装备器材，落实营区带岗带班制度，实行营区电子监控，实现营区安全零事故。以预防泄密为重点，坚持抓好固定、移动、思想源头，切实抓好计算机使用“八条纪律”和“四个严禁”，消除手机的泄密隐患，开展保密教育，确保秘密的绝对安全。落实督导检查机制，经常性地组织支队纪委和各管理部门对各单位进行督导检查，形成了分级、分时的督查机制，年内共开展各项督查活动100余次。

（贯 奔）

【事故救援】 9月18日20时40分，印度锡金邦发生里氏6.8级地震，造成日喀则地区亚东、岗巴、吉隆、定结、康马等县部分房屋倒塌和人员伤亡。支队调集1支轻型救援队，共6辆消防车(1辆地震救援车、1辆抢险救援车、1辆指挥车、1辆运兵车、1辆搜救车、1辆宿营车)、41名官兵携带相应应急救援专业器材装备及2条搜救犬，千里驰援灾区进行救援，共搜索受灾行政村12个，自然村23个，帮助群众抢救财物130余吨。

（贯 奔）

武警拉萨市森林大队

【概况】 境内有林面积约为10万公顷，林相多以针叶林、针阔混交林为主，执勤区域主要分布在林周县、墨竹工卡县、堆龙德庆、曲水等县，辖区内有国家级保护动物20多种。

年内，在总队党委、首长、机关各部门及各科室的领导下，在全体官兵共同努力下，在安全发展、安全抓建理念的正确指导下，军事训练、政治教育、文化宣传和后勤建设协调发展，战备制度落实，内外关系融洽和谐，“五个重点问题”得到很好解决，部队战斗力旺盛，防火灭火中心的各项任务完成出色，全面建设呈上升趋势。

在总队各部门大力支持下，按照《纲要》的要求，主要对各类库室进行了规范统一和调整，粉刷了主副食库、食堂和温室大棚、营区围墙及红顶。在工学训矛盾突出的情况下，官兵完成承办后勤建设现场会工作。更换各类库室、标示牌和门牌，基层“四配套”设施得到完善。截至年底，大队先后完成了西藏自治区党政领导调研执勤、增援日喀则灭火作战、西藏和平解放60周年庆典安保、协助林业绿化局浇灌绿化树木、日多检查站林政执勤、配合林业绿化局进行防火检查宣传工作等。

（李学龙）

【加强军事训练】 年内，加强对新《军事训练与考核大纲》的学习教育，引导官兵从高标准严要求地履行职能任务，看加强军事训练的重要性；从当前面临形势和任务，看抓部队训练紧迫性，进一步深化对军事训练的认识，克服了“辖区不会发生重大森林火灾，训练没用”等模糊认识，增强提高能力促中心的自觉性，坚持依法治训、按纲施训、科学组训、区分层次、因人施教。根据任务需要，按照“基础好的增加难度求突破、中间水平固强补弱抓提高、训练差的循序渐进打基础”的训练思路，采取“共同课目普遍训，专业课目重点训，体能课目强化训”的方法，积极抓好军事训练工作，落实“三长”集训精神，采取“单兵训练打基础、分队训练重实效、综合演练抓提高”的方法，规范性训练集中训、重点难点课目统一训，组织队列、擒敌等示范班，坚持天训练、周会操，月讲评，有效促进了军事训练“十项制度”落实和训练质量提高。军事训练实现了“四个转变”，即由被动训到积极主动训的转变；由随意训到依据大纲系统训的转变；由单课目组训到多课目合训的转变；由只训不考到训考结合转变，坚持周会操、月考核，使部队军事训练走上了制度化、规范化的轨道。加强以警官和班长为主要力量的“四会”教练员队伍建设，提高组训任教能力；加强水泵分队建设，将水泵操作与使用纳入训练计划，摆在重要议事日程，组织开展水泵操作与使用的学习，技战术训练，利用营区门前河水进行实地训练。

（李学龙）

【加强思想政治教育】 年内，大队从增强思想政治教育针对性、时效性入手，采取参观鉴学、集中授课、观看录像、主题演讲、班排讨论等方法，开展了“培育当代革命军人核心价值观，争做党和人民的忠诚卫士”为主题的四个教育活动，调动官兵参与教育的积极性，变“单向说教”为“大家漫谈”，变“一人解惑”为“众人释疑”，变“典型报告”为“自由访谈”、变“一人定调”为“平等交流”等有效形式，增强了教育效果，并积极采用形象直观的多媒体教学手段搞好教育，使教育更富有吸引力和感染力。注重把教育与平时工作任务相衔接，教育中对照独臂英雄丁晓兵二十年如一日保持英雄本色，始终做到“战时忘死、平时忘我”的感人事迹，结合“党徽戴起来，形象树起来”活动，开展了“部队需要什么样的风气、培育什么样的战斗精神”为主题的活动进行深入讨论，调动官兵积极参加“红色军旅”活动，走访了纳金小学等共建单位，“助残日”组织官兵到拉萨特殊教育学校开展义务劳动、清扫室内外卫生和篮球比赛等，还看望慰问了纳金乡孤寡老人；在宇拓路步行街开展了法律咨询、维修服务等“警民双赢学雷锋”双拥共建共保活动；做好落榜考生的思想工作。大队开展了“三热爱一维护”为主题的“五会”活动，每周利用两个半天时间，组织官兵学藏语、跳舞蹈、唱藏歌、知藏族风俗、交藏族朋友，每周进行一次小结讲评，采取“一帮一”、评比竞赛等方法，激发大家兴趣，加深官兵与藏族同胞感情。通过学习教育，打牢官兵思想基础。

落实定期谈心和思想分析制度，及时准确掌握官兵思想脉搏，采取积极有效的方式方法，关心和解决官兵遇到的实际问题。大队发挥思想骨干队伍应有作用，运用好“三互”等载体，缓解官兵思想压力，采取“三帮一”等方法，做好“个别人”思想转化工作。

（李学龙）

【文化宣传工作】 年内，开展“四有”活动，在“场地用起来、乐器响起来、歌曲唱起来、书籍看起来、警营乐起来”上下功夫、使长劲，警营文化生活更加丰富，利用警营小周报、橱窗和宣传栏对党的路线、方针、政策和党的十七届五、六、七中全会精神进行宣传，不断强化官兵听党指挥、服务人民、英勇善战的意识。加强对零散人员及八小时以外、节假日的教育管理，在安全发展、安全抓建方面，对外出学习、休假人员多提醒，并制定管理跟踪卡，思想骨干队伍积极发挥作用，有效杜绝事故案件发生。反映大队特色的典型报道在中央新闻直播间、《解放军报》和《西藏日报》等媒体刊稿。

（李学龙）

【警民共建工作】 年内，大队官兵投身驻地建设。累计出动官兵200多人次，车辆10余台次，参加2011年拉萨市春季义务植树、军警民双拥共建共保、绿化美化亮化第二故乡活动等；1月21日，大队到自治区歌舞团观看了“情系森林官兵”慰问演出；4月29日，大队官兵到西藏自治区歌舞团参加首届青年才艺大赛；6月25日，大队官兵参加拉萨市“绿化美化第二故乡”活动，清扫道路5千米，清理道路两旁绿化带杂草及垃圾1吨；9月22日，开展向日喀则地区亚东地震灾区献爱心送温暖活动，共捐款1300元；12月9日，官兵广泛开展了“支持儿童教育福利事业，向西部婴幼儿献爱心”为主题的捐款活动，共捐款2044元；12月4日，官兵协助自治区林业局开展森林防火宣传工作，发放防火宣传画1000张，防火扑克1000副，受教育群众达5000多人。

（李学龙）

【完成增援灭火任务】 3月15日至18日，大队官兵奉命增援日喀则遂行灭火作战，官兵先后翻越海拔4800米的岗巴拉山，行程1000多千米，官兵克服了海拔落差大，道路艰险、弯急，气温低等不利因素，完成了任务。

（李学龙）

【执勤工作】 7月19日，官兵出色完成“西藏和平解放60周年庆典”现场处突维稳和焰火燃放安全防范勤务；11月5日—12月5日，官兵协助日多检查站完成了林政执勤任务，累计拦截拉运木材车辆1500多台次，截获偷拉私运下架木2800多根，红豆杉5吨。执勤期间，先后救助2台车辆，遂行堵截冲闯松多林业检查站勤务一次，截获偷拉私运木材车辆6台，抓获违法嫌疑人10余人，已移交林芝森林公安处理。拉萨市林业绿化局局长宋留柱等领导，先后到检查站看望慰问执勤官兵，并送去慰问品。

（李学龙）

【后勤保障工作】 7月31日，中央13台新闻直播间，播报了大队农副生产丰收的场景，上级首长和兄弟单位先后多次来队参观指导农副业生产工作，都给予很高评价。大队逐步实现了温室菜棚、阳光猪舍、室外菜地、果园为一体的农副业生产体系，全年养猪14头，出栏肥猪7头，收益18570元，室外菜地和两个蔬菜大棚栽种的土豆、萝卜等喜获丰收，自产蔬菜瓜果1万千克，折合人民币11829.58元，全部补入官兵伙食。农副业生产先后培养出种养殖能手8人，为社会输送了一批警地两用人才。搞好伙食、经费和装备物资管理。森林大队发扬经济民主组的作用，定期召开经委会，听取士兵对伙食看法，收集大家对伙食的意见与建议。落实伙食管理五项制度，坚持党委理财，严格经费开支和报销手续，账目每月在队务公开栏财务专栏公开，贵重物品做到及时登记造册。杜绝贪污冒领、不合理开支和损失浪费等情况发生。搞好卫生防病防疫工作。军医、卫生员经常进行巡诊，并检查营区卫生情况，还定期对营房、食堂和相关设施进行防疫防病消毒，保持营区环境清洁，防止传染病流行和食物中毒现象发生。同时，严格落实卫生管理和疫情报告制度，组织官兵上好计划生育和卫生常识课，提高“三自”能力。森林大队立足现有条件，坚持开源节流，克服了对装备机具管理“重使用，轻维修，不维护”的错误做法。先后对公用物资进行普查，开展管装爱装专题教育，严格落实装备管理各项制度，大队现有装备管理分工明确，实行专人专管，装备建账设卡，出入库手续齐全，还层层签订量化管理责任书，各类库室建设符合“四化”和“三分四定”要求。

（李学龙）

【参加首届中队比武获佳绩】 7月，在总队组织的首届建制中队比武活动中，大队“四会”教练员、技术和战术课目分别获得第二名的好成绩。

（李学龙）

人 民 防 空

【概况】 年内，拉萨市人民防空办公室完成组建，正县级建制，核定编制6个，设综合科(含工程管理科)1个内设职能部门。全市人防工作围绕“立足区情、着眼长远、整体推进、重点突破”的思想，以军事斗争准备为主线，以人民防空应急准备为牵引，突出体系和能力建设，逐步推进各方面工作。

(蘧智超)

【开展国防宣传教育】 9月17日，拉萨市人防办在宇拓路和河坝林居委会进行了国防宣传日和防空警报试鸣活动，向过往干部职工群众发放《西藏自治区实施〈中华人民共和国人民防空法〉办法》手册200余份。

(蘧智超)

【参加全国人防培训】 年内，组织人员参加了在南京举办的全国人民防空指挥通信培训班，主要学习了联合防空作战、基于信息系统体系作战、人民防空指挥建设、人民防空方案制定等内容。

(蘧智超)

【参加全国人防主任会议】 年内，拉萨市人防办参加了国家人防办组织的全国人防办主任会议。此次会议，国家人防办对2011年的人防工作进行了总结暨部署2012年工作要点，及征求人防法修订的重点问题和对策建议等。

(蘧智超)

【推进人防规划建设】 年内，全市开展人防调研工作，了解拉萨市人防现状，初步形成了《拉萨市人民防空第十二个五年规划》，为今后五年的拉萨人防工作指明了方向。

(蘧智超)

【开展人防基本指挥所项目前期工作】 年内，开展了项目选址和土地预审工作，市政府已将东城区西一路、学府路以南地段划拨给拉萨市人防办用于行政办公用地，建设用地面积17650平方米(合1.76公顷)。

(蘧智超)

【参与人防工程验收】 12月16日，在拉萨市人民防空办公室陪同下，自治区人民防空办公室对市政府人防地下室工程进行验收。在此次验收过程中，拉萨市人民防空办公室对人防工程验收工作积累了一定的经验。

(蘧智超)

拉萨市人民防空办公室

党组书记、主任　格　列

综合经济管理

发展和改革事务

【概况】 拉萨市发展改革委员会是主管全市国民经济和社会发展的综合职能部门，担负着研究提出经济社会发展战略目标和重大政策、措施，编制全市经济社会发展中长期规划和年度计划，编制重点项目计划，审批管理权限内固定资产投资项目，牵头协调招商引资、产业发展、经济体制改革和宏观经济运行，负责物价监测、检查、调查等管理，同时兼管市粮食局。截至年底，委机关有干部职工65人，其中县级干部10人。内设10个职能科室。2011年，拉萨市发展改革委围绕市委提出的“一坚持两强化三突破”的总体要求，以庆祝建党90周年和西藏和平解放60周年为动力，深入贯彻落实科学发展观，扭住宏观不放松，集中力量上项目，突出重点抓产业，不失时机促消费，全力以赴促和谐，推动了全市经济社会平稳较快发展。本年度获国家、自治区、拉萨市及有关部门“先进集体”荣誉15项、“先进个人”奖励18人。

（吕文治）

【宏观经济管理】 年内，加强经济运行监测分析。以跟踪季度主要经济指标动态为抓手，抓住经济运行中需要关注的突出问题，提出应对措施。完成了《拉萨市2011年国民经济和社会发展计划草案》，如期对季度经济运行情况进行分析，共编发以经济动态和项目投资为主的信息150期，为上级机关和领导决策提供参考。调研分析有新起色。“十二五”规划编制方面，《拉萨市“十二五”时期国民经济和社会发展规划纲要》经市人大九届四次会议审议通过后，按照代表、委员提出的建议和自治区发展改革委反馈的修改意见，进行修订后公布实施。根据自治区经动办的要求，完成《拉萨市国民经济动员“十二五”发展规划》的编制任务。课题调研方面，完成了《拉萨市转变经济发展方式的几点思考》、《关于构建拉萨市科学发展评价考核体系的调研》等系列调研报告，多个建议已转化为市委、市政府推动科学发展的重大举措。推进医药卫生体制改革工作，起草完成《拉萨市深化医药卫生体制改革中期评估报告》。投资统计分析有新突破。全面掌握建设项目的数量、投资、进度等第一手资料，编制了《拉萨市2011年基本建设项目预算内投资计划》，并经市政府批复同意实施。做好全市固定资产投资统计，形成固定资产投资月度分析报告。同时，加强与统计局的协调配合，避免了项目漏统、重复统计等现象的发生。

（吕文治）

【项目建设和管理】 年内，全社会固定资产投资222.2亿元，同比增长25.9%。项目争投主动务实。坚持争项目抓大不放小，筛选出一批符合国家产业政策、前期工作较为成熟、经济社会效益明显的项目，争取国家、自治区和对口支援省市对拉萨的支持。3月，初步提出总投资规模为600亿元的“十二五”规划项目总盘子。4月底，抓住自治区发改委与国家发改委衔接“十二五”规划项目的有利时机，主动出击，加强沟通联系，准确掌握项目调整动向，力争更多项目向拉萨市倾斜，拉萨市北环路、污水处理厂二期、会展中心、物流园区、经济技术开发区B区基础设施、澎波灌区等一批重大项目列入到自治区“十二五”规划项目总盘子。扎实开展项目前期工作。周密部署安排重点项目前期工作，不仅加大投入，而且与相关单位签订《项目前期工作责任书》。年内，落实区市安排前期工作的重点项目82个，总投资68.1亿元。达孜县人力资源市场和社会保障综合服务中心、城关区人民法院审判用房、市司法局行政综合业务用房等项目完成前期工作。游牧民定居、青稞生产基地、尼木县饮水水源地、小型农田水利灌区、林周县澎波灌区、中小河流域、部分农村公路和农村桥梁等项目的各项前期工作稳步开展。9月中旬，召开全市重点项目工作会议，对在拉萨市组织实施的85个“十二五”规划项目进行了分解落实，责任到市直单位和县区，并对下一步推进措施提出了明确而具体的要求。加快推进项目建设。为确保重点建设项目如期完成，发改委实行月调度、季检查，并根据建设情况提出相关解决办法。5月，集中开工建设了人居环境整治、尼木县县城生活垃圾填埋场、当雄县羊八井光伏电站二期工程、曲尼帕大桥、30个乡镇卫生院、旁多小学、堆龙德庆县法院等项目；拉萨市污水处理厂一期建成并试运行；纳金大桥、纳木措景区、游客服务中心等项目有序推进。自治区在拉萨市建设的旁多水利枢纽、拉日铁路等项目进展顺利。规划建设好135个便民警务服务站。计划建设的2723套廉租房、公共租赁房、干部职工周转房、棚户区改造等保障性住房项目全面启动。60大庆项目进展顺利。拉萨市60大庆项目共39个大项57个子项目，总投资23.9亿元。曲水县江村沼气、市妇幼保健院、柳梧世纪大道延伸段、拉萨污水处理厂、民族路和北京路改造、机场专用公路两侧绿化、第四高级中学、沿街建筑立面改造和亮化工程、城市绿化美化、金珠中路绿化改造、村容村貌整治等项目已完工；拉萨综合展馆项目建设进展顺利；达孜县金叶敬老院等6个重点民生项目已完成整治改造任务。加强项目管理。严格落实项目管理“五制”，严格基本建设程序，加强工程建设质量、进度、资金监督力度。配合区、市治工办对全市60大庆项目、县廉租房等项目进行专项稽查，提交了稽查报告。

（吕文治）

【落实招商引资项目131个】 年内，落实招商引资项目131个，实际到位资金58亿元，增长25.9%。招商项目大多分布在服务业、工矿能源等领域。拓宽工作思路，加大调研宣传力度，在对全市产业发展规划和资源优势整体把握、充分调研的基础上，编印了《2011年拉萨市对外招商项目册》，通过举办中国拉萨雪顿节经贸洽谈会，组织参加“西洽会”“厦洽会”“兰洽会”等招商活动，宣传推介拉萨，吸引投资。加大服务协调力度，对招商项目从对接洽谈、项目签约、办理相关审批手续、征地拆迁、施工建设到生产经营的各环节进行全程跟踪，使客商感受到省时省力。

（吕文治）

【促进服务业发展】 年内，按照“加快发展现代服务业，促进经济结构优化升级”的要求，扶持服务业尽快提档升级。争取物流业调整和振兴项目扶持资金600万元，支持西藏金业科贸公司物流配送中心、西藏天龙物产有限公司物流仓库等物流企业。采取国家投资、企业自筹相结合的办法，逐步建立完善商贸流通市场体系，实施仁鑫公司果蔬保鲜库、百益公司物流配送及信息服务中心等项目，药王山水产品批发市场项目已完工。充分利用拉萨市旅游业为国家服务业综合改革试点的有利机遇，与有关部门配合做好实施方案，旅游标识系统、旅游综合信息服务平台等试点项目，上报国家服务业发展引导资金备选项目库。

（吕文治）

【节能减排工作】 年内，实施柳梧新区北京大道路灯改造项目，启动了一批环境保护和污染治理设施建设。加强审批项目源头管理，坚决不上水平低、能耗高、污染大的项目，加快淘汰落后生产能力。完成了节能建筑执行率和清洁能源使用率等指标测算，开展了72家公共机构能耗数据统计相关资料收集与整理，使拉萨市公共机构节能工作顺利通过国家考核组的初步考核。

（吕文治）

【经济援藏情况】 年内，拉萨市发展改革委主动加强与北京、江苏两省市沟通、衔接与汇报，受援项目建设成效显著。2011年1‰援藏项目进展有序。根据拉萨市“十二五”援藏规划，确定北京援藏项目9个，总投资2.65亿元。柳梧新区东环路、堆龙德庆县蔬菜种植示范基地等全部9个项目已完工，实现了援藏项目在全区率先开工、率先完工。江苏安排15个项目，总投资3.13亿元，项目年底全部开工建设。北京援建的文化体育中心、儿童游乐园，江苏援建的拉萨市综合展馆等项目对于丰富群众文化生活、改善援藏投资结构发挥了积极作用。完成对口支援规划编制。为落实国家发改委2010年全国经济对口支援西藏工作座谈会精神，按照坚持向农牧区和基层倾斜，向民生方面倾斜的原则，分别编制了两省市援藏规划，制定了援藏项目资金管理办法，统筹安排“十二五”期间援藏项目和资金。智力援藏方面，为拓宽援藏思路，注意由项目援助向产业援藏、智力援藏转变。拉萨市在“十二五”援藏规划中安排了8844万元智力援藏经费，安排1亿多元支持产业项目。部分机关企事业单位干部赴对口省市学习培训，安排专项资金用于堆龙、达孜和曲水三个园区建设。1‰援藏项目以外争取成效明显。通过衔接沟通，又从两省市争取了1‰以外4.4亿元项目资金，其中北京4.25亿元、江苏1600万元。

（吕文治）

【支持拉日铁路建设】 年内，拉日铁路建设工作全面启动，设在市发改委的市支铁办下发了《拉萨市支持拉日铁路建设运营工作分工方案》和《拉萨市支持拉日铁路建设工作措施》，并根据市政府与自治区铁路办签订的《拉日铁路建设征地拆迁责任状》要求，于4月完成了征地拆迁的丈量和统计，兑现了补偿资金，及时协调处理征地拆迁、劳务输出、材料运输、机械租赁、施工纠纷等问题，保障铁路建设顺利实施。

（吕文治）

【维护价格秩序】 年内，在对市场形势全面分析的基础上，采取了经济、法律和行政等综合的手段，抑制价格过快上涨。通过支持日光温室建设项目、扶持城郊养殖业、减免鲜活农产品进场费用、发放临时性价格补贴等措施，探索蔬菜等鲜活农产品“农超对接”等途径，增加有效市场供给，以抑制物价过快增长。同时加大对市场商品的监测频次和采集力度，掌握价格动态，及时公布价格信息、上报价格分析资料，重点检查了农资价格、农牧区用水用电价格、农牧民培训就业收费等涉农价格收费政策执行情况。围绕粮食、蔬菜、猪肉、牛羊肉、酥油等商品价格，开展市场检查和巡查，确保蔬菜等群众生活必需品市场供应和价格基本稳定。执行国家发改委相关规定，从5月1日起，对全市商品房实行明码标价，一房一价。

（吕文治）

【粮食购销与管理】 年内，确保粮食购销平衡稳定。全年全市粮食产量3.44亿千克，各类经营企业收购粮食1000万千克，同比下降12.4%；采购粮食9010万千克，同比增长34%；销售粮食9190万千克，同比增长35%。及时向上级部门报送粮油价格信息，截至年底，全社会粮食库存1400万千克，库存充足、品种丰富、市场稳定。加强粮油市场管理。建立检查联席会议制度，加强对拉萨粮油购销市场的经常性监督检查，对粮食经营户进行摸底统计，加强粮食供需的监测分析。将全市31户重点非国有粮油企业纳入统计范畴，准确掌握粮油供需和价格变化情况。坚持依法行政，对20户粮食经营企业或个体工商户办理粮食收购许可证。加强储备粮管理，确保储粮安全。

（吕文治）

【开展基层帮扶活动】 年内，进驻林周县阿朗乡嘎列村工作组通过组织学习、惠民政策宣讲、争取项目资金、捐助帮扶资金等多措施为嘎列村办实事解难题，解决2万多元用于卡朵自然村蓄水池所需水泥资金和疏通河床劳务费用，出资10万元维修嘎列村委会，协调16.56万元资金购置网围栏保护农田。单位干部职工捐款4.68万元用于解决“三老”人员、五保户、军烈属的生活困难。争取到50万元无塔供水项目资金。出资5万元为嘎列村开办一家摩托车补胎焊接店。10月开始，派出2个工作队10名队员分别进驻阿朗乡嘎列、布岗2个行政村，开展深化创先争优强基础惠民生活动，筛选上报了10个“短、平、快”项目，涉及道路桥涵、人畜饮水、网围栏建设、大棚温室等领域；协调94万多元开工建设嘎列村阿堆组通村公路。争取北京援藏医疗队开展送医送药活动，向群众发放常用药品价值2万多元，联系阜康医院为1名眼疾患者进行了免费诊治。

（吕文治）

拉萨市发展和改革委员会

党组书记　达　瓦

主　　任　赵亚萍

财　政

【**概况**】 年内，市财政部门按照“保重点、促发展、求稳定”的原则，加大公共领域和民生方面投入，优先安排农牧业生产、社会保障、科教文卫、节能减排、基础设施等方面支出，重点支出得到落实。地方财政收入突破20亿元大关，完成234291万元，为年初预算的133.5%，比上年增收84132万元，增长56.03%。全年财政支出756271万元，为年初预算的163.63%，比上年增加226005万元，增长44.01%。

(杜春梅)

【**创造财政增收条件**】 年内，安排资金118.34万元，保证了全市招商引资奖励、赴深圳开展招商引资活动、参加第十四届中国(重庆)国际投资暨全球采购会、印制招商引资指南等工作的开展。调剂资金5200万元，支持达孜、曲水、堆龙工业园区基础设施建设和达孜县产品展示交易中心建设，为县(区)招商引资打造良好投资环境。加大投资，将担保公司注册资本增加到1亿元，提高担保公司为中小企业服务的能力。争取上级中小企业发展资金等专项补助资金9791.75万元；落实藏政办发〔2009〕95号文件及相关文件精神，落实扶持资金1342.8万元；安排落实本级企业技改资金和发展资金1570.86万元；安排落实本级扶持企业资金271.2万元。

(杜春梅)

【**支持城市基础设施建设**】 年内，调剂资金8000万元，将城投公司的注册资金增加到1亿元，为城投公司早日投入运营并按要求发挥作用奠定了基础。安排落实60大庆城市基础设施建设项目资金57855.13万元，保证了城市6条主要道路的高压线管线入地、民族南路和北京路改造、城区17条道路两侧建设物“穿衣戴帽”、13条道路两侧建筑物亮化、市政设施专项维护、柳梧大桥和布宫广场亮化、农村公路自然村通达工程、广播电视综合铁塔及广电中心大楼亮化改造、市政景观亮化等一批大庆项目的实施和完成。市财政安排7000万元专项补助资金，保证了全市公交正常运营。

(杜春梅)

【**支持“六城同创”工作**】 年内，安排“六城同创”专项建设资金9065.79万元，主要支持了园林绿化、生态保护、文明宣传、卫生和旅游创建，以及城市基础设施建设等方面的工作。筹措资金9737.56万元，主要安排落实了东郊小游园建设、拉萨市金珠中路绿化带提升改造、堆龙德庆县三角地绿化提升改造、城市空地“见缝插绿”、城市周边防护林工程、格桑公园建设、创园第一林及嘎拉山隧道口两侧造林绿化、“三线”旅游通道沿线基础服务站点建设、慈松塘水体公园绿化改造、五条城市道路行道树更换等绿化工程。

(杜春梅)

【**落实12件民生实事**】 年内，通过年初预算安排和积极争取上级财政支持等方式，确保12件实事的顺利完成。根据市政府印发的《自然村公路通达工程实施方案》，会同交通局对工程进行审核，拨付市级配套资金1761.6万元，保证了工程的启动；按照全市设施农业建设方案，下达3510.5万元，保证各县(区)工作的推进，并安排专项资金823万元，对科技、农发等部门争取的设施农业项目进行必要的配套，推进了全市设施建设任务的完成，落实各县(区)庭院经济建设资金360万元；按照《林周县现代农业示范区建设方案》，落实启动资金200万元，并通过政府采购配备36台拖拉机、18台收割机等农机具和相关配套设施，价值844.38万元，同时安排农机仓库等建设资金208万元，支持农机合作组织的规范化建设；当雄、曲水、墨竹工卡突发灾害事故及交通事故医疗救援中心设备377.26万元，已通过政府采购配备到位，其中自治区卫生厅承诺解决144万元，市财政解决233.26万元资金；中职学生第三学年生活费177.6万元纳入市政府教育投入配套资金中；落实资金1420万元，为各县(区)购置了53辆中小学接送车辆，并统一购买了车辆保险；落实资金547.2万元，保证了全市顶岗教师和学校后勤人员工资，标准达到950元/月；下达经费70万元，对全市45岁以上城镇居民中自愿参加体检的5843人按照每人120元的标准进行体检并建立健康档案。

(杜春梅)

【**支持便民警务服务站建设**】 年内，先期安排5000万元专项资金，保证135个便民警务服务站建设工作推进，通过政府采购配备14辆44座大客车用于摆渡警员，并为135个警务站配备了办公桌椅、文件柜、更衣柜、热水器、微波炉、电脑、打印机等办公设备；参与老城区全民警务服务站房屋购买及租赁工作，投资2489.71万元对全民警务站设备配备、基础设施建设等方面的支持，并协助公安、人力社会保障等部门做好辅警人员的招录、培训以及服装购置等事宜。

（杜春梅）

【保障性住房建设】 年内，全市周转房建设计划790套(含追加76套)，中央、自治区补助8991万元，市级配套5667.99万元。其中市直周转房492套，中央、自治区补助5904万元，市级配套资金5462.19万元；各县周转房298套，中央、自治区补助3087万元，市级配套资金205.8万元。廉租房建设计划192套，中央、自治区补助1728万元，市级配套资金115.2万元。改造城镇棚户区1021户(套)，市级配套资金2042万元。市级配套周转房维修补助资金90万元。

（杜春梅）

【兑现最低生活保障资金】 年内，全市共发放城市低保资金4537.31万元，发放农村低保资金1398.84万元。在藏历新年前夕，将价值1247.34万元的节日购物券和补助资金发放到城镇低保对象、农村低保对象手中。共落实已领取《儿童福利证》的698名儿童基本生活补助资金396.24万元。

（杜春梅）

【乡镇卫生事业投入395万元】 年内，共下达新建30个村卫生室经费300万元，每个行政村卫生室建筑规模为70.8平方米，下达设备购置经费95万元。

（杜春梅）

【落实“三包”政策】 自春季起，对农牧民子女“三包”政策从义务教育阶段覆盖到高中教育、中等职业教育和幼儿教育。“三包”经费标准进一步提高：小学从原来的每人每学年1750元提高到每人每学年2000元，初中从原来的每人每学年1850元提高到每人每学年2000元，高中、中等职业教育每人每学年2000元，幼儿教育阶段，每人每学年补助2000元；城镇困难家庭子女幼儿、学前、小学、初中、高中阶段还可享受每生每年2000元的助学金补助。

（杜春梅）

【保障“两基”工作】 年内，按照地方财政收入20%进行教育配套，配套资金1.27亿元并全额拨付到位。为确保“两基”顺利通过国检，按照《西藏自治区财政厅关于进一步明确地(市)、县投入教育经费核算口的通知》精神，调剂资金6817万元，弥补以前年度欠拨的本级财政应承担的教育配套经费，并安排专项资金100万元，用于迎“国检”工作。同时派专人参加了“两基”迎国检和区、市两级“两基”迎国检预检工作，针对检查中存在的财务管理问题及时提出了整改要求，并督促限期整改，以确保“两基”工作顺利通过国检。

（杜春梅）

【支农支出31206.91万元】 年内，全市支农支出达到31206.91万元；其中自治区财政安排专户资金26302.74万元，市级财政安排4904.17万元。主要用于落实农牧系统支农专项资金3835.67万元，落实水利专项资金1366.8万元，落实2011年粮食直补资金和综合直补资金1166.18万元等。市本级财政预算安排严格按照比上年增长20%的要求，安排了支农预算，继续保证了政府支农资金投入的稳定增长。

（杜春梅）

【开展新农村建设】 年内，区市两级投入配套补助资金16500万元，完成6000户的安居工程建设任务。截至年底，全市农牧民安居工程建设任务已顺利完成。拉萨市对40个点进行人居环境建设和环境综合整治，投入资金11120.27万元。开展全市交通干道沿线8552户安居工程整体配套提升工作。拉萨市采取市、县、援藏资金补助的方式，整合资金1.05亿元，对全市交通干道沿线48个点进行村容村貌整治。

（杜春梅）

【推进财政科学化精细化管理】 年内，在市直部门全面推行国库集中支付制度改革，全市107个单位实施了财政国库、代理银行、预算单位间网上支付，建立了以国库单一账户为核心的集中支付体系。向自治区财政申报村级公益事业建设一事一议项目，落实资金198万元专项用于墨竹工卡县日多乡念村修建村道路、太阳能公共照明及农村垃圾污水整治。制定了《拉萨市行政事业单位国有资产收入管理办法》，与市委组织部、市监察局、市人社局、市审计局等部门联合下发了《关于清理规范拉萨市行政事业单位国有资产收入管理的实施意见》，规范了行政事业单位国有资产收入管理。制定了《拉萨市本级行政事业单位公务车辆管理办法》，已上报市政府审批。

（杜春梅）

【强化财政监管力度】　年内，主动开展内部专项检查，由市财政局监督检查科牵头，对森林生态效益补偿基金、“六城”同创资金、农牧专项资金、工程建设资金进行了专项检查，规范财务行为，及时纠正在资金管理使用过程中发现的各种问题，做到了事前审核、事中监控、事后检查，并对相关单位的财务工作进行了指导。在各单位自查的基础上，市“小金库”治理工作领导小组办公室分三个组对全市160个单位“小金库”治理情况进行了专项复查，对管理不规范的546.8万元资金要求单位按相关制度规范管理和核算。

(杜春梅)

【支持开展创先争优强基础惠民生活动】　截至年底，自治区财政安排的驻村工作经费2310万元已全部拨付各单位和各县(区)；市本级财政根据财力实际，已落实专项资金2057.2万元，其中驻村工作队人员生活补贴685.2万元；驻村工作日常运行、基本生活设备购置、办公设备购置、交通费补助等1372万元，平均每个工作队达到5万元左右；安排市级项目资金5000万元，用于50万元以下的短平快项目的落实。专项为市创先争优强基惠民活动领导小组办公室安排工作经费(含设备购置)27.7万元，保证了全市创先争优强基础惠民生活动的开展。

(杜春梅)

拉萨市财政局

党组书记　琼　达

局　　长　刘全保

工业和信息化局(国资委)

工　业

【概况】　年内，全市拥有工业企业185家，国有及国有改制企业11家。其中规模以上工业企业62家，市属规模以上工业企业44家，行业涉及矿产业、食饮业、藏药业、建筑业、民族手工业等。形成五大支柱产业，加快扶持中小企业发展。全市实现工业总产值58.86亿元，同比增长54.9%；工业增加值25.75亿元，同比增长24.4%；产品销售产值57.36亿元，总比增长50.9%；企业申报税金4.27亿元，同比增长69%。其中，规模以上工业实现工业总产值50.67亿元，同比增长24.4%；工业增加值21.94亿元，同比增长24.4%；产品销售产值49.18亿元，同比增长34.9%；企业申报税金2.59亿元，同比增长53.6%。

(徐春梅)

【销售产值过亿元的工业企业有8家】　年内，全市产品销售产值过亿元的规模以上工业企业有8家，分别是西藏华泰龙矿业开发有限公司、西藏天地绿色饮品发展有限公司、西藏冰川矿泉水有限公司、西藏自治区啤酒有限责任公司、西藏矿业发展股份有限公司、西藏自治区藏药厂、西藏远征包装有限公司、西藏特色产业股份公司。

(徐春梅)

【销售产值过5000万元的工业企业有16家】　年内，全市产品销售产值过5000万元的规模以上工业企业有16家，分别是西藏天恩科技发展有限公司、拉萨市自来水厂、西藏第三极羊绒制品有限公司、西藏望果商品混凝土销售公司、拉萨鼎业制粉有限公司、西藏路按公路工程防护设施有限公司、西藏圣信工贸有限公司、西藏中凯矿业股份有限公司、西藏藏缘青稞酒业有限公司、堆龙东嘎水泥厂、西藏金和矿业有限公司、西藏娃哈哈食品有限公司、西藏金哈达信通水泥有限公司、西藏藏药集团股份有限公司、西藏远大建材有限公司西藏华钰矿业拉屋分公司。

(徐春梅)

【实缴税金过5000万元的企业有2家】　年内，全市实缴税金过5000万元的企业有2家，分别是西藏华泰龙矿业开发有限公司、西藏冰川矿泉水有限公司。

(徐春梅)

【实缴税金过1000万元的企业有8家】　年内，全市实缴税金过1000万元的企业有8家，分别是西藏天圣医药贸易有限公司、西藏高争民爆物质有限公司、西藏中凯矿业股份有限公司、西藏金和矿业有限公司、尼木县铜业开发有限责任公司、西藏普信矿业贸易有限公司、西藏天地绿色饮品发展有限公司、堆龙东嘎水泥厂。

（徐春梅）

【税收过500万元的企业有4家】 年内，全市税收过500万元的企业有4家，分别是西藏雄巴拉曲神水藏药厂、西藏大道堂养生制品有限公司、西藏宁玛矿业公司、西藏华钰拉屋分公司。

（徐春梅）

【税收过100万元的企业有11家】 年内，全市税收过100万元的企业有11家，分别是拉萨市自来水厂、西藏东茂工贸有限公司、西藏普雄矿业有限公司、西藏路安公路工程防护设施有限公司、西藏特色产业股份公司、西藏远征包装有限公司、西藏标威工贸有限公司、西藏利泰矿业有限公司、西藏圣吉高争新型建材有限公司、西藏天恩科技发展有限公司、西藏天创源商品混凝土有限责任公司。

（徐春梅）

【高原绿色食饮品业总产值11.8亿元】 年内，食饮品业实现总产值11.8亿元，增加值2.8亿元，税收0.98亿元。娃哈哈健康食品建成投产，5100矿泉水改扩建开工建设，重点培育年生产25万吨矿泉水的西藏冰川矿泉水有限公司、年生产20万吨啤酒的西藏天地绿色饮品发展有限公司等重点骨干企业。已培育出5100矿泉水、天地绿色饮品、娃哈哈健康食品等一批食饮品龙头企业，高原绿色食饮品业已初具规模。已形成西藏冰川矿泉水有限公司、西藏天地绿色饮品发展有限公司、西藏自治区啤酒责任有限公司、西藏高原之宝牦牛股份有限公司、西藏娃哈哈食品有限公司、西藏藏缘青稞酒业有限公司、西藏特色产业股份公司、古荣糌粑公司、拉萨鼎业制粉有限公司、西藏山湖土特产有限公司、西藏珠穆拉瑞工贸有限公司、西藏龙湖实业有限公司、西藏春光食品有限公司等13家规模企业。

（徐春梅）

【藏药产业总产值3.5亿元】 年内，藏药产业实现总产值3.5亿元，增加值1.1亿元，税收0.16亿元。为促进藏药产业集群发展，成立了以曹边疆常务副市长为组长的拉萨市藏药集团组建工作领导小组，拉萨经济技术开发区为组建藏药产业集团责任主体。金哈达药业改扩建等项目已竣工并正式投产。已形成西藏藏药集团股份有限公司、西藏自治区藏药厂、西藏芝芝药业有限公司、西藏藏医学院藏药厂、西藏雄巴拉曲神水藏药厂等5家规模企业。

（徐春梅）

【民族手工业总产值2.3亿元】 年内，民族手工业实现总产值2.3亿元，增加值0.9亿元，税收0.03亿元。着力建设拉萨民族手工业园，完成拉萨民族手工业园选址（确定项目地址在达孜工业园区）、产业园土地审批、环境影响评价等前期准备工作，产业发展规划和控制性详规也已通过专家论证评审。加大民族手工业者培训，举办了藏毯编织、雕刻工艺等技能培训，850人次参加了培训，培训经费41.65万元。已形成西藏第三极羊绒制品有限公司、西藏圣信工贸有限公司、拉萨岗地贸易有限公司、城关区地毯厂、拉萨市地毯有限责任公司等5家规模企业。

（徐春梅）

【特色矿产业总产值12.5亿元】 年内，矿产业实现总产值12.5亿元，增加值5.8亿元，税收2.2亿元。华泰龙矿业二期、厅宫铜矿等重点项目开工建设，重点培育日选原矿6000吨的西藏华泰龙矿业开发有限公司。已形成西藏华泰龙矿业开发有限公司、西藏中凯矿业股份有限公司、西藏矿业发展股份有限公司、西藏金和矿业有限公司、西藏桑海矿业开发有限公司、西藏鑫湖矿业有限公司、西藏宁玛矿业有限公司、西藏华钰拉屋分公司、西藏普雄矿业有限公司、林周县钢源矿业有限公司、林周县烨鑫矿业有限公司、林周县财胜矿业有现公司、尼木县铜业开发有限责任公司、西藏标威工贸有限公司、西藏利泰矿业有限公司等15家规模企业。

（徐春梅）

【新型建材业总产值4.3亿元】 年内，建材业实现总产值4.3亿元，增加值1.8亿元，税收0.38亿元。合力硼业开工建设，航鑫钢铁厂已竣工并正式投产。已形成西藏远大建材有限公司、西藏高争建材股份有限公司、西藏路安公路工程防护设施有限公司、堆龙东嘎水泥厂、西藏远大红墙烧结砖公司、西藏望果商品混凝土销售公司、西藏高争商品混凝土销售有限公司、西藏金哈达信通水泥厂、西藏圣吉高争新型建材有限公司等9家规模企业。

（徐春梅）

【拉萨市“民族手工业园产业规划”通过论证】 1月6日，《拉萨市民族手工业园产业规划》顺利通过专家论证。参加论证会的有国家工信部、西藏自治区工信厅、中国工艺美术协会、西藏自治区工艺美术学会的有关领导，清华大学、南京大学、东南大学有关专家学者。拉萨市委常委、常务副市长曹边疆、副市长王常生、拉萨市工信局党组书记次仁平措参加了会议。

（徐春梅）

【落实企业扶持资金 1.33 亿元】　年内，已为全市各类企业落实国家、自治区及拉萨市中小企业发展专项资金和技改专项资金 13312 万元，大力扶持全市中小企业的发展，鼓励企业加大技改投入。

（徐春梅）

【融资担保能力达到 5 亿元】　年内，拉萨市信用担保公司新增注册资本达到 1 亿元，融资担保能力达 5 亿元，已为全市多家企业融资担保 4600 万元。

（徐春梅）

【为企业发展提供智力支持】　年内，拉萨市工业和信息化局（国资委）制订了一系列具有针对性的培训计划，提升中小企业管理水平，大力培养企业急需、紧缺人才。已申报培训项目 6 个，总投资约 514.1 万元，同时为 2 家商贸企业落实培训资金 20 万元。

（徐春梅）

【加大清洁能源项目申报力度】　年内，按照产业发展的要求，加大项目申报和组织实施力度，向自治区申报 2011 年度工业循环经济重大技术、清洁生产示范等项目 15 个，已通过自治区评审的项目 1 个，投资总额约 800 万元。

（徐春梅）

【落后产能淘汰】　年内，拉萨市工业和信息化局（国资委）对西藏祁连山粉磨等水泥生产企业进行了监督检查，计划逐步淘汰落后立窑式水泥生产线，并着力组合新建 120 万吨/年新型干法水泥生产线项目。

（徐春梅）

【打造全区太阳能光伏产业示范基地】　年内，达孜、曲水光伏产业基地建设有条不紊地进行，拉萨经济技术开发区天创风电示范基地、曲水尚德电力、当雄羊易电站等项目相继开工建设。

（徐春梅）

【34 家企业产品成为自治区名牌产品和著名商标】

年内，西藏青稞啤酒、“圣鹿”牌百年野生核桃油、“雪王山”牌的神水藏药、“优·敏芭”藏香等 34 家企业产品获得西藏名牌产品、西藏自治区著名商标。

（徐春梅）

【8 个产品被评为中国著名品牌】　年内，5100 矿泉水、西藏藏缘青稞酒等 8 个产品被评为中国著名品牌，并相继获得中国驰名商标。

（徐春梅）

信息化建设

【概况】　年内，以推进工业企业实现工业化和信息化（简称“两化”）融合为着力点，积极探索符合本市发展实际的“两化”融合道路，用信息技术提升传统产业，不断提升全市产业创新能力、发展水平和综合竞争力，全面推进信息化工作实现新突破。

（徐春梅）

【门户网站建成】　3 月 29 日，由江苏省经信委援建的电子政务平台正式启动，项目总投资 191.66 万元，于 8 月 1 日正式投入使用。该网站是以拉萨市工业和信息化局网站为工业网络平台，面向全市七县两区三园的工业信息网络，实现了政务公开、收发文处理、信息共享等协同办公需求。

（徐春梅）

【推进工业企业工业化和信息化融合】　年内，确定西藏华泰龙矿业开发有限公司安全生产调度指挥系统项目为自治区首批工业化和信息化“两化”融合促进安全生产重点推进项目，项目总投资 1542 万元。

（徐春梅）

【农村综合信息服务站(一期)建成】　年内，通过以点带面、试点示范的方式，全面推进全市农村信息化建设，全市 7 个县 40 个行政村作为农村综合信息服务站（一期）试点。4 月 20 日至 29 日，配合区工信厅将农村综合信息服务站相关设备发放到各试点村，于 5 月试运行，7 月正式运行，运行情况良好，为全区农村综合信息服务站建设打下了坚实的基础，并提供了有力依据。

（徐春梅）

【达孜县成为县级政府政务公开和政务服务试点】

年内，按照区工信厅转发的《关于开展依托电子政务平台加强县级政府政务公开和政务服务试点工作意见的通知》（国办函〔2011〕99 号）文件精神，在全区只给了 2 个试点名额的情况下，争取到将达孜县作为全国开展依托电子政务平台加强县级政府政务公开和政务服务的试点县。

（徐春梅）

国有资产监管

【概况】 拉萨市工业和信息化局（国资委）依法履行政府出资人职责，实现国有资本保值增值；稳妥处理企业改制遗留问题；围绕构建和谐国企，扎实做好国有企业的维护稳定和党的建设工作。

（徐春梅）

【加强国有资产监管】 年内，拉萨市工业和信息化局（国资委）与八一农场、圣城集团有限公司2家国资监管企业签订了目标责任书；对所监管企业进行了产权管理登记；加强了对租赁型企业的监管；按期足额收缴国有资本收益，实现了国有资产的保值增值。

（徐春梅）

【解决国资企业发展难题】 年内，拉萨市工业和信息化局（国资委）通过完善领导联系企业制度及开展调研活动等服务机制，对调研梳理出的企业亟待解决的困难和问题分批进行了解决和落实，使企业遗留问题和现阶段困扰发展的“瓶颈性”问题得到逐步化解，为企业改革发展创造了更加宽松的良好环境。

（徐春梅）

【稳妥处理企业改制遗留问题】 年内，拉萨市工业和信息化局（国资委）成立了改制“回头看”工作小组，对所监管的11家国有企业及国有改制企业进行了调查和摸底，对企业改制挂牌后的遗留问题，进行了逐一分析，同时对公司运营中存在的问题和不足提出了具有针对性的建议，稳妥处理企业改制遗留问题，形成了《关于已改制国有企业情况的专题调研报告》。

（徐春梅）

【国资监管】 年内，上缴国有资本收益901.6万元。

（徐春梅）

拉萨市工业和信息化局

党组书记 次仁平措
局　　长 刘雨林

工商行政管理

【全市市场主体已达39745户】 年内，全市市场主体已达39745户。其中内资企业1221户，注册资金19.7亿元；私营企业2439户，投资人数6187人，雇工人数57419人，注册资金32.7亿元，同比分别增长15.2%、25.2%、35.6%、11.5%；个体工商户36085户，从业人员74805人，注册资金15亿元，同比分别增长11%、15%和26%。

（郝丽娅）

【非公经济党建】 年内，设立党建工作联系点32个，选派党建指导员17名、党建联络员12名。登记党员1221名，设立党组织60个。

（格桑平措）

【经济主体资格审查】 年内，应检内资企业1046户，实检937户，参检率达89.6%。应检私营企业1783户，实检1614户，参检率达90.5%。应验照个体工商户25880户，实验21732户，验照率达83.97%。

（格桑平措）

【查处食品案件32件】 年内，开展食品添加剂、地沟油、瘦肉精等专项整治，查处食品案件32件，案值20余万元。开展食品快速检测，重点对肉类、水发产品、乳制品、调味品等8大类13个品种进行食品快速检测，共检测2178个批次。办理食品流通许可证3865户。

（党军奎）

【查处各类违法案件1364件】 年内，查处垄断和不正当竞争案件18件。立案查处各类商标违法案件26件，罚没款23万元。捣毁制假窝点2个，没收侵权商品5000余箱，案值43万元。公开销毁侵犯知识产权和假冒伪劣产品9大类63个品种，货值73万元。立案查处广告违法案件17件，罚没款24万元。下发停播通知书14份，责令停止发布违法广告96条，责令限期补办户外广告登记证12件。全年，共查处各类违法案件1364件，案值664万元，罚没款198万元。

（蒋　云　任　磊）

【强化旅游市场整治工作】 年内，根据全区工商系统旅游市场专项整治工作部署，结合实际，整治了“黑社”、“黑车”、“黑导”、“黑店”和商业贿赂等现象。累计检查旅游经营主体3166户次，取缔无照经营8户，整顿规范旅游经营户19户，查处违法案件5件，案值1.5万元。

（扎　西）

【打击传销】 年内，制定了《2011年打击传销工作方案》、《关于开展创建无传销乡镇（村）社区校园活动工作方案》。利用多种手段和形式开展宣传活动，宣传打击传销法律法规及知识，揭批传销的欺骗性、危害性，教育群众提高对传销危害的认识，增强防范免疫力。加强与公安部门的协作，防范和打击诱骗学生、民工、农牧区群众等特殊群体参与传销的行为。

（任　磊）

【开展“扫黄打非”】 年内，协助市“扫黄打非”办，开展对印刷、复制、刻录行业的治理，开展专项行动20次，查缴非法出版物148张（册），严厉打击制售政治性特别是藏独反动出版物行为。

（任　磊）

【新增农牧民专业合作社53户】 截至年底，共发展农牧民专业合作社115户，出资总额1.7亿元，成员总数6863人。全年新增53户农牧民专业合作社。

（郝丽娅）

【新注册商标148件】 截至年底，拉萨市共有注册商标1498件，全年引导企业申请注册商标299件，注册成功商标148件，申报推荐全区第六批著名商标12件，指导企业争创驰名商标3件。优·敏芭藏香、藏泉等5件获得全区第六批著名商标，玛吉阿米、布达拉宫2件获得中国驰名商标。

（蒋　云）

【为消费者挽回损失206万元】 截至年底，共建立投诉站12个、维权联络点99个。年内，受理申诉、举报电话1704件，案值307万元，为消费者挽回经济损失206万元。

（扎　西）

拉萨市工商行政管理局

局　长　孙远国

税　　务

【概况】 年内，全市国税系统共组织税收收入19.92亿元，同比增收8.69亿元，增长77.44%，完成年度目标的158.03%。

（谢东萨）

【税收征管】 年内，开展增值税与营业税税负异常企业调查，对市区内部分商业零售、美容美发、酒店用品、服装电玩、网吧、典当、房屋租赁和建材销售、“园区企业”的纳税人纳税申报情况和税款核定情况进行调研，对木材加工交易市场进行清理检查，开展水泥生产行业增值税纳税评估。强化以票控税工作，做好普通发票换版工作，关注旧版发票库存和用量，加强新版发票换版后使用情况的跟踪调查。通过实地调研督查、加强培训、实地安装等办法，全年共推行税控收款机5005户。税控收款机安装运行后，注重加强税控收款机系统中开票信息与征管系统中申报信息异常数据比对、分析与跟踪监控，核查异常数据纳税人，对于查账征收户和定期定额核定户存在虚假纳税申报或不进行纳税申报等问题造成不缴和少缴税款的，严格按照税收征管法规定处理。

（谢东萨）

【信息化建设】 年内，推进信息管税步伐，从基础管理入手，按照计算机类固定资产设备清理和规范化管理要求，重新整理固定资产责任卡，并进行账实核对，对采购的计算机类设备，结合实地调研和计算机分布使用状况，合理更新与调配。做好日常系统维护工作，针对各征收单位在使用业务系统过程中提出的各种问题进行分析和解答，确保金税工程各系统正常运行。实行日常技术服务外包，及时提供日常维护，加强内部网络安全防护能力建设，利用桌面安全管理系统，实现对内部风险的管理和控制，完善安全域边界的防护，利用网络安全审计系统实现对网络安全状况的审计和对安全行为的审计，做到安全风险可预测、安全事件可追查。

（谢东萨）

【依法治税】 年内，落实各项税收政策，做好“地方教育附加”和城镇土地使用税的开征工作，落实增值税和营业税起征点调整，及增值税一般纳税人资格认定、虫草松茸采购环节营业税停征和娱乐业营业税税率降低等促进非公有制经济发展税收政策，及时开展调查统计，调整征管系统数据，办理申报事宜，严格办理税收减免事宜。开展2008年至2010年企业减免税统计调查工作，3883户企业三年减免各项税收25636万元。落实增值税转型后固定资产进项税额抵扣政策，做好增值税、营业税、出口货物、车辆购置、二手房等相关业务退、免税及审核、审批管理工作。加强减免户管理，建立完善减免税台账，制定年度增值税一般纳税人资格认定管理推行计划。开展执法检查与监察工作，整顿和规范税收秩序，优化税务稽查程序，打击发票违法犯罪活动，加强联络协作，配合公安部门开展“亮剑”专项整治行动，遏制发票违法犯罪活动。全年全市国税系统查补收入6252万元。

（谢东萨）

【纳税服务】 年内，通过《致纳税人的一封信》开启宣传月活动序幕，开展送法上街、办税大厅窗口、开设宣传栏、悬挂横幅、张贴海报等方式做好日常宣传。以全市国税系统税收收入突破10亿元为契机，开展报刊、电视、电台专题报道。通过召开全市税收征纳表彰大会、播放电视公益广告片、税法与报同行进千家万户等活动，突出宣传特色。拓展纳税服务平台，办税业务正式进驻市民服务中心，实现了全市范围内办税业务“同城通办”。配合做好“12366”热线服务工作，进一步加强各办税服务厅建设，执行税收征管业务操作规范，逐步健全税收管理各个岗位流程、明确职责，办税公开、首问负责、服务承诺、岗位考核等纳税服务制度。落实“双减负”，深入推行财税库银横向联网电子缴税业务，实行征收期合理引流、增设办税窗口、规范业务流程，简并涉税事项，为纳税人提供办税方便。

（谢东萨）

【队伍建设】 年内，加强领导班子建设，落实基层联系点制度，开展“假如我是市局局长”换位思考建言谋策主题活动，了解干部职工思想状况及诉求。及时调整常设领导机构，成立柳梧新区税务分局筹备领导小组。进一步修订完善公务员年度考核工作意见等办法。推进学习型机关建设，邀请内地专家和高校教授实地培训，在内地举办三期专题培训班，全年累计30人次参加总局培训，111人次参加区局培训，900人次参加市局培训。在学习方式上突出亮点和特色，在全市国税系统中开展“推荐读《不抱怨的世界》一书”活动、编辑出版《税收业务季度手册》，为税收干部提供学习平台。深入开展对口帮扶活动，进村入户开展“基层建设年”活动，派两个驻村工作队深入当雄县纳木措乡和达布村开展创先争优强基层惠民生活动，切实把服务群众工作落实到创先争优行动中。

（谢东萨）

【党风廉政建设】 年内，从廉政警示教育入手，开展廉政文化进机关活动，组织副科级以上领导干部参观拉萨市廉政警示教育基地，邀请市检察院教授举办“税务职务犯罪惩治与预防”专题讲座，在全区国税系统首次开展“一把手”讲党课和纪检组长作廉政形势报告活动，逐级开设廉政教育宣传栏，面向全市税务系统开展廉政文化作品征集活动。加强廉政监督，分析内部各岗位风险点及风险概要、风险内容和预防措施，重点针对税收执法权和行政管理权加强监督，对分局定额情况进行抽查，做好减免税审理、重大案件审理、一般纳税人认定及政府采购、基建项目、内部审计等工作监督。在全市纳税人中开展行风测评，对干部上下班打卡、考勤登记、“外出登记”制度落实情况进行监督检查，严肃组织纪律。

（谢东萨）

拉萨市国家税务局

党组书记 米玛罗布(5月免)
其　美（5月任）

局　　长 米玛罗布（5月免）
葛程蓉(5月任)

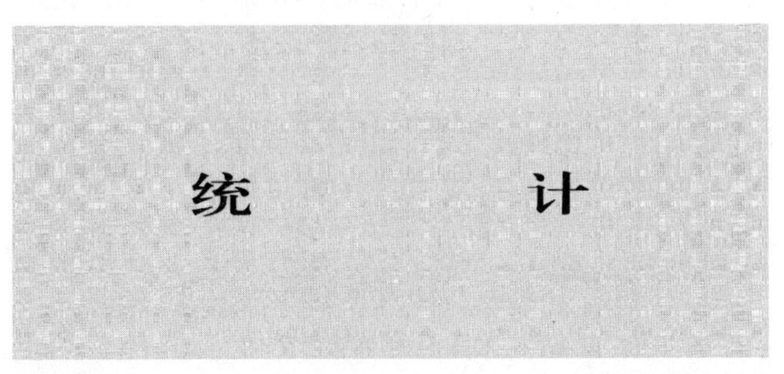

统　　计

【概况】 年内，市各级统计部门重点做好统计改革、统计基层基础建设和统计服务工作，实现了统计数据质量、统计公信力和统计队伍整体素质的提高，确保各项统计调查工作的完成。

（陈建琮　郑红艳）

【推进各项主题教育活动】 以创建学习型机关为抓手，进一步提高机关干部职工的整体素质。以机关效能建设为突破口，着力提升机关工作水平，制定了《拉萨市统计局 国家统计局拉萨调查队2011年机关作风和行政效能建设工作思路目标任务及工作措施》。为规范机关工作流程完善体制机制，制定完善一系列规章制度，编印了《拉萨市统计局 国家统计局拉萨调查队工作制度汇编》。制定《拉萨市统计局 国家统计局拉萨调查队2011年岗位目标管理考评办法》，确保局队各项工作任务的完成和进一步加强各县区统计调查工作。制定了《局队各科室目标考核办法》和《各科室主要工作任务分解》，并与各科室签订了责任书，转变干部职工工作作风，提高工作效能，促进机关工作的规范化、制度化建设，充分发挥统计信息、咨询、监督的整体功能。以加强基层建设年活动为载体，进一步推进对口扶贫工作，统计局队成立了加强基层建设年活动领导小组，抽调精干队伍驻村开展工作。驻村以来，工作组分别在藏历新年、“六一”、“七一”等期间慰问困难户、困难党员、儿童等100多人30多户。累计为全村的学生和困难户、困难党员赠送了学习用品、清油、大米等慰问品、慰问金（含物资折款）和捐款共计3.3万余元；经多方协调，带领村奶牛养殖协会成员及村干部一起赴堆龙德庆县古荣乡雪域奶牛养殖示范基地参观学习；争取项目资金77.98万元，其中统计局队落实资金9.1万元；实施了水渠修建，完善度假村内部设施，解决青稞种子，解决各小组活动场所内部基础设施，解决磨面机等项目，改善了村民的生产生活条件。开展创先争优强基础惠民生活动，进一步加强基层基础工作，召开了统计局队关于深入开展创先争优强基础惠民生活动动员大会，制定了《拉萨市统计局 国家统计局拉萨调查队开展“创先争优强基惠民”活动实施方案》，并抽调精干人员组成第一批工作队8人（两个工作组）入住驻村点开展工作。

（陈建琼　郑红艳）

【统计调查业务工作完成】 年内，完成了2010年统计年报和2011年定期报表的收集、审核、汇总和上报工作。主要有地区生产总值、全社会固定资产投资、建筑业、房地产、工业、农牧业、农村和城镇住户、贸易、物价、劳动工资、成品油、退耕还林、服务业、畜禽检测等报表。在工作中注重年度、季度、月度间的数据衔接。在做好各项常规调查的同时，共编印统计研究与报告12期、统计分析60期、统计动态61期，被区局、总队和市委、市政府级采用信息40余篇，每月都编制印发《拉萨市主要经济指标》小册子，及时对月、季度报表主要数据进行统计分析，呈送给相关单位和领导。在相关部门及社会的配合下完成了组织工作满意度、群众安全感、基层医务人员及医疗卫生服务满意度、非公有制企业（单位）人才资源状况、非工业重点耗能单位能源消费情况、城镇私营企业劳动工资和医药卫生体制改革满意度等多项专项调查，及“两基迎国检”和“六城同创”相关的指标体系的测算工作，及时反映了全市经济发展的走向和趋势，提供了预警信息和咨询建议，为党委、政府科学决策提供了重要的参考依据。完成了《拉萨辉煌60年》资料的搜集、整理及编印工作。为庆祝建党90周年和西藏和平解放60周年，统计局队从年初就组织力量加紧编印《拉萨辉煌60年》，通过该书全面反映和展示60年来拉萨市社会经济等各个方面所取得的成绩和历史变迁。对拉萨市《2010年统计年鉴》进行了改版，经济指标更细化健全。

（陈建琼　郑红艳）

【第六次全国人口普查】 年内，组织完成普查表长、短表的编码，数据处理，完成普查数据审核评估工作和主要数据的汇总发布工作。根据自治区反馈的第六次人口普查数据库，及时完成了主要数据的汇总、整理工作；编印了《2010年拉萨市第六次人口普查主要数据》，完成普查主要数据的汇总发布工作；撰写了《人口与经济社会发展关系研究》、《拉萨市藏族人口现状分析》和《拉萨市人口受教育程度明显上升》三篇专题分析。

（陈建琼　郑红艳）

【援藏工作】 年内，通过与北京、江苏两省市统计调查部门积极沟通、协调，先后为统计局队援助了价值30多万元的办公设备，还在北京市和江苏省分别为拉萨市举办了统计调查干部培训班，培训了市、县两级统计调查人员30人。邀请江苏省统计局一名素质高、业务能力强的干部赴藏挂职4个月，通过传、帮、带等形式提高拉萨统计调查业务能力。

（陈建琼　郑红艳）

【启动企业一套表改革】 11月，根据全国、全区企业一套表工作的统一部署，为推进拉萨市企业一套表改革工作，市政府专门成立了全市企业一套表改革领导小组及办公室，印发了《拉萨市推进企业一套表工作实施意见》，召开了全市企业一套表工作会议，对企业一套表改革进行了全面部署，并对涉及

"三上"企业和房地产开发企业统计人员进行了培训，为全市企业一套表制度的正式实施奠定了基础。

（陈建琼 郑红艳）

拉萨市统计局
国家统计局拉萨调查队

党组书记 仓 琼（8月任）

局长（队长） 蔡 岷

质量技术监督

【概况】 年内，拉萨市质监局以服务拉萨经济建设为主线，以"抓创新，争突破，理常规"为突破点，围绕人民群众的健康安全，加强食品质量安全监管和特种设备安全监察；围绕经济增长方式转变，加强标准、计量、认证认可工作力度，实施"以质取胜"战略，稳步推进"质量兴市"工作；围绕经济秩序的稳定，加大执法打假力度，进一步提高行政执法质量和水平。

（贾伟萍）

【食品质量安全监督】 年内，市质监局以落实食品企业主体责任为主线，严格实施市场准入，规范证后监管工作，加大无证查处工作力度，建立起企业为主、部门联动、标准统一、监管规范的食品安全监管工作体系，加强食品生产加工环节的管理。落实企业主体责任，建立完善"三个体系、七个制度"，即建立完善质量诚信体系、质量管理体系、检验检测体系以及建立完善原辅料进厂查验制度、生产过程质量控制制度、成品出厂检验制度、产品质量安全岗位责任制度、产品质量追溯制度、不安全产品召回制度、售后服务制度。严格实施市场准入制度，做好市场准入审查和把关工作。贯彻落实乳制品重新审核工作，对辖区内3家乳制品生产企业进行了重新审核。组织开展专项检查工作，食品检查情况总体良好。组织召开"严厉打击非食用及滥用食品添加剂专项工作"会议，并进行了集中清理。完成食品质量监督抽查工作。全年共抽检各类食品196批次，平均合格率90.3%。

（贾伟萍）

【特种设备安全监察】 年内，市质监局针对特种设备工作，提出"以监察为手段，使用环节为重点，遏制事故为目的，确保人民生命财产安全和经济运行安全"的工作方针。加强特种设备使用登记，完善特种设备数据档案。落实新增特种设备安装告知与使用登记同步，确保新增特种设备不"漏网"，从而达到新增特种设备注册登记100%。全年拉萨市新注册登记特种设备310台（电梯202台、锅炉13台、压力容器45台、起重机械50台）。加强节日期间的安全监察工作。在春节、藏历年、"五一"、"西藏和平解放60周年大庆活动"、雪顿节、"十一"等重大节假日，组织安全监察人员对拉萨市在用特种设备进行安全检查。重点检查特种设备使用单位51家，检查各类特种设备84台，排查消除安全隐患12起，确保了特种设备的安全运行。结合全区"两基"工作，开展学校在用特种设备安全隐患排查整治专项行动。联合市教育主管部门，对拉萨市29所学校在用45台特种设备进行了现场监督检查，发现排查学校在用锅炉容器存在严重安全隐患4起，一般安全隐患18起。不断规范气瓶充装行为，严厉惩处各类违规充装行为。组织召开气瓶安全充装工作专题座谈会，结合拉萨实际制定了《拉萨市气瓶充装、送检记录表》和《拉萨市气瓶报废记录表》，进一步规范各液化气充装站的充装行为，并与各气瓶充装单位签订《2011年度拉萨市气瓶充装单位安全责任书》，落实企业安全主体责任，明确气瓶充装单位各项安全管理责任义务。深入研究分析，及时总结汇报。根据日常监管情况，深入研究分析，上报了《市质监局关于拉萨市电梯安全状况的报告》、《拉萨市学校在用特种设备安全分析报告》和《拉萨市质量技术监督局关于2011年度拉萨市液化气站安全运行分析报告》。

（贾伟萍）

【执法监督】 年内，市质监局通过12365举报投诉电话，坚持在最短时间内对假冒伪劣产品进行查处。全年投诉举报中心受理电话投诉675次，接受各类咨询80多次，涉及产品货值400多万元，为消费者和生产企业挽回经济损失300多万元。共查处各类违法案件20起，现场处罚6起，立案14起，结案14起，责令整改19起，涉案货值55万元，没收产品货值3万余元，销毁产品货值6万余元，取缔非法生产窝点4个。

（贾伟萍）

【质量监督管理】　年内，市质监局共完成239家（小作坊208家、大中型生产企业31家）工业生产企业的摸底调查建档工作；完成25家名牌企业与AAA级企业的培育申报工作；完成电线电缆、儿童玩具、电气产品、成品油、皮鞋、藏式家具、藏式服装、金银饰品、涂料、水泥等24个品种79个样品的抽样送检，检验合格率为83.1%。

（贾伟萍）

【标准计量】　年内，推进市质监局标准计量工作。开展农贸市场计量器具监督检查。共对拉萨市16家农贸市场在用的1373台计量器具进行检定，合格率为87.2%。积极开展“推进诚信计量、建设和谐城乡”活动。引导2家农贸市场、3家加油站、5家大型超市主动进行诚信计量自我承诺，签订承诺书，并张贴在醒目位置，公开接受社会监督。推进农业标准化示范区建设。对辖区内堆龙德庆县岗德林蔬菜种植农民专业合作社示范区项目进行预验收，并申报将曲水县瓜果蔬菜栽培基地列入第七批国家级农业标准化示范区。推进地理标志产品保护。联合相关部门组成调研组，对西藏藏香发源地拉萨市尼木县各藏香生产厂（作坊）进行实地调研，为启动西藏自治区藏香地方标准的制定、尼木藏香的地理标志产品保护申请工作奠定了基础。代码服务窗口工作赢得赞誉。质监服务窗口紧紧围绕“建设高标准优质服务窗口”的工作思路，坚持做到“公开透明、行为规范、运转协调、廉洁高效”，积极进取，热情服务，争创服务名牌，赢得了服务对象和各级领导的好评。全年便民服务窗口共受理组织机构代码业务7631件，位居“一站式”总业务受理之首，接受咨询3000余人次。

（贾伟萍）

【“质量兴市”活动】　4月，市政府组织召开了拉萨市“质量兴市”创建活动动员大会，在全市范围内正式启动“质量兴市”活动。市质监局制定完善了“质量兴市”创建工作《领导小组会议制度》等制度文件，在征求相关成员单位意见的基础上，已将修改稿上报到市政府审批。赴内地学习推进质量兴市创建先进工作经验，汲取了内地开展“质量兴市”工作经验和实效。推进名牌发展战略。为做好拉萨市各项经济工作，突出工业发展，重点培育骨干企业，落实企业品牌创建资金1000万元。

（贾伟萍）

【党建工作】　年内，市质监局以庆祝建党90周年和西藏和平解放60周年活动为契机，加强党的建设和干部队伍建设。做好维稳工作，在“防范、教育、管理、建设”等方面下功夫，运用多种手段，强化领导责任制。深入推进党风廉政建设，继续全面落实《建立健全惩治和预防腐败体系2008—2012年工作规划》和“三重一大”的议事要求，并聘请社会各界30名同志为拉萨质监政风行风特邀监督员，推进了党风、政风、行风建设。开展基层建设年和创先争优活动，根据自治区党委和市委对基层建设年和创先争优活动提出的总体要求和主要任务，市质监局成立了领导小组和工作机构，制定了实施方案，组织开展了“红色歌曲·拉萨唱”、党史知识测验、签订党风廉政责任书等活动，进一步提高了干部职工的服务意识、服务能力、服务水平和工作效率。积极开展学习型党组织建设活动，按照拉萨市委的相关安排部署，围绕学习型党组织建设要求制定了实施方案，成立了领导小组，并确保组织到位，党支部具体负责全局学习型党组织建设的检查考核、督促指导等工作，不断完善制度建设，确保制度到位。加强自身建设，确保保障到位，成立了“图书阅览荣誉室”，集中各类书籍供个人学习阅读使用，并制作完成了《党建宣传栏——党旗下的质监人》、《学习型党组织和政风行风建设活动宣传栏》。

（贾伟萍）

拉萨市质量技术监督局

党组书记、局　长　郑雪红（6月免）
郑宏凯（6月任）

审　　计

【概况】 拉萨市审计局设有办公室、法规科、财政金融科、基本建设投资审计科、行政事业审计科、经济责任审计科、经贸企业审计科、农业与资源环保审计科、信息中心。年内，市审计局共完成审计项目24个，审计总金额922016.69万元，查出违规违纪资金19754.84万元；挽回经济损失9.9万元，核减工程款5.14万元。

（曾　燕）

【预算执行情况及其他财政收支情况审计】 年内，市审计局对拉萨市本级预算执行和其他财政收支情况进行了审计，同时对拉萨市农牧、卫生2个系统及所属7个单位的预算执行情况进行了延伸审计，共完成审计项目3个，提出审计建议10条，被相关单位采纳10条。

（曾　燕）

【地方政府性债务审计】 年内，市审计局根据中央经济工作会议和十一届全国人大四次会议部署，并按照《国务院办公厅关于做好地方政府性债务审计工作的通知》（国办发明电〔2011〕6号）和《西藏自治区人民政府办公厅关于做好地方政府性债务审计工作的通知》（藏政办发〔2011〕20号）的要求和部署，按照“见账、见人、见物、逐笔、逐项审核”的原则，对拉萨市所有涉及地方政府性债务审计范畴的8个县（区）和5个市直单位的91个项目，共77笔债务（含粮食企业政策性挂账）进行了审计。为确保审计数据和情况的真实、准确和完整，对每一笔债务，审计人员都依法进行了核实和取证，针对审计中发现的问题，提出审计建议3条，采纳3条。

（曾　燕）

【“基础教育经费”和“两基迎国检”审计】 年内，市审计局开展了自治区审计厅交办的拉萨市基础教育经费审计调查工作；同时按照拉萨市“两基”迎国检工作的安排，开展了七县一区基本普及九年义务教育和基本扫除青壮年文盲经费的审计调查工作。审计组主要对拉萨市“两基”教育经费投入和管理使用情况进行了专项审计调查，重点抽查了市本级及部分县区学校的教育资金、“三包经费”的管理使用情况、“三个增长”等指标和政策落实情况进行了审计调查，并针对存在的未按自治区相关规定、应投未投教育资金问题，提出了审计建议2条。

（曾　燕）

【行政事业和专项资金审计】 年内，市审计局派出审计组开展了对拉萨市民宗局、拉萨晚报社、拉萨市政法委财政收支情况审计和全市养老保险基金专项审计调查项目。在对行政事业单位财务收支审计时，坚持“全面审计、突出重点”的方针，把重点放在“收支两条线”的审计监督上，发挥审计在国家预算管理和监督中的作用。提出审计建议11条，被相关单位采纳11条。

（曾　燕）

【企业审计】 年内，根据市政府安排，由市审计局牵头，中介机构参与，先后组织开展了对西藏雅海实业有限公司、拉萨市公交总公司、拉萨市城市建设投资经营有限公司的资产、债权、债务清理审计项目3个和拉萨市审计局组织实施的西藏圣城建设集团有限公司财务收支审计项目1个，共完成审计项目4个。提出审计建议7条，被相关单位采纳7条。

（曾　燕）

【经济责任审计】 年内，对拉萨市教育局、拉萨市城关区环卫局、拉萨市城关区洁达保洁有限公司、那曲地区嘉黎县等部门的领导干部进行了经济责任审计，共完成审计项目4个。提出审计建议6条，被相关单位采纳6条。

（曾　燕）

【固定资产投资审计】 年内，市审计局组织实施了拉萨市国资委办公楼主体建设项目竣工决算审计、拉萨市旅游局新建卓玛拉康及甘丹寺服务站单项工程结算审计和拉萨市八一农场危房改造国家贴息资金审计，共完成审计项目3个，挽回经济损失9.9万元；核减工程款5.14万元。提出审计建议3条，被相关单位采纳3条。

（曾　燕）

【农发项目专项资金审计】 年内，对拉萨市城关区一、二、三批面上扶贫项目资金收支情况、拉萨市城关区劳动力转移项目专项资金、拉萨市堆龙德庆县农业综合开发项目资金收支情况及拉萨市墨竹工卡县农业综合开发项目资金收支情况进行了审计，共完成审计项目4个。提出审计建议3条，被相关单位采纳3条。

（曾　燕）

【发挥经济监督部门作用】 年内，按照市委、市政府的统一部署和要求，市审计局抽派3名业务骨干配合区、市两级“小金库”治理办公室开展“小金库”的复查整治工作，同时配合市政府督查办、教育等部门，先后抽调5人次参加了“两基”教育迎国检预检工作组、全区安居工程验收工作组等各类工作组的审计协助工作，为拉萨市经济健康发展、社会和谐稳定发挥了经济监督部门的职能作用。

（曾　燕）

【建立完善审计档案数据库】 年内，市审计局做好建立完善审计档案数据库相关工作，完成了“关于拉萨市农牧系统预算执行情况审计”等16个项目的审理，对审计程序、实施方案、工作底稿、审计结果类文书等进行审查或修改，并出具了书面审理意见书，为逐步建立健全数据库、促进审计工作科学发展奠定了基础。

（曾　燕）

拉萨市审计局

党组书记　史　勇
局　　长　次　旦

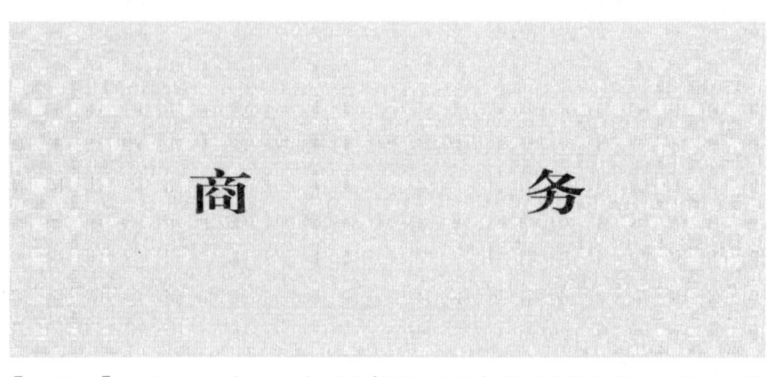

商　　务

【概况】 2011年，全市商务系统按照提升一产、壮大二产、做强三产的总体要求，把握商务工作的特点，努力建设大市场、发展大贸易、搞活大流通，加快转变经济发展方式，紧紧抓住城镇和乡村两个消费市场不放松，不断缩小城乡消费市场发展差距，切实提高拉萨商贸流通质量和水平。

（张文清）

【社会消费品零售总额达到105.14亿元】 年内，全市实现社会消费品零售总额105.14亿元，同比增长18.9%，占全区社会消费品零售总额的46.8%。

（张文清）

【进出口贸易总额130741万美元】 年内，全市累计完成进出口贸易总额为130741万美元，占全区进出口总额135862万美元的96.23%，同比增长58.25%。其中出口113225万美元，占全区出口总额118310万美元的95.70%，同比增长48.09%；进口17516万美元，占全区进口总额17552万美元的99.79%，同比增长184.41%。贸易顺差为113225万美元。

（张文清）

【完成农牧区碘盐配送】 年内，共向8县（区）配送碘盐1653.7吨，同比增长2.56%。

（张文清）

【推进万村千乡市场工程建设】 年内，全市共新建330个农家店和9个配送中心，提高了农家店的村级覆盖率和商品配送率，农牧区商品销售网点大幅增加，农牧区商品市场流通网络逐步健全。

（张文清）

【编制“十二五”规划】 年内，抽派专人起草了“十二五”商务发展规划和万村千乡市场工程、再生资源市场体系建设、成品油市场等专项规划。

（张文清）

【充实内贸项目库】 年内，完成了包括拉萨物流园区、生活必需品储备中心在内的近40个“十二五”重点项目的申报；申报了百益电子商务平台、爱君家政服务网络中心等6个国家服务业发展引导资金项目；申报了冲赛康日用消费品销售网络、尼达自然生态公司农副产品销售平台等5个国家新网工程项目；申报了药王山农贸市场标准化改造、达孜县冷链保鲜储备基地建设等9个商品市场体系建设项目。

（张文清）

【落实外贸区域发展促进资金项目】 年内，申报了西藏藏本草湿巾外贸生产基地、藏精梳羊绒出口基地建设等5个外贸区域发展促进资金项目。

（张文清）

【做好物流园区前期工作】 已完成拉萨物流园区规划建设框架意见并报市政府审定。

（张文清）

【加快实施《拉萨市城市商业网点规划（2009—2020年）》】 年内，起草了《规划实施意见》，已报市政府待审批，以解决大型商贸流通市场未批先建以及《规划》在实际操作过程中需要的前置审批等突出问题。

（张文清）

【推进四大市场建设】 年内，达孜县木材交易市场、拉萨再生资源集散市场、城关区农畜产品交易市场、纳金路农贸市场均已开工建设。

（张文清）

【完成两个再生资源分拣中转中心建设】 年内，拉萨亿鑫、振兴分拣中转中心建成投入使用，对规范拉萨再生资源市场起积极促进作用。

（张文清）

【拉萨储备库冷链系统改造升级投入使用】 年内，拉萨润通公司投资227万元新建了500吨冷冻库、升级改造了电力系统、制冷机房设备等，增大了冻库容量，提升了储备商品保障。

（张文清）

【好帮手家政网络系统升级改造】 年内，完成好帮手家政网络系统升级改造，为全市居民提供了便捷的家政服务网络信息。

（张文清）

【培育早餐示范和家政工程试点企业】 年内，申报了1家早餐示范工程和1家家政工程试点企业，已得到自治区商务和财政部门的确认。

（张文清）

【完成圣祥二手车交易市场升级改造】 年内，拉萨圣祥公司投资230万元对交易市场交易大棚和信息系统进行了升级改造，提升了二手车交易市场环境和信息化水平，进一步规范了二手车交易市场。

（张文清）

【督促达孜和当雄进行农贸市场标准化改造建设】 年内，督促达孜和当雄进行农贸市场标准化改造建设，达孜县标准化农贸市场已建设完成。

（张文清）

【完成地毯车间移交工作】 年内，完成了达孜、林周、墨竹工卡、尼木四县八个藏毯车间的移交工作，尼木县已将两个藏毯车间的22个双面编织机架交城关区地毯厂使用。

（张文清）

【开展大型商业网点调研】 年内，开展大型商业网点调研，掌握了全市30家5000平方米以上的百货店、超市、商品交易市场的基本情况，有利于对全市商业网点进行合理规划和建设，优化网点布局和消费结构。

（张文清）

【扩大“双进工程”覆盖范围】 共完成19个社区连锁店新建任务。

（张文清）

【实施“农超对接”】 年内，百益超市与曲水县聂当乡高科技园区蔬菜协会、曲水天合高原瓜果基地、堆龙德庆县岗德林蔬菜花卉基地实现了对接；圣美家超市与城关区蔡公堂乡白定村农村经济合作社、七一农场开展了农超对接；乐百隆超市与堆龙德庆县岗德林蔬菜花卉基地实现了对接。对接蔬菜品种达10多种，约占超市蔬菜销售量的50%。通过实施“农超对接”，减少了流通环节，对稳定蔬菜价格发挥了积极作用。

（张文清）

【加大商贸服务业招商引资力度】 年内，神力时代广场等一批商业服务项目正抓紧实施，拉萨现代物流园区规划建设单位正在积极落实中。

（张文清）

【搭建农牧民销售平台】 年内，协调落实了巴扎酸奶进圣美家超市销售。对8个农贸市场的230个摊位进行了优化分配，为农畜产品进农贸市场销售提供了平台。

（张文清）

【建设改造66个再生资源回收绿色网点】 年内，4家承办企业已对市区和各县再生资源回收网点进行了标准化建设和改造。

（张文清）

【组织区内商品展销活动】 年内，完成了雪顿节商品展销会的组织运作，首次赴尼泊尔对参展企业及展品进行了考察；组织企业和展品参加了当雄县当吉仁赛马节、墨竹甲玛文化物资交流会、日喀则珠峰文化节等展会。

（张文清）

【加强生猪市场管理】 年内，主动与有关部门取得联系，开展本地生猪市场调研，赴内地对生猪市场进行考察，加大对生猪定点屠宰场的监管，对拉萨市鲜猪肉批发价格采取扶持加微调的办法，稳定了市场物价，保持了市场相对稳定。对生猪销售户与天恩公司、生猪产品进市场等矛盾纠纷及时进行了排查调处。

（张文清）

【健全监测及重要商品储备制度】 年内，实行日常监测、节日监测和应急监测，坚持监测日报、周报、月报制度；进一步扩大了监测范围，加大了对大型超市、农副产品批发市场、生猪产品市场、成品油和液化气站等重要商品流通市场的监测力度，维护了市场秩序，确保了市场供应。

(张文清)

【启动县级生活必需品监测周报制度】 截至年底，已启动堆龙德庆县、曲水县生活必需品周报制，其他县(区)也逐步开展了生活必需品监测报送工作。

(张文清)

【加强监测调研】 年内，针对蔬菜市场、鲜猪肉市场价格波动对居民日常生活消费带来的影响，开展了蔬菜流通环节和畜产品市场情况调研，并形成调研报告。

(张文清)

【加大执法力度】 年内，12312 商务举报投诉服务中心顺利运转，对生猪市场、碘盐、成品油市场进行了整治。全年接到 75 起投诉案件，立案 17 起，结案 17 起，办案率 100%，共出动执法人员 170 多人次，执法车辆 60 多台次。查处私屠滥宰非法窝点 10 处，罚没非法屠宰猪肉 15100 斤，无害化处理生猪 77 头，处罚教育不法商贩 25 人，罚款 1.2 万余元。对 220 多家碘盐销售网点和餐饮场所进行了检查，查没非食用盐、工业盐以及假冒食用碘盐 1169.6 公斤，罚款 1626.5 元。进行了为期一个月的办换碘盐销售许可证工作，共办理、更换证件 166 件。加强了对执法人员的培训，完成了八县(区)26 名执法人员的培训工作，发放执法证 37 个，各县(区)执法队伍逐步建立，执法工作已逐步展开。

(张文清)

【应对盲目抢购碘盐事件】 3 月，针对拉萨市场出现的盲目抢购碘盐事件，立即启动市场应急预案，对市区各大超市、农贸市场碘盐库存、销售供应情况进行调查摸底，要求商户不得囤积、涨价；及时与自治区盐业总公司沟通做好碘盐配送工作，在最短的时间内恢复了碘盐市场供应，消除了恐慌情绪。

(张文清)

【开展专项整治工作】 年内，联合安监、质监、工商等部门重点对拉萨市成品油市场进行了整治，配合食安办开展地沟油专项整治，对拍卖、典当、再生资源回收、酒类流通、二手车交易和快修市场进行了集中整治，对罗布林卡南路快修市场入驻西藏人和快修市场事宜进行协调，杜绝了安全事故发生，维护了市场经营秩序。

(张文清)

【推进"六城同创"工作】 年内，坚持近期改善与远期发展相结合，通过疏导、督查、整改等整治手段，加强农贸市场硬件设施、消防安全、食品卫生以及农贸市场环境卫生秩序等方面的规范管理，达到了硬件设施完善、软件管理规范、场容卫生整洁、四害密度达标等要求，为创建全国文明城市作出了贡献。

(张文清)

【加大入藏外籍人员管理和服务】 年内，初审外籍进藏人员 146 人次，建立了信息登记台账，其中商务考察及洽谈业务 35 人次、技术支持及来藏工作 111 人次。

(张文清)

【实施"走出去"、"引进来"战略】 年内，共组织 69 家商贸流通企业及相关单位 100 多人近 1000 种西藏特色产品参加了渝洽会、西部博览会、第十二届中国夏洽会、郑交会、北京西藏(拉萨)商品大集等展会。获得了郑交会"优秀组织奖"。北京西藏拉萨商品大集实现销售额 1104.9 万元，现场签约 61 万元，日均销售额超百万元，在北京市商务委举办的共 29 期"各地商品大集活动"中位列前 3。2011 年雪顿节商展会，尼泊尔参展商应邀参展，销售额 15 万多元，减免关税 5 万元。尼泊尔代表团的参展，是拉萨市实施"引进来"战略的新举措，为雪顿节商展会增添了亮点。

(张文清)

【加强外资引进】 年内，新批 5 家外资企业。合同利用外资 55303.89 万美元，实际利用外资 6470.95 万美元。

(张文清)

【开展外贸企业调研工作】 年内，对外贸企业的基本情况、新增长点、企业融资状况等进行了调研，形成了初步的调研报告。

(张文清)

【做好入驻市民服务中心工作】 年内，配合市民服务中心修改完善办事流程图，加强对入驻人员的素质培训，提高服务意识和业务水平。

(张文清)

【结对帮扶】 年内，对林周县边角林乡 3 个行政村 19 个村民小组 16 户困难群众和 17 户困难党员进行了结对帮扶，帮扶资金达 3.7 万元。在加强基层建设年活动中，为甘曲镇甘曲村困难党员捐款 2.5 万元。

(张文清)

【发放家电家具下乡购物簿62033份】 年内，共向农牧民发放第二套家电家具下乡购物簿62033份。全市共设立家电家具经营网点88个，年内新增7个。其中家电经营网点64个，乡镇33个；家具经营网点24个，乡镇11个。截至年底，全市累计销售家电家具产品37857台(件)，销售额6037.25万元，兑付补贴资金1130.82万元。其中销售家电产品24439台(件)，销售额44567.75万元，兑付补贴资金882.71万元；销售家具产品13418件(组)，销售额1469.5万元，兑付补贴资金248.11万元。年内，全市销售家电家具下乡产品18459台(件)，销售额3407.35万元，兑付补贴资金683.19万元。其中销售家电产品13410件(组)，销售额2754.9万元，兑付补贴资金536.8万元；销售家具产品5678件(组)，销售额652.45万元，兑付补贴资金146.39万元。8月启动了家电以旧换新工作，完成了家电市场调研等前期工作。共销售家电以旧换新产品2352件，销售金额871.97万元，回收家电产品2446件，回收金额2.3万元，企业回收家电产品2351件，已拆解1451件。

（张文清）

拉萨市商务局

党组书记　旺　杰
局　　长　范红英

土地资源管理

【土地登记发证】 年内，为布达拉宫广场搬迁户居民颁发住宅国有土地使用证，完成格桑林卡小区业主的第二批土地分割登记工作。

（蒋长城）

【土地利用总体规划大纲通过评审】 年内，《拉萨市土地利用总体规划大纲(2006—2020)》通过专家论证，已呈报上级审批。当雄、尼木、堆龙德庆三县土地利用总体规划编制工作启动。

（蒋长城）

【基准地价更新通过专家验收】 年内，拉萨市城区土地级别调查与基准地价更新工作成果通过专家验收，待市政府审批后公布实施。

（蒋长城）

【国家土地督察成都局到拉萨市检查调研】 2月15日，国家土地督察成都局到拉萨市开展2011年土地督察形势调研工作。2月16日，国家土地督察成都局检查组赴曲水县检查在土地卫片执法检查中查处的达嘎乡色达村村民念扎违法用地案件的整改情况。3月12日，以国土资源部地勘司司长彭齐鸣为组长的“破两难 促转变”部省联合调研组到拉萨市检查调研。5月24日上午，国家土地督察成都局到拉萨市检查建设用地报批及卫片执法检查工作情况。

（蒋长城）

【国土资源规划管理模式】 年内，当雄县国土资源规划局探索设立乡镇土地管理员，并于4月12日设立乡镇国土资源规划管理员。

（蒋长城）

【闲置土地清理】 年内，全市共清理闲置土地81宗，面积248.08公顷。其中中心城区55宗，总面积161.50公顷；各县26宗，总面积86.54公顷。

（蒋长城）

【农村宅基地确权登记发证】 7月29日，拉萨市农村宅基地确权登记发证工作专题会议召开，各县(区)农村宅基地确权登记发证工作领导小组组长、财政局局长、国土资源规划局局长和业务骨干、市农村宅基地确权登记发证领导小组成员单位负责人等共66人参加了会议。会议明确了2011年至2012年拉萨市农村宅基地确权登记发证工作的任务，并对工作进行了详细安排部署。

（蒋长城）

矿产资源管理

【矿产资源整合】 年内，矿产资源整合工作完成并报送验收，包括拉萨市墨竹工卡县邦浦矿区西藏天仁矿业公司整合五洲矿业公司、拉萨市墨竹工卡县甲玛矿区驱龙铜业有限公司整合西藏桑海矿业有限公司、拉萨市达孜县拉抗俄铜多金属矿矿区西藏地勘局第六地质大队整合西藏地勘局第二地质大队。

（蒋长城）

【关停整改选矿厂】 年内，根据《西藏自治区人民政府办公厅关于关闭和整改部分选矿厂的通知》精神，市、县两级建设和谐矿区领导小组组织开展全市关闭和整改部分选矿厂工作。

（蒋长城）

【建设和谐矿区】 4 月 1 日至 4 月 26 日，市建设和谐矿区工作领导小组分两个组对全市八县(区)建设和谐矿区工作进展情况进行大检查，了解全市建设和谐矿区工作开展以来各县区取得的成绩、存在的问题和下一步工作安排。4 月 27 日，拉萨市建设和谐矿区推进大会召开，建设和谐矿区领导小组成员、各县国土资源规划局局长和部分矿山企业负责人等 50 多人参加了会议。会议总结了建设和谐矿区工作开展以来取得的成绩、存在的问题，并就下一步工作进行了详细安排。

（蒋长城）

【矿政执法检查】 年内，全市开展矿产资源开发利用年度检查工作。6 月 9 日，市国土资源规划局与市环保局、堆龙德庆县国土资源规划局、环保局和羊达乡政府组成工作组，对羊达乡境内各采石场和河道采砂点进行了专项检查。

（蒋长城）

【地质灾害防治】 5 月 31 日和 6 月 1 日，市国土资源规划局组织人员深入尼木、曲水、当雄和堆龙德庆四县开展汛期地质灾害巡检督查工作。7 月 22 日至 8 月 2 日，市国土资源规划局与市教育局、住建局、气象局、消防支队、水利局、地震局等单位，对全市七县一区的 37 所中小学校舍周边泥石流、山体滑坡、崩塌、地面塌陷、洪水等地质灾害进行了全面排查，梳理出 3 所存在地质灾害隐患点学校，针对存在的地质灾害隐患提出了初步防治建议。

（蒋长城）

【土地矿产卫星图片执法检查】 8 月 23 日至 24 日，自治区人民政府土地矿产卫星图片执法检查验收工作组到拉萨检查验收 2010 年度土地矿产卫星图片执法检查工作。

（蒋长城）

拉萨市国土资源规划管理局

党组书记 龚建彰

局　　长 杨　林

安全生产监督管理

【概况】 拉萨市安全生产监督管理局内设机构 4 个，分别是办公室、监管一科、监管二科、职业健康科。年内，全市共发生各类安全生产事故 385 起，死亡 78 人，伤 304 人，直接经济损失 322.24 万元。死亡人数占全年死亡总体控制指标 131 人的 59.54%。其中道路交通事故 274 起，死亡 75 人，伤 299 人，车物直接经济损失 223.16 万元，死亡人数占全市道路交通事故总控制指标 117 人的 64.10%；火灾事故 109 起，死亡 1 人，伤 5 人，直接财产损失 35.53 万元，死亡人数占全市消防火灾总控制指标 2 人的 50.00%；工矿商贸事故 2 起，死亡 2 人，无受伤人员，直接经济损失 63.55 万元，死亡人数占全市工矿商贸总控制指标 9 人的 22.22%。

（四郎永巴）

【安全生产宣传】 年内，利用法制宣传月等有利契机，重点对国家安全生产法律、法规和安全生产知识进行了宣传讲解，努力提高广大人民群众安全生产意识和自防、自救能力。在开展各种安全生产检查时，结合被检查对象的实际情况，向从业人员有针对性地宣传安全生产法律法规，提高其安全生产能力。利用新闻媒体及通信工具，刊发、播放安全生产新闻，向广大群众发送安全知识短信，鼓励群众积极参与安全生产工作。以“安全责任、重在落实”为主题，联合市委宣传部、市公安局、市广电局、市总工会、团市委、市妇联等部门，采取安全生产宣传咨询日定点宣传、观看安全生产专家访谈、参加知识竞赛等形式，推进“安全生产月”活动。

（唐　艳）

【非煤矿山安全监管】　年内，成立了复产验收领导小组，加强对复产验收工作的组织领导，制订了《2011年矿山企业安全生产复产验收工作计划》，从企业证照是否齐全、有效，三类人员是否做到持证上岗，企业是否按照要求制定复产前的自查方案，是否落实隐患排查治理规章制度等各方面进行严格的复产验收。采取明察暗访和随机检查的方式，对已开工的矿山企业、尾矿库、采石采砂企业落实安全生产各项措施、安全生产隐患排查治理等情况进行检查。从5月下旬开始，在自治区安全监管局的统一安排下，拉萨市安监局对全市所有（含在建）非煤矿山、尾矿库、地质勘探点开展安全生产拉网式检查，进一步摸清非煤矿山基本情况，健全安全生产档案，切实消除事故隐患。加大矿山安全生产风险抵押金缴存力度，提高矿山安全生产事故防范处理能力。年内根据藏财企字〔2006〕68号通知要求，在高危行业通过结转等方式，共缴存安全生产风险抵押金942万，其中金属矿山772万、非金属矿山170万元。年内，拉萨市安全生产监督管理局共开展矿山安全检查52次，排查出事故隐患75处，均已整改完毕。

（余友洲）

【危险化学品安全监管】　年内，对危化企业建立健全安全生产各项制度和应急预案情况，企业防火、防爆、防雷击、防静电、防泄漏工作情况，人员持证上岗情况等开展拉网式大检查，对发现的违规充装超期未检气瓶行为、特种作业人员无有效资格证、卸油（卸气）环节未严格按照操作规程作业、从业人员三级教育培训落实不到位等问题，责令企业立即进行整改。根据自治区统一安排，从6月初开始，对全市范围内的制氧厂、乙炔厂、加油站、加气站、油库等危险化学品生产经营储存单位开展了安全生产检查，深入排查治理安全隐患。严格处罚，执法人员根据《安全生产违法行为行政处罚办法》的相关规定，对经多次检查督促仍不认真整改的庆华加油站、顺通西郊加油站及阳光加油站给予了行政处罚。年内，拉萨市安全生产监督管理局共开展危险化学品安全检查72次，发现隐患68处，下发行政处罚决定书3份，罚款20500元。

（李军清）

【烟花爆竹安全监管】　年内，为确保烟花爆竹行业安全运营，拉萨市安全生产监督管理局对市区内所有批发企业、零售商进行检查，及时消除安全隐患。对节后退出经营的烟花爆竹零售商的剩余鞭炮退回批发商情况、经营点及储存仓库清理等情况进行督促检查，完成了烟花爆竹零售经营点的颁证和收尾工作。年内，拉萨市安全生产监督管理局共开展烟花爆竹安全检查37次，发现安全隐患75处，下发责令整改指令书1份。

（李军清）

【安全生产综合监管】　年内，强化责任，推进安全生产目标任务落实；拉萨市安全生产监督管理局作为市安委会办公室，发挥监督协调指导作用，督促各县（区）人民政府、市直各部门、各单位强化安全生产意识，坚持把安全生产作为推动发展、构建和谐社会的重要内容，与其他重要工作同部署、同研究、同落实，促进了安全生产工作在行业和基层的落实；要求各分管领导、各行业负责人明确工作重点、细化工作措施，保证市委、市政府有关安全生产决策部署的贯彻落实。加强协作，推进安全生产综合治理；市安委会办公室和各安委会成员单位、各县区安委会组织开展了安全复产验收、道路交通环境专项整治、非煤矿山安全生产拉网式检查、危险化学品及烟花爆竹安全生产检查、道路客运隐患整治专项行动、大庆期间安全生产大检查、严厉打击非法违法生产经营建设行为、安全生产月活动、道路交通秋季专项整治等多项重要行动，整顿了生产经营秩序，营造了安全生产的浓厚氛围。

（扎西平措）

【确保节假日和敏感日期间生产安全】　年内，市安委会办公室组织各县（区）人民政府、市直有关部门定期不定期地在全市生产经营领域开展安全生产大检查。检查中，坚持单位自查与政府督查相结合、全面检查与突出重点相结合、政府检查与行业检查相结合、督促检查与推动整改相结合，对检查中发现的隐患和问题，能整改的立即采取有效措施予以整改；暂时不能整改的，督促各企业、各单位制定并落实防范措施，指定专人盯守，限期整改，由各行业主管部门跟踪落实。

（扎西平措）

【做好援藏协调工作】　年内，拉萨市安全生产监督管理局归纳梳理政策措施、资金项目、人才培养等方面的意见和建议，形成了《北京市、江苏省安全监管监察系统2011—2013年对口援助拉萨工作方案》，已报送西藏自制区安全生产监督管理局。

（李军清）

【推进“六城同创”工作】 年内，拉萨市安全生产监督管理局将“六城同创”工作列入单位总体工作，同研究，同安排，同落实。强化学习教育，组织全体干部职工深入学习“六城同创”的相关文件，并向广大市民群众、从业人员宣传“六城同创”的重要意义、要求等，不断强化干部群众对“六城同创”的认识，营造良好氛围。强化督查，按照市创城办统一安排，在重要时段，分管副局长带领两名干部，长期在责任路段加强值守，引导督促市民和商户做到文明环保卫生。组织评选，从干部队伍中，选出了5名工作优秀、热心创城的同志，参与“60位感动西藏人物”投票评选。搜集资料，指定专人负责，收集安监局和全市安全生产方面关于“六城同创”的文件、简报、图片等资料，并及时报送市创城办。强化安全监管，以强化责任落实为重点，以继续深化“安全生产年”活动为抓手，推进安全生产宣传教育、执法、治理“三项行动”，加强安全生产法制体制机制、能力、监管队伍“三项建设”，预防和减少一般事故，坚决遏制较大以上事故，努力将各类生产安全事故死亡人数控制在自治区下达的控制指标之内，为“六城同创”创造了良好的安全生产环境。

（白玛央宗）

【推进基层建设年活动】 年内，拉萨市安全生产监督管理局驻曲水县曲水镇茶巴朗村工作组在该村委会召开了村党员干部会议和加强基层建设年活动动员大会，拉开了在茶巴朗村开展基层建设年活动的序幕。工作组经常入户调研，挨家挨户了解情况，为活动的有序开展、确保实效奠定了基础。工作组通过召开宣讲会议、发放《党的光辉暖人心 和平解放换新天》等资料的方式，让广大农牧民群众了解党的惠民政策，牢固树立“团结稳定是福、分裂动乱是祸”的理念，进一步筑牢反对分裂、维护稳定的思想防线。在深入调研的基础上，工作人员结合实际情况，教育引导贫困群众依靠劳动增收致富，共商发展计划，共谋致富路子，并对贫困户、五保户人员进行了两次慰问，送去了价值5000余元的生活用品。邀请区农科所和市农牧局科技人员开展农业科技培训，发放了《西藏农作物害虫防治使用技术》等资料。针对急需解决的问题，工作组为该村争取蓄水改建、农田水渠改建、农田围栏工程等项目，改善生产条件。在各个节日，驻村工作组与民同乐，与民同庆，进一步密切党群干群关系。结合全村运输车辆较多的实际情况，工作组开展了道路安全知识宣讲活动，使农牧民群众安全生产意识得到了提高。

（拉巴次仁）

【推进创先争优强基础惠民生活动】 年内，拉萨市安全生产监督管理局召开干部职工会议，传达学习创先争优强基础惠民生活动相关文件精神，强化全体干部职工对活动的思想认识。抽调了4名身体好、能力强、经验丰富的同志组成驻村工作队。为驻村工作队准备了农牧业科技知识光盘、手册、活动资料和工作队必要工作设施、车辆、生活物资等，为驻村工作队开展活动奠定了良好基础。年内，拉萨市安全生产监督管理局工作队已入驻堆龙德庆县古荣乡南巴村。

（次仁尼玛）

【做好大庆期间安全生产工作】 年底，市安全生产监督管理委员会办公室制定印发了《关于切实做好庆祝西藏和平解放60周年活动期间安全生产监督检查工作的方案》，对大庆期间安全生产工作做了总体安排，又针对重点时节、重点行业，制定或转发了多项方案，进行再细化、再部署。协调各安委会成员单位、各县区安委会，相继开展了非煤矿山、危险化学品、道路交通安全大检查等多项重要行动，深入排查治理隐患，为大庆营造了良好的安全生产环境。

（余友洲）

拉萨市安全生产监督管理局

党组书记 白玉峰
局　　长 孙文斌

圣城集团

【房地产业务】 年内，通过在报纸、电视等媒体上宣传，通过节日期间的优惠，圣城集团公司销售房屋100套。“圣城·锦苑”正在筹建中，总占地面积为47355.67平方米，建筑面积114855.26平方米。截至年底，已完成前期工作。

（陈 燕）

【解决职工生活待遇】 6月，集团的改制结束。针对公司大部分人员体弱多病，加之行业的特殊性，很多职工不能工作的现象，集团采取了职工自愿内退的方式解决职工的生活问题。共有103人自愿内退，内退人员的最低工资不低于1230元(其中包括社会统筹个人交纳部分)，在岗职工2011年人均涨300元工资，实现了集团逐年提高职工生活待遇的计划。

（陈 燕）

【签订目标责任书】 年内，为了公司的稳定发展，在完善公司以经理负责制为主要内容的经营管理机制的基础上，充分调动下属公司经营管理人员积极性，挖掘人力资源潜力；建立集团公司对下属公司的经营目标责任考核体系，以加强总公司对下属公司的有效监控；推动下属公司乃至整个集团公司经营管理工作逐步向理性、科学、精细和规范的方向发展，用科学的指标评价体系替代粗线条的考评；推动下属公司管理手段和经营观念的转变，增强下属公司管理层的责任意识和经营管理能力，集团与各公司签订了2011年度经营目标责任书。

（陈 燕）

【慰问困难职工】 年内，集团发挥党组织、工会的作用，在节日期间，由工会组织去看望困难的在职职工、退休职工、困难党员及退休党员，安排好他们的生活，营造了健康和谐的企业环境。

（陈 燕）

【完善集团法人治理结构】 年内，按照建立现代企业制度的要求，集团建立健全并不断完善法人治理结构，修订了董事会议事规则并对董事会人员进行调整和完善，按照《中华人民共和国公司法》的要求，进一步明确公司的决策机构、执行机构、监督机构的职责范围，完善党委会、董事会、监事会和经理层之间的分工，协作机制和议事规则，规范法人治理机构。为保证集团公司工作能顺利开展，按照《公司章程》的规定，对集团及下属公司的班子成员进行调整。

（陈 燕）

【生产经营情况】 截至年底，集团有职工246人，其中内退人员103人、在岗职工113人、聘用的工程技术人员30人。2011年圣城集团(含下属企业)实现营业收入2.46亿元，上缴税费1152万元。国有资产保值增值率比同期有所减少，为-89%。营业收入比同期有所增加，为2.46亿元。利润总额比同期有所增加，为1888万元。上缴税金比同期有所增加，为1152万元。职工年平均收入比同期有所下降，为16760元，在岗职工平均收入比往年有较大的提高，但因内退人员影响了职工的平均工资。

（陈 燕）

拉萨圣城集团

董事长 谭文富

电力供应

【概况】 年内，拉萨电业局共有职工469人。所辖固定资产近13.44亿元，变电总容量1283.15兆伏安，完成年售电量13.10亿千瓦时。截至年底，有110千伏变电站15座、35千伏变电站23座、10千伏开闭所3座，电网覆盖下的用电人口近60万。

（拉萨电业局）

【经营管理】 年内，拉萨电业局不断增强依法治企意识，形成财务预算管理和成本控制长效机制，完成“户户通电”专项审计检查工作。

（拉萨电业局）

【电网建设与发展】 年内，推行SG186生产管理信息系统上线运行及深化应用。拉萨饭店外部供电线路工程、金珠变电站10千伏出线改造以及自治区党委、人大会堂、政府、政协等重要场所和用户不间断电源改造等重点项目相继竣工。完成了青藏交直流联网配套110千伏工程、6条电力线路空改地工程、机场高速公路迁改工程。

（拉萨电业局）

【安全生产】 年内，集中对高危及重要客户供用电安全隐患排查和整治，开展保电工作反事故应急演练工作，增强应急意识和应急处置能力。提升特种设备安全管理水平，举办设备安全技术培训班。加强基建项目安全管理，坚持基建施工现场安全预控、可控、在控。提高消防安全防范水平，改造消防硬件设施，完成北郊变电站和城东变电站火灾报警系统安装，配合市政府举办“高原消防铁军—2011”消防应急演练活动。

（拉萨电业局）

【完成“三重一大”供电任务】 年内，完成西藏和平解放60周年、自治区第八次党代会等“三重一大”的电力保障任务。全年共完成特别重要保电任务336场次，出动应急电源车及牵引式发电机466台次，抢修车338台次，投入外围保电及巡线人员280人次，现场保电人员96人次，进行10千伏主线路巡视检查256条次。

拉萨市电业局

党委书记 杜金水

局　　长 谭志红

开发区、工业园区

综　　述

年内，“一区三园”完成工业总产值14.5亿元，同比增长38.1%；完成工业增加值5.9亿元，同比增长32.5%；完成工业销售产值14.5亿元，同比增长48.9%；完成工业税收1.03亿元，同比增长56.2%；解决农牧民就业2265人。园区累计完成基础设施建设投资8.8亿元。

园区基础设施投入显著增强。“一区三园”基础设施累计投入8.8亿元。其中拉萨国家经济技术开发区累计投入4.5亿元，达孜工业区累计投入2.9亿元，曲水县工业园区累计投入1亿元，堆龙德庆县工业园区累计投入0.4亿元。

园区开发建设显著加快。“一区三园”已开发面积达10.51平方千米。其中拉萨国家经济技术开发区已开发2.51平方千米，达孜工业园区已开发1.5平方千米，曲水县工业园区已开发4.3平方千米，堆龙德庆县工业园区已开发2.2平方千米。拉萨国家经济技术开发区被授予国家新型化工业化产业化示范基地，达孜工业园区升格为自治区级工业园区，5100西藏冰川矿泉水有限公司成功在香港联交所主板上市。

（徐春梅）

拉萨经济技术开发区

【概况】 年内，拉萨开发区实现工业总产值5.8亿元，同比增长44%；工业增加值1.8亿元，同比增长300%；工业销售产值4.5亿元，同比增长121%；实现税收13.81亿元，主要来源是贸易型企业上缴税收，同比增长43%。

（谢永杰）

【基础设施建设】 年内，开发区新建了林琼岗路东一路、澧河泾路东延段和广州路东延段，总长度为1610米，道路宽度为20米；完成了开发区A区市政配套设施中的路灯工程和道路交通标志标线；对西藏娃哈哈食品有限公司、西藏天地绿色饮品有限公司和西藏天麦力健康品有限公司三家企业外围进行人行道彩砖硬化；铺通了A区内天然气管道，办公区和住宿区实现了供暖。

（谢永杰）

【举办十周年庆典和B区启动仪式】 年内，开发区举办十周年庆典活动和B区开发建设启动仪式，完成B区2.95平方千米的总体规划、详细规划、可研性报告；完成了B区824户拆迁群众房屋拆迁评估外业测量工作；为B区群众拆迁、安置等投入2.116亿元。

（谢永杰）

【解决失地群众就业】 年内，开发区在各入区企业的保安、保洁、用工等岗位上解决失地农民就业200多人，定期不定期地从失地农民中征聘劳务输出人员达10000多人次，创收300多万元。在东嘎村村失地群众兴办的经济实体中，村委会所得利润100

万元，东嘎村委会为开发区赠送了“开发一方土地，造福一方百姓”的牌匾。

（谢永杰）

【解决拖欠农民工工资400余万元】 年内，开发区多次协调用工施工单位，解决拖欠农民工工资400余万元。

（谢永杰）

【开展创先争优强基惠民】 年内，开发区出资44.24万元，为驻村工作组购买办公及生活用品，修建村文化活动室，购买运输车辆，购置村组榨油机、磨面机、糌粑机，为贫困户和低保户发放慰问品等。通过与开发区入区企业协调，解决了4名待业青年的就业问题。

（谢永杰）

【选派6名干部赴新加坡培训】 年内，开发区选派6名干部赴新加坡培训，内容涉及城市建设、招商引资、社区管理等方面。

（谢永杰）

【加强思想政治建设】 年内，开发区组织干部职工深入学习胡锦涛在中国共产党建党90周年、习近平在西藏和平解放60周年上的讲话以及中央、自治区、拉萨市一系列会议精神，教育广大干部职工维护祖国统一和民族团结，深入开展反分裂斗争，提高思想政治素质，提高了干部职工的反分裂斗争的意识。

（谢永杰）

【力诺集团入驻开发区】 8月25日，力诺集团股份有限公司西藏科技园正式在拉萨经济技术开发区注册，项目占地0.133平方千米，总投资64730万元，主要从事太阳能光伏及光热应用产品、藏药提取及保健品研发、物流及配套设施等行业。

（谢永杰）

【自治区领导参加开发区成立十周年庆典】 9月19日，拉萨国家级经济技术开发区举办成立十周年庆典活动，自治区党委副书记、自治区主席白玛赤林，商务部国际贸易谈判代表兼副部长高虎城，区党委副书记、自治区常务副主席吴英杰，自治区党委常委、拉萨市委书记秦宜智，自治区副主席邓小刚、西藏自治区人民政府秘书长高扬、自治区发改委主任金世洵、拉萨市市长多吉次珠以及国家发改委、工信部、财政部、自治区、拉萨市各相关部门领导出席。

（谢永杰）

【向农牧民捐赠牛羊饲料】 12月7日，拉萨经济技术开发区入区企业西藏三鸣饲料有限公司举行“感恩·回报·情系高原农牧民”捐赠牛羊饲料仪式，此次共捐赠饲料20吨，主要用于为那曲地区申扎县塔尔玛乡、恰乡等地农牧民部分牛羊越冬。自治区党委副秘书长洛桑加措出席。

（谢永杰）

【招商引资】 截至年底，开发区有注册企业450家，注册资金68亿元。年内引进企业195家，注册资金23亿元。新增固定资产投资8.7亿元，同比增长16%。

（谢永杰）

【入区企业达到67家】 截至年底，开发区落地建设企业67家，累计投资66.9亿元。其中工业企业42家，投资48.5亿元。年内新投产项目5个，续建项目15个，新开工项目8个，已选址项目28个。非工业企业25家，其中总部经济基地项目8个。

（谢永杰）

拉萨市经济技术开发区

党工委书记、管委会主任 黄羽天

达孜工业园区

【概　况】 达孜工业园区为全区第一个自主开发的自治区级工业园。全区规划面积6.02平方千米，一期1.066平方千米已初步建成，二期4.53平方千米土地已拉开建设框架。园区总共入驻企业75家，协议资金32.96亿元，实际到位资金12.56亿元。其中2011年内新引进企业24家，协议总投资14.34亿元，同比增长26%；实际到位资金3.23亿元，同比增长41.2%。形成了高原生物和藏医药产业、民族文化和手工业产业、新能源和机电制造产业三个功能片区。全年完成工业总产值35064万元，同比增长40%；实现销售产值84508.1万元，同比增长83.7%；实现增加值27689万元，同比增长58.9%；实现税收6014.57万元，同比增长62%；工业投入达45000万元。新增就业714人，共解决就业1500人。

（覃雨菲）

【举办回眸拉萨60年“红色歌曲·拉萨唱”企业专场文艺汇演】 4月30日，由管委会牵头组织，举办了回眸拉萨60年“红色歌曲·拉萨唱”企业专场文艺汇演，园区企业西藏天威·英利新能源制品有限公司、西藏第三极羊绒制品有限公司、西藏圣信工贸有限公司、西藏春光食品有限公司、西藏天圣医药贸易有限公司及西藏藏缘青稞酒业有限公司等6家企业表演团队参加了演出。

（覃雨菲）

【规划编制】 4月，邀请规划设计单位编制出台《拉萨民族手工业产业园控制性详细规划》、《拉萨民族手工业产业发展规划》和《吞米岭·藏艺文博园总体规划》等一系列规划。

（覃雨菲）

【十大重点项目开工】 7月22日，江苏·拉萨展销中心、中小企业孵化基地、丹阳路等累计投资达4.3亿元的十大重点项目集中开工。拉萨市委副书记、市长多吉次珠，镇江市委副书记、市长刘捍东分别致辞，要求达孜工业园区在加快发展中不断提升自身价值，实现自我目标，共同唱响“镇江达孜心连心，藏汉团结一家亲”的主旋律。

（覃雨菲）

【参加赛马节展销】 8月18日，园区从十家代表性企业选取特色产品前往当雄县参加“当吉仁”赛马节展销活动，宣传园区。

（覃雨菲）

【参加雪顿节经贸洽谈会】 8月29日，在中国拉萨雪顿节经贸洽谈会上，园区共与6家企业签订投资协议，协议资金近8亿元，到位资金近1亿元。

（覃雨菲）

【成为自治区首家省级工业园】 11月25日，在自治区第十八次政府主席常务会议上，园区通过专题审批升格为首家也是唯一一家自治区级工业园区。

（覃雨菲）

【完善基础设施】 年内，园区重点推进十大基础设施建设工程，总投资1.86亿元，是自园区2002年成立以来前8年基础设施建设投入总和的1.69倍。全年完成投入4200万元，较2010年增长380个百分点，其中道路总投入3300万元、绿化投入600万元、管线下埋投入300万元。

（覃雨菲）

【完成项目前期设计】 年内，扬中路、句容路北段、焦山路、北固路、德庆东路、镇江南路、自来水厂、110KV变电站、污水处理厂等15个工程项目的设计工作全面完成。

（覃雨菲）

【为企业申请技改资金1090.8万元】 年内，园区先后为西藏优格仓工贸有限公司、西藏华草堂药业中药饮片厂、西藏第三极羊绒制品有限公司、西藏吞柏古藏香厂、西藏藏缘青稞酒业有限公司、西藏卓玛民族手工艺品有限公司、西藏春光食品有限公司等7家企业申请到技改资金总计1090.8万元，用于引导和扶持其进行技术创新和发展壮大。

（覃雨菲）

【产业集聚形成特色】 年内，园区紧贴本地农畜产品，引进域外资本开办加工企业，形成了以春光食品、天圣、华草堂、品藏、屋脊之宝为主体的食品、药品、饮品业，全年产销值53188万元，占园区产业产销总值50.61%；紧跟西藏旅游业升温的形势，鼓励、引导民族手工艺生产企业到达孜、进园区，以优格仓、藏艺文博园等项目为主体的民族手工业产业，全年产销值3680万元，占园区产业产销总值3.47%；紧抓西藏产业发展重点，以藏缘酒业、第三极羊绒制品、圣信工贸为主体的农畜产品深加工业，全年产销值33389万元，占园区产业产销总值31.49%；紧随西藏工业化大发展的趋势，引进太阳能和电力设备生产企业，以天威·英利、天源光电、拉萨昊泰为主体的新能源和机电制造产业，全年产销值5184万元，占园区产业产销总值4.88%；紧靠西藏经济滚动发展的走势，以木材家具市场、路安公司为主体的建材物流业，2011年产销值10578万元，占园区产业产销总值9.97%，初步形成了以产业竞争力为基础的县域经济发展机制。

（覃雨菲）

【推进品牌建设】 年内，园区西藏圣信工贸有限公司、西藏藏缘青稞酒业有限公司、西藏春光食品有限公司、西藏优格仓工贸有限公司、西藏吞柏古藏香厂、西藏第三极羊绒制品有限公司等6家企业荣获拉萨市龙头企业称号。西藏藏缘青稞酒业有限公司获科学技术奖、第九届中国国际农产品交易会金奖、先进企业称号；西藏优格仓工贸有限公司获中国国际投资贸易洽谈会“西藏民族特色产品”、优秀文化旅游产品、国际文化产业博览交易会、拉萨市龙头企业、最具民族文化特色产品奖、香格里拉民族文化展示活动“优秀企业”称号；西藏吞柏古藏香厂获拉科技成果奖；拉萨品藏饮品有限公司获得九眼天珠外观设计专利；西藏优格仓工贸有限公司优敏芭系列产品获西藏自治区著名商标。

（覃雨菲）

【促进集约发展】 年内，园区累计投入2000万元，增强产业的集中度和扩张力，规划建设了中小企业孵化基地和农牧民创业园，加强特色“园中园”——民族手工业产业园和吞米岭·藏艺文博园的建设；出台了园区项目入驻标准，提升了投资强度和产出效益。

（覃雨菲）

【新引进企业中7家开工建设】 年内，新引进24家企业中7家正式开工建设，协议总投资3.08亿元，分别为西藏珠峰实业有限公司（总投资3500万元）、西藏天界生物科技有限公司（总投资3000万元）、西藏屋脊之宝食品有限公司（总投资3000万元）、西藏天源光电有限公司（总投资2700万元）、西藏升阳农牧资源开发有限公司（总投资2140万元）、拉萨杰仓木材交易市场（总投资1.5亿元）、西藏好面来食品有限公司（总投资1500万元）。

（覃雨菲）

【开发续建项目5个】 年内，开发续建项目5个，协议总投资1.11亿元，年内完成投资6719万元，分别为西藏藏缘青稞酒业有限公司二期工程（总投资3500万元）、西藏第三极羊绒制品有限公司二期工程（总投资500万元）、西藏优格仓工贸有限公司二期工程（总投资5000万元）、西藏华草堂药业中药饮片厂二期工程（总投资600万元）、西藏玉雄建筑安装有限公司二期工程（总投资1500万元）。

（覃雨菲）

【保障农牧民就业】 年内，园区新增农牧民就业人员714人，就业总人数1514人，同比增长51.4%。企业员工人均年薪16800元。

（覃雨菲）

达孜工业园区

党工委书记、管委会主任　王旭光

堆龙德庆县工业园区

【概　况】 堆龙德庆县工业园区创建于2003年，规划面积6.07平方千米，建成区面积3.1平方千米。工业园区实现生产总值9428.4万元，同比增长277.46%；产值500万元以上企业2家，实现工业增加值3268.8万元，同比增长268.92%；实现工业税收704.24万元，同比增长761.35%；全年引进企业4家，同比增长100%。截至年底，已经形成以仓储物流业、绿色食（饮）品业为主导，新型建材业、民族产品加工业、藏医药业为特色，现代服务业及高新技术产业为补充的有序发展的产业格局。

（顿　珠）

【编制园区规划】 5月，通过援藏渠道聘请中国（北京）航天建筑设计研究院承接堆龙德庆县工业园区《产业发展规划》及《控制性详细规划》编制工作，借助已列入“十二五”援藏项目的自来水管网和园区道路建设项目、青藏直流联网工程的工业园区110KV变电站项目、园区中小企业孵化基地（标准厂房）建设项目和园区仓储物流中心建设项目，加大对工业园区建设的投入力度，进一步加强园区基础设施建设，优化园区投资环境。

（顿　珠）

【区市领导调研工业园区】 10月21日，自治区党委常委、拉萨市委书记秦宜智检查工业园区建设发展情况。先后到工业园区拉萨青达陶瓷有限公司、西藏藏泉酒业有限公司和西藏博通工贸有限公司特种玻璃制品厂进行检查。年内，自治区党委副书记、常务副主席吴英杰就西藏藏泉酒业有限公司万吨青稞酒厂调研指导工作，强调工业园区要促进新建项目落地，优化产业结构，拓展发展空间；对驻区企业一企一策开展帮扶，与企业共克时艰。指出要加快推动园区产业发展，不断提升核心竞争力。

（顿　珠）

【藏泉酒业上市筹备】 年内，上海申银万国等五家金融大型企业和西藏同信证券等六家金融机构的专家参观藏泉酒业公司，并对藏泉酒业的改制上市工作提出了指导性意见。

（顿　珠）

【基础设施建设】 年内，先后投入3000余万元强化基础设施配套建设，为项目入园搭建良好的平台。

工业园区在相继完成A区一、二期基础设施配套工程的基础上，县政府投入资金357.66万元，完成了工业园区办公楼建设项目。结合西藏和平解放60周年庆典活动，根据县委、县政府的统一部署，投资245.88万元完成了109沿线园区段的填方、围墙整治和绿化工程，改善了园区的招商环境。

（顿　珠）

【提升入园标准】 年内，为加强对入驻企业的管理，建设布局合理、环境优美、管理规范的工业园，促进园区经济的快速、健康发展，根据有关规定，结合堆龙德庆县实际情况，制定了《堆龙德庆县工业园区企业准入及管理暂行办法》。

（顿　珠）

【设立园区企业帮扶资金】 年内，县政府决定每年拿出200万元，设立工业园区企业帮扶专项资金，为资金筹措困难的企业切实提供帮助。本年为西藏布达拉实业有限公司贴息贷款100万元、西藏圣香海螺民族产品开发有限公司贴息贷款60万元，用于促进企业发展壮大。

（顿　珠）

【优化优惠政策】 年内，参照西藏自治区、拉萨市招商引资的有关政策，进一步优化园区优惠政策。外省区市及区内其他地区投资者，依据藏政办发〔2001〕78号文件规定，由招商引资办公室出具投资证明及相关企业证明，根据个人意愿，可办理投资者本人、配偶、子女、合作伙伴（一至两人）的落户手续；引进的专业技术人才，具备中级以上专业技术等级证书及堆龙德庆县相关证明，可办理落户手续；其他国家承认的大学以上本科学历人员具备就业单位劳务合同及相关手续，可办理落户手续。

（顿　珠）

堆龙德庆县工业园区

主　任　许　毅

曲水县雅江工业园区

【概况】 曲水县雅江工业园区由聂当工业集中区和县城工业集中区组成，总规划面积12.4平方千米，其中聂当工业集中区10平方千米、县城工业集中区2.4平方千米。基础设施采取一次性规划、分步实施的方式建设。在援藏省市的大力支持下。2005年以来，通过自筹、援藏支持、向上争取等形式筹措了近1亿元资金，完成了园区道路硬化5.8千米及给排水管网、电照、绿化、场地平整、两个35KVA输变电站及2.97千米防洪堤建设。截至年底，曲水雅江工业园区已入驻企业38家，其中聂当工业集中区32家，主要以建筑建材、民族传统手工业、高原特色产品开发为主；县城工业集中6家，主要以农副产品加工、藏药生产、高新技术产品开发为主。占全县企业总数的63%以上。全年雅江工业园区总产值3.5亿元，同比增长40%；销售收入约28200万元，同比增长39%；增加值10500万元，同比增长42%；上缴税金约1600万元，同比增长40%。园区企业吸纳了1800余名当地农牧区剩余劳动力就业，同时带动了约500名本地群众致富，直接为当地群众增收创收达4000万元以上。

（王万卿　冯　林）

【优惠政策通过审核】 6月24日，园区制定的《雅江工业园区激励扶持办法》通过了县三套班子会议审核。《办法》包含土地提供、财税激励扶持、落户等优惠政策。为进一步改善投资环境、鼓励各类投资者在园区投资兴业提供了依据。

（王万卿　冯　林）

【市领导到园区调研】 7月14日，市长多吉次珠、副市长龚会才带领市发改委、市商务局等部门主要负责人到雅江工业园区对天恩科技有限公司进行了调研，曲水县刘军副县长、工信局负责人陪同。调研组要求企业要确保大庆期间猪肉食品安全和稳定，要求市相关部门要继续帮助扶持天恩的发展。

（王万卿　冯　林）

【参加拉萨雪顿节经贸洽谈会】 8月30日，园区参加2011年雪顿节经贸洽谈会，共洽谈项目20个，签定投资合同和协议的项目6个，投资393500万元。其中签订正式合同项目5个，总投资43500万元，包括誉衡药业5000万元、瑞阳科技10000万元、藏香醇酒业3500万元、华夏矿业5000万元、航鑫金属20000万元；签订投资协议项目1个，为江苏天禾光电有限公司，协议资金350000万元。

（王万卿　冯　林）

【区党委第一巡视组到园区巡视检查】 11月2日，自治区党委第一巡视组及拉萨市相关部门领导到园区巡视检查工作。先后到了西藏帮锦镁朵工贸有限公司、西藏恒源酒业有限公司、西藏远征纸业有限公司等企业进行巡视检查，并对园区的各项工作给予肯定。

（王万卿　冯　林）

曲水县雅江工业园区

主　任　王万卿

农业·水利

种植业

【概况】 全市种植业生产围绕提高粮食作物单产、确保粮食生产安全、建设日光温室提高作物附加值为重点，实施了六个行动计划：一是实施“标准化生产及高产创建示范”行动；二是实施“良种繁育基地”行动；三是实施“测土配方施肥示范”行动；四是实施“病虫害统防统治”行动；五是实施“科技入户到田”行动；六是实施“高效日光温室建设”行动，确保粮食稳产高产。逐步形成了以曲水县、堆龙德庆县、林周县等县为主的约1.67万公顷青稞生产基地，青稞产量为10.17万吨；形成了以堆龙德庆县岗德林蔬菜生产基地、城关蔡公堂科技示范园等集中连片设施农业基地12个，设施蔬菜面积0.106万公顷，产量为9.5万吨。2011年全市总播种面积3.892万公顷，其中粮食作物种植面积2.276万公顷、经济作物种植面积0.805万公顷、饲草作物种植面积0.81万公顷。

（方华丽）

【粮食作物生产】 拉萨市粮食作物以青稞为主，其次为小麦、豌豆、蚕豆。2011年，粮食作物面积2.276万公顷，比上年减少0.019万公顷。年内，拉萨市实行“提高粮食单产”行动计划：建立标准化生产和高产创建示范田。全市下达标准化生产和高产创建任务1万公顷，实际完成1.066万公顷，其中冬小麦0.2万公顷、春青稞0.866万公顷。在生产过程中严格按照“八个统一（即统一品种、统一种子处理、统一地块选择和耕作、统一机械播种、统一播量和施肥量、统一田间管理、统一病虫草害防治、统一适时收获）”的标准化生产技术规程进行落实。在播量上，麦类作物亩均减少2.5千克以上，在产量上，示范田比大田每亩增产10至15千克。抓好良种工程。按照“125”种子繁供体系的要求，全市落实粮食种子田1266.67公顷，其中原种田33.33公顷、一级田100公顷、二级田1133.33公顷，可为下年农业生产用种提供良种260万千克，进一步提高了全市良种统供率及覆盖率。开展测土配方施肥。为改善土壤结构，拉萨市开展0.2万公顷青稞和0.1万公顷小麦的测土配方示范田。科学防治病虫害。结合病虫害的发生发展情况、防治方法等，采取理论授课、实地查看操作、图片展示等方式，对拉萨市七县（区）的科技特派员、科技副乡长、村组致富带头人等进行培训，提高农牧民对病虫害的认知及防治能力，引导农牧民科学防治病虫害。开展农技人员下乡蹲点活动。为提高种植业科技含量，农牧局组织市农技人员深入到农业生产一线，开展技术服务工作，重点是将标准化种植、测土配方施肥、大田管理、科学防治病虫害等技术落实到田间，落实科技承包面积占全市粮油播种面积的90%以上。全年粮食产量17.09万吨（包含豆类作物）。其中青稞产量10.17万吨，单产6240.9千克/公顷，比去年每公顷增产130.95千克；小麦产量为6.74万吨，单产为7606.35千克/公顷，比去年每公顷增加45.3千克。

（马裴裴）

【经济作物生产】 年内，经济作物播种面积0.805万公顷，比上年增加了0.007万公顷，主要种植为油菜、蔬菜等作物。油菜作物品种主要以藏油5号、青油17号为主，并实施了藏油5号种子田13.33公顷，以确保油料作物良种供应，同时推广油菜配方施肥示范面积0.033万公顷，通过各项措施使得油菜产量为1.34万吨，比上年增产0.1万吨。全市新增3000栋日光温室，蔬菜生产面积达到0.46万公顷，比上年增加0.027万公顷，上市蔬菜品种100余种，包括马铃薯、大蒜、藏葱、藏萝卜、大白菜、空心菜、花菜、西红柿、辣椒、黄瓜、南瓜、扁豆、茄子等；各类蔬菜产量达到23万吨，比上年增加2.7万吨。其中设施蔬菜面积达到0.107万公顷，比上年增加0.02万公顷；产量9.5万吨，比上年增加1.62万吨。设施蔬菜面积中高效日光温室蔬菜面积0.047万公顷，比上年增加0.02万公顷。

（张艳霞）

【农田土壤培肥】 年内，拉萨市订购化肥8800吨，包括二铵、尿素、过磷酸钙、氯化钾等，农牧民在购买化肥时给予一定的差价补贴。发动农牧民利用冬闲时节开展农家肥积造，积造农家肥92.77万吨以上。落实测土配方施肥示范面积0.333万公顷(青稞0.02万公顷、小麦0.1万公顷、油菜0.033万公顷)，在五个商品粮基地县树立样板，展示测土配方施肥技术效果，引导农民应用测土配方施肥技术。改造低产田0.32万公顷，维修水渠和完成水渠清淤286.5千米，新修水利设施50千米，完成农田灭鼠0.26万公顷。

（马斐斐）

【农业机械化】 年内，实施农机化工程。全市落实农机具购置补贴1790万元，落实农柴油补贴847万元，投资1200万元实施了林周县农业机械化建设项目，推动了全市农机化进程，同时也为推进新的集成技术变革与创新奠定了基础。全市农机总动力达到47.53万千瓦，比上年增加0.1万千瓦，农机配套率达到1：2.5，耕种收综合机械化水平提高到80%。

（罗布旺堆）

【农牧业项目建设】 年内，全市农牧业投入继续呈现出快速增长的态势，基本形成了区、市、县三配套，政府、企业、群众、援藏四结合的多元投资格局。全年全市农牧业基本项目23个，国家总投资3405万元。发展农牧业特色产业，在堆龙德庆县、曲水县等县区投资1270万元建设优质蔬菜生产基地及藏药材种植基地，使项目区群众人均年增收600元以上。农牧业体系建设项目中重点实施了基层农技推广站建设、农产品质量安全监督体系、人工种草与天然草场改良工程、游牧民定居工程等项目，已建成市县乡三级动物防疫及动物卫生监督体系、市县两级农业技术推广体系和重点县区农产品质量安全检测体系网；全市范围内游牧民基本实现了安居工程全覆盖，改善了游牧民生产生活水平和基础设施；生态安全屏障——灌溉人工种草的实施，对缓解天然草场压力和畜牧业“草畜矛盾”发挥了作用。农牧业基本建设项目的实施对改善农牧业生产条件，提高农牧业科技水平，加快农牧业特色产业开发和农牧民增收起到了明显的作用。

（文 海）

【蔬菜农药残留检测】 年内，新增西郊乐百隆超市和西郊百益超市2个蔬菜农药残留快速检测监测点。截至年底，监测范围涉及1个批发点、3个农贸市场、1个生猪屠宰场、2个超市、1个蔬菜生产基地，蔬菜合格率达到97%。

（张艳霞）

【农牧业自然灾害】 年内，受暖冬、高温少雨及6至9月份降雨量较大等多种原因影响，拉萨市农作物发生不同程度的病虫害437.82公顷，发生不同程度的自然灾害251.65公顷，牲畜因灾死亡638头（只）。各级涉农牧部门争取抗灾资金，发放抗灾物资，采取防治措施，指导农牧民群众开展灾后自救，加强与农业保险部门、气象部门的协调联系，降低了农牧民因灾损失。

（吕才学）

【农牧业产业化经营】 年内，在巩固发展龙头企业的基础上，开展信息服务、为企业出谋划策、为企业牵线搭桥、落实扶持政策等措施，发挥龙头企业的带动作用。为12家企业争取贷款贴息，财政贴息资金444.56万元。完善与农牧民的利益联结机制，收购农畜产品33600吨，支付农牧民收购款31000万元；其中青稞收购量28410余吨，转化量25010余吨。通过龙头企业的带动，拉萨市各类农畜产品不但实现了加工增值，并且23家龙头企业及14家培育对象保持了良好的发展势头，产业化经营可实现产值5亿元，销售收入4.8亿元。同时，推广“基地+协会+农牧户”、“能人+协会+农牧户”等发展模式，为52家专业合作社争取项目扶持资金1010万元。截至年底，拉萨市有农牧民合作组织113个，年内新增27个；其中发展规范并依法登记注册的合作社发展到79个，年内新增11个。农牧民专业合作组织涵盖了糌粑加工、蔬菜、瓜果、奶牛、农机等各个领域，为农牧业生产提供了产前、产中、产后的一条龙服务。113 家专合组织带动农牧民 72100 人，成员年最高收入达 5 万元。

（次旦平措）

【农牧民培训及就业转移】 年内，结合拉萨市场和农牧业生产需求，增加了培训领域，丰富了培训内容，拓宽了培训方式。培训领域上涉及沼气使用、蔬菜栽培、黄牛改良、汽车驾驶、民族手工艺等多个领域；培训内容上紧扣农牧民增收和提高就业率的主题，把“群众最喜欢，就业率最高，增收效果最明显”作为主要培训项目；培训方式上灵活多样，采取订定单培训、政企联合培训、委托培训、走出去培训等多种方式；在资金分配上做到严格审核、合理安排、监督管理、及时下拨，确保了专款专用，提高了培训资金使用效益，提高了培训人员转移就业率。全年投入农牧民培训资金 690 万元，完成农牧民培训 3.14 万人，其中农牧业实用技术培训 2.658 万人、开展就业创业培训 4820 人。通过各种方式的培训，促进了农牧区劳动力转移工作，全市累计转移输出农村劳动力 8.16 万人，比上年增加 9100 人，实现劳务收入 6.25 亿元，同比增加 19.3%。

（徐鹤红）

【农村户用沼气建设】 年内，按照“一池三改一棚”和“四位一体”的统一建设模式，结合庭院经济、农牧民安居工程、民房改造和交通沿线安居工程配套提升及社会主义新农村建设，稳步推进农村户用沼气建设。全年拉萨市农村户用沼气完成 4090 户，质量合格率达到 99.6%，全市农村沼气总户数达到 24637 户。

（孙建峰）

【强农惠农富农政策】 年内，拉萨市按照中央和自治区的相关文件精神，落实各项强农惠农富农政策。通过电台广播、印发《拉萨市强农惠农政策汇编》、张贴标语、组织工作人员进村入户宣传等形式向农牧户开展政策普及活动，确保将国家强农惠农精神和政策传达给农牧民，将政策的执行与操作公开化、透明化。严肃政策纪律，加强统计核实。做好补贴牲畜数量、补贴面积等统计核实工作及补贴资金台账及补贴资金管理发放工作，确保无超报、漏报与错报行为，坚决杜绝截留、挤占挪用、抵扣和骗取补贴资金等违规违纪现象发生。严格资金拨付程序，确保及时发放。严把补贴资金发放关，严格执行“五不准”原则，确保资金运行安全、确保落实各项惠农政策不走样。严明纪律，加强监督检查。配合市纪委等有关部门对全市惠农政策落实情况进行督查检查，发现违规违纪问题及时查处纠正，确保农牧民利益不受侵害。年内，全市兑现良种繁育补贴资金 69 万元，兑现新增畜禽出栏补贴 111.1 万元，兑现牲畜良种补贴 449.2 万元，兑现能繁母猪补贴 134.68 万元，区市县三级财政补贴购置农药资金 270.43 万元，兑现农柴油补贴 847 万元。同时，拉萨市按照中央和自治区的相关文件精神，进行了农机购置补贴、农牧民种粮直补、化肥差价补贴、农牧民免费培训等优惠政策。

（黄 琳）

牧　业

【概况】 2011 年，全市有天然可利用草原 201.134 万公顷，人工种草面积为 0.809 万公顷，主要种植的品种为紫花苜蓿、箭舌豌豆、披碱草和燕麦草等，平均亩产鲜草 2000 千克左右。2011 年畜牧业生产以牛羊短期育肥、藏鸡养殖、人工种草等项目为依托，特色养殖业和奶牛、藏鸡等养殖基地不断发展壮大，形成了以城关区、达孜、堆龙德庆县的城市近郊区为中心，以次角林奶牛养殖场和藏热奶牛养殖场为核心区的奶牛养殖产业带，截至年底，全市存栏高产奶牛 17900 头，每头年均产奶 3000 千克左右，部分奶牛养殖户年纯收入已达 10 多万元。形成了以林周家庭示范牧场为模式的林周县彭波半细毛羊养殖基地，林周县彭波半细毛羊存栏数量达到 6.8 万余头。形成了以拉萨市种鸡场和西藏鑫旺生物科技有限公司、西藏德唐萨日农业开发有限公司为龙头，堆龙德庆县、达孜县、尼木县为基地的藏鸡养殖产业带，藏鸡养殖主要采取“公司 + 基地 + 农户”模式进行推广养殖，藏鸡出栏达 70 余万羽。形成了以西藏天蓬农牧科技开发有限公司、堆龙德庆县玉泉畜牧养殖有限公司等生猪养殖、繁育龙头企业，达孜塔杰繁育、养殖生猪专业户，并以城关区为中心，向堆龙德庆县、曲水县和达孜县辐射的生猪养殖区，进一步做大做强了生猪养殖产业，2011年全市向本地及外地市场提供生猪8.42万头。形成了以当雄龙仁乡郭庆村牦牛育肥专业合作社、格达乡羊易村牦牛育肥专业合作社、林周县卡孜乡牦牛育肥专业合作社为主的牦牛育肥产业带，2011年基地出栏育肥牦牛4万余头。2011年，全市肉、奶、蛋产量分别达到3.45万吨、3.85万吨、765.44吨。

(樊亚刚)

【饲草作物生产】　拉萨市饲草作物主要种植品种为紫花苜蓿、饲用玉米、披肩草、箭舌豌豆等。年内，进一步加大人工饲草种植面积，优质饲草饲料面积达0.809万公顷，比上年增加0.011万公顷。并在尼木、当雄、林周、达孜、曲水等县实施西藏生态安全屏障保护与建设工程，落实灌溉人工种草1300公顷。

(唐川石)

【畜牧业生产】　拉萨市家畜主要有牦牛、黄牛、犏牛、马、骡、驴、绵羊、山羊、猪。先后从区外引进的家畜优良品种中，牛有西门达尔、北京黑白花等，绵羊有小尾寒羊等，山羊有白绒山羊，猪有荣昌猪、内江猪、长白猪等；家禽主要有鸡、鸭、鹅。年内，确保畜牧业健康有序发展。在冬春季节，拉萨市加强对母畜和仔畜的饲养管理并提前进行维护暖圈和羔宫，切实加强了春季接羔育幼工作。开展草原生态保护补助奖励机制工作，推进牲畜出栏，加大畜禽出栏补贴制度的宣传力度。结合拉萨市特色产业项目，加大黄牛改良、绵羊改良的工作力度，落实牲畜良种推广补贴，加快牲畜改良步伐。实施堆龙德庆县奶牛养殖基地，林周县斯布牦牛养殖基地，堆龙德庆县生猪扩繁场，当雄、尼木人工种草与天然草地改良等项目，加大基地建设。抓好春秋两季重大动物疫病防控工作。按照“应免尽免、不留空当”和“六不漏”的要求，做到除待产畜、病畜外，口蹄疫、猪蓝耳病免疫率达100%；禽类高致病性禽流感免疫率达100%。切实加强畜产品质量安全监管工作。为防止高致病性禽流感等重大动物疫情的发生，拉萨市加大对本地及区外调入畜禽检疫监督力度。加强动物疫病监测工作。坚持24小时值班制度和日报告制度，密切关注疫情动态。年底，牲畜存栏156.16万头(只、匹)，出栏率36.23%。全年肉、奶、禽蛋产量分别达到3.45万吨、3.85万吨、765.44吨，同比分别增长3.9%、2.1%、0.72%。

(樊亚刚)

【动物疫病防控】　3月初至4月底，开展春季重大动物疫病防疫。9月初至10月底，开展秋季重大动物疫病防疫。采购并发放了猪“口蹄疫”、牛羊“口蹄疫”、猪瘟、猪蓝耳病、禽流感H5N1亚型二联等疫苗及驱虫剂。按照“应免尽免”的原则，全市春秋两季口蹄疫、高致病性禽流感、猪瘟、猪蓝耳病免疫率均达100%。

(鲁春梅)

【动植物及其产品检疫监督】　年内，结合“放心食品行动计划”和“无公害农产品行动计划”，抓好全市农畜产品质量安全建设，开展农牧业综合执法与农资市场大检查，从源头上防止食品污染。全年共检疫牛羊猪等活体牲畜77493头(只)、活禽2442070只、冷冻肉及其副产品20049吨、各类水产品202吨、鸡蛋皮蛋等其他类近900吨，抽检鲜肉约16吨。检疫调入水果5970吨、中草药45吨、花卉77092盆(株)；抽检各类种子27.86千克。对检出的578.5千克的变质、带病的蔬菜水果和2.11千克的无检疫证号无检疫员号的种子进行了没收销毁处理。检疫人员到位率、检疫监督率、出场合格率和无害化处理率均达到100%。加强无公害农产品生产基地的建设和无公害农畜产品认证，引导农畜产品生产基地和企业在发展绿色无公害农畜产品生产，打造名、优、特、新、精产品上下功夫。全市共认证无公害蔬菜生产基地10个，面积达667.73公顷，比上年新增248.40公顷；新增通过认证的无公害农畜产品5个，总数达到65个。

(张　熹)

拉萨市农牧局

党组书记　其美旺姆

局　　长　刘俊博

林 业

【概况】 拉萨市林业绿化局于1997年由农牧局下属的科级部门升格为副县级建制，成为拉萨独立的林业专门管理机构，为拉萨市人民政府工作部门；2002年由副县级建制升格为正县级建制；截至2011年年底，全局共有在职干部职工453人(含临时工、公益性岗位人员)。其中高级工程师1人，工程师5人，助理工程师10人，技术员1人；具有硕士研究生学历的7人，大学本科学历30人，大专学历14人。有离退休人员276人。拉萨市林业绿化局主要承担组织、协调、指导、监督全市造林绿化工作、湿地保护工作、荒漠化防治工作、野生动植物资源的保护及合理开发利用、森林防灾工作、公园建设和管理、统筹协调创建国家生态园林城市，推进城市生态园林建设等职责。2005年，利用高科技卫星遥感系统，拉萨进行首次规范化森林资源二类普查。拉萨市有林地53.985万公顷，其中人工林3.383万公顷、天然乔木林0.613万公顷、疏林地0.047万公顷、灌木林地49.941万公顷，森林覆盖率为17.3%。物种资源938种，其中植物741种，分属于4个门、81科、306个属；鸟类175种，分属于11目、31科、89个属；鱼类22种，分属于3个目、4个科、13个属。国家级自然保护区1个，国家级森林公园2个，市级自然保护区3个，县级自然保护区2个，国家一级保护动物41种。2011年，共投入林业建设资金17431.2余万元。完成造林绿化总面积8653.33公顷。其中荒山荒坡造林1066.667公顷，重点区域造林2037.226公顷，周边防护林1988. 35公顷，封山育林2400公顷，高原生态屏障工程造林572.33公顷，四旁义务植树357.66公顷，机场专用公路绿化工程项目200余公顷。造林成活率达90%以上。育苗100公顷，出圃苗木227.8万株。全市(含县区)苗圃面积(国营)12公顷，全年植树961万株。全市有综合性公园、街头游园45个，街旁绿地5块，建成区绿化覆盖面积1434.34公顷、园林绿地面积1372.1公顷、公园绿地面积94.32公顷，建成区绿化覆盖率33.79%、绿地率32.76%，人均公园面积10.99平方米。“创园”工作涉及的65项指标(其中定性指标29项、定量指标36项)中36项定量指标已完成18项。围绕迎大庆和建党90周年，开展城市绿化美好工作，布置大型立体花雕14处，用50余万盆花卉扮靓城市。查处违法违章毁绿案件200余起。

(侯淑华)

【完成造林绿化任务】 年内，拉萨市完成造林绿化面积0.865万公顷。其中重点区域造林2037.23公顷、荒山荒坡造林绿化2400公顷(其中造林1066.67公顷、封育1333.33公顷)、周边防护林2733.33公顷(各县实施，其中造林1666.67公顷、封育1066.67公顷)、高原生态安全屏障572.33公顷、四旁义务植树357.66公顷、机场路绿化231.1公顷、拉萨周边防护林321.69公顷。育苗总面积100公顷，年出圃苗木227.8万株，新封育面积0.667万公顷。

(侯淑华)

【林业工程保障实施】 年内，对“十一五”期间完成的林业项目进行梳理，借自治区检查验收的契机，安排工作组赴各县区进行督促检查，进一步规范了项目管理。编制完成林业“十二五”规划，2012年重点区域造林作业设计通过各级林业部门的评审，作业设计面积420.21公顷，投资1271万元；2010年周边重点区域生态公益林建设工程作业设计通过市级评审，造林面积548.58公顷，建设资金拨付2092.6万元。拉萨周边防护林体系建设完成面积321.69公顷。全年完成231.1公顷。机场专用公路绿化工程项目。完成迎大庆林业绿化项目建设任务。争取市财政投资2332.93万元，建设了河坝林公园、11块地见缝插绿、金珠中路绿化改造、堆龙三角地绿化改造等工程，改造及新增绿地面积6.73公顷。格桑花公园于9月动工。

(侯淑华)

【森林和野生动物保护】 年内，拉萨市共发生林业各类案件10起。查处10起，查处率100%，处理违法人员20人。与去年同期相比发案率下降13%。联合相关部门开展依法查处非法经营野生动物产品及其衍生品活动，重点清理检查酒店、饭店、集贸市场300余家，捣毁非法收购加工销售野生动植物制品窝点8处，解救放飞野生鸟类10只，收缴国家一级保护动物藏羚羊羊角8只、羊头1只，国家一级保护动物制品白唇鹿鹿头1只、鹿角10只，收缴非法运输木材536根。开展爱鸟周等野生动植物保护宣传活动5次，发放宣传资料5000余份。全年野生动物肇事损失涉及5个县(当雄、尼木、达孜、林周、墨竹工卡县)26个乡(镇)78个村11868户村民，损失金额1516.9644万元。各县财政按照补偿办法标准已将196.0304万元的补偿资金兑现到受损农户手中。雅江中游河谷黑颈鹤国家级自然保护区基础设施建设项目(拉萨段)一期建设工程竣工，工程总投资371.6622万元。

(侯淑华)

【发布落实森林防火措施】　年内，常务副市长陈宗荣到各县(区)对防火期内各项林业生产做了安排部署，传达了自治区召开的全区森林防火工作会议精神。局多次召开专题会议，研究部署森林防火工作，下发通知8件次、简报10期，并在新闻媒体的支持下，进入防火期发布森林火险等级预报。多次采取下发森林防火通知、张贴标语、发放宣传单、在林区路口和重要地段设立醒目的警示牌等形式，加大森林防火宣传力度。全年向各地发放宣传材料画约6000份。组织工作组对重点林区开展森林防火工作大检查，通过严格火源管理、加强入山人员管控等措施，进一步强化村民联防值班制度。各级防火办坚持24小时值班和领导带班制度，全市年内没有发生森林火灾事故。

(侯淑华)

【加强林政管理】　年内，与自治区林业勘察设计院，支铁办，县林业绿化局，乡、村、组负责人一起，对堆龙德庆县、曲水县、尼木县境内修建拉日铁路所需占用的林地进行了外界勘察，结果显示需要在拉萨市境内占用的林地面积是155.2706公顷。各县征占用林地情况如下：堆龙德庆县44.0093公顷，曲水县109.1153公顷，尼木县2.1460公顷。已按照使用林地的审批程序将支铁办、各县林业局的申请以及林业局的请示等材料上报到自治区林业局审核。拉萨市被纳入森林生态效益补偿基金范围内的国家重点生态公益林面积已由原来的39.36万公顷增加到49.522万公顷，增加了地方公益林10.162万公顷(涉及达孜、堆龙德庆、当雄三县)。落实2009年重点公益林管护费1771.23万元，地方公益林管护费190.54万元。全市管护人员达到3986名。安居工程木材供应延伸“供需双方直接见面”政策管理，完成安居工程木材实际需求量建立台账和核实工作，完成本年农牧民安居工程建设所需木材的统计、上报工作。全年共有4个县有安居工程建设木材需求，包括达孜县800户787.4立方米、尼木县700户2000立方米、当雄县1745户6369立方米、林周县982户3584立方米。全年的安居工程建设所需木材数为12740.4立方米(锯材)。实际需求量为4823.84立方米(原木)，折合锯材为3521.4立方米。配合市商务局做好木材市场的搬迁事宜，提交了搬迁实施意见，并于年初与森林公安局一起对市区范围内的各大木材加工、家具加工、木材集散地、木材市场进行了一次拉网式的排查。在市区范围内从事木材经营、加工的企业有30家，大部分木材经营和加工、交易企业未办理许可证；实际持有木材经营、加工许可证的有4家，13家企业负责人因回内地过年手续是否齐全无法证实，其余13家均未办理木材经营、加工许可证。截至年底，在登记注册办理的木材加工点有23家，对新办和补办许可证的均实行暂停经营，待整体搬迁至新建的木材交易市场后统一办理许可手续。全年市林业绿化局绿化监察办处理各类报批违章及占用绿化带及移栽树木案件80余起。曲水县是全市开展集体林权制度改革试点县，全年完成一个乡两个村的林改主体工作，涉及农户604户，涉及人口3019人。共完成试点勘界面积331.97公顷，449个宗地，勘界确权率达到100%；发证340宗地，发证率达到95%。

(侯淑华)

【森林病虫害防治】　6月初，组织开展了对全市30余家个体经营户和公司苗木的检疫检验工作，对引进的1000余万株各类苗木，包括常绿、落叶等几十个品种进行抽查，共查处违规苗木调运、货证不符等9起不法行为。继续实施拉萨市曲水县聂当乡青杨天牛除治工作，全乡范围内共除治大小杨树158万株，回收胸径5厘米以下苗木98万余株，并对所有除治的苗木和染虫枝条进行了焚烧和粉碎处理。拉萨市曲水县聂当乡青杨天牛综合治理项目通过检查验收。上报《2011年第二期森林病虫害防治项目实施方案》，针对春尺蠖、青杨天牛等虫害及杨柳腐烂病开展防治，涉及除当雄县以外的六县一区，以购置药品、技术人员的防治技能培训、宣传及防治为主要内容，项目总投资150万元，全部申请国家投资。下发《拉萨市林业绿化局关于做好春季林业有害生物监测预报和防减灾工作的通知》，及时掌握虫情发生发展动态，实行日报告制度。

(侯淑华)

【落实强基惠民工作】　年内，局党组派出2名县级干部带队的工作队；各县也抽调20余名林业干部职工扎根基层，落实区党委和市委的决策部署，为基层办实事、解民忧。驻村工作地点分为拉萨市城关区纳金乡俄杰塘社区和拉萨市达孜县唐嘎乡穷达村。年内，两个驻村工作队先后召开了村“两委”班子、党员大会和群众大会29场次，走访群众1355户4743人，走访率100%；协助村“两委”按照驻村县（区）的有关要求，制定了《村党支部工作职责》、《村民委员会工作职责》、《团支部工作制度》、《妇代会工作制度》等工作职责和工作制度，完善了发展党员、召开党员干部民主生活会、党员联系群众等制度；组织开展送温暖、献爱心活动11次，慰问贫困户、残疾人、“三老”人员、警务站工作人员580人次，送去慰问金和慰问品合计9.9万元。驻拉萨市城关区纳金乡俄杰塘社区工作队通过调研，帮助修建道路和解决上下给排水问题，改善社区基础设施，争取资金300万元，并申报了修建社区文化站项目。驻村工作队员分裂斗争，开展了“八看”“一算账”“一揭批”“四增强”感党恩主题教育活动推进会。通过开展新旧西藏图片展、邀请老年人讲述旧西藏状况并与西藏和平解放60年来西藏经济社会发展取得的巨大成就进行对比，开展感党恩主题教育活动。驻拉萨市达孜县唐嘎乡穷达村的工作队联合所驻村专门举办红色歌舞比赛，1200余名村民参加，让驻村群众深切体会到党的关怀和温暖。通过开展矛盾纠纷排查和“三无疑似人员”大清查活动，保障所驻乡村（社区）的社会局势稳定。驻拉萨市达孜县唐嘎乡穷达村驻村工作队逐户走访了全村355户村民家庭，进行摸底调查，掌握一手资料和准确情况；驻拉萨市城关区纳金乡俄杰塘社区工作队联合社区便民警务站、警务区组成的检查组，对居住在俄杰塘社区一组、二组、三组的70户137人进行了地毯式的联合大清查。

（侯淑华）

拉萨市林业绿化局

党组书记 占　堆

局　　长 宋留柱

水　利　管　理

【概况】 年内，全市水利工作围绕经济强区和社会主义新农村建设大局，突出民生水利、安全水利、资源水利和环境水利四大任务，加强水利基础设施建设和项目前期工作，推进管理制度创新，抓好工程建设管理，着力解决水利与农牧业生产之间的现实矛盾，全年累计完成水利投资1.4099亿元。

（田丽丽）

【项目前期工作】 年内，完成了曲水县聂当灌区、林周县澎波河乡村段防洪堤、当雄县城防洪堤、曲水县茶巴示范工程、尼木县城防洪堤、尼木县东风灌区、尼木普松灌区、达孜县唐嘎灌区、尼木县夏曲河中下河流初设、曲水县小流域综合治理、曲水尼普沟中小河流初设、尼木县小流域综合治理、达孜罗布水库、曲水南木水库和其奴水库、尼木县续迈灌区等工程的前期工作，编制完成并上报修改、完善、审定、执行拉萨市“十二五”水利规划报告，与吉林院合作完成了澎波灌区规划，体现了低投入、高效益、短周期、长回报的特点。

（田丽丽）

【水利基础设施建设】 年内，完成了墨竹工卡县开发区防洪堤工程、曲水县城区段防洪工程、经济开发区段防洪工程，达孜县城区段防洪工程、尼木县城防洪工程、曲水县南木林水库除险加固工程、尼甫曲才纳乡河道治理工程、当雄县拉曲河宁中乡流域工程治理工程、尼木县续迈灌区、尼木县普松灌区、当雄县贡塘草场灌区等重要水利工程。开展县级河道疏浚整治，提高县域的防洪除涝能力，改善水环境状况。全年新建堤防39.56千米，整治河道4.285千米，建设堤防配套设施建筑物23处；新建改造主、干、支渠道45.357千米，新建蓄水池2座、水塘1座、渠系建筑物171座，新增和改善灌溉面积0.181万公顷。

（田丽丽）

【农村饮水安全工程建设】 年内，新建饮水点123处，其中自流引水39处、机井28处、大口井38处，管道延伸18处，解决2.15万农牧民和914人农村师生的饮水安全问题。

（田丽丽）

【防汛抗旱】 年内，认真落实防汛抗旱行政首长责任制，修改补充完善应急预案、重点水库(水电站)安全度汛预案和山洪灾害防治预案，及时争取和调拨编织袋20万条、铁丝20吨、编织铁丝网200张和石料等防汛抢险物资，成立了检查组赴七县一区检查督促防汛抗旱工作。对拉萨河纳金乡嘎巴段至七一农场全长20余千米堤防，进行了拉网式检查，对险工险段进行了加固维修，清理拉萨河左右岸河道周边建筑垃圾、生活垃圾5吨，投入资金12万元。成功应对主汛灾情，确保汛期堤防无一决口、水库无一垮坝。

(田丽丽)

【小型农田水利工程建设】 年内，完成小型农田水利项目33处(重点县建设除外)，其中新建防洪坝1处、改扩建水渠20处、水塘维修5处、机井1眼、新建改扩建小型塘坝5处、灌溉机井1处。新增防渗渠道干支渠道16.87千米，田间渠道3.13千米，加高加固堤防0.015千米，疏浚河道8.5千米，清淤渠道19.11千米，新增蓄水能力1.94万立方米，新增节水能力2.99万立方米，完成土石方量9.12万立方米，改善灌溉面积0.144万公顷。重点县尼木县建设项目14个，包括水渠32.72千米、水塘3座、渠系配套建筑物149座。总投资1350万元，其中国家投资650万元、群众投劳600万元、县级财政配套100万元，建成后控灌面积0.087万公顷。

(田丽丽)

【安全生产】 年内，水利局加强对水利工程建设的安全生产管理工作，对在建水利工程的各项手续是否完备和施工现场经常进行排查，对发现的问题及时下达整改通知，落实整改措施，杜绝了事故的发生，确保了施工安全和财产安全。加强对水利工程建设、设计、施工、监理和农牧民工的安全教育和宣传工作，进一步增强安全意识。

(田丽丽)

【水利普查】 年内，指导下属县区普查机构选聘普查员和普查指导员422人，组织81人为期10天的市级培训。下发各类清查表21张，发放水利普查宣传图324套，做好计算机软硬件环境建设，保障普查数据处理工作及时开展。

(田丽丽)

【水资源管理】 年内，开展水行政专项执法检查，对城镇排污口、高耗水企业和采砂点进行监督和执法检查，确保全市水生态安全。

(田丽丽)

【成立水利工程建设领导小组】 年内，市水利局成立市水利工程建设领导小组，确保公开招投标，公开透明，公平竞争。

(田丽丽)

【开展“基层建设年”活动】 年内，全区开展“基层建设年”活动，水利局党组派出了一名县级领导参加市委驻村工作组。领导班子成员与对口扶贫点卡孜乡困难党员结成“一对一”帮扶关系。全体党员组成了“8个关爱小组”与困难群众结成帮扶对象，局党组组织干部职工为卡孜乡贫困群众捐款10750元。

(田丽丽)

【水利援藏】 年内，第六批援藏干部与江苏省水利厅、淮委联系，启动建设“拉萨水利工程质量监测中心”。江苏省水利厅已捐助启动资金100万元。截至年底，“拉萨水利工程质量监测中心”的各项前期工作已进行。

(田丽丽)

拉萨市水利局

党组书记　唐登田

局　　长　欧阳莉萍

扶贫开发和农业综合开发

【概况】 年内，共建设扶贫农发项目156项，比上年多33项，增加27%；投入国家财政资金13454.87万元，比上年多5511.65万元，增加69.39%。投入的加大推进了扶贫农发工作向纵深拓展。

(伏显强)

【扶贫开发成效明显】 年内，扶贫农发工作通过自治区扶贫办和国家农发办的验收，达到了预期效果。贫困人口明显减少。按照1700元的扶贫标准，截至年底，农村低收入人口为24889人，1.16万人实现脱贫，贫困人口减少35.3%。农牧民人均纯收入明显提高。全市农牧民人均纯收入由上年的5003.44

元提高到本年的6019.14元，增加了1015.7元，同比增长20.3%。达孜县“借母畜还仔畜”模式受到国务院扶贫办的肯定和自治区扶贫办的表扬，在全区推广。墨竹工卡县“互助资金”项目作为贫困村互助社扩大规模、滚动发展、引导贫困群众脱贫的模式，受到国务院扶贫办的表扬，并给予了10万元的奖励资金。定点扶贫工作成绩突出，被市委、市政府授予“‘十一五’时期定点扶贫先进集体”荣誉。达孜、曲水两县扶贫工作成绩突出，在绩效考评中分别给予100万元的奖励资金。“订单式”培训效果明显。

（伏显强）

【项目管理和机制创新】　年内，创新项目管理机制，调动了扶贫系统干部和广大群众参与项目建设的积极性、主动性。在劳动力转移项目中，继续推广“支部+协会”、“能人+协会”等生产经营模式，进一步完善“利益共享、风险共担、按劳取酬、按股分红”的利益分配制度。在扶贫项目选择中，推广参与式扶贫方法，“三不”原则成为项目建设的先决条件，确保项目从选项、立项、实施到管理做到公开、公平和公正。建立《拉萨市扶贫农发项目建设进度季报制度》，规范项目的审查、建设和管理程序，提升项目建设质量。

（伏显强）

【整乡推进扶贫】　年内，继续安排达孜唐嘎乡等10个乡镇的整乡推进项目，共批复49个子项目，投入国家财政资金2456万元。整乡推进扶贫项目优先安排建档立卡贫困户到户帮扶，到户项目率不低于70%，同时整合不低于1000万元的资金。截至年底，已下达32个项目，批复国家投资2170万元，资金已拨到各县(区)。

（伏显强）

【“两项制度”有效衔接】　2010年5月，市扶贫办在尼木县开展了农村最低生活保障制度和扶贫开发政策有效衔接试点。9月10日，召开全市“两项制度”有效衔接工作动员暨培训大会，并全面铺开。全年识别出全市农牧民人均纯收入低于1700元的贫困人口32890人。8月至10月，拉萨市扶贫办对人均收入低于1700元、1700元至2400元、2400元至3000元三个收入阶段的人群进行了摸底调查。年底，召开自治区扶贫开发工作会议，划定了与全国同标准的2300元的新扶贫线。按照新的扶贫标准，市扶贫办根据全市扶贫农发工作会议安排和与八县(区)签订的责任书，要求各县(区)在下年5月前完成公选公示和建档立卡工作。

（伏显强）

【面上扶贫到户帮扶】　年内，对“两项制度”有效衔接工作识别出的32890个低收入人口进行建档立卡，并将到户帮扶重点瞄准有劳动能力的建档立卡户。全年共争取面上扶贫项目72个(包括13个市级财政面上扶贫项目)，投入国家财政资金3031万元。根据与各县(区)签订的《2011—2015年扶贫开发工作责任书》，督促各县(区)完成年度到户帮扶任务。重点安排有劳动能力的贫困户，到户项目占全部项目的85%以上，户均投资控制在1万元左右。截至年底，已批复26个面上扶贫项目，批复国家资金1785万元。

（伏显强）

【扶贫培训】　年内，扶贫培训稳步推进，转移就业成效显著。培训工作坚持以“转移一人，脱贫一户”为目标，以农牧民增收为中心，以订单定向为就业保障，开展了保育员、超市服务员、拉日铁路钢筋工、大棚蔬菜种植、汽车驾驶技术等培训。在选派培训人员方面，以重点扶持乡(镇)村的扶贫干部和贫困群众为重点对象。重点围绕特色优势产业发展，结合产业开发等扶贫项目的实施开展实用技术培训，增强培训的针对性、时效性和适用性。兼顾对学员进行反对分裂维护祖国统一思想教育，使学员们的政治思想素质明显提高，爱国主义思想进一步增强。采用更为人性化，更加灵活，更加节省人财物力的培训方式，适当将培训地点转向乡村组，在田间地头手把手培训。全年共举办各类扶贫培训班19期，培训3823人，投入资金253.45万元，培训合格率保持在85%以上，转移就业率超过90%。

（伏显强）

【“连片开发”试点】　年内，“连片开发”试点顺利推进，开辟县域经济发展的新渠道。2010年开始的尼木县“以县为单位、整合资金、整村推进、连片开发”试点项目进展顺利。试点项目包括藏鸡养殖、藏香生产、奶牛养殖和牲畜扶持项目四部分。

（伏显强）

【“互助资金”试点】　年内，“互助资金”利民惠民，受到国务院扶贫办的肯定。为解决贫困群众创业资金少、贷款难问题，于2008年首先在墨竹工卡县试点建立“民有、民管、民用、民受益”的扶贫资金互助组织，宣传项目的目的和意义、发动贫困群众入社、严格规范互助资金管理使用，同时进一步建立和完善互助资金滚动发展的长效机制，帮助发放贷款。上年4月，国务院扶贫办赴墨竹工卡县，通过听汇报、查账目、访农户等形式指导检查“互助资金”试点项目，给予了肯定。市扶贫办进一步加大“互助资金”项目申报力度，为尼木县争取到10个村的“互助资金”项目，每个贫困村互助社投入15万元。

（伏显强）

【定点扶贫】 4月，市委、市政府召开全市定点扶贫总结表彰大会，对“十一五”时期定点扶贫工作进行了回顾总结，对“十二五”时期定点扶贫工作进行了部署。截至年底，97家定点扶贫单位已投入帮扶项目资金达7000多万元，各单位定点扶贫工作有序开展。

（伏显强）

【贫困户安居工程】 年内，自治区给拉萨市安排了800户的贫困户安居工程建设指标，市扶贫办协同市安居办开展贫困户安居工程建设工作，改善了贫困群众的住房条件。

（伏显强）

【土地治理】 年内，投入5247万元开展土地治理工作，建设土地治理项目6个。其中中低产田改造项目4个，分别为当雄县纳木湖乡开发区、堆龙德庆县乃琼镇加木开发区、达孜县塔杰乡巴嘎雪开发区和墨竹工卡县工卡镇塔巴开发区；高标准农田建设项目2个，分别为林周县强嘎高标准农田建设项目和达孜县唐嘎高标准农田建设项目。开发总面积0.37万公顷，其中中低产田改造0.10万公顷、高标准农田建设0.07万公顷、草场治理0.20万公顷。

（伏显强）

【产业化项目建设】 年内，推进产业化项目建设，投入1900万元，建设产业化项目7个，分别是城关区2500吨乳制品加工项目、堆龙德庆县8500吨古荣朗孜糌粑续建加工项目、堆龙德庆县60栋温室蔬菜生产基地建设项目、墨竹工卡县1100头斯布牦牛育肥项目、达孜县60栋温室蔬菜基地建设项目、达孜县200万千克藏香草生产加工项目和城关区2000吨青稞牦牛奶饼干加工生产扩建项目。

（伏显强）

【高标准农田建设】 年内，市扶贫办按照“优先在水资源环境条件较好、开发潜力较大、配套能力较强、农民积极性高”的高标准农田建设原则，投入国家财政资金2628万元，首先在达孜、林周两县开展了0.07万公顷的高标准农田示范建设。截至年底，两个高标准农田建设示范县的工作得到有序推进。

（伏显强）

【强基惠民活动】 10月17日驻村以来，市扶贫办驻林周县连布村工作队干部坚守一线，与基层干部群众同吃、同住、同劳动，围绕建强基层组织、做好维稳工作、寻找致富门路、进行感恩教育、办实事解难事等“五项任务”，开展了宣传动员、调研摸底、制定方案、集中宣讲、成立临时党支部、入户访谈调研、深入寺庙宣讲、看望慰问老党员老干部和贫困群众、组织老党员现身说法、召开“三老”人员座谈会、种植养殖技术培训、“八看”“一算账”“一揭批”“四增强”感党恩主题教育、青少年感党恩教育、充实基层组织力量和春节藏历新年节前慰问等各项工作。落实驾校培训、捐赠农机具等五大类帮扶贫项目，为连布村捐赠电脑等办公设备，累计投入资金90余万元。通过扎实有效的措施，改善了连布村广大群众生产生活条件，有效夯实了基层组织，筑牢了基层维稳阵地，切实让广大群众感受到党的温暖。

（伏显强）

【项目库建设】 年内，市扶贫办督促各县（区）提前进行调研论证，征求基层群众意见建议，按照项目建设“三不”原则选择项目，着力上一批增强贫困群众造血功能的项目。截至年底，各项项目库建设工作有序进行。

（伏显强）

【制定扶贫开发纲要实施方案】 截至年底，市扶贫办已安排开始制定《拉萨市关于贯彻〈中国农村扶贫开发纲要（2011—2020年）〉的实施方案》，并督促各县（区）尽快调研论证，安排人手开展制定工作，于下年6月底前完成方案，经县政府审定后报市扶贫办备案。

（伏显强）

拉萨市扶贫开发领导小组办公室
（拉萨市农业综合开发办公室）

党组书记 孙伟华

主　　任 拉巴顿珠

气　　象

【概况】 2011年，拉萨市各地年平均气温在2.6℃至9.3℃之间。与历年平均值相比，尼木正常，其余地区偏高，其中拉萨市区和墨竹工卡县偏高1.2℃。各地年降水量总量在349.0毫米至554.8毫米之间，与历年同期相比均正常。各地年日照时数在2880小时至3140小时之间，拉萨市区和尼木偏多120小时以上，其余地区偏少。冬季(2010年12月至2011年2月)各地平均气温在-6.7℃至0.8℃之间，均略偏高，除沿江一线无降水外，其余地区降水偏少。2010年12月，拉萨市区、当雄和墨竹工卡月平均气温超过了历史同期极值，分别为1.8℃、-5.0℃和-0.2℃。春季(3月至5月)各地平均气温在2.7℃至9.7℃之间，拉萨市区和当雄偏高，其余地区正常；降水尼木偏多，其余地区正常；日照时数拉萨市区、尼木偏多，其余地区正常。夏季(6月至8月)各地平均气温在10.7℃至16.4℃之间，拉萨市区偏高，其余正常；各地降水量在261.5毫米至403.0毫米之间，均正常；日照时数拉萨市区、尼木正常，当雄偏少。9月拉萨市区、墨竹工卡、当雄月平均气温分别为15.8℃、13.4℃和9.5℃，超出历史同期极值。秋季(9月至11月)，各地平均气温在3.0℃至9.7℃之间，拉萨市区和墨竹工卡偏高，其余各地正常。降水拉萨市区偏少，其余地区正常。日照时数拉萨市区和尼木偏多，其余地区正常。

（次　珍）

【开展人工影响天气作业】 3月，在曲水县、尼木县等地同一时间连续实施了人工增雨(雪)作业，增雨效果非常明显，有效增加了土壤底墒，缓解春季旱情。7月，在曲水、尼木县联合实施人工消雨作业，成功地将降雨云团拦截在尼木、曲水、堆龙德庆县境内，确保了大庆活动的进行。全年开展火箭、高炮人工防雹、增雨(雪)作业493点次，发射增雨火箭96枚，发射防雹炮弹3809发，保护区域内未造成冰雹灾害。年内，尼木县人民政府启动了人工影响天气作业点的标准化建设。

（巴　桑）

【主要气候事件】 雨季：拉萨市区等地雨季开始于5月18日左右，比常年偏早约20天。8月下旬，多数地方降水明显减弱，雨季比常年提前20天左右结束。

强降水：7月6日夜受高原降水天气系统影响，各地普遍出现了明显的降水天气，堆龙、达孜、市区的雨量有36毫米至41毫米，其中市区的雨量达到了40.3毫米，是本年最强的降水天气，是拉萨市区有气象历史资料以来的第四位。8月2日，拉萨市区出现了局地强对流天气，雷暴、闪电、冰雹来势迅猛，持续约十分钟，冰雹最大直径约8毫米，一小时内城区降水量达15.1毫米。

降雪：10月下旬至11月中旬，各地持续出现了比较少见的阴冷多雪天气，降雪量较同期偏多2倍左右，多数地方的平均气温偏低1℃左右。

（次　珍）

【主要气象灾害】 强降水、洪涝和泥石流：6月23日，尼木县塔荣镇林岗村发生短时强降雨天气，强降雨导致尼续公路林岗段7处地方被泥石流冲毁，并发生险情。此次强降雨因伴有冰雹灾害，对塔荣镇林岗村农作物，特别是油菜作物有一定程度影响。7月11日，尼木县境内普降大雨，强降雨造成尼木县吞巴乡附近发生3处泥石流，318国道276辆来往车辆受阻。8月2日，受短时强降水天气的影响，达孜县琼达村50间民房出现严重裂缝，部分墙体倒塌，造成143公顷农田受灾，其中绝收20公顷，冲毁11座乡村水泥桥，冲毁公路0.6千米。章多乡拉木村36.6公顷农田受灾，重灾27.5公顷。林周县农田受灾面积106.9公顷，绝收0.3公顷，冲毁两座桥墩；共238户1398人受灾。

冰雹：7月12日，曲水县曲水镇境内遭遇冰雹、暴雨袭击，致使该县两个行政村1040户4601人受灾，其中因灾死亡1人、重伤2人，受损房屋36间，农田受灾面积118.9公顷，其中绝收45.6公顷、重灾46.3公顷；受损倒塌温室92栋；部分防洪堤坝、水渠、绿化护栏被损毁，直接经济损失1135.65万元。

雷电：7月13日，尼木县续迈乡霍德村一组发生雷击灾害，一户人家的4头牦牛被雷击死亡。8月1日，羊八井镇发生雷击事件，造成1人和15头牦牛死亡。

（次　珍）

【气象法律法规建设】 年内，拉萨市人民政府办公厅发文，成立由分管市领导担任领导小组组长，市政府办公厅、市直相关部门和各县人民政府领导组成的拉萨市县级气象灾害防御规划编制工作领导小组，启动县级气象灾害防御规划编制工作。堆龙德庆、曲水、林周、达孜等县和城关区设立气象办事机构，履行气象防灾减灾管理职能的建议，在市人民政府第8次常务会议上获得批准。

(巴　桑)

【气象社会服务】 年内，市民服务中心气象窗口运行良好，受理防雷图纸审查143件，办结143件，办结率100%；咨询120件；办理施放系留气球作业许可50件。

(巴　桑)

【科研人员和研发项目获奖】 年内，胡军获得西藏气象优秀青年科技工作奖和西部优秀人才津贴；由市气象局技术人员参与承担的《山地土地利用及土地覆盖变化研究——以西藏拉萨地区为例》科研课题获得自治区科学技术三等奖。

(次仁白玛　巴　桑)

【农业气象服务】 年内，市气象局、市农牧局联合召开春秋农业生产分析会，提供生产决策参考、春耕春播和冬小麦播种期气象条件分析、墒情分析、旱情监测分析及天气趋势预报。制作发布48期农业气象服务专刊，通过在曲水、堆龙、达孜、林周县开展大田实地调查，发布春季冬小麦返青提前、持续高温伴随虫灾预警报告、农田土壤增墒等非定期农业气象情报13期。与堆龙德庆县岗德林蔬菜种植农民专业合作社签订了合作协议，在堆龙德庆县岗德林合作社蔬菜大棚内建立无人自动气象站，为进一步做好现代农业、设施农业、生态农业的气象服务奠定基础。

(拉　巴　巴　桑)

拉萨市气象局

党组书记、局长　杨政兴

八一农场

【概况】 2011年，拉萨市八一农场实现销售收入2329.22万元；创利润256.27万元；上缴税金292.69万元；国有资本税后利润217.83万元；国有资产保值增值率100.7%；职均收入2.8万元；实现粮油总产1.2万千克，蔬菜总产412.09万千克。机关设有行政办公室、政工人事科、工会办公室、计划财务科、保卫科；农场下属3个分场(洛堆分场、大佛岛分场、蔡公堂分场)、1个八一农产品市场管理办公室。

(伍　娜)

【企业改革】 年内，八一农场根据实际，实行人员轮岗制度，对管理人员进行了较大幅度的调整，精简了机关工作人员，调整了企业收入分配，缩小了职工与干部的收入差距，撤销机关投资发展科，设立了机关保卫科。对签订的不规范土地租赁合同进行清理，共计与6家企业重新签订了符合法律规范的土地租赁合同，共涉及7块8.19公顷土地，创收近80万元。

(伍　娜)

【产业发展】 年内，蔡公堂分场无公害蔬菜生产基地高效日光节能温室一期工程项目成效显著，自治区、拉萨市领导多次前往视察工作，为拉萨周边县区及农牧民提供了示范、推广作用。完成了蔡公堂分场无公害蔬菜生产基地二期工程项目的实施方案、规划设计及资金筹措工作。编制完成了《大佛岛分场奶牛养殖项目可行性研究报告》和《大佛岛分场高效日光温室建设项目可行性研究报告》。

(伍　娜)

【重点项目】 年内，八一农场完成了蔡公堂分场无公害蔬菜生产基地高效日光节能温室二期工程项目前期准备工作，申请到国家扶贫资金250万元，建设21栋总建筑面积为15276平方米的高效日光温室。完成了八一农产品市场升级改造项目，获得国家扶持资金300万元，进一步提升了农产品市场的经营环境和服务品质。完成了国有农场危旧房改造工作，申请到国家危旧房改造补贴资金410.4万元，改善了职工的居住条件。

(伍　娜)

【民生工作】 年内，农场投入100余万元为职工办八一实事、好事。“三大节日”期间为离退休职工及困难职工等送去慰问金及慰问品近25万元；组织在职职工进行了常见病、多见病各项目体检；6月和10月，分两批组织90名离退休职工前往北京参观学习；为62名公益性岗位职工上交本年两项保险近13万元；投资4043余万元进行环水新村退休基地东区道路硬化工程建设等。

（伍　娜）

拉萨市八一农场

党委书记　索朗次仁
场　　长　毛玉军

交通·邮电

交 通 运 输

【**概况**】 年内，拉萨市完成交通基础设施投资36385万元。其中114个自然村公路通达工程投资8700.2万元，19个新建项目里程投资为27684.8万元。

（张彦凯 陈晶华）

【**组建拉萨市公交集团总公司**】 5月6日，市政府专题会议研究同意组建拉萨公交集团公司，并通过了《关于开展组建拉萨市公交集团总公司相关工作的实施方案》。11月3日，第15次市长办公会议研究通过《拉萨市公共交通集团有限公司组建方案》，明确了公司的名称和性质、主要职能、运营模式及财政补贴等重点事项。

（张彦凯）

【**自然村公路通达工程开工仪式举行**】 6月8日，在尼木县普松乡召开自然村公路通达工程建设开工典礼。

（张彦凯）

【**当雄县G109线至羊八井镇公路改建工程竣工**】拉萨市当雄县G109线至羊八井镇公路改建工程于2010年9月28日开工建设，2011年7月5日完工通车。该项目路线起点位于G109线K3803+700处，途经羊八井镇，终点位于羊八井地热电厂大门，路线全长6.9千米，全线按三级公路标准建设，设计速度30千米/小时，路基宽度7.5米，路面宽度6.5米，桥涵设计荷载采用公路II级。施工单位为拉萨市公路工程公司，监理单位为江苏伟信工程咨询有限公司，设计单位为西藏远望工程设计有限公司。

（张彦凯 陈晶华）

【**完成中巴退市工作**】 10月20日，四家中巴公司领取了退市奖励金。至此，拉萨市中巴退市工作全面完成。

（张彦凯）

【**帕古乡至彭岗村公路改建工程竣工**】 11月9日，拉萨市帕古乡至彭岗村公路改建工程竣工。工程于2008年7月25日开工建设，2009年4月25日完工通车。该项目路线起点位于帕古乡，途经帕古乡江热村、拉普村，终点止于彭岗村，路线全长5.04千米，路基宽度6.5米，路面宽度4.5米。桥涵设计荷载采用公路II级。施工单位为西藏雪域之光市政建筑工程有限责任公司，监理单位为江苏伟信工程咨询有限公司西藏监理部，设计单位为西藏地勘局第二地质大队测绘院。

（张彦凯 陈晶华）

【**墨竹工卡县尼玛江热乡至扎雪乡公路工程竣工**】11月17日，拉萨市墨竹工卡县尼玛江热乡至扎雪乡公路工程竣工。工程于2009年6月26日开工建设，2011年7月25日完工通车。该项目路线起点位于尼玛江热乡政府所在地，途经邦达村，终点位于扎雪乡，全长21.24千米。全线按四级公路标准建设，设计速度20千米/小时，路基宽度6.5米，路面宽度4.5米，桥涵设计荷载采用公路II级。施工单位为陕西中业交通建筑公司、拉萨顺通建设工程有限公司、西藏天顺路桥公司，监理单位为大连建筑安装工程有限公司，设计单位为中交通力西藏公路勘察设计工程有限公司。

（张彦凯 陈晶华）

【**曲水县聂当乡热堆村道路工程**】 11月29日，拉萨市曲水县聂当乡热堆村道路工程竣工。工程于

2010年10月15日开工建设，2011年11月20日完工通车。该项目位于拉萨市曲水县热堆村，由一条主线和三条支线组成，全线按现有四级公路标准建设，全长11.78千米，设计速度30千米/小时，主线和支线一铺筑沥青砼路面，支线二、三为天然沙砾结构层，项目总投资758.99万元。施工单位为西藏天润工程建筑有限公司，监理单位为许昌华通路桥监理检测有限公司西藏分公司，设计单位为西藏自治区建筑勘察设计院。

（张彦凯　陈晶华）

【达孜县甘丹寺通往寺管委会公路改建工程】 12月13日，拉萨市达孜县甘丹寺通往寺管委会公路改建工程竣工。工程于2010年8月20日开工，2010年11月15日完工通车。该项目路线起点位于甘丹寺公路K9+000处，途经章多乡公安派出所、公安消防大队，终点位于驻寺管委会。全长0.911千米，全线按现有四级公路标准建设，设计速度20千米/小时，主线路基宽度5.5米；路面宽度3.5米。支线路基宽度4.5米，路面宽度3米，桥涵设计荷载采用公路II级。施工单位为绵阳佳成建设有限公司，监理单位为江苏伟信工程咨询有限公司，设计单位为西藏远望工程设计有限公司。

（张彦凯　陈晶华）

【曲水县才纳乡才纳大桥工程】 12月15日，拉萨市曲水县才纳乡才纳大桥竣工。工程于2010年8月15日开工建设，2011年9月5日完工通车。该项目位于拉萨市曲水县才纳乡境内，国道318线中尼公路K4647+070处，距拉萨市约37千米，与原有才纳乡油路平顺相接，大桥及接线总长1256米，其中大桥全长368.20米。全线采用三级公路技术标准，设计速度30千米/小时，桥梁宽度采用净7+2×1.25米，引线路基与桥梁同宽，项目总投资3194.96万元。施工中标单位为中铁二局五公司，监理单位为西藏天鹏工程技术咨询有限责任公司，设计单位为江苏省交通科学研究院股份有限公司。

（张彦凯　陈晶华）

【公交车安装GPS设备和三语报站系统】 年内，在232辆公交车上安装了GPS智能监控系统，对车辆进行实时监控，以保证车辆发车到站按时准点。同时还在此232辆公交车上安装了三语报站系统（藏、汉、英），使车辆报站更加标准化。

（张彦凯　白玛曲珍）

【公交综合场站建设三年行动计划通过评审】 年内，拉萨市编制了《拉萨市公交综合停车场站三年行动计划》，并于7月13日通过评审。此计划结合未来城市发展的规模、趋势以及城市公共交通规划的目标、布局，细化了公交场站设施三年（2011—2013）的建设规模、数量和布局。公交场站包括公交首末站、枢纽站、停车场、保养场、公交停靠站等设施。

（张彦凯　白玛曲珍）

拉萨市交通运输管理局

党组书记　党　根

局　　长　张　明

邮　政

【概况】 2011年，拉萨市邮政局围绕“调结构、促发展、增效益”的目标，全年实现业务收入3469.63万元，比上年增长19.28%；邮政业务总量完成3298.80万元，比上年增长15.88%；全员劳动生产率达17.18万元／人。下辖七个县邮政局、一个邮政支局，全市邮政局所42个，其中自办邮政网点22个、代办邮政网点9个，农牧区邮政网点11个。邮政报刊亭11个，设置邮政信箱信筒71个，全市投递段道30条，农牧区投递段道36条，服务面积3万平方千米。2011年拉萨市邮政局服务质量用户评价综合满意度为92.75分，列全区邮政系统第一。全年邮政业务（邮务类、代理金融类、代理速递物流类）发展成效显著。其中邮务类（函件、包件、报刊发行、集邮）完成2230.28万元，同比增长12.20%；代理金融类业务收入77.51万元，同比增长10.26%；代理速递物流类业务收入434.05万元，同比增长26.1%。

（刘　琼）

【农牧区网点建设】 年内，做好党报党刊的投递工作。投递农牧区、乡、村赠阅报刊种类有：《西藏日报（藏文版）》、《人民日报（藏文版）》、《拉萨晚报（藏文版）》、《高原新农村》、《西藏政报（藏文版）》、《半月谈（藏文版）》，全年共计投递475.3万份。按照“以城带县、以县带乡、以乡带面”的工作思路，进一步改善乡邮工作条件和硬件设施，全市乡邮网点共57处，新建了当雄县宁仲乡、羊八井镇、乌玛塘乡和墨竹工卡县日多乡四个乡邮网点。乡邮服务工作辐射7县1区的9个镇、48个乡的269个行政村，对县城所在地和附近的乡镇、行政村实行逐日投递班次；对其他乡及行政村实行周1班、周2班、周3班，全市农牧区乡镇通邮率达到100%，村通邮率达到90%以上。

（刘　琼）

【安全管理】　年内，安全管理以“提高安全意识，落实安全制度、坚持安全检查、整改安全隐患、强化考核机制、加强安全措施”为工作要点，提升了安全管理水平，安全防范体系建设初见成效，“平安邮政”建设活动形成长效机制，全年未发生资金、消防、人员、车辆等各类安全事故。签订《2011年安全生产目标管理责任书》《2011年消防安全责任书》，继续深化开展“安全生产年”活动，提高了干部职工的安全生产意识。正确处理和认识维护社会稳定、加强民族团结与拉萨邮政企业发展的重要关系，教育和引导干部职工把思想、认识和行动统一到市委市政府和区邮政公司的工作安排和部署上来，在重大节日、宗教敏感日等事项上，实行直线安全管理方式，对外对内签订专项安全生产责任书。强化安全教育培训，加强检查力度。拉萨市邮政局被市委、市政府评为全市“平安单位”。

（刘　琼）

【加强投递网建设】　年内，邮政投递网实行“集中+分散”的改革投递作业模式，通过优化内部作业流程，调整部分段道，减少了处理环节，缩短了处理时限。新增投递点73处，增加投递段道3条。加强投递信息系统应用工作，全局投递信息系统上线网点9个，上线网点使用率达到100%，投递信息上网率达到96%以上。

（刘　琼）

【加强营销队伍建设】　年内，加强营销队伍建设，搭建三级营销体系，在人员上给予保障，机制上进行激励，在客户资源、市场资源和产品资源等方面取得了效果。内部机构进行相应重组，将相关人员充实到合适的岗位，四部一室一会及四个专业局机构的到位，实现了资源的最优配置。

（刘　琼）

【优化内部作业流程】　年内，根据区邮政公司“流程优化”工作要求，推进优化内部作业流程和作业组织，简化邮件处理流程，实现电子化支局封发国内给据邮件清单无纸化工作。推行进出口邮件分拣前置工作，提高邮件处理效率。分期分批加大对县(支)局、各营业网点处理场地和网运设施、设备的投入，逐步改善了基层网运生产条件。完成税控系统的建设运用，全局共有20个营业窗口上线运行，大部分局所已经结束了手工开写发票的历史。

（刘　琼）

【薪酬改革】　年内，按照“结构调整、合理配置、盘活资源”的原则，全面执行薪酬改革标准，“双定”工作落实到位，进一步完善了分配机制和人力资源的盘活。积极推进“流程优化”工作，理顺了管理职能和组织机构，全员劳动生产率逐年提高。

（刘　琼）

【加强人员培训】　年内，用邮政网络信息平台，加强人才管理和队伍建设，开展邮政网络学院培训，全年参加网络学院科目学习22期，累计230人参加学习。先后出台《拉萨市邮政局企业转岗人员培训实施办法》、《2011年教育培训计划》、《开展网络学院功能应用及项目开发课件学习活动》等规章制度，实施人才培训，形成人力资源的良性循环，使人员在工作中形成尽职尽责的良好氛围。加大职业鉴定前培训力度，提高职业鉴定合格率。开展网上学习竞赛活动，全局共有43名学员入围，占全区邮政入围学员总数的75%。支局长、邮政代理金融网点远程培训注册率分别达到100%和100%，考试合格率和培训率达到100%。

（刘　琼）

【提升服务树形象】　年内，开展“提高服务质量，让用户满意”专项活动，加强对邮政服务的监督检查，强化执行力度。加强核心能力建设，基础网点建设、营业投递网络建设、基础能力建设进一步强化，增强了经营能力，提升了企业形象。定期召开社会监督员、通信服务质量联席会议。把服务质量、专项治理、综合检查相结合开展服务监督检查活动，通过监控抽查、定期检查、部门互查、随机现场抽查等方式，对检查的问题进行现场剖析，提高监督检查的有效性，提高了营业窗口、末端投递的规范化服务。各类邮件二次妥投协议签订率达100%。发挥宣传效应，增强新闻宣传、业务宣传、形象宣传的策划能力。全年举办参加业务宣传10次，累计参加宣传人数280人。加强用户投诉工作的处理，切实为用户解决邮政服务问题。全年解决邮政服务问题9件，用户对问题解决满意度达93分。深化服务理念，强化日常服务管理，采取多项措施，扩大党报党刊早投范围，加快报刊提速，市区内及成熟社区的日报早投提前近1小时，邮件妥投率达98%，邮政综合服务率达到88分。完成“西藏和平解放60周年”、“建党90周年”、“广州大运会”及宗教敏感日等期间的邮政通信服务保障任务。营业局、投递局、西郊邮政支局在年内先后被市委授予“共产党员先锋岗”荣誉称号。

（刘　琼）

【推进党风建设和反腐倡廉】 年内，局党委把加强干部思想理论建设放在重要位置，全年开展中心理论组学习26次。继续巩固创先争优成果，开展学习身边的榜样活动，进一步深化邮政窗口服务。开展创先争优强基础惠民生活动。坚持标本兼治、惩防并举的方针，学习贯彻《廉政准则》，开展以“强化制度建设，提高廉政意识”为主题的党风廉政宣传教育月活动，组织党员干部观看警示教育片，把警示教育作为党员干部教育的重要载体，自上而下，层层签订了党风廉政建设责任书。抓好工程建设、商业贿赂和“小金库”专项治理工作，强化企业管理，从源头上预防腐败行为的发生。加强各县（支）局财务检查工作，为企业健康发展打下牢固基础。

（刘　琼）

【文明创建活动成果显著】 年内，以开展“为民服务创先争优”活动为契机，继续推进公开承诺、党员先锋岗、示范窗口、“多说一句话，说好一句话”投递服务规范管理达标等活动；以争创群众满意服务窗口、争创邮政企业品牌、争当优质服务标兵为切入点，努力提升邮政服务质量和水平。年内，《西藏日报》、西藏人民广播电台、西藏电视台三家新闻媒体，就邮政局“创先争优”活动基本情况、主要做法、取得成效、工作思路及存在问题，进行了专题采访，并在西藏电视台播出，提升了企业形象。

（刘　琼）

【企业文化建设】 年内，贯彻执行《西藏邮政职工互助保障金章程》规定，加大维护职工利益的工作力度。发挥企业文化、精神文明、创城等建设中组织的优势，坚持开展各种业务技能比赛和文化体育活动，营造乐观向上的企业文化氛围。实施“送温暖、献爱心”工程。全年开展“送温暖、献爱心”活动21次，累计发放金额29.72万元。发挥企业文化、精神文明、创城等建设中工会组织的优势，坚持开展各种业务技能比赛和文化体育活动，营造乐观向上的企业文化氛围。落实局务公开，坚持每月“局长接待日”制度，采取民主研讨、职代会表决、公开通告等形式，使局务公开更加贴近实际。

（刘　琼）

拉萨市邮政局

党委书记、局长　袁　军

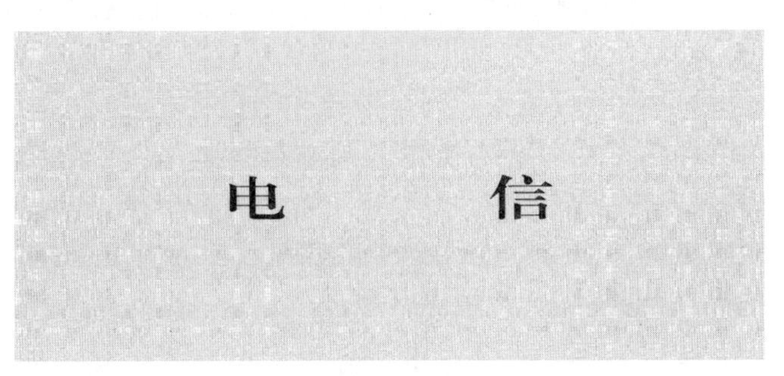

中国电信拉萨分公司

【概况】 2011年，全市固定电话交换机容量21万门，其中用户交换机容量2万门，新增0.1万门。固定电话用户9万户，新增1万户。移动电话用户16万户，新增6.8万户。固定电话普及率16户/百人，移动电话普及率125.8户/百人。互联网用户持续增长，互联网网民数6万人，互联网普及率10.72%；宽带用户4.8万户，同比增长25.9%。

（昌　幸）

【拉萨电信曲水县局获模范职工小家】 2月24日，中国电信拉萨分公司曲水县局获得中国电信集团“模范职工小家”荣誉称号。

（昌　幸）

【陈瑞获“全国用户满意电信服务明星”】 2月28日，工业和信息化部在北京召开“2011年通信服务座谈会”，并对荣获“2010年度全国用户满意电信服务明星”称号的先进班组和个人进行了表彰。中国电信拉萨分公司陈瑞获评为“全国用户满意电信服务明星”。

（昌　幸）

【次仁罗布获“西藏青年五四奖章”】 5月4日，团区委、区青联举行纪念“五四”运动92周年暨第七届“西藏青年五四奖章”表彰大会，中国电信拉萨分公司副总经理次仁罗布获第七届“西藏青年五四奖章”。

(昌　幸)

【与市政市容管委会签约“数字城管”项目】 6月21日，市市政市容管委会与中国电信拉萨分公司共同举行建设拉萨市数字化城市管理系统签约仪式。在搭建数字化城市管理系统基础架构基础上，建成基于中国电信全球眼监控平台的视频监控子系统和12319呼叫中心，为城市管理者准确判断和处置城市管理事件提供有效支撑。

(昌　幸)

【启动“宽带中国翼起来”活动】 6月25日，中国电信拉萨分公司启动“宽带中国翼起来”活动，强力推进宽带规模发展，同步解决宽带发展瓶颈问题。7月份，累计发展宽带用户5400户，为上半年月均受理量的6倍。

(昌　幸)

【与市旅游局签约“数字旅游”项目】 7月1日，市旅游局与中国电信拉萨分公司签订拉萨市旅游综合信息服务中心项目协议，通过特定信息平台，实现旅游行业应用和旅游管理信息化，将拉萨打造成一座现代化、信息化的具有高原和民族特色的国际化旅游城市。

(昌　幸)

【完成拉萨便民服务站通信项目建设】 11月25日，中国电信拉萨分公司完成拉萨市便民服务站网络集成项目调测工作，为服务站建设提供强力通信服务支撑和保障。

(昌　幸)

【优化县乡数据接入网络】 12月，中国电信拉萨分公司完成了县乡数据接入网络优化工作，为下一阶段乡通宽带提速奠定了基础。通过交换机替换、端口变更、线路重新布放、数据规划配置、网络割接升级等，将接入端口提升至864个，为改造前的4倍，增强了县乡级宽带业务承载能力；为交换机配备了光电千百兆自适应业务板卡，实现了端口接入方式多元化。

(昌　幸)

中国电信拉萨分公司

党委书记　冯文勇

总 经 理　土登穷穷

中国移动拉萨分公司

【提升主导地位和规模优势】 年内，拉萨分公司采取了积极主动的市场营销策略，努力发展数据增值业务，提升渠道掌控能力，实现多渠道协同发展。配合区公司开展了各系列营销活动，并自行补充开展了“喜迎藏历新年、移动有礼”，“欢乐旺果、共享收获”，“盛世中国庆华诞、话费礼品一起拿”，“移动相伴、真情不断”活动及“农村旺果节终端”、“校园动感地带”等差异化营销活动，使得用户在网黏性有了增加，提升了移动用户市场份额，移动业务呈现快速、稳固、健康发展的良好势头。

(李　力)

【巩固网络能力和支撑能力】 年内，拉萨移动坚持以“保持网络质量优势”为核心，面向客户感知，加强网络建设，提高网络能力，支撑市场发展，做到网络支撑“先于客户、先于市场、先于竞争对手”。同时加强网络资源的掌控能力，及时掌握全区网络资源情况，网络资源准确率力争达到100%；狠抓设备入网质量、设备问题整治工作，降低退服率，确保设备有人管、质量有指标、维护有保障。拉萨境内传输光缆线路一干长433.11千米，二干长302千米，承载着一干西部环及二干；本地网七县光缆全长326.31千米，承载着本地所有基站和党教业务；拉萨市城域网光缆线路全长1127千米，承载着拉萨市3个核心环和13个子环业务。年内，拉萨分公司对全网的“三高”(高站、高配置站、高盲放站比例)基站的过覆盖、冗余覆盖和干扰状况进行了全面的评估，并对影响质量的高站进行整治。通过降低“三高”来控制过低覆盖，优化网络结构，降低网内干扰。对拉萨地区全网(包括市、县、乡、镇、行政村等)的弱覆盖、无覆盖区域进行自查，通过例行测试、专项测试、有奖投诉等多种手段收集信息，加强深度覆盖，提升网络质量，扫除网络弱点和盲点。结合集团公司下发的《集团2011年铁路网络质量提升计划》，对青藏铁路拉萨段沿线进行自查。通过后台跟踪铁路沿线基站的指标情况，结合铁路沿线的全线测试结果，讨论制定出了一套可行性整改方案，同时针对机场高速公路沿线做专线整治，在确保网络覆盖的同时，加强网络质量提升。

(李　力)

【提升客户满意和忠诚】 年内，不断践行“客户为根、服务为本”的服务理念，改善客户感知、提高客户满意度和忠诚度。提高服务保障能力。以客户需求为出发点，对网络、渠道和人员配置进行优化，持续提升营业厅、热线、电子渠道等窗口和系统的服务能力，保障客户良好的使用、接触体验和感知，实现服务保障与客户需求的完美匹配。发挥服务驱动能力。加大服务营销协同机制建设力度，推动售前、售中、售后服务营销一体化，发挥服务价值驱动效应，实现公司、客户价值的双提升。贯彻执行“为民服务、创先争优”活动25项举措，落实各项工作要求，保障客户信息安全，进一步优化资费服务和透明消费举措，不断提升网络和窗口服务质量，妥善处理消费纠纷和客户投诉，维护客户权益，加大移动信息化建设力度，推进信息惠民。

（李　力）

【建立核心管理体系】　年内，加强投资管理体系化，提升协同效益。树立效益意识，加强投入产出分析，科学合理安排投资，严格把控投资方向，优化投资结构，将资源重点投入到增强核心能力上来，确保投资在公司发展的关键领域、当前发展的热点区域发挥作用；以投资效益为核心，加大精确建网和共建共享力度；加强网络新技术应用，千方百计降低单位建设成本；加大共建共享力度和水平，降低网络建设成本。加强人力资源配置体系化，积极匹配竞争与发展。针对互联网、产品研发、ICT信息系统集成等全业务专业领域，探索特色人才引进模式，着力为企业挖掘优秀人才；加强人才梯队建设力度。建成区、地市中层管理人才梯队，开展有针对性的培养工作；开展班组长能力提升工作，推动基层人才队伍的有序储备和培养。构建适应公司战略和业务发展需要、符合营业岗位特点的绩效与薪酬管理体系，强化营业人员销售业绩与薪酬回报的关系；结合拉萨分公司实际，在确保员工队伍稳定的前提下，推进计件工资体系。

（李　力）

中国移动拉萨分公司

党委书记、总经理　郭文权

金　融

银　行

中国人民银行拉萨中心支行

【概况】　2011 年，中国人民银行拉萨中心支行引导各金融机构贯彻落实中央第五次西藏工作座谈会赋予的特殊优惠金融政策，不断完善金融组织结构；不断加大信贷投放力度，优化信贷结构，重点支持了“三农”、中小企业、基础设施建设、消费、特色经济、弱势群体等；不断改进金融服务，创新金融产品，提升金融服务水平。根据国家和自治区产业政策导向，结合西藏实际，细化了中央赋予自治区的特殊优惠货币政策，出台《2011 年西藏自治区银行业金融机构人民币资金营运规划》、《关于 2011 年西藏自治区信贷工作的指导意见》、《关于做好春耕备耕生产增加“三农”信贷投入的通知》、《关于支持非公有制经济发展的指导意见》等产业、行业支持政策和措施，督促和引导辖区银行业金融机构用好、用活、用足中央赋予的特殊优惠货币政策，提高金融支持经济快速发展的可持续性。进一步丰富和完善扶贫贴息贷款政策，扩大扶贫贴息贷款政策的覆盖面，发挥政策在促进农牧民脱贫致富、推进社会主义新农村建设中的作用。编印“十二五”特殊优惠货币政策藏汉两种文字宣传资料，运用电视、广播、报纸等媒体，对政策进行广泛宣传，增强政策的透明度，扩大政策的知晓面。跟踪国家稳健的货币政策和西藏特殊优惠货币政策执行效果，通过深入商业银行机构和农牧区、有关企业开展座谈、实地调研等方式，了解掌握特殊优惠政策执行情况及可能存在的问题，按季召开金融运行分析会，及时反馈遇到的情况和问题，引导、督促辖区各商业银行机构调整、优化信贷结构，突出信贷支持重点。年内，拉萨市金融运行平稳，发展态势良好。截至年底，拉萨市金融机构本外币各项存款余额 1107. 30 亿元，较年初增加 211. 07 亿元，增长 23. 55%；各项贷款余额 316. 05 亿元，较年初增加 102 亿元，同比多增 51. 89 亿元，较年初增长 47. 65%，同比上升 17. 09 个百分点。

（吴　玲）

【支持“三农”发展】　年内，分别向自治区党委政府、人行总行报送了《中国人民银行拉萨中心支行关于对“十一五”期间金融服务“三农”工作总结和“十二五”期间金融服务“三农”工作思路的报告》，得到区委书记张庆黎和主席白玛赤林的批示，对辖区金融服务“三农”工作给予了肯定。引导辖区银行业金融机构不断改进和完善金融服务“三农”工作；推动农牧区金融改革，逐步向金融服务空白乡镇新建营业网点，探索村镇银行、小额贷款公司、农村资金互助组织等新型金融服务机构的设立和发展；配合财政厅研究综合补贴资金管理办法，引导信贷资金更多地向农牧区倾斜，增加农牧区有效信贷投入。截至年底，拉萨市辖区金融机构涉农贷款余额 25. 73 亿元，比年初增加 11. 78 亿元，增长 45. 79%。

（吴　玲）

【支持中小企业发展】　年内，人行拉萨中心支行结合西藏中小企业实际情况，出台了一系列政策和措施，加大金融支持中小企业发展力度。分别向区党委、政府报送了《中国人民银行拉萨中心支行关于金融支持中小企业发展情况的报告》,提出了支持中小企业发展的十项政策建议。印发《中国人民银行拉萨中心支行关于转发〈中国人民银行关于进一步加强信贷管理 扎实做好中小企业金融服务工作的通知〉的通知》和《中国人民银行拉萨中心支行关于支持非公有制经济发展的指导意见》等文件,提出了加强货币信贷政策工具的引导作用、加大信贷支持力度、创新金融产品和服务方式、搭建信息服务平台、推动担保体系建设、推动非公有制企业信用体系建设等措施,加大对中小企业和非公有制企业的支持力度,满足自治区中小企业和非公有制企业的融资需求。印发《中国人民银行拉萨中心支行关于转发〈中国人民银行关于开展中小企业信贷政策导向效果评估的通知〉的通知》和《中国人民银行拉萨中心支行关于印发〈西藏辖区开展中小企业信贷政策导向效果评估工作的实施细则〉的通知》,进一步加强中小企业信贷管理,加大对中小企业的有效信贷投放,提升中小企业信贷政策导向效果,发挥金融支持中小企业发展的作用。年底,拉萨市辖区金融机构中小企业贷款余额102.42亿元,比年初增加18.5亿元,增长22.05%。

（吴　玲）

【金融风险监测】 年内，人行拉萨中心支行持续关注金融机构发展改革，支持国开行西藏代表处升级设立分行，协助筹建西藏首家地方性银行，12月17日西藏银行股份有限公司成立；继续加强对辖区银行业、证券业、保险业等领域金融风险的监测和评估，开展对小额贷款公司、典当行和担保公司运营状况的调查研究和监测评估；利用西藏金融稳定评估监测指标体系，完成了《西藏自治区金融稳定报告(2011)》；探索建立辖区金融监管信息共享机制；加大中央银行资产管理力度，完成西藏金融稳定再贷款损失尤其是原城市信用社股金的清退核查工作；持续推进区域金融生态环境建设，提议并承办了全区金融生态环境建设工作第二次会议，并代拟了《关于加强西藏自治区金融生态环境建设 推动金融产业发展促进经济增长的意见》呈政府批转全区执行,助推区域金融生态环境改善。年内,拉萨市金融组织体系不断健全,金融生态环境总体向好,金融运行稳定。

（唐光明）

【提升外汇管理与服务水平】 年内，人行拉萨中心支行落实进出口核销期限延长政策，及时制定出台了进口付汇核销、出口收汇核销以及人民币投资管理办法等3项配套制度措施，缓解了出口企业收汇难、核销难等问题，降低了企业经营成本。推进外汇管理各项改革措施，完成60家外贸企业《货物贸易外汇收支业务办理确认书》签署回收工作,为铺开货币贸易改革奠定基础。支持企业“走出去”,为西藏第一家企业在香港成功上市提供周到细致的金融服务,确保如期上市。支持自治区重点项目建设,及时办理西藏航空和冰川矿泉水公司的贸易付汇申请,对其购买飞机和大型机器设备提供便利、快捷的服务,保障其正常生产建设。加大对外汇指定银行、涉外企业的查处力度,对辖内外汇指定银行进行了专项检查及回访检查,对两家营业网点分拆结汇问题进行了立案查处,对26家出口逾期未核销企业进行了调查并做出了相应处理。加大非现场监管和预警力度,构建非现场监管与现场检查联动机制,制定了《国家外汇管理局西藏自治区分局异常资金跨境流动非现场监管工作制度(试行)》，建立数据信息共享机制和协同监管机制，加强跨境资金流动监测，有效防范“热钱”及恐怖资金的流入。年内，全区贸易进出口总额13.59亿美元，同比增长62.53%。全年银行结售汇总额首次突破4亿美元，同比增长79.32%，银行结售汇差额2.47亿美元，同比增长30.25%。边境贸易结算折合美元达到4.3亿美元，约占边境贸易总额的60%，促进了自治区对外贸易的发展。

（唐光明）

【推进征信体系建设】 年内，人行拉萨中心支行大力推进辖区征信体系建设，不断完善各类信息。企业信息收录总量稳步扩大。截至年底，企业征信系统共收录全区企事业单位及其他经济组织6229户，累计提供查询7000余次。推动中小企业信用体系建设，全年为全区2374户未与银行发生信贷关系的中小企业建立了信用档案。截至年底，个人征信系统收录全区自然人约95万人，累计提供查询13.6万余次。强化监管，探索建立征信业务执法检查、商业银行年审数据核对、异议处理监督、征信工作联席会议、征信业务评价表彰、业务人员宣传培训等六大机制，进一步提升辖区征信工作水平。

（唐光明）

【完善支付清算服务】 年内，人行拉萨中心支行加强中央银行会计集中核算系统、大小额支付系统等管理维护，确保系统安全稳定运行。做好支付系统建设和业务推广工作，配合人民银行总行二代支付系统和ACS系统建设。全年大小额支付系统、网上支付跨行清算系统运行稳定，业务量稳步增长，笔数、金额再创历史新高。全年大小额支付系统共处理业务 103.54 万笔、金额 14359.06 亿元，同比分别增长 48.97% 和 62.61%。加强农牧区支付环境建设，推动“银行卡助农取款”试点工作。督促和指导辖区各级银行业金融机构加快电子化建设，开办推广网上银行、电话银行、手机银行等非现金支付业务。打击银行卡犯罪，协助公安部门开展“天网—2011”行动，成功侦破了“4·29”窃取银行卡信息案件。不断加强账户管理，银行结算账户数量平稳增长。

(唐光明)

【强化反洗钱工作】　年内，人行拉萨中心支行继续加大反洗钱调查和反恐怖融资力度，配合自治区公安厅破获“3·25”网络赌博案，组织辖区各银行机构开展了打击电信诈骗犯罪活动。探索现场检查和非现场监管结合的反洗钱监管模式，通过非现场监管划分金融机构风险等级，对风险等级较高的金融机构开展反洗钱现场检查，对辖区 13 家金融分支机构做出了责令限期整改的监管意见，对 2 家金融分支机构和负有直接责任的 2 名金融从业人员给予了罚款的行政处罚。

(唐光明)

【完善国库监管】　年内，人行拉萨中心支行进一步加强日常核算管理，确保各级政府预算顺利执行，尤其是确保了西藏和平解放 60 周年、印度“9·18”地震波及自治区各特殊时期的资金及时拨付到位。加大国库监管力度，与财政厅组成联合检查组，对自治区本级国库集中支付代理银行网点开展了专项检查，规范银行机构的集中收付业务，发挥了央行的监督职能。积极制定意见措施，基本解决了代理支库存在的“一手清”等违规问题。组织发行国债。做好财税库银横向联网系统推广工作，在山南和日喀则中心支库成功推广上线运行系统。

(唐光明)

【加强人民币发行库和发行基金管理】　年内，人行拉萨中心支行创新调拨模式，做好发行基金调运。全年共组织完成发行基金调运任务 53 次，金额 166.36 亿元，现金净投放 52.61 亿元，保证了合理的现金供应。配合自治区大庆办完成西藏和平解放 60 周年金银纪念币发行工作。加强人民币流通领域管理，提高流通中人民币券别合理度、票面整洁度。加大反假货币工作力度，通过努力使反假货币工作纳入自治区综治考核内容，提议并承办了自治区反假货币工作会议，为自治区政府代拟了《关于加强自治区反假货币工作促进经济社会发展意见的通知》并批转全区执行。全年共收缴假币 43.16 万元，同比下降 26.7%，维护了人民群众的利益。

(唐光明)

【开展强基础惠民生驻村工作】　年内，人行拉萨中心支行在继续做好定点扶贫工作的同时，响应自治区党委的号召，做好强基础惠民生工作，成立 5 个驻村工作队一对一地帮扶 5 个行政村。从 10 月开始，首批驻村工作组共派出职工 17 人，进驻海拔 4500 至 5000 米以上的边远对口行政村，与农牧民群众同吃、同住、同劳动，为农牧民想实事、办实事，深受当地农牧民群众的称赞，为巩固边防、维护稳定发挥了作用。

(唐光明)

中国人民银行拉萨中心支行

党委书记、行长　旺　堆

农行西藏分行营业部

【概况】　截至年底，中国农业银行股份有限公司西藏分行营业部本外币总资产 3910539 万元，同比增加 718734 万元，增长 24.47%，实现全口径拨备前利润 73337 万元，同比增长 29.73%；实现全口径拨备后利润 50981 万元。本外币各项存款余额 3781691 万元，同比增加 740751 万元，增长 24.4%；本外币各项贷款余额 801660 万元，同比增加 240063 万元，增长 42.7%。

(罗丽梅)

【金融业务】　年内，区分行营业部累计投放贷款 591048 万元，重点营销了华能、华电、电信、青铁、水利等大型客户。落实“新农保”业务政策规定，按照金融服务“三农”工作的职责和要求，涉农贷款累计投放 11.23 亿元，累计收回 8.4 亿元，贷款余额达 16.72 亿元，增长 20.8%。涉农贷款总额占全行贷款总额的 15.74%。推广金穗惠农卡产品，全年共发放惠农卡 14881 张，新培育涉农小企业客户 27 家。

(罗丽梅)

【个人金融业务】　年内，进一步加快网点建设和网点转型进度。贯彻落实农总行“网点文明标准服务年”活动，抓好网点建设。在服务“软转型”上下功夫，举全行之力抓服务，加快经营转型速度，推行网点文明标准服务导入，对城区已开展文明标准化服务导入的24个网点进行了固化。个人贵宾客户新增1776户，借记卡发卡量新增62787张，手机银行新增1400户，电话银行新增1909户，消息服务新增18842户，转账电话新增432户。

（罗丽梅）

【中间业务收入5621万元】 年内，区分行营业部实现中间业务收入5621万元。服务功能和服务手段日趋多样化，各项指标较上年同期大幅增加，代理保险、基金、银行卡、电子银行等业务得到发展，代理黄金业务进一步巩固，投行业务不断加强。发展国际业务，推进了本外币一体化经营进程。

（罗丽梅）

【电子化建设】 截至年底，新增电子银行个人注册客户4676户、企业注册客户127户，全年投放存取款一体机15台、取款机13台。自助设备正常运行率达到95%。年内，新建立理财中心1家，新建网点2家，迁址1家，网点升格为支行（或以上）级1家。

（罗丽梅）

农行西藏分行营业部

党委书记、总经理　陈金焱

中国银行西藏区分行

【概况】 中国银行西藏区分行成立于1980年。截至年底，中国银行西藏区分行在拉萨市有13个营业网点，拉萨市员工人数617人。

（赵泽攀）

【加快创新】 落实创新工作规划，先后组织员工“走出去”培训或到内地行跟班实习。在抢抓重点客户方面不断拓宽思路，注重在成都及两个开发区抢抓客户。做好金融产品的原发性、引进性创新，共推出“工商入资E线通”、企业年金托管、保函、福费廷、见证开户、速汇金、商业助学贷款等19个创新产品。发挥科技“脊梁”作用，配合总行做好蓝图版本升级及相关配合测试工作，完成12项运营业务流程再造和远程集中授权业务。改进运行监控处理、柜台批量开户、财政代发工资等系统，提高柜台工作效率。

（赵泽攀）

【巩固发展基础】 年内，分行加快电子渠道拓展，共投放自助设备12台；企业网银、个人网银以及手机银行客户实现倍增。强化业务风险防控，先后对信用卡、柜台操作、贷款合规等重点领域进行了稽核检查。完成分行风险内控部整合组建。开展“平安中行”创建活动，落实消防管理和安全生产措施，配合警方成功堵截一起ATM诈骗案件。加强全行值班和应急管理，完善业务连续性计划。全年没有发生各类案件和重大责任事故。

（赵泽攀）

【提升整体形象】 年内，全行开展“我是西藏中行人，我为中行做贡献”主题教育活动，引导全行增强团结意识、发展意识、以人为本意识和大局意识。推进标准化管理工作，改善窗口服务形象。落实基层建设年和创先争优强基惠民活动，得到社会赞誉。多项业务在系统内和同业中排名第一或者有大幅提升。

（赵泽攀）

【业务发展迅速】 截至年底，中行西藏分行在拉萨市的存款余额257.32亿元，占全辖总量的82.74%；人民币贷款余额为77.92亿元，占全辖总量的91.67亿元。全行实现净利润3.55亿元，较上年增加1.29亿元，增长57.05%。

（赵泽攀）

中国银行西藏区分行

党委书记、行长　李瑞强

中国建设银行股份有限公司西藏自治区分行

【概况】 截至年底，中国建设银行股份有限公司西藏自治区分行一般性存款余额408.97亿元，比年初增长73.93亿元，增幅22.07%。一般性存款日均余额355.63亿元，比上年新增69.88亿元。各项贷款余额114.61亿元，比年初新增17.83亿元，增幅18.42%。完成中间业务毛收入5658.64万元，同比增速为31.98%。不良贷款余额33067万元，较年初下降27994万元，不良贷款率2.89%，较年初下降3.42个百分点。全行实现税前利润8.44亿元，比上年同期增长2.07亿元，增幅32.5%。

（雷　勇　张吉芹）

【机构改革】 年内，完善批发业务条线和零售业务条线工作职责，调整激励约束机制和资源配置政策。改革城区支行管理模式，根据各支行所处的区域特点、客户结构和未来发展趋势对城区支行实行差别化定位。强化中后台服务保障，对城区支行日常事务实行集中管理，优化各级领导班子结构，加大中层领导人员交流力度，形成了合理的干部队伍梯队。

（雷　勇　张吉芹）

【提升服务功能】　年内，稳步推进渠道建设，新设拉萨私人银行和山南分行藏木分理处，完成江塘纳卡等5个网点的装修改造以及拉萨开发区支行等2个网点购置，网点布局更趋合理、服务环境更加舒适。年内，建行西藏分行荣获总行级“文明单位”和“全国五一劳动奖状”两项殊荣。

（雷　勇　张吉芹）

【公司业务】　截至年底，对公存款余额329.68亿元，比年初增长62.8亿元，增幅23.53%；对公类贷款余额100.17亿元，比年初新增18.19亿元，增幅22.19%；开办电子汇票贴现业务，填补了该领域的空白；开办企业年金业务，开办“养颐乐1号”企业年金产品，实现企业年金集合计划的突破。全年实现代理保险业务收入达到27.33万元，实现CTS业务收入34.9万元，取得“百易安交易资金托管”业务收入6.88万元。

（雷　勇　张吉芹）

【零售业务】　截至年底，个人存款余额79.3亿元，比年初增长11.14亿元，增幅16.34%。个人类贷款余额14.44亿元。年内发行财私卡32张，销售高端理财产品3.14亿元。全年实物黄金销售94千克，比去年同期新增39千克，账户金销售421千克，比去年同期新增296千克。结合区内市场、文化需求，研发了符合西藏本地特殊的实物黄金产品。推出个人自用车贷款和个人助业贷款。

（雷　勇　张吉芹）

中国建设银行股份有限公司西藏自治区分行
党委书记、行长　韩文贞

中国工商银行西藏分行

【概况】　中国工商银行西藏分行成立于2008年10月20日。工商银行西藏分行为直接隶属总行管理的一级分行，下设综合管理部、市场营销部、风险管理部、业务管理部和营业部等五个部门。

（李　伟）

【业务发展】　年内，西藏分行重视内控案防工作，加强基础管理；提升金融服务能力，推进“增点进位”工程。截至年底，各项贷款余额20亿元，比年初增加15亿元，同业占比由年初的1.72%提高到5.13%，当年增量市场占比15.68%；各项存款余额28亿元，比年初增加7.6亿元，同业占比由年初的1.85%提高到1.95%，当年增量市场占比2.31%。新增存贷比达到198%，存量存贷比达到71%，落实了自治区对各金融机构新增存贷比要达到60%的要求。继续保持无不良贷款、无案件、无重大责任事故的良好发展态势。

（李　伟）

【工作措施】　年内，坚持以新目标为引领，努力建设符合总行发展愿景、契合西藏实际的新型分行。坚持以讲政治为突出任务，做好全行的思想政治建设工作。坚持以谋发展为硬道理，推进“增点进位”工程。坚持以控风险为生命线，夯实各项管理工作基础。坚持以抓队伍为着力点，打造和谐进取的团队。

（李　伟）

中国工商银行西藏分行
党委书记、行长　彭正江

保　　险

中国人民财产保险公司

【主要业务】　截至年底，中国人民财产保险股份有限公司西藏分公司实现保费收入5.85亿元，市场份额88.72%，保费收入同比增长1.85亿元，增长46.07%。承担风险责任（承包业务的保险金额和责任限额之和）3639亿元，全年累计处理已决赔案

26715 件，支付赔款 2.681 亿元，已决赔付率45.79%。

（吴　沿）

中国人民财产保险股份有限公司西藏分公司
总经理　孙国新

中国人寿保险股份有限公司西藏分公司拉萨营业部

【概况】　截至年底，中国人寿保险股份有限公司西藏自治区分公司拉萨营业部实现保费收入7570.52万元，同比增长97.56%。其中个险渠道保费收入3181.81万元，同比增长30.56%；团险渠道保费收入1775.30万元，同比增长303.01%，银保渠道保费收入2612.98万元；同比增173.91%。

（饶　丽）

【提高服务水平】　年内，公司建立客户服务工作日志、客户服务晨例会制度、客户服务差错考核机制等，重视回访工作，建立了社会监督员制度，开展“国寿客户节”、“牵手”等系列活动，拓展“国寿1+N”增值服务，实施藏汉双语保单项目等。开办孕产妇保险，为全区47261名育龄妇女提供保险保障。

（饶　丽）

【承担社会责任】　年内，公司开展自治区加强基层建设年活动，派出2名同志进驻当雄县冲噶村，先后开展藏历年慰问活动、学习用品捐赠活动，为驻村捐建“惠民桥”2座，组织员工捐款9000余元，合计投入20余万元。派出12名员工进驻那曲地区聂荣县聂荣镇和当木江乡的3个村，推进创先争优强基础惠民生活动。

（饶　丽）

中国人寿保险股份有限公司西藏自治区分公司拉萨营业部
总经理　朱海涛

中国平安财产保险股份有限公司西藏分公司

【概况】　截至年底，中国平安财产保险股份有限公司西藏分公司实现保费收入6005万元，同比增长54.52%，承保利润总额128万元。其中车险保费收入5231万元，财产险保费收入320万元，意健险保费收入454万元。全年累计处理已决赔案4379件，支付赔款2047万元，已决赔付率为46.3%。

（王　浩）

【升级“快易免”服务】　年内，中国平安宣布旗下车险“快易免”服务再次升级，首次改变传统理赔流程，“先赔付，再修车”；首次进行“从报案到赔款的全流程时间”承诺；首次推出人伤案件“省心调解”服务；首次推出人伤案件“贴心在线”服务；再度扩大升级“足不出户，赔款到家”的上门代收索赔资料服务范围，并继续为平安车险客户提供免费“7×24小时百公里”道路救援服务。中国平安产险西藏分公司通过专业的流程管理和风险控制能力，响应保监会号召，让理赔服务变得更方便、更简单。

（王　浩）

中国平安财产保险股份有限公司西藏分公司
总经理　吴　琦

安邦财产保险股份有限公司西藏分公司

【主要业务】　截至年底，安邦财产保险股份有限公司西藏分公司实现保费收入1441万元，市场份额2.6%。承担风险责任63.35亿元，全年累计处理已决赔案1600件，支付赔款932万元，赔付率64.67%。

（王小兰）

安邦财产保险股份有限公司西藏分公司
总经理　殷建新

旅 游 业

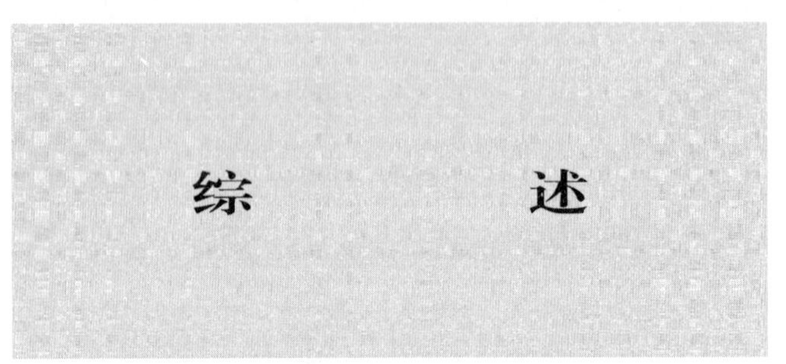

综 述

2011 年，全市累计接待国内外游客 514.43 万人次，同比增长 24.43%，实现旅游总收入 51.11 亿元，同比增长 21.36%。4 月，在拉萨市旅游发展总体规划的基础上，完成了拉萨旅游发展“十二五规划”初稿。截至年底，全市共有宾馆饭店 451 家，其中星级宾馆 116 家(五星 2 家、四星 12 家、三星 27 家、二星 43 家、一星 8 家、星级家庭旅馆 24 家)，社会旅馆 335 家。客房 18117 间，床位 39224 张。共有旅行社 102 家，专职导游 2600 余名；旅游汽车公司 23 家，旅游车辆 3000 多辆。

（旺拉江豫）

旅 游 推 介

【参加西安中国国内旅游交易会】 年内，参加 4 月 15 日至 4 月 17 日在陕西省西安市曲江国际会展中心举办的“2011 第十八届中国国内旅游交易会”。市旅游局分别设计制作了以拉萨三大世界文化遗产和生态自然景观为重点的拉萨旅游宣传广告，刊登了以“雪域圣地，高原明珠——拉萨欢迎您”为主题的全页广告，发放旅交会会刊 5 万册，强化了拉萨在国内旅游业界的宣传推广。

（旺拉江豫）

【参加北京国际旅游博览会】 年内，利用北京市旅游局对口援藏优势，借助交易会的平台，通过北京作为国家首都和旅游重要口岸的区位优势，向国内外宣传拉萨旅游，提升拉萨旅游品牌形象，重点宣传拉萨社会发展、旅游现状、接待能力和旅游环境状况，以北京为基地，打开环渤海旅游客源市场。参加了 6 月 16 日至 19 日由北京市旅游局主办的北京国际旅游博览会。

（旺拉江豫）

【参加第二届上海旅游节】 年内，参加了 2011 年第二届上海旅游节。耗时 3 个月完成的“雪域圣地，高原明珠”花车以其多彩造型、丰富内涵向 50 万游客及全球收看东方卫视直播的观众展示了世界文化遗产布达拉宫等著名景点，对宣传拉萨旅游起到了促进作用。

（旺拉江豫）

【赴杭州参加旅游推介活动】 年内，在杭州第二届世界休闲博览会举办拉萨旅游宣传推广系列活动。由副市长马新明带队，市旅游局、市发改委、市文化局和部分旅游企业代表共计 20 余人赴杭州开展了“雪域圣，地高原明珠”，“幸福拉萨欢迎您”大型旅游宣传推广系列活动。本次拉萨旅游宣传推广活动范围覆盖杭州休博会园区内外，除了开展密集旅游广告宣传和休博会园内发放旅游宣传资料，还举行了拉萨旅游宣传推广说明会，在杭州与拉萨两地市政府的支持下举行了拉萨—杭州旅游合作协议仪式，签订了《杭州—拉萨旅游合作备忘录》，并由杭州市旅游委和拉萨市旅游局共同组织了两地80余家旅游企业和20多家新闻媒体单位进行了交流座谈，为宣传和推介拉萨起到了推动作用。

（旺拉江豫）

大型活动

【城市榜参选活动】 4月至9月，中国国际广播电台“国际在线”频道举办“越独特越魅力 越中国越迷人”的城市榜评选活动，市旅游局整理了文字资料、图片以及视频等宣传资料参加了评选。

（旺拉江豫）

【六十巨变 大美西藏】 5月10日至16日，由国家旅游局和自治区人民政府联合主办，自治区旅游局承办的“六十巨变 大美西藏”旅游宣传推广活动在拉萨举行。来自全国各地的旅游专家学者、百强旅行社及中央和地方媒体代表齐聚西藏，为自治区旅游业的发展出谋划策。

（旺拉江豫）

【六十大庆花车制作】 年内，为迎接西藏和平解放60周年庆典，营造喜庆祥和的节日气氛，突出西藏地域特色，增添节日的喜庆色彩，特意安排花车巡游展示。拉萨市的花车制作工作由市旅游局完成。

（旺拉江豫）

【第六届纳木措徒步大会】 年内，第六届“纳木措”国际旅游徒步大会举办。来自全国各地的摄影爱好者、徒步爱好者、外国友人、媒体记者、经济、文化界名人等150余人参加了为期四天的活动。通过权威媒体参加活动、亲临现场感受活动氛围，以及活动传播有效地提升了拉萨旅游整体形象，巩固和拓展了拉萨旅游国际客源市场，让更多的境内外游客对拉萨乃至整个西藏有了更加全面、客观和正确的认知。

（旺拉江豫）

旅游管理

【《拉萨旅游管理办法》基础调研工作基本完成】 1月19日，市政府常务会议审议决定，将《拉萨旅游管理办法》列为2011年市政府立法计划中的政府规章项目。经过市旅游局与市政府法制办的多次协调，向拉萨旅游联合执法单位征求意见，文献搜集分析、问题梳理和拟定文稿等立法基础调研工作已经基本完成。

（旺拉江豫）

【制作宣传资料】 年初，市旅游局制作了具有宣传效果的2011年台历5000册，以及绿色生态游、历史文化游、拉萨旅游精品线路等宣传折页。

（旺拉江豫）

【协调中央电视台拍摄】 3月，协调央视“有多远走多远”旅游卫视拍摄人员和央视世界地理频道拍摄人员到藏拍摄的有关事项，并全程陪同。

（旺拉江豫）

【设立户外广告】 年内，为刚进拉萨的游客提供旅游信息，在机场路上设立了218平方米的防紫外线喷绘布户外广告牌。

（旺拉江豫）

【加大旅游广告投放】 年内，加大宣传力度，与《西藏旅游》杂志合作，连续3期投放拉萨旅游介绍；与江苏苏友俱乐部合作，在《苏友自驾游》杂志投放3期拉萨旅游介绍；在《陕西旅游》投放拉萨专题介绍；参加北京《自游自在》“仓央嘉措”专题旅游介绍；与中国国旅合作，在其DM杂志投放拉萨旅游广告。向上海中旅、江苏海外、南京国旅等国内知名旅行社派发拉萨旅游宣传资料，由其通过广大门店向游客免费发放。

（旺拉江豫）

【实施红色旅游方案】 年内，向自治区旅游局上报了包括拉萨烈士陵园、雪城、西藏博物馆以及林周县松盘乡的宗雪村和墨竹工卡县甲玛乡的阿沛·阿旺晋美出生地“甲玛赤康”等红色旅游景点。

（旺拉江豫）

【酒店等级评定】 年内，按照《中国星级饭店报告书》(2010新版)的星级等级标准，已对金谷饭店进行了四星级酒店评定，对拉萨金圣大酒店、天海康桑宾馆、电影酒店、茂源宾馆、上海大厦、茶马古道酒店进行了三星级酒店的评定，对格桑花香家居旅馆、香格里拉客栈进行了家庭旅馆评定。

（旺拉江豫）

【接待旅行商媒体考察团】 4月初，接待国航组织的广东知名旅行商考察团，宣传推介拉萨旅游，进行业务交流合作。5月中旬，在接待“六十巨变 大美西藏”国内媒体考察团时，与北京、江苏两地对口支援省市旅游局、旅行社和媒体代表进行业务交流座谈。

（旺拉江豫）

【开办农牧民旅游从业人员培训班】 4月中旬，举办了第一期农牧民旅游从业人员培训班。参训的58名学员分别来自城关区、堆龙德庆县、墨竹工卡县。培训结合学员实际，从旅游政策与法规、西藏简史和民俗、客房管理、讲解员业务、酒店服务礼仪等理论方面对学员进行了培训，通过课堂相互交流发言、到城关区特色家庭旅馆及堆龙德庆县桑木民俗自然村实地观摩学习等方式，丰富培训形式和内容，增强培训效果。

（旺拉江豫）

【做好旅游交通事故协调工作】 年内，在拉萨市境内先后发生了“6·18”、“7·6”、“7·11”、“7·26”四起旅游交通事故，共造成5名游客死亡、14名游客重伤、21名游客轻伤。事故发生后，市旅游局立即组成以主要领导为组长的事故慰问协调小组，赶赴医院慰问受伤游客，协调市卫生局为游客安排及时的医疗检查和治疗，并多次接待事故受伤游客的来电来访，组织召开协调会议，要求旅游企业全力做好游客的救治工作，协调事故的善后处理工作。游客对旅游局的工作态度给予肯定。

（旺拉江豫）

【日常执法检查】 5月以来，市旅游局安排3名执法人员在布达拉宫、大昭寺等主要景区(点)蹲点检查旅游团队携带“两单一表”和导游带团情况。对存在问题的导游人员，市旅游局组织开展导游业务培训班，安排执法人员对西藏圣洁导游公司的导游进行了3期导游培训，对服务礼仪、职业道德、旅游纠纷处理等知识予以讲解。对于经过培训仍存在违规行为的导游，将其导游证暂扣，开设独立学习培训班，学习考试合格后方可继续从事导游接待业务。截至年底，共检查导游5732人次、旅游团队2400个，查处违规导游364人，培训教育185人，责令改正160人，处罚严重违规导游19人，处行政罚款16700元。

（旺拉江豫）

【节日检查】 “五一”、“十一”和雪顿节来临之前，市旅游局根据日常检查情况，制定节日期间旅游检查执法工作方案，对旅行社是否按规为游客开具发票，与游客签订旅游合同；旅游购物店是否出售假冒伪劣商品、欺客宰客、与导游司机存在商业贿赂行为；旅行社、旅游汽车公司、宾馆(饭店)、景区等旅游企业的节假日期间的旅游安全防范工作是否到位；布达拉宫周边倒卖高价景区门票、火车票，发放虚假旅游信息“拉客宰客”等违法行为进行重点检查，安排专人处理投诉，确保节日旅游市场秩序的良好稳定。截至年底，市旅游局共制定《“五一”节日期间旅游执法工作方案》、《雪顿节旅游执法工作方案》和《“十一”黄金周旅游执法工作方案》等节日期间专项执法工作方案6个，出动执法人员540人次、执法车辆150台次，检查旅游购物店22次、旅行社124次、旅游汽车公司24次、宾馆(饭店)256次、旅游团队1305个、导游人员2349人次，发放《旅游企业诚信经营规范》4206份、《旅游安全须知》3000份，查处违规挂靠旅行社4家，暂扣酒店星级铜牌2块，下发责令改正通知书7张。

（旺拉江豫）

【开展联合执法检查】 年内，全面整治拉萨旅游市场，特别是“倒卖门票、欺客宰客、强迫购物”等恶劣经营现象。市旅游局联合工商、税务、公安、财政、药监、卫生和物价等10个单位组成的拉萨旅游联合执法检查组，共开展联合执法检查90次，组织开展“打击倒票”、“旅游安全防范”、“旅游购物店专项整治”等旅游市场专项整治行动10个，共出动执法人员1500人次、执法车辆400台次，检查旅游购物店62次、旅行社324次、旅游汽车公司64次、宾馆(饭店)482次、旅游团队2400个、导游人员5732人次。截至10月中旬，拉萨旅游联合执法检查组共查处违规经营企业16家，行政处罚总金额100700元，其中工商部门对3家违规经营企业罚款59000元。税务部门要求1家违规经营企业补缴税款7781.28元，对2家企业罚款4000元；市旅游局对5家违规企业罚款12000元，下发整改通知书8张，处罚严重违规导游18人罚款17700元，暂扣3家酒店星级铜牌。公安部门抓捕非法推介拼团旅游业务人员5人、参与高价倒卖布达拉宫门票人员26人，其中1人在审理中，给予8人批评教育，移交案件5起，对6人行政处罚1000元，对7人行政拘留10天，对2人行政拘留15天并罚款1000元，对1人劳教2年。检查执法中发现“黑社”1家，较上年减少6家，查处“黑导”1人，较上年减少12人。旅游投诉率为0.09‰，较上年的0.18‰下降50%。

（旺拉江豫）

【宣传诚信经营】 年内，编写拉萨旅游温馨提示。与西藏电信公司合作，通过短信的方式向进藏游客发布“低价旅游是个陷阱，不签合同，权益难保，在拉萨参加‘一日游’，请选择正规旅行社并签订旅游合同，咨询投诉电话：6324691”的温馨提示，提醒游客理性消费，选择正规渠道安排个人旅游行程，保护个人合法权益，不给违规经营行为提供可乘之机。在拉萨经营的旅行社发放《旅游诚信经营承诺书》，要求企业悬挂在门市部显著位置，提升企业的诚信经营理念，加强拉萨旅游市场的诚信经营建设。加强媒体宣传报道力度。旅游执法检查本着“发现一起、处理一起、曝光一起”的原则，加大媒体对违规企业的曝光力度，从社会舆论上给违规旅游企业施压，规范其经营行为，全年在报纸上刊登执法新闻25篇，刊登网站新闻24篇，进行电视报道10次，震慑了违规经营企业。

（旺拉江豫）

拉萨市旅游局

党组书记 董天林

局　　长 江　华

科技·教育(体育)

科　　技

【科技项目申报】　年内，争取到科技型中小企业技术创新基金项目、国家科技富民强县专项行动计划项目、农业科技成果转化资金项目、“科技特派员示范大户”项目共计18项1449万元。在科技厅的协调下，在《科学技术部与西藏自治区人民政府2011年部区工作会商纪要》中，“拉萨城关区特色园艺产业化科技示范园”、“拉萨堆龙德庆县无公害蔬菜和园艺产业化基地”被纳入拉萨国家级农业科技示范园区。

(巴桑卓嘎)

【编制实施重点科技项目计划】　年内，编制下达了本年全市重点科技项目计划。重点在特色农牧业科技、科学技术普及、藏药开发、农产品加工转化、新能源利用和民族手工业等方面确立19个科技项目(其中跨年度接转项目2项、新上项目17项)，资金700万元。支持了城关、堆龙德庆、曲水、达孜4县(区)无公害蔬菜瓜果生产基地建设和4个现代农业科技园建设及林周现代农业示范区建设。在重点科技项目计划中立项支持“曲水高效日光温室建设”、“曲水县农业园区特菜引种试验与示范”、堆龙德庆县“花卉新品种引进试验与示范推广”、“达孜县无公害蔬菜(瓜果)生产技术示范”、“城关区特色产业园区新品种、新技术引进与示范”项目。在林周县实施自治区级农业科技成果转化项目，促进林周县现代化农业示范区建设。

(巴桑卓嘎)

【加强科技项目管理】　年内，科技项目计划下达后，督促各项目承担单位及时签订了科技项目任务书，规定了项目的科研任务和实现的目标，及时下拨项目资金。项目实施中，对每个项目进行3次以上的跟踪检查，协调解决项目实施中出现的问题，确保项目的顺利实施，并取得了显著成效。“嫫啦牌系列青稞饼干开发”项目，根据高原地区特有的气候条件，采用现代生物技术工艺，利用西藏青稞、人参果、红景天、松茸、牦牛奶进行深加工，通过科学配方、合理营养搭配，开发设计生产出了青稞人参果饼干、青稞松茸饼干、青稞红景天饼干、青稞牦牛奶味饼干。“太阳能抽水技术在农田灌溉中的应用”项目，应用太阳能光伏技术和产品，在曲水县达嘎乡建成了1座太阳能光伏发电站，满足了22千瓦抽水机的用电量，出水量正常，为推广太阳能抽水灌溉提供了技术示范。“葡萄、蓝莓、油桃引种及栽培技术试验示范”项目，从新疆喀什地区引进优质葡萄、油桃种苗，油桃已开花挂果。“花卉新品种引进试验与示范推广”项目，引进康乃馨、非洲菊、勿忘我、百合花等多个品种，开展育苗有机质、扦插分株扩繁、种球复壮、湿度、温度、病虫害防治等试验，攻克技术难点，为推广奠定基础。“高效日光温室建设”项目，建成实心、空心、半地下式3种结构温室50栋，并配备无塔自动供水等设备，观察研究不同结构温室的温度变化，为促进设施农业发展提供科学数据。

(巴桑卓嘎)

【结题项目验收鉴定】　年内，共结题验收鉴定12个科技项目，8项科技成果取得居区内领先水平，为拉萨市经济社会发展提供了科技成果储备。“西藏当雄县牦牛育肥技术示范”国家科技富民强县专项行动计划项目，在该县5个乡(镇)培育牦牛养殖示范户300户，采用“协会+基地+牧户”的方式，在项目实施期间育肥牦牛9000头、增加牛肉27万千克，新增效益405万元，培训农牧民科技明白人400名，取得了显著的社会经济效益。自治区科技厅重点科技计划项目“拉萨市城郊名特蔬菜保鲜加工工艺技术研究”，建成了800立方米的保鲜库，采用臭氧杀菌技术，通过对多种蔬菜进行保鲜试验，掌握了8种蔬菜最佳的保鲜温度和湿度，制定出了2个大类6个品种蔬菜的保鲜技术企业标准，延长了蔬菜生产加工产业链，年新增效益200余万元。“林周县农业科技成果转化项目”，在该县3个乡推广良种牦牛200头，组群基础母牛5250头，生产选育后代4399头，提高了牦牛良种率；农作物高产栽培技术示范，在2个乡推广“藏青320”166.67公顷、“藏青148”133.33公顷，建立青稞生产基地300公顷，每公顷增产630千克，总计增产18万千克，促进了特色农业发展；庭院沼菜结合技术示范工作，建立了20个示范户，每户可生产无公害蔬菜487千克，户均年增收3650元，通过建立沼气，每户年节省能源费1020元，培训种养殖农牧民370人。市级重点科技项目“机械化炒青稞技术设备研制”，依据西藏实际，针对糌粑传统生产工艺，以电为动力，创新设计出了实用性强、易操作的青稞沙炒机，掌握了核心技术，并获得了国家实用新型专利。设备每小时炒制青稞110千克，与传统手工炒制相比生产效率提高了10倍，成本降低了8倍，节省了劳动力，减轻了劳动强度，对促进生态环境保护具有显著作用。“藏本草植物湿巾系列产品开发”项目，首次将藏本草植物坎巴噶布引入湿巾生产领域，开发出了男士、女士护肤等5种湿巾，产品经相关部门检测，具有抑制和杀灭大肠杆菌、葡萄球菌、念珠球菌等作用，对人体无毒副作用和刺激性，产品功能性突出。“奶牛全价配合饲料开发”项目，在吸收传统饲料配制和加工工艺的基础上，运用现代研究方法和手段研发出了具有高原特点的高产奶牛全价配合饲料，通过喂养试验，奶牛日均产奶量提高1.41千克，产奶期延长11天，乳品品质亦相应提高，经济效益明显。

（巴桑卓嘎）

【完成“科技支撑拉萨工业园区发展战略研究”调研】 年内，经过调研了解拉萨工业的发展现状，找出制约工业经济发展的问题，提出科技支撑拉萨工业园区的对策建议。此外，科技局撰写的《“一区三园”人力资源开发战略研究》调研报告，荣获本年度全市组织编制调研成果一等奖。

（巴桑卓嘎）

【开展科技特派员考核及待遇兑现】 年内，对全市336名科技特派员进行年度考评，评出年度优秀科技特派员45名、合格科技特派员277名、不合格科技特派员14名。根据考评结果，及时兑现了科技特派员工作补助。

（巴桑卓嘎）

【开展农牧民科技特派员培训】 年内，对177名农牧民科技特派员进行为期6天的业务知识培训，讲授了科学种养殖技术，解读了科技特派员相关政策，结合理论学习开展实地培训，进一步提高科技特派员的服务水平。

（巴桑卓嘎）

【开展科技特派员示范大户培育】 年内，从自治区科技厅争取到120万元科技特派员示范大户培育经费，落实和完成20户科技特派员示范大户的任务。

（巴桑卓嘎）

【开展科技特派员的选聘和建档】 年内，拉萨市新选聘180名科技特派员，其中自治区聘定的为120名、拉萨市聘定的为60名。截至年底，拉萨市共选聘科技特派员504名，其中自治区聘定的农牧民科技特派员为402名、拉萨市聘定的科技特派员为102名。为加强管理，给每个特派员建立档案，提高科技特派员的管理水平。

（巴桑卓嘎）

【科普宣传活动】 年内，发挥科协的职能作用，以文化科技卫生“三下乡”活动、科技活动周、科普日、民族团结月、综治宣传月、防灾减灾日和爱国卫生月等活动为契机，组织科技工作者开展科普宣传活动。全年开展各类科普宣传活动10余次，发放各类科普图书20余种2万余册，展出各类展板200张，3万多人受到科普教育。利用科普活动日，承办由中国科协、自治区科协组织的“科技专家、致富能手进西藏”活动，深入城关区扎细居委会、蔡公堂乡白定村和堆龙德庆县岗德林蔬菜种植基地三个点，有针对性地开展蔬菜、花卉种植、管理技术和科普讲座，参加人数200余人；深入种植户的蔬菜、花卉大棚内进行现场指导。

（巴桑卓嘎）

【科技培训】 年内，科技局向市农牧民培训办公室争取培训经费32.16万元，完成了2500名农牧民引导性培训和190名实用技术培训任务。

(巴桑卓嘎)

【完善科普宣传服务平台】 年内，在管理和发挥好原有55个科普活动站的基础上，新建成3个科普活动站，并创建了5个科普乡村(科普社区)和10户科普示范户。向自治区科协争取到经费40万元，在宗角禄康公园新建LED电子屏，开设科普专栏。争取到3个华硕科普站的建设支持，编印《低碳99》、《蔬菜瓜果栽培与病虫害防治技术》两种藏文科普书籍，为基层订阅《西藏科技报》1965份。科普服务平台的建设,为开展科普宣传活动奠定了良好的基础。

(巴桑卓嘎)

【开展“科普惠农兴村计划”项目申报】 年内，根据拉萨市基层科普工作的实际情况，组织申报14个“科普惠农兴村计划”项目。经过专家评审，拉萨市“达孜县雪乡优质奶牛生产基地”获得中国科普惠农先进集体奖，3人获得中国科协科普活动带头人称号。

(巴桑卓嘎)

【制定科技工作相关规章制度】 年内，开展《拉萨市“十二五”科学技术发展规划》编制工作,截至年底已报市政府审批。配合自治区人大开展科技立法调研工作,汇报拉萨市近年来科技工作开展情况,提出存在的问题及今后工作建议,为自治区制定《贯彻实施〈中华人民共和国科学技术进步法〉办法》提供依据。配合市委组织部开展科技人才优惠政策的制定工作,主要开展拉萨市科技奖励办法修改调研工作,为下一步修改奖励办法、实施细则和评价指标体系打下了基础。制定拉萨市县(区)科技工作考评细则，并开展了2011年度科技工作考评，促进基层科技工作的开展。完成2011年首次全国县(市)科技进步考核工作。拉萨市及八县(区)均通过了国家科技进步考核，其中曲水、堆龙德庆和达孜三个县获得国家科技进步先进县。与相关部门进行合作，获得2011年支持全市工业经济发展先进部门奖。

(巴桑卓嘎)

【科技援藏】 年内，争取到江苏省科技系统援助资金195余万元。将人才、技术、信息、资金进行整合，邀请到包括副厅长王秦在内的江苏省有关科研院所领导赴藏考察指导工作。开展“塔巴陶瓷工业化生产基地建设”项目合作、知识产权专题培训和受理工作，考察太阳能利用与发展情况，举办了“质量管理与创新方法知识讲座”，开通科技信息网等，组团参加江苏省第三届产学研交流会，收集编写有用的科技信息，促进两地的交流合作，推进拉萨市科技事业的发展。

(巴桑卓嘎)

【强基惠民活动】 年内，按照区市党委的统一部署，开展“加强基层建设年活动”和“创先争优强基础惠民生活动”。以开展机关作风和效能建设、学习型党组织建设、党风廉政建设为契机，先后选派7名干部深入昂嘎村、邦堆村开展工作，帮助驻村点加强组织建设，谋划发展思路，实施惠民项目，解决群众生产生活中的实际困难。

(巴桑卓嘎)

拉萨市科技局

党组书记 晋美多吉(11月免)
局　　长 孔常兴(11月免)

教　　育

【概况】 2011年，拉萨市教育事业抓好“两基”巩固提高工作，通过国家“两基”验收，“两基”目标全部实现；抓好青少年思想道德建设工作，进一步筑牢青少年学生反对分裂、维护稳定的思想防线，为创建全国文明城市作出了贡献；抓好城乡教育基础设施建设，城乡幼儿园、中等职业教育学校建设项目启动，高中教育规模不断扩大；抓好教育民生项目，5项教育民生工程完成，各族群众受教育权利得到保障；抓好质量兴教工作，素质教育深入推进，教育质量显著提高，各级各类教育全面发展；抓好教育布局结构调整，深化教育改革，增强教育活力。截至年底，拉萨市教育局(体育局)共设10个行政科室、6个事业科室，共有干部职工91人。其中行政人员30人，事业在编61人，包括干部52人、工人9人。

(黄彦高)

【教育教学管理】 4月6日，召开5年一次的全市教育工作会议和2011年度教育工作部署会议，与县（区）教育局、市直各校签订年度教育目标责任书。完成《拉萨市教育事业“十二五”发展规划》、《拉萨市教育（体育）事业“十二五”专项发展规划》的编制工作，指导8县（区）编制《学前教育三年行动计划》。组织各县（区）教育局局长、中小学校长参加全区中小学教育教学管理现场会，形成《拉萨市参会代表赴林芝地区参加全区中小学教育教学管理现场会学习考察报告》。制定《拉萨市防止义务教育阶段学生辍学管理办法》。建立制度保障、资源保障、质量保障机制，确保流动人口子女平等享受义务教育的权利，无条件接收其入学，全年义务教育阶段接收流动人口子女14152人，占全市义务教育阶段学生总数的20.78%。推进特殊教育发展，开展全纳教育试点工作，拉萨市在原有3个全纳教育试点学校的基础上，将全纳教育拓展至当雄县完小、尼木县完小、林周县苏州小学，全纳教育学校共接受残疾学生148名，占学生总数的2.65%。拉萨市教育局（体育局）被评为拉萨市融入性试点教育工作先进集体。

（黄彦高）

【加强党建】 6月23日，召开全市教育系统党建工作会议，对2010年党建工作进行总结，表彰奖励局系统8个先进基层党支部、30名优秀党务工作者、39名优秀共产党员；对本年局系统的党建工作进行安排部署。开展创先争优活动，各学校继续开展党员公开承诺、设岗定责和“共产党员先锋岗”创建活动以及“三项服务”活动，深入结对学校开展资金援助和学校管理、教学帮扶工作。制定《拉萨市教育局系统党的基层组织党务公开指导目录》、《拉萨市教育局党的基层组织党务公开工作实施方案》，成立了拉萨市教育局基层党组织党务公开工作领导小组，开展党务公开工作。组织市直各校开展年度党支部建设目标管理自查工作。做好推优评先工作。完成西藏和平解放60周年庆祝活动相关工作。举办全市教育系统建党90周年文艺汇演，市直20所学校和城关区部分学校的师生参加了文艺演出。召开庆祝建党90周年入党积极分子座谈会。与重点发展对象谈话，新发展党员29人；对考察期满的46名合格预备党员按期转正。完成区、市八次党代会代表推荐工作，确定11人作为中国共产党拉萨市第八次代表大会代表候选人预备人选，推荐产生出席自治区八次党代会候选人预备人选5人。

（黄彦高）

【配合创建全国文明城市】 年内，做好未成年人思想道德建设工作，落实《关于构建学校、家庭、社会“三位一体”青少年思想道德建设体系工作安排意见》，逐项落实学校未成年人思想道德建设测评体系任务，多措并举抓规范，标本兼治抓整治，拉萨市未成年人思想道德建设测评获得好成绩，为拉萨成功创建全国文明城市作出贡献。

（黄彦高）

【基层建设年活动】 年内，确立“外拉项目、内理思路、输血造血”工作原则，开展“基层建设年”活动。拉萨市教育局（体育局）与市水利局组成联合工作组，从3月开始入驻林周县卡孜乡卡孜村开展工作。工作组深入实地调查研究，与群众同吃同住同劳动，共入户182户，入户率达97%以上。在卡孜村集中宣讲党的惠民政策3次，发放宣传资料360套。协同卡孜乡党委、政府做好敏感节点维稳防控工作，给乡派出所协警和保安人员送去慰问金8000元。组织本系统干部职工为卡孜村捐款9万余元。自筹和协调相关部门单位，落实各类项目资金129万余元，为卡孜村民小组新建水渠300米、小农桥5座；为曲果孜村民小组新建灌溉渠道250米；为毛严村民小组新建公路桥1座，维修公路桥1座，新建水渠250米、防洪堤408米及过水路面；为村委会安装防护栏。10月中旬，按照拉萨市加强基层建设年活动领导小组办公室的要求，拉萨市教育局（体育局）下派8名干部赴林周县旁多乡加给村和日布村驻村蹲点，两个驻村工作组在前期调研基础上，制定了加给村和日布村强基惠民活动实施方案和项目计划，形成了16个项目规划的可行性调研报告。

（黄彦高）

【学习型党组织建设】 年内，加强全市教育系统学习型党组织建设。局党委理论学习中心组发挥示范带动作用，不断丰富学习内容，改进学习方式，加强政治理论、时事政策学习，组织副科级以上干部深入领会贯彻落实胡锦涛总书记在参加十一届全国人大四次会议西藏代表团审议时的重要讲话精神、“七一”重要讲话、党的十七届六中全会和区市第八次党代会等会议精神，学习周广智同志先进事迹，全年共组织15次理论中心组学习。

（黄彦高）

【党风廉政建设】 年内，建立信访突出问题和群体性事件领导小组工作例会制度，接受全市信访积案大排查大化解检查验收，依法做好各类信访举报的调查处理工作，全年共受理举报8个，全部办理完结。加强教育系统“三重一大”工作的监管，邀请市纪委人员对“三重一大”事项决议进行监督，推荐30名同志担任党风监督员，拉萨市教育局(体育局)2010—2011年党风廉政建设工作通过市里的考核验收。开展机关作风和行政效能建设，与市直各校、局机关各科室签订《效能建设目标管理责任书》，完善各项规章制度，更新科室公开栏，结合市委巡查组反馈意见，对群众反映强烈的问题进行整改，加强机关作风效能建设。

（黄彦高）

【完成“两基”迎国检】 年内，抓好“两基”巩固提高工作，全市高标准通过国家和自治区“两基”验收。通过“两基”迎国检工作领导小组，召开工作例会、专题会、现场会和全市“两基”迎国检工作会议，通报进展情况，研究部署迎检工作，解决实际困难和问题；组成督查组，对全市“两基”迎国检工作进行督查，针对发现的问题及时进行整改；借助媒体开辟“三专”（报纸上有专版、电视上有专题、网站上有专栏），开展“两基”迎国检宣传工作；举办拉萨市“两基”迎国检文艺晚会，展现拉萨市教育成果和教育人的精神风貌。9月29日，“两基”国检评估组对拉萨的“两基”及整体教育教学工作给予了肯定。10月21日至24日，自治区教育厅组织专家对拉萨“两基”工作进行专项督查，对拉萨市“两基”工作表示满意。拉萨市教育督导室被推荐为全国教育督导系统创先争优先进集体，城关区人民政府等10个单位获自治区“两基”工作先进集体，37名同志获自治区“两基”工作先进个人。

（黄彦高）

【落实5个教育民生项目】 年内，市政府12项民生工程中涉及教育和体育的5个项目全部落实到位；“三包”惠及面逐步扩大到学前教育和高中阶段教育，“三包”标准提高到年生均2200元；全市共资助319名贫困大学生，对27名孤儿大学生进行资助，累计资金达115.5万元。解决务工人员随迁子女接受义务教育问题，截至年底共解决16402名务工人员随迁子女入学。

（黄彦高）

【德育工作】 年内，切实抓好学校德育工作。牢牢把握“培养什么样的人、为谁培养人、怎样培养人”这一关键问题，牢固树立“德育首位”思想，坚定不移地把“维护稳定、反对分裂”的教育放在重中之重位置抓实抓好。加强组织领导，全市教育系统自上而下健全了德育工作机构，首次签订《德育工作目标管理责任书》，建立激励机制和学校德育工作评估体系，完善《关于进一步加强中小学学科教学中渗透德育内容的工作意见》，续聘23名法制副校长和23名法制辅导员，各校配齐了兼职心理辅导教师和德育工作者。以活动为载体，举办拉萨市庆祝“六一”国际儿童节“童心向党”大型文艺演出，在全市开展“法律大讲堂进校园”、“中华经典诵读进校园进课堂”等活动，组织学校办好“德育走廊”，安排专人编写《中小学德育辅导读本》。

（黄彦高）

【开展教育合作交流】 年内，促进教育教学交流合作，组成教育代表团出访美国科罗拉多州博尔德市。经市外办审批，拉萨市教育局(体育局)与美国科罗拉多州博尔德市友城项目办就两城建立友好学校形成《谅解备忘录》。

（黄彦高）

【落实教育惠民政策】 年内，落实自治区财政厅、教育厅印发的《自治区学前教育阶段农牧民子女补助和中小学“三包”政策及助学金制度规定的通知》(藏财教字〔2011〕14号)文件精神，从秋季开始，拉萨“三包”经费二类地区每生每年提高到2200元，三类地区每生每年提高到2300元，四类地区每生每年提高到2400元。年内，拉萨市共资助319名贫困大学生，对在读的27名孤儿大学生进行分年资助，累计资金达115.5万元。

（黄彦高）

【加强教科研工作】 年内，制定《拉萨市教育教学质量监测实施方案》。加强教学教研工作交流，选派3名语文教师参加山南小学汉语文教学交流活动。组织优秀教师参加全国性赛课，拉萨市教师在成都举行的第三届课堂教学大赛西南片区赛中，分获语文课、数学课二等奖，英语课一等奖，并代表西藏参加10月14日在西安举行的全国总决赛，最终获得了全国总决赛英语组一等奖。拉萨市中小学2011—2012年度课堂教学大赛于10月17日至25日举行，参赛学科涉及15个，评出一等奖13个、二等奖20个、三等奖27个、优秀教学设计奖15个。拉萨市教研所组织全市1527名中小学生参加全国小学生英语能力竞赛；与西藏移动公司联合举办“校讯通”杯全市中小学生作文大赛，评出一等奖6个、二等奖9个、三等奖

18 个、指导教师奖 32 个、组织奖 10 个。编辑教研书刊，编辑出版《拉萨教育》杂志汉文版 6 期、藏文版 4 期。

（黄彦高）

【抓好语言文字工作】 年内，对市语委办的档案资料按照国家一类城市语言文字工作评估的实施标准进行归纳整理，邀请其他省市语言文字专家对相关工作进行指导培训，组织人员对市区各党政机关、学校、新闻媒体和公共服务行业共 41 家单位进行督导检查，拉萨市顺利通过“国家一类城市语言文字”评估验收。

（黄彦高）

【开展教育信息化建设】 年内，全市新建 134 间普通多媒体教室、48 间计算机网络教室、118 间电子交互式多媒体教室，改造 3 间计算机等级考试专用教室，完成市一中计算机等级考试机房改造项目、10 间短焦投影加交互式电子白板教室项目。发放 99 台电视机和 169 台 DVD 至各县（区）、各学校。出台《拉萨市教育局关于加快教育信息化建设的意见》。

（黄彦高）

【职业教育投入 1502.10 万元】 年内，市政府投入职教经费 468.33 万元、自治区教育厅下达职教经费 1034.08 万元。安排 34 名教师参加职业学校自治区级骨干教师培训。初步形成墨竹工卡县以民用建筑和汽车运行与维修专业为主，林周县以特色种植、养殖专业为主，当雄县以金属加工和驾训专业为主，曲水县以室内装饰为主，尼木县开设适合当地民族手工业发展的专业，达孜县、堆龙德庆县、城关区依托拉萨市区开设以现代服务业为主的职业教育专业体系。各县（区）职教中心中职班招生 332 人。推荐 98 名优秀中职毕业生参加对口高职考试，全部被录取，其中 7 人考上天津职业技术师范大学本科。拉萨市录取内地西藏中职班学生共计 564 人。组队参加由教育部等部门共同主办的“2011 年民族地区职业院校学生才艺展示活动”，获得 3 个金奖、2 个银奖、3 个铜奖、1 个优秀奖。市农牧民培训工作领导小组给拉萨市教育局（体育局）下达培训任务 830 人，全年实际培训农牧民 918 人，合格 863 人，拿到培训证书 342 人，实现就业 806 人。

（黄彦高）

【加强民办学校管理】 年内，清查 15 所民办教育机构，要求限期整改 4 所（朗桑、岗旋、小博士幼儿园，统建学前班）；查处违法办学机构 2 所（明桑福利学前班、魔耳英语培训学校）；终止办学 1 所（文博学校）；下发《拉萨市教育局关于 2011 年民办学校年检工作的实施方案》，对全市所有民办学校进行年检，对合格的学校给予换证；加大扶持力度，向义务教育阶段民办学校下达 2010—2011 年免学费教育经费 67.352 万元。

（黄彦高）

【完成各类招生考试工作】 年内，完成研究生、全国高等教育自学考试、成人高考、第 33 和 34 次 NCRE、第 33 和 34 次 PETS、NTET 和普通高考、中考、内地西藏班（小考）的报名、审查和组织考试工作。累计服务考生 21618 人次，其中研究生考试人数 1126 人、自学考试报名人数 1055 人、成人高考报名考试人数 1397 人、NCRE 报名考试人数 1406 人、PETS 报名考试人数 83 人、NTET 报名考试人数 341 人、普通高考报名人数 6432 人、普通中考报名人数 7099 人、内地西藏班（小考）人数 2679 人。年内，高考工作中拉萨市共取消不符合报考资格的人数 21 人，对 14 名普通高考报考考生的报名信息进行了更正。

（黄彦高）

【加强学校卫生安全工作】 年内，强化教育系统安全稳定工作，确保平安和谐。全市教育系统加强安全教育、安全知识宣传、安全管理培训，开展安全检查和安全隐患排查治理，层层签订目标责任书，落实责任追究制度，全市教育系统未发生任何影响安全稳定的事件，市八中等 9 所学校被评为“全国消防安全教育示范学校”。抓好校园及周边环境卫生工作，开展创卫活动。加强学校食品、传染病防控等工作，妥善处置唐加乡中心小学学生食物中毒事件。

（黄彦高）

【加强干部队伍建设】 年内，选派 8 名同志参加市委党校干部培训；选派 57 名机关干部、县区教育局局长、学校校长和党支部书记赴北京培训；选派 6 名工会干部参加自治区工会培训。配合市委组织部对局领导班子及成员进行考察，推荐县级后备干部。加强机关干部队伍建设，选配机关科室人员。组织全市教育系统 45 名工会会员赴海南疗休养。全市教育系统 40 名干部职工申请退休得到批准。

（黄彦高）

【师资队伍建设】 年内，加强教师队伍建设，提升队伍素质。按照“骨干带动，整体推进”的工作思路，继续实施教师素质提升工程，加强教师培养培训，拉萨市教育局(体育局)全年组织教师参加各级各类培训1831人次，其中国家级培训524人、自治区级培训273人、市级培训334人、县区级培训700人，区、市、县、校四级骨干教师梯队已初步形成。推进人事制度改革，以拉萨七中为试点单位，启动教育系统事业单位岗位设置管理工作。

（黄彦高）

【教育基础建设争取资金32543万元】 年内，推进项目建设，办学条件进一步改善。争取项目建设经费。拉萨市教育局(体育局)以“两基”迎国检为契机，全年共争取项目建设资金32543万元。投资4735万元，完成拉萨三中改扩建工程等5个跨年项目；投资20303万元，实施并完成涉及50所学校、建筑总面积达87799平方米的48个新开工项目；投资5205万元，实施D级危房改造工程，对全市23所存在D级危房的学校进行改扩建。抓好教育技术装备建设。

（黄彦高）

【教育基本情况】 截至年底，全市有各级各类学校(含教学点)238所，在校生共98634人；其中高等师范专科学校1所，在校生2547人。教育部门办：普通高中6所，在校生11079人；初中14所，在校生19643人；完全中学1所，在校生2563人；完全小学86所、教学点59个，在校生45652人；幼儿园29所，在校幼儿6790人；特殊教育学校1所，在校生171人。其他部门和社会力量办：十二年一贯制学校1所(军区八一校)，在校生1938人；九年一贯制学校1所(巴扎育才学校)，在校生530人；民办小学1所(彩泉福利小学)，在校生75人；民办幼儿园38所，在园幼儿7646人。全市中小学、幼儿园共有教职工8243人(含退休人员1083人)，专任教师共计6344人。其中教育部门办学校在职教职工6358人(中学2671人、小学3316人、幼儿园199人、特校45人、教研员127人)，专任教师5932人(中学2480人、小学3251人、特校39人、幼儿园162人)；民办学校在职教职工802人(高中84人、初中54人、小学80人、幼儿园584人)，专任教师412人(中学88人、小学66人、幼儿园258人)。全市高中、初中、小学专任教师学历合格率分别为97.32%、99.61%、99.19%。年内，全市高中阶段毛入学率81.4%，初中毛入学率100.03%（包括外来务工人员子女)、巩固率97.64%，小学适龄儿童入学率99.79%、巩固率98.52%。青壮年文盲率控制在1%以内。

（黄彦高）

体　　育

【概况】 截至年底，体育局下设体育科1个行政科室、行政人员2人，事业在编9人。拉萨市体育局加强学校体育和群众体育工作，举办和组队参加体育比赛。开展阳光体育运动、体育特色学校、体育传统项目学校创建活动，设立体育特长班、开办业余体校，举办拉萨市第四届U－13足球赛。围绕“阳光健身”主题，依托各社区、单项体育协会组织承办围棋比赛等赛事，举办2011年中国拉萨雪顿节马术表演暨传统体育竞技赛，开展系列群众体育活动。成立拉萨市体育彩票管理中心，截至年底，全市建立体育彩票销售网点38个，完成了拉萨市（区）的全覆盖，全年体育彩票销售额达到1641.93万元，年终返拉萨市彩票公益金82.15万元。组队参加全国第七届城市运动会武术套路和男子摔跤比赛，并在武术套路太极拳比赛中获第二名、第八名的好成绩。

（谢玉堂）

【参加第24届全国晚报杯业余围棋锦标赛】 1月7日至18日，派3人参加了在浙江绍兴举办的第24届“全国晚报杯业余围棋锦标赛”。

（谢玉堂）

【赴江苏考察体育彩票工作】 5月6至16日，拉萨市体育局派3人参加了西藏自治区体彩管理中心组织赴江苏省南京、溧阳、常州、扬州、镇江进行体育彩票工作实地考察和经验交流，对体育彩票管理架构、销售概念、渠道建设和营销宣传进行了详细的了解，提高了拉萨体育彩票管理销售水平。

（谢玉堂）

【举办2011年拉萨市第四届U－13足球比赛】 5月10日至16日，拉萨市体育局举办为期7天的2011拉萨市第四届U－13足球比赛。在此次比赛中，共6个队84名运动员参加比赛，拉萨市北京小学获得冠军，拉萨市第三小获得亚军，拉萨市一小获得第三名；拉萨市当巴小学和拉萨市试验小学获得了体育道德风尚奖。对弄虚作假的拉萨市雪小学和拉萨市广西友谊小学进行了严厉的惩罚，取消了两队的比赛资格和所有比赛成绩。

（谢玉堂）

【业余体校招收120名学生】 7月4日至23日，成立以市体育局副局长朱苏春担任组长、体育科科长及体校校长为副组长的拉萨市业余体校招生领导小组，赴达孜县、林周县、墨竹工卡县、尼木县、当雄县、堆龙德庆县、城关区20多所小学就田径、摔跤、柔道、足球、射箭等项目进行招生。此次招生范围为10岁至13岁的在校学生。通过初选、复选、体检，最终招收120名学生。

（谢玉堂）

【拉萨市体育彩票管理中心挂牌成立】 7月12日，拉萨市体育彩票管理中心挂牌成立，截至年底，全市建立体育彩票销售网点38个，完成了拉萨市（区）的全覆盖，全年体育彩票销售额达到1641.93万元，年终返拉萨市彩票公益金82.15万元。

（谢玉堂）

【举办第四届“拉萨市少儿围棋比赛”】 7月30日至31日，在拉萨市第一小学举办第四届“拉萨市少儿围棋比赛”，参赛人数达214余人，为历届之最。拉萨市实验小学王文泰和拉萨市第一小学分别获得个人和团体冠军。

（谢玉堂）

【参加第五届“全国历史文化名城围棋比赛”】 8月11日至15日，市体育局选派尚涛等3人参加了在甘肃天水举办的第五届“全国历史文化名城围棋比赛”，拉萨获团体第八名，尚涛获文化名人组冠军。

（谢玉堂）

【举办2011中国·拉萨雪顿节马术表演】 8月30日，在拉萨赛马场举办“2011年中国拉萨雪顿节马术表演暨传统体育竞技赛”。项目包括马术表演、押加、抱石头和拔河。本次比赛共有232名人员参加，其中押加48名，抱石头40名，拔河144名。押加分为65公斤级和100公斤级，65公斤级决出前四名、100公斤级决出前三名；抱石头比赛决出前6名；拔河比赛决出前3名；赢得名次的运动员将获得奖金。

（谢玉堂）

【参加自治区第二届篮球锦标赛】 9月20日至26日，拉萨市体育局组织17人参加自治区第二届篮球锦标赛。拉萨市篮球队与消防队、山南队、昌都队、藏医学员队、体校队分在A组，共5场比赛，拉萨市篮球队获得“体育道德风尚奖”。

（谢玉堂）

【参加全国第七届城市运动会】 10月15日至25日，在江西南昌举行全国第七届城市运动会。组织16人参加，经过3天的顽强拼搏，在武术套路太极拳比赛中钱康取得第二名、葛奇林取得第八名。

（谢玉堂）

【参加全国第二届智力运动会】 11月5日至15日，拉萨市棋类协会副会长尚涛、理事江斌和王鑫3人代表西藏自治区参加全国第二届智力运动会。尚涛与深圳籍运动员王鑫搭档获混双组第10名。江斌获男子个人组第25名。

（谢玉堂）

拉萨市教育（体育）局

党委书记　平措朗杰

局　　长　张　勤

文化·新闻

文化艺术

【概况】　年内，自治区党委、政府出台了《拉萨市“十二五”文化发展规划纲要(2011—2015年)》和《拉萨市关于“在文化发展中发挥示范作用”的工作方案》。从宣传思想、精神文明建设、文化事业、文化产业、文学艺术等方面做出安排部署，提出工作措施，为拉萨文化大发展大繁荣和充分发挥首位作用提供了基本遵循和重要指导。积极推动文化产业发展。出台了多项支持文化发展的人才、资金等特殊政策措施，明确财政每年设立文化发展专项资金由原来的1000万元增加到2000万元。围绕中国共产党成立90周年、西藏和平解放60周年主题活动，开展了“红色歌曲·拉萨唱”等系列大庆活动，举办了庆祝大会、彩车方阵游行、群众游行方阵表演、女民兵方阵表演和“幸福路上60年”主题晚会、“‘辉煌拉萨60年’经济社会发展成就图片展”等活动，出版发行了《幸福拉萨》、《经典拉萨》歌曲集，《非物质文化遗产展示片》、《传承文化 见证历史》(汉文版)等书籍。全年举办20余项系列大庆宣传活动，受到了区、市领导的充分肯定和广大市民的广泛认同。

(卓　玛)

【举办品牌文化活动】　8月29日，举办了2011“幸福拉萨、多彩雪顿”、“幸福路上60年”大型歌舞主题晚会、“第七届中国(深圳)文化产业博览会”等品牌活动。

(卓　玛)

【繁荣文艺创作】　年内，组织创作了“幸福路上60年”大型歌舞主题晚会，晚会突出了在中国共产党领导下，60年来西藏所取得的翻天覆地的巨大变化这一主题，唱响了共产党好、社会主义好、改革开放好这一时代旋律。

(卓　玛)

【公共文化服务网络日趋完善】　年内，精心实施了广播电视进寺庙、户户通、农村电影放映、农家书屋、寺庙书屋、乡村综合文化站(室)、文化信息资源共享等文化惠民工程。截至年底，拥有群艺馆1个，文化馆8个，文化站14个，文化室229个；有农家书屋229个，社区书屋17个，寺庙书屋115个；有文化信息资源共享工程省级分中心点1个，县支中心点8个，基层服务点130个；全市共有专业文艺团体1个，业余文艺队伍234个。年内共开展“三下乡”活动、广场文化活动、文艺调演活动等各类文艺演出活动500余场次，观众50余万人次。积极推进有线电视数字化建设，广播电视综合人口覆盖率分别达96.69%和96.44%。全年放映电影11000余场次，观众100余万人次。

(李小燕)

【文化产业示范点环线形成】　年内，共涉及创收文化单位类、文化市场类、园区文化类、民间文艺团体类、文化就业培训类、一县一特类、旅游文化类、民族手工艺品类、文化企业类9大类804个产业点。

(李小燕)

【实施“一县一特”特色文化产业发展战略】　年内，积极培育文化产业示范点，以示范点建设推动文化产业发展。已建成国家级文化产业示范基地1个，自治区级文化产业示范基地5个。各县(区)主要文化产品的陈列展示工作基本完成，社区文化、旅游文化、藏戏文化、藏香文化、渔文化、民间文化、和谐文化、观光文化逐步形成，为推进特色文化产业发展奠定了重要基础。

（李小燕）

【非物质文化遗产】 截至年底，拉萨市已有国家级非物质文化遗产项目19个，自治区级项目42个，拉萨市级项目63个；国家级传承人13人，自治区传承人23人，拉萨市传承人63人。其中先后有11个非物质文化遗产项目被列为全区重点项目予以保护。市区内开辟了非物质文化遗产陈列室，征集各类代表作实物30余件，编辑并印制了宣传折页《守望我们的精神家园》，宣传画册《魅力拉萨》及DVD《走进拉萨》等。

（卓　玛）

文物保护

【概况】 拉萨市文物由可移动文物、不可移动文物、历史文化街区和历史文化名城组成，有各类文物点934处，其中世界文化遗产一处三个点，全国重点文物保护单位8处，自治区级文物保护单位49处，市、县级文物保护单位141处。全市文物遗产的特点：一是数量庞大，二是门类齐全，三是分布范围广，四是文化内涵丰富。

（劲永春）

【推进文物安全和文物行政执法】 年初，与各县（区）签订文物安全责任书，实行文物安全一票否决制。加强对市辖国家级、自治区级和市、县级重点文物保护单位进行检查和巡查。配合自治区文物局和消防部门重点检查文物工程施工安全，检查内容包括消防设施、防盗设施、明火供灯、供电线路、建筑损坏、文物单位安全规章制度和内保人员设施等情况。下达10多万元资金，用于改善楚布寺、卓玛拉康、羊井寺文物安全基础设施。加强了文物行政执法力度，严格了对重点文物保护单位和老城区范围基础设施建设的审批和处罚。

（劲永春）

【文物保护基础工作】 年内，启动新一轮“四有”（记录档案、保护标志、管理机构、保护范围及建设控制地带）工作。将新公布的各级重点文物保护单位按照属地管理的原则要求八县（区）完成文物保护单位“四有”工作。就申报和公布新的市、县级重点文物保护单位工作进行部署和安排。完成《拉萨市文物保护事业“十二五”发展规划》。

（劲永春）

【推进文物普查与保护】 年内，全市第三次全国文物普查田野调查和数据整理通过自治区验收。全市文物点共有934处，位居全区第一，新发现707处，复查228处。已列入国家级、自治区级、市县级的重点文物保护单位分别达8处、49处、141处。其中市政府今年新公布的市级重点文物保护单位为66处。其中，古遗址200处、古墓葬177处、古建筑372处、石窟寺和石刻99处、近现代重要史迹和代表性建筑86处、八廓街1处，3处被列入国家第三次文物普查重要新发现。完成《关于老城区古建大院保护管理与开发利用的调查报告》，就56处古建大院的基本情况、现状和保护利用及存在的问题进行了调查，向市政府提出了对古建大院加强保护与合理利用的建议。

（劲永春）

【推进项目工作】 年内，编制完成“十二五”文物保护项目规划。接转“十一五”项目3个（大昭寺、小昭寺、哲蚌寺措钦大殿、给排水改造工程），投资总额5981万元，分别完成工程总量和投资的80%以上；开展新项目4个（哲蚌寺文物保护二期、中央人民政府驻西藏代表办公处、旁多水利枢纽工程文物搬迁、热振寺活佛寝宫），投资总额3928.0243万元。完成大昭寺安防、消防工程的设计和评审，下密院维修和关帝庙、朗子厦陈列项目报自治区财政审核。

（劲永春）

【推进文物保护宣传工作】 年内，配合中央电视台10套《探索发现》栏目，拍摄完成专题片《历史文化名街——八廓街》。利用“文化遗产日”活动，发放文物法律、法规宣传资料，并以展板、图片、文字集中展示拉萨市文物保护成果。

（劲永春）

文 化 市 场

【概况】 2011年，全市有文化经营单位719家，从业人员10760人。坚持日常监督与集中行动相结合，“堵源”与“截流”相结合，治本与治标相结合，规范秩序与建立长效机制相结合，逐步建立起打、防、控、管一体化的长效工作机制。全年共出动稽查人员3400人次，车辆2100台次，查缴各类政治性非法音像、书刊等出版物18万盘(册)，拉萨市开展音像市场“反盗版天天行动”，查缴非法音像制品15万余盘(张)；学习、宣传、贯彻国务院颁布的《音像制品管理条例》，结合全国文化市场法制宣传周活动和“3·15”国际消费者权益日宣传活动，开展音像法律、法规宣传周活动；“4·26”知识产权日前后，开展“绿书签”宣传活动，在拉萨市设立主会场，集中销毁2010年以来拉萨市在开展“扫黄打非”斗争中查获的盗版图书、盗版音像制品、盗版电子出版物等各类侵权盗版及非法出版物，共计13万余件，各类非法赌博机80台。

(次　央)

【演出市场专项整治行动】 5月，开展演出市场专项整治行动，及时制定了《演出市场专项整治行动方案》，通过采取日常检查与突击抽查、重点时段与重点路段相结合等方式，加大对拉萨市朗玛等歌舞娱乐场所的排查整治力度，先后对拉萨市中和国际城、北京中路、林廓路等路段的演出经营场所进行全面检查，对出现问题的经营场所给予相应的处罚。行动中，共出动执法人员115人(次)，执法车辆38台(次)，检查经营场所75家(次)，对7家存在违规经营问题的场所下达《停业整改通知书》。

(次　央)

【“两庆”文化市场整治行动】 5月底至7月底，在全市范围内开展了近两个月的中国共产党建党90周年和西藏和平解放60周年文化市场专项保障行动。重点复查演出、娱乐、网吧、网络音乐和网络游戏等市场，查处了含有国家法律法规禁止内容的文化产品和有害信息、色情低俗演出等文化市场非法经营活动。

(次　央)

【加大网络市场整治力度】 年内，文化局继续加大对全市网吧经营场所的整治力度，通过采取日常检查、突击检查、联合检查的方式，做到网吧专项检查的经常性、全面性、针对性。全年反复检查网吧685家(次)，出动执法检查人员1200余人(次)，出动执法检查车辆118台(次)，暂扣网络经营许可证照12本，责令停业整改8家。

(次　央)

【整顿电子游艺市场】 年内，文化局集中力量对拉萨市电子游艺经营场所使用机型、机种开展了全面的摸底排查，对检查发现的142台不符合准入标准机型进行了查封。

(次　央)

【文化市场安全隐患排查行动】 年内，制定《拉萨市“两庆”文化市场消防安全专项整治行动实施方案》、《拉萨市文化市场消防安全隐患专项整治行动实施方案》，多次组织召开文化市场工作专题会议，成立专项行动领导小组。对12家存在消防安全隐患的网吧、3家歌舞娱乐经营场所提出了限期整改意见，集中清理了35家不符合要求的小型音乐酒吧，查缴了非法音像制品3万余张(盘)，其中政治性非法音像制品300余张(盘)，取缔了非法游商、流动摊贩16个，将一名涉嫌贩卖政治性非法音像制品的违法经营者移交公安机关做进一步处理。

(次　央)

拉萨文化(新闻出版、文物)局

党组书记　王秀梅
局　　长　王德隆

文联活动

【概况】 年内，市文联主要工作是为庆祝西藏和平解放60周年举办"辉煌拉萨60年经济社会发展成就图片展"。全年开展各艺术门类文艺活动12次。

（罗布次仁）

【书法家协会举办新年笔会】 1月，市书法家协会举办2011年新年笔会，书协会员和拉萨市社会各界书法爱好者共60多人齐聚一堂，通过书法笔会进一步加强学术交流和沟通。

（罗布次仁）

【摄影家协会召开摄影作品交流展示会】 1月，市摄影家协会组织会员召开2011年迎新茶话会暨摄影作品交流展示会。会上10多位会员展示交流了近400余幅反映西藏发展变化和风土人情为主题的摄影作品。

（罗布次仁）

【《绿松石》入选茅盾文学奖评选名单】 5月，由拉萨市作家朗顿·班觉创作的长篇小说《绿松石》(汉译本)参加茅盾文学奖评选，在300余件作品中排名第54名。

（罗布次仁）

【拉萨社会发展变化60年成就展】 6月，由拉萨市委、市政府主办，市文联承办的"辉煌拉萨60年经济社会发展成就图片展"在拉萨生态园大酒店开展。自6月中旬起，此展览赴拉萨市七县一区的乡镇、学校、寺院、企业展出。

（罗布次仁）

【藏文书法家小品邀请展举办】 8月7日，市文联、市书协联合主办"吉祥康萨——西藏当代藏文书法家小品邀请展暨拉萨市首届藏文书法研讨会"，展出拉萨市近20位藏文书法家的30余幅藏文书法作品。

（罗布次仁）

【与墨竹工卡县共同举办摄影书法展】 8月，由市文联、墨竹工卡县共同在甲玛松赞文化艺术节上举办了徒步活动摄影作品展暨藏文书法展。

（罗布次仁）

【市美协换届】 9月，市文联组织召开了拉萨市第二次美术家协会代表大会，会上选举产生了新一届美术家协会领导班子。

（罗布次仁）

【书法家下基层】 9月，由市文联牵头，市书法家协会组织拉萨市藏汉文书法家10人，赴当雄县在"当吉仁"赛马节上为广大农牧民展示书法技艺，并为农牧民赠送书法作品。

（罗布次仁）

【《远村》获第六届西藏新世纪文学奖】 9月，西藏新世纪文学奖在那曲地区颁发，市作协主席罗布次仁创作的中篇小说《远村》获得该奖项。

（罗布次仁）

【举办第五届美术书法摄影展】 10月，由市文联主办的拉萨市第五届美术书法摄影展在西藏自治区群艺馆举办。展出作品汇集了近几年来拉萨最具影响力的艺术家的作品。

（罗布次仁）

【获得"五个一批人才"称号】 11月，自治区宣传部评定20余位专家学者为西藏首批"五个一人才"，市作协主席罗布次仁作为拉萨市代表入选其中。

（罗布次仁）

拉萨市文联

主　席　乌斯马

广播·影视

【概况】 年内，拉萨市拥有市级电视台1座、市级人民广播电台1座（调频广播），市有线电视模拟网1套，传输47套有线电视节目，县级电视转播台5座、县级调频广播台6座、县级有线电视网6套。截至年底，农牧区广播电视户户通设备69504套，寺庙广播电视舍舍通设备5475套。拉萨电视台10频道和拉萨人民广播电台91.4频率信号，通过无线发射方式覆盖拉萨市区及堆龙德庆县、达孜县两县县城，通过拉萨电视台覆盖拉萨市林周、当雄、尼木、墨竹工卡、曲水五县县城。拉萨电视台日播出节目18小时，拉萨人民广播电台日播出节目14小时20分钟，拉萨有线电视网络传输有线电视节目47套，有线电视用户达1.6万户。全市拥有市级电影发行放映培训机构1个，三星级城市数字电影院1座，县电影管理站8个，流动电影放映队43个，农牧区电影放映点816个（其中室内放映点43个、室外放映点773个），年均放映场次1万场以上。开辟《辉煌“十一五”》10余个系列专栏。年内，电视《拉萨新闻》（藏汉语）共播出5900余条新闻，上送自治区电视台180条，采用75条；《新闻现场》播出相关新闻2891条。广播《拉萨新闻》（藏汉语）共播出4500余条新闻，上送自治区电视台180条，采用60条；《新闻快报》播出2500余条新闻；《新闻现场》推出系列报道《幸福拉萨》，努力打造成平民化栏目；《政风行风热线》接听热线电话藏汉语260余个，现场答复260余个，做到了“件件有答复，事事有回音”。广播电台完成了9集“西藏和平解放60周年”特别节目人物专访（藏汉语）的制作播出任务。电视《格桑梅朵》播出52期、《零距离》播出21期、《生活第1线》播出24期。广播《聚焦三农》（藏）播出56期、《雪域印象》（藏）播出180期、《相约西藏》（藏）播出40期、《午间共享》播出290期、《音乐地带》播出290期、《车行天下》播出40期、《快乐飞扬》播出46期、《政风行风热线》播出32期。

（格桑卓玛　刘　毅　边巴罗布）

【制作完成非物质文化遗产项目展示片】　1月中旬，拉萨电视台完成拉萨市确定的西藏和平解放60周年大庆献礼文化产品——非物质文化遗产展示片和《幸福六十年》专题片的拍摄、制作任务，并于大庆前在拉萨电视台播出。

（格桑卓玛　刘毅）

【电视台新闻栏目制作系统及音频设备通过验收】　1月18日，拉萨市广播电视台召开电视台新闻栏目制作系统及音频设备项目终验会，西藏电视台、西藏人民广播电台相关专家，市财政局、市广电局及市广播电视台领导、技术部、财务室相关人员和供货方成都广讯达电子有限公司技术人员参加验收，对电视台新闻栏目制作系统及音频设备进行了终验，最终评定为合格工程。

（边巴罗布）

【大庆献礼片获得专家肯定】　2月12日，市委宣传部、市文化局、市广电局、市广播电视台相关领导及专家和来自区、市非物质文化遗产保护单位的专家对拉萨市广播电视台拍摄制作的非物质文化遗产项目展示片进行审查，在观看展示片后对该片给予了充分的肯定，并从各自专业的角度对该片进行了评审，提出了许多宝贵的修改和完善意见。

（边巴罗布）

【录制完成藏历新年电视文艺晚会】　2月15日，拉萨市2011年藏历铁兔新年电视文艺晚会《幸福拉萨》在拉萨广电中心600平方米演播厅录制完成。3月6日（藏历大年初二）晚，分别在西藏电视台藏语卫视频道、汉语卫视频道以及拉萨电视台同步播出。

（格桑卓玛　刘　毅）

【开展爱国主义教育影片巡回展映活动】　自4月下旬至5月中旬，抽调拉萨市优秀电影放映员及设备，随同全区联合电影流动放映队深入日喀则、林芝和拉萨等地（市）农牧区放映了29场爱国主义题材影片，观众达8300余人次。

（格桑卓玛　刘　毅）

【校台联合建立实习基地】　5月4日，在西藏大学院内隆重举行了拉萨人民广播电台与西藏大学文学院学生实践基地的揭牌仪式。

（达瓦卓嘎）

【成功改频调试尼木县调频发射机】　5月6日，拉萨广播电台技术人员对尼木县调频发射机进行了实地改频调试工作，把原有的91.6MHZ改为广电总局新分频率97.0MHZ，避免了尼木县广播发射接收频率与拉萨广播电台91.4MHZ的相互干扰。

（陈泓屹）

【荧屏点亮5·23】　“5·23”期间，拉萨市广播电视台黄金强档安排播出了大型专题节目《跨越》及反映西藏题材的优秀藏语译制剧《文成公主》，从“百部爱国主义国防教育影片”中精选《国歌》、《共和国之旗》、《农奴》、《红河谷》、《高原如梦》、《孔繁森》、《万水千山》、《百色起义》等10余部作品集中进行展播。

（央　拉）

【开展广播电视大巡查】　5月，拉萨市广电局开展全市广播电视“村村通”、“户户通”、“舍舍通”大巡查，深入全市八县（区）的36个乡镇、103个自然村（组）、345户农牧民家庭和5座寺庙，进行日常巡查、维护，共计为基层群众维修广播电视直播卫星机顶盒1230余台、高频头740余只，升级广播电视直播卫星机顶盒3500余台。

（格桑卓玛　刘　毅）

【与苏、京两省市开展播音主持人才交流】　5月，由北京电视台选派2名电视主持人到拉萨开展为期半年的电视主持指导工作。拉萨广播电视台选派4名广播电台技术骨干赴江苏广电总台参加为期1个月的电台直播流程操作培训。

（格桑卓玛　刘毅）

【城关区社会福利院有线电视开通】　6月，城关区社会福利院有线电视工程开通，此项工程通过12+1型有线电视前端的方式，使福利院内所有老人住所、餐厅、会议室、值班室等全部覆盖了有线电视。入住院内的孤寡老人能够看到12套清晰、稳定的有线电视节目。

（格桑卓玛　刘　毅）

【大昭寺有线数字广播电视实现“舍舍通”】　6月30日，由自治区广电局出资26.93万元的大昭寺有线数字广播电视工程建设完工并正式开通，大昭寺实现了广播电视“舍舍通”，广大僧侣可收听收看到71套清晰、稳定的有线数字广播电视节目。

（格桑卓玛　刘　毅）

【完成亮化、美化及线路清理整治工作】　7月1日前，拉萨市广播电视台严格按照市大庆办和创城办的要求，完成了广播电视综合铁塔亮化工程。完成了办公区和生活区的环境绿化卫生及美化量化工作。对金珠西路等17个重点路段及堆龙德庆县109国道沿线台属广播电视线路进行了集中清理和整治。

（边巴罗布）

【“政风行风热线”改版升级】　7月，拉萨人民广播电台与市纪委纠风办联合开办的“政风行风热线”栏目改版播出，栏目新增了“政策导航”、“留言板”、“回音壁”、“热点追踪”板块，在《拉萨晚报》、《西藏商报》开设了宣传专栏，公开“政风行风热线”节目播出预告和热线电话。

（格桑卓玛　刘　毅）

【“探访扎根西藏的徐州人”节目制作完成】　8月，拉萨人民广播电台与徐州人民广播电台交通频道联合策划录制了广播节目《探访扎根西藏的徐州人》，节目在徐州播出后，引发了当地群众“拉萨热”话题，社会反响强烈。

（格桑卓玛　刘　毅）

【开门办广播】　8月18日，拉萨市广播电视台协助徐州人民广播电台交通频道采访报道组完成“探访扎根西藏的徐州人”采访报道任务。徐州人民广播电台赠送“拉萨电台徐州电台友谊长存”的书法作品。

（曾治强）

【评估组检查指导广播电视台语言文字工作】　8月26日，拉萨市新闻媒体语言文字工作评估组专家成员一行五人来拉萨市广播电视台检查指导语言文字工作，对组织队伍建设、材料准备、工作氛围的营造等方面提出了改进意见。

（边巴罗布）

【广播作品荣获佳绩】　9月23日，第二十七次全国藏语广播电视节目交换会暨第十二届全国藏语广播电视优秀节目评析会在拉萨闭幕，拉萨市广播电视台广播作品《相约西藏》栏目旦增晋美、达娃卓嘎获编辑二等奖；《雪域印象》栏目丹增罗布、群宗获制作二等奖。

（边巴罗布）

【开展“走转改”活动】　年内，拉萨市广电局在全市广电系统中深入开展了“三项学习教育”和“走转改”（走基层、转作风、改文风）活动。

（格桑卓玛　刘　毅）

【完成责任区文明督导任务】　9月至10月，按照要求完成责任区（区政协至区出版社）的文明督导任务。

（格桑卓嘎　刘　毅）

【完成市八次党代会宣传报道任务】　10月17日至18日，拉萨市第八次党代会胜利召开。在全台工作人员的共同努力下，拉萨市广播电台完成了会议报道工作，共报道50余条关于第八次党代会的新闻。

（次仁玉珍）

【举办广播电视技术维护培训班】　10月，拉萨市广电局举办为期5天的全市广播电视技术维护培训班，拉萨市八县（区）广播电视“户户通”技术维护骨干共计30人参加培训。

（格桑卓玛　刘　毅）

【广播电视“户户通”设备维护】　年内，拉萨市广电局购置并分两次发放了价值20万元的广播电视“户户通”接收设备零配件。第一批价值近12万的广播电视“户户通”接收设备零配件于7月13日前全部发放至拉萨市七县一区文广局；第二批价值8万余元的“户户通”维修材料，于12月份发放到位。

（格桑卓玛　刘　毅）

【充实播放队伍】　年内，采取台内整合、台外招聘等途径，充实了2名电视藏语播音主持及2名翻译。

（边巴罗布）

【《拉萨新闻》成功升级改版】　年内，完成《拉萨新闻》栏目制作系统及音频设备的安装、调试、培训等系统工作。完成《拉萨新闻》（藏语版）改版任务，并于2011年4月1日以全新的结构及字幕包装形式全面推出。

（边巴罗布）

【公开竞聘栏目主创】　年内，面向全台干部职工（包括招聘人员）公开竞聘《零距离》栏目主创人员。在应聘成功的栏目组新成员与原有主创人员的共同努力下，栏目亮点明显增多，质量水平明显提高。

（边巴罗布）

【引进优秀影视作品】　年内，引进《解放区的天》等电视剧2800多集，其中，国内外优秀电影410多部。引进《故事广播》、《快乐乐翻天》等广播节目，其中广播剧120多集。

（边巴罗布）

【完成纪念和平解放节目录播任务】　年内，共录制播出《幸福拉萨》、《辉煌城关》、《幸福路上60年》等5台晚会和“童心向党”等10余场“红色歌曲·拉萨唱”主题演唱会。制作、拍摄并播出了《拉萨市非物质文化遗产项目》展示片和《幸福拉萨60年》2部大庆献礼专题片。承担了西藏和平解放60周年庆典拉萨彩车宣传片的制作任务。

（边巴罗布）

【确保60周年大庆广播电视安全播出】　在庆祝西藏和平解放60周年大庆前期，拉萨市广播电视台专门从北京邀请5名索尼公司工程技术人员，全面维护、维修广播电视系统设备。制定大庆广播电视安全播出方案，修改和完善安全播出应急预案，确保了大庆期间广播电视安全播出。

（次　扎）

【驻村帮扶】　年内，拉萨市广播电视台驻根比村工作组邀请市委党校索朗旦增老师给全村党员讲解了自治区第八次党代会精神。走村入户、了解民情，进行政策讲解和感恩教育，完成根比村4个小组118户的入户调研工作，与根比村贫困户建立了一对二结对帮扶关系，负责帮扶对象的思想教育、政策宣讲以及力所能及地帮助他们理清发展思路，寻找致富门路。与根比村村委会共同研究为民办的短平快项目。初步形成了根比村公路改建项目等4个短平快项目意见。组织全村190余名农牧民党员及群众对三组至村委会的道路进行了填补整修。用自治区配套的10万元资金，为根比村购买输水涵管，解决了当地农牧民群众部分农田灌溉用水困难。联系市农机公司专业技术人员对根比村的磨面机和榨油机进行了安装和调试，对磨面房进行了重新粉刷、加固和修缮工作。

（旦增旺堆）

【拉萨市电视台自办节目】　年内，《拉萨新闻》（藏汉语版）、《新闻现场》、《零距离》（访谈类）、《格桑梅朵》（少儿类）、《警方热线》（法制类）、《天气预报》、《生活第1线》（经济类）8档自办栏目，年播出自办节目1530小时，占年播出节目时长的23.6%，其中《拉萨新闻》（藏语版）为译制节目，年播出90小时，占年播出节目时长的1.39%。

（格桑卓玛　刘　毅）

【拉萨人民广播电台自办节目】　《拉萨新闻》（藏汉语版）、《新闻快报》、《相约西藏》、《聚焦三农》、《车行天下》、《快乐飞扬》、《雪域印象》、《音乐地带》、《午间共享》、《政风行风热线》（藏汉语版）12档自办栏目，年播出自办栏目1910小时，占年播出节目时长的37%，其中《拉萨新闻》（藏语版）、《政风行风热线》（藏语版）、《相约西藏》、《聚焦三农》、《雪域印象》5档为译制类节目，年播出1460小时，占年播出节目时长的28%。

（格桑卓玛　刘　毅）

【农村电影放映概况】　年内，完成农牧区公益放映任务15950场次，观众达近7万人次，建立了拉萨市农村数字电影下载平台，改善了农牧区电影放映设施条件，全市43个电影放映队配备了发电机。

（格桑卓玛　刘　毅）

【开展“爱国主义影片展映活动”】　年内，市电影公司组织各县（区）电影管理站深入农牧区放映点，共计放映爱国主义教育影片725场次，观众达4万余人次。

（格桑卓玛　刘　毅）

【东方红电影院主体建设完成】　年内，2009年东方红电影院通过招商引资的方式，与西藏那曲地区朗赛经贸有限公司达成合作协议，由朗赛公司出资对东方红电影院进行了重建，2011年底东方红电影院已重建新装完成。

（格桑卓玛　刘　毅）

拉萨市广播电影电视局

党组书记　索　群

局　　长　韩　阳

拉萨市广播电视台

台　长　关建华

拉萨晚报

【概况】 上半年，开设“辉煌60年”、“新发展新变化　新拉萨　新生活——庆祝西藏和平解放60周年系列报道”、“以优异成绩迎接西藏和平解放60周年”等栏目，以文字和图片专版形式宣传报道西藏和平解放60年来特别是改革开放以来拉萨各方面（包括城市建设、工业发展、新农村建设和社会事业发展、文化保护等）取得的巨大变化和辉煌成就。7月1日，推出中国共产党建党90周年特刊16个版，回顾了党的光辉历程，展示建党90年西藏各地特别是拉萨发生的巨大变化，以及各族人民庆祝党的生日的喜悦心情。

（牛　军　刘军锋）

【宣传基层党建年和强基础惠民生】 年初，推出“强基固本　提升能力——深入开展加强基层建设年活动”系列报道。10月底，开设栏目“创先争优强基础，尽心竭力惠民生——深入开展创先争优强基础惠民生活动”栏目，引导群众通过身边衣、食、住、行、文、教、医、卫的变化，增强当家做主的感受。

（牛　军　刘军锋）

【宣传第三个“西藏百万农奴解放纪念日”】 3月28日前后，配发编者按开设专栏“牢记历史　珍惜现在”、“新发展新变化新生活”，编发各族各界、各单位各种方式纪念庆祝“西藏百万农奴解放纪念日”稿件、图片。同时，推出“西藏百万农奴解放纪念日”特别报道专版。

（牛　军　刘军锋）

【报道“红色歌曲·拉萨唱”主题教育活动】 4月，对在全市进一步开展的“红色歌曲·拉萨唱”主题教育活动宣传报道的重点内容、工作步骤和具体要求进行了安排。到市直单位与八县区红歌专场结束，陆续刊发市直各单位及八县区开展“红色歌曲·拉萨唱”稿件50余篇，图片60余幅（包括图片专版），为迎接西藏和平解放60周年大庆营造了良好的舆论氛围。

（牛　军　刘军锋）

【24版特刊纪念和平解放60周年】 7月19日，在庆祝西藏和平解放60周年纪念日，分历史篇、成就篇、幸福篇、礼赞篇、展望篇5个篇章推出24个版特刊，回顾1951年5月23日和平解放、平息叛乱到自治区成立等历史时刻，展示60年来拉萨经济、社会、文化、生态、旅游以及城市建设、农牧民生产生活条件改善等方面取得的成就。

（牛　军　刘军锋）

【宣传“走转改”活动】 9月19日，开展动员大会，就深入开展“走基层、转作风、改文风”活动进行安排部署。记者深入基层、深入生活、深入实际，到群众中去说群众的事，把镜头对准基层，把话筒交给群众，把笔触指向生活。坚持每周推出2~3篇专题报道。采写了如《一身尘土换来满城清洁》、《30年“绕地球”近15圈的邮递员》、《17年里他成功劝和1000余对夫妻》等一批有影响力的稿件，获得读者好评。

（牛　军　刘军锋）

【驻村工作队帮扶赤康村】 10月中旬，拉萨晚报工作队驻进墨竹工卡县甲玛乡赤康村该村。半个月走访赤康村30多户贫困家庭，并初步制定了帮扶措施。对村党支部和村委会的工作提出指导建议。把“感党恩、算富账、要稳定、求发展”的主题教育活动和“八看”“一算账”“一揭批”“四增强”感党恩主题教育活动有机结合起来，开展感恩教育，为一些贫困户及孤寡老人新修或维修住房。及时解决了10户50余人的吃水难问题。研究筛选出农田水利、乡村道路等三项与当地群众生产生活密切相关的短评快项目，并及时向墨竹工卡县创先争优、强基础惠民生领导小组办公室呈报《甲玛乡赤康村三条灌溉水渠整治、村容村貌整治及布拉组道路改造项目实施方案》，向上级部门争取项目资金。

（牛　军　刘军锋）

【出版藏、汉文县区专版】 11月，抽调专门人员负责县区专版，11月10日推出第一期汉文版，11日推出藏文版。

（牛　军　刘军锋）

【新栏目服务读者】　年内，在原有栏目《第一现场》、《新闻抢先看》、《检察官说法》、《记者调查》基础上，新开设《温暖2011》、《文明出行　畅通拉萨》、《交警　权威发布》、《平安拉萨　便民利民》4个新栏目，贴近了民生，对老百姓最关心的出行问题进行宣传报道，深受读者喜爱。

（牛　军　刘军锋）

【宣传区、市八次党代会】　拉萨市第八次党代会召开前，推出“展示成就喜迎党代会系列报道”；会中，制作了“直通党代会栏目”和“聚焦拉萨第八次党代会”专门报头，10月17日到19日，对八次党代会的召开进行全方位报道，刊登社论三篇，相关稿件30余篇，成就性的报道三篇及一个图片版。会后，开设“深入学习贯彻区市党代会精神”栏目，刊登市直各单位学习区市党代会的稿件200余篇，统一了思想，营造了良好的舆论氛围。

（牛　军　刘军锋）

【办好晚报亮点版面】　年内，继续推出《新闻目击》图片版。策划《扮靓古城迎大庆》、《照片记录广场变迁》、《文明之花绽放高原》、《拉萨旅游业“热”》、《节前消费购销两旺》等40多篇专题图片新闻，图文并茂地全面反映了拉萨古城发生的翻天覆地的变化、社会各项事业的和谐发展，以及市民、农牧民的新生活。每周二推出文化专版，把触角伸向全区，全方位采写报道西藏的深厚民族文化发展情况。每周二推出旅游专版，推介全国、全区及世界旅游景点。

（牛　军　刘军锋）

拉萨晚报

总编辑　刘　斌

医药·卫生

综 述

基本医疗体系逐步完善。截至年底，全市100%的农牧民都享有农牧区医疗制度，农牧民个人缴费提高到20元，政府补助标准提高到260元。农牧民应筹资人数为28.96万人，实际筹资人数为28.88万人，筹资率为99.76%，与上年同期相比上升0.76%，人均筹资额20元；住院总费用共计5794万元，住院补偿3645万元，与上年同期相比上升了55%，门诊补偿1867万元，与上年同期相比上升了5%。农牧区医疗报销补偿最高支付限额提高到不低于5万元，将新增的80元补助经费全部纳入大病统筹基金，提高了大病医疗保障基金比例。全市基本公共卫生服务经费达到人均30元。计划免疫接种率保持在95%以上。传染病、地方病得到有效控制。年内，全市甲乙类传染病发病率为329.34/10万。碘缺乏病、大骨节病等地方病的防控工作成效显著。逐步建立公共卫生事件的卫生应急、医疗救治、传染病疫情防控等全市联防联控工作机制。

妇幼保健工作得到有效加强。年内，实行孕产妇住院分娩和婴儿住院费用100%报销的优惠政策和农牧民孕产妇住院分娩补助政策。改善市妇幼专科医院医疗条件，加大市、县医院产科、儿科建设，加强市人民医院妇产科建设，解决30张床位的开通和引进23名产科医护专业人员，截至年底，全市住院分娩率为80.8%，孕产妇死亡率和婴儿死亡率分别为121.6/10万和22.3‰，与去年同期相比分别下降13.15%和25.55 %。曲水县连续三年实现孕产妇零死亡。实施“降消”和“孕期微营养素补充”等项目，农牧区妇女孕前和孕早期增补叶酸人数达4260人，完成乳腺癌检查3004例，宫颈癌检查5030例。

医疗改革逐步推进。年内，完成医疗改革任务32项，完成74.4%；配合其他部门完成医疗改革任务6项，完成46.2%，使农牧民群众从中得到更多实惠，卫生工作群众满意度得到明显提升。研究制定了《拉萨市2011年—2015年卫生人力资源建设与发展规划》，推进各县藏医院、藏医科和藏医药人才队伍建设。2011年市职工卫校培训乡村卫生技术人员、乡镇检验员、基层藏医等卫生人员4期，176人。全市医疗机构门诊量达到40.1万人次，病床使用率平均达到80%以上。为45岁以上城镇居民免费体检并建立健康档案和“三县建立突发灾害事故及交通事故医疗救援中心（站）”工作。体检人数为5690人，体检率98.4%。在创建全国卫生城市工作中，加大对12项未完成指标的督导检查力度，截至年底，5项指标基本完成。

加强卫生、餐饮监管。年内，共审批卫生许可证2852本，办理从业人员健康证17401本，食品生产经营单位两证持证率达到97%；共出动卫生监督人员4200余人次，监督检查9821户次，餐饮业量化分级管理率100%，评审率98%。行政处罚40户，处理举报案件28起；严格进行饮用水、餐具和空气质量监测，城市供水水样合格率达97.9%；抽检瓶装饮用水合格率100%、矿区饮用水合格率88.9%、餐具抽检合格率82.6%、室内空气质量抽检合格率100%。

加强卫生服务项目建设。年内，国家投资4319.97万元，开工新建堆龙德庆县和当雄县卫生服务中心项目。投资504.7万元完成31个行政村卫生室建设，其中市政府投资390万元，各县配套72.7万元，各村委会自筹12万元，武警总队援助30万元，全市累计完成新建行政村卫生室项目51个，村级卫生机构基础建设得到进一步改善。投资4605万元对林周、达孜、尼木、曲水四县的卫生服务中心进行改扩建项目，其中曲水卫生服务中心改扩建项目已交付使用，林周县卫生服务中心项目已通过验收，达孜、尼木卫生服务中心主体工程已竣工验收。投资800万元完成城关区塔玛、嘎玛贡桑、两岛、藏热四个社区卫生服务中心建设项目。建设农牧区安居工程卫生厕所4815个。

(卓　玛)

公共卫生与疾病防治

【概况】　年内，组织全市2010—2011年度两轮消灭脊灰强化免疫活动和麻疹查漏补种活动。进行常规免疫监测与接种率监测，计划免疫接种率保持在95%以上。制定并下发《拉萨市儿童入托、入学查验预防接种证工作实施方案》。为肺结核病人提供免费抗结核药品，加强医防合作，提高结核病人五率。开展麻风病监测、碘缺乏病监测、大骨节病、包虫病的监测工作，进行砖茶氟含量等检测工作。甲乙类传染病发病率为329.34/10万。建立公共卫生事件的卫生应急、医疗救治、传染病疫情防控等全市联防联控工作机制。开展院感监测及病媒生物监测，完成医疗机构消毒质量监督监测65家。建立了细菌实验室和理化实验室。在江苏省疾控中心的援助下建立起了分子生物PCR实验室，对流感，手足口、流脑等10余种常规疫情可以快速准确诊断。开展各级各类健康教育及培训工作20余次，各类宣传活动11次，受益人数达5万余人。

(卓　玛)

【开展卫生大扫除活动】　1月25日至27日，拉萨市四大班子领导及创卫领导小组各成员单位的主要领导、团市委组织的青年志愿队以及城关区两岛办事处等46家单位，230余人在仙足岛（环岛路）沿河绿化带集中参加爱国卫生大扫除活动。4月18日，开展“清洁城市健康人生”城市清洁日宣传。在卫生大扫除期间，拉萨市委、市人大、市政府、市政协的四大班子领导19人，市直各部门主要领导35人以及城关区纳金乡干部群众60人参加了藏热北路清理卫生死角的活动。

(卓　玛)

【开展学校食品卫生知识培训】　3月21日和7月5日分别举办全市“两基”迎“国检”学校（托幼机构）卫生工作培训会和全市学校食品卫生、传染病防治知识培训班，共对73所学校（其中：35所中小学、38所幼儿园）的115名学校负责人、校医和卫生管理人员进行了相关食品卫生、饮用水卫生知识的培训。3月18日、4月28日、5月19日、9月22日，拉萨市疾病预防控制中心4次派专业人员对拉萨市广西友谊小学和尼木县、林周县、墨竹工卡县辖区的28所学校的2530名师生及97名校领导、学校食堂从业人员进行有关食物中毒或食源性疾病的预防措施、食品卫生知识和法律、法规，以及食品的采购、储存、加工、留样、餐具消毒等卫生知识的集中培训。

(卓　玛)

【召开总结表彰大会】　5月4日，拉萨市创建国家卫生城市2010年工作总结表彰暨2011年工作部署大会在江苏生态园大酒店召开。230余人参加会议。市委副书记、市创卫领导小组组长贾沫微与市直各创卫任务单位代表签订了2011年目标责任书。

(卓　玛)

【进行第八次卫生状况联合检查】　6月23日由拉萨市创卫办牵头组织市委办公厅督查室、市政府办公厅督查室、城关区政府、市政市容管理委员会、市林业绿化局、市卫生局和市爱卫办对金珠路、江苏路、纳金路、新藏大路、东一路沿线的环境卫生状况进行第八次联合检查。

(卓　玛)

【评出46家卫生先进单位】　6月至11月14日第二批卫生先进单位创建活动中评出46家卫生先进单位。

(卓　玛)

【随机抽样检查28处现场】　7月27日至28日，区爱卫办专家对拉萨市2011年春季病媒生物防制工作开展情况进行了技术考核评估，随机抽样检查28处现场。鼠、蚊、蝇、蟑螂等病媒生物得到有效控制，鼠、蚊、蟑螂3项达到国家标准，蝇的密度不超过国家标准的3倍。

（卓　玛）

【考核纳金乡卫生创建工作】　11月7日至8日，对纳金乡创建自治区卫生乡工作开展情况进行了初步考核评审。考核组对纳金乡爱国卫生9项内容进行了严格考评。12月13日，自治区爱卫办副主任姜祖刚一行对城关区纳金乡创建自治区卫生乡工作进行考核评审及群众满意度调查。

（卓　玛）

【开展传染病宣传和干预活动】　年内，进行性病、艾滋病的宣传和干预活动，发放宣传材料9万份、安全套1.1万个，皮肤消毒剂11瓶，宣传受益人数达6860人次。

（卓　玛）

【加强社区、县村卫生机构建设】　年内，完成了嘎玛贡桑社区卫生服务中心、吉崩岗社区卫生服务中心、两岛社区卫生服务中心、藏热社区卫生服务中心的建设。完成了尼木县、达孜县、曲水县、林周县标准化县级卫生服务中心改扩建项目。完成了城关区（1个）、堆龙德庆县（4个）、当雄县（4个）、林周县（6个）、曲水县（4个）、尼木县（4个）、达孜县（4个）、墨竹工卡县（4个）的村级卫生室建设项目，共计31个。拉萨市卫生局完成了林周县旁多乡卫生院搬迁项目一期工程。

（卓　玛）

拉萨市八县（区）卫生机构基本情况

表11

县（区）	人口计生委	食药监管	防保站疾病中心	县属医院	乡镇卫生院	村卫生室社区卫生中心	从业人员数总计
尼木县	1	1	1	1	7	32	155
曲水县	1	1	1	1	6	8	130
当雄县	1	1	1	1	7	11	222
堆龙德庆	1	1	1	1	6	34	180
墨竹工卡	1	1	1	1	7	33	199
达孜县	1	1	1	1	5	20	136
城关区	1	1	1	0	4	3	142
林周县	1	1	1	1	9	36	175
共　计	8	8	8	7	51	177	1339

拉萨市基层卫生基础设施建设情况

表12

基建项目	项目个数	总建筑面积（平方米）	总投资（万元）	资金来源
社区卫生服务中心	4	3900	800	市级财政拨款
县级卫生服务中心	4	13856.36	4605	市级财政拨款
村级卫生室	31	3367	504.7	市级财政拨款390万元；县级、村级84.7万元；武警西藏总队援助30万元
林周旁多乡卫生院搬迁工程	1	1226	300	水利枢纽搬迁工程的国家补偿资金
合　计	40	22349.36	6209.7	—

【409 例贫困白内障患者复明】　年内，开展“贫困白内障患者复明工程”，完成 409 例贫困白内障患者复明手术。

(卓　玛)

【开展远程医院会诊试点工作】　年内，在林周县人民医院开展远程医疗会诊试点，将实现远程医学会诊、远程预约、远程监护、远程手术指导、远程教育、远程信息共享等医疗、医教活动。

(卓　玛)

【妇幼卫生】　年内，拉萨市住院分娩率为 80.8%，孕产妇死亡率和婴儿死亡率分别为 121.6/10 万和 22.3‰，同比分别下降了 13.15% 和 25.55%。加大出生缺陷干预工作，启动增补叶酸预防出生缺陷项目工作。对城关区、达孜县、曲水县的 249 名孕产妇进行营养素配给。开展宫颈癌筛查项目工作，检查近 3541 名妇女，未检出活检阳性。

(卓　玛)

【人口计生和优生优育工作】　年内，深入八县（区）开展“婚育新风”、“优生优育”、“出生缺陷预防”、“出生缺陷一级预防知识”、“优生检测”和“青少年保健知识”系列宣传活动及培训工作，共印发藏、汉各类宣传品 199000 余份。为农牧民、流动人口和城关区的 8339 名育龄妇女开展免费生殖健康普查普治活动。完成出生缺陷一级预防基线调查工作，举办首期《西藏出生缺陷预防工程状况及干预》培训班。开展 16 次社区流动人口计划生育服务管理工作督导。完成西藏自治区城镇社区流动人口计划生育“市民化服务、属地户化管理”试点项目启动工作。完成全国流动人口动态监测 80 个监测点的 2000 份调查问卷、抽样调查和网上录入工作。同区外 9 个地级市、38 个县级市建立区域协作，搭建居住地和户籍地双向流动人口管理平台。在拉萨市人口计生委计划生育技术服务指导站内开展免费孕、环情检查和开具流动人口孕情报告单及为流出人口免费办理全国统一的《流动人口婚育证明》等工作。完成 2011 年西藏自治区农牧区“一孩、双女”户困难家庭扶助工作和西藏特殊子女家庭特别扶助制度工作，共计 4233 余人受益。开展“幸福工程—扶助贫困母亲”项目，10 户贫困母亲由原来的家庭年收入 3243 元提高到了 6780 元。

(卓　玛)

【为 45 岁以上城镇居民免费体检】　年内，开展“为 45 岁城镇居民免费体检并建立健康档案”工作。7750 人自愿参加体检的 5784 人，共体检 5690 人，体检率 98.4%。

(卓　玛)

【建立突发灾害事故及交通事故医疗救援中心】　在“当雄、曲水、墨竹工卡三县建立了突发灾害事故及交通事故医疗救援中心（站）”，配备相关技术人员，现已开展急救工作。

(卓　玛)

【帮扶驻地和对口扶贫单位群众】　年内，共投入帮扶资金、物资 89.5 万元。其中，结对帮扶小组和县级领导干部共走访慰问 12 次，开展调研 2 次；组织医生赴帮扶点农民健康检查、义诊、疾病防治、优生优育等活动 2 次，免费发放 48 种常用药品，发放宣传资料 17000 多份、宣传画册 36 套（2400 张）、设宣传板 18 块，受益群众近 3300 余人；为续迈乡投入扶贫资金 16 万余元，向商业机构争取扶贫资金 50 万元，共计 66 万余元。

(卓　玛)

【开展卫生“三下乡”活动】　年内，到辖属各县（区）开展送医、送药、宣传医疗卫生、疾病预防及优生优育等知识。共出动车辆 12 台次，人员 32 人次，免费发放各类药品 50 种，价值 12000 元，累计接诊群众约 600 余人次。12 月，开展“先进文化进寺庙”活动，为寺庙僧尼免费送医送药。组织市人民医院、市妇保院、尼木县人民医院为尼木县敬老院老人提供义诊、健康体检、保健咨询活动。派出医护及工作人员 10 人，车辆 2 辆，发放各类免费药品 50 余种，价值 2000 余元。

(卓　玛)

医政科研教育

【概况】 年内，完成38项医政改革，落实了农牧区免费医疗制度、国家基本药物制度、国家公共卫生服务项目，农牧区医疗报销补偿最高支付限额提高到5万元，提高了大病医疗保障基金比例。加大各县藏医院、藏医科和藏医药人才队伍建设，截至年底，为乡（镇）卫生院争取到藏医外治设备43套。完成全市卫生知识培训4200人。完成专业医疗人员培训384人。完成医疗机构执业许可证校验换发工作153份，完成医护注册378人次。

（卓　玛）

【培训爱卫专业知识】 5月30日，邀请四川省疾病预防控制中心病媒生物防治专家陈东平教授对2011年拉萨市创建国家卫生城市140余名工作人员进行了专业知识讲授。6月20日，邀请重庆市卫生局副局长何爱华对59人进行创建国家卫生城市资料档案收集培训。

（卓　玛）

【完成38项医改任务】 年内，完成牵头落实的指标任务32项，配合其他部门完成的指标任务6项。积极推行国家基本药物制度。实现了基本药品“零差率”销售100%覆盖。

（卓　玛）

【加强医学专业资格管理及培训】 年内，收集、审核拉萨市（属）《传统医学师承出师考核申请表》，并及时上报相关资料至上级主管部门，共计75人领取传统医学师承出师准考证。完成《西藏自治区农牧区藏医学中专学历教育资格》人员资格审查和上报工作。举办为期一个月、40人参加的基层藏医药适宜技术培训班。为乡（镇）卫生院争取到藏医外治设备43套。为林周县藏医院筹资200万元。派出9名符合条件的人员参加了藏医类别全科医师培训班。

（卓　玛）

【加强医师资格审检培训】 年内，完成拉萨考点医师资格考试考生报名审核工作，现场审核529人。7月2日至3日在西藏大学医学院、拉萨市疾控中心、西藏自治区人民医院完成实践技能考试工作，9月17日至18日在拉萨市第一中学完成了医师资格医学综合笔试考试工作。完成医疗机构执业许可证校验换发工作153份，完成医护注册378人次。调解18起医疗纠纷，妥善处理了医患纠纷，及时化解了社会矛盾。印发了《科研奖励暂行办法》。

（卓　玛）

【开展3次卫生知识集中培训】 年内，对辖区内的餐饮服务业、宾馆（旅馆、招待所）、美容美发、洗浴、酒吧、网吧等公共场所开展3次有关食品卫生知识和公共场所卫生知识及创建全国文明城市、卫生城市等六城同创知识的集中培训，受训从业人员4200余人。

（卓　玛）

【培训基层藏医卫生人员176人】 研究制定了《拉萨市2011年—2015年卫生人力资源建设与发展规划》，明确了“十二五”时期拉萨市卫生人才队伍建设的主要任务和具体措施，加强拉萨卫生队伍、农牧区卫生技术人员的培养工作。2011年拉萨市职工卫校开展了4期乡村卫生技术人员、乡镇检验员、基层藏医等卫生人员的培训，共计176人。

（林卫东）

【农牧区医疗制度工作】 截至12月30日，农牧民应筹资人数为28.96万人，实际筹资人数为28.88万人，筹资率为99.76%，同比上升0.76%；住院补助3645万元，同比上升了55%，门诊补助1867万元，同比上升了5%。农牧区医疗报销补偿最高支付限额提高到5万元，提高了大病医疗保障基金比例。

（卓　玛）

医疗机构

【概况】　截至年底，拉萨市共有医疗场所196家。其中公立医院11家，区直医院4家（西藏自治区人民医院、西藏自治区第二人民医院、西藏自治区藏医院、西藏自治区疾病控制中心）；部队医院2家（西藏军区总医院、武警西藏总队医院）；司法医院1家（西藏自治区司法警官医院）；市直医院4家（拉萨市人民医院、拉萨市妇幼保健院、拉萨市工人疗养院、藏医学院附属医院）；民营医院7家（阜康医院、阜康妇女儿童医院、现代妇科医院、厚北医院、拉萨阳光泌尿生殖医院、广升萨博微创医院、卓玛医院）。门诊部、诊所178家。医疗工作人员2679人（不包括门诊部、诊所、部队医院、司法医院），设置床位2066张，实际开放床位2246张（不包括门诊部、诊所、部队医院、司法医院）。

（王建梅）

拉萨市人民医院

【对口支援娘热乡】　年内，2次组织党员干部50余人次深入娘热乡，为农牧民群众义诊、义务体检，讲解常见病、多发病的预防和治疗知识，向当地群众和乡卫生院赠送38种价值1.72万元的药品。走访4个对口帮扶困难家庭，送去总价值2万元的慰问金以及电视、卡垫、大米、砖茶等慰问品。抽调2名干部驻村，为群众办实事做好事解难事，共投入资金17.36万元。

（刘文清）

【医疗业务工作节节攀升】　年内，门急诊量10.42万元人次，同比增长2.95%；出院5616人次，同比增长12.96%；病床周转次数28.2，同比增加2%；病床使用率91%，同比增长4.9%；平均住院天数11.5天，同比减少0.2天；手术1503台次，同比增长14.5%。全年无医疗投诉，无医疗事故。医技工作方面，全年放射检查25559人次，同比增长6.3%；检验79793人次，同比增长23.1%；B超检查24283人次，同比增长22.8%。

（刘文清）

【科研教学和人才培养】　年内，选派6名业务骨干去徐州医学院附属医院进修学习，推荐2名专家参与“西部特殊人才”培养计划。派出46人次参加院外学术活动，其中院外肿瘤随访登记培训3人，性病、艾滋病检测和疫情管理培训1人，西藏农村妇女宫颈癌检查培训18人，新生儿复苏培训12人，传染病网络直报1人，麻醉、临床检验技术标准培训等。举办全院学术讲座9次。发表各级各类科研论文23篇，其中国家级核心期刊发表3篇、省级期刊14篇、省级会议交流2篇、市级期刊4篇。接收西藏大学医学院实习生66人，见习生1614人次。

（刘文清）

【支援基层卫生工作】　积极开展“万名医师支援农村卫生工程”，派出6名医护人员在墨竹工卡县和尼木县医院进行为期一年的支援工作，帮助县医院进行行政管理指导，开展业务指导，开展新技术，建立各项医疗台账和医疗核心制度，规范医疗操作流程，提高医务人员技术水平。接收基层乡镇医院进修生53人。与八县（区）卫生局签订“危重病人绿色通道卡”和“孕产妇绿色通道卡”，对危重症病人和孕产妇实施“绿色通道”救助。

（刘文清）

【承担保健及应急救治任务】　年内，派出43人参与医疗保健、应急及义诊任务74次。成功救治3起重大交通事故伤员60人。

（刘文清）

【妇幼保健院】　拉萨市妇幼保健院内设保健部、临床部、医药技部、行政后勤部，编制数86，在职职工83人，其中专业技术人员68人，行政后勤人员15名，专业技术人员占总数的80.2%。编制床位60张，实际开放38张，年内，收治住院病人1028人，年门诊就诊人数95688人次，全年平均病床使用率88%左右，治愈率92%。

（王建梅）

【职工疗养院】　年内，免费健康咨询、计划免疫服务，免费接种麻疹疫苗人1700人次，发放小儿脊髓灰质糖丸722人次。接待疗养人员125人次，门诊诊疗病员300人次，零散客人570人次，床位利用率27%。6月全国总工会授予拉萨工人疗养院为全国特色疗养院荣誉称号。

（王建梅）

【西藏藏医学院附属医院】　有各类医护专业技术人员共72人，其中专职12人，兼职60人，高级职称35人，中级职称45人，拥有60张床位，有13个科室，专家科、藏医诊断科、西医诊断科、藏医外治科、藏医肝胆专科、药浴室、西医治疗室、藏医心脑科、检验科、放射科、B超室、心电图室、药房。年内，门诊量2万余人次。

（王建梅）

【西藏阜康医院】 2011年，全院有医护人员207名，其中医技人员72名，护士69名，行政后勤人员66名。开放床位数120张，住院总人数2564人次，出院总人数2564人次，出院者治愈率59.88%，出院者好转率38.96%，出院者未愈率1%，出院者死亡率0.16%。参加各类免费义诊、体检、疫苗接种等和公益活动12次，共计137人次参加，免费发放药品3.5万余元。9月25日为亚东地震灾区捐款20万元，捐助药品价值30万元。

（王建梅）

【阜康妇产儿童医院】 全院开放床位数105张，病床使用率达63.5%，同比增长13.5%。年内，门诊就诊人数30456人次，较去年同期增长11%。住院人数2329人次，较去年同期增长84%。手术共计3662例，其中门诊手术1707例，住院手术1955例，较去年同期增长12%。体检中心全年体检21482人次，移动体检已投入使用。

（王建梅）

【拉萨市广升医院】 拉萨市广升医院建筑面积5100平方米，开设床位90张，设有外科、内科、泌尿外科、耳鼻咽喉科、胃肠科、男科6个科。年内，月平均门诊量为50至80人次，月住院平均为20至50/床位，2011年，做各种手术500余例，月盈利15万元。

（王建梅）

【厚北医院】 年内，有职工121人，本科毕业16人，专科毕业59人。开放病床61张。全年门诊量10.95万人次，比2010年增长10%，其中，住院人数1080人次，比2010年增长30%，病床使用率80%，比去年增长5%，手术350例，比去年增长2%，入院与出院、术前与术后、临床诊断符合率都在95%以上。2011年，购买CS－300B全自动生化仪、BC－3000血球分析仪，腹腔镜、宫腔镜等支出53万元。

（王建梅）

【卓玛门诊】 有医护人员19人，行政人员3人，盲人按摩师2人。年内，与市妇联一起参加基层党建工作，免费就诊人3000多人次，投入资金近6万元。对附近的特殊学校学生、残疾人及弱势群体实行了免费义诊1700人次。组织医生和盲人专业按摩师10人，到拉萨市城关区社会福利院为45位孤寡老人开展送医送药献爱心活动，捐助砖茶6条、大米3袋、药品1800元。

（王建梅）

【拉萨阳光泌尿生殖医院】 有医疗业务用房5500平方米，全院有医护人员76名，其中医技人员33名，护理人员42名，行政后勤人员26名，共有员工102人。开放床位数45张，临床设有内科、外科、男科、妇科和住院部等科室。年内，总住院59人次，出院55人次，出院治愈率58.98%，出院好转39.16%。医院组织158人次参加各类免费义诊、体检等公益活动3次。

（王建梅）

【西藏现代妇科医院】 年内，全院有医护人员54名，其中医技人员13名（主任医师2名，副主任医师2名），护士26名（主管护师2名），行政后勤人员15名。开放床位数30张。门诊总人数14450人次，住院总人数544人次，出院总人数544人次，出院治愈率97.4%，出院好转率1.3%，出院未愈率1.3%，出院者死亡率0%。参加各类免费义诊、体检等公益活动16次，共计206人次参加，免费发放药品5.8万余元。

（王建梅）

拉萨市人民医院

党委书记 加永登巴

院　　长 王人颢

卫生监督管理

【概况】　截至年底，拉萨市共有药械监管对象1000余家，其中药品生产企业11家，药品批发企业15家，药品零售企业115家，市直医疗机构6家，县级医疗机构7家，社会医疗机构156家，医疗器械专营企业42家，乡村药品供应点249家，药材经营户400余家。

（罗　强）

【抽检餐饮单位食品卫生】　年内，对辖区内1762户餐饮服务单位，1215户公共场所；15025名从业人员实行卫生包片。共审批卫生许可证2074本。成立拉萨市餐饮专项整治领导小组，制定7项食品安全保障工作方案、预案；印发《餐饮业采购登记本》和《餐饮业餐厨废弃物处理登记》，开展公共场所、五小行业、食品添加剂、问题乳粉、地沟油和餐厨废弃物、食用油、肉类、酒类、瘦肉精和生猪产品等的专项整治活动。

（卓　玛）

【加强卫生执法监督】　年内，审批卫生许可证2852本，办理从业人员健康证17401本，食品生产经营单位两证持证率达到97%；共出动卫生监督人员4200余人次，监督检查9821户次。餐饮业量化分级管理率100%，获得食品卫生等级A级单位的有55户，B级单位386户，C级单位1286户，评审率98%。处理举报案件28起，行政处罚40户；严格进行饮用水、餐具和空气质量监测，城市供水水样合格率达97.9%，瓶装饮用水合格率100%，矿区饮用水合格率88.9%，餐具抽检合格率82.6%，室内空气质量抽检合格率100%。

（卓　玛）

【加强饮用水卫生监测】　3月12日至26日，对市区内的学校（托幼机构）及周边餐饮店的食品卫生、饮用水卫生进行了卫生监督检查。

（卓　玛）

【监督食品添加剂及海产品】　5月25日~12月9日，开展专项整治工作，将餐饮单位自制的饮料、火锅底料、米面制品、熟肉制品、糕点等食品纳入到了重点监管范围。发放藏汉两种版本的食品安全知识宣传手册8万余份，悬挂横幅100余条，展出宣传展板80余块，公布食品安全整顿工作进展情况等120余次。签订了《餐饮单位食品安全责任书》，并发放了《食品添加剂采购使用情况登记表》。7月8日至14日对供应海产品的4户餐饮业进行了监督检查。

（扎西次仁）

【药品监督管理】　年内，共出动执法人员310余人次，未发现假劣药品、不合格医疗器械和假冒保健食品。完成拉萨市区128家药品零售企业、16家药品批发企业、18家县级药品零售企业、46家市区医疗器械专营企业的GSP跟踪检查任务，监督检查覆盖面达100%。对辖区内8家药品生产企业进行GMP跟踪检查，覆盖率达100%。完成对4家药品批发企业及6家药品经营企业28个批次的药品是否非法添加了二甲双胍、卡托普利、那非和拉非类等化学物质的检测，未发现可疑品种。对西藏自治区通信管理局2005年至2010年审批备案的700多家网站进行了监测。将6家涉嫌违法销售药品、保健品和非药品宣传药品功效的网站上报自治区食品药品监督管理局及拉萨市工业和信息化局。受理行政许可事项共86件，办结率为100%。处理协查、举报、违法案件12起；共接到内地省市协查函45件并及时进行了复函。

（罗　强）

【药械管理】　年内，对辖区内8家经营企业、3家使用单位经营使用的高风险医疗器械进行专项检查，重点检查骨科内固定器材、体外诊断试剂、一次性使用无菌器械的购进、储存、验收、养护、售后服务及是否索取医疗器械注册证及合格证等。经检查各医疗器械经营、使用单位经营使用的骨科植入器材、外诊断试剂、一次性使用无菌器械情况良好。将药械不良反应（事件）的监测列入药械监管日常工作，年内将40份药物滥用监测表上报自治区药械不良反应监测中心。1月17日至19日举办了首届基层药械监管人员及药械管理人员培训班，并向八县（区）发放了药品快速鉴别箱。6月16日组织拉萨市各县（区）食品药品监督管理局相关人员参加了全市稽查业务管理系统培训班，并向拉萨市八县（区）食品药品监督管理局发放了国家食品药品监督管理局配发的移动稽查业务管理系统终端。9月，争取到江苏省药监系统90万元的援藏经费。9月、10月邀请北京市药监局药械监管专家对拉萨市药监系统、药械生产、经营企业进行培训。年内受理药械投诉举报5起。

（罗　强）

【督办审核藏医科两项经费】 年内，督办卫生厅拨给拉萨市七县医院藏医科藏医药浴建设专项经费35万元（每县5万元）的落实情况。审核林周县医院藏医科特色专科建设项目心血管专病专项资金30万元，堆龙德庆县医院藏医科特色专科建设项目藏医外治专科专项资金30万元，藏药制剂能力建设项目专项资金50万元，共计110万元的项目。

（卓　玛）

拉萨市卫生局

党组书记　次旦朗杰

局　　长　扎西德吉

城市建设·管理

综　述

2011年，城市建设以“一迎、三促、八抓好”（一迎，即以全市住建系统的实际行动迎接中国共产党建党90周年和西藏和平解放60周年大庆。三促，即以大庆为重要契机，促进“城市建设创一流”各项工作深入推进，促进城镇化进程和城乡统筹协调发展加快推进，促进行业服务、管理、保障与和谐安全工作全面提升。八抓好，即抓好党的建设各项工作，抓好重点项目的实施工作，抓好小城镇规划建设工作，抓好行业服务与监管工作，抓好城投公司运营工作，抓好“六城同创”推进工作，抓好机关作风效能建设和干部队伍建设工作）的工作思路为重点，城乡基础设施建设稳步推进，编制完成《拉萨市“十二五”住房和城乡建设规划》工作。重点建设项目稳步推进，8059户安居工程配套提升工程顺利完成，492套周转房交付使用，建筑行业监督检查127次，全市建筑安全生产保持零死亡纪录，接待农民工上访案件80件，清理拖欠农民工工资2898.9万元，兑现农民工工资2858.8万元，兑现率达98%。

市容环境得到较大改善。12月1日，《拉萨市市容环境卫生管理条例》实施。数字化城市管理中心开始试运行，投资1569万元对城市“蜘蛛网”、公共厕所卫生、老旧小区环境、乱倒乱堆渣土和建筑垃圾等问题进行全面清理整治。

城市综合执法水平进一步提升。年内，主要开展4项重点整治工作，一是以治理“十乱”（乱站、乱建、乱停、乱倒、乱撒、乱挂、乱噪、乱砍、乱采、乱挖）为重点的百日城市环境整治活动；二是以“优环境、提形象、庆党建、迎大庆”为主题的城市环境综合整治活动；三是“落实全国文明城市综合测评实施意见”为重点的迎检活动；四是以“整治流动商贩、落实门前三包责任”为主要内容的专项行动。

创建国家环境保护模范城市工作扎实推进。以创建国家环保模范城市为契机，围绕“三渠一河”周边环境整治工作，进一步加强排污企业的监督检查力度，严格核发排污许可证。开展环境保护动态普查和专项执法检查，认真解决信访、人大、政协的举报、提案、议案，加强机动车尾气监管工作，开展申报市级自然保护区和晋升自治区级自然保护区工作。截至年底，共审查项目267个，核发排污许可证172份，二氧化碳排放量控制在710吨，查处24家排污企业，查获一次性塑料袋3.5吨，免费发放环保布袋8000多个。

园林绿化取得突破性进展。以创建全国生态园林城市为契机，发动全社会力量开展绿化养护，加强全市公园、小游园的绿化管理。年内，在城市主要街道和公园新栽种或补种各类苗木49.8万余株，摆放各种盆栽花卉54万余盆，设置绢花18万余朵，新增城市绿化面积14392平方米，查处破坏草地、林地案件200余起。

城乡规划成效显著。年内，编制完成《拉萨市东城新区（纳金片区）控制性详细规划》（修编）、《商务中心区城市设计》、《重要地块修建性详细规划》。查处违法违章建筑39处，拆除违法违章建筑面积758.8平方米。

防震减灾工作初见成效。年内，成立由多吉次珠市长任指挥长的拉萨市抗震救灾指挥部，制定《拉萨市地震应急预案》，出台《拉萨市地震灾情速报实施细则》。对全市农牧民安居工程和曲水县、堆龙德庆县、达孜县、城关区部分乡镇民居房屋的抗震情况进行了验收检查。

（张玉虎）

城市建设

【概况】 2011年，拉萨市住房和城乡建设局促进“城市建设创一流”各项工作深入推进，促进城镇化进程和城乡统筹协调发展加快推进，促进行业服务、管理、保障与和谐安全工作全面提升，围绕重点项目实施、保障性住房建设与管理、小城镇规划建设、行业服务与监管、不断推进“六城同创”、机关作风效能建设和干部队伍建设及党的建设各项工作等重点开展工作。

（刘 娟）

【大庆项目建设按期完工】 为迎接中国共产党成立90周年、西藏和平解放60周年，将拉萨市民族南路改造工程、北京中路（林廓西路至民族路）改造工程、五条路管线入地工程、主城区中心片区沿街建筑立面改造工程、亮化工程共5个项目作为西藏和平解放60周年献礼项目。项目总投资53568万元，所有项目于2010年10月15日开工建设，于2011年7月20日前按期完工。

（刘 娟）

【重点项目取得阶段性成果】 拉萨市城市污水处理厂工程项目总投资12210万元，2010年4月10日开工建设，2011年4月完成主体施工，6月完成设备的安装调试工作。年底，进行工艺调试。纳金大桥工程建设项目总投资37025万元，3月19日开工，年底，钻孔桩、承台及系梁全部完成，预制箱梁完成196片，剩余24片，立柱完成115个，剩余12个，盖梁已完成44个，剩余2个；年底完成全部工程量的53%；东城区道路建设。开工建设的道路有东二路（藏大路至支三路）和贡布堂市政道路工程。东二路道路工程批复概算总投资为1792.03万元，完成全部工程量的15%；贡布堂道路批复概算总投资1008.92万元，完成全部工程量的35%。

（刘 娟）

【继续推进安居工程】 年内，完成8059户安居工程配套提升工程。定期或不定期对各县（区）安居工程质量进行监督检查。

（刘 娟）

【492套周转房交付使用】 年内，自治区住建厅下达拉萨市周转房建设计划为790套，其中市级492套年底完成并交付使用，其余于10月中旬全部开工建设。

（刘 娟）

【棚户区改造】 年内，自治区住建厅下达拉萨市棚户区改造任务1181户，其中城镇棚户区改造任务1021套，国有工矿棚户区改造任务160套。截至年底，国有工矿棚户区改造项目和贡布堂城镇棚户区改造项目实施。

（刘 娟）

【周转房维修改造】 年内，自治区住建厅下达拉萨市周转房维修改造计划200套，总建筑面积15000平方米。近期住建局会同市财政已下达改造和资金计划，2011年年底完成维修改造任务。租赁住房补贴审核情况。截至2011年4月中旬，拉萨市符合2011年度租赁住房补贴家庭条件1315户、1863人，计划发放资金570.08万元，截至年底，自治区住建厅已将资金指标下达拉萨市，待市级财政审定后，及时将租赁住房补贴发放到符合条件的城镇低收入家庭手中。

（刘 娟）

【规划编制工作进展顺利】 截至年底，“十二五”规划编制进展顺利。同时，为进一步加快小城镇建设，明确“十二五”时期拉萨市各县（区）小城镇建设规划，《拉萨市“十二五”住房和城乡建设规划》将小城镇建设纳入到其中，积极协助各县区住建部门申报38个项目，部分项目已基本列入“十二五”规划第一批项目中。

（刘 娟）

【廉租住房建设】 截至年底，工程建设完成2010年廉租住房续建项目和工程验收工作。达孜、当雄两县于8月开始全部廉租房建设。

（刘 娟）

城 市 管 理

【城建档案管理逐步规范】 年内，共收集各类竣工资料346册。按照“能收尽收”的要求，重点收集工程、民生工程(廉租房、敬老院等)和“六城同创”工程等档案资料，拓宽了收集渠道，丰富了馆藏内容。开展对七县(区)城建档案资料的收集与指导，共收集竣工档案资料260多卷。要求各施工单位在报送纸制档案的同时，要求报送一套电子档案资料。

(刘 娟)

【企业经济运行良好】 年内，共完成建筑设计项目45项，建筑面积10.5万平方米，完成市政工程设计项目40项，实现总产值2500多万元。

(刘 娟)

【清欠工作扎实有效】 自2004年至今，累计清理拖欠工程款20295.9万元，清欠率达到78%，现尚有5815.02万元的工程款未兑现；2011年，住建局共接待农民工上访案件80件，涉及人数2797人，共清理出拖欠农民工工资2898.9万元，已协调解决农民工上访案件75件，兑现农民工工资2858.8万元，清理兑现拖欠民工工资率近98%。

(刘 娟)

【房地产开发与管理取得实效】 年内，共完成房屋初始登记、转移登记、他项权登记、注销登记等近1.9万件，拉萨市区私产类房屋登记覆盖率达到90%；办理商品房预售审批4件，面积达14.1万平方米；10月初完成贡布堂市政道路拆迁补偿工作。

(刘 娟)

【供暖供气】 年内，编制《2011年东城区燃气项目实施方案》，协助中石油青海油田分公司建设拉萨LNG（液化天然气）项目，拉萨市人民政府新建办公楼供暖工程已经竣工，对自治区财政厅周转房电磁热泵供暖试点项目进行了竣工终验。

(张玉虎)

【住房公积金和资金管理规范有序】 截至年底，住房公积金归集额为1.67亿元，完成年度归集计划的73%。住房公积金累计归集总额达13亿元，累计归集余额为7.7亿元；公积金支取额达6162万元，完成年度计划的88%。住房公积金累计支取5亿元；发放公积金贷款1.3亿元，收回贷款7000万元，放贷530笔，完成年度贷款计划的100%，住房公积金累计发放贷款总额为6亿元；收到单位职工周转房租金43.19万元与往年同期相比增长28%；收到西藏世邦投资公司等22家公司交来商品住宅维修资金193万元。累计归集商品住宅维修资金540万元，其中提取4.2万元用于格桑林卡公共部位的维修。

(刘 娟)

【建设行业监管更趋规范】 截至年底，开展建筑工地安全生产执法检查137次，共检查建筑施工工地36个，全市建筑安全生产保持零死亡纪录，同比下降100%。发生一起建筑安装工程人员重伤事故，同比下降50%。办理建筑工程施工许可证29个，初审安全生产许可证新办及延期39个，初审建筑业资质26个，办理农牧民施工队资质3个。共监督市政工程项目31项，房建项目125项，其中新开工项目56项，跨年工程项目23项，总建筑面积为36.40万平方米。备案开标、评标、定标招标项目108项217个子项，总计金额132120.42万元。其中，房屋建筑工程项目82项、中标金额88154.67万元，市政设施项目26项、中标金额43965.75万元。

(刘 娟)

拉萨市住房和城乡建设局

党组书记 张贵国

局　　长 格桑平措

市 容 环 境

【概况】 2011年，调动高空作业车对市区道路存在的“蜘蛛网”进行全面清理。先后清理林廓北路等5条管线入地路段和全市其他路段的“蜘蛛网”85千米，拆除废旧水泥电杆105柱。维修水泥路面4788.5平方米、沥青路面9660平方米、石板路面286平方米；维修更换人行道彩砖65820平方米、石板63148平方米；新增盲道6638平方米、更换调整道牙石4.85千米。清理内涝渣土3500多吨，全年清理各类垃圾1145吨。更换井盖127个。共修理维护路灯6504盏、处理路灯突发事故212起、更换电力电缆1.72千米、更换护导线0.16千米、新增康昂北路路灯15柱。维修出新道路栏杆50多千米；对市区106座公交站台进行日常维护。在拉萨市区各道路共悬挂横幅1200多条、彩条150千米、彩旗10000面、国旗10000面。共投入资金1569万元。

（亚　古）

【数字化城管指挥中心试运行】　6月，总投资1980.95万元的数字化城管系统一期工程开工建设，7月底建成拉萨市数字化城管指挥中心并试运行。

（亚　古）

【检查全市22家燃气行业】　7月6日至13日，对全市22家燃气企业从燃气设施管理、特种设备管理、安全生产制度、消防安全、企业经营等方面进行检查，对存在问题的燃气企业下达整改意见通知，要求相关企业自行整改，同时加强大庆期间的安全生产。

（亚　古）

【建立和完善法律制度建设】　12月1日，《拉萨市市容环境卫生管理条例》实施。3月开展的“综治宣传月”活动、5月份开展“第20个城市节水宣传周”活动、6月5日开展“世界环境日”法制宣传、9月开展“平安西藏”和“平安拉萨”宣传等活动。先后发放各类宣传资料7600多份(册)，多次出动宣传车辆进行流动宣传。开展部门建章立制工作，先后制定并出台了《学习制度》、《作风效能考核激励制度》、《保密规定》、《协管员管理规定》、《督查督办制度》等10项规章制度。

（亚　古）

【强化公厕及垃圾专项整治】　年内，对全市156座公厕进行规范，对人为损坏的果皮箱进行维修、拆除和更换，在宇拓路、布达拉宫广场、大昭寺等主要道路、旅游景点新增设具有民族特色的果皮箱。做好全市生活垃圾的清运处理及建筑垃圾的整治工作，查处乱倒乱堆渣土车辆47台，对26处乱倒、乱堆建筑垃圾进行平整和清运，对120家装修店铺沿街乱堆渣土及时予以纠正。

（亚　古）

【完成老旧小区等环境整治】　年内，对老旧小区，街巷胡同、城乡结合部、风景名胜区开展环境整治。完成布达拉宫、大昭寺、小昭寺等历史文化保护区周边环境整治工作以及罗布林卡、龙王潭等知名公园和宇拓路商业步行街、夺森格路、北京路、江苏路等路段的环境整治工作。

（亚　古）

【提高行政审批服务效能】　年内，对13项行政审批项目进行清理，明确审批事项内容，制定了审批事项流程和事项告知。8月进驻市民服务中心，截至年底窗口共接待咨询77人次，受理业务71件。

（亚　古）

城管综合执法

【概况】　年内，城管执法工作以环境秩序服务保障为重点，以重大活动、敏感节点、秩序治理和服务保障为抓手。一季度开展了以治理“十乱”为重点的百日城市环境整治活动；二季度开展了以“优环境、提形象、庆党建、迎大庆”为主题的城市环境综合整治活动；三季度开展了以“落实全国文明城市综合测评实施意见”为重点的迎检活动；四季度开展以“整治流动商贩、落实门前三包责任”为主要内容的专项行动。

（亚　古）

【集中整治重要旅游场所周边环境】　年内，共查处尾随兜售、强买强卖人员100多人，移交公安部门处理100多起，没收各类违法兜售物品1000多件，共劝导、协助清理流浪乞讨人员400多人(次)，配合救助39人。对全市23家经营不规范的报刊亭、10个牛奶亭进行拆除。

（亚　古）

【积极做好新疆流动干果经营人员的服务管理】　年内，为新疆流动干果经营人员协调、解决摊位60多个，将流动干果商贩规范到限定区域内。

（亚　古）

拉萨市市政市容管委会

党组书记　杨革峰

主　　任　强巴江才

环境保护

【概况】 年内，拉萨市环保局成立“六城同创”工作领导小组。筹备拉萨市清洁生产审核试点工作。开展《拉萨市创建国家环境保护模范城市规划总文本》修编工作。与拉萨市统计局召开协调会，主要就生活污水处理率等四个方面达成一致。向所辖路段沿街商户、单位共计280户发放《关于做好迎接创建全国文明城市测评工作的通告》，加大了对“三渠一河”垃圾及淤泥的清洁力度，加大对“三渠一河”沿线住户的宣传力度，倡导保护环境理念，规范住户乱排乱倒行为，保证了“三渠一河”及湿地周边环境卫生清洁，达到指标标准。

(德　央　邓若冰)

【完成“十一五”期间污染物减排任务】 截至年底，拉萨市COD排放总量控制在3370吨、SO_2排放总量控制在710吨，主要污染物排放总量得到有效控制，拉萨市“十一五”主要污染物总量控制目标顺利实现。

(德　央　邓若冰)

【开展污染源动态普查】 年内，组织人员对全市重点工业源、城镇生活源以及农业源等污染源第一次污染源普查数据进行动态调查。共计普查重点工业源49家，将污染源普查动态数据上报自治区环保厅。

(德　央　邓若冰)

【加强固废、辐射等污染防治】 年内，加强工业固废和危险废物的全过程监管，会同县区环保局对本辖区内的危废处置情况开展专项检查；开展拉萨市放射性同位素与射线装置辐射安全自查工作，建立放射源和射线装置档案。

(德　央　邓若冰)

【加大环境监察执法力度】 年内，对北郊水厂集中式饮用水源地进行专项检查。北郊水厂饮用水源地周边一级保护区内存在居民住户安全隐患，建议搬迁一级保护区内居民住户。开展机场专用通道周边环境执法检查，要求堆龙德庆、曲水两县环保局及项目建设方做到按照环评要求规范沙石料场，不得擅自扩大生产规模，项目建设结束后，必须及时恢复场地。配合市公安局做好了拉日铁路13个炸药库的初步选址工作，对拉日铁路建设中的5个施工点及盆因拉隧道道路拓宽进行环境执法检查。对墨竹工卡县垃圾填埋场进行环境执法检查。

(德　央　邓若冰)

【深入开展环保专项行动】 年内，共出动执法人员240余人次，执法车辆137车次，对全市39家重点排污企业、150余家排污单位、17个农贸市场及19家大型超市进行了环境执法检查，发现其中24家排污企业存在环境问题，要求20家企业限期整改，并处罚7家企业。查获并没收一次性塑料袋3.5吨左右，免费发放环保布袋8000余个。

(德　央　邓若冰)

【认真办理信访投诉和人大、政协议提案】 年内，共接到群众举报190起，其中：噪声102起，大气污染50起，生态破坏8起，固废污染5起，水污染6起，白色污染19起，处理率达到100%，办结率95%以上。征收排污费工作正常开展，全年共征收排污费274万元，涉及排污单位486家。全年共受理两会议、提案11件，全部按期办结，代表、委员满意率100%。

(德　央　邓若冰)

【完成尼木县吞巴乡吞巴村环境质量监测】 年内，设环境空气监测1个点，共测项目3项，水环境1个点，共测项目17项，声环境监测4个点。完成11个建设项目的委托监测工作。

(德　央　邓若冰)

【加强机动车尾气监管】 年内，针对上半年尾气检测上出现的问题，加大尾气检测的监管力度，对检测中心进行专项检查，规范检测中心的技术、设备使用，并对监测站管理人员进行调整。在原有的基础上继续加强汽车尾气检测工作及路检工作，全年共检测车辆3万台。

(德　央　邓若冰)

【开展申报市级自然保护区和晋升自治区级自然保护区工作】 年内，共收到3个建立市级生态功能保护区的申请，3个晋升为自治区级自然保护区的申请。截至年底，拉萨市共建立自然保护区和重要湿地生态功能区共计27个，其中市级重要湿地生态功能保护区和自然保护区共计21个。

(德　央　邓若冰)

【开展“三渠一河”及湿地范围大清淤行动】 年内，清理沉沙池2个，清除泥沙及垃圾98588立方米，清理流沙河 4 千米，清除泥沙 48000 立方米。

（德　央　邓若冰）

【争取"十二五"环保项目投资超 5 亿元】 年内，通过与自治区环保厅、对口援藏省市多次协调，"十二五"期间共有五大项被列入国家"十二五"和自治区"十二五"项目中，总投资 5.836278 亿元。

（德　央　邓若冰）

【加强项目"三同时"管理】 截至年底，拉萨市环保局共审批项目 267 个，其中环境影响评价报告书 7 个、报告表 87 个、登记表 173 个，核发排污许可证 172 份。

（德　央　邓若冰）

拉萨市环境保护局

党组书记　谭树辉

局　　长　多布青

园　林　绿　化

【概况】 2011 年，在北京中路、金珠西路、二环路等主要街道进行行道树更换，在城市主要街道和公园内补栽补种国槐、樱花等各类苗木 49.8 万余株。重大节假日期间在市区主干道和公园等主要景点摆放铁树、万年青、千头柏等鲜花近 14 万余盆，各类草花等 10 余个品种，40 余万盆；利用绢花设置各种造型，共用绢花 18 万余朵；"雪顿节"期间在宗角禄康公园举办花卉展，并在节日期间完成 12 个景点的设计工作。发动全社会力量进行绿化养护，开展了绿地管理养护市场化运作试点工作，加强全市公园、小游园的管理。全面修剪草坪、绿篱 8 次；利用水车对全市各路段绿化带进行喷施农药 8 次，使公共绿地花木、草坪生长正常，达到基本无病虫害、无杂草、无成片死缺株。园林绿化监察办公室对征占用林地问题，市区内外树木的砍伐、移植问题进行处理，查处违法违章案件 200 余起。

（海兰英）

【"创建全国生态园林城市"工作有序推进】 年内，完成"创园任务分解表"和"创园目标责任书"的修订工作，"创园"基础指标数据统计工作有序开展；完成 2009 年 13 个新建公园验收工作；完成 2011 年新建 11 个小型公园选址；完成"中国税务林"工程的建设任务；"广西友谊小学门前绿化工程"全面完成；完成第七届济南和第八届重庆园博会拉萨展园设计、建设和布展工作；完成金珠中路和堆龙三角地共 7.8 万平方米绿化改造工程；完成拉萨市第一批城市"见缝插绿"工程共 12 处，新增城市绿化面积 14392 平方米。城市绿化覆盖率、绿地率、人均公共绿地"创园"三大指标的遥感测绘工作初步完成。邀请了中建创园(北京)城市绿化咨询中心的专家对拉萨市创园工作进行指导和培训。以济南、重庆园博会拉萨园建设为主要素材，在区市两级媒体开辟专刊、专栏对拉萨创园工作进行了广泛宣传报道。全年共刊发各类宣传稿件 60 余条。

（海兰英）

城乡规划管理

【概况】 2011 年，市国土资源规划局对主城区 17 条道路上涉及违法违章的 39 处建筑 41 家单位下发《违章建筑拆除通知书》，拆除违法违章建筑 12 处，其中单位 6 处，部队 1 处，私人 5 处，拆除总面积 758.8 平方米。

（刘　娟）

【城乡规划编制】 7 月 27 日，城关区人民政府，市住房和城乡建设局、交通运输局、财政局、国土资源规划局、环保局等单位的领导和专家共 40 人参加《拉萨市东城新区(纳金片区)控制性详细规划》(修编)、《商务中心区城市设计》和《重要地块修建性详细规划》成果论证会，会议通过了上述规划成果。

（刘　娟）

【镇江市规划局捐赠援藏资金 15 万元】 8 月 28 日，江苏省镇江市规划局考察慰问团向拉萨市国土资源规划局捐赠援藏资金 15 万元人民币。

（刘　娟）

【办理完成人大建议和政协提案】 9月29日，完成2011年度人大建议和政协提案办理工作。共办理人大建议和政协提案13件，其中涉及规划管理5件、土地管理7件、矿产资源管理1件。

(刘 娟)

拉萨市国土资源规划局

党组书记 龚建彰

局　　长 杨 林

防震减灾

【概况】 2011年，拉萨市地震局正式成立，副处级建制，核定编制4名，内设1个综合办公室，年内完成组建。

(陈国明)

【成立抗震救灾指挥部】 4月，成立由市长多吉次珠任指挥长、分管救灾和地震工作的副市长任副指挥长，全市50余个职能部门负责人为成员的拉萨市抗震救灾指挥部，根据地震应急工作需要下设办公室和15个工作小组分别负责综合协调和紧急救援等工作。

(陈国明)

【建立地震灾情速报网】 年内，制定《拉萨市地震应急预案》，出台《拉萨市地震灾情速报实施细则》，建立覆盖全市所有乡镇、县区的灾情速报网，共有灾情速报员97名。

(陈国明)

【开展地震应急工作检查】 2011年，制定《拉萨市地震应急工作检查方案》，成立由市地震局、市民政局、市发改委、市安监局联合组成的市地震应急工作检查领导小组，对全市部分重点单位和县(区)政府等开展了地震应急工作检查，向市政府提交了客观真实的检查报告，对全市地震应急工作处置能力做到了心中有数。

(陈国明)

【参与安居工程验收】 2011年，市地震局与民政、国土、农业、林业、安居办等部门对相关县(区)农牧民安居工程进行综合验收，地震局主要对抗震方面进行了验收。

(陈国明)

【开展基础数据统计】 为掌握全市民居抗震效果，市地震局与自治区地震局对曲水县、堆龙德庆县、达孜县、城关区的部分乡镇民居修建时间、房屋结构、房屋基础等相关数据进行了抽样统计，对全市民居的抗震程度有了客观的了解。

(陈国明)

拉萨市地震局

局　长 边巴卓玛

人力资源与社会保障

综　述

1965 年，拉萨市劳动工作由市民政局工资福利科负责管理。1976 年拉萨市劳动局成立，隶属拉萨市计划经济委员会，正科级行政单位。1984 年拉萨市劳动局和拉萨市人事局合并为拉萨市劳动人事局，隶属于拉萨市人民政府，为正县级行政单位。1987 年劳动局又划归拉萨市计划经济委员会管理，属正科级行政单位。1996 年拉萨市机构改革，拉萨市劳动局升格为副处级行政单位，隶属拉萨市人民政府办公室管理。2002 年拉萨市机构改革，在原劳动局的基础上新成立了拉萨市劳动和社会保障局（正县级），拉萨市所辖各县（区）也相继成立了劳动和社会保障局。2005 年 5 月，按照《西藏自治区实施工伤保险条例办法》要求，新设置了工伤保险科（拉萨市劳动能力鉴定委员会办公室）和拉萨市工伤保险管理中心（事业单位）。2007 年，顺应自治区高校毕业生分配制度改革，拉萨市劳动和社会保障局成立了高校毕业生就业指导服务中心（人才交流中心）。拉萨市劳动和社会保障局内设七个正科级行政科室和五个正科级事业单位，成为综合管理全市劳动和社会保障工作的政府职能部门。2010 年 9 月 10 日，拉萨市人力资源和社会保障局（拉萨市公务员局）挂牌成立。将原拉萨市人事局、原拉萨市劳动和社会保障局职能合并重新组建，内设十个正科级机构，担负起了人才强市、保障民生、促进社会和谐的重要作用。

2011 年，全市新增就业再就业（包括就业困难群体及 3545 人员）5974 人；开发就业再就业岗位 6222 个（包括 600 个公益性岗位）；城镇登记失业率为 2.8%；全市共组织劳务输出 6.65 万人，实现劳务收入 3.2 亿元；养老保险新增 3100 人，医疗保险新增 5838 人，生育保险新增 1141 人，工伤保险新增 9628 人，失业保险新增 812 人。

（张　赶）

人力资源

人事人才

【开展军转干部解困慰问】 元旦、春节、藏历新年等节假日期间，组织开展对安置到企业的军转干部和部分自主择业军转干部的慰问走访工作，协调相关部门落实政策待遇。向居住在内地的十八个省区市自主择业军转干部寄发慰问信 2072 封。对安置到企业的军转干部月工资收入、奖金和福利等进行调查，对月工资不足3000 元的人员进行补助，全市有 4 名企业军转干部享受困难补助。组织居住在拉萨的自主择业军转干部 75 人进行形势政策专题学习。

（张　赶）

【开展事业单位岗位设置管理试点工作】 2010 年 11 月 3 日至 2011 年 1 月 30 日，在拉萨市第七中学、拉萨市妇幼保健医院、拉萨市畜牧兽医总站 3 个事业单位开展岗位设置管理试点工作，设置岗位 190 个，认定岗位等级 190 人，人员 100% 上岗。

（张　赶）

【人才规划颁布实施】 2 月，《拉萨市中长期人才发展规划纲要（2011—2020 年）》颁布实施。10 月，《拉萨市行政机关公务员培训规划（2011—2015 年）》颁布实施。

（张　赶）

【开展公招选调考试】 年内，为全市 41 家单位选调 75 名优秀公务员（事业单位工作人员）充实到各行各业。

（张　赶）

【向基层派遣高校毕业生】 年内，面向基层一线派遣高校毕业生，2011 年派遣高校毕业生 1372 人。

（张　赶）

【选派基层公安干警】 年内，向拉萨市便民服务站和县（区）公安检查站派遣了基层公安 745 人，从退役士兵和拟退士兵中招录警察 1134 名。

（张　赶）

【核定调整军转干部退役金】 年内，2072 名自主择业军转干部退役金计发比例享受 100% 及以上的 888 人，一直在驻藏部队服役的 521 人，艰苦地区发生变化经重点核查无误的 600 人，存在疑问的 63 人。16 名自主择业军转干部计发比例在区市共同审核下报请国务院军转办进行调整。

（张　赶）

【军转干部子女高考加分】 年内，为全市 100 名自主择业军转干部子女高考落实加分待遇。

（张　赶）

【慰问“三支一扶”人员】 年内，开展与“三支一扶”大学生谈心交心座谈会 9 次，慰问在基层服务的“三支一扶”大学生 256 名，发放慰问金 94500 元。

（张　赶）

【“三支一扶”人员考核】 年内，对于 2007 年开始服务的 103 名（含支教）“三支一扶”人员进行了服务期满考核，其中 3 人评为优秀，100 人评为合格。

（张　赶）

【组织人事人才业务培训】 年内，对八县（区）20 名人事人才工作人员分期分批进行业务实践培训。选派 6 名副县长（局长）赴山东参加新农村建设实用人才队伍建设培训。选派 4 名副县长（局长）、组织部长赴广州参加人力资源专业知识培训。选派县级业务骨干参加国家公务员局在山西省、浙江省、西藏林芝地区举办的业务培训。

（张　赶）

【开展事业人员职称评聘】 年内，通过初审、考察（初级进行审查），共委托、推荐参加专业技术资格评审人员 391 人，涉及教育、卫生、农牧、工程、艺术、新闻、广电等系列。共确认 239 人拟晋中级专业技术人员相应的任职资格，聘任 33 人非教育系列中级专业技术职务。

（张　赶）

【开展事业单位工作人员年度考核】 年内，全市事业单位工作人员应参加考核人员 9472 人，实际参加考核人员 9396 人，参加考核率为 99%。经考核，评出优秀等次 979 人，占 10.49%；合格等次 8069 人，占 85.89%；不合格等次 12 人，占 0.13%；未定等次 329 人，占 3.5%；未参加考核 75 人，占 0.79%。

（张　赶）

劳动关系

【执法年审】 年内，对全市 1235 家用人单位办理劳动用工登记备案手续和劳动执法年审，督促用人单位与 7410 名劳动者签订劳动合同，缴纳工伤保险。

（张　赶）

【实施建筑施工企业缴纳民工工资保证金制度】 年内，对全市 24 家建筑施工企业民工工资保证金缴纳情况、员工人数、签订劳动合同情况、履行劳动合同情况、建立规章制度情况、社会保险缴纳情况、工资支付情况、工时休息情况、非法使用童工情况、最低工资标准执行情况及劳动用工登记备案进行专项检查。全年督促 34 家建筑企业缴纳民工工资保证金 2483 万元。

（张　赶）

【开展“春暖行动”专项检查】 年内，在全市范围内开展“春暖行动”，促进农牧民工劳动合同签订。共检查 77 家企业，涉及 1910 名从业人员。

（张　赶）

【清理整顿人力资源市场秩序】 年内，对工商企业密集区、流动人口集散地、职业中介机构聚集地和自发形成的人力资源交易场所等区域进行重点检查，销毁虚假中介信息 12 条。对汽车修理行业开展专项检查，纠正用人单位违法违规行为，共检查了 50 家汽车修理厂，涉及771名从业人员，下达24份限期整改指令。

（张　赶）

【处理劳动人事纠纷】　截至2011年底，共接待来访群众2600人次，受理劳资纠纷案件234起，涉及人数1869人，涉及金额952万元。经处理，为劳动者追回工资、误工费、生活费、工伤赔偿、补缴社会保险等合计1652万元，结案率达到98%。

（张　赶）

社会保障

就　业

【新政策扶持高校毕业生自主创业】　8月，《拉萨市关于鼓励和扶持高校毕业生自主创业扶持政策的实施意见》颁布实施。《意见》规定：每年设立拉萨市高校毕业生创业资金200万元，重点用于高校毕业生创业补贴、创业奖励和创业资助。高校毕业生创业企业或从事个体经营的，正常经营在6个月以上的，投资额度10万元以内的一次性奖励5000元，投资额度10万元以上的一次性奖励10000元，合伙创业享受不超过20000元的创业奖励。非公有制企业解决拉萨户籍高校毕业生（国家计划内的生源）就业的，可根据签订就业合同年限和人数，享受就业奖励。具体为签订2年、3年、5年以上合同的企业，可分别获得按就业一名毕业生奖励5000元、12000元、20000元和社会保险补贴。

（张　赶）

【人力资源小型招聘会首次举办】　10月，首次举办全市人力资源小型招聘会，每月15日定期举办。全年共举办3期招聘会，667人实现就业。

（张　赶）

【高校毕业生就业服务】　年内，2011年全日制应届高校毕业生全部就业。依托高校毕业生就业服务网和拉萨市人才网，36名高校毕业生通过网络招聘实现就业。106名大学生通过公益性岗位实现就业。重新调整13家见习基地，派遣193名高校毕业生参加见习，发放见习生活补助110万元，确保全市136名困难家庭高校毕业生100%实现了就业。

（张　赶）

【农牧民职业技能培训】　年内，结合全市安居工程、乡村旅游等特色项目对农牧民开展职业技能培训，培训涉及驾驶、藏餐厨师、雕刻绘画、园林绿化、文字雕刻、羊毛梳理等工种。组织开展职业技能培训56期，培训4977人。其中完成农牧民转移就业培训4688人，培训合格人数4500人，合格率达到96%，培训后实现就业3060人，就业率68%。

（张　赶）

【职业技能鉴定】　年内，以技能人才评定为重点，开展职业技能鉴定510人，鉴定合格485人。农牧民专项职业能力考核57人，合格率91%，涉及手工编织、金属加工、民族建筑绘画等工种。

（张　赶）

【困难群体就业】　年内，举办“春风行动”、“拉萨市人力资源洽谈会”等就业服务专项活动12场，职业指导7325人，职业介绍7212人，职业介绍成功3755人。新购买公益性岗位600个，全市公益性岗位总量达到3650个。通过公益性岗位安置城镇失业人员、零就业家庭等就业困难人员325人，动态消除零就业家庭9户。

（张　赶）

【3300名失地农民实现就业】　截至2011年底，共解决3300名失地农民的就业问题，完成全年目标任务110%。

（张　赶）

社会保险

【统筹城乡社会保障制度实现全覆盖】　年内，全市参加社会保险总人数达到31.51万人。其中，城镇职工基本养老保险参保1.86万人，新农保参保16.22万人，职工医疗保险参保3.16万人、居民医疗保险参保4.63万人、职工生育保险参保2.13万人，工伤保险参保2.4万人，失业保险参保1.11万人。全年征缴城镇职工基本养老保险金1.67亿元、职工医疗保险金1.14亿元、居民医疗保险金2521万元（其中财政补贴缺口1224万元）、职工生育保险金416万元、工伤保险金700万元、失业保险金

1150万元。

(张　赶)

【新型农村养老保险】 年内，将领取待遇的农牧民完全纳入统一的社会化管理服务体系。全年全市16.28万名农牧民参加新型农村养老保险，2.53万60周岁及以上的农牧民享受待遇，新农保参保率达到88.6%，发放金额1638万元。

(张　赶)

【发放政府惠民卡】 年内，向全市统筹内领取养老金的人员发放3536张“政府惠民卡”。对164位退休职工发放慰问金9.84万元。对1959年3月28日前参加工作的245名企业离退休人员发放一次性慰问金49万元。为全市养老保险统筹范围内的退休职工发放了西藏和平解放60周年慰问品4460件。

(张　赶)

【退休人员增资】 年内，全市3640名符合增资条件的退休职工人均月增资231元。增资后，全市退休职工月平均养老金达到2283元。

(张　赶)

【医疗保险统筹基金支付起付线下调】 年内，职工三、二、一级医院起付线从启动时的1500元、1275元、1050元下调到400元、300元、200元，居民三、二、一级医院起付线从800元、500元、300元下调到400元、200元、100元；居民医保最高支付限额从2万元上调到13万元，职工医保从6万元上调到22万元。

(张　赶)

【特殊病门诊纳入医保支付范围】 年内，特殊病门诊15845人次，统筹基金支出5828万元。建立公务员医疗补助，职工、居民医保政策范围内费用支付率分别达到92%、70%。

(张　赶)

【工伤认定】 年内，工伤认定103起，劳动能力鉴定123起。兑现112名老工伤人员工伤待遇230万元。

(张　赶)

【失业保险】 年内，征缴全市事业单位、国有企业应缴失业保险金1150万元。2011年确认困难企业10家，发放困难补贴资金180万元。

(张　赶)

拉萨市人力资源和社会保障局
拉萨市公务员局

局　长　徐海元

社会生活

综　　述

2011年，与八县区民政局、局属各单位签订《拉萨市民政系统党风行风建设责任书》，建立健全《拉萨市民政局服务承诺制》、《拉萨市民政局责任追究制》、《拉萨市民政局政务公开制度》等制度。开展以“扶贫济困、爱心捐助”为主题的捐款活动，共筹集捐款资金22410元；前后解决近百万资金，保障驻村工作顺利开展。制订《社会治安综合治理和平安建设工作计划》、《维稳应急值班制度》等维稳工作制度。完成了青藏铁路护路联防工作任务。利用“9·16”平安西藏宣传日和平安拉萨宣传周等宣传活动开展了社会救助、基层政权、优抚优待等民政工作的法律法规的宣传。

（王美蓉）

社会救助

【城镇低保】 1月1日起，拉萨市城市低保最低生活保障标准由家庭月人均330元调整为月人均360元；截至到12月底，全市共有城市低保对象5253户、10947人，占全市非农业人口的5.1%。全年累计发放城市低保资金3419.32万元，发放一次性生活补贴金808.51万元。

（王美蓉）

【农村低保】 1月1日起，拉萨市农村低保保障线标准由去年的年人均1300元提高到1450元，A、B、C三类年人均补助标准分别由2010年的920元、658元、487元提高到1070元、772元、564元；全年新增730户、2495人，停发1358户、3316人，变更581户、636人；取消农村低保“指标”限制，全年累计发放农村低保资金1388万元，发放一次性生活补贴409.28万元。

（王美蓉）

【临时救助】 1月1日起，拉萨市城乡临时生活救助制度全面建立。全年累计救助城乡困难群众476户、2490人，落实临时救助资金152.67万元。

（王美蓉）

【流浪乞讨人员救助】 年初，拉萨市政府出台《拉萨市关于建立流浪乞讨人员救助管理工作长效机制的意见》，明确落实相关部门的责任和任务。积极开展“接送流浪孩子回家”专项行动，加大街头巡查、救助、劝返力度，全年共救助2203人，其中流浪未成年人287人，落实救助经费59万余元。

（次仁德吉　巴桑卓嘎　何　伟）

【五保供养】 年内，1336名五保对象已实现应保尽保，集中供养五保对象年平均生活费3503元，分散供养对象年平均生活费达2490元；全年落实五保供养金409.2万元和一次性生活补助金45.36万元。

（王美蓉）

【专项救助】 年内，起草上报《拉萨市城乡居民医疗救助实施办法》，为1336个农村五保对象缴纳参合资金19302万元，累计筹集城乡医疗救助资金

3476.4万元，其中自治区下拨2600万元；救助城镇困难居民231人，落实救助资金194.1万元；救助农牧区困难群众2259人，落实救助资金744.15万元。落实2010年7名考入区外高校的特困家庭学生教育救助资金3.3万元。

(王美蓉)

救　灾　救　济

【防灾减灾工作】　年内，自治区民政厅安排自然灾害救助补助资金1985万元，其中市级补充救灾基金专户331.78万元，市区应急救济和临时救济20万元，下拨各县(区)485万元(含重建资金55万元,因灾倒损房屋重建款90万元)，市级政府采购368.22万元(补充救灾物资储备)，自治区代储应急救灾物资100万元，落实2011年冬天至2012年春天生活救助款680万元。积极开展“5·12”全国第三个“防灾减灾日”防灾减灾系列宣传活动。

(王美蓉)

【接收社会捐赠】　印度锡金邦发生6.8级地震后，日喀则、山南地区23个县10万多人受灾，拉萨市紧急调拨100顶帐篷、100床棉被、100件棉大衣，价值35万元。接收抗震救灾捐款累计金额172.838万元，并通过自治区民政厅汇往灾区。

(王美蓉)

双拥优抚安置

【成功创建双拥模范城】　5月11日，召开拉萨市创建全国双拥模范城(县)目标责任书签订会议，与45个市直成员单位、驻市部队签订《2011年度拉萨市创建全国双拥模范城(县)目标责任书》，确保了双拥创建任务顺利完成。6月23日，召开拉萨市双拥创建工作经验交流会。完成全国、自治区级双拥模范城(县)推荐及申报工作，创建全国双拥模范城工作在“六城同创”中首个通过全国双拥工作考评组的考核验收，拉萨市已连续7次荣获“自治区双拥模范城”，连续6次荣获“全国双拥模范城”。开展10次军警民共建共保服务一条街活动；在市区主要街道及机场快速通道新启用4个永久性双拥宣传广告位；开展清明节祭扫活动及烈士资料遗物的搜集、整理工作。拉萨烈士陵园红色遗迹项目已由区发改委上报国家发改委审批。

(王美蓉)

【拥军优属】　年内，为200余名优抚对象审核签订子女减免学费相关资料，确保优抚对象子女切实享受到优抚政策。召开各类军民座谈会10余次，举办联谊、文艺演出等活动5次。“三大节日”(元旦、春节、藏历新年)、“八一”建军节、西藏和平解放60周年之际，走访慰问21个驻市部队、8个执勤点官兵、32户重点优抚对象，赠送慰问金110万余元。为4个基层部队赠送电脑、打印机等办公用品。做好西安和丹东两市双拥慰问团慰问本籍士兵的接待工作。为参加西藏和平解放60周年大庆100名女子民兵赠送价值2万元防晒霜套装。

(王美蓉)

【拥政爱民】　年内，驻市部队积极参加地方经济建设，为市民修理各种电器和农机500余台(件)，打扫卫生出动1000余人(次)，清运垃圾100余吨，为群众5000余人(次)免费医疗，收治地方病人1万人(次)，医疗免费体检上千万元，参加各种抢险救灾50余次，抢运各种物资100多吨。

(王美蓉)

【优抚安置】　年内，共落实各类抚恤和生活补助资金255万余元。10月1日，国家提高伤残抚恤金和定期抚恤金标准。接收军休干部8人，伤病残退休士官1人。“三大节日”、“八一”建军节召开军休人员座谈会，发放购物卡和慰问金180余万元。落实医疗费80余万元，发放工资等经费1935万余元。为41名1959年3月28日之前参加工作的军休人员发放西藏和平解放60周年一次性慰问金8.2万元。2010年至2011年，军休人员体检费26.45万元全部兑现。完成退伍军人报考便民警务站人员名单的核查和上报工作，18人考入基层公安干警及便民警务站。为26名2008年应征入伍义务兵家属发放优待金3.12万元，完成2010年度38名退役士兵安置工作。

（王美蓉）

（周永平 高小丽 次仁德吉 达尔瓦 周 强）

福利事业

【老龄事业】 年内，为3794名高龄老人发放健康补贴121.98万元，新办老年优待证2747本。

（王美蓉）

【培训专业养老服务人员】 年内，举办首届敬老院、福利院管理服务人员培训班，全市11所县、乡级敬老院、福利院的11名敬老院院长和29名服务人员接受专业培训，起草了《拉萨市农村五保供养服务机构管理办法》，报市政府法制办。

【儿童福利事业】 截至年底，共办理儿童福利证926个；孤儿基本生活保障补助由原来每人每月360元增加至每人400元，发放保障补助金396.204万元。全年新招收7名孤儿，办理了户口、低保、福利证等手续，为3名孩子落实就学；SOS儿童村有181名孤儿，全年接受社会捐赠资金69.13万元。

（王美蓉）

【养老服务机构项目建设】 截至年底，共争取敬老院建设资金895万元，实施达孜、曲水、尼木、堆龙德庆4县敬老院项目建设，达孜县金叶敬老院已通过验收投入使用。拉萨市共有供养农村五保对象的敬老院、福利院43所。

（王美蓉）

基层政权和社区建设

【行政区域界线管理】 5月6日，召开第三轮行政区域界线联检专题会议，通过《开展第三轮拉萨市县级行政区域界线联合检查工作实施方案》，调整充实拉萨市第三轮县级行政区域界线联合检查工作领导小组成员，堆龙德庆县与城关区已完成行政区域界线联检任务；三次实地协调解决尼木县帕古乡和麻江乡乡界纠纷，向自治区民政厅上报《关于协调解决拉萨市当雄县和那曲地区班戈县、那曲县之间的边界草场资源纠纷的意见》，有效地调解了边界草场纠纷带来的不稳定因素。

（王美蓉）

【地名管理】 6月3日，召开以市人大代表、政协委员、西藏科学院、西藏大学、自治区测绘局和邮政局的专家、学者、离退休干部参加的地名命名更名征求意见座谈会，对全市242个已建、待建的公交站(台)及43条道路的名称进行规范命名。全年安装道路指示牌72个，制作门牌297块。完成城区各主要路口30个交通指示牌名称审核工作；拉萨市荣获民政部第一批全国地名公共示范市荣誉称号。

（王美蓉）

【村(居)委会换届选举】 12月，完成拉萨市第七届225个村(居)委会换届选举工作及19个“难点村”的治理整顿工作。

（王美蓉）

【城市社区】 年内，争取自治区投入150万元，修建了八廓街社区服务中心。在城市街道社区工作者中开展“走千户、访千人”活动。9月28日，全区社区建设工作现场推进会在城关区召开，七地(市)相关人员参观考察。2009年争取福利彩票公益资金150万元、城关区配套736.4万元，修建5个社区服务站项目，已于年内全部投入使用。

（王美蓉）

【农村社区】 全国农村社区建设试点县达孜县形成了党委和政府领导、民政牵头、有关部门协同、村级组织主办、群众广泛参与的农村社区建设工作新格局。在塔杰乡巴嘎雪社区、主西村社区、德庆镇桑珠林社区、章多乡拉木村社区建立了便民服务站或社区服务中心。

（王美蓉）

【行政区划】 年内，合并冲赛康街道办事处和八廓街道办事处为八廓街道办事处，新成立金珠西路街道办事处，对吉崩岗街道办事处和公德林街道办事处管辖权进行变更，注销了旁多村。

（王美蓉）

行政事务管理

【民间组织】 年内，登记民间组织3个，办理变更登记1个，全年检查合格23个。全市现有48家社会组织，各项社会组织良性发展。

（王美蓉）

【殡葬管理】 年内，办理殡葬事宜11件。

（王美蓉）

【婚姻登记】 年内，全市办理结婚登记4377对，离婚登记585对，复婚登记27对，补办结婚证436对，出具未婚证明458份、结婚证明606份。

（高小丽）

【获得荣誉】 年内，荣获全国老龄系统先进集体、全国地名示范市、全市综合治理工作先进集体、全市“十一五”定点扶贫工作先进集体、全市“五五”普法工作先进集体、全市民族团结先进集体荣誉称号、拉萨市电子政务工作先进集体；2010年度征兵工作先进单位。格桑平措荣获拉萨市流动人口服务管理先进个人，德庆卓嘎荣获全国巾帼建功活动先进工作者，陈莎莉荣获拉萨市综治工作先进个人，仓决荣获拉萨市2010年度征兵工作先进个人，王美蓉荣获全市信访工作先进个人、创建全国文明城市工作突出奖。

拉萨市民政局

党组书记 何春林

局　　长 扎西白珍

2011年拉萨市民办非企业单位一览表

表13

序号	名 称	证件编号	登记时间
1	拉萨阶梯外语学校	藏拉010001	2003.1.23
2	西藏创业管理培训学院	藏拉010002	2003.3.25
3	拉萨岗旋业余语言学校	藏拉010003	2003.3.26
4	拉萨市二中成人高考培训部	藏拉010004	2003.7.21
5	西藏攀德达杰职业技术福利学校	藏拉010005	2005.5.8
6	西藏祥安机动驾驶培训学校	藏拉010006	2005.8.22
7	宇拓机动车驾驶培训学校	藏拉010007	2008.7.30
8	拉萨市蓝翔技能培训学校	藏拉010008	2010.1.18
9	拉萨市天珠研究所	拉民证字第01009	2011.11.10

2011年拉萨市社会团体一览表

表14

序号	名 称	证件编号	登记时间
1	拉萨市教育协会	003	1994. 3. 24
2	拉萨市计划生育协会	004	1991. 12
3	拉萨市财政学会	008	1991. 12
4	拉萨市珠算协会	009	1991. 12
5	拉萨市对外友好协会	0011	1994. 8. 30
6	拉萨市气象协会	0012	1996. 7. 30
7	拉萨市殡葬管理协会	0013	1996. 8. 1
8	拉萨市监察学会	0014	1996. 5. 6
9	拉萨市佛教协会	0015	1994. 3. 24
10	拉萨市会计学会	0017	1991. 12
11	拉萨市个体私营经济协会	0019	1994. 9. 29
12	西藏翻译工作者协会拉萨分会	0020	1994. 10. 2
13	拉萨市集邮协会	0021	1991. 12
14	拉萨市出租汽车运输协会	0023	2000. 3. 28
15	拉萨市中和国际城同业商会	200102	2001. 8. 17
16	拉萨市民办教育协会	200301	2003. 7. 1
17	拉萨市美容美发化妆品协会	200302	2003. 8. 15
18	拉萨市信息技术行业协会	200401	2004. 6. 4
19	拉萨市质量技术监督标准计量协会	200402	2004. 11. 24
20	拉萨市老年人工作协会	200501	2005. 4. 11
21	拉萨市医学会	200502	2005. 5. 25
22	拉萨市青年志愿者协会	200503	2005. 8. 23
23	拉萨市质量技术监督特种设备协会	200504	2005. 8. 29
24	拉萨市环保行业协会	200601	2006. 1. 13
25	拉萨市质量技术监督质量管理协会	200602	2006. 1. 25
26	拉萨市物业管理协会	200603	2006. 3. 27
27	拉萨市物资再生协会	200604	2006. 6. 13
28	拉萨市奶牛养殖行业协会	200605	2006. 7. 18
29	拉萨市经济技术开发区企业家协会	200606	2006. 11. 30
30	拉萨市上特产品协会	200701	2007. 6. 21
31	拉萨市兰州零售行业协会	200702	2007. 12. 17
32	拉萨市税务学会	200901	2009. 11. 9
33	拉萨市烟花爆竹协会	201001	2010. 1. 6
34	拉萨市母子保健协会	201002	2010. 2. 10
35	拉萨市燃气协会	201003	2010. 4. 23
36	拉萨市糖酒饮料副食协会	201004	2010. 8. 19
37	拉萨市旅游协会	201005	2010. 9. 14
38	拉萨市网吧行业协会	201101	2011. 1. 19
39	西藏天珠文化协会	2011 －02	2011. 8. 8

残疾军人、伤残人民警察、伤残国家机关工作人员、伤残民兵民工残疾抚恤金标准表

表 15

（从2011年10月1日起执行）

单位：元/年

残疾等级	残疾性质	抚恤金标准
一级	因战	32990
	因公	31950
	因病	30900
二级	因战	29850
	因公	28290
	因病	27230
三级	因战	26190
	因公	24620
	因病	23050
四级	因战	21470
	因公	19380
	因病	17810
五级	因战	16770
	因公	14660
	因病	13620
六级	因战	13100
	因公	12400
	因病	10480
七级	因战	9960
	因公	8900
八级	因战	6290
	因公	5760
九级	因战	5230
	因公	4190
十级	因战	3670
	因公	3140

拉萨市行政区划一览表

表 16

县（市）	镇	乡	街道办	居委会	村委会
城关区	0	4	8	32	12
林周县	1	9	0	0	45
当雄县	2	6	0	3	25
尼木县	1	7	0	0	32
曲水县	1	5	0	0	17
堆龙德庆县	2	5	0	0	34
达孜县	1	5	0	0	20
墨竹工卡县	1	7	0	0	40
合 计	9	48	8	35	225

残疾人事业

【概况】 2011 年，拉萨市残疾人联合会着力推进残疾人社会保障和社会服务体系建设，扎实开展残疾人康复、就业服务、职业培训、全纳教育、法制建设、权益维护、基础调研、政策研究等工作，着力解决残疾人最关心、最直接、最现实的问题，积极营造残疾人平等参与的社会环境，缩小残疾人生活状况与社会平均水平的差距，努力实现残疾人事业与经济社会协调发展，使残疾人与全市各族人民一道向着小康社会迈进。2011 年，国务院残疾人工作委员会授予拉萨市“全国残疾人先进集体”的荣誉称号。

（贡桑卓嘎）

【实施惠及残疾人的民生项目】 年内，继续实施由市残疾人联合会牵头负责的为特困低保户残疾人每人每年发放 600 元特殊生活补贴的政府民生项目，为 4350 名特困残疾人兑现落实特殊生活补助资金 261 万元。开展贫困残疾人阳光家园计划、机动轮椅车燃油补贴、危房改造补贴等民生工作，落实阳光家园计划居家托养补助资金 56.4 万元，共有 470 名智力、精神和重度残疾人受益；落实机动轮椅车燃油补贴资金 15.56 万元，共有 389 名残疾人受益；为 37 户贫困残疾人落实危房改造资金 9.25 万元。

（贡桑卓嘎）

【开展康复服务】 康复训练与服务：完成 3 个试点县（区）服务站康复服务指导培训 92 人次，康复受益 4497 人，康复站服务 1410 人次，家访服务 3087 人次。康复转介服务 90 人，推荐 35 名 12 岁以下听力障碍儿童到自治区残疾人康复中心听力语言康复部接受康复训练，教育康复转介 60 人，就业康复转介 6 人，假肢安装筛查转介 84 名，肢体康复转介 15 人。唇腭裂转介康复手术 5 例。用品用具供应发放助听器 2 副、轮椅 20 辆、拐杖 10 副。康复宣传与康复中心综合楼工程：全年社区宣传活动 100 余次，参加宣传活动 1100 余人，发放宣传材料 5700 余份，完成投资 577.8 万元的拉萨市残疾人康复中心综合楼的基础工程建设。

（贡桑卓嘎）

【残疾人教育和就业】 年内，推荐 46 名残疾人实现就业，完成职业介绍 86 人次，实名制求职登记 62 人，筛选统计出符合培训条件的残疾人共计 110 名，在原有的 6 项培训项目的基础上，增设了电脑基本操作和卡垫纺织培训班，推荐了 41 名残疾人参加电脑、盲人按摩、缝纫、理发、唐卡绘画和藏式房屋彩绘培训，筛选推荐 5 名盲人到北京接受由中国残疾人联合会提供的盲人按摩技能培训。对拉萨市各县（区）3 至 5 岁有特殊教育需求的残疾适龄儿童进行调查统计，符合入学条件的有 66 名，其中言语障碍 27 人，听力障碍 23 人，视力障碍 16 人，待特殊学校改扩建工程完成后，推荐入学。截至年底，全市试点和推广残疾人全纳教育工作涉及的学校共有 6 所，学生总数为 5599 人，其中残疾学生 148 名。

（贡桑卓嘎）

【开展残疾人维权】 年内，共接待残疾人来信来访 78 人次，办结侵权事件 3 件次，办结率 100%。

（贡桑卓嘎）

【加强第二代残疾人证核发管理】 年内，全市共办理第二代残疾人证 1847 本，累计办理 6817 本。

（贡桑卓嘎）

【开展重大节日扶残助残活动】 年内，利用全国助残日、国际残疾人日、爱耳日、爱眼日等重大残疾人节日，集中慰问市直机关、企事业单位困难低保残疾人 68 名，每人发放慰问金 600 元，累计发放慰问金共计 40800 元。在“三大节日”、全国助残日等期间深入开展了一系列慰问残疾人活动，累计发放慰问金 154222 元。

（贡桑卓嘎）

拉萨市残疾人联合会

理事长 央金卓嘎

区情县情

城 关 区

概 况

城关区位于雅鲁藏布江支流拉萨河中下游，东邻达孜县，南与山南地区贡嘎县和扎囊县接壤，西与堆龙德庆县相连，北靠林周县。城关区总面积554平方千米，其中城区面积58平方千米，行政区域东西跨距28千米，南北跨距31千米。2011年，辖4个乡、8个街道办事处、37个居委会、12个村委会。全区总人口55443人，其中城市人口40272人、农村人口15171人。

2011年，全区完成地区生产总值45.32亿元，同比增长16.43%，其中第一产业增加值完成0.74亿元，第二产业增加值完成5.62亿元，第三产业增加值完成38.96亿元，分别同比增长2.48%、15.65%、19.45%；人均GDP达到45650元，同比增长16.11%。地方财政一般预算收入一举突破3亿大关，达到3.4亿元，同比增长33.89%；全社会固定资产投资达到27.15亿元，同比增长21.31%。城镇居民人均可支配收入达到18140元，同比增长7.55%；农牧民人均纯收入达到7890元，同比增长16.17%；城镇登记失业率控制在4.3%以内。三次产业比重调整为1.6∶12.4∶86。

（高 升）

2011年国民经济和社会发展

经济建设

随着城乡一体化进程加快，农牧业结构得到进一步调整优化，农牧业特色产业进一步发展，城关区粮经饲的比例由2010年的33∶57∶10调整到2011年32∶58∶10。2011年，农村经济总收入实现5.98亿元，同比增长29.93%，完成年计划的110.94%。其中多种经营和乡镇企业收入完成5.63亿元，同比增长28.11%，完成年计划的112.32%；共完成劳务输出7517人，同比增长17.43%，完成年计划的100.21%；劳务输出收入1.14亿元，同比增长11.76%，完成年计划的100.02%。

全区耕地面积达到1512.22公顷，其中粮食播种面积586.6公顷。蔬菜产量完成5.85万吨，同比增长8.16%，完成年计划的100%；奶类产量完成8050吨，同比增长20.28%，完成年计划的146.36%；肉食产量完成750.1吨，同比减少10.65%，完成年计划的107.16%。

2011年，工业总产值实现1.72亿元，同比增长11.63%，完成年计划的101.18%。其中民族手工业完成5988万元，同比增长21.77%，完成年计划的100.13%；建筑业总收入完成6.4亿元，同比增长32.02%，完成年计划的121.12%；贸易业销售额完成4031.54万元，同比增长17.96%，完成年计划的100.41%。

（高 升）

城乡建设和管理

全区固定资产投资累计完成27.15亿元，同比增长21.31%，完成年计划的101.04%。建设项目达101个，包括续建项目44个，新建项目57个，已有86个项目完成竣工验收并交付使用。顺利实施城关区二期廉租房、二期周转房、特色园艺产业科技园、社区卫生服务中心、乡村道路、综合文化活动中心、拉鲁小学、白定小学综合教学楼、纪检监察工会业务用房、物价统战民宗业务用房、桑珠颇章古建大院维修等重点项目；抓好藏热小学和蔡村一、二组社会主义新农村两个援藏项目建设；开展嘎玛贡桑自建小区、雄嘎自建小区、江中组失地农民集中搬迁点基础设施建设、西藏特色农畜产品交易市场、城关区法院审判业务办公楼、纳金乡藏热村农贸市场等项目的前期准备工作。

农村经济总收入完成5.98亿元，同比增长29.93%。粮、经、饲比例调整为32：58：10，粮食、蔬菜、肉、奶、蛋产量分别达到2740吨、58520吨、750.1吨、8050吨、15.8吨，同比均有明显增长。进一步加强设施农业的建设力度，建成农业示范科技园区。投资1636.68万元，在四个乡建成400栋蔬菜温室大棚；新发展了255户庭院经济项目户。投入1800万元，实施500户农牧民安居工程建设和88户农房改造提升；投入814.46万元，综合实施4处村容村貌环境整治工程，受益农牧民达880人。第一次水利普查工作稳步推进；加快推进公益林、绿化林工程，全年造林473.33公顷。新建农牧业专业合作组织4个，完成与2家超市的"农超对接"、与3个农贸市场的"农市对接"以及与11所学校的"农校对接"。对口帮扶向纵深推进，投入资金110万元，实施并交付使用17个扶贫项目，贫困农牧民生产生活条件进一步改善。加大农牧民劳动力转移培训力度，全年培训农牧民人数达2000人，特色农牧业、运输业、旅游业、劳务经济等对农牧民增收作用不断增强，全年劳务输出7517人，实现劳务收入达到1.14亿元，分别同比增长17.43%、11.76%。积极推进"万村千乡市场工程"，升级改造30家农家店，农村碘盐实现全覆盖，家电家具下乡工程实现销售额710.41万元，兑现补贴142.34万元。积极抓好防洪抗灾和重大疫情的防治工作，农村"五号病"、"禽流感"等各种疫苗注射率达100%。

进一步加大固定资产投资规模，全年实施了101个重点建设项目。全面完成城关区廉租房一二期工程、市民服务中心、500户安居工程、城关区社会福利院、干部职工周转房二期工程、夺底小学、4座古建大院维修改建、4个社区服务中心以及蔡公堂乡、娘热乡办公楼等9个基层政权建设等项目。特色农畜产品交易市场、区法院"五小温馨"工程、区检察院整体搬迁等其他教育、文化、卫生建设项目得到有力推进。成立嘎玛贡桑小区棚户区工程指挥部，与北京住总集团签订工程改造合作框架性协议，完成前期入户调查、登记统计等基础性工作。全年项目建设得到全面提速提升。

（高　升）

科教文卫事业发展

2011年，教育支出持续增长，超过财政一般预算收入的25%。制定完成城关区教育"十二五"发展规划纲要，"两基"通过国家验收，小学、初中适龄儿童入学率、巩固率均达到100%，高中阶段毛入学率达到85%。教育基础设施建设不断增强，投入资金3345万元，建设教育基础设施类项目6个，完成夺底小学、藏热小学、白定小学、第三幼儿园、维巴村幼儿园等学校硬件建设，配备相关教学仪器设备，城乡办学条件和教育水平继续保持全区领先地位。认真落实国家"两免一补"、家庭困难学生政府资助机制、农村学生寄宿制生活补助等帮困助学机制，全区受惠学生达13708人，是2010年的8倍。幼儿园补贴政策全面落实，继续实施"三包"学校燃料费补贴和早餐奶供应，发放困难家庭子女政府助学资金100万元。规范使用通用语言文字，顺利通过国家一类城市通用语言文字评估验收。新建城关区综合文化馆、13个寺庙书屋、12个农家书屋，面向城乡居民放映电影786场次，广播电视综合人口覆盖率分别达到100%、99.6%。群众性文化体育活动蓬勃开展，建设4处全民健身集中点。进一步加强文物和文化遗产保护，城关区古艺建筑有限公司等3家单位获国家文化产业示范基地称号，编撰完成城关区首部民族传统手工艺宝典。《城关区志》完成第一轮修编。深化医疗体制改革，建成7个社区医疗卫生服务中心，公共卫生服务水平得到提升。3791名45岁以上城镇居民免费体检并同步建立健康档案。深化食品药品市场专项整治，严厉打击违法违规经营行为，保障城乡居民饮食用药安全放心。制定和完善了突发公共卫生事件应急预案，防控和应急反应能力明显增强，计划生育工作得到进一步加强，孕产妇死亡率和婴幼儿死亡率均在控制指标之内。本地幼儿预防接种率达到99.5%以上，流动人口预防接种率进一步提高。进一步推进人才强区战略，创新人才工作理念，制定公务员培训规划。顺利完成第七届村（居）"两委"班子换届工作。双拥工作不断强化，2011年冬季征兵工作任务超额完成。

（高　升）

六城同创

年内，城关区紧紧围绕“平安城关、和谐城关、小康城关、生态城关”的目标要求，对1948户农牧民实施安居工程建设和124户民房改造提升，综合实施38处村容村貌环境整治工程，受益农牧民达12000人。实施318国道城关区段综合整治工程，推进自建小区、老城区基础设施改造升级，开展城区及城乡结合部环境卫生综合整治，落实“门前三包”，推动流动商贩归行入市，开展整治占道经营、清理城市“牛皮癣”行动。

（高　升）

旅游产业发展

2011年，接待国内外游客399万人次，同比增长11.01%；实现旅游收入8.28亿元，同比增长26.8%。不断加强旅游基础设施建设，新增酒店2家、家庭旅馆10家，圣地天堂洲际大饭店、香格里拉大酒店落户城关区，老城区道路旅游标示牌得到完善，古建大院的开发建设得到有力推进。第三产业实现增加值38.96亿元，同比增长19.45%。房地产业保持平稳健康较快发展，城乡住房条件进一步改善。

（高　升）

民生事业发展

2011年，城关区积极开展各类就业服务，动态消除零就业家庭，全年新增就业人数303人。建立社会救助和保障标准与物价上涨挂钩联动机制，城乡低保标准提高到360元/月，农村低保重点保障类、特殊保障类、一般保障类标准分别比2010年提高16.3%、17.3%、15.8%，7291名困难群众领取生活保障金1952.25万元，落实25万元五保户供养金，63名城市孤寡老人实行集中供养，集中、分散供养对象年均生活费分别达到7200元、2400元；落实129.87万元，积极开展医疗救助、临时救助、住房救助和流浪乞讨人员救助；落实按比例安置残疾人就业政策，兑现落实残疾人生活补贴、机动轮椅燃油补贴、危房改造补助资金。统筹城乡社会保障体系建设，全面推进新型农村社会养老保险，扎实开展城镇居民养老保险试点工作，养老保险、医疗保险、生育保险、工伤保险、失业保险、农村新型养老保险分别达1298人、32290人、1953人、3477人、2072人、6772人，全年征收各类保险基金1656.09万元，发放各类保险金1594.7万元，分别同比增长14.6%、6%、8%、3%、2%、52%。建成560套廉租房、100套周转房并交付使用，第三期150套廉租房开工建设，349.1万元住房租赁补贴发放到户，同比增长35.86%。统计、粮食、档案、人防、妇女儿童、福利慈善事业等各项工作都取得了新成绩。

（高　升）

民主法治建设

深入开展“基层建设年”、“创先争优强基础惠民生”活动，44个工作队深入村（社区）开展工作，推动科学发展、促进社会和谐、造福各族人民的能力进一步提高。自觉接受区人大及其常委会的法律监督与工作监督，积极支持区政协履行职能，安排办理人大代表议案建议、政协委员提案专项经费，办理人大代表议案建议78件、政协委员提案34件，办理答复率达100%，促进了政府工作水平的提高。注重加强社会管理和公共服务，政府公共服务能力和依法行政能力进一步提高；完善公众参与、专家论证和政府决策相结合的决策机制，科学民主决策成为政府工作规范，扎实推进政务、村务公开，区政府门户网站实现全面改版；干部离任审计、工程招投标制度得到进一步落实，申请审计工程资金达6813.9万元，审结资金650万元，实现了工程招投标零投诉、农民工工资零拖欠、安全事故零发生。修改完善目标考核办法，建立健全激励机制，机关和干部工作作风得到改进。加强税收征管，严格非税收入管理，深化国库集中支付制度改革，扩大政府采购范围，厉行节约，严格控制三公经费。廉政建设和反腐败斗争逐步深入，扎实开展“小金库”治理、工程建设领域突出问题整治，严肃查处违法违纪行为，政府自身建设和管理提高到新水平。

拉萨市城关区

区委书记　赤列多吉
区人大常务委员会主任　马永青
区　　长　谢廷锡
区政协主席　李怀伟

拉萨师范高等专科学校

党委书记　加永桑丁

校长　范春文

自治区党委副书记、常务副主席吴英杰；自治区党委常委、市委书记秦宜智出席新校区扩建工程奠基仪式

教育部原部长周济、市长多吉次珠到学校指导工作

市委常委、常务副市长陈文到校指导工作

自治区党委巡视三组到校调研

学校大门

拉萨市教育局（体育局）

党委书记　平措朗杰

局长　张勤

拉萨市教育局（体育局）共设10个行政科室、6个事业科室，共有干部职工91人：其中行政人员30人（局领导5人）；事业在编61人（干部52人，工人9人）。

2011年，全市有各级各类学校（含教学点）238所，在校生共98634人。全市中小学、幼儿园共有教职工8243人（含退休人员1083人），专职教师共计6344人。全市高中、初中、小学专职教师学历合格率分别为97.32%、99.61%、99.19%。

全市高中阶段毛入学率达到81.4%，初中毛入学率达到100.03%（包括外来务工人员子女）、巩固率达到97.64%。小学适龄儿童入学率达到99.79%、巩固率达到98.52%。青壮年文盲率控制在1%以内。

2011年，拉萨市高标准通过国家和自治区“两基”验收，义务教育取得了历史性成就，9月29日，西藏全面实现“两基”目标，“两基”国检评估组对拉萨的“两基”及整体教育教学工作给予了充分肯定。

自治区党委书记张庆黎考察农牧区工作

农牧区学校食堂制度上墙

2011年共争取项目建设资金32543万元，投资4735万元，完成拉萨三中改扩建工程等5个跨年项目；投资20303万元，实施并完成涉及50所学校、建筑总面积达87799平方米、48个新开工项目；投资5205万元，实施D级危房改造工程，对全市23所存在D级危房的学校进行改扩建。

①②
③④

①教育系统荣誉宣传栏
②学生德育宣传栏
③农牧区学生宿舍
④农牧区学生餐厅

尊师勤奋　笃学进取

拉萨市柳梧高级中学教师节表彰大会暨首届开学典礼，图为柳梧高中全体教职工合影

拉萨市柳梧高级中学，成立于2010年7月，位于拉萨市新开发区——柳梧新区。学校占地120亩，布局合理、环境优美。

作为柳梧新区的一所窗口式学校，学校拥有现代化的教育教学设施，完备的教学楼、综合实验楼、图书馆、体育馆、校园电视台、学生食堂、学生公寓、标准400米体育场；学校更拥有一支结构合理、师德高尚、业务精良、朝气蓬勃的师资队伍。在“让学生成才，让家长放心，让社会满意”的承诺下，柳梧高级中学以全新、高质的姿态矗立在圣城，全体柳梧老师正以饱满的热情投入到光荣的教育事业中。载着无数雪域学子赤诚的心愿，柳梧高中这颗教育新星正在冉冉升起。

校长　杨西军

自治区教育厅厅长宋和平到建设中的柳梧高中考察

拉萨市副市长陈宗荣为学校优秀教师颁发荣誉证书

市教育局党委书记平措朗杰到柳梧高中调研

市教育局局长张勤到柳梧高中调研

柳梧高中首届学生运动会开幕式

拉萨外语学校

学校简介

拉萨外语学校位于城关区蔡公堂乡白定村美丽的拉萨河畔，距拉萨市区10公里。2003年，经西藏自治区教育厅、拉萨市人民政府批准成立了拉萨外语学校，为进一步提升拉萨市高中办学水平，实现高中教育在共同基础上特色发展，填补西藏公办外语特色学校的空白，充满书香和思辨气质的拉萨外语学校是一所面向全区招生，在实现六年一贯制教学基础上，突出英语教学的普通高级中学。

校训：做最好的自己　**校风：**笃学 思辨 严谨 务实

教风：严 实 精 活　**学风：**专 勤 活 恒

基本理念

办学理念：以爱为源，质量为魂，管理强校、人才强校、科研兴校、文化兴校，实现师、生、校的可持续发展。

培养目标：培养能够主动学习，积极生活，诚信做人，兴趣广博，特长突出，乐观健康的发展型人才

管理理念：开放 公平 务实 创新

上级关怀

8月，时任中国人民解放军总政治部副主任、总政治部党委委员贾廷安来校参加军委援建的实验大楼落成典礼

军委总部援建的实验楼

自治区教育厅厅长宋和平与市教体局书记平措朗杰到学校指导工作

学校特点

学校定位："办适合现代西藏发展需求的外语学校"

学校定位具体举措：打造英语特色，发展藏文优势，夯实汉语文基础，以实效化教学改革促进文综、理综以及数学学科齐头并进，音体美"四出"（出成绩、出人才、出作品、出节目）目标性提升。

教学特点

教学特点：实行《道德课堂、实效教学》教学综合改革

"道德课堂"：有充分准备，关注学生个体差别，让学生在各自基础上得到真实发展的有效课堂；**"实效教学"：**让学生的进步"看得见"的教学。

德育发展

德育发展：主线——"星级评价体系"

目的：发现、发掘、发展学生个体特长，通过全面的过程性评价机制让学生重生兴趣、重树信心、重燃激情，带动全面发展。

后勤管理

"三个零"目标即"零距离、零损耗、零死角"

"三个服务于"工作原则即服务于教师、服务于学生、服务于学校发展

认真听课

五四活动

拉萨市北京中学 全面发展 追求卓越

①
②③

①自治区副主席、区教工委书记孟德利到北京中学调研，市教育局局长张勤陪同调研
②自治区教育厅厅长宋和平到学校考察
③市长多吉次珠到北京中学考察

校长　宋德安

领导班子合影：左起副校长米玛次仁、副校长陆喜姣、书记卓玛、校长宋德安、副校长张青峰

拉萨市北京中学成立于1998年，经过13年的发展，学校现有教学班36个、在职教职工153人、在校学生2400余名。多年来，学校坚持“规范、科学、现代”的办学理念和“以人为本、以德育人、常规为主、科研领先、全面发展、追求卓越”的办学指导思想，在北京市政府、自治区教育厅、拉萨市政府和市教育局的关怀和指导下，学校办学规模进一步扩大，教学质量不断提高，各项事业不断发展，学校先后被评为“教育部现代教育技术示范学校”、“自治区文明学校”、“自治区重点高中”、“奥林匹克示范学校”、“自治区禁毒示范学校”、“全国艺体特色学校”；先后荣获“自治区德育工作先进集体”、“全区五四红旗团委”、“全区普通高中办学水平综合评估优胜奖”、“全市教育系统先进基层党组织”、“全市先进基层党组织”、“全国教育系统先进集体”等荣誉。

校园雕塑《希望》——意寓师生开拓进取，激励师生奋发有为

①②
③④

①操场全景
②成人仪式暨毕业典礼
③校运动会上学生表演的大型锅庄：吉祥莲花
④“6・26”自治区禁毒晚会学生手语合唱——相信自己

拉萨市第一中学

党支部书记　普布次仁

校长　丁亚丽

学校概况：拉萨市第一中学始建于1958年，是拉萨市教育体育局直属的一所老牌名校，地处江苏南路与仙足岛之间，占地面积3.46万平方米，校舍面积1.72万平方米。校园内古树成荫，环境清净优美，各类教学设施齐全。近年来，在区、市两级政府的关心支持下，投入大量资金，新建了教学大楼、图书楼，配备了校园监控、教学点播系统，运动场焕然一新，多媒体教室、电子白板教室、理化生实验室及计算机、语音、音乐、美术等专用教室一应俱全，学校各类硬件设施已达到一流办学水平。

师资力量：学校师资力量雄厚，现有教职工116人，专职教师101人，其中，高级教师21人（1人被授予“特级教师”称号），中教一级教师46人，教育教学管理在拉萨市各学校中始终处于领先地位。教师学历合格率达100%，平均年龄36岁，教师学科结构、年龄结构合理，老中青形成梯队。

办学思想：以党的教育方针、政策为指导，以办人民满意的教育为宗旨，以爱国主义教育为基准，以学生为主体，立足学生的长远发展，树立“一切为了学生，为了一切学生，为了学生一切”的服务宗旨，把全面实施素质教育作为推进学校科学发展的永恒主题。

取得成绩：学校的支部、德育、教学等工作蒸蒸日上，各项工作位居拉萨市榜首，学校先后被国家、区、市等授予“全区首次完全中学办学水平评估先进学校”、“全国群众体育先进单位”、“全国青少年科技活动先进集体”、“全国青少年足球活动定点学校”、“全国教育联盟学校”、“社会家庭教育指导学校”，多次荣获“先进学校”、“先进基层党组织”、“先进基层党支部”等荣誉。

发展目标：

名牌校：办学理念先进，具有鲜明特色，努力成为自治区一流的初级中学；特色校：相信每个孩子都有成功的愿望，相信每个孩子都有成功的潜能，相信每个孩子都能获得多方面的成功；实验校：全面推行成功教育，全面实施洋思教学；现代校：准确把握现代信息，全面应用现代教育技术；示范校：带动区域学校发展的示范校。

2011年，学校正阔步进行教育教学改革和创新，以“成功教育”为育人理念，全力推行洋思教学法“先学后教、当堂训练”的教学模式。全校教职工决心在上级的正确领导下，把握主题，团结一致，创新发展，为创建一流的管理水平、一流的师资队伍、一流的教育设施、一流教

副校长　刘思伟

副校长　云旦平措

①②③
④⑤

①自治区教育厅厅长宋和平为第一中学题词
②中国作协主席铁凝看望一中学生
③行政及中层会议
④网络计算机室
⑤汉语文课

育质量的现代化学校而不懈努力，让素质教育起航腾飞，实现拉萨市第一中学跨越式发展。

校园全景

拉萨市第二中学

校长　才央卓玛

自治区党委常委、市委书记齐扎拉来学校指导工作

拉萨市第二中学创建于1970年，1982年更为现名，位于拉萨市林廓北路8号，地处拉萨老城与新城的结合点，占地面积32584平方米，左侧毗邻著名文物名胜小昭寺，右侧与西藏自治区气象局相邻，是拉萨市教育局所辖的一所初级中学。

校园格局规范整洁，古树林立，环境幽雅，拥有教学楼、办公实验综合楼、公寓式教师宿舍，200米环形塑胶跑道运动场1个，篮球场4个，并配有理、化、生实验室、电脑室和校园广播系统等能满足教育教学需要的各类硬件设施。

学校现有在岗教职工91人，专职教师81人，其中研究生学历2人；中学副高教师5人，中学一级教师42人。教学班级20个，在校生996人。

经过几代人的共同努力，教学能力不断提高，办学条件极大改善，各项规章制度进一步的规范，教学质量稳步提升，逐步总结出“爱国、励志、博学、厚德”的校训，形成“求实、创新、团结、协作”的校风，“广学、严谨、敬业、爱生”的教风和“勤学、好问、多思、创新”的学风。

学校先后获得“全国德育先进学校”、“全国传统体育学校”、“全国全民健身优秀组织奖”、“全国民族团结模范集体”、“全区民族团结先进集体”、“西藏自治区文明学校”、“拉萨市文明学校”、“拉萨市德育先进学校”、“综合治理先进单位”、“全市基层先进党组织”、“全市教育工会工作先进集体”等荣誉称号。

该校全体师生将继续坚持“育人为本、德育为先”的教育方针，全面实施素质教育，培养德智体美全面发展的社会主义建设者和接班人，办人民满意的教育。

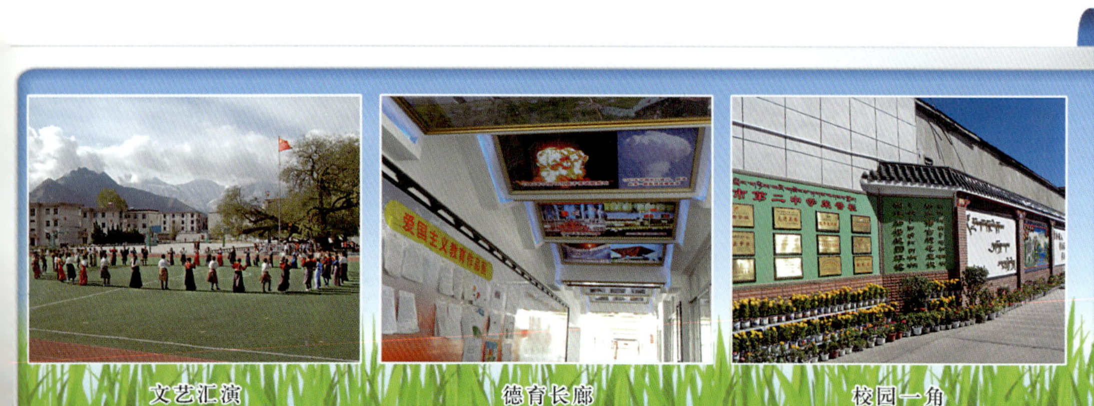

文艺汇演　德育长廊　校园一角

拉萨市第三高级中学

拉萨市第三高级中学是一所拥有2450多名学生、168位教职工、41个教学班级的市教体局所属的高级中学。校园占地面积44153平方米，建筑面积2.05万平方米，学校各类设施齐全，师资力量雄厚，是一所环境优美、朝气蓬勃的学校。办学十三年来，学校不断加大投入，推进校园建设，各项工作取得了显著成绩。先后获得全国“绿色学校先进学校”、自治区“绿色学校”、自治区“文明学校”、拉萨市“文明学校”、拉萨市“综合治理先进单位”、拉萨市“绿色园林式单位”、拉萨市“巾帼建功单位”、拉萨“平安单位”、拉萨市“家长学校”等多项荣誉称号。

学校坚持“引进、培养、稳定”并举的原则，加强师资队伍建设，培养教学骨干和学科带头人。充分利用内地优秀的教学资源，引进先进的教学理念和教学方法，提高学校的教育教学质量。

办学十三年来，学校始终坚持以德育促质量，以质量求发展的办学思路，使得学校的教育教学质量稳步攀升，并取得了可喜成绩，在2007年至2011年高考中，学校高考上线率均超过70%，最高可达76%，超全区上线率15个百分点。形成了“德育优先、注重特长”的办学特色。

校优秀教师

现全体教职工在校新一届领导班子的带领下，正按“高质量、高标准、高效益”的要求，扎扎实实开展工作，并力争在3至5年内把学校办成一所设施一流、师资一流、管理一流、服务一流的示范性高级中学。

副市长陈宗荣莅临学校检查指导工作

市教育局局长周畅根在校长陈渠汇陪同下检查指导工作

校领导到市二高进行学术交流

素质教育结硕果　内涵发展显活力

党支部书记　扎西索朗

校长　王浩波

三中校领导班子（从左到右：副校长罗布扎西、党支部书记扎西索朗、副校长吴海忠、校长王浩波）

拉萨市第三中学始建于1961年9月，曾属交通厅子弟中学，1997年移交拉萨市教体局并更名为拉萨市第三中学。

该校校园总面积为42937平方米，校内建有图书综合楼、实验楼、综合教学楼各1栋，新环形250米塑胶跑道1个及4个篮球场。学校拥有微机教室、语音教室、理化生仪器室、实验室、图书室、体育器材室、多媒体室等专用教室。该校硬件设施雄厚，是发展前景较好的市直中学之一。

学校在岗教职工74人，高级教师6人，中级教师31人。学校在构建优良教学设施的同时狠抓师资队伍建设，该校雄厚的师资力量为创造良好的人文环境与浓厚的教育教学氛围奠定了良好的基础。该校自2010年新领导班子成立以来，在教育教学实践中，全力打造一支师德高尚、业务精良、锐意进取、甘于奉献的教师队伍。该校教师普遍具有扎实的基本功，较高的教学水平，较强的教科研能力和终身发展的潜能。多年来被评选出众多区、市级优秀教师，其中获得市级骨干等各类称号的教师有11名，区级各类荣誉称号的教师有6名。学校非常重视对教师的各方面培训，每月坚持校领导主讲、班主任学习的校本培训，积极采用"请进来、走出去"的培训方式，不断增强教师的思想道德素养和业务能力。

该校曾被授予"国家级体育传统项目学校"、"平安单位"、"拉萨市师范高等专科学校教育实习基地"、"军民共建单位"，荣获"社会综合治理先进单位"、"拉萨市文明学校"等称号。

今后，该校将继续加大教育教学力度，改善办学条件，凭借先进的理念，科学的管理，以昂扬的斗志，崭新的姿态，迎接新的挑战。

三好学生、优秀学生会干部、学雷锋标兵表彰大会

教职工歌唱比赛

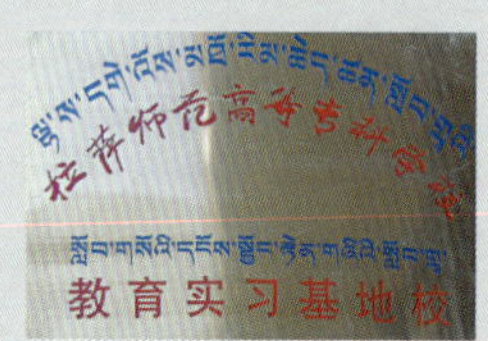

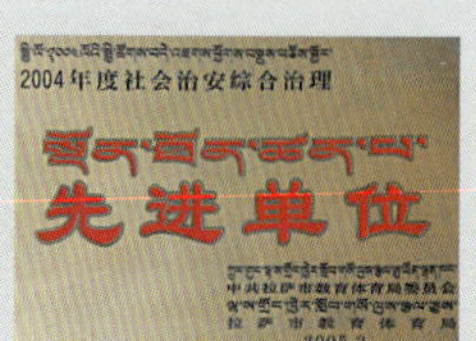

学生篮球比赛

承载希望，激昂扬帆，走向辉煌！

拉萨市第四高级中学

校长　宋子恒

教育部民族司司长阿卜杜拉到学校检查指导

拉萨市教育局书记平措朗杰到学校指导

拉萨市第四高级中学是一所充满青春活力的普通高中。学校位于拉萨市堆龙德庆县东嘎镇，地理位置优越，环境优美。学校占地面积200亩，由国家一次性投资一亿多元建成，规划教职工编制为255人，设计规模可满足三千多名学生的学习和生活需求。

学校现有现代化的图书馆、科技实验楼、办公楼各1栋，教学楼3栋，教师公寓3栋，学生公寓6栋，配备有大型食堂、400米标准塑胶跑道、篮球场、排球场、乒乓球场、浴室、开水房等基础设施。各类设施一应俱全，可充分满足广大师生的学习、生活需求。自建校以来，学校非常注重校园文化建设。目前校园文化宣传媒介种类齐全，建设有四高特色的广播电视设施，图书馆藏书量达82000多册。

学校各部门在校领导的坚强领导下，坚持民主、科学地开展工作，并把服务理念贯彻到各项管理工作中，努力为广大师生创造一个舒适美好的工作、学习、生活环境，全面推进和谐、平安校园建设。

“承载希望，激昂扬帆，走向辉煌”是该校校徽的寓意，她蕴含着广大师生对学校发展的美好期盼！

慰问扎西家庭孤儿院

藏书丰富的图书馆

拉萨市第六中学

校长　达娃潘多

周一升国旗仪式

在哲蚌寺山脚下的当巴社区，有一所美丽的学校，校园内绿树成荫，鲜花吐艳。规划整齐的校舍，和谐健康的育人环境，吸引着无数学子前来求学，这就是拉萨市第六中学。

创建于1978年的拉萨市第六中学，是市直初中里唯一一所面向农牧民子女招生的学校。学校占地面积25910平方米。在上级领导的关怀下，近年陆续修建了学生宿舍楼、学生餐厅、教职工宿舍楼、综合办公楼和三层教学楼。规划合理，颇具特色。塑胶跑道、篮球场地和种类齐全的体育健身设施，为素质教育在六中的全面展开打下了坚实的基础。设施完备的多媒体教室、现代化远程教育网络设备、图书馆、德育室、实验室等一应俱全，并在逐步完善、更新，正朝着花园式的整体规划迈进。

学校有校级领导3人，教职工75人，在校生860多人，其中住校生700多人，全部享受国家“三包”政策扶持。学校注重以人为本的和谐管理模式，强化“团结、质朴、健康、向上”的校风，办学质量逐年提高，先后获得“全国教育系统先进集体”，第二、三届“全国和谐校园创建活动先进集体”，“全区先进基层党组织”，“全市综合治理先进集体”，“拉萨市平安校园”，“拉萨市园林单位”等荣誉称号。

校园小景

学生就餐

丰富多彩的学生活动

住校生在老师的护送下乘车回家

唱红歌，颂党恩

学校每年下乡召开家长会2次

拉萨市第七中学

校长　杨林

市教体局书记平措朗杰到拉萨七中检查工作

拉萨市第七中学始建于1981年，位于拉萨西郊，东有布达拉宫，西邻罗布林卡，北接城市要道北京中路，属交通便捷的繁华地段。

目前，学校占地面积48000平方米，建筑面积11917平方米。校园北侧现有新建办公楼1栋，教学楼2栋及图书实验楼1栋，其中综合楼内设有会议室、微机室、理化生实验室，8间多媒体教室及专门布置的“爱心书屋”。南面排列着3栋老师宿舍楼和学生食堂、住宿楼，西侧是运动场。

学校现有教职工78人，其中专职教师71人。高级教师5人，一级教师32人，学生700余人。

学校曾在2000年获“全国创建绿色学校活动先进学校”称号，2006年获“全市先进基层党组织”奖牌，2008年获得“同心共成长，携手迎奥运”夏令营优秀组织奖及“西藏民族学院教育学校实践教学基地”奖牌；2009年在上级单位组织的红歌比赛中，获三等奖；2010年，获“拉萨市园林式单位”奖牌及“拉萨市平安单位”奖牌。

多年来，七中牢固树立以人为核心，以质量为中心的科学管理思想，确立“办和谐教育，为学生一生发展奠基”的办学理念。在办学过程中，七中一直视教学质量为学校生存和发展的生命线，一直把教科研工作放在十分突出的位置，始终坚持把“德育”放在首位，始终坚持以“教学”为中心，不断对教育事业认真总结，大胆创设新管理模式，积极营造良好的校园氛围，努力培养学生的创新精神与实践能力，开创了七中教育的新局面。

①②
③④

①原市人大常委会副主任孔宪贵与教体局局长张勤到拉萨七中检查工作
②拉萨七中学生参加青年志愿者
③拉萨七中教师为“5·12”特大地震受灾群众捐款
④拉萨七中教师参加拉萨市教育系统红歌比赛

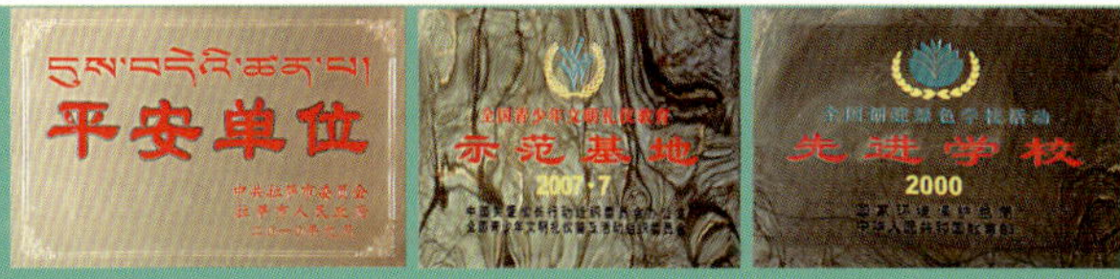

拉萨市第八中学

校长　段吉斌

拉萨市第八中学创建于1990年，位于拉萨市的江苏路5号，是目前拉萨市教学规模最大的初级中学。学校占地25000平方米，现有学生2000余人，教职工140人，其中高级教师16人。

拉萨市八中一流的教学管理，一流的教师队伍，一流的教学质量得到了上级领导和社会各界的一致好评。建校21年来，硕果累累。1997年被自治区教育厅评为“自治区合格学校”，同年被拉萨市教体局评为“拉萨市示范学校”。1998年被拉萨市教体局评定为“拉萨市素质教育试点学校”。2000年被教育部评定为“现代教育技术实验学校”定点学校。2002年被拉萨市政府确定为“拉萨市重点初级中学”。2005年被评为“拉萨市教学质量优胜学校”。2012年学校党支部被评为拉萨市先进基层党组织，拉萨市教体局先进基层党组织，学校被公安部消防局、教育部评为“全国消防教育先进学校”，被拉萨市政府授予“平安校园”称号。

多姿多彩的文体活动

教育的根本出路在于改革，只有不断地深化教育教学改革，学校才能办出成效，办出特色。学校在“求实、奋进、做人、成才”的校风，“博爱、博学、严谨、求精”的教风，“勤学、善思、进取”的学风的严格要求下，不断加强教学常规管理，深化教育教研教改，近年来取得了可喜的成绩。学校在历年中考及拉萨市教学质量检测中连续取得拉萨市第一的好成绩。2009年，学校考上西藏内地班学生人数为91人，学校藏、汉文班各科中考成绩均在拉萨市的中考中名列前茅；2010年，学校考上

爱国歌曲大家唱

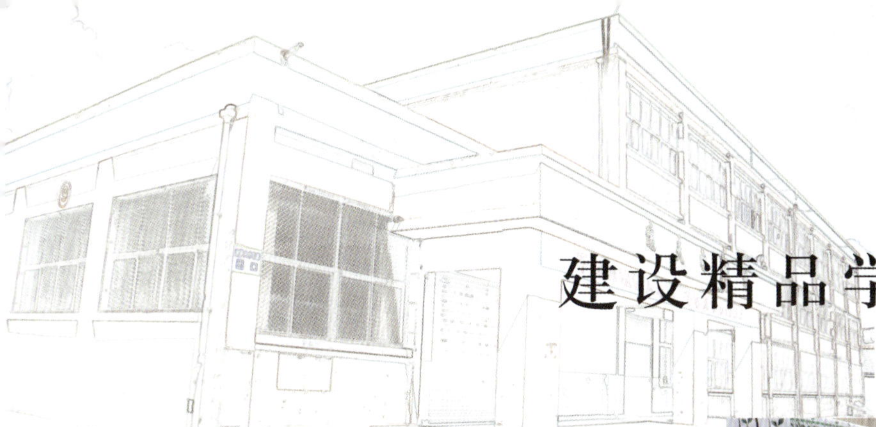

建设精品学校　培养一流人才

内地西藏班线的学生为129人，（全区招考600人，拉萨上线人数为245人），有3个班集体班级总分获全市年级总分前三名，有语文、数学、英语、政治、物理、化学、藏文、体育等科目获全市年级的前三名；2011年中考中，学校有219人考上内地西藏班，各科成绩在拉萨市均独占鳌头。

一流的教育观念，一流的校园环境，一流的教学设备，一流的师资队伍，一流的教学质量，一流的管理水平，学校全体教职工将用辛勤的汗水创办成全区一流的“示范学校”。

积极参加公益活动

结对学校学生来学校参观

拥军爱民

教育教学结硕果

学校办公楼

拉萨市实验小学

校长　冯兴娟

拉萨市实验小学地处林廓东路，初创于1962年，始称“西藏自治区工筹委实验小学”，由自治区办公厅直管，后改称“实验小学”、“工农兵小学”。改革开放后，随着西藏基础教育事业的蓬勃发展，学校更名为“拉萨市实验小学”。

学校占地面积由建校初期的7000平方米，扩展到今天的18860平方米，目前在校生人数2179人，拥有42个教学班以及各类专用教室22间，包括多功能室、多媒体室、计算机室、语音室、舞蹈室、电子琴室、藏书室、自然实验室等，设施设备配套完整，截至2011年底，学校在全市率先实现“班班通”教学多媒体的办学目标。

自治区党委书记陈全国到校参观

近年来，学校通过不断努力，打造了一支师资力量雄厚的教职工队伍，目前有教职工142人，其中副高级10人，高级86人，自治区名师2人，自治区骨干教师5人，市级骨干教师14人。学历合格率达100%。

多年来，学校在“以全程德育为目标，深化课堂教学改革，全面实施素质教育”的办学目标指引下，全面进行教育教学改革，教师职业道德、教学基本素质、专业能力，学生文化素质、道德素养、生活能力都得到了全面提高。

自治区党委常委、拉萨市委书记齐扎拉到校调研

学校是全区“双语”教学试点班、西藏第一所“家长学校”的发祥地、全区尝试教学法的实验基地、全国中小学移动——影子校长培训基地。多年来，学校在上级教育行政部门的正确领导与关心支持下先后获得全国“红花集体”、全国“红领巾示范校”、全国“尝试教育基地”、全国“学赖宁先进大队部”、全国教育管理科研成果“优秀奖”、中华“巾帼文明岗”、北京2008奥林匹克示范校、西藏自治区优秀大队部、西藏自治区“文明学校”、西藏自治区“关心下一代先进集体”、自治区

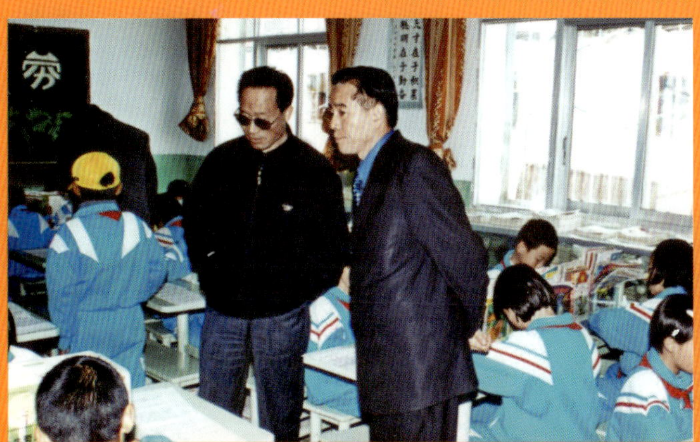

自治区教育厅厅长宋和平到校调研

赴上海学习归来，教师畅谈学习心得

“青蓝工程”培训中

学校在使用新的教学模式授课

快乐的课间十分钟

优秀少年军校、拉萨市示范学校、拉萨市“师资队伍建设先进集体”、拉萨市“教育管理工作先进学校”、拉萨市“优秀大队部”、拉萨市“优秀学校”等荣誉称号。

2011年，学校被自治区教育厅列为全区素质教育试点改革学校。目前，学校以“全面实施素质教育，提高学生综合素养”为目标，提出了“全程德育”的育人理念，以课堂教学为突破口，先后进行了“考试制度改革”、“先学后研”课堂教学改革、“学科渗透德育”等教育教改，学校正在向“教育现代化、办学精品化、育人特色化”迈进。

拉萨北京小学

明德正行　博学多能

校长　严中易

教育部原部长周济到北京小学考察

北京市委书记刘淇及自治区党委书记张庆黎到北京小学考察

市长多吉次珠到北京小学指导工作

武术特长班的学生在进行表演

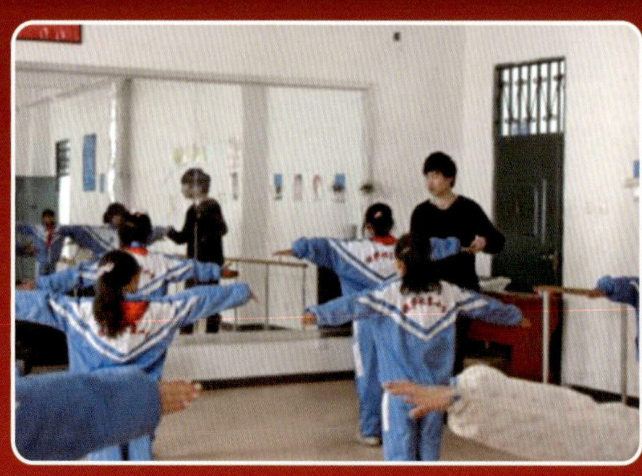

舞蹈特长班的学生在练习舞蹈

市教体局副局长朱得福在校长严中易陪同下检查教学工作

学生参加拉萨市的文艺演出

拉萨北京小学位于金珠西路，是北京市政府拨款1500万元援建的一所市直小学，于2004年8月开始招生，校园占地面积25084平方米，总建筑面积8990平方米，现有教学班24个，学生1056人，在职教职工77人。

多年来，学校一直受到北京市、西藏自治区和拉萨市领导和社会各界的关心帮助，各级领导曾先后莅临学校检查指导工作，促进了学校健康稳步发展。学校在狠抓教学常规管理、提升课堂教学效率、提高教育教学质量的同时，开展了一系列的特色教育，设置了13个晨练组和9个特长班，提高了学生的学习兴趣，增强了学生的交际能力；还让学生学到一技之长，陶冶了情操，磨练了意志，提高了素质，塑造了健康人格，进一步夯实了学校素质教育的基础。

庆祝“六一”儿童节

学生在进行运动会升旗仪式

学校鼓号队

拉萨广西友谊小学

校长　巴 珠

精诚团结，开拓进取的领导班子（从左到右：副校长格桑卓嘎、校长巴珠、书记范新才、副校长郭明娟）

拉萨广西友谊小学位于拉萨市夺底路30号，于1972年建校，隶属于拉萨市教体局。广西壮族自治区对口支援该校，故学校于2001年更名为拉萨广西友谊小学。学校现有24个教学班，学生1300多人，85%以上是农民工子女，教职工近百人，教师学历达标率100%，中学高级教师4名，自治区级骨干教师6人，拉萨市骨干教师10人，小学高级以上职称的教师占教师总人数的57%。教师队伍结构合理，教学能力强，师德高尚，爱岗敬业。学校教学设施齐全，功能完善，有小学生标准塑胶操场、篮球场、实验室、微机室、语音室、舞蹈室、音乐室、荣誉室、多功能厅、图书阅览室等配套设备和校园广播系统，同时在广西壮族自治区的大力支援下，学校教学班全部安装了多媒体投影及实物展台等设备，实现了“班班通”，为学生提供了广阔的实践与创新的舞台。学校坚持

献给母亲的祝福

百年大计 教育为本

①自治区教育厅厅长宋和平考察指导工作
②参加自治区电视台“格桑梅朵”节目录制
③广西壮族自治区政府副主席李康接见学校参观访问团
④学校洛桑卓玛教师荣获全国第九届小学语文观摩课一等奖

“德育为首、教学为中心、科研兴校、全面发展”的办学思想；树立“以德立教、为人师表、爱岗敬业、无私奉献”的师德形象；追求“内强管理，苦练教学基本功，外树形象，以质量求生存”的管理目标。学校注重校园文化建设，开展了形式多样、丰富多彩的活动，使学校教育教学质量不断提高，促进了学生的全面发展，赢得了社会各界的广泛赞誉。

拉萨市实验幼儿园

党支部书记　杨建滨

园长　巴桑卓玛

拉萨市实验幼儿园创办于1982年5月，原名拉萨市保育院，是拉萨市最早建立的一所公办学前教育单位。先后归属拉萨市委组织部、市劳动局、市教体局管理。建园之初园舍破旧，条件简陋，教职工28名，入托幼儿仅100名。受当时各种条件因素的制约，幼儿园的发展缓慢，直到1992年才初步走上正轨，1997年拉萨市保育院更名为拉萨市实验幼儿园。

2001年在江苏省委、省政府的无私援助下，在拉萨市委、市政府和市教体局的大力支持下，投入1500多万元（其中江苏省援藏资金1187多万元）对幼儿园进行了全面的改扩建，于2002年9月竣工并交付使用。新建成的幼儿园，幼儿活动室、专用教室及户外活动场地布局合理、功能齐全，具备很强的教育性、实用性、安全性、娱乐性。

现园舍面积13919.8平方米，绿化面积3000多平方米。目前在园幼儿近900名，21个班级；配套活动室21套，专用教室6间，107名教职工，其中专任教师62名（本科学历21名、大专学历33名），保育员、驾驶员、厨师、保健医生、保洁员等后勤保障人员45名。

实验幼儿园作为拉萨市建园最早的、唯一的一所公办学前教育单位，在区、市内积极发挥了示范园、教师培训基地的示范与辐射作用，以强烈的责任心与事业感承担着全市幼儿园的带教、指导任务，幼儿园成了全天候开放性基地，切实成为了全市学前教育的“领头羊”，在社会上赢得了良好的声誉。拉萨实验幼儿园自创办以来，面对高起点、新挑战，根据幼儿园工作实际，以《幼儿园教育指导纲要（试行）》等法规为指导，确定了“规范园——示范园——典范

丰富多彩的美工活动

有趣的亲子活动

远足活动：认识秋天

参观罗布林卡

中共中央政治局委员、中组部部长李源潮考察实验幼儿园

自治区主席向巴平措参加幼儿园改扩建工程奠基仪式

自治区教育厅厅长宋和平在幼儿园竣工典礼上致辞

园”的三步走目标，形成了“管理特色，教育特点，幼儿特长”三个特色，使办园水平跃上了一个新的台阶。

近年来，拉萨实验幼儿园先后有20多名教师的专业论文在区内外的报刊上发表，30多人次在区级和市级的各类比赛中获得名次、荣获各种荣誉称号。曾荣获“2002年拉萨市先进基层党支部”、“自治区级示范性幼儿园”、“自治区级绿色文明学校”、“全国巾帼文明岗”、“拉萨市巾帼文明岗”、“拉萨市文明学校”、“IBM儿童电脑中心”、“全国爱国启蒙教育基地”、“全国青少年文明礼仪教育示范基地”、“西藏自治区幼儿园教师培训基地”等各种荣誉。2008年拉萨实验幼儿园申请了中国学前教育研究会“十一五”课题研究《民族文化教育在幼儿园活动中的整合》，该课题于2010年获国家三等奖。

实验幼儿园教师节表彰大会，图为受表彰教师

升国旗仪式

远足活动：我们去登山

西藏高争建材股份有限公司

总经理　达娃次仁

向日喀则地区昂仁县曲充村捐赠生活物资

公司驻村工作队向当地群众发放过节慰问品

庆”七一”文艺汇演

积极响应区党委开展强基础、惠民生驻村工作，图为驻村工作队出发仪式

公司职工为灾区人民捐款

堆龙德庆县

概　　况

堆龙德庆藏语意为“上谷极乐之地”，县城位于青藏高原腹部地带，即念青唐古拉山西南麓，拉萨河下游，地处西藏自治区首府拉萨西北部，距拉萨市12千米。地理坐标为北纬29°26′～30°39′，东经90°27′～91°01′，周边分别东与拉萨市城关区比邻，东南与贡嘎县相连，南与曲水县相接，西与当雄、尼木两县接壤，北与林周县紧靠，整个县域呈“S”状。东西最大距离约80千米，南北最大距离约63千米，土地总面积2704.25平方千米，占拉萨市总面积的9.25%，占自治区总面积的0.22%，耕地面积6364公顷。

堆龙德庆县属高原温带气候，平均海拔4000米。西北部为堆龙河谷区，以山地丘陵为主，气候严寒，冬长夏短，属高山寒温带半干旱季风气候区。东南部属拉萨河谷区，地势平坦开阔，属高原温带季风气候区。气温分布北低南高，西北部山地高原气候严寒，四季不等，冬长夏短，年平均气温4℃，多年平均无霜期100天，多年平均降雨量420毫米，平均湿度59%，年平均日照2839小时，年平均蒸发量1422毫米，最大风力为12级；东南部农耕区，空气通明度高，阳光强烈，夏季最高气温29℃，冬季最低气温-15℃，平均日照13小时，年降雨量470毫米至510毫米，多集中于夏末秋初，春末夏初多干旱。常见的自然灾害有冰雹、干旱、霜冻、寒潮、洪涝等。

堆龙德庆县距拉萨市中心约12千米。县城驻地东嘎镇是全县政治、经济、文化的中心，城区规划面积1.5平方千米。县辖德庆乡、马乡、古荣乡、羊达乡、东嘎镇、乃琼镇、柳梧乡共7个乡(镇)，34个行政村。全县共13206户，总人口46838人；其中农业人口40372人。青藏公路、拉贡公路、中尼公路在堆龙德庆县境内交会，青藏铁路横贯全县6个乡镇，青藏铁路客运站、货运站及国家经济技术开发区分别位于堆龙德庆县柳梧乡柳梧村、乃琼镇色玛村和东嘎镇东嘎村。

2011年，全县实现地区生产总值12.9亿元，同比增长17%；实现财政收入1.46亿元，同比增长67.3%；实现税收近2.1亿元，同比增长98%；完成全社会固定资产投资25.56亿元，同比增长21.45%；完成社会消费品零售总额3.4亿元，同比增长20%；农牧民人均纯收入达到6234元，同比增长17%。

（赵建科）

2011年国民经济和社会发展

农牧业

坚持把农牧民、农牧区和农牧业作为保障和改善民生的重点领域、重点对象予以扶持，农牧业资金投入力度随着经济总量的增长逐年增加，特色产业快速发展，产业化经营加快推进，农牧民人均纯收入实现稳步增长。2011年，农牧民人均纯收入达6234.03元，农林牧渔业总产值完成2.03亿元。

（赵建科）

工业

全县完成工业总产值8.5亿元；完成工业企业销售收入7.19亿元；完成工业增加值2.51亿元；实现工业税收0.65亿元；工业企业吸纳从业人员2675人。

（赵建科）

第三产业

城乡消费齐头并进，社会消费品零售总额3.4亿元。

（赵建科）

城乡建设

固定资产投资总额完成25.65亿元。

（赵建科）

教育

投入教育资金达2281万元，“两基”成果得到巩固提高。小学适龄儿童入学率、初中入学率分别达到99.85%和99.6%以上，巩固率分别为99.8%和99.2%，辍学率控制在1.9%以内，全县青壮年文盲率控制在0.7%之内。学前教育日显规模，各类资源得到有效整合，县中心幼儿园完成改扩建，各中心小学学前教育稳步推进，初步形成了以县中心幼儿园为主，乡镇中心小学、完小和教学点为支撑的学前教育网络。举全县之力，顺利通过“两基”国家评估验收，获评“全区‘两基’国检工作先进集体”称号。

（赵建科）

卫生事业

完成了6个乡镇卫生院、8个村卫生室标准化建设，加快实施了县疾控中心、县人民医院整体搬迁等一批重点项目建设。每千人拥有病床数和卫生技术人员达到1.35张和1.14名。农牧区医疗制度健康运行，基本医疗保障水平不断提高，新型合作医疗参合率达99.9%，医疗设备利用率达85%以上。

（赵建科）

文化事业

全县共有“村村通”广播电视台站55座，广播电视“户户通”11420套；室内电影放映室12间，放映点104个。文化传承保护力度日益加大，民族优秀文化得到有效继承和弘扬，成功申报国家级非物质文化遗产1项、自治区级4项、市级和县级各6项，确定国家级和自治区级非物质文化遗产传承人各2名，觉木龙藏戏队成为全区为数不多的非物质文化培训传承基地。

（赵建科）

六城同创

年内，六城同创工作共投入资金1.7亿元，发放“六城同创”宣传册550份，制作宣传栏6期。开展“诚信文明工商户”、“百城万店无假货”、“五好家庭”、“巾帼文明岗”和“青年文明号”等文明创建活动。先后开展了109国道、318国道沿线环境整治和民房改造，先后开展了多处村容村貌整治工程，完成了县城“三横三纵”道路体系和政府小区、重要路段绿化美化工程，城乡面貌焕然一新。

（赵建科）

社会保障

成功举办“堆龙德庆县2011年人力资源洽谈会”。全县新增就业人数1701人；农村劳动力向非农产业转移400人；城镇登记失业率为0.4%。失业保险参保598人；职业介绍成功1301人，就业再就业技能培训604人。劳务输出9580人，实现劳务输出收入7090.6万元。社会保险工作稳步推进，养老保险退休金发放率、失业保险参保率均达到100%。广泛开展双拥共建活动，军政军民关系得到巩固和发展，连续7次获得“全国双拥模范县”、8次获得“全区双拥模范县”荣誉称号。

（赵建科）

民生建设

投入1025万元资金实施40余项为民办实事项目，从水、电、路等基础设施方面解决了群众生产生活困难。第一批农村饮水安全工程，共解决11个村组、841户、2900人的饮水安全问题。扶贫工作稳步开展，整乡推进项目顺利完成，有效衔接2787人脱贫致富。

（赵建科）

民主法制建设

主动办理县十届人大五次会议和政协七届五次会议代表的建议、提案答复工作，答复率达到100%，满意率及基本满意率达99%。

（赵建科）

墨竹工卡县

堆龙德庆县

县委书记 于海波

县人大常务委员会主任 多　吉

县　　长 安央全

县政协主席 郭志锋

概　况

墨竹工卡县位于西藏中部、拉萨河中上游，318国道横贯东西。面积5492平方千米，人口4.9万余人，平均海拔4200米以上，辖7乡1镇40个行政村。素有“天边之乡”的美誉，野生动植物资源有黑颈鹤、斑头雁、虫草、雪莲花、红景天等，矿产资源有铜、铅、锌、金、钼、大理石等。境内名胜古迹众多，旅游资源得天独厚，距今850多年历史的直孔梯寺闻名国内外，具祛病美容效用的日多温泉、德仲温泉和有财神湖之称的思金拉措等自然景观独具魅力，直孔水磨糌粑、斯布牦牛等农畜产品驰名区内外，以松赞拉康、松赞干布纪念馆、霍尔康庄园、甲桑古道徒步游为重点的藏王松赞干布出生地——甲玛景区已完成松赞干布纪念馆建设并于2010年8月底对游客开放。

2011年，全县地区生产总值突破10亿元，达到10.34亿元，同比增长21.65%；全县财政累计支出42387万元，同比增长60%，财政一般预算收入完成9768万元，同比增长52.63%；全县税收突破2亿元，达到2.33亿元，同比增长126.21%；社会消费品零售总额达到7400万元，同比增长20.33%；

农牧民人均纯收入达到6220.01元，同比增长28.11%，其中现金收入达到3856.41元。三次产业结构调整为18：67：15。城镇登记失业率控制在4%以内，人口自然增长率稳定在13.06‰。

（王小芬）

2011年国民经济和社会发展

经济发展

巩固粮食安全，强化农田渠系建设，全年播种面积0.52万公顷，其中粮食作物0.37万公顷，经济作物0.10万公顷，饲草料作物0.05万公顷，粮经饲比例调整为70：20：10。大力发展设施农牧业，新增高效日光温室104栋、新增育苗面积57.62公顷。强化农牧业科技支撑，新增科技特派员28名，达到62名。提高农牧民组织化程度，新增4个合作组织。提高农机化水平，新增各类农机具500台（套）。土地卫片执法检查工作顺利完成，防抗灾和动物疫病防治工作有序开展，草场生态保护补助奖励机制工作全面实施。全年粮食产量2.21万吨、油菜产量0.24万吨、蔬菜产量0.15万吨；年末牲畜存栏达21.76万头（只、匹），出栏率达35%，奶肉产量分别达0.23万吨和0.67万吨。加快推进生态建设，全年造林0.16万公顷，落实公益林管护费用772.22万元；开展禁白工作6次，累计收取生态恢复保证金303.532万元。建成438座沼气池，总数达到3875户；完成了982户的安居提升改造和10个点的村容村貌整治；实施了投资104.45万元的墨工干渠田间工程水保及环保工程，解决了18个点200人的安全用水、280人的用电问题，广播电视覆盖率达98.5%，全县8个乡（镇）全部实现通油路、40个村通公路。认真落实强农惠农政策，落实粮食直补资金159.87万元，农机具购置补贴217万元，农用柴油补贴64.2万元。“万村千乡市场工程”新增18个农家店，建成1个配送中心；家具下乡工程实现销售额115.47万元，兑现补贴近28.87万元；汽车、摩托车下乡工程实现销售额近1228.53万元，兑现补贴116.23万元。实施14个农发扶贫续建项目，使310户1552名群众脱贫。加大农牧民转移就业力度，完成农牧民技能培训3500人，转移技能培训477人，劳务输出27993人次，实现收入12973.95万元（其中虫草收入5360.3万元）。

实现工业总产值7.38亿元，同比增长62%；实现工业销售产值7.15亿元，同比增长69%，实现工业增加值3.92亿元，同比增长56%；全县涉矿企业吸纳本地农牧民就业366人，上缴税收1.63亿元，占全县税收总额的70%。以建设“旅游名县”为目标，以打造“四大景区”为抓手，以项目建设为载体，着手编制了《甲玛景区霍尔康庄园前期规划》、《思金拉错景区可研报告》，完成了霍尔康庄园项目可研立项、规划设计和房屋拆迁、土地平整、项目招投标工作，完善了甲玛景区基础设施。以建党90周年、西藏和平解放60周年和雪顿节为契机，成功举办了2011年拉萨雪顿节“首届甲桑古道徒步游”活动和“第二届甲玛松赞文化艺术节”。全年接待游客46.9万人次，同比增长28.49%；旅游收入实现868.6万元，同比增长20.75%，旅游从业人员达到540人。

（王小芬）

基础设施建设和管理

坚持项目带动促发展，突出重点，大力推进项目前期、建设和管理工作，全社会固定资产投资完成12.8亿元，同比增长21.9 %。实施了法院审判用房、检察院技侦楼、龙达新村、自然村公路通达等工程，落实了借母畜还仔畜、奶牛养殖、牦牛养殖、优质油菜生产基地建设、低产田改造等农牧业项目，完成了国道沿线安居工程改造提升、格桑村委会改造、县城广告牌更换等14个大庆项目，落实了涉及基层组织、新农村、新区建设、景区建设、农业基础设施建设等方面12个援藏项目。

（王小芬）

社会事业

政府对教育投入占到了地方财政收入的21.9%；全县中、小学入学率分别达99.02%和99.32%，巩固率分别达99.76%和99.89%；农村学前幼儿入园率达42%，县镇学前幼儿入园率达87%；文盲率控制在1%以下。医疗卫生服务能力全面提升，农牧区医疗筹资率达99.97%，“两网”建设成果得到巩固加强，现有53个药品“两网”点；儿童“四病”管理率达100%。建成24座寺庙书屋、为40个农家书屋配齐了设备和书籍，修建了机关小区健身活动场，申报了2个非物质文化遗产保护项目，开展了10座大型寺庙文物古籍普查工作，完成了2194场电影放映，开展了“红色歌曲县区行”等丰富多彩的大庆活动，文化、广电事业得到了全面加强。国防教育和国防动员工作有序开展，妇儿工委、电信、气象、邮政、工商、统计等工作均取得了新成绩。

（王小芬）

六城同创

围绕“平安墨竹、和谐墨竹、生态墨竹、文明墨竹”目标，积极开展“六城同创”活动。平安创建活动取得显著成效，全县有21家市级平安单位、2所市级平安学校、1座全国平安和谐寺庙、1座区级平安和谐寺庙，墨竹工卡县荣获市级平安县称号。逐步建立8个“民主法治示范村”。开展农牧民安居工程、国道沿线改造工程。对社会公共秩序进行检查整治，对县城公共及周边环境、318国道、省道沿线、重点旅游景区等重点区域进行了综合环境整治，对县城范围内路灯和市政基础设施加强维护管理。加大“六城同创”宣传工作力度，建立宣传报道机制，向全县人民宣传创建成果，提高全民创建意识。

（王小芬）

民生建设

全面落实了拉萨市“12件民生项目”和县“10件实事”，全年财政用于民生项目的资金达到8050万元，占到地方财政收入的82.4%。10件实事基本完成。投入178.32万元(含援藏资金56.8万元)，开展了贫困家庭子女入学救助工作。投资1015.61万元，完成了工卡镇工卡村25户、卡东小组19户的改造工程。投资120万元，修建了卡东街边公园。投资1147.86万元，实施了318国道沿线10个村(点)的绿化、硬化、亮化工程。投资49.54万元，建成了4个村级综合文化活动室。投资近7万元，建设了28个行政村村级广播站。投资63.79万元，为40个村委会配电脑、打印机、复印机，实现了办公自动化。投入11万元，为村医统一发放交通补贴，进一步方便了村级医务人员为广大农牧民群众出诊就医。在五保集中供养区市补助每人每天6元的基础上，将县级补贴提高至每人每天7元。投入432.64万元，为日多乡、扎西岗乡修建了综合服务楼。

再次调整城乡低保标准，城镇低保由月人均330元调整为360元，农村低保由年人均1300元调整为1450元，全年发放农村低保金221.97万元，城镇低保金56.4万元；3385名城乡低保对象领取一次性补贴、生活补助共计73.24万元。落实114.2万元五保供养金，集中供养五保老人生活费达到了每人每年4745元；为620名农村低保家庭和特困家庭中的残疾人发放补贴资金37.2万元；兑现2010年度高龄老人健康补贴14.21万元；发放孤儿基本生活保障金65.28万元；落实118.92万元，积极开展医疗救助、临时救助。强化社会保险体系建设，全县城镇职工基本养老保险、新农保、城镇职工基本医疗保险、城镇职工生育保险、企事业单位工伤保险及机关、企事业单位失业保险等均超额完成既定目标任务。建成县城周转房96套，4个乡镇周转房各12套，13户贫困户入住廉住房、11.322万元的住房租赁补贴已发放到户，统筹城乡的社会保障体系基本建立。双拥工作成效显著，首次荣获西藏自治区“双拥模范县”荣誉称号。

（王小芬）

自身建设

在区市21个驻村工作队的基础上，抽调76名干部成立19个工作队，扎实开展创先争优强基础惠民生活动，实现了全覆盖。自觉接受县人大及其常委会的监督，办理办结人大代表意见、建议114件，答复率100%。修改完善虫草采集、矿产资源开发等暂行办法，深入推进法治政府建设。制定墨竹工卡县深化政务公开、加强政务服务实施方案，为政务公开和政务服务工作提供指导。加强预防和治理腐败力度，深化纠正和查处“小金库”治理成果，严格执行政府统一采购制度，全年开展政府统一采购51宗，涉及资金1320.31万元，节约资金162.81万元。着力提高服务意识和办事效率，进一步改善了招商引资环境，全年引进项目11个，到位资金9亿元。受援工作深入开展，全年落实援藏项目资金6419.1万元，促进了日多乡等乡(镇)与南京市六合区雄州街道等乡(镇)、街道结对共建；组织4批52名干部到南京参观学习和挂职锻炼，干部职工整体素质和办事效率不断提高。顺利完成了第七届村委会换届选举工作，对全县8个难点村进行了深入治理，基层组织建设取得显著成效，民主自治机制更加完善。

（王小芬）

墨竹工卡县

县委书记　林　涛

县人大常务委员会主任　洛　桑

县　　长　林　生

注：2011年无政协机构

当　雄　县

概　况

当雄县藏语意为“选择出来的好地方”，素有“拉萨北大门”之称，位于藏南与藏北的交界地带，平均海拔高度4200米，总土地面积1.23万平方千米，当雄县辖6乡2镇，29个行政村，172个村民小组。2011年，全县共10129户，总人口48131人，其中城镇人口39090人，牧业人口9041人。当雄县背依雄伟的念青唐古拉山，直面辽阔富饶的羌塘草原，又是青海到西藏的必经之路，交通优势明显，战略地位十分重要，有据可查的历史可追溯到吐蕃时期，历史渊源非常悠久。由于藏北特殊的环境气候条件的限制，当雄一带的牧民世代过着游牧生活。唐代，松赞干布就曾将当雄地区划给他的亲属恰热进行管理，是西藏统一后较早的部落之一。

当雄地貌类型复杂。著名的念青唐古拉山断块山系沿县的西北横贯全境，主峰高度为海拔7111米。地势由西北向东南倾斜，东北部为高原平原，西北部和东南半壁皆为高峻山地，其间夹着近同念青唐古拉山走向的山间构造宽谷盆地，呈现岭谷平行相间的较有规则的条状地形。盆地海拔都在4200米以上，山地海拔最高为念青唐古拉主峰7111米，相对高差3000米左右。在北部高原上，有西藏第一大湖——纳木措。地貌分为四个地貌单元，西北部冰蚀高山、极高山，东南部高寒中山，北部高原湖盆地和中部冲洪积宽谷盆地。

2011年，全县实现地区生产总值6.5亿元，同比增长18.61％，比市政府年初制定的目标任务高出3.61个百分点，是2008年的1.44倍，年均增长14.6%；全社会固定资产投资8.91亿元，同比增长30.13%，比市政府年初制定的目标任务高出10.13个百分点，是2008年的3.4倍，年均增长80%；地方财政一般预算收入8524万元，同比翻一番，比市政府年初制定的目标任务高出57个百分点，是2008年的5.7倍，年均增长158%；社会消费品零售总额4771.99万元，同比增长44.61%，比年初市政府制定的目标任务高出20个百分点，是2008年的1.2倍，年均增长6.7%；农牧民人均纯收入达到5923.37元，同比增长15.43%，比市政府年初制定的目标任务高出0.05个百分点，是2008年的1.6倍，年均增长20%。

（旦增克珠）

2011年国民经济和社会发展

经济建设

实现劳动力转移就业人数4922人，同比增长21.1%，比市政府年初制定的目标任务高出1.1个百分点，是2008年的1.7倍，年均增长23.3%；人口自然增长率为14.97‰，同比下降0.9个千分点。城镇登记失业率控制在3.11%以内，达到目标任务4%以内的要求，同比降低0.69个百分点。三次产业结构由2010年的30.5∶31∶38.5调整为30.7∶29.44∶39.86，结构更为合理。

完成干部职工周转房、新赛马场、当曲三组新农村建设等9个续建项目和特警大队、民政救灾物资储备库、自然村公路通达工程等7个新建项目的建设任务；县档案馆、新华书店、乡镇办公用房、乡镇派出所等17个项目正在抓紧实施前期工作；县公、检、法、司及中学供暖工程、纳木湖乡绵羊短期育肥基地建设等项目已经纳入“2011—2012年援藏项目”予以立项。全年共实施项目38个，项目完工率达93.33%。

（旦增克珠）

城乡建设和管理

完成招商引资续建项目7个，协议总资金15.15亿，实际到位资金7.55亿元；完成招商新建项目2个，协议总资金13.9亿元，实际到位资金0.77亿元。完成“万村千乡市场工程”新建农家店15家，改造提升8家；完成2个再生资源网点建设和家电家具下乡网点建设任务，家电家具下乡实现销售额297.8万元；完成10个农牧民自产自销产品的农贸市场摊位入点经营统计工作；全县个体工商户达981户，同比增长17.1%，从业人员1761人；成功举办“当吉仁”赛马节物资交流会，参会商户383户，实现成交额1100万元。工业发展取得新突破，实现工业销售产值4.65亿元，同比增长63.17%；工业税收完成0.46亿元，同比增长22.68%；工业增加值1.82亿元，同比增长47.47%；工业投入2.42亿元，同比增长32.66%。

（旦增克珠）

教育　文化　卫生

本级财政配套资金1704.8万元，分别用于“国检”宣传、扫盲、提高教职工待遇、教职工节假日慰问、“三保”资金配套以及各学校附属设施建设。开展扫盲专项工作，发放扫盲教材8075本，先后组织扫盲考试3期，发放脱盲证书175本。全年“三包”经费全额投入到位，经费使用率达到99.89%。小学适龄儿童入学率和巩固率分别达到99.28%和99.59%，与上年同期持平；初中入学率达到98%，与上年同期持平；初中巩固率达到99.29%，同比增长2.29%；青壮年非文盲率为99.2%。通过各方面的努力，9月顺利通过国家“两基”验收。

投资168.02万元建设3个乡级文化站、新建4个寺庙书屋；开展各类文艺活动53场次，成功举办庆祝建党90周年和西藏和平解放60周年期间的“红色歌曲拉萨唱”当雄专场、“盛世飞歌、和谐当雄”等大型文艺演出活动，放映电影1224场，发放“户户通”卫星直播接收设备8248套，广播电视覆盖率分别达到96.7%和96.5%，同比增长2.1%和1.2%。县、乡两级财政共投入资金483.43万元用于群众性精神文明创建工作和文化事业的发展。

全县7个乡镇卫生院和5个村级卫生室全面执行国家基本药物制度，乡村卫生医疗工作整体推进；县医院住院大楼新建、门诊楼改建和4个村级卫生室建设项目进展顺利；合作医疗经费管理规范和资金使用监督到位，全年合作医疗经费实际到位资金1139.6万元，牧民参合率99.72%。

（旦增克珠）

六城同创

年内，围绕“平安当雄、和谐当雄、小康当雄、生态当雄”目标，开展“六城同创”活动。开展交通干道旅游沿线整体改造提升暨村容村貌整治工作，对524户群众住房进行了改造提升。截至年底，建设完成5个点的人居环境整治工程（分别为羊八井桑巴萨村4组、羊八井拉多岗村、宁中乡堆灵村、宁中乡曲才村和纳木湖乡）。对109国道和旅游沿线实施基础设施改造工程，实施县城沿街商铺的穿衣戴帽、县城公路和县政府大院及各独立单位院内的美化绿化工程，组织开展109国道沿线、旅游沿线和县城周边环境整治工作。

（旦增克珠）

旅　游

全年纳木措景区共接待国内外游客43.6万人，实现旅游收入5209万元，分别同比增长22.47%、30.85%；旅游业带动相关产业实现收入1.97亿元，同比增长24.56%。

（旦增克珠）

人民生活　民政

年内，足额兑现落实920户3622人城乡低保金347.82万元，年前一次性生活补贴96万元。解决原供销社系统32名半脱产人员一次性生活补助41.33万元；缴纳各项社会保险金219.37万元；征缴新型农村社会养老保险基金232.55万元，为3562名60周岁以上老年人发放新农保基础养老金173万元，新农保参保率达到85%以上；投入医疗救助资金68.22万元救助144人；投入资金166.43万元加强防抗灾工作，全县防抗灾能力得到提高。加强劳动力转移就业工作，新增就业人数231人，同比增长36%；实现劳动力转移就业4922人，同比增长21.1%。加强虫草采挖管理，牧民采挖虫草人数达到47.12万人次，实现经济收入8520万元。引导发展牧民专合组织10个，拓宽了牧民增收渠道；加强牧民就业技能培训，培训牧民群众3560人，超额完成目标任务的256%；同时争取区市科技特派员21名，有力地提高了畜牧业发展的科技含量。县财政投入50万元，完成了《当雄县“十二五”新增及巩固和提高完善农村饮水安全工程实施方案》的编制工作、水利普查清查登记工作和全县中小河流治理项目前期工作；争取各级各类资金1720.68万元，先后完成贡塘草场牧区节水灌溉试点工程、宁中乡拉曲河堤防工程等水利建设项目和羊八井镇连片供水、纳木湖乡重建安居工程等农村饮水安全工程的建设任务，其中贡塘草场牧区节水灌溉试点工程成为全国牧区水利研讨会现场观摩点。12件民生实事工作落实到位。涉及当雄县45岁以上城镇居民免费体检、中小学学生接送车辆、县突发事故急救站、全县顶岗教师和后勤服务人员待遇等8件民生实事均按照市委、市政府要求全部落实到位。

（旦增克珠）

民主法制建设　政府管理和自身建设

县财政共投入综治维稳资金329万元，推动了社会治安综合治理工作的深入开展。“六五”普法教育深入推进，法律“七进”工作成效明显，法律援助力度加大，便民“一卡通”试点工作在当雄县全面展开，群众知法懂法守法意识不断提高；综治工作的领导、督察、考核、预警和社会舆情汇集分析等5个机制建设不断完善；铁路护路、寺庙稳定、重点人员管控、社会面防范、重点部位值守、流动人口管理、安全生产、矛盾纠纷排查化解等各方面的责任制落实工作不断强化；统战民宗、社会治安综合治理、信访单独考核、单独奖惩的“1+3”考核体系建立实施；积极助推公安部门实施的“护城河工程”，县境内109国道、当纳公路旅游沿线24个仿真警察、17个公安检查站和4个机动车测速组的投入使用，使全县社会治安综合治理工作的软件、硬件设施迈上了新台阶。县级财政投入资金38万元深入开展“基层建设年”、“创先争优强基础惠民生”活动。投入资金227万元建成政务服务中心和信访服务大厅，12个对外行政办公单位入驻服务大厅，行政审批、便民服务效率得到提高。扎实开展“小金库”治理、工程建设领域突出问题整治等活动，强化行政问责，加强公务用车管理，严肃查处各类违法违纪案件，行政执法监察力度得到加强。自觉接受县人大及其常委会的法律监督与工作监督，办理办结人大代表建议63件。

（旦增克珠）

达　孜　县

县委书记　于　波
县人大常务委员会主任　康佳贵
县　　长　尼　玛
注：2011年无政协机构

概　况

达孜，藏语意为“虎峰”。达孜宗初建于1354年。1959年民主改革后，原达孜宗、德庆宗合并为达孜县，隶属于拉萨市，县府驻德庆镇。

达孜县地处雅鲁藏布江支流拉萨河下游，距离拉萨市25千米，是拉萨市近郊县，素有拉萨东大门之称。交通便利，川藏公路横穿章多、塔杰、德庆两乡一镇，东与墨竹工卡县相接，南与扎囊县毗邻，西与拉萨市相连，北与林周县相邻，全县东西宽40千米，南北长58千米，总面积1373平方千米，下辖五乡一镇、20个行政村、133个村民小组。截至年底，全县总人口为29142人，包括藏、汉、回、壮等民族，是一个以藏族为主的多民族聚居县，耕地面积0.45万公顷。

达孜县地势南北高、中间低，属半湿润、半干旱季风气候。全县平均海拔4500米，河谷地带最低海拔3730米，县城所在地海拔为3685米。

达孜县动植物资源丰富，主要有獐子、野羊、雪鸡、虫草、贝母等。风能、水能、矿产资源丰富，主要矿物有铬、铜、砂、金等。达孜县自然条件优越，人文景观丰富。风景秀丽气候宜人，林卡随处可见。全县林地面积有3980.8公顷，牧草面积111245.1公顷，森林覆盖率为2.92%。

2011年，全县实现国内生产总值(GDP)6.02亿元，同比增长20%，其中：一产达到9000万元，同比增长2.27%；二产达到2.79亿元，同比增长20.26%；三产达到2.33亿元，同比增长25.27%。实现财政总收入2.73亿元，同比增长46%。实现地方财政一般预算收入2850万元，同比增长75%。实现税收6700万元，同比增长60%。实现农牧民人均纯收入5847.29元，同比增长20%。完成全社会固定资产投资8.2亿元，同比增长52.1%。

（仓姆拉　拉　珍）

2011年国民经济和生活发展

大庆服务保障

专门成立大庆领导小组办公室，并制定了《达孜县庆祝西藏和平解放60周年工作方案》。全县300名农牧民群众和60名机关干部参加了广场上举行的大庆活动。在全县主要交通干道、重点地段、机关单位按照规格悬挂了国旗、彩旗、彩条；对国道沿线195个各类标识标牌，进行全面整治和修缮；开展论文征集、“唱红歌”、宣讲、短信征集和网络征文等活动；开展“迎大庆”为载体的知识竞赛和运动会。完成789户交通干道沿线安居工程整体改造提升项目和拉林公路32户沿线改造提升项目，以及部分整合人居环境和村容村貌整治项目。

（仓姆拉　拉　珍）

经济建设

“十一五”末，完成全县地区生产总值5.06亿元，同比增长12.5%，是“十五”末的2.24倍，其中一产达到0.88亿元，同比增长3.3%；二产达到2.32亿元，同比增长13.1%；三产达到1.86亿元，同比增长15.2%；实现地方财政收入1626万元，同比增长30%，是“十五”末的4.33倍；农牧民人均纯收入4872.74元，同比增长20.55%，是“十五”末的2.03倍；全社会固定资产投资达到5.39亿元，同比增长8.45%，是“十五”末的5.08倍。在产业布局上，强调三产的先导性、二产的主导性、一产的基础性，三次产业结构由“十五”末的30.3∶32.5∶37.2调整到“十一五”末的17∶52∶31，第一产业比重下降13.3个百分点，第二产业比重上升19.5个百分点，第三产业比重下降6.2个百分点，通过以城市消费带动农牧业生产，促进工业结构升级，实现了三次产业协调发展。

入驻企业37家，协议总投资11.34亿元，实际到位资金6.87亿元。现已有15家企业建成投产运营，即将投产运营企业6家，在建企业6家。

(仓姆拉　拉　珍)

城市建设和管理

“十一五”期间，实施各类涉农项目168个，总投资15075亿元，群众生产能力、生活质量不断提高。安居工程和农村清洁能源工程不断推进、完成安居房屋建设4784户，总投资2.733亿元，总体覆盖率达到48%，完成沼气建设2476口，基本覆盖了具备沼气建设条件的全部区域。

投资2509万元，新建校舍8941平方米，实施了雪乡青少年活动中心，章多乡完小综合办公楼、学生宿舍及塑胶跑道，塔杰乡完小师生宿舍及学生食堂，县完小学生食堂及教工宿舍，县中学及章多乡完小附属工程等项目。新建廉租住房18套，建设面积1080平方米，每套60平方米，总投资190万元；新建112套职工周转房，其中72套为县机关职工周转房、40套为县各乡(塔杰乡、章多乡、邦堆乡、雪乡、唐嘎乡)职工周转房。区、市对县周转房建设资金为1076.8万元(其中区配套资金1005万元、市配套资金71.8万元)。

以庆祝西藏和平解放60周年活动为重要契机，完成318国道沿线广告标牌的翻新和更换；完成了商户占道经营行为的清理；完成农牧民安居工程、人居环境和村容村貌整治项目、318国道沿线安居工程整体改造提升项目的建设任务；完成重点区域造林任务580.06公顷，完成防护林面积433.33公顷，完成荒山荒地造林任务333.33公顷，植树造林成活率达到85%。县容县貌整洁有序，城乡面貌焕然一新，生态环境持续改善。

(仓姆拉　拉　珍)

教育　文化　卫生　体育

普及义务教育适龄儿童入学率和巩固率分别达到99.85%和99%，全县中小学毕业率均为100%。年生均“三包”经费从去年的1800元，提高到了今年的2200元。师资队伍建设进一步强化，教师学历合格率达到100%。高标准、高质量顺利通过“两基”迎“国检”工作，达孜教育事业步入新的历史时期。职业教育稳步推进，办学体制进一步优化，逐步形成了校企合作、半工半读等办学模式。

户户通7727套、每年放映电影968场、14座寺庙舍舍通206套、已装接收机206套、14座寺庙都有国旗和领袖像，寺庙书屋各有藏书550种1500余册，保障农牧民群众的基本文化需求，基本解决农牧民群众看电视、看电影、收听广播难的问题。积极开展群众性文化活动，提高人民群众文化生活质量，培育农村业余文化团队1个，大力开展多种形式的农村文化活动以及科技、文化、卫生“三下乡”活动，为农牧民群众送去各种科技、法律资料38种15000余份，赠送科技读本8758册，法律法规、健康咨询3000人次，展出各种展板70余张，义务就诊1239人次，赠送各类药品价值6000余元。积极推动“农家书屋”工程建设，实现了村村都有“农家书屋”的建设目标。

新型农村合作医疗制度进一步完善，合作医疗覆盖率达100%。免费医疗制度实现全覆盖，孕产妇死亡率控制在135/10万、婴幼儿死亡率控制在25‰以下，计划生育和优生优育工作逐渐为农牧民群众所接受，人口自然增长率控制在14‰以内，人人享有初级卫生保健的目标基本实现。2011年共为159名僧尼进行健康免费体检，并建立了个人健康档案。同时，加大了卫生执法监测力度，特别加强了对食品的卫生安全监管工作，全年出动车辆12台次，检查人员46人次，检查学校食堂8家，餐饮单位15家，未发生一起食品安全事故和药物反应事故。落实药品集中招标采购和零差率等惠民政策。2011年有25297人、5729户家庭享受到了基本医疗保障(五保户人数为131人，贫困人数为2070人，特困人数1144人)。国家拨款765.84万元，群众个人筹资50.43万元，基金总额816.27万元，筹资率达99.93%。

开展体育生活化县城创建，望果节期间举行抱石头、赛马、赛牦牛等民族传统体育项目，参会群众达到8000余人，并举办第七届职工运动会，参加的职工达到1000余人。

（仓姆拉　拉　珍）

六城同创

年内，《达孜县城市总体规划》通过拉萨市政府批准，重点建设广电大楼项目、工业园区市政道路、镇江公园、江苏·拉萨展销中心等基础设施，城乡面貌发生根本性变化。开展以市场秩序、交通环境、违章建筑、旅游环境、环境卫生、村容村貌为重点内容的城乡环境综合整治活动，县容县貌整洁有序，城乡面貌焕然一新。

（仓姆拉　拉　珍）

旅　游

建成休闲度假林卡8处。组建达孜县旅游项目库，将塔杰乡主西村徒步旅游和金色池塘乡村旅游开发列为重点项目，成功申报扎叶巴寺为国家3A级景区。全年共接待游客19.89万人次，同比增长20.9%；实现旅游收入497.12万元，同比增长18%。

（仓姆拉　拉　珍）

人民生活　民政

全县涉农资金累计达到12975万元；农牧民人均纯收入年均增长21.97%；农牧民储蓄余额突破1.03亿元，比2005年增长5倍；城镇居民可支配收入达1.94万元，年均增长20%。以农牧民安居工程建设为突破口的社会主义新农村建设取得实效，4784户16830名农牧民住进了安居适用的新房。大力实施安全饮水工程，解决了21023人的饮水问题，碘盐人口覆盖率达100%。建立家电、家具下乡销售网点各1个，向群众销售家电下乡产品1589台，销售总额达364.7万元，补贴金额109.61万元。家具下乡销售总额51.4万元，补贴金额达到12.84万元。

为重点优抚对象、义务兵家属、困难群众、寿星老人、五保老人等发放各类资金和物资共计371.14万元，为2011年受到自然灾害的513户群众解决口粮206370斤，组织向亚东地震灾区捐款89240元。五保老人生活水平不断提高，生活标准由原来每年2000元提高到现在的每年2200元。实施完成达孜县金叶敬老院道路建设及绿化项目。进一步改扩建敬老院，使入住五保老人达到了120人，集中供养率达80%。

（仓姆拉　拉　珍）

民主法制建设　政府管理和自身建设

共承办人大议案、建议67件，答复率达100%。落实领导干部接访、县长公开电话等制度，累计受理群众来电来访50余次，对群众提出的问题，做到了件件有回音，事事有着落。

（仓姆拉　拉　珍）

达孜县

县委书记　李忠法

县人大常务委员会主任　达　娃

县　　长　阿努次仁

注：2011年无政协机构

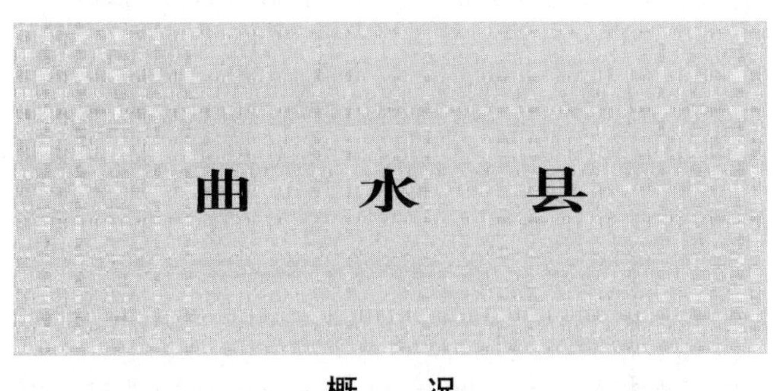

概　况

曲水县位于自治区首府拉萨市的西南部。居北纬29°14′~29°36′，东经90°21′~90°04之间，地处雅鲁藏布江和拉萨河交汇处，318国道横贯全境，是内地空港至拉萨的重要窗口和门户。全县总面积1632.9平方千米，耕地面积0.433万公顷。全县最高海拔5912米，最低海拔3500米，县城海拔3568米。全县辖5乡1镇、17个行政村、128个村民小组。全县共有34724人，其中农业人口32195人。截至年底，仍是一个典型的以农业为主、牧业为辅的农业县。

2011年，全县实现地区生产总值56670万元，增长30.28%。其中一产增加值9360万元，增长6.36%；二产增加值36050万元，增长39.73%；三产增加值11260万元，增长26.52%；三次产业结构调整为16∶64∶20。全社会固定资产投资完成85278.19万元，增长35.36%。完成本级财政收入3250万元，增长42.92%。农牧民人均纯收入达到5760元，增长17.79%。完成全社会消费品零售总额11050万元，增长23.39%。全县个体工商户694家，从业人数达1347人，注册资金1152.03万元。全年共接待国内外游客12.1万人次，增长32.24%；实现旅游总收入585万元，增长27.73%。

（冯立柱）

2011 年国民经济和社会发展

农业与新农村建设

认真落实各项强农惠农政策，落实粮食直补和综合直补资金 153 万元、农机具购置补贴 434 万元、农用柴油补贴 153.39 万元，新增农机具 844 台(套)，耕种收机械化水平分别达到 83.5%、83%、71.2%。大力发展设施农业，新增 793 栋日光温室、500 户庭院经济示范户、450 栋牲畜暖棚。加强农牧业科技支撑，新增 14 个科技特派员和 5 个农牧民专业合作社。大力实施产业结构调整，不断扩大土豆、高原西瓜、设施蔬菜等特色农作物种植，粮、经、饲比例由 2010 年的 50∶33∶17 调整到 49∶25∶26。着力提高农牧业综合生产能力，粮、油、蔬菜、肉、奶、蛋分别达到 2514.71 万千克、202.175 万千克、4700 万千克、306.255 万千克、469.165 万千克、13.8 万千克。畜牧业工作稳步推进，全县牲畜存栏 11.26 万头(只、匹)，出栏率达 38.32%。第一次水利普查稳步推进，安全饮水工程完成投资 359.72 万元，586 户 3194 人实现安全饮水。进一步加强林业工作，全年完成造林面积 902.87 公顷，成活率达到 85%以上，落实公益林管护费用 178.44 万元；集体林权制度改革试点工作开展顺利，完成了南木乡的林改试点主体工作，勘界确权率达到100%，确权发证率达到 91.3%。农牧民安居配套提升 1912 户，受益农牧民达到 9202 人；投入 513 万元，完成 1350 户沼气入户工程；建成公路 37.66 千米，农村公路通车里程 204 千米。全面推进农村宅基地确权登记发证工作，草原生态保护补助奖励机制逐步建立。实施 17 个扶贫项目，投入财政扶贫资金 586.5 万元，群众投劳、筹资 220.8 万元。对口帮扶向纵深发展，完成 102 户 467 名贫困群众的脱贫工作。加大农牧民转移培训力度，参加培训人数达 3784 人，实现收入 8800 万元。

(冯立柱)

城乡建设

全年开复工项目 94 个，投资 85278.19 万元，增长 35.36%。完成投入 33665.02 万元的才纳大桥、农牧民安居工程等续建项目；完成投入 4568.75 万元的聂当乡无公害瓜果生产基地、500 公顷人工种草和天然草地改良等 9 个农牧业特色产业项目；投资 6097 万元，实施了南木水库除险加固工程、县城防洪堤工程、曲水灌区节水配套改造项目、茶巴朗水土流失综合治理及水保科技示范园区建设项目、才纳乡尼布沟中小河流治理项目等重点水利工程项目建设。顺利实施了县特警大队、老干部活动中心、县物价局监测站、政务接待中心改扩建、协荣村委会、南木乡、茶巴拉乡派出所等新建项目。《曲水县雅江工业园区控制性详细规划》、《机场高速公路两侧概念规划》在援助省市的帮助下编制完成，城乡发展思路更为明晰，功能分区进一步凸显，区域发展更具活力。全年援助项目资金达 4300 多万元，极大支持了曲水县城乡基础设施建设和社会事业的全面发展。

(冯立柱)

工业发展

全县工业经济完成总产值 60000 万元、增长 42.86%，销售收入 48000 万元、增长 42.01%，增加值 18300 万元、增长 40.77%，工业税收 3950 万元，增长 71.74%，工业投入 48000 万元、增长 38%。其中，雅江工业园区完成总产值 35000 万元、增长 40%，销售收入 28200 万元、增长 39%，增加值 10500 万元、增长 42%，工业税收 1600 万元、增长 40%。全县招商引资共洽谈项目 30 个，成功签约项目 8 个，到位资金 45530 万元，增长 44%。签约项目中，农牧业产业化项目 1 个，新能源项目 1 个；投资超 2 亿元企业 2 个，分别是江苏尚德光电控股有限公司、西藏合力硼业发展有限公司。国内 500 强企业 1 家——江苏尚德光电控股有限公司。

(冯立柱)

民生实事

年初计划实施的 10 件实事，年内全部完成。投入 637.13 万元，完成了 37.66 千米的自然村通村公路；投入 750 万元，完成了 318 国道县城段的改造提升工程；投入 1800 万元，完成了 793 栋日光温室建设；组织全县 76 名 45 岁以上城镇居民免费体检并同步建立健康档案；投入 11716 万元，完成 1912 户交通干道沿线安居工程改造提升任务；投入 4000 万元，实施了才纳乡现代农业示范区基础设施建设；投入 4376 万元，对县完小、才纳乡完小等 6 所学校实施了改扩建工程。投入 65 万元，完成白堆村、协荣村、色甫村和其奴村 4 个行政村卫生院建设；色达灌区—永德子灌区工程完成招投标工作；新型农村养老保险扩面工作开展顺利，参加群众 19154 人，参保率达到 86%。

(冯立柱)

教育卫生

适龄儿童、适龄少年入学率分别达到 100%、

98.81%；在校生巩固率分别达100.49%、99.41%。“三包”政策从幼儿园到高中实现全覆盖，“三包”标准提高到生均2200元。不断推进医药卫生体制改革，狠抓基本药物制度建设、卫生体系建设、医疗保障制度建设、基本公共卫生服务均等化等重点工作的同时，全县基层医疗卫生单位全部配备和使用国家基本药物，实行零差率销售，使乡镇卫生院药品总费用平均下降15%，群众就医负担明显减轻。

（冯立柱）

文化宣传

共建广播电视台(站)112座，其中有线电视台(站)7座、数字电视收转站2座、卫星直播站6座、收转站27座、单收站70座。全县广播电视人口覆盖率达98.85%(广播)和99.7%(电视)。年内，为农牧民群众维修“户户通”设备800多套，升级4000多套；新增室内放映点3个，全年放映1400场次，其中包括“三下乡”、军民共建、爱国主义教育、基层党建90场次。开展庆祝建党90周年和西藏和平解放60周年活动，安排各类演出120场次。新建8个寺庙书屋和1家综合文化站，为村组文化活动室、“农家书屋”增配书架、桌椅，配发了藏文版的《人民日报》和《西藏日报》。积极配合市委宣传部、《西藏日报》、《拉萨晚报》、区市电视台和中央、江苏媒体，深入开展周广智同志先进事迹宣传报道工作。紧密围绕县委、县政府的中心工作和重点工作，不断加大对大庆活动、“六城同创”、民生实事、重点项目建设、特色经济发展、基层建设年和强基惠民等方面的新闻宣传，举办了“回眸拉萨60年‘红色歌曲·拉萨唱’曲水县专场演唱会”等活动。全年向市委宣传上报各类信息97期，在《西藏日报》、《拉萨晚报》和区市电视台等媒体上刊播新闻150条(篇)。

（冯立柱）

六城同创

围绕“平安曲水、和谐曲水、小康曲水、生态曲水”目标，积极开展“六城同创”活动。先后开展了318国道和机场快速通道沿线民房改造，对1795户群众住房进行了改造提升，受益人口达8622人；按照“清洁水源、清洁田园、清洁家园”的要求，完成对聂当乡热堆村、南木乡南木村、曲水镇茶巴朗村、达嘎乡其奴村、茶巴拉乡茶巴拉村和色麦村等6个试点地区的村容村貌整治工程；多方筹资对曲水镇拉日村、雪村和南木乡江村段318国道沿线实施了基础设施改造工程；实施了城东广场、泰州广场和政府小区绿化美化工程；组织开展了机场快速通道沿线环境整治工作、县城周边环境整治等工作。

（冯立柱）

民政劳动

组织开展各类就业服务和培训，全年实现就业再就业398人。积极构建和谐劳动关系，依法及时化解23起劳资纠纷，为劳动者追缴工资等合法收入995万元。城镇居民最低生活保障标准由原来月人均330元调整为月人均360元，并从2011年开始每月按时为江曲麻风病康复中心的城镇低保户购买粮食等相关生活物资。农村居民最低生活保障标准由原来的年人均1300元调整为1450元。为城镇低保户53户、86人，发放低保资金25.06万元；为594户、2211位农村低保对象发放低保资金150.6万元。全年共救助城镇困难居民5人，落实救助资金0.5万元；救助农牧区特困群众228人，落实资金54.8万元。曲水县有五保供养对象232户、264人，其中集中供养167户、193人，集中供养率达到73%。集中供养五保对象年平均生活费达到3434元，全年落实供养资金72.8万元。全年共下拨口粮救济补助资金20.8万元。完成了全县808名残疾人更换第二代残疾证微机录入工作，建立健全了全县1049名残疾人档案。为56名重度残疾人发放了2010年—2011年残疾人“阳光家园”补贴6.72万元；为85名残疾人发放了2009年—2010年残疾人“机动轮椅车燃油补贴”3.4万元；为7名残疾人发放了2008年—2009年农村贫困残疾人危房改造资金1.75万元。按照抚恤优待政策，全年，落实伤残抚恤金5万余元，落实义务兵家属优待金1.7万元，上报符合安置退伍士兵3人。投资46万元，解决了江村麻风病康复中心饮水安全问题。全面启动实施新型农村养老保险制度，养老、医疗、失业、生育、工伤保险扩面提质，统筹城乡的社会保障体系基本建成。

（冯立柱）

法制宣传

县财政在普法和人民调解员补助专项经费预算安排的基础上，增加3万元培训专项经费。组织法院、检察院、劳动保障局、妇联等相关部门组成宣讲组，深入各乡镇、村委会开展支铁宣传活动。以解答疑问、挂横幅、以案讲法等形式，积极为广大农牧民和村委会干部讲解《中华人民共和国铁路法》、《中华人民共和国劳动合同法》、《中华人民共和国民法》、《中华人民共和国治安管理处罚法》、《中华人民共和国土地法》等重要法律法规知识，共计受教育群众达2876人、发放各种宣传资料5883份。在寺庙，向僧尼宣讲了第五次西藏工作座谈会精神以及《中华人民共和国宪法》、《中华人民共和国刑法》、《中华人民共和国治安管理处罚法》、《中华人民共和国民族区域自治法》、《中华人民共和国文物保护法》、《中华人民共和国反分裂国家法》等与建设平安寺庙、法治寺庙相关的法律法规知识。在宣传活动中受教育群众、僧尼达1472人、发放宣传资料3213份。在学校，以“五四”青年节、“六一”儿童节为契机，曲水县公安局交警大队、派出所深入各中小学开展普法宣传，向各中小学青少年讲解了《中华人民共和国宪法》、《中华人民共和国未成年人保护法》、《中华人民共和国义务教育法》、《消防安全知识》等法律法规知识。在企业，由县普法办、综治办牵头，从公检法抽调干警深入信通水泥厂、高争民爆厂、远征包装厂等县城内的企业，宣传了《企业经营管理人员法律知识读本》、《中华人民共和国劳动合同法》等相关法律法规，向企业职工宣传法律援助制度，提高法律援助制度知晓率，受教育企业经管人员和广大员工达557人次，发放宣传单1536份。

(冯立柱)

基层党建

“加强基层建设年”活动中，成立了县驻村工作组10个、市直单位驻村工作组4个、区直单位驻村工作组1个；抽调20名县级干部、30名科级和一般干部驻村开展工作；先后深入基层调研120余人次，发放调查问卷1570份，统计汇总村级基本情况表60份，收集意见建议35条，开展宣讲45场次，张贴标语445条和悬挂横幅62条，入户率达100%，撰写调研报告15篇；申报自治区级先进个人1名，申报市级先进基层组织2个(1个乡镇、1个村)、优秀共产党员3名、优秀党务工作者3名，评选出县级先进集体15个、优秀共产党员52名。先后依托县职业教育资源建立全县党员培训实践基地，在南木乡江村建立村党支部书记培养实践基地，组织1期村干部培训、2期党员培训、1次党员实践锻炼。曲水县党员培训实践基地，开设了政治理论、木工、民族绘画、厨师、金属加工、种养殖技术等11个培训科目，对农牧区带头人、乡土人才等开展培训4期，培训农牧民群众达115人次，其中党员67人次。在“三个培养”过程中，共确定培养人76人，其中把党员培养成致富带头人32人，把致富带头人培养成党员37人，把党员致富带头人培养成村组干部7人。2011年共发展正式党员120名，发展预备党员110名，培养建党积极分子102名。通过扩大党组织覆盖面和大力吸收各行业的优秀人才到党组织，使得全县党组织在2011年发展到73个，其中有7个党委、65个党支部、1个党总支；党员队伍在2011年发展到2366名，其中：少数民族党员2194名，占92.7%；女党员745名，占31.5%；农牧民党员1496名，占63.23%，干部职工党员776名，占32.8%，离退休党员85名，占3.6%。曲水县于2011年8月15日—17日召开了中国共产党拉萨市曲水县第八次代表大会，选举产生了中国共产党拉萨市曲水县第八届委员会委员23名、候补委员5名、纪律检查委员会委员13名。在2011年6月，全县5乡1镇党委换届圆满完成，换届后，新一届41名委员中具有本科学历的15人，大专以下学历的27人，各乡镇党委委员平均年龄为36.7岁，妇女委员共计9人。于2011年10月上旬，全县17个行政村开展了村“两委”换届工作，取得了圆满成功。通过换届，选出新一届村“两委”班子成员113名，其中书记候选人17名，副书记14名，村党支部委员89名；村主任17名，副主任12名，村委会委员78名；男83名，女30名；藏族112名，回族1名；本科15名，大专7名，中专(高中)4名，初中38名，小学49名；35岁以下45名，35岁至45岁33名，45岁至55岁30名，55岁以上5名；下派干部24名，其中14名担任村党支部书记。

(冯立柱)

平安建设

加大人民调解、行政调解、司法调解力度，设立县、乡、村三级人民群众矛盾纠纷调处中心，全年成功调解403件矛盾纠纷案件。

曲水县

县委书记 周广智

县人大常务委员会主任 罗 桑

县　　长 孙宝祥

注：2011年无政协机构

林　周　县

概　况

林周，藏语意为天然形成的沃土，位于拉萨市东北，县城驻地距离市区65千米(直线距离28千米)。全县辖9乡1镇，45个行政村，10283户60161人，国土面积4512平方千米。念青唐古拉山支脉—恰拉山横贯全境，将林周县分割为南北两大部分。北部素有“三河一流”的美称，即热振河、达龙河、乌鲁龙河、拉萨河流域，平均海拔4200米，以牧业生产为主。南部平均海拔3860米，是拉萨市的主要粮食生产基地。

林周县山水毓秀、历史文化底蕴深厚，全县分布有黑颈鹤保护区、白唇鹿保护区等国家级和自治区级自然保护区5个，有自治区级重点文物保护单位6个，报请国家宗教事务局同意，并经自治区政府批准的第七世热振活佛和报请自治区政府批准、拉萨市政府认定的第二十三世夏仲活佛均生活在林周县境内。著名的藏传佛教寺庙热振寺坐落在千年古柏丛中，周围有风光秀美的热振国家级森林公园，凸显着青藏高原独特的自然人文风光。

2011年实现县级生产总值9.03亿元。其中，一产实现1.98亿元；二产实现1.89亿元；三产实现5.16亿元，三次产业结构比例为22∶21∶57。财政收入实现快速增长，完成一般预算收入3796万元，实现社会消费品零售总额4909.42万元，同比2010年分别增长37.27%和23%。农牧民人均纯收入达5434.26元，同比增长20.47%，其中农牧民人均现金收入2554.1元，实物收入2880.16元。人口出生率为16.32‰，自增率为12.02‰。

（赵　睿）

2011年国民经济和社会发展

经济建设

全县农作物播种面积1.135万公顷，粮油总产0.64亿千克，单产398.93千克，粮经饲比例64.3∶11.5∶24.2。牲畜存栏数27.71万头(只、匹)，牲畜出栏率35.8%。完成青稞标准化种植0.27万公顷、人工种草0.08万公顷，建成高效日光温室140栋，开工建设高标准农田4400公顷；小型农田水利建设投资524.7万元。新增农牧民专业合作组织6个；组织劳务输出1.05万人，实现收入8675万元。坚持科技兴农，澎波半细毛羊品种选育和牦牛本品种选育分别获得自治区科学技术一等奖和二等奖。和谐矿区建设持续推进，着力发展工业经济，以矿业产业为支柱的工业经济实现增量提速，全年工业总产值3.51亿元，完成工业销售产值1.8亿元，同比增长44%；完成工业税收1356.81万元，占到全县各级税收的32%，同比增长83.3%；完成工业投入2.85亿元，同比增长50.8%。

建设项目共118项，同比增长36.78%；总投资7.56亿元，完成固定资产投资5.7亿元，同比增长26.7%。重大工程建设协调取得了显著成绩，旁多水利枢纽工程一期173户1132人顺利搬迁，工程10月份成功截流。青藏联网工程林周境内项目全面完成，群众和工程建设协调各项工作有效开展，有力支持了工程的顺利投产运营。项目建设与投资的持续增长，有效促进了经济发展的增效提速。市场经济更加活跃，全县各类市场主体达到687户，新增36户；2011年招商引资到位资金2.11亿元，同比增长33.5%；实现社会消费品零售总额4909.42万元，同比增长23%。援藏力度进一步加大，项目建设顺利推进。

（赵　睿）

城乡建设和管理

深入推进新农村建设，总投资3632万元，累计实施农房改造1690户；4个农村人居环境建设和整治项目逐步展开，2个新农村示范点建设完成。完成植树造林493.78公顷，完成土地开发整理236.08公顷，开始建立草原生态保护补助奖励机制。县城东扩进入实质推进阶段，县城行政中心区各项基础设施建设陆续开工，实施了第一期37705.3平方米的建设任务。巩固和完善县城功能设施建设，新建日供水1000立方米的水厂1座、投资1498.8万元建设占地2.53公顷的垃圾填埋场，完善宾馆、餐饮等基础设施，健全县城功能，投资2005.87万元的县乡(镇)干部职工周转房建设项目也于2011年底完工，邮电事业发展迅猛，移动通信用户约2.2万余户，农牧区通邮率100%，电力事业平稳运行。完成造林493.78公顷，完成土地开发整理236.08公顷。

（赵　睿）

教育　文化　卫生

适龄儿童入学率达99.58%，在校学生巩固率达99.75%。初中入学率达98.34%，在校学生巩固率达99.81%。高中阶段入学率98.98%，青壮年文盲率控制在0.05%以内。全县学前教育幼儿班13所，含中心幼儿园1所，学前幼儿数1604人，在读人数1046人。严格执行国家“三包”政策，做到专款专用，下拨“三包”经费1312.79万元。截至年底，县本级财政对教育投入资金740万元。

编辑完成历史上第一部社会主义县志，创办第一个时政性季刊《林周之窗》。群众民间文艺演职人员达到500余人，有藏戏队4支，民间锅庄队10支，业余演出队6支。向各乡镇、村、学校发放藏文版《拉萨晚报》2640份；加强民族团结等读本1378册；出版业捐赠1000种、6000余册图书、期刊、音像制品；法律宣传资料12000余册；爱国主义影片100部；宣传片100部；完成全县27座寺庙书屋建设任务；加强了45个行政村农家书屋规范化管理；对全县各类文物进行全面普查、建档，旁多水利枢纽工程淹没区文物的野外考古工作已全面结束，顺利迁建文物4个。全县广播电视综合人口覆盖率达到99%，全年共放映电影1730场。

为1093名45岁以上城镇居民进行体检，建立健康档案，全县农牧区医疗制度综合覆盖率达到100%，国家基本药物目录药品覆盖各级医疗机构，完成了总投资1100万元的县医院标准化建设，新增6所村卫生室。

（赵　睿）

六城同创

2011年林周县围绕“团结林周、民主林周、富裕林周、文明林周、和谐林周”目标，积极开展“六城同创”活动，先后开展了新农村建设，实施农房改造1690户及4个农村人居环境建设和整治项目、2个新农村示范点建设。完善农牧区三级医疗卫生服务网络，实现45个村卫生室全覆盖。完善农牧区医疗制度，提高农牧民医疗报销比例，新增6个村卫生室，农牧区医疗制度综合覆盖率达100%。建立1151名45岁以上城镇居民健康档案。社会保障体系进一步完善，城乡最低生活保障覆盖率达100%；编制完成《林周县旅游发展总体规划》，着力打造林周县“一寺、一湖、一景、一乐”（热振寺、旁多水利枢纽工程人工湖、观鹤拍摄、藏家乐）旅游品牌，形成“北佛南乐”的旅游格局。开展节能、减排宣传工作，全面落实和谐矿区10项制度建设，县城东扩进入实质推进阶段，完成“两房”建设，县城行政中心区各项基础设施建设陆续开工，县城管理逐步合理，环境日益改善。

（赵　睿）

旅　游

确定旅游基础建设项目3个，投资80万元建设南部黑颈鹤观鸟台，投资361万元实施热振国家森林公园游步道建设项目，投资60万元完成热振国家森林公园旅游发展项目。

（赵　睿）

人民生活　民政

投资610万元解决5702人饮水安全问题的19个农村饮水项目，截至年底，完成17个，另外2个已完成建设任务的60%。全县共解决50670人饮水安全问题，安全饮用水自然村普及率达72%，人口普及率达90%。五大社会保险覆盖4.06万人次，新农保参保率89.49%；全年开发就业再就业岗位110人，新增就业人数174人，城镇人口登记失业率控制在3.7%。争取各类扶贫项目26个，总投资1477万元，其中整乡推进项目10个，总投资675万元；面上扶贫开发项目16个，总投资802万元。申报农业产业化项目1个，总投资104万元。及时启动了“创先争优强基础惠民生”活动。

享受农村低保999户，3907人；享受城镇低保370户，450人；残疾特困户680户，680人；城乡最低生活保障覆盖率达100%。南部7个乡镇86名五保户实现了集中供养，集中供应率达86%，供养标准按照城镇最低生活保障线实施。2011年5月，投资365万元建设林周县北部敬老院项目。

（赵　睿）

民主法治建设　政府管理和自身建设

接受县人大和民主党派监督，按时限完成66件县人大代表意见建议办理工作。顺利完成2011年党委换届和10个乡镇、45个村级组织“两委班子”换届工作。紧紧围绕中心、服务大局，以各种活动为载体，发动和带领群众，发展经济，维护稳定，成为党联系群众、构建社会主义和谐社会的桥梁和纽带。

全县始终贯彻执行党风廉政建设责任制，积极开展廉政风险防范管理试点，加强干部职工的思想、作风和反腐倡廉建设，做好工程建设领域突出问题专项治理各项工作，强化执法监察职能，全程监督政府物资采购、建设工程招投标等工作，监察局长列席县长办公会议。领导干部廉洁自律意识、权力运行规范切实加强，定期听取乡镇、县直各部门等43家单位主要领导述职述廉报告，强化领导干部作风建设。本着对人民、对组织高度负责的态度，全县在2011年全面开展了公车专项治理工作，确保了公车使用管理规范化、制度化。

（赵　睿）

尼　木　县

概　况

尼木，藏文之意为“麦穗”。地处西藏中南部，雅鲁藏布江中游北岸，系前后藏的结合部。尼木历史悠久，在元世组时代即已设宗。全县地域面积3273平方千米，2011年，辖7乡1镇、35个行政村、人口31000余人。是全国社会治安综合治理平安县、全国国防教育先进县。

尼木县属高原温带半干旱气候区，具有四季分明、空气干燥、无霜期短、昼夜温差大、日照时间长、冬春两季多风等特点。尼木山峦起伏，河谷纵横，地形西高东低，平均海拔4000米以上。尼木县自然资源丰富，野生动植物资源尤为可观，多达300余种。此外，还拥有众多的鱼类、两栖类爬行类动物，均具有很高的经济价值与药用价值。尼木的矿藏以矿种多、分布广、规模大、品位高最具特色。部分铜矿截至年底在逐步开发，其生产工艺居全国领先水平，发展前景广阔。尼木是藏文字的发祥地，藏民族文化发展的摇篮，拉萨民族手工业的后作坊，藏纸、藏香和雕刻绘画并称“尼木三绝”，享誉区内外。

2011年，全县国内生产总值达到38620万元、增长率为22.4%，其中一产6981万元、二产13138万元、三产18501万元，三次产业比重由上年的18.7∶35.5∶45.8调整为18∶34∶48；完成固定资产投资37827.27万元、增长27.4%；农牧民人均纯收入达到5598.93元、增长21.5%；财政收入完成1486万元、增长29%；城镇居民可支配收入达16293.67元、增长13.3%。

（索朗平措）

林周县

县委书记　钱文辉

县人大常务委员会主任　边　巴

县　　长　次仁顿珠

注：2011年无政协机构

2011年国民经济和社会发展

农业农村经济。全县总播种面积0.44万公顷，良种推广面积1919.13公顷，粮、经、饲比例由上年的72.5∶15∶12.5调整为65.2∶21.8∶13，农业种植结构进一步优化。共筹集农机具购置资金530.76万元，购买农机具822台(套)，机耕、机播、机收率大幅提高。春秋两季重大动物疫病防疫工作严格做到“六不漏”，免疫率和免疫密度均达到100%，幼畜成活率达到95.7%、成畜死亡率为1.2%。投资350万元对318国道尼木段及县城至桥头9千米路段进行了绿化。同时，大力实施森林生态效益补偿工程，加大对林木的管护力度，全年共投入管护费115.81万元。全年共转移农牧民剩余劳动力8004人，实现劳务收入9669.02万元。农牧民专业合作经济组织不断发展壮大，截至年底，全县共有10个专业合作社和6个专业协会，通过专业合作社和协会的有序发展，为农牧民增收致富提供了平台。

特色产业。抓好原种藏鸡养殖业。县政府与拉萨天利公司签订1.5亿元的矿产资源开发项目，尼木铜业投资4.9亿元建设厅宫铜矿5000吨选矿厂项目。

基础设施。共开工建设项目56个，项目总投资11.15亿元。新农村建设成效显著，投资4610.3万元，完成了700户的安居工程建设任务；县政府投资231.88万元，完成塔荣镇林岗村扶贫搬迁建房。雪顿节期间，共签订招商引资项目2个，项目总投资1.8亿元。在拉日铁路建设前期，向群众兑现340.6万元拆迁补偿费。全年参与铁路建设的群众有25000人次，实现劳务收入1120万元，占全县劳务总收入的11.6%。

民生。县政府投入民生资金1000万元，办了10件实事和好事，包括农牧民安全饮水、农牧区通路、农牧区通广播电视和农牧区畜牧业养殖以及政府全额资助考上大学的所有农牧民家庭子女和城镇低保家庭子女学费等实事和好事。基础教育稳步推进，为顺利迎接“两基”国检工作，区市县共投入资金3000万元，有效改善了全县中小学办学条件。县财政对教育的投入达到400.49万元、占财政收入的27%。“三包”标准提高到生均2200元。医疗卫生惠及农牧民群众，投资130万元购置和更新了一批新型医疗设备，实施了帕古乡卫生院改扩建工程和5个村级卫生室建设工程。全县新农保参保率达到95.5%。积极开展医疗救助，共支出医疗救助款89.6万元。周转房、公租房、廉租房加快建设，新增公益性岗位20个。继续推进安居工程，农牧区人均住宅建筑面积达到35平方米，农牧区安全饮水问题基本得到解决，卫生厕所普及率达到80%。县职业教育培训规模达到300人以上。公共卫生和社会保障体系更加完善，每千人拥有5.5名卫生技术人员，每千人拥有3名医师，60%以上医生达到大专以上学历。城镇医疗保险及新型农牧区合作医疗覆盖率、参保率均达到100%。城镇登记失业率控制在4%以内。养老保险、医疗保险、失业保险、工伤保险、生育保险征缴率和支付率均达100%。

社会维稳。共投入维稳专项经费100万元，同时，县政府还投入17.6万元，完善了消防硬件建设。

（索朗平措）

尼木县

县委书记　袁新民

县人大常务委员会主任　洛桑赤列

县　　长　赵　涛

注：2011年无政协机构

柳梧新区管委会

【**概况**】　根据国务院1999年批准的《拉萨市城市总体规划（1995－2015）》中“东沿西扩、跨河发展”城市发展战略，2003年5月，成立柳梧新区筹备组，按照把新区建设成为拉萨市城市副中心之一，形成以客运枢纽、商贸服务、总部经济、旅游集散、特色居住为主的“西藏现代化城市典型示范区”的总体目标，着手筹建柳梧新区。2004年，由深圳市城市规划院编制完成《柳梧新区总体规划》、《柳梧新区分区规划》、《柳梧新区控制性规划》等。新区规划控制区42.7平方公里，规划用地24平方公里，规划总人口10～12万人。规划用地布局由北、中、南三个组团构成。其中北组团是新区重点启动开发建设区（拉萨火车客运站位于该片区内），规划控制区面积9.04平方公里，规划用地面积6.44平方公里，规划常住人口3.5～4万人。

2007年11月，在原柳梧新区筹备组的基础上成立柳梧新区管委会，为拉萨市人民政府正县级派出机构，全面负责新区的开发建设。至2011年底，柳梧新区管委会下设5局1办（经济发展局、建设局、财政局、市政市容局、社会事业局、管委会办公室），干部职工34人。截至2011年，累计完成固定资产投资45.12亿元，建设项目152个，引进招商企业45家，其中国内500强企业6家，协议资金85.03亿元，累计到位资金34.03亿元。

2011年，实现财政一般预算收入1.55亿元，同比增长7.95倍。完成固定资产投资项目34个，投资总额13.25亿元，同比增长26.7%。招商引资开工项目8个，到位资金11.76亿元，同比增长38%。

（朱胜军）

【**投资融资平台正式成立**】　9月，拉萨市柳梧城市建设投资发展有限责任公司正式成立。面向社会公开招聘13名公司职员，该公司已与国家开发银行西藏分行建立了投资融资合作关系，就柳梧城投公司初期开发建设项目达成一致意见。

（朱胜军）

【**完成固定资产投资项目34个**】　年内，完成固定资产投资项目34个，其中，续建项目15个，新建项目19个。主要有：海亮世纪新城一期工程、市直机关干部职工周转房、蒙发集团（明森矿业）综合楼、柳梧高级中学、自治区青少年活动中心、柳梧至才纳公路柳梧市政段、交通路、铭仕大街（1～6路）、青铁招待所、拉萨铁路单身职工宿舍、反恐总队机动侦查支队、西藏民航局综合业务基地、华泰龙矿业总部、拉萨飞天国际酒店、三条北京援藏市政道路、宝马4S店、移动公司柳梧机房、建行柳梧支行等，完成固定资产投资总额13.25亿元。

（朱胜军）

【招商引资开工项目8个】 年内，参加深圳招商项目推介会、“渝洽会”、雪顿节招商引资项目推介会、“厦洽会”、京港贸易洽谈会等进行项目推介，引进青铁宾馆、青岛深蓝汽车网络投资有限公司、青藏铁路公司拉萨招待所项目、西藏圣宝缘工贸有限公司、山东裕隆置业集团等5家企业。同时，赴兰州、金昌敦促拉萨飞天国际大酒店和西藏金川矿业投资有限公司项目开工。截至年底，招商引资开工项目8个，实际到位资金11.76亿元。

（朱胜军）

【落实北京援藏项目5个】 年内，共落实北京援藏项目5个，一是东环快速干道项目，二是为民路项目，三是商业路项目，以上三条市政道路共投资1.13亿元。四是拉萨市德吉罗布儿童游乐园，投资0.75亿元。五是拉萨市文化体育中心项目，投资5.7亿元。5个项目总投资7.58亿元。以上项目中，三条市政道路已竣工投入使用，拉萨市群众体育文化中心项目已开工建设。

（朱胜军）

【前期项目储备规划有序进行】 年内，正在进行前期筹备和规划的项目有：生态景观带及其水源工程、精品步行街详细规划、奥体大街、站前大街东延伸段、柳梧全民健身活动中心、柳梧村幼儿园、柳梧新区农贸市场、德吉罗布儿童乐园等。

（朱胜军）

【项目管理成效明显】 年内，管委会按照责、权、利相统一的原则，层层签订目标责任书，并将责任制完成情况与年终奖惩挂钩。组织新区施工单位开展安全生产教育活动，发放《建筑业农民工入场安全知识必读》、《建设领域农民工权益知识读本》等宣传单，提高新区施工管理人员的安全生产意识。进行冬季安全生产、防火、防盗联合检查，排查安全隐患，2011年新区未发生安全生产事故。同时，依法收取工程总投资额5～10%作为民工工资保证金，督促检查入驻新区企业建设资金到位情况，及时掌握民工工资发放情况，妥善解决拖欠民工工资问题。

（朱胜军）

【城市管理不断加强】 年内，在加大“六城同创”宣传力度的同时，共投入城市建设管理资金1136万元，对察古大道和北京大道绿化带进行升级改造，对世纪大道和通站路的人行道破损彩砖、各道路被盗电线电缆进行了维修。争取国家项目投资146.1万元。完成2011年度重点区域生态公益林建设。加大新区内的环境卫生治理和公共设施的管理维护，为各居民小区发放垃圾桶，确保新区干净整洁。

（朱胜军）

【基层建设和强基惠民活动扎实开展】 年内，成立基层建设和强基惠民活动领导小组，选派工作组进驻堆龙德庆县柳梧乡柳梧村委会和桑达村委会，开展基层建设和强基惠民活动。工作组通过政策宣讲、详细调研、争取项目、与群众联谊、欢度“六一”、同唱红歌、组织管委会干部捐款、慰问贫困党员、参观西藏博物馆等，切实为群众办事实、做好事、解难事，为柳梧村落实公共广播、绿化苗木、车辆购置、寺庙维修等项目6个，总资金达627.7万元。

（朱胜军）

柳梧新区管委会

党工委书记 石文江

主　　任 郑丰才

附　　录

拉萨市2011年国民经济和社会发展统计公报

拉 萨 市 统 计 局
国家统计局拉萨调查队
2012年4月6日

2011年是“十二五”开局之年，市委、市政府充分发挥拉萨首府城市首位作用，按照自治区党委、政府的决策部署，努力推进经济社会健康发展。经过一年的奋力拼搏，全市经济发展呈现出增长，各项社会事业取得新的进步，成功摘取“全国文明城市”称号，顺利实现“十二五”的良好开局，为促进经济社会更好更快跨越发展奠定了良好的基础。

一、综合

经济增长：初步统计，2011年全市实现地区生产总值(GDP)222.09亿元，比上年增长14.6%。其中：第一产业增加值9.99亿元，增长3.4%；第二产业增加值75.21亿元，增长24.6%；第三产业增加值136.89亿元，增长10.7%。第三产业中，交通运输、仓储和邮政业增加值6.2亿元，增长1.2%；批发零售业增加值12.76亿元，增长4.8%；住宿餐饮业增加值7.99亿元，增长8.2%；金融业增加值28.35亿元，增长18.9%；非营利性服务业增加值52.05亿元，增长10.9%。

产业结构：2011年三次产业比重依次为4.5%、33.9%、61.6%，分别拉动经济增长0.3、6.6和7.7个百分点。与上年相比，第一产业比重下降0.6个百分点，第二产业比重提高2.7个百分点，第三产业比重下降2.1个百分点。

价格：2011年居民消费价格总指数(CPI)比上年上涨5.0%，其中食品价格上涨10.0%，商品零售价格上涨3.9%。

表1　2011年居民消费价格涨幅

指标	比2010年上涨(+)下降(-)(%)
居民消费价格总指数	5.0
食品	10.0
其中：粮食	12.7
肉禽及其制品	9.9
蛋	10.3
水产品	4.6
菜	9.3
干鲜瓜果	19.1
烟酒及用品	1.7
衣着	3.3
家庭设备用品及维修服务	4.4
医疗保健和个人用品	1.7
交通和通信	1.5
娱乐教育文化用品及服务	0.7
居住	5.3

就业：年末全市从业人员37.82万人，其中农村从业人员15.48万人。城镇新增就业5789人。年

末城镇登记失业率控制在2.8%。

民营经济：年末全市工商部门登记的私营企业达2439户，从业人员57419人，分别比上年增长15.2%和35.6%，注册资本达32.7亿元，增长22.3%；工商部门登记的个体户36085户，从业人员74805人，分别比上年增长11%和15%；注册资本达15亿元，增长26%。

二、农牧业

农牧业：2011年全市农林牧渔业总产值16.32亿元，可比价计算，比上年增长4.0%。其中：农业产值7.02亿元，增长6.5%；林业产值0.31亿元，下降40.8%；牧业产值8.58亿元，增长5.8%；渔业产值180万元，增长18.0%；农林牧渔服务业产值0.39亿元，下降13.0%。

种植面积：全年农作物总播种面积3.79万公顷，比上年减少0.28万公顷。粮食种植面积2.61万公顷，比上年减少147公顷。其中：青稞种植面积1.65万公顷，比上年减少64公顷；小麦种植面积8993公顷，比上年减少264公顷；油菜种植面积3818公顷，比上年增加63公顷；蔬菜种植面积4030公顷。

畜禽及水产品产量：年末牲畜存栏总头数148.54万头(只、匹)，其中大牲畜存栏74.77万头，猪出栏3.24万头。肉类产量3.15万吨，增长5.35%。禽蛋产量480吨，下降23.8%。奶产量3.18万吨，增长7.1%。水产品养殖面积4公顷，水产品产量230.91吨，增长48.7%。

农机及化肥施用：2011年末全市拥有农业机械总动力85.04万千瓦。全年农用化肥施用量39.66万吨。

表2　2011年主要农畜产品产量

产品名称	产量（吨）	比2010年增长（%）
粮食	173919.60	1.4
其中：青稞	99142.31	-1.8
小麦	69983.66	6.1
油料	13519.77	8.9
蔬菜	195630.00	3.7
肉类	31498.78	5.4
其中：牛羊肉	29339.48	7.7
奶类	31823.41	7.1
其中：牛奶	29665.91	10.0

三、工业和建筑业

工业：2011年全部工业增加值25.75亿元，比上年增长22.6%。规模以上工业增加值21.94亿元，增长24.4%，其中市属企业增加值11.77亿元，增长41.5%。

全年工业产品销售率为97%，比上年提高0.6个百分点。其中国有工业企业产品销售率为101.7%，非国有工业企业产品销售率为94.9%。

建筑业：2011年全市建筑业增加值49.46亿元，比上年增长25.7%。

表3　2011年规模以上工业增加值分类情况

指标	增加值（万元）	比2010年增长（%）
规模以上工业企业	219368	24.4
其中：国有企业	85284	57.4
集体企业	6086	25.5
股份合作企业	684	77.3
股份制企业	113186	13.4
外商及港澳台商投资企业	13880	-8.6
其他经济类型企业	246	-14.7
其中：轻工业	86093	14.5
重工业	133275	32.4
其中：私营企业		

四、固定资产投资

固定资产投资：2011年全社会固定资产投资222.22亿元，比上年增长25.9%，增幅同比下降3.8个百分点。其中：城镇固定资产投资208.78亿元，增长20.4%；农村固定资产投资13.44亿元，增长3.3倍。在全社会投资中市属固定资产投资148.58亿元，增长24.0%。

城镇固定资产投资中：中央项目固定资产投资137.34亿元，增长35.9%；地方项目固定资产投资71.44亿元，增长1.2%；

第一产业投资11.45亿元，增长122.2%；第二产业投资66.48亿元，增长2.1%，其中工业投资59.08亿元，增长3.4%；第三产业投资144.29亿元，增长35.9%。三次产业投资的比重依次为5.2%、29.9%和64.9%。

国有投资158.30亿元，增长46.5%；非国有投资63.92亿元，下降6.6%。

房地产开发：全年房地产开发投资4.33亿元，比上年下降39.4%。房地产开发施工房屋面积40.20万平方米，比上年下降31.1%；全年房屋竣工面积14.59万平方米，商品房销售面积16.10万平方米。

表4 2011年规模以上工业企业主要产品产量

产品名称	单位	产量	比2010年增长（%）
水泥	万吨	126.12	7.8
中成药	吨	356.30	34.6
发电量	万千瓦时	100284.30	7.2
啤酒	千升	152500.30	39.7
自来水	千升	10528.4	6.7
瓶装饮用水	吨	87820.8	6.9

五、国内贸易

消费品零售：2011年全市社会消费品零售总额105.14亿元，比上年增长18.9%。限额以上贸易企业零售额38.07亿元，比上年增长29.4%，在全市社会消费品零售总额中所占比重为37.1%。

六、对外经济

进出口贸易：2011年全市外贸进出口总额13.07亿美元，比上年增长58.3%。其中：出口额11.32亿美元，增长48.1%；进口额1.75亿美元，增长1.8倍。

招商引资：全年新引进项目63个。实际到位资金58亿元，增长25.9%。

七、交通、邮电和旅游

交通运输：2011年末全市公路线路里程3762千米(不含拉贡高速公路37.837千米)。

邮电：全年完成邮电业务总量74791万元，比上年增长5.2%，其中邮政业务总量3367万元，增长48%；电信业务总量71424万元，增长4.5%。年末固定及移动电话用户总数达到102.23万户，其中：移动电话用户82.45万户，新增加23.53万户。

旅游：2011年全市接待海内外游客514.43万人次，比上年增长24.4%。其中：国内游客502.84万人次，增长26.0%；入境游客11.59万人次，下降19.5%。全年旅游总收入51.11亿元，增长21.4%；旅游外汇收入4227万美元，降低6.2%。

表5 2011年全社会固定资产投资额

指标	投资额（万元）	比2010年增长（%）
全社会固定资产投资	2222177	25.9
农、林、牧、渔业	11449	122.2
采矿业	52671	-65.3
制造业	332497	103.7
电力、燃气及水的生产和供应业	205666	-19.9
建筑业	73996	-0.07
交通运输、仓储和邮政业	594351	128.0
信息传输、计算机服务和软件业	46328	-50.2
批发和零售业	20123	-56.3
住宿和餐饮业	116592	-12.3
金融业	4193	-28.6
房地产业	125491	-21.0
租赁和商务服务业	4178	
科学研究、技术服务和地质勘查业	1271	9.7
水利、环境和公共设施管理业	257479	66.0
居民服务和其他服务业	7864	115.5
教育	50907	68.5
卫生、社会保障和社会福利业	19759	95.3
文化、体育和娱乐业	89412	136.4
公共管理和社会组织	104907	-17.1

表6 2011年社会消费品零售总额

指标	总额（亿元）	比2010年增长（%）
社会消费品零售总额	105.14	18.9
分城乡：城镇	90.92	19.9
其中：城区	84.88	27.3
乡村	14.22	12.9
分行业：批发零售	91.88	18.4
住宿餐饮	13.26	22.0

表7 2011年铁路、公路运输量与周转量

指标	单位	2011年	比2010年增长（%）
货物运输量			
铁 路	万吨	48.63	62.5
公 路	万吨	392.43	10.1
货物周转量			
铁 路	万吨千米	149825.2	9.3
公 路	万吨千米	82989.47	-2.1
旅客运输量	万人次		
铁 路	万人次	109.49	10.5
公 路	万人次	409.55	-91.3
旅客周转量			
铁 路	万人千米	103827	10.0
公 路	万人千米	27387.97	-42.9

八、财政、金融和保险

财政：2011年全市财政总收入29.60亿元，比上年增长112.9%；一般预算收入23.43亿元，增长56.0%。其中税收收入21.40亿元，增长67.4%，增值税、营业税、资源税、企业所得税、个人所得税五大税种税收18.91亿元。

全年执行一般预算支出75.63亿元，比上年增长44.0%。农业、教育、科技等各项重点支出以及事关民生的支出得到较好保障，其中农林水事务支出6.44亿元，增长49.5%；教育支出12.85亿元，增长43.7%；科学技术支出0.27亿元，增长70.8%；社会保障和就业支出3.89亿元，增长1.22倍；医疗卫生支出2.57亿元，增长16.7%；节能环保支出0.37亿元，增长1.02倍；文化体育与传媒支出0.75亿元，增长22.5%；城乡社区事务支出3.79亿元，下降43.9%；一般公共服务支出13.34亿元，增长53.8%。

金融和保险：截至2011年末全市金融机构本外币各项存款余额1107.30亿元，比年初增长23.6%；本外币各项贷款余额316.05亿元，比年初增长47.7%。人民币各项存款余额1106.06亿元，增长23.6%；人民币各项贷款余额315.75亿元，增长47.7%。在人民币贷款中，中长期贷款余额199.92亿元，增长39.4%；短期贷款余额57.21亿元，增长39.2%。保险业全年保费收入为47198万元，增长45.8%。

九、城市建设

基础设施建设：2011年投资达23.9亿元的城区道路改造、管线入地、绿化亮化、街景改造等39个大庆项目如期完成建设，城区面貌焕然一新。

年末市区供水管道长度达727.97千米，同比增长4.2%；全年自来水公司总供水10528万立方米，其中生活用水4211万立方米。公交运营线路网长度499.8千米，年客运量6980万人次。

城市绿化：2011年全市建成区共实施园林绿化工程5项，创建市级园林化单位115个。全市共有公园62个，其中：综合性公园1个，街头游园45个，街旁绿地5块。

十、教育、文化、卫生和体育

教育：2011年末共有高等院校6所（其中高职院校1所），中等职业学校4所，普通中学24所，小学87所，幼儿园68所。

表8 2011年各类学校学生数

单位：人

指标	招生	在校生	毕业生
研究生	196	481	123
普通高等教育	5588	18601	4666
中等职业教育	302	1055	374
普通高中	5496	15097	4566
初中	6980	22080	7588
普通小学	8289	47965	6993
特殊教育	4	171	8
学前教育	7899	14974	4046

全市小学学龄儿童入学率达99.79%，巩固率达98.52%；初中生入学率达100%，巩固率保持在97.64%；高中阶段毛入学率为81.4%。

文化：2011年末全市共有艺术表演团体4个，群众文化馆8个、文化站24个、博物馆1个。全市广播综合人口覆盖率为96.69%，电视综合人口覆盖率为96.45%。继续实施农村电影放映工程，全年放映11950场次。

卫生：年末共有卫生机构424个（含村卫生室），医疗床位2195张。每千人拥有医疗床位3.87张。各类卫生技术人员4519人，其中执业（助理）医师

1395人。每千人拥有卫生技术人员7.96人。

体育：2011年拉萨市在中华人民共和国第七届城市运动会获得了武术套路太极拳比赛的第二名和第八名，代表团获得了体育道德风尚奖。成功举办拉萨市第四届U—13足球赛、2011年中国拉萨雪顿节马术表演暨传统体育竞技赛活动。拉萨市体育彩票管理中心成立，从7月1日起承担拉萨30个网点销售管理工作。全市共安装23套全民健身路径。

十一、环境保护和安全生产

环境质量：市区二级以上空气质量天数为363天，空气质量优良率达99.7%，比上年提高0.8个百分点；集中式饮用水水源地水质达标率保持100%。市辖区内水质达到相应水体环境功能要求(100%)，全市跨界断面出境水质达到100%要求。

气温降水：2011年平均气温为9.4℃，降水量为425毫米。

安全生产：2011年亿元GDP生产安全事故死亡率下降46.1%。全年各类安全生产事故死亡78人，同比下降32.8%，其中道路交通事故死亡75人，工矿商贸事故死亡3人，分别下降68.8%和42.8%。

十二、人民生活和社会保障

人民生活：2011年城市居民人均可支配收入为17654元，比上年增长6.6%；城市居民人均消费支出12787元，增长9.4%。农村居民人均纯收入6019元，增长20.3%；城市居民与农村居民收入比为2.93∶1。

截至2011年末人民币个人储蓄存款余额178.30亿元，比年初增长18.4%。

社会保障：市属城镇职工参加养老保险的人数为1.86万人，参加新型农村养老保险的人数为16.22万人。参加基本医疗保险的人数为4.63万人。参加失业保险的人数为1.11万人。参加工伤保险的人数为2.4万人。参加生育保险的职工人数2.13万人。城市居民最低生活保障继续加强，城市低保覆盖人口达到1.09万人；农村低保覆盖人口达到1.97万人。年末全市救济农村五保户1287户，农村医疗救助人员2259人次。

注：

1. 本公报数据为初步统计数据。

2. 地区生产总值及各产业(行业)增加值指标绝对数按现价计算，增长速度按可比价格计算。

3. 对外贸易、交通、邮电、旅游、财政、金融、保险、文化、卫生、教育、社会保障等方面的数据均由相关职能部门提供。

4. 规模以上工业企业是指年主营业务收入500万元及以上的全部法人工业企业；限额以上批发零售企业是指年销售额2000万元及以上批发企业和年销售额500万元及以上零售企业。

5. 涉及2011年常住人口数据，均根据本年度全市1‰人口抽样调查情况进行推算的数据进行计算。

拉委发〔2011〕2号
中共拉萨市委员会　拉萨市人民政府关于表彰流动人口服务和管理试点工作先进集体和先进个人的决定

（2011年1月17日）

全市流动人口服务和管理试点工作开展以来，在区市党委、政府的正确领导和高度重视下，在自治区上级业务部门的大力指导下，在全市各相关职能部门的积极配合和全市各族人民群众的共同努力下，拉萨市流动人口和出租房屋服务管理工作取得了明显成效，基本达到了“底数清、情况明、服务好、管得住”的工作目标，为确保拉萨社会局势持续稳定作出了积极贡献。为进一步推动我市流动人口服务管理工作深入开展，激励先进，决定对全市流动人口服务和管理试点工作成绩突出的城关区、城关公安分局等13个先进集体和靳军民等55名先进个人予以表彰。

希望受到表彰的单位和个人，发扬成绩，再接再厉，在今后的流动人口和出租房屋服务管理工作中，开拓进取，认真负责地做好各项工作，为促进拉萨经济社会跨越式发展和长治久安做出新的更大的贡献。

一、先进集体：（13个）

1．市直单位：市财政局、市司法局、城关公安分局、市流动人口服务和管理领导小组办公室；

2．县（区）：城关区；

3．派出所和警务室：城关公安分局警务指导室、娘热路派出所、两岛派出所、北京中路派出所；

4．乡（街道办事处）和村（居）委会：城关区纳金乡、八廓街道办事处、娘热乡吉苏村、嘎玛贡桑街道办事处俄杰塘社区居委会。

二、先进个人：（55名）

靳军民　市委组织部
格桑平措　市民政局
旦增曲珍　市妇联
坚参曲扎　市民宗局
张　勤　市教育局（体育局）
贺能晟　市人力资源和社会保障局
普布顿珠　市计生委
蔡　军　城关区委组织部
德　吉　城关区卫生局
曲　扎　城关区卫生局
次　多　城关区教育局
胡兴国　城关区流管办
小普布旺堆　城关区流管办
索朗次仁　城关区流管办
孟祥彬　城关区司法局
旦增卓玛　冲赛康居委会
晋　美　绕赛居委会
索朗拉姆　铁崩岗居委会
拉　珍　甲玛林卡居委会
多　吉　木如居委会
达　穷　当巴居委会
普布次仁　嘎玛贡桑居委会
洛桑坚才　扎细居委会
格　列　蔡公堂乡白定村
央　珍　娘热乡吉苏村
巴桑次仁　纳金乡塔玛村
普达瓦　夺底乡洛欧村
旦　增　纳金路派出所
仁　青　八廓派出所
巴桑次仁　八廓派出所
尼玛杰布　两岛派出所
雷云才　娘热路派出所
巴　次　娘热路派出所
刘　斌　夺底路派出所
桑　珠　夺底路派出所
普布次仁　广场派出所
旺　堆　吉日派出所
褚　瑾　嘎玛贡桑派出所
贡　嘎　金珠中路派出所
王述军　北京中路派出所
刘　怡　北京中路派出所
仁增多吉　吉崩岗派出所
格桑占堆　团结新村派出所

次仁扎西　蔡公堂派出所
孔令兵　站前派出所
杨剑平　城关公安分局警务指导室
邓锦辉　城关公安分局警务指导室
骆开进　北京中路派出所和顺小区
洛　桑　纳金路派出所洛桑出租大院
陈利运　吉日派出所佳运出租房
甲　花　两岛派出所多康公寓
黄义彬　两岛派出所黄氏公寓
何育宝　夺底路派出所吉祥小区
朱卫刚　嘎玛贡桑派出所江中综合楼
纳佳兴　娘热路派出所吴涂公寓

（此件发至县级）

拉党发〔2011〕6号
中共拉萨市委员会　拉萨市人民政府
关于加快推进非公有制经济跨越式发展的意见

（2011年12月16日）

为深入贯彻落实《中共西藏自治区委员会西藏自治区人民政府关于推进非公有制经济跨越式发展的意见》（藏党发〔2011〕19号）精神，进一步鼓励、支持和引导我市非公有制经济跨越式发展，充分发挥其在建设团结、民主、富裕、文明、和谐的社会主义新拉萨中的重要作用，现提出如下意见。

一、非公有制经济发展的目标任务

1. 目标任务。非公有制经济规模进一步壮大，综合实力进一步增强，发展质量和效益显著提高，吸纳社会就业能力明显增强，构建和谐社会作用明显增强，全民创业的积极性进一步提高。到2015年，全市非公有制经济组织发展到5万户以上，上市公司新增3家以上，吸纳社会就业人员超过17万人，非公有制经济增加值、上缴税收翻一番以上，力争年均增长15%以上。

二、支持非公有制经济发展的工作措施

2. 贯彻平等准入、公平待遇原则。按照“非禁即许，非限即准，宽进严管，强化服务”的原则，允许非公有制资本进入国家允许进入的所有行业和领域。非公有制企业在企业登记、备案审批、投融资、税收信贷、土地使用、财政贴息、政府采购、资格一认定、人才引进、职称评定、证照办理、收费标准等方面，与其他所有制企业同等待遇。

3. “零成本”注册。除国家法律、法规和政府规章规定必须办理前置审批许可的项目外，其他部门规定一律不作为登记注册的前置条件。凡申办个体工商户、个人独资企业、合伙企业、有限责任公司、集团公司、私营投资公司、农牧民专业合作组织的，实行“零成本”注册。

4. 放宽出资方式。除法律、法规规定不得作为出资的财产以外，允许以实物、知识产权、土地使用权、土地、林地、草场承包权、矿业权等用货币估价，并可以依法转让的非货币财产作价出资，设立私营有限责任公司、私营股份有限公司、农牧民专业合作组织等。

5. 引导和鼓励非公有制资本参与国有企业改制。支持和鼓励非公有制经济组织通过租赁、承包、参股、控股等方式投资国有、集体企业。非公有制经济组织吸纳自谋职业的国有企业职工就业，可享受安置国有企业职工再就业的优惠政策。非公有制资本购买国有产权，可享受国有企业改制的有关优惠政策。

6. 引导和鼓励非公有制资本进入特色优势产业领域。支持非公有制资本以独资、入股、参股、合作等形式开发我市优势矿产业、特色农牧业、藏医藏药业、民族手工业、绿色食饮品业、新型建材业、生态环境保护与建设、旅游业、特色文化产业、商贸流通和现代服务业等领域。在产业政策、资金扶持、公共服务等方面向开发特色优势产业的非公有制企业大力倾斜。

7. 引导和鼓励非公有制资本参与“一区三园”建设。支持非公有制经济组织投资“一区三园”基础设施建设、高端产品研发、社会事业发展等，引导非公有制企业优化产业结构调整，走新型工业化道路，加快推进工业化进程。在政务程序、产业规划、供应土地、融资等方面提供政策支持。

8. 引导和鼓励非公有制资本进入公用事业、社会事业、基础设施领域。支持各类具备条件的非公有制资本参与城镇供水、供气、供热、公共交通、污水和垃圾处理、城市园林绿化等市政公用事业的基础设施建设；鼓励非公有制资本参与经济适用房、廉租住房、公共租赁房等保障性住房、农牧民安居工程建设及经营管理；鼓励非公有制资本参与公立医院改革，承担公共卫生服务、基本医疗服务和医疗保险定点服务；鼓励非公有制资本以独资、股份、合作形式依法参与基础教育、职业（技术）教育、成人教育、学前教育等各类教育和社会培训机构及其他教育机构；鼓励非公有制资本建设和兴办养（托）老、残疾人、孤儿和弃儿养护、康复、托管等服务项目的社会福利机构；鼓励非公有制资本进入文化体育产业发展和基础建设；鼓励非公有制资本参与社会主义新农村建设。

9. 引导和鼓励非公有制资本进入金融服务领域。以多种形式参与农村信用社的增资扩股，发起或参与设立担保公司、农村资金互助社等融资担保机构。允许非公有制企业创办投资企业。鼓励非公有制资本以参股和债权等方式投资地方政府融资平台，发起设立产业投资基金。

10. 加大财政支持力度。逐步扩大政府设立的企业技术改造资金、企业发展专项资金规模，用于支持非公有制经济发展不低于资金总量的50%。每年设立非公有制经济发展资金500万元，支持非公有制企业改革发展、开拓国际市场、品牌推广、科技孵化、商贸流通、外经贸协作、特色优势产业发展及全民创业。积极争取国家和自治区产业与企业改革发展资金、中小企业发展专项资金、中小企业国际市场开拓资金、中小企业品牌推广资金、科技孵化资金、商贸流通发展资金、外经贸区域协调发展促进资金等，支持非公有制经济发展。市、县(区)发改、财政、工信等部门会同工商联共同负责引导和组织非公有制经济扶持项目申报、评估工作。

11. 加大对高校毕业生的创业、就业支持力度。每年设立我市高校毕业生创业资金200万元，重点用于高校毕业生创业补贴、创业奖励和创业资助。高校毕业生创办企业或从事个体经营的，正常经营在6个月以上的，投资额度10万元以内的一次性奖励5000元，投资额度10万元以上的一次性奖励10000元，合伙创业均享受2000元和4000元不等的创业奖励。

非公有制企业解决拉萨户籍高校毕业生(国家计划内的生源)就业的，可根据签订就业合同的年限和人数，享受就业奖励。具体为签订2年、3年、5年以上合同的企业，可分别获得按就业一名毕业生奖励5000元、12000元、20000元和30%、40%、50%的社会保险补贴。

12. 落实和完善税收优惠政策。继续落实好非公有制经济税收优惠政策，将个体工商户增值税、营业税起征点由原来的月销售额5000元调整为20000元；将增值税一般纳税人的认定标准由目前的年销售额50万元、80万元提高到120万元；将娱乐业营业税的税率由原来的10%调整为5%；停止征收虫草、松茸采购环节营业税。投资新能源、兴办学校、福利院、开发高新技术产品、种植藏药材、新办旅游企业、生产新型建筑材料等，按照我市招商引资优惠政策规定，均可以享受税收优惠政策。

13. 加大金融支持力度。鼓励引进和创新适应我市非公有制企业的信贷产品和服务项目，建立健全对非公有制企业提供信贷服务的专业机构，完善授信制度，简化审贷程序，加大对非公有制经济发展的支持力度。鼓励和支持符合条件的非公有制企业改制和上市，支持上市非公有制企业再融资。注重对优质非公有制企业上市的培育，建立非公有制企业上市后备资源库。

14. 保障土地供给。各级政府在城乡规划、土地利用总体规划和年度土地利用计划中统筹安排非公有制资本投资项目用地，重点增加非公有制经济在“一区三园”的项目用地指标，依法及时审批和保障重点非公有制企业发展用地需要，降低用地成本。在供地方式上非公有制企业与其他所有制企业实行同等政策待遇，凡符合国家《划拨用地目录》要求的公益慈善事业用地，可采取划拨方式供地，对不符合划拨用地条件的，可自愿选择出让或租赁方式供地。对从事商业、旅游、娱乐、房地产开发的，与其他土地使用者一样一律实行招标拍卖挂拍方式供地。对符合国家和自治区及拉萨市产业政策、用地节约集约的工业项目实行优惠的地价政策。对符合城市总体规划、不改变用途，利用自有土地进行建设、提高土地利用率和增加容积率的，不再增收土地价款。鼓励非公有制资本参与土地整理、复垦，通过市场运作、招拍挂等方式，确定非公有制企业的土地治理权和一定年限内的土地使用权。

15. 户籍优惠政策。在拉萨创办企业投资形成固定资产20万元以上的投资者，凭招商引资局投资证明，办理直系亲属户口迁移手续。被拉萨各类企事业单位聘任的中级职称以上专业技术人员或管理人员，凭聘用单位证明(本人、配偶及子女均为非农业常住户口)，根据个人意愿，办理户口迁移手续。在我市工商注册并从事经营三年以上(含三年)的经营者，其子女户籍按有关规定迁入拉萨三年以上(含三年)，具有西藏高中学籍一年以上(含一年)，可以报考区内外高等学校。

16. 完善政府服务。推进政务公开，依法公开申办事项，规范和简化项目审批、核准、备案程序，提高办事效率。全面落实首问负责制、一次告知制、限时办结制、重大投资项目代办制、责任追究制。建立和完善非公有制企业投诉调查快速处理机制，拓宽非公有制企业和个体工商户投诉举报渠道，加大对执法部门工作行为的监督力度，及时发现问题，解决问题。坚决治理乱检查、乱收费、乱罚款、乱摊派等行为，清理并取消加重企业负担、不利于市场主体发展的收费项目。从严从重查处干扰企业正常经营的各类违法违纪案件。

17. 加快中介服务机构建设。建立健全与非公有制企业发展相配套的社会化服务体系，支持发展创业辅导、筹资融资、市场开拓、技术支持、信息服务、管理咨询、人才培训、资产评估等各类社会中介服务机构，进一步规范服务项目和收费标准，对非营利性的服务机构和公益性的服务项目，政府给予适当资助。

18. 加快行业组织建设。引导和鼓励各类非公有制经济行业协会(商会)组织建设，充分发挥行业协会和商会在发展非公有制经济中的协调服务、参谋咨询、桥梁纽带和资源整合等作用。

19. 完善对非公有制企业的服务体系。在专项规划、年度计划中，安排落实相应的非公有制企业建设项目，定期向社会推介一批有利于结构调整、具备发展潜力、适合非公有制企业投资的建设项目。大力加强科技创新服务，对非公有制企业各类科技计划的申报、立项、资金安排及项目管理等给予优惠政策。引导支持非公有制企业“走出去，请进来”，开拓国内外市场。打造非公有制企业智力、项目、技术、资金对口援藏平台；积极支持非公有制企业发展。引导非公有制企业实施品牌发展战略，开发具有自主知识产权和高原特色的名牌产品。对依法经营、诚实守信的企业，除环境保护、安全生产等方面的必要监督检查外，实行挂牌保护措施。

20. 加强对非公有制企业人才培训。将非公有制企业管理人员和专业技术人员培训纳入全市人才培训总体规划，整合社会资源，创新培训方式，形成政府引导、社会参与和企业自主相结合的培训机制。各级党委、政府要从多方渠道满足非公有制企业人才需求，鼓励一批机关年轻干部到非公有制企业锻炼，引进一批专业人才到非公有制企业干事创业。同时，要办好拉萨职业学校，为非公有制企业输送更多人才。

21. 营造非公有制经济发展的良好环境。加强市场监督管理，维护市场秩序，扩大市场竞争，严厉打击强买强卖、欺行霸市、借故要挟、票务投机、恶意哄抬价格等扰乱市场秩序的不法行为，依法保障个体工商户和非公有制企业的合法权益，努力营造公平、公正、公开的市场环境和投资环境。

22. 提升非公有制经济人士的政治地位。高度重视非公有制经济人士的政治安排，使优秀非公有制经济人士成为各级党代表、人大代表、政协委员、工商联执委、劳动模范、优秀中国特色社会主义事业建设者，充分发挥其在我市改革发展稳定中的带头作用，切实提高非公有制经济人士的政治地位。

23. 完善企业组织制度。按照党建带工建促团建、妇建的要求，依法建立健全企业党组织、工会组织、团组织和妇联组织。充分发挥党组织的优势，凝聚各方力量，把握正确的发展方向；充分发挥工会组织的作用，维护职工的合法权益，构建和谐企业；充分发挥团组织的作用，调动年轻人的积极性和创造性，为企业发展提供强大动力；充分发挥妇联组织的作用，维护从业妇女的合法权益，促进男女平等基本国策。

24. 非公有制经济组织履行好义务。非公有制经济组织要提高自身素质，自觉遵守环境保护、土地规划、财税金融、质量标准、节能减排、安全生产、劳动合同等有关规定，进一步规范经营行为，强化内部管理，维护职工合法权益，履行社会责任，做到依法经营、照章纳税、诚实守信、奉献社会。

三、加强对非公有制经济发展的领导

25. 加强组织领导。成立拉萨市非公有制经济工作领导小组，负责研究制定非公有制经济发展规划和重大政策措施，协调解决非公有制经济发展中的重大问题，督办落实促进非公有制经济发展政策的实施，建立非公有制经济联席会议制度和工作机制。市委、市政府每年听取一次非公有制经济发展情况汇报，每两年召开一次全市非公有制经济工作会议，总结经验、表彰先进、研究政策。成立非公有制经济组织党工委，指导协调非公有制经济组织党建工作。

26. 建立统计监测体系。建立健全我市非公有制经济统计监测制度、统计指标体系和预警监测体系，加强对非公有制经济发展运行的监测和分析。统计部门和发改、工信、工商、劳动保障等部门要按照职能分工加强对个体私营经济统计工作，规范统计口径，全面、真实地反映发展情况和运行效果，定期发布全市非公有制经济发展信息。

27. 加强典论宣传。各级党委政府要积极、正确地引导新闻媒体广泛宣传党和国家鼓励、支持、引导非公有制经济发展的方针政策，宣传非公有制经济在我市改革发展稳定中的重要地位和作用，引

导社会公众对非公有制经济正确认识，提升非公有制经济的社会地位，为加快非公有制经济发展营造良好舆论氛围。

28．建立健全考核制度。各县(区)和市直各有关部门要结合各自实际，认真贯彻落实本《意见》精神，切实解决好非公有制经济发展中遇到的新问题，把支持非公有制经济的各项政策落到实处，积极促进非公有制经济跨越式发展。市委、市政府定期对各县(区)和市直各有关部门贯彻落实发展非公有制经济情况进行督促检查和年度考评，并将其结果作为考核各县(区)和市直各有关部门落实目标责任制的重要依据。

各县(区)、市直各有关部门要结合实际，研究制定具体落实措施报市非公有制经济工作领导小组办公室备案。

（此件发至县级）

拉委发〔2011〕7号
中共拉萨市委员会　拉萨市人民政府 关于表彰2010年度信访工作先进集体和先进个人的决定

2010年，在市委、市政府的坚强领导下，各县(区)、市直各单位坚持以邓小平理论和“三个代表”重要思想为指导，深入贯彻落实科学发展观，全面贯彻落实党的十七届五中全会、中央第五次西藏工作座谈会精神，严格按照《信访条例》，认真开展信访工作，为维护拉萨社会局势持续稳定做出了积极贡献。

根据各县(区)、市直各单位2010年工作情况，拉萨市处理信访突出问题及群体性事件联席会议办公室对各县(区)、市直各单位的信访工作进行了全面、细致、客观、公正的检查考评验收。根据检查考评结果，决定对2010年度信访工作成绩突出的城关区等16个先进集体和土登等29名先进个人予以表彰。

希望受到表彰的单位和个人，发扬成绩，再接再厉，在2011年的信访工作中，开拓进取、认真负责地做好各项工作，推动我市信访工作再上新台阶，为促进拉萨经济社会跨越式发展和长治久安做出新的更大的贡献。

一、先进集体(16个)

县(区)(4个)：城关区、曲水县、尼木县、墨竹工卡县。

市直单位(12个)：市委政法委、市中级人民法院、市信访局、市发改委、市财政局、市公安局、市交通运输局、市环保局、市教育局(体育局)、市市政市容管委会、市住房和城乡建设局、市人力资源和社会保障局。

二、先进个人(29名)

土　登　市委办公厅
妮　妮　市政府办公厅
邹守忠　市委组织部
张晓军　市公安局
曾　程　市住房和城乡建设局
包庆雨　西藏拉萨经济技术开发区
平措次仁　市柳梧新区管委会
陈　强　市工业和信息化局
王美蓉　市民政局
赵　涛　市司法局
索朗江村　市国土资源规划局
欧阳莉萍　市水利局
多　吉　市卫生局
白玛央宗　市安监局
拉巴卓嘎　市总工会
格西哈姆　市商务局
陈万刚　八一农场
何　梅　市妇联
普布卓玛　市信访局
尼玛次仁　市信访局
冯文勇　电信拉萨分公司
王金福　城关区信访局
巴　桑　堆龙德庆县信访局
袁　慧　曲水县信访局
德吉央宗　尼木县信访局
德吉央珍　林周县信访局
骆　宁　当雄县信访局
扎　桑　墨竹工卡县信访局
拉巴片多　达孜县信访局

(此件发至县级)

拉政发〔2011〕8号
关于聘任玉珍等12名同志高级专业技术职务的通知

市直相关单位：

经2011年1月19日市人民政府第1次常务会议研究，决定聘任：

玉　　珍（拉萨市园林局）高级工程师资格

公觉群培（拉萨市歌舞团）二级演奏员资格

罗桑德吉（拉萨市动物疫病预防控制中心）高级兽医师资格

陈建英（拉萨市动物疫病预防控制中心）高级兽医师资格

李　　建（拉萨市委党校）高级讲师资格

扎西桑珠（拉萨师范高等专科学校）教授资格

次仁多吉（拉萨师范高等专科学校）副教授资格

唐　　敏（拉萨师范高等专科学校）副教授资格

龙卿志（拉萨师范高等专科学校）副教授资格

次仁普赤（拉萨师范高等专科学校）副教授资格

达　　娃（拉萨师范高等专科学校）副教授资格

苏清秀（拉萨晚报社）主任记者资格

以上12名同志聘期3年，从批准之日起计算。

拉萨市人民政府

二〇一一年一月二十五日

拉委发〔2011〕21号
中共拉萨市委员会　拉萨市人民政府关于表彰2010年度市直机关作风和行政效能建设工作先进集体的决定

（2011年3月29日）

各县(区)委、人民政府，市委各部委，市直各局、委、办，各人民团体：

加强机关作风和行政效能建设，是贯彻落实科学发展观的必然要求，是坚持以人为本、执政为民的具体举措。2010年，在市委、市政府的坚强领导下，市直各单位根据市机关作风和行政效能建设领导小组的工作部署，紧紧围绕推动发展和稳定的主题，深入贯彻落实科学发展观，以充分调动每个人的主观能动性和创造性为核心，以密切党群干群关系为重点，以效能建设年活动和基层党建年活动为载体，在抓思想认识的深化、抓突出问题的解决、抓体制机制的完善、抓监督奖惩的落实上狠下功夫，不断巩固完善长效机制，有力促进了机关作风进一步转变，行政效能进一步提高，全市机关作风和行政效能建设工作取得了明显成效，涌现出一批先进集体。为鼓励先进，树立典型，激励市直各单位采取有效措施切实推动作风效能建设的深入开展，根据《关于进一步加强市直机关作风和行政效能建设工作的意见》和《拉萨市市(中)直机关作风和行政效能建设考核办法(试行)》，决定对2010年度机关作风和行政效能建设综合考评排名前10位的单位进行表彰。

一等奖：

团市委、市委统战部、市交通运输局；

二等奖：

市统计局、市委宣传部、市财政局；

三等奖：

市国税局、拉萨师专、市中级人民法院、市司法局。

当前，我市正处在改革发展稳定的关键时期，机遇前所未有，挑战也前所未有，以务实的作风、高效的工作全力推进经济社会各项事业持续健康发展显得尤为重要。希望受到表彰的单位珍惜荣誉，戒骄戒躁，再接再厉，再创佳绩，充分发挥好先进典型的示范带动作用，采取更加有效的措施进一步加强机关作风和行政效能建设，为实现全市经济社会跨越式发展和长治久安做出新的更大的贡献。

全市各级党政组织要以先进典型为榜样，全面贯彻落实党的十七大，十七届三中、四中、五中全会，中央第五次西藏工作座谈会，区党委七届七次全体会议和市委七届七次全体会议精神，深入学习实践科学发展观，认真落实加强基层建设年活动和创先争优、基层党建年活动部署要求，务实创新，克难奋进，以一流作风创一流业绩，凝心聚力为建设小康、平安、和谐、生态拉萨而不懈奋斗。

（此件发至县级）

拉委发〔2011〕22号

中共拉萨市委员会　拉萨市人民政府关于表彰全市“十一五”定点扶贫先进集体和先进个人的决定

(2011年4月12日)

“十一五”期间，我市的75家市直、企事业定点扶贫单位全面贯彻市委、市政府关于做好定点扶贫工作的决策部署，以帮扶乡镇经济社会发展、改善农牧民生产生活、增加农牧民收入为目标，团结带领贫困地区各族群众，解放思想，开拓创新，艰苦奋斗，真抓实干，使贫困地区的基础条件不断改善，农牧业综合生产能力明显提高，科教文卫等社会事业不断进步，群众的收入显著增加，有力地推动了全市扶贫开发事业的大发展、大提高，进一步密切了党群干群关系，促进了社会和谐稳定，为帮助贫困群众尽快脱贫致富，坚定不移地走有中国特色、西藏特点的发展路子，做出了重要贡献，取得了明显成效，涌现出了一大批先进典型。

为表彰先进，动员全社会关心扶贫事业、关注贫困地区、关爱贫困群众，推动“十二互”时期的定点扶贫工作，市委、市政府决定，对市直、企事业“十一五”定点扶贫做出突出贡献的单位和个人予以表彰，授予市委组织部等16个定点扶贫单位“拉萨市‘十一五’定点扶贫工作先进单位”荣誉称号，授予曹志明等21名同志“拉萨市‘十一五’定点扶贫工作先进个人”荣誉称号。希望受表彰的先进单位和先进个人再接再厉，不断进取，继续发挥好示范带头作用，在“十二五”定点扶贫工作中，更上一层楼，再创新佳绩。

各定点扶贫单位和定点扶贫工作人员要全面贯彻落实党的十七大，十七届三中、四中、五中全会，中央第五次西藏工作座谈会和区市党委七届七次全委会议，区市经济工作会议、区市农村工作会议精神，以受表彰的先进单位和先进个人为榜样，进一步振奋精神、乘势而上、开拓进取、扎实工作，坚定不移地按照市委、市政府关于定点扶贫的新要求，把定点扶贫工作作为长期任务抓紧抓好、抓细抓实、抓出成效，为顺利实现“十二五”时期定点扶贫工作各项目标任务，建设团结、民主、富裕、文明、和谐的社会主义新拉萨而努力奋斗，以优异的成绩迎接中国共产党成立90周年和西藏和平解放60周年！

一、先进集体(16个)

市委办公厅、市委组织部、市发改委、市财政局、市国税局、市国土局、市科技局、市民政局、市档案馆(局)、拉萨经济技术开发区、市总工会、市扶贫办、市人民医院、中国农业银行西藏自治区分行营业部、拉萨师专、市自来水公司。

二、先进个人(21名)

曹志明　市政府办公厅
张道球　市水利局
平措朗杰　市教育(体育)局
达瓦次仁　市公安局
石大庆　市市政市容管理委员会
占堆　市林业局
洛桑格列　市国家安全局
普琼次仁　市民宗局
秦可久　市广电局
尼玛桑珠　市卫生局
普布次仁　市环保局
夏建军　市交通运输局
段志永　市药监局
格桑平措　市审计局
央宗　市委党校
马丁　市编译局
李剑　市公安局刑警支队
奚占玖　市交警支队
晋美多吉　市科技局
边巴次仁　市司法局
李春梅　市柳梧新区管委会

(此件发至县级)

拉委发〔2011〕29号
关于印发《拉萨市中长期人才发展规划纲要（2011—2020年）》的通知

各县(区)委、人民政府，市委各部委，市直各局、委、办，各人民团体：

现将《拉萨市中长期人才发展规划纲要(2011－2020年)》印发给你们，请结合实际，认真贯彻执行。

中共拉萨市委员会
拉萨市人民政府
2011年5月6日

拉萨市中长期人才发展规划纲要
（2011—2020年）

目　录

根据《 国家中长期人才发展规划纲要(2010—2020 年)》和《西藏自治区中长期人才发展规划纲要(2010—2020 年)》以及拉萨市经济社会发展实际情况，制定本规划纲要。

序　言

人才是指具有一定的专业知识或专门技能，进行创造性劳动并对社会作出贡献的人，是人力资源中能力和素质较高的劳动者，是经济社会发展的第一资源。

市委、市政府历来高度重视人才工作，坚持把人才资源作为第一资源，把人才强市作为全市经济社会发展的一项基本战略，提出了一系列加强人才工作的政策措施，为拉萨经济社会发展提供了有力的人才保障。各级党委、政府紧紧抓住人才培养、吸引、使用等关键环节，适应拉萨改革发展稳定需要，不断深化干部人事制度改革，人才发展取得了明显成效。全市人才总量稳步增长，人才结构逐步优化，人才素质不断提升，党管人才工作格局初步形成。目前，全市人才资源总量 4 万余人，占全市总人口的 9%，其中具有本科以上学历或高级专业技术职称的人 0.6 万余人，享受国务院、自治区特殊津贴专家 19 人。同时，必须清醒地认识到，当前拉萨人才发展总体水平与经济社会发展需要还存在较大差距：人才总量不足，结构分布不尽合理；整体素质不高，创新创业能力不强；思想解放不够，培养模式相对滞后；人才发展体制机制障碍尚未消除，人才发展环境有待于进一步优化，尊重知识、尊重人才、尊重劳动、尊重创造和人才优先发展理念还没有普遍确立；人才资源开发投入力度不够，市场配置人才资源的基础性作用没有得到有效发挥。

中央第五次西藏工作座谈会为拉萨人才工作指明了方向，全国人才工作会议和《 国家中长期人才发展规划纲要(2010—2020 年)》，明确了我国从人才大国到人才强国攀登的指导方针、奋斗目标和发展途径，全区人才工作会议和《西藏自治区中长期人才发展规划纲要(2010—2020 年)》对深入实施人才强区战略作出了全面部署，必将有力推动拉萨人才工作发展和人才队伍建设。面对新形势新任务新要求，必须进一步增强责任感和使命感，主动适应拉萨科学发展、跨越式发展和长治久安需要，坚定不移地走人才强市之路，科学规划，深化改革，重点突破，整体推进，不断推动人才工作发展。

一、指导思想、工作方针、发展目标、实施步骤

(一)指导思想

高举中国特色社会主义伟大旗帜，以邓小平理论和“三个代表”重要思想为指导，深入贯彻落实科学发展观，坚持新时期西藏工作指导思想不动摇，坚持党管人才原则，尊重劳动、尊重知识、尊重人才、尊重创造，紧紧围绕国家和全区人才规划确立的战略目标，着眼于打造“西藏经济社会发展的先行区、西藏民族团结的示范区、和谐稳定的高原生态文明城市、具有高原和民族特色的国际旅游城市”和藏中核心经济区，大力推进人才强市战略，以深化体制机制改革为重点，以实施重大人才工程为抓手，以加大人才工作投入为保障，遵循社会主义市场经济规律和人才成长规律，立足当前、着眼长远，用好现有人才、稳住关键人才、吸引急需人才、培养未来人才，广泛集聚各类优秀人才，注重培养少

数民族人才，统筹推进各类人才队伍建设，努力构筑区域人才竞争优势，为实现拉萨科学发展、跨越式发展和长治久安提供坚强的人才保证和广泛的智力支持。

（二）工作方针

——服务大局。把服务科学发展、推进跨越式发展和长治久安作为人才工作的根本出发点和落脚点，针对拉萨城市功能定位、重大发展战略、产业结构调整等人才需求，紧紧围绕拉萨改革发展稳定事业需要推进人才资源开发、制定人才政策措施、提高人才使用效能。

——人才优先。确立人才优先发展的战略布局，充分发挥人才第一资源的作用，做到人才资源优先开发、人才结构优先调整、人才投资优先保证、人才制度优先创新。

——以用为本。把用好人才作为促进人才全面发展的中心环节和人才工作的根本任务，围绕用好用活人才，深化体制机制创新，更加注重人文关怀，积极为各类人才全面发展、健康成长和发挥作用营造良好的制度环境、政策环境和社会环境，使人才各得其所、用当其时、才尽其用。

——培引并举。坚持人才培养和人才引进并举。整合教育培训资源，拓宽教育培养渠道，加大本地人才培养力度，加强岗位应用能力建设。在用好现有人才、稳住关键人才的同时，根据各项事业发展需要，积极引进急需紧缺人才。

——骨干带动。把创新创业型、科研开发型、经营管理型、技能应用型、行业领军型人才作为人才队伍建设的战略重点，做到骨干带动、典型拉动、整体促动，努力建设一支结构优化、布局合理、素质优良的人才队伍。

——智力集聚。按照不求所有、但求所用原则，树立更加开放的人才观，探索柔性人才流动机制，拓宽各类引才引智渠道。优化引才聚才的地方品质，提高城市对人才的吸引力，以优惠的政策、优良的环境、优质的服务提升区域人才竞争优势。

（三）发展目标

到2020年，全市人才发展的战略目标是：人才总量适应科学发展、跨越式发展和长治久安需要，人才素质大幅度提高，人才结构进一步优化；人才工作体制机制基本完善，人才发展环境明显改善；部分领域人才优势明显，人才集聚效应初步显现。

——人才总量稳步增长。到2020年，人才资源总量达到7.05万人，增长73%，人才资源占人力资源总量的比重提高到18%，基本满足经济社会发展需要。

——人才素质大幅度提高。各类人才政治思想基础更加牢固，适应工作需要的专业知识和能力更加扎实。主要劳动年龄人口受过高等教育的比例达到22%，每万劳动力中研发人员达30人，高技能人才占技能劳动者的比例达到30%。

——人才结构进一步优化。全市重点领域、重点产业、重点学科人才，高层次创新型和应用开发型人才，边远地区和农牧区人才明显增加。人才的分布和层次、类型、性别等结构趋于合理。

——人才使用效能明显提高。人才发展体制机制创新取得突破性进展，人才在改革、发展、稳定各项事业中的价值明显体现和提升。人力资本投资占国内生产总值比例达到20%，人力资本对经济增长贡献率达到30%，人才贡献率达到33%。

——人才集聚效应初步显现。有利于人才辈出、人尽其才、才尽其用的体制机制更加完善、政策体系更加完整、配套设施更加完备，区域人才竞争优势更加明显，吸引集聚优秀人才初具规模，立足拉萨、面向全区开展人才培训、交流和发挥市场在人才配置中基础性作用等方面的辐射服务作用逐步显现。

（四）实施步骤

按照总体设计、分步实施，先易后难、统筹兼顾，重点突破、有序推进的原则，分“三步走”到2020年实现全市人才发展的战略目标。

——2011—2012年，是完善人才工作的各项政策措施，重点充实当前急需紧缺人才阶段。完善党管人才工作格局，创新党管人才方式方法。制定完善有利于人才成长的各项政策措施，在人才工作体制机制创新上实现较大突破。突出重点、整体推进，深化干部教育培训改革，大力实施人才培训工程。采取培养、引进和优化人才资源配置等措施，使急需紧缺人才短缺情况明显改善。

——2013—2015年，是突出人才队伍建设的重点领域，形成具有拉萨特色人才发展阶段。围绕文化教育、商贸流通、品牌建设等具有一定竞争优势的重点领域建设人才高地。着眼于培育形成人才集聚效应，以培养、引进和集聚一大批高原特色领域科研人才、特色优势产业开发人才、商贸服务行业领军人才为重点，进一步加强人才体制机制改革和制度创新，各类人才队伍基本满足拉萨科学发展、跨越式发展和长治久安需求。

——2016—2020年，是全面落实人才政策措施和任务，确保人才发展战略目标实现阶段。基本建成一支数量充足、结构合理、素质优良，能适应科学发展、跨越式发展和长治久安需要的人才队伍。同时，有重点地培养扶持一批创新型、复合型、领军型人才，人才使用效能显著提高，人才发展环境更加优化，人才公共服务不断完善，区域人才竞争优势更加明显，基本建成区域性的人才高地。

二、人才队伍建设的主要任务

(一)大力培养跨越式发展和长治久安急需紧缺人才

适应拉萨科学发展、跨越式发展和长治久安需要，围绕优势特色产业、新兴产业和重大项目发展需要，加大急需紧缺人才需求预测和有针对性的培养、引进、激励力度。到2020年，在特色工业、设施农业、商贸流通、生态旅游、城市规划建设等经济建设重点领域培养引进急需紧缺人才1000人；在教育、政法、宣传思想文化、医药卫生等社会发展重点领域培养引进急需紧缺人才2000人。

(二)广泛集聚优秀人才

立足拉萨作为首府城市在地理区位、基础设施、城市功能等方面的优势，不断完善相关配套政策措施，构筑拉萨人才集聚洼地效应。按照“引得来、留得住”的原则，制定并落实好人才引进优惠政策，有重点地引进集聚适用性人才；按照“不求所有、但求所用”的原则，扩大与区内外人才交流合作，不断完善柔性人才流动机制；按照“依托城市、筑巢引凤”的原则，构筑区域人才竞争优势，广泛集聚区内外优秀人才。2020年前，集聚100名优秀企业家和职业经理人、1000名研发人才、2000名商贸流通人才、5000名高技能人才，基本形成综合实力较强、区内领先的产业人才集聚群。

(三)统筹推进各类人才队伍建设

1. 党政人才队伍

坚持“三个离不开”、“五湖四海”方针和德才兼备、以德为先的用人标准，按照加强党的执政能力和先进性建设的要求，以提高领导水平和践行科学发展能力为核心，以县处级以上领导干部为重点，建设一支高素质党政人才队伍。到2020年，具有大学本科及以上学历的占党政人才队伍的80%，专业化水平明显提高，结构更加合理，总量从严控制。

2. 企业经营管理人才队伍

根据产业结构优化升级和企业改革发展的需要，以提高现代经营管理水平和企业竞争力为核心，以优秀企业家和职业经理人为重点，加强企业经营管理人员教育培训和实践锻炼，加快推进企业经营管理人才职业化、市场化、专业化，培养造就一支高素质的企业经营管理人才队伍。到2015年，全市企业经营管理人才总量达到0.8万人；到2020年，企业经营管理人才总量达到1万人。

3. 专业技术人才队伍

以提高专业水平和创新能力为核心，以高层次人才和紧缺人才为重点，加快专业技术人才知识更新，建设一支素质优良、结构合理的专业技术人才队伍。到2015年，全市专业技术人才总量达到1.2万人；到2020年达到1.5万人，高、中、初级专业技术人才比例达到1∶4∶5。

4. 高技能人才队伍

适应加快推进新型特色工业化和产业结构优化升级的需要，有重点地组织实施高技能人才培训和基础开发项目，以提升职业素质和职业技能为核心，以技师和高级技师为重点，建设一支数量充足、结构合理、技艺较高的高技能人才队伍。到2015年，全市技能人才总量达到1.4万人，其中高技能人才占28%；到2020年，技能人才总量达到1.7万人，其中高技能人才占30%。

5. 农牧区实用人才队伍

围绕社会主义新农村建设和发展现代农牧业、繁荣农牧区经济的需要，以提高科技素质、职业技能和经营能力为核心，以农牧区实用人才带头人和生产经营型人才、技术推广人才为重点，着力建设一支适应拉萨农牧区经济社会发展需要的农牧区实用人才队伍。到2015年，全市农牧区实用人才达到2.2万人；2020年，达到3万人，每个行政村主要特色产业有1~2名示范带动能力强的带头人。

6. 社会工作人才队伍

适应城市社区发展和建设和谐拉萨的需要，推进公益类社会组织和社会工作公益性民间组织建设，在社区建设、社会福利、社会救助、生活服务等领域积极开发、合理设置人才岗位，加快培养一支专兼职结合的社会工作人才队伍。到2015年，全市社会工作人才达到0.12万人；2020年，达到0.2万人左右。

三、主要保障措施

(一)完善人才管理服务新体制，不断优化人才

发展环境

1. 完善党管人才领导体制。坚持党管人才原则，创新党管人才方式方法，完善党委统一领导，组织部门牵头总抓，有关部门各司其职、密切配合，社会力量广泛参与的人才工作新格局。建立健全党委联系专家、重大决策专家咨询、人才激励表彰等制度，提高党管人才工作水平。建立党委、政府人才工作目标责任制，提高各级党政领导班子综合考核指标体系中人才工作专项考核的权重。建立健全市、县(区)两级人才工作定期例会和年查年报、专项督查等制度。编制并及时更新拉萨人才地图和人才需求目录，建立拉萨人才资源年度统计调查和定期发布制度。

2. 创新人才管理服务方式。创新人才工作模式，推进人才"集群化"、"一体化"、"项目化"发展，即加大政策和资金支持力度，吸引区内外企业落户拉萨，通过"一区三园"等产业集群的升级转型带动，实现人才集群化发展；加快区直、中直单位与拉萨以及城区与郊区的人才交流融合，实现人才一体化发展；对人才引进、培训、交流等实行项目化运作管理，实现人才项目化发展。同时，分类推进事业单位人事制度改革，完善国有企业领导人员管理体制，充分发挥人力资源和社会保障部门在人力资源开发、就业、收入分配制度改革、人力资源市场建设、社会保障等方面的职能作用。

3. 不断优化人才发展环境。加强就业技能培训和创业服务指导，制定科研机构和科技人员创办科技型企业的激励保障办法。完善支持人才创业的金融政策，加大税收优惠、财政贴息力度，为各类人才创业提供优惠的融资环境。积极探索渗透人文关怀的留人之道，加强沟通，增进理解，使爱才、重才、容才、护才的思想深入人心，营造民主、自由、开放、和谐的社会环境，最大限度地满足各类人才身心健康的需求和交流、学习、娱乐等社会需求，为人才创造安全、舒适的工作生活环境。

(二)构建人才培养开发新格局，提升人才队伍整体素质

1. 完善人才教育培养体系。把社会主义核心价值体系教育贯穿于人才培养开发全过程，不断提高各类人才的思想道德水平。以提高思想政治素质、业务能力和创新能力为核心，注重培养应用型人才，突出培养创新型人才。充分发挥教育在人才培养中的基础性作用，全面发展各级各类教育，完善现代国民教育、继续教育和终身教育体系。深化教育改革、促进教育公平、提高教育质量，全面推进素质教育。以师资骨干人才为重点，切实加强教师队伍建设。积极推进拉萨师专发展，加强特色学科和优势专业，提高拉萨高等教育发展水平。建设拉萨中等职业学校，大力发展职业技术教育，统筹职业教育与普通高中教育协调发展。培养大批实用型人才和高素质的劳动者。统筹在职人员继续教育，分类制定在职人员继续教育办法，构建网络化、开放式、自主性终身教育体系。

2. 深化干部教育培训改革。抓紧制定出台深化干部教育培训改革的办法，以体制机制改革为重点，以提高培训质量为主线，建立健全注重实效、富有特色、充满活力的干部教育培训体系，不断提高干部教育培训工作的针对性、实效性、创造性和科学化水平，为全市中心任务服务、为改革发展稳定服务、为干部健康成长服务。全面落实大规模培训干部、大幅度提高干部素质这一战略任务，努力培养造就一支政治上靠得住、工作上有本事、作风上过得硬、人民群众信得过的高素质干部队伍。

3. 注重人才基层实践锻炼。加大干部交流力度，畅通干部交流渠道。注重在基层和实践中发现、培养、造就人才，形成干部到基层去、人才从一线来的良性循环机制。推进乡镇机构改革，完善基层岗位设置，努力促进人岗相宜，提高人才使用效果。深入实施"基层党组织带头人培养工程"，选好配强乡(镇、街道)、村(社区)党组织书记。做好"三支一扶"高校毕业生、大学生"村官"和大学生志愿服务工作，引导和鼓励高校毕业生到农牧区基层创业就业，并给予一定扶持。对在农牧区、高海拔、艰苦偏远地方基层工作的优秀骨干人才，在工资待遇、职务晋升、职称评定等方面给予适当倾斜。加强基层基础设施建设，改善农牧区基层人才的工作和生活条件，稳定农牧区基层人才队伍。

(三)开创人才发现使用新局面，盘活用好人才存量资源

1. 不断深化党政领导干部选拔任用体制改革。坚持民主、公开、竞争、择优方针，坚持科学化、民主化、制度化方向，不断推进干部人事制度改革。严格执行《党政领导干部选拔任用工作条例》等有关规定，深入整治用人上的不正之风，进一步完善干部德才考察标准，积极建立完善干部选拔任用提名制、民主推荐制、职位聘任制等办法。加大竞争

性选拔干部工作力度，强化政治标准，突出岗位特点，注重能力实绩，完善程序方法，改进考试测评，提高竞争性选拔干部工作的质量。

2. 进一步健全人才考核评价和激励保障机制。完善体现科学发展观和正确政绩观的党政领导干部综合考核评价指标体系。建立在重大科研、工程项目实施、急难险重工作和应急处理突发事件中发现、识别人才的办法。深化职称制度改革，制定以实绩为导向，体现不同层次、行业、职位特点的专业技术职务评价标准。研究探索知识、技术、管理、技能等生产要素按贡献参与分配的办法，创新分配激励机制。坚持精神奖励和物质奖励相结合，从2011年开始，每两年评选表彰一次优秀人才和创新成果、创业项目。建立政府荣誉制度，设立市级特殊津贴。加快福利制度改革，不断改善各类人才的生活待遇。落实村干部“一定三有”政策，建立村干部基本报酬、业绩考核奖励和村党支部书记定期体检制度，提高村党支部书记和其他村干部的待遇。

3. 支持非公有制经济和新社会组织人才发展。对社会主义市场经济体制下各种所有制组织中的人才，坚持一视同仁、平等对待。把非公有制经济组织和新社会组织人才开发纳入各级人才发展规划体系，平等享受政府在人才培养、吸引、评价、使用等方面的各项政策。认真落实非公有制企业招用属国家计划内招收拉萨市应届毕业生优惠政策。政府支持人才创新创业的资金、项目、信息等公共资源，向非公有制经济组织和新社会组织人才平等开放。政府开展人才宣传、表彰、奖励等活动，非公有制经济基础组织和新社会组织人才平等参与。通过加强舆论宣传，树立先进典型，实行政府奖励等办法，提高公众对民营企业家群体的认同感，增强民营企业家荣誉感和社会责任感。

（四）探索人才流动引进新机制，促进人才资源优化配置

1. 注重人才需求预测导向。着眼科学发展、跨越式发展和长治久安大局，围绕重点领域发展迫切需要，建立科学合理的人才统计指标体系，定期开展深入细致的人才需求调研，摸清人才家底，为做好人才工作提供科学依据。尊重用人单位的自主权，注重人才引进需求导向，科学制定人才引进计划。通过科学合理的人才引进和流动，有针对性地吸引、调配和补充急需紧缺人才和重点人才，实现人才素质结构、专业结构、区域结构、层级结构与经济社会发展结构相一致，更好地促进人才结构与经济社会发展相协调。完善人才市场供求信息查询制度，定期收集和发布人才需求预测报告和高层次人才需求信息。加强对中长期人才需求结构变化的预测分析，并建立相关动态机制，加快人才结构调整，优化人才资源配置，促进人才合理分布，发挥人才队伍整体功能。

2. 完善人才引进工作机制。确立适应经济社会跨越式发展需要的人才引进标准和重点领域，拓宽人才引进渠道、创新人才引进办法、完善相关配套措施，尽快研究制定人才引进的相关政策措施。开辟急需紧缺人才“绿色通道”，妥善解决身份、待遇、生活等问题。对其他地方前来拉萨投资、兴企、办厂的优秀人才，在其落户、医疗保险、子女入学等方面给予特殊优惠政策。建立引进人才关爱机制，健全引进人才使用办法，为引进人才创造良好的工作、生活和学习环境。通过个别谈话、走访慰问、召开座谈会等形式，畅通联系服务引进人才的渠道。实行人才流失责任追究制度，将引进人才流失纳入各级党政部门和组织人事部门年度考核指标体系。创新人才引进办法，定期举办人才招聘会。鼓励企业、差额拨款和自收自支事业单位根据工作需要招聘具有本科以上学历的专业技术人才。完善“拉萨人才网”，建立发布人才需求信息、传播人才工作政策、宣传拉萨人才工作的网络平台。

3. 探索人才柔性流动机制。建立健全人才柔性流动和区域合作机制，鼓励区内外各类优秀人才特别是高层次人才通过兼职、咨询、讲学和合作研究、项目引进、投资办企等多种方式发挥作用。鼓励用人单位以岗位聘用、项目聘用、任务聘用和人才租赁等方式灵活引进人才和智力。建设面向全区，统一开放、竞争有序的人力资源市场。有重点地建设行业学会、协会等社会组织和专业技术人才中介机构、科研中介机构，畅通专业技术人才与需求方之间相互联系的渠道，搭建专业技术人才与工业企业结合、与农村经济携手、与科研院所协作等平台。对急需紧缺的规划、建设、环保等方面的专业技术人才，县区可试行雇员制度，雇用聘期一般为1～3年，权利和义务由双方协议约定，经费纳入同级财政预算。

（五）开辟人才扶持投入新途径，搭建人才创新创业平台

1. 加大政府人才工作投入。把人才工作列入财

政预算，设立市级人才发展专项资金，专项用于人才引进、培养以及对作出突出贡献的人才进行奖励。县级财政也要根据实际情况，切实加大人才工作投入保障，保证对人才工作以及科技、教育、卫生、农牧等人才工作相关领域的持续优先投入。在援藏资金中，确保统筹用于智力援助资金不低于援藏资金总量的4%。积极争取自治区人才资源开发专项资金。鼓励、支持和引导企业、新经济组织、新社会组织建立人才发展基金，努力形成政府、社会、用人单位和个人多元化的人才投入体系。

2. 健全人才创业扶持政策。完善创业扶持资金、小额担保贷款等制度。大力开发利用智力资源，建立科研活动经费资助制度。加强产学研合作，支持科研机构、高等院校科技人员创办科技型企业，赋予优惠政策，推动科技人才向企业集聚，提高自主创新能力，促进科技成果转化和技术转移。鼓励和支持科研院所、高等院校、企业科技人员和管理人员在创新实践中成就事业，并享受相应待遇。鼓励和支持高校毕业生自主创业，鼓励和支持科研人员到科研一线创业服务。加强科技基础平台和科普基地建设，加强科技推广工作，支持能够带动农牧民致富的科技推广项目。对市属重大产业化项目关键技术岗位的人才引进费用，纳入项目成本。

3. 搭建人才创新创业平台。把促进人才全面发展放在突出位置，围绕用好用活人才，制定出台人才投入保障、人才创业扶持、人才合理流动、人才公共服务和加强农牧区基层人才队伍建设等政策措施，使人才价值在使用中得到体现和提升。筑巢引凤，搭好舞台，按照人才工作项目化的理念，实行经济技术与人才资源共同开发，以优质的项目、优惠的政策、优良的服务牵引吸纳区内外优秀人才带着资金项目向拉萨集聚，充分发挥产业集群促进人才集群发展的“政策洼地”、“创业宝地”和“人才特区”作用。

四、重大人才工程

(一)“小康拉萨”社会主义新农村建设人才振兴工程

落实“城乡统筹”战略，探索符合乡村干部实际的教育培训模式、培养激励机制和扶持保障措施，不断提升农牧区党员和基层干部队伍素质。把农牧区实用人才作为社会主义新农村建设的重要力量，实施当地党组织、业务部门、技术部门、金融部门和有关企业“5+1”复合型农牧区实用人才开发计划和“能人技能”、“农村富余劳动力转移”、“青壮年农牧民人人技能”等工程，重点扶持一批有一定基础和特色、示范带动能力较强的农牧民专业合作经济组织，不断提高农牧业组织化程度，力争使规范的合作组织成员户占拉萨农牧户的比例由现在的10%提高到50%以上。

(二)“平安拉萨”干部培养工程

切实做好寺庙管理、流动人口服务管理、基层基础工作、学校德育教育、法制宣传教育、政法队伍六个领域的人才培养、输送和使用工作。实施“科技强警”计划，加大“三侦”(刑侦、技侦、网侦)、智能交通、信息通讯和五大方言等方面专业技术人员的对口支援、岗位培养和引进力度。加强乡镇综治办、派出所、司法所和派驻法庭、检察室人员配备和培养，为2015年全市所有乡镇(街道)达到“平安乡镇(街道)”创建标准提供人才保障。

(三)“和谐拉萨”社会工作人才培养工程

围绕“十二五”时期努力把全部社区建设成为居民自治、管理有序、服务完善、治安良好、环境优美、团结文明的和谐社区建设目标，加强社区基层组织、民间组织和专业组织人才队伍建设，促进卫生、家政、商务等社区服务业人才队伍发展。注意培养选拔熟悉社会工作的人才进入各级特别是基层领导班子。依托对口支援渠道，广泛开展社区结对，引进借鉴内地在社区管理方面的相关人才、管理办法和成熟经验。建立社会工作培训实践基地，面向城乡基层党组织、群团组织、村(居)民自治组织成员开展社会工作知识培训宣传，提高其专业素质、工作水平和社会工作知识普及度。

(四)“生态拉萨”首府城市建设人才培养工程

围绕首府城市高起点规划、高标准建设、高水平管理的发展目标，努力培养造就一支城乡规划、建设和管理人才队伍。做好住建、交通、水利、能源、信息等重点基础设施建设方面相关专业技术人员继续教育。围绕不断提升首府城市服务功能和集聚辐射带动作用，在全区率先重点扶持建设一支保险、商贸、物流、信息、房地产信息化管理等现代服务业人才队伍。围绕实施“绿色拉萨”工程、“碧水蓝天”工程和“太阳城”建设计划，为建设首府城市生态安全屏障提供人才支持，通过“人才+项目”模式，加快以太阳能光电、光热、光暖开发为主的招才引智和招商引资。

(五)基层急需紧缺人才支持工程

着眼于解决基层特别是艰苦边远地区人才匮乏问题，抓紧制定鼓励引导各类人才“下得去”、“留得住”、“用得好”的政策措施。实施“一村(社区)一名大学生”计划，每年考录一批优秀高校毕业生到村任职，到2020年在全区率先实现一村(社区)一名大学生。培养造就一批医学骨干人才，大力推进以全科医生为重点的基层医疗卫生队伍建设，鼓励支持甲级以上医院医疗工作者投身基层开展公共医疗服务、挂职、带培等工作。组建“优秀专业技术人员服务团”，组织引导农牧、卫生、科技等方面的优秀专业技术人员到基层开展技术服务。继续做好农牧科技特派员工作。

(六)特色优势产业人才培养工程

围绕发展现代农牧业，重点培养扶持一批农牧产业开发、现代设施农业和市场推广营销人才；围绕发展特色工业，重点培养扶持一批优势矿产采掘、绿色食(饮)品开发、藏医藏药产业化经营、建筑建材业、民族手工业人才，加快以“一区三园”为重点的园区管理人才培养和经济技术开发人才、企业经营管理人才、现代城市服务人才培养；围绕发展旅游业，重点培养、扶持和引进一批旅游开发、管理和服务人才，加大旅游从业人员在餐饮服务、导游讲解、经营管理等方面的培训力度；围绕发展商贸流通业，加快现代生产性服务人才的培养引进力度；围绕品牌建设和质量兴市目标，开展知名企业、知名产品、知名企业家评选宣传活动，为有资质、有条件、有潜力的企业开展专业技术人才培训，不断提高企业创建品牌和运作品牌的能力水平。

(七)宣传文化系统“五个一批”人才培养工程

着眼于更好地推动宣传思想文化工作，进一步提高拉萨文化软实力，重点培养一批全面掌握马克思主义立场、观点、方法，联系西藏和拉萨实际的社会科学工作者；一批坚持正确导向、深入反映生活、受到群众喜爱的优秀记者、优秀编辑、优秀编创人员、优秀主持人；一批熟悉党和国家方针政策、社会责任感强，懂经营、会管理的文化事业经营管理人才；一批紧跟时代步伐、热爱祖国和人民、德艺双馨的作家、艺术家；一批代表民族民间文化传统，掌握特殊技术、技艺、技能的非物质文化遗产保护与传承人。对承担重大课题、重点项目、重要演出和开展创作研究、展演交流、出版专著等活动的“五个一批”人才给予重点扶持和经费资助。

(八)教育人才“115”培养工程

适应拉萨教育改革发展需要，通过研修培训、学术交流、项目资助等方式，重点培育和造就一批师德高尚、业务精湛、学识渊博、业绩出众、成果显著并能起到引领和示范作用的优秀名校长、名教师，全面提升拉萨校长、教师创新能力和整体素质。到2020年，培养10名自治区级名校长，100名自治区级特级教师、名教师、学科带头人，500名自治区级、市级骨干教师。

(九)智力援助拓展工程

用足用活用好分片负责、对口支援、定期轮换的特殊优惠政策，更加注重人才援助，形成总量提高、结构合理的对口支援新格局；更加注重智力输送，形成领域拓宽、形式多样的对口支援新体系；更加注重机制建设，形成资源对接、合作开发的对口支援新机制。切实加大“请进来”和“走出去”工作力度，每年选派一批骨干人才深化培训，引进一批成熟适用智力成果，实施一批人才工作基础工程，形成干部援助、经济援助与智力援助整体推进、协调开展的新格局。

(十)拔尖人才培养工程

立足未来10年相对充足的人才培养周期，努力培养一批拔尖人才。着眼于党的事业后继有人，通过完善后备干部培养管理体系，着力培养一批优秀党政干部；着眼于提高人才队伍素质，通过组织推荐、个人自荐、考试筛选等措施，送校培养一批学科带头人；着眼于推动重点行业发展，大力实施专业技术人员继续教育培训工程，培养一批能够长期服务拉萨的拔尖专业技术人才；着眼于适应拉萨产业发展，重点培养一批拔尖乡土人才、技能人才和企业经营管理人才。同时，按照“及早选苗、重点扶持、跟踪培养”的要求，加强对各类青年人才的跟踪培养，拓宽举荐青年人才的有效途径，促进更多的优秀青年人才出成果、担重任。

五、组织和实施

(一)加强组织领导。市人才工作协调小组负责本规划纲要的组织实施、统筹协调和宏观指导。制定规划纲要的实施细则和重大人才工程的实施办法，分解细化目标任务。各县(区)、各部门按照责任分工，制定计划，贯彻落实。

(二)建立健全人才发展规划体系。各县(区)、各部门要根据经济社会发展目标，结合本规划纲要，编制本县(区)、本行业的人才发展规划，注重配套衔接，形成统一完善的全市人才发展规划体系。

（三）建立规划纲要实施情况的监测、评估、考核机制。制定规划纲要实施情况的监控指标体系，组织开展中期评估，建立规划纲要实施情况的定期报告制度和考核制度，确保规划纲要落实到位。

（四）加强人才工作基础性建设。开展人才工作战略性研究，积极探索符合我市经济社会发展特点的人才资源开发规律。强化人才统计工作，建立健全人才资源统计和定期发布制度。推进人才信息化建设，完善人才信息网络和数据库。加强人才工作队伍建设，加大培训力度，提高人才工作队伍的政治和业务素质。

（五）营造有利于规划实施的良好舆论氛围与社会环境。广泛宣传本规划纲要的重大意义、目标任务以及重大举措，宣传培养和使用人才的成功经验、典型案例，特别是加大对杰出人才的宣传力度，进一步营造全社会关心、支持人才发展的社会氛围和环境。

拉委发〔2011〕30号

中共拉萨市委员会　拉萨市人民政府 关于表彰创建国家卫生城市工作 先进集体和先进个人的决定

(2011年5月4日)

自2008年市委、市政府作出创建国家卫生城市决定以来，全市各级各部门和广大干部群众围绕创建国家卫生城市的目标，同心同德，奋勇争先，以艰辛的努力、务实的工作和出色的成绩，较好地完成了创建国家卫生城市各项任务，拉萨市于2009年荣获自治区卫生城市称号。2010年区直、中直、市直各单位和各县(区)认真落实各项创建工作任务，为拉萨市创建国家卫生城市作出了积极的贡献，工作中涌现出了一批先进集体和先进个人。为表彰先进，切实巩固和扩大创卫工作成果，强力推进创建国家卫生城市工作的深入开展，决定对在创建国家卫生城市工作中作出显著成绩的西藏自治区卫生厅等20个先进集体和姜祖刚等30名先进个人进行表彰。

一、先进集体(20个)

西藏自治区卫生厅、西藏军区爱卫办、武警西藏总队爱卫办、西藏自治区人大办公厅、西藏自治区第一人民医院、拉萨市市政市容管委会、城关区纳金乡、城关区环卫局、城关区吉日街道办事处、城关区雄嘎社区居委会、拉萨市环保局、拉萨市商务局、拉萨市教育局(体育局)、拉萨市师范附小、拉萨市委宣传部、拉萨市林业绿化局、拉萨市工商局、拉萨市卫生局、拉萨市公安交警支队、拉萨市卫生监督所。

二、先进个人(30名)

姜祖刚　西藏自治区卫生厅
张　辉　西藏自治区发改委
拉巴次仁　西藏自治区国土资源厅
拉　平　西藏自治区环保厅
漆明红　西藏自治区住建厅
亚　亚　西藏自治区妇联
米　玛　西藏自治区交通运输厅
张长春　西藏自治区财政厅
尼玛平措　中国移动西藏公司
罗宗兵　拉萨市委办公厅
普布卓玛　拉萨市政府办公厅
米玛扎西　拉萨市市政市容管委会
旦　多　拉萨市住建局
潘　威　拉萨市旅游局
马　央　拉萨市公安局
谢晓辉　西藏拉萨经济技术开发区
张　俊　拉萨市农牧局
王吉祥　拉萨市财政局
王广州　共青团拉萨市委员会
扎西群培　拉萨市妇联
姚玉娥　拉萨市国土资源规划局
张志远　拉萨市人力资源和社会保障局
何晓玲　拉萨市交通运输局
邓祥学　拉萨警备区
李义新　武警拉萨市支队
尹美玲　拉萨市创卫办
母先华　拉萨市创卫办
平措旺堆　拉萨市疾控中心
小普布次仁　城关区环卫局
强巴丹增　城关区创卫办

希望受表彰的单位和个人，发扬成绩，再接再厉，为创建国家卫生城市工作再立新功。同时，希望驻市各级各部门，根据市委、市政府的统一部署，以先进为榜样，加大创建国家卫生城市工作力度，团结拼搏，攻坚克难，为我市早日跨入国家卫生城市行列作出更大的贡献。

(此件发至各县区,驻市各单位)

拉委发〔2011〕84号
中共拉萨市委员会　拉萨市人民政府关于表彰拉萨市庆祝西藏和平解放60周年活动先进集体、先进个人的决定

（2011年8月11日）

在区市党委、政府的坚强领导下，在全市各级、各部门的积极支持和各族干部群众的广泛参与下，经过10个月的艰苦奋斗，拉萨市出色地完成了自治区大庆办安排的各项任务和中央代表团拉萨分团在我市视察慰问的活动任务，受到了中央代表团拉萨分团和自治区党委、政府的高度赞扬，为拉萨市庆祝西藏和平解放60周年活动画上了圆满的句号。

在整个大庆活动中，全市各县（区）、各有关部门和广大干部群众，特别是大庆办和各组的工作人员，认真贯彻落实区市党委、政府的决策部署，按照自治区提出的“隆重热烈、务实节俭、安全和谐”的总原则和拉萨市提出的“干群同庆、城乡同庆、全民同庆”的总要求，团结协作、艰苦奋斗、忘我工作、无私奉献，确保了活动部署周密细致、项目建设按时完工、氛围营造浓厚热烈、安全保卫万无一失。为了表彰先进、振奋精神、激励群众，拉萨市委、市政府决定对拉萨警备区、堆龙德庆县等20个先进集体和卢炜升、杨东升等90名先进个人予以表彰。

希望受到表彰的单位、个人珍惜荣誉、谦虚谨慎、发扬风格、再接再厉，在本职工作中再创佳绩。全市各级、各部门要以先进集体和先进个人为榜样，学习他们精益求精、一丝不苟、认真负责的工作态度；学习他们讲政治、顾大局，以高度的责任感和使命感对待工作的敬业精神；学习他们连续作战、加班加点、忘我工作的奉献精神。进一步开拓进取、扎实工作，为建设团结、民主、富裕、文明、和谐的社会主义新拉萨而努力奋斗！

一、拉萨市庆祝西藏和平解放60周年活动先进集体名单（20个）

拉萨警备区，武警拉萨市支队，市公安消防支队，拉萨师范高等专科学校，拉萨电业局，堆龙德庆县，达孜县，拉萨市直属机关工委，拉萨市住房和城乡建设局，拉萨市林业绿化局，拉萨市国家安全局，拉萨市民族宗教事务管理局，拉萨市市政市容管理委员会，中国电信拉萨分公司，拉萨市公安局特警支队，拉萨市歌舞团，拉萨晚报社，拉萨市公安局国内安全保卫支队，拉萨市公共交通总公司，江苏生态园大酒店。

二、拉萨市庆祝西藏和平解放60周年活动先进个人名单（90名）

（一）市大庆办序列13名

尚栓斌　市委办公厅
李中福　市政府办公厅
顿珠多吉　市纪检委
杨东升　市委政研室
罗宗兵　市委办公厅督查室
卢炜升　市政府研究室
妮　妮　市政府办公厅督查室
白玛玉珍　市委、市政府接待办
扎　仓　市大庆办
涂　新　市大庆办
洛桑旦达　拉萨市第八中学
寇佳林　拉萨市第二高级中学
旺　拉　布宫广场管理处

（二）安居工程配套和城乡环境整治组15名

朱成刚　市发改委
杨　霖　市发改委
列　桑　市安居办
牛小芳　市财政局
杨凤英　市卫生监督所
旦增欧珠　市人民医院
贡　布　市林业绿化局公园保洁队
玉　珍　市林业绿化局园林局
胡巧立　市林业绿化局
强巴江才　市市政市容管委会
米玛扎西　市市政市容管委会执法一大队布宫中队
旦　培　市市政市容管委会市政养护处
丁素琼　市住建局

周　　炜　　市住建局
刘英俊　　市住建局
(三)宣传文化活动组22名
乌斯玛　　市文联
曾治强　　拉萨电视台
尼玛扎西　　市委宣传部
来海玉　　市委宣传部
李德明　　市委宣传部
蔡新平　　市委宣传部
仓　　决　　市委宣传部
拉巴次仁　　拉萨电视台
左昌琴　　女民兵方阵组
强巴卓嘎　　女民兵方阵组
周　　晋　　市委组织部
成　　晋　　市委组织部
曹　　兰　　市文化局
晋　　美　　群艺馆
达　　娃　　市文化局
平措次仁　　群艺馆
格桑措姆　　市直机关工委
陈　　虹　　市直机关工委
拉巴旺堆　　拉萨师专
德　　吉　　拉萨师专
董天林　　市旅游局
强　　穷　　市旅游局
(四)社会秩序管理组19名
次旦罗布　　市公安局
杜国强　　市公安局
索朗顿珠　　市公安局
宴　　雯　　市公安局
大普布　　市公安局
王旭强　　市国家安全局
布琼次仁　　市民宗局
阿旺东觉　　哲蚌寺管委会
强　　巴　　色拉寺管委会
索朗平措　　甘丹寺管委会
拉　　巴　　大昭寺管理处
达瓦次仁　　城关区委政法委
张尚福　　城关区吉日街道办事处
扎　　西　　当雄县护路办
靳得明　　市委统战部
加　　措　　市委统战部
刘朋勃　　武警拉萨市支队
平措次仁　　市公安消防支队
尼　　珍　　市信访局
(五)县(区)21名
王占辉　　城关区小昭寺管委会
申晓东　　城关区委宣传部
达　　娃　　城关区人民政府
石　　岩　　城关区嘎玛贡桑街道办事处
央　　都　　城关区环卫局
平措旺堆　　堆龙德庆县住建局
罗桑次仁　　堆龙德庆县东嘎镇党委
吕鹏程　　堆龙德庆县大庆办
拉　　巴　　达孜县民政局
扎　　希　　达孜县住建局
江村赤烈　　达孜县公安局
张建雄　　曲水县委办公室
米玛次仁　　曲水县林业绿化局
次仁占堆　　林周县民宗局
江安次仁　　林周县公安局
元旦次仁　　当雄县委宣传部
多吉平措　　当雄县羊八井镇人民政府
索朗扎布　　墨竹工卡县住建局
仁增卓玛　　墨竹工卡县委宣传部
朱希瑞　　尼木县委宣传部
王庆国　　尼木县大庆办

（此件发至县级）

拉委发〔2011〕85号
中共拉萨市委员会　拉萨市人民政府关于表彰2010年度创建全国文明城市工作先进单位和先进个人的决定

(2011年8月12日)

2010年，我市创建全国文明城市工作在中央文明办的关心下，在自治区文明委、区党委宣传部和自治区文明办的高度重视和精心指导下，在市委、市政府的正确领导下，高举中国特色社会主义伟大旗帜，坚持以邓小平理论和“三个代表”重要思想为指导，深入贯彻落实科学发展观，按照市委、市政府“一坚持、两强化、三突破”的工作要求，深入开展扎实有效的创建活动，着力营造廉洁高效的政务环境、民主公正的法治环境、公平诚信的市场环境、健康向上的人文环境、有利于青少年健康成长的社会文化环境、舒适便利的生活环境、安全稳定的社会环境、可持续发展的生态环境。经过驻市各单位和全市各族人民的共同努力，创建全国文明城市呈现出良好的发展态势，城乡文明程度和市民文明素质明显提高。根据中央文明办《关于印发〈关于2010年全国117个城市(区)公共文明指数测评结果的通报〉和〈关于2010年全国117个城市(区)未成年人思想道德建设工作测评结果的通报〉的通知》，拉萨市2010年城市公共文明指数测评总分为75.92分，位居全国30个省会/副省级城市第20名，比2009年前进了3个名次。未成年人思想道德建设工作测评总分为88.68分，位居全国30个省会/副省级城市第16名。在创建全国文明城市过程中，涌现出一批工作扎实、成绩突出、影响广泛的创建全国文明城市工作先进典型。

为表彰先进，树立榜样，鼓舞斗志，进一步推动拉萨创建全国文明城市工作的深入扎实开展，市委、市政府研究决定，授予自治区党委办公厅办公室等20家单位为2010年度拉萨市创建全国文明城市工作先进单位荣誉称号，授予赫沛等31位同志为2010年度拉萨市创建全国文明城市工作先进个人荣誉称号。

今年是我市创建全国文明城市工作的决战之年，中央文明办将对我市创建全国文明城市工作进行综合测评。希望受表彰的先进单位、先进个人珍惜荣誉，发扬成绩，再接再厉。依据《全国文明城市测评体系》测评标准，按照拉萨市创建全国文明城市工作的总体安排部署，在全面推进我市“六城同创”特别是创建全国文明城市工作中，更好地发挥示范带头作用，努力取得新的更大的成绩。全市各级党政组织、各单位要以先进为榜样，进一步增强政治意识、大局意识和责任意识，抓住机遇，乘势而上，扎实工作，努力推动创建全国文明城市工作不断取得新进展，为把拉萨市创建成名副其实的全国文明城市而努力奋斗！

一、2010年度拉萨市创建全国文明城市工作先进单位

名单(20个)

自治区党委办公厅办公室，自治区人民政府办公厅办公室，自治区党委宣传部，自治区直属机关工作委员会，自治区统计局，自治区交通运输厅拉萨运管分局，自治区教育厅，自治区卫生厅，自治区文物局，拉萨市文明办，拉萨市教育局，拉萨市公安局，拉萨市财政局，拉萨市交通运输局，拉萨市卫生局，拉萨市统计局，拉萨市市政市容管理委员会，拉萨师范高等专科学校，拉萨市城关区，拉萨市城关区吉崩岗办事处。

二、2010年度拉萨市创建全国文明城市工作先进个人

名单(31名)

赫　沛　西藏自治区文明办专职副主任

邓晓红　西藏自治区妇联组宣部部长

张新生　西藏自治区财政厅政工人事处处长

卢玉林　西藏自治区水利厅后勤服务中心主任

任　露　西藏自治区气象局文明办主任

桑　培　西藏自治区人民广播电台保卫科科长

普布次仁　西藏日报社机关党委专职副书记

杨江邻　西藏自治区建设厅干部

常　虹　中国移动西藏分公司党群工作部总经理

潘西阳　西藏军区秘群处干事

洛　桑　武警总队拉萨市支队副政委

蒙　毅　中国电信拉萨分公司办公室主任

罗宗兵　拉萨市委办公厅督查处处长

普布次仁　拉萨市委办公厅信息处处长

妮　妮　拉萨市人民政府办公厅督查处处长

卓　玛　拉萨市委组织部办公室科员

李荣峰　拉萨市纪委作风和效能建设办公室主任

倪　蓉　拉萨市委宣传部理论科科长

洛　色　共青团拉萨市委副书记

赵金花　拉萨市妇联党组副书记、副主席

于占平　拉萨市文化局副局长

边　巴　拉萨市大昭寺管理处处长

拉　琼　拉萨市公安局交警支队秩序科科长

王美蓉　拉萨市民政局优抚科副科长

刘　阳　拉萨市住房和城乡建设局副局长

潘　威　拉萨市旅游局科员

王军义　拉萨市工商局副局长

潘　多　拉萨市林业绿化局副局长

张建新　拉萨市环境保护办公室科员

申晓东　拉萨市城关区委宣传部副部长

涂卫杰　拉萨市城关区环卫公司副经理

(此件发至驻市各单位)

拉委发〔2011〕87号
中共拉萨市委员会　拉萨市人民政府
关于印发《拉萨市促进残疾人事业发展实施办法》的通知

各县(区)委、人民政府，市委各部委，市直各局、委、办，各人民团体：

现将《拉萨市促进残疾人事业发展实施办法》印发给你们，请结合实际，认真贯彻落实。

中共拉萨市委员会
拉萨市人民政府
2011年9月15日

拉萨市促进残疾人事业发展实施办法

为认真贯彻落实《中共中央、国务院关于促进残疾人事业发展的意见》(中发〔2008〕7号)、《中共西藏自治区委员会、西藏自治区人民政府关于促进残疾人事业发展的实施意见》(藏党发〔2010〕10号)精神，促进残疾人事业又好又快发展，结合拉萨市实际，现提出如下实施办法。

一、推进残疾人事业发展的重要意义、指导思想、目标和任务

(一)重要意义。关心残疾人，是社会文明进步的重要标志，残疾人事业是中国特色社会主义事业的重要组成部分。加快残疾人事业发展，是坚持以人为本，全面落实科学发展观，促进社会和谐的要求。残疾人是一个数量众多、特性突出、特别需要帮助的社会弱势群体。根据第二次全国残疾人抽样调查统计，拉萨市有3.6万余名残疾人，占全市总人口的8.05%。市委、市政府历来十分关心残疾人，高度重视发展残疾人事业，本着社会主义人道主义的精神，先后制定了规章和规范性文件，采取了一系列有效措施，推动残疾人事业不断发展，残疾人参与社会生活的环境和条件明显改善，生活水平和质量不断提高。但是，由于历史的原因，拉萨市残疾人事业起步晚、起点低、基础薄弱，残疾人由于自身的残疾所带来的种种障碍，他们的物质生活条件和精神生活条件同社会的平均水平相比存在不少差距。残疾人在社会保障、医疗卫生、康复、教育、就业、社会参与等方面还存在许多困难，改善残疾人平等参与社会生活的长效机制还不健全。促进残疾人事业发展，改善残疾人生活状况，已成为建设小康、平安、和谐、生态拉萨的一项重要而紧迫的任务。促进残疾人事业发展，有利于维护残疾人合法权益，促进社会公平正义，实现包括残疾人在内的全市各族人民共享改革发展成果；有利于调动残疾人的积极性、主动性、创造性，发挥残疾人在促进改革、发展、稳定中的重要作用，实现经济社会又好又快发展；有利于全面落实科学发展观，体现社会主义制度的优越性，加快推进和谐拉萨的建设步伐。

(二)指导思想。坚持以邓小平理论和“三个代表”重要思想为指导，深入贯彻落实科学发展观，紧紧围绕全面建设惠及全市各族人民的小康社会的奋斗目标，认真贯彻落实中央第五次西藏工作座谈会精神，以加强残疾人社会保障和社会服务体系建设为重点，坚持党政主导、社会参与，普惠特惠、分类指导，立足基层、面向群众，突出重点、突破难点，健全完善残疾人事业发展的法规规章和政策措施，进一步改善残疾人生活状况，促进残疾人事业与经济社会协调发展。

(三)总体目标和任务。坚持“缩小差距、协调发展、共享小康”的总体目标，着力解决残疾人最关心、最直接、最现实的利益问题，力争到2015年，全市贫困残疾人基本生活得到切实保障，贫困残疾人的助明、助听、助行等康复需求得到基本满足，符合条件的智力、精神和其他重度残疾人基本纳入集中托养、日间照料或居家安养，使残疾人人人享有基本生活保障，人人享有基本医疗卫生和康复服务，人人享有安全适宜的住房，残疾儿童少年人人享有九年义务教育。到2020年，残疾人文化教育水平进一步提高，生活和医疗康复保障更加完善，就业更加充分，参与社会更加广泛，使广大残疾人政治上有地位、经济上有实惠、生活上有保障、精神上有尊严，同全市各族人民一道向着更高水平的小康社会迈进。

二、以加强残疾人社会服务体系建设为抓手，全方位为残疾人服务

（四）保障残疾人享有基本医疗卫生服务。建立健全覆盖城乡居民的基本医疗卫生服务体系，为残疾人提供安全、有效、方便、价廉的服务，努力实现残疾人“人人享有基本医疗卫生服务”的目标。扩大医疗保障覆盖面，农村一、二级及低保家庭的持证残疾人参加新型农村合作医疗的，其个人缴费部分由各级政府解决；白内障复明、精神病人服药、残疾人辅助器具适配（包括假肢矫形器的安装）、脑瘫、自闭症、智障、聋哑儿童康复和肢残矫治手术及康复训练等急需的基本医疗康复项目纳入城乡医疗保险报销范围；认真实施中西部贫困儿童救助项目，对符合条件的残疾人家庭的儿童在医疗费用报销的基础上，未报销部分再给予30%的补助；对全市0岁至16岁的残疾儿童少年实施抢救性的康复训练，实施每人每月200元的康复救助补贴政策，补贴费用由市级财政负担，并在此基础上，按照属地管理原则，由各县（区）人民政府再给予一定补贴；对就医的残疾人，二级以上综合医疗机构、社区卫生服务机构实行减免优惠。二级以上综合医院免收专家挂号费、急诊挂号费、普通门诊诊疗费、急诊观察床位费、病房空调费、暖气费；社区卫生服务机构免收门诊挂号费、普通门诊诊疗费、门诊出诊费。减收的检查治疗项目由医疗机构确定，减收比例不得低于20%，为残疾人减免的有关费用由本级财政予以补贴。进一步完善城乡医疗救助制度，逐步扩大重大疾病救助范围，提高救助标准，切实解决贫困残疾人看不起病的问题。

（五）保障残疾人享有基本康复服务。将残疾人康复服务纳入基本医疗卫生制度和基层医疗卫生服务，努力实现残疾人“人人享有康复服务”的目标。建立市、县（区）两级残疾人专业康复服务机构与设施，有计划地在市级医疗机构中设立康复医学科室，依托县（区）、乡镇（街道）、村（社区）公共卫生资源，逐步建立残疾人康复服务指导站，培养、配备基层康复专业指导人员，形成市、县（区）、乡镇（街道）、村（社区）四级康复组织网络和以专业康复机构为骨干、社区为基础、家庭为依托的残疾人康复服务网络，将残疾人康复人才专业培训纳入政府教育计划，将残疾人康复纳入全科医生培训内容，加大对基层社区康复人员培训力度。到2015年，市、县（区）残疾人康复专业机构要按照中国残联《关于印发〈残疾人康复中心建设标准〉的通知》（残联发〔2006〕43号）的要求，达到相应的建设标准。将符合规定的残疾人医疗康复项目纳入城镇职工基本医疗保险、城镇居民基本医疗保险和新型农村合作医疗范围，保障残疾人的基本医疗康复需求。

（六）加强残疾预防工作，建立健全残疾预防体系。建立综合性、社会化预防和控制网络，形成信息准确、方法科学、管理完善、监控有效的残疾预防机制。广泛开展以社区为基础、以一级预防为重点的三级预防工作。全面实施出生缺陷干预工程，搞好婚前定期检查指导和保健服务，提高出生人口素质，重视母婴保健工作，加大宣传工作力度，减少出生缺陷。开展心理健康教育和保健，注重精神残疾预防。做好防砷、防氟改水、特需人群补碘、孕前期和孕早期妇女补服叶酸、大骨节病防治等工作。将高危行业人群预防工作纳入残疾预防体系中，加强对高危人群的残疾预防宣传工作，提高预防残疾的意识，强化安全生产、劳动保护和交通安全等领域的执法监察，有效控制残疾的发生与发展。建立健全全市出生缺陷与残疾的监测网络，进一步完善出生缺陷监测和0～6岁残疾儿童的监测方案。开展新生儿出生缺陷免费筛查，建立0～6岁残疾儿童报告制度。对于城乡低保残疾人家庭孕妇和新生儿，由县（区）卫生部门组织开展产期保健，并逐步开展新生儿疾病筛查（苯丙酮尿症、甲状腺功能低下、听力筛查）及早期干预，所需经费纳入本级财政预算，形成早诊断、早发现、早期干预的机制。

各级宣传部门和新闻媒体要配合同级卫生行政、残联部门，大力宣传普及预防残疾知识，提高公众预防残疾意识。

各级卫生行政主管部门要将精神病防治列入卫生工作总体规划。二级以上综合医疗机构必须设立精神病科。三级综合医疗机构必须设立康复科。

（七）构建全市残疾人服务体系，为残疾人提供优先优惠的服务。以残疾人全面享受基本公共服务为目标，针对残疾人特殊性、多样性、类别化的服务需求，建立健全以残疾人公共服务机构为主体、其他社会服务机构为补充，社区服务为基础、家庭邻里服务为依托，以生活照料、医疗康复、社会保障、教育就业、文化体育、权益维护等为主要内容的残疾人服务体系。要将残疾人服务纳入服务业发展总体规划和专项实施计划，建立为残疾人提供康复训练、托养照料、职业培训和就业服务、权益维护、文化生活、体育活动、辅助器具服务、专门协会活动等服务的基本公共服务机构，逐步建立市级残疾人托养服务中心、文体活动中心等专业公共服务机构，各县（区）要建设康复、教育、就业、扶贫、宣传、文化、辅助器具供应、维权、托养等多项服务功能为一体的残疾人综合服务设施。各级规划行政部门要优先保障为残疾人服务的社会公益类项目用地需要，优先安排残疾人服务业建设项目用地。

县级以上人民政府要将残疾人专业公共服务机构开展服务所需工作经费纳入公共财政的保障范围，保证残疾人专业公共服务机构正常有效运转，不断增强服务能力，提高服务质量，满足残疾人日益增长的服务需求。

各级人民政府要改善残疾人服务行业工作者的办公条件，制定并完善残疾人服务行业岗位津贴政策，全市各级残疾人服务行业干部职工享受岗位津贴政策，按不低于其基本工资的20%计算。

发展残疾人供养、托养服务业，实施残疾人“阳光家园”工程。各级人民政府要将残疾人托养等服务设施纳入当地经济社会发展总体规划，积极建立残疾人供养、托养服务机构。加大城镇残疾人住房困难家庭住房保障力度，优先向符合廉租住房保障条件的残疾人家庭提供实物配租和租赁住房补贴。对申请购买经济适用住房的群众，要优先照顾符合条件的残疾人家庭。因城乡建设需要拆迁残疾人房屋的，要由有关部门妥善安排其住房。产权置换的，应当按照方便残疾人生活的原则，在地段、楼层安置和住宅无障碍改造等方面给予照顾。拆迁单位在发放拆迁临时补助费和停业补助费时，对贫困、特困残疾人要在规定标准的基础上提高20%。对农牧区残疾人免收房屋、宅基地权证工本费。鼓励和扶持社会力量兴办残疾人供养、托养机构。对受灾残疾人及其家庭，民政及有关部门在进行救灾救济时予以优先照顾。积极发展残疾人居家服务，建立残疾人居家服务补贴制度。

（八）推进无障碍系统工程的建设和改造，营造全社会共同理解、关爱特殊群体，爱护无障碍设施的良好社会氛围。严格执行国家和自治区无障碍建设的法律法规、设计规范和行业标准。新建、改建、扩建的公共建筑、社区、城市道路、公共设施和场所等项目，要实行无障碍设施同步设计、同步施工、同步验收。

各级人民政府要加大小城镇、农牧区的无障碍建设和改造力度，对残疾人家庭住宅无障碍改造提供资助。各级规划行政主管部门在审查建设项目时，要将配套建设无障碍设施列入审查范围，不符合规定的不予核发建设工程规划许可证。各级住建行政主管部门在审查建设项目施工图设计文件时，对于没有按照国家强制性规范进行无障碍设计施工的建设项目，应依照相关的法律、法规、规章的规定进行处罚。建设工程质量监督机构在建设项目竣工后提交建设工程质量监督报告中要有无障碍设施建设的内容。市政市容管理部门要强化公共无障碍设施养护和使用的日常监督管理，保证无障碍设施的完好率和使用率。交通运输及城市公共交通要加大无障碍建设和改造力度，客运站候车室、公共交通工具和站所要配置残疾人无障碍设备，标明设立残疾人专用座椅。公共停车区要设置方便残疾人的专用停车泊位并免收停车费。残疾人凭残疾人证免费参观市内博物馆、纪念馆、科技馆、美术馆、展览馆、体育场馆、文化馆（室）、公共图书馆等公共文化体育设施以及公园、动物园、风景名胜区等场所，对盲人、双下肢残疾人，应允许一名陪护人员免费进入上述公共场所。以上场所内实行政府定价、政府指导价管理的缆车、游园车等交通工具，对残疾人减半收取费用。盲人、二级以上重度肢体残疾人持证免费搭乘城市公共汽车等公共交通工具。残疾人乘坐公共交通工具应予以优先购票、优先检票进（场）站，并准予免费携带其随身必备辅助器具。残疾人参加政府及教育、文化、人力资源和社会保障、体育等部门和各级残疾人联合会举办的文艺演出、体育比赛和职业技能竞赛等活动，所在单位应当照常支付工资、奖金和其他福利待遇。农牧区残疾人和无工作单位的城镇残疾人参加会议、职业技能培训、职业技能竞赛、文化体育活动，由组织者或者举办者发给交通费和误工补贴。对盲人、一级肢体和一级智障残疾人的陪护人员，同等给予交通费和误工补贴。

积极推进信息和交流无障碍，机场、车站、图书馆、博物馆、大型市场(超市)要提供语音、文字提示、盲文、手语等无障碍服务，拉萨电视台要积极创造条件，定期播出手语或配有字幕的新闻节目。公共服务机构、场所应当配备一定数量的轮椅供残疾人免费使用。网络、电子信息和通信产品要方便残疾人使用。

三、以加强残疾人社会保障体系建设为重点，全面提高残疾人生活保障水平

(九)切实保障困难残疾人家庭的基本生活。按照普惠加特惠、重点保障加特别扶助、一般性制度安排加专项制度安排的原则，研究制定针对残疾人特殊困难和需求的社会保障政策措施，落实城乡残疾人低保、五保供养、医疗救助、康复救助等基本社会保障救助政策，重点保障困难家庭残疾人的基本生活，努力实现残疾人“人人享有基本生活保障”的目标。对符合城乡最低生活保障供养条件的困难家庭中的残疾人，各级民政部门要将其作为城乡最低生活保障的重点对象单独全额施保，做到应保尽保；对处于城乡最低生活保障线边缘的困难家庭中的残疾人，按照新的城乡困难群众临时生活救助相关政策最高标准执行；认真实施2010年市政府十二项民生项目确定的低保特困户家庭残疾人每人每年600元的政府特殊生活补助政策，在此基础上，按照属地管理原则，由各县(区)人民政府再给予每人每年不少于200元的补贴；对享受生活保障待遇后仍不能保障基本生活的残疾人家庭，县级以上人民政府应当采取措施保障其基本生活；对生活不能自理的残疾人，县级以上人民政府应当给予护理补贴；免收残疾人招工、报考公务员体检费。农牧区残疾人、残疾人家庭的未成年子女不承担“一事一议”筹资筹劳义务。残疾人夫妻互相投靠、未成年残疾人投靠父母、残疾人投靠子女需要迁移户口的，各级公安机关应及时办理落户手续。残疾人家庭安装有线数字电视，免收初装、维护费，减半收取收视费。残疾人家庭安装电话、自来水等，只收取工料费，减免费用由本级财政负担。

(十)认真落实残疾人社会保险政策。确保城镇残疾职工全部参加社会保险，按规定享受基本养老、医疗、失业、工伤、生育保险待遇。残疾职工所在单位应按时足额为他们缴纳社会保险费，保障城镇残疾职工按照规定参加基本养老、基本医疗、工伤、失业和生育保险，对生活确有困难的残疾职工，县级以上人民政府应当对其社会保险个人缴费予以适当补贴。鼓励并组织灵活就业的残疾人参加社会保险，落实对城镇贫困残疾人个体工商户参加基本养老保险补贴政策。鼓励重度特困残疾人参加个人人身伤害意外保险，投保缴费由各级政府财政承担；对在困难企业就业或公益性岗位安置的贫困残疾人，要落实养老、医疗和失业保险缴费补贴政策。开展新型农牧区社会养老保险制度的县(区)，要积极鼓励并帮助残疾人参加农牧区社会养老保险，建立和完善残疾人参加新型农牧区社会养老保险补贴特殊优惠政策。完全丧失劳动能力的重度残疾人员和享受低保以及男满65周岁、女满60周岁的残疾人员参加城镇基本医疗保险和新型农牧区合作医疗的，个人缴费由县级人民政府给予补贴。残疾人参加各项医疗保险后，住院费应优先给予报销。其中，重度残疾、一户多残、老残一体的特殊困难家庭和重病残疾患者超出一个自然年度内最高支付限额以上的，因个人承担部分过高，影响家庭基本生活的，在不超出医疗救助年最高限额的基础上，对个人承担部分给予全额救助。

(十一)推进残疾人社会福利和慈善事业的发展。兴办社会福利机构，完善福利政策，逐步扩大残疾人社会福利范围，适当提高残疾人社会福利水平。重点做好残疾老人、残疾儿童和边远农牧区贫困残疾人的福利工作。各级残联要充分发挥残疾人福利基金会的作用，扩大筹资渠道，鼓励和动员社会尤其是大型国有企业和民营企业捐赠。各级政府要逐步加大支持残疾人事业的经费力度，发展残疾人社会福利事业。

县级以上人民政府应当将残疾人的助视、助听、助行等康复项目纳入公益助残专项资金补助范围。

四、深入贯彻落实科学发展观，促进残疾人事业全面发展

(十二)发展残疾人教育事业，完善残疾学生助学政策。要普及残疾人义务教育，提高残疾适龄儿童入学率，巩固残疾学生在校率。完善和落实对残疾学生的救助政策，保障适龄残疾儿童少年、青年和残疾人家庭子女接受幼儿教育、义务教育、高中阶段教育、高等教育，各级各类公办幼儿园、学校在招生、入学等方面不得歧视残疾学生，并免收保育费、学费、住宿费，免费提供教科书。

将接受中等教育、高等教育的残疾学生、贫困残疾人家庭子女学生纳入资助体系，优先享受免收学费、国家助学金、困难补助和国家助学贷款补贴等政策待遇，确保不因家庭经济困难导致失学或辍学。残疾儿童入学年龄可适当放宽，根据方便监护的原则，残疾人可以就近就便入学。不受学区（片区）限制。进城务工家庭的残疾适龄儿童少年，免收借读费，同时享受与所在城市残疾学生同等待遇。进城务工残疾人家庭的学生，根据相关政策享受困难补助。按照属地管理原则，县级以上残疾人联合会应当对考入大中专全日制院校的贫困残疾学生、残疾人家庭的学生和参加自学考试取得学历的残疾人，按照规定给予一次性补助，其中贫困残疾人家庭子女为残疾学生的，分别按每学年中专1000元、大专2000元、本科以上3000元的标准给予补助；子女为健全学生的，分别按每学年中专800元、大专1500元、本科以上2000元的标准给予补助。对自学成材的残疾人，通过国家自学考试取得中专、大专、本科以上国家承认学历的，分别给予1000元、2000元、3000元的一次性补助，补助资金由本级财政负担。

（十三）完善残疾人特殊教育和全纳教育体系。将残疾人特殊教育和全纳教育工作纳入全市教育发展总体规划和教育发展评价考核体系，科学规划，特别扶持，保障残疾人平等享有受教育权利。扩建拉萨市特殊教育学校，建立拉萨市安康幼儿园、拉萨市培智学校。全市各义务教育中小学校要扎实开展残疾适龄儿童、青少年的全纳教育工作，建立特教班，设立全纳教育资源教室，提高残疾儿童、青少年随班就读质量，设立全纳教育教研员和随班就读指导老师，师生比原则上不低于1：3。

在全市教育经费预算中安排残疾人全纳教育工作专项经费，按各学校接受随班就读的残疾儿童、青少年的人数，安排每人每年1000元的工作经费补助，并在此基础上，按照属地管理原则，由各县（区）人民政府再给予一定补贴。

积极开展特殊教育教师师资教育培训，对从事特殊教育的教师，在专业技术资格评价、晋级等方面，予以优先照顾。制定并完善残疾人特殊教育岗位津贴政策，提高残疾人特教工作者生活待遇。残疾人特殊学校教职工享受特教津贴，按不低于基本工资的30%计算。在残疾人特殊教育学校接受义务教育、高中阶段教育的残疾学生享受“三包”政策，“三包”标准为年人均5000元。残疾人特殊教育学校教师公用经费调整为普通学校核定标准的2倍。残疾人特殊教育学校平均公用经费调整为普通学校核定标准的6倍。

（十四）促进残疾人就业创业。将残疾人就业工作纳入人力资源和社会保障总体规划。对残疾人就业再就业，在享受普惠政策的基础上，进一步落实特殊的优惠政策。

全市各党政机关、团体、企事业单位和其他经济组织都要严格按照《拉萨市残疾人保护管理办法》、《拉萨市按比例安排残疾人就业及就业保障金征收管理办法》规定，积极主动安排残疾人就业。党政机关、事业单位及国有企业要带头安置残疾人，新录用人员时，除特殊岗位外，用人单位不得设置歧视残疾人的录用标准。未达到安排残疾人就业比例的用人单位，要优先录用符合条件的残疾人就业。用人单位应当依法与残疾职工签订劳动合同，参加各项社会保险，提供相应的劳动安全卫生和职业防护条件，在残疾人职务晋升、专业技术职务评聘、评选先进、劳动工资、福利待遇、社会保险、退休等方面，享受与健全人同等待遇。破产企业对残疾职工的遣散费必须高于其他职工，提高幅度应不低于20%，以保障残疾人职工的基本生活。各级人民政府开发公益性岗位时，要安排专项指标优先安排残疾人就业，县级以上人民政府应当在城市环境卫生、公共停车场、报刊信息（公用电话）亭等服务行业的公益性岗位中，安排不低于30%的岗位供残疾人就业。各级人力资源和社会保障部门要指导用人单位为残疾人开发适宜的工作岗位，其工资保障不得低于当地最低工资标准。县级以上人民政府及有关部门通过依法补贴经费等措施，鼓励企业安排残疾人就业，扶持兴办残疾人福利企业、工（农）疗所（场）、庇护性工场、盲人按摩机构和其他福利性单位，集中安排残疾人就业。落实福利企业和个体从业残疾人的优惠减免、贷款政策，建立残联、国税、工商、民政、银行等部门定期联系会议制度，解决执行政策中出现的问题，保障残疾职工合法权益。政府采购要优先购买集中安置残疾人就业单位的产品和服务。扶持零就业家庭和就业困难的残疾人实现就业。各级公共就业服务机构要强化残疾失业人员登记管理工作，完善登记、认定和退出机制，建立登记造册、服务援助和动态管理制度。各级公共就业服务机构要设立专门的残疾人求职登记和就业咨询窗口，为用人单位和残疾人开展服务。残疾人就业服务机构要加强与公共就业服务机构的密切配合，根据人力资源市场和残疾人需求，为残疾人提供职业技能培训、实用技术培训和职业技能鉴定，同时开展对残疾人的失业登记工作，建立完善的残疾人登记和失业人员台账。

残疾人组织和个人从事经营活动给予优惠：1. 简化手续，优先核发营业执照，优先安排营业场地；残疾人申请个体行医，符合条件的，卫生行政部门应当优先核发医疗机构执业许可证。2. 对残疾人申请的各类贷款，银行业金融机构要进一步优化贷款手续，缩短审批时间，提供便捷、高效的金融服务。对残疾人申请的小额担保贷款，银行业金融机构要积极办理，个人贷款额度最高不超过5万元。对合伙经营或组织起来就业的，贷款额度可以累加。对符合现行担保贷款条件的残疾人创办的企业，按照相关规定给予贷款担保和财政贴息。3. 依法减免下列税费：残疾人组织直接进口供残疾人专用的物品，免征增值税；残疾人组织或助残服务机构，经县级以上(含县级)残联证明并报同级税务部门审批，所接纳的用于助残的社会资金和物资捐赠，免收所得税。县级以上(含县级)残联接受的国际捐赠物品，按程序报请减免关税；对于援建的服务设施，当地人民政府应当给予支持和所得税方面的优惠；对残疾人本人为社会提供的劳务免征营业税；对残疾人个人提供的加工和修理修配劳务免征增值税；对我市的残疾人个人取得的工资薪金所得、劳务报酬所得，稿酬所得、特许权使用费所得，可按应纳税额减征50%的个人所得税；对残疾人个人独立经营取得的个体工商户生产、经营所得，对企业单位的承包经营、承租经营所得，个人创办独资企业、合伙企业取得的所得，区别情况分别予以减征，年应纳税所得额在3万元(含3万元)以下的按应纳税额减征100%的个人所得税；年应纳税所得额在3万~5万元(含5万元)的，按应纳税额减征50%的个人所得税。4. 按照规定免除行政事业性收费；财政拨款单位收取的经营服务性收费，按最低标准收取，没有最低标准的按收费标准的40%收取。

(十五)依法推进残疾人就业保障金的征缴和管理工作。认真贯彻实施《中华人民共和国残疾人保障法》、《中华人民共和国就业促进法》、《残疾人就业条例》、《西藏自治区实施〈中华人民共和国残疾人保障法〉办法》、《拉萨市残疾人保护管理办法》、《拉萨市按比例安置残疾人就业及就业保障金征收管理办法》等法律法规，全市党政机关、团体、企业、事业单位、民办非企业、驻市的中直企业和其他经济组织，应当按照不少于本单位在职职工总数的1.5%比例安排残疾人就业，依法履行扶持残疾人就业和缴纳残疾人就业保障金的责任和义务。残疾人保障金属政府性基金，全市各企业用人单位由各级税务部门代征残疾人就业保障金；全市各党政机关、事业用人单位应依法及时向同级残疾人联合会缴纳残疾人就业保障金，不按时足额缴纳的，由各级财政部门代扣代缴。严格按照规定，用足用好残疾人就业保障金，加强监督管理，充分发挥其促进支持残疾人就业创业工作的重要作用。

(十六)发展残疾人文化体育事业。将残疾人文化体育生活融入公共文化体育生活，组织残疾人开展形式多样、健康有益的群众性文化、体育、艺术、娱乐活动，丰富残疾人精神文化生活。全市各级各类学校、艺术团体、群艺馆要积极培养优秀残疾人文化艺术人才，创编、排演反映扶残助残、自强不息等先进事迹的文艺节目。定期举办全市残疾人艺术汇演和特殊学校学生艺术汇演，组织残疾人摄影、书法等艺术比赛，繁荣残疾人艺术创作。落实全民健身计划，开展残疾人群众性体育健身活动，增强体质、康复身心。逐步建立市县两级残疾人文体活动中心和残疾人艺术表演团。积极组织残疾人参加健康有益的文化体育活动。发展残疾人特殊艺术，培养残疾人特殊文化、体育人才。积极参与残奥、特奥、聋奥运动。

五、建立健全促进残疾人事业发展的支持保障体系，进一步优化残疾人事业发展的社会环境

(十七)建立完善稳定的残疾人事业经费保障机制。要进一步加大对残疾人事业的经费投入。残疾人事业经费要纳入各级财政预算，并随着经济社会发展和财政收入的增长逐步增加，建立财政资金投入稳定增长的经费保障机制。建立市、县(区)残疾人福利基金会，广泛开展社会捐助活动，拓宽发展残疾人事业的筹资渠道。将残疾人专业服务设施建设、综合服务设施建设、公共服务设施建设和无障碍设施改造项目等优先纳入市政府为民办实事计划，给予重点扶持。各级残联要通过对口援助、结对帮扶等形式，积极争取对口援助省市和经济发达地区对我市残疾人事业发展的支持。

（十八）加强宣传，强化公众扶残助残意识。要围绕建设社会主义核心价值体系，在全社会大力弘扬人道主义精神和中华民族传统美德，倡导“平等、参与、共享”的现代文明社会残疾人观念，形成人人理解、尊重、关心、帮助残疾人的良好社会风尚。全市各级宣传、文化、广电、新闻出版等部门和单位要大力宣传残疾人事业，宣传残疾人保障法等相关法律法规，增强全社会依法维护残疾人权益的法制观念。要大力宣传扶残助残先进典型，宣传残疾人自强不息的先进事迹，鼓励和帮助残疾人树立信心。

要结合拉萨市创建全国文明城市活动，广泛深入开展扶残助残活动，组织好“全国助残日”、“国际残疾人日”等活动，消除对残疾人的歧视和偏见。各级教育部门要将人道主义、自强和助残教育等内容纳入中小学德育工作内容。

（十九）协调社会力量，形成工作合力。全市各级工会、共青团、妇联等人民团体要发挥各自优势，支持残疾人工作，维护残疾职工、残疾青年、残疾妇女、残疾儿童和残疾老人的合法权益。红十字会、各类基金会等慈善团体要积极为残疾人事业筹集善款，开展爱心捐助活动。大力倡导和动员社会力量、社会资源支持和参与残疾人事业发展，拓宽人保等企业参与的渠道和范围，形成全社会共同关注、广泛参与、全力支持的良好局面。

（二十）切实保障残疾人合法权益。全面贯彻执行《中华人民共和国残疾人保障法》、《西藏自治区实施〈中华人民共和国残疾人保障法〉办法》、《拉萨市残疾人保护管理办法》，制定、修订相关地方行政规范性文件，依法保障残疾人合法权益，依法推进残疾人事业。进一步拓宽残疾人组织在各级人大、政协的民主参与渠道，支持残疾人和残联代表残疾人参政议政。各级人大代表、政协委员中，要有一定比例的残疾人和残疾人组织代表，平等参与社会生活和社会事务管理。尊重残疾人对相关残疾人事务的知情权、参与权、表达权、监督权，制定涉及残疾人权益和残疾人事业的行政规范性文件和公共政策，要听取残疾人组织和残疾人代表的意见。各级人民法院要落实对残疾人的司法救助措施，各级各类法律服务机构，要为残疾人提供优先、优质、优惠的法律援助和法律服务。建立残疾人法律救助体系，完善残疾人法律救助多部门协调机制，建立直接为残疾人服务的法律救助工作站。公证机构应当优先办理残疾人的公证事项，并按照法律、法规规定减免公证费。符合法律援助条件的，积极及时给予法律援助。残疾人联合会应当根据残疾人的需求，对维权的残疾人免费提供盲文、手语翻译等特殊帮助。禁止侮辱、侵害、遗弃残疾人。

各级劳动监察部门要依法加大对侵害残疾人合法权益案件的查处力度，切实维护残疾人合法权益。加强法制宣传教育，增强全社会依法维护残疾人合法权益的法治观念，提高残疾人依法维权的意识和能力。

（二十一）推进残疾人工作信息化建设和调查研究工作。各级财政要将残疾人工作信息化建设纳入经费预算，保障残疾人工作信息化建设。全市各级残联要以办理第二代残疾人证使用的残疾人人口数据库为依托，积极构建我市残疾人信息化建设工作平台，建立完善以残疾人基本情况、康复服务、教育培训、就业扶贫、生活保障、社会服务为主要内容的综合信息服务系统信息数据库，完善信息网络体系，开展全市残联系统内部与相关部门的数据交换与共享，为拉萨市实施新农保、扶贫开发等社会保障业务开展提供残疾人基础信息查询、比对、验证等服务，提高为残疾人服务的质量、效率和水平。围绕残疾人事业发展中的重大问题和热点难点问题，深入开展调查研究，为各级党委和政府科学决策当好参谋和助手，为推进残疾人社会保障和服务体系建设发挥积极的作用。

六、加强对残疾人工作的组织领导，建立健全促进残疾人事业跨越式发展的长效机制

（二十二）完善残疾人工作的领导体制。各级党委、政府要高度重视残疾人事业，把残疾人工作列入重要议事日程，进一步完善党委领导、政府负责的残疾人工作领导体制。各级党委常委会、政府常务会议要建立年度专题研究残疾人工作的制度。各级党委政府要明确一位党委领导和一位政府领导分别联系和分管残疾人工作，定期听取残联工作专题汇报，及时协调解决残疾人工作热点难点问题。把残疾人事业纳入国民经济和社会发展总体规划、相关专项规划和年度计划，定期检查评估、督促落实，并列入年度工作报告内容。各级政府残疾人工作委员会要强化职责，及时研究解决重大问题，统筹协调有关推进残疾人事业跨越式发展的政策、法规、规划的制定和实施，督导检查落实情况，要建立成员单位工作责任制，建立目标责任考核制度，建立健全工作报告、督办反馈、检查评估等制度。市直有关部门、单位要将残疾人工作纳入职责范围和目标管理，切实提高为残疾人提供社会保障和公共服务的水平。各级残联承担同级政府残疾人工作委员会的日常工作，要健全工作制度，配强工作人员，加强工作协调，提高工作效率。

（二十三）充分发挥残疾人组织作用，切实加强残疾人组织机构和干部队伍建设。各级残联组织是各级党委和政府联系广大残疾人的桥梁和纽带，既是残疾人的代表组织，又是残疾人工作的主管部门，受政府委托行使部分行政管理职能，代表残疾人共同利益，维护残疾人合法权益，为残疾人服务。全市各级党委和政府要支持残联组织依照法律法规和章程开展工作，要进一步加强残联组织建设，明确工作职能，理顺管理体制，为残疾人工作提供有力的组织保障。市残联要加强对全市残疾人工作的指导，县(区)人民政府要成立机构单列的残疾人联合会，乡(镇)、街道办事处要逐步配备专职或兼职残疾人工作者。鼓励有条件的单位、组织成立残疾人协会。要选好配强各级残联领导班子，落实残联领导干部双重管理规定，地方党委在配备、调整残联领导班子时，要事先征求上一级残联意见，共同做好考察配备工作。要将残联干部队伍建设纳入干部队伍和人才队伍整体规划，加大培养、选拔、使用和交流力度，关心、重视残联领导干部的成长进步，造就一支恪守“人道、廉洁、服务、奉献”职业道德的高素质残疾人工作干部队伍。重视残疾人事业政策理论研究，推进相关学科建设，加快培养高素质残疾人专业技术人才。

培育基层残疾人工作者队伍，提高为残疾人服务的能力。

七、其他

（二十四）伤残军人、伤残机关工作人员在享受国家的有关政策规定的同时，享受本实施办法的各项优惠政策。

（二十五）拉萨市各相关部门、各县(区)要结合自身工作实际，根据各自职责，认真制定切实可行的实施细则，确保本实施办法的内容落到实处，确保残疾人事业与全市经济、社会协调发展。

（二十六）本办法于2012年1月1日起施行。

拉委发〔2011〕90号

中共拉萨市委员会　拉萨市人民政府　拉萨警备区 关于对女子民兵方队参训单位和个人给予表扬的通报

各县(区)委、人民政府，市委各部委、市直各局、委、办，各人民团体：

在组织女子民兵方队参加“庆祝西藏和平解放60周年大庆活动”中，拉萨市七县一区、拉萨师范高等专科学校认真贯彻落实上级指示精神，以高度的政治责任感，积极选派人员，参加训练；拉萨警备区生产团选派“精兵强将”，周密计划、科学组训、严格要求、精细保障；各单位参训人员在50天训练时间里，发扬了我市民兵“作风过硬、纪律严明、战斗有力”的优良传统，吃大苦耐大劳，以饱满的热情、昂扬的斗志、一流的业绩高标准完成了大庆阅兵任务，接受了中央代表团和全国各族人民的检阅，充分展示了拉萨女子民兵良好的形象和素质，受到了军地各级和广大人民群众的高度赞誉和一致好评。为鼓励和调动全社会共同关心、参与国防建设的积极性，市委、市政府、拉萨警备区决定，对参与此次女子民兵集训的单位和个人给予通报表扬。

一、单位(10个)

城关区、堆龙德庆县、曲水县、达孜县、林周县、尼木县、墨竹工卡县、当雄县、拉萨师范高等专科学校、拉萨警备区生产团。

二、个人(308名)

城关区：杨建鸿、旺姆、索朗曲珍、仓觉、巴桑曲珍、白珍、央啦、边巴、次德吉、格桑卓嘎、巴桑、洛桑曲珍、次仁拉姆、普布卓嘎、央宗、次央、达娃、次央、尼珍、贡觉拉姆、仁增、德珍、珠吉、央金、仓珍、普布仓觉、洛曲、达珍、卓嘎、次仁白姆、德吉、次尼、益西、普珍。

堆龙德庆县：肖遣、次仁白珍、拉珍、央吉、次旦央吉、旦增曲珍、马立玲、旦增卓嘎、次仁卓玛、次杰曲宗、曲吉、何玲、卓嘎拉宗、琼珍、德吉卓嘎、琼达、德吉、拉姆次仁。

曲水县：色珍、杨凤香、央吉、向秋曲珍、娄汇琳、罗布措姆、卓玛央吉、德吉曲宗、宋晓明、侯欢、次仁央金、边珍、次卓玛、张媛、王倩、梅西凤、德吉央宗、左昌琴。

达孜县：伦珠扎西、强巴卓玛、旦增卓嘎、丹增卓玛、米玛、次旦卓嘎、贡吉达娃、欧珠旺姆、白玛、旦增宗巴、白玛措姆、次仁拉吉、边珍、扎西拉姆、平措卓玛、次旦央吉、卓玛拉姆、丹增曲珍、格桑措姆。

林周县：乔卓玛、王静、美朵、白玛、白玛央、次仁拉姆、达娃卓嘎、阿措、央金卓嘎、次仁吉宗。

尼木县：格桑、多吉卓玛、罗宗、德央、索珍、多吉卓玛、尼玛卓玛、嘎玛央珍、车春艳、达珍、卓玛德吉、卓玛曲宗、妮妮、达瓦卓玛。

墨竹工卡县：旦珍、贡觉卓玛、曲吉卓玛、果吉、加律、宗巴、德吉央宗、果扣、边巴拉姆、尼玛琼达、格桑卓玛、央金卓嘎、洛桑白姆、赤列白姆、旦增次吉、次仁玉珍。

当雄县：德央、尼玛、白玛措姆、边巴央拉、朗杰旺姆、杨红青、拉巴卓玛、强巴卓嘎、次旦卓玛。

拉萨师范高等专科学校：田南南、贡觉卓玛、嘎曲、姚尼娜、米玛仓曲、云旦措姆、旺旦卓玛、泽久拉姆、扬阳、赤列措姆、达娃卓玛、索海丽、央金、格桑拉姆、田苗、卓玛、格桑德吉、片多、米玛旺姆、尼玛普尺、强巴卓玛、大旦增卓玛、扎桑、仁增央宗、巴桑仓决、查斯拉姆、美朵、色珍、达瓦卓玛、罗布群宗、罗松曲珍、旺姆、卓玛、旦真、达央、白玛拉增、达娃色珍、桑旦卓玛、普布卓玛、普赤、次仁、卓玛、拉巴卓玛、洛曲、次德吉、次旦卓玛、白玛罗珍、大卓玛、尼玛布芝、次仁措姆、卓嘎、泽旺拉西、大索朗卓玛、次珍、次仁布赤、阿旺德庆、平措卓玛、尼玛卓玛、罗布仓决、边巴琼达、拉巴仓决、仁增卓嘎、韩美鹏、肖聘、仁青旺姆、达娃卓玛、齐麦措、格桑拉姆、尼玛卓玛、格桑曲珍、拉普、李仙会、次仁卓玛、班旦、普曲珍、卓嘎、扎西卓玛、格桑卓玛、尼玛仓吉、祁玉霞、洛桑曲珍、益西、央宗、达珍、白玛、强巴、次仁卓嘎、德庆央珍、扎西措姆、多吉措姆、次仁措姆、久美拉姆、格桑曲吉、边巴吉巴、斯郎央宗、格桑拥珍、片多、宋玉婷、格桑拉措、卓嘎。

拉萨警备区生产团：李海珠、任海林、王金喜、王亮、王潜、马天明、李小亮、曹松松、陈海军、曹承珍、朱冉、李江、熊浩、夏建刚、陈永志、冯德阳、赵挺羽、肖三虎、张冬冬、张培一、饶成涛、任大友、关涛、张小铁、李栋、李浩、王金华、李勇、姚伟、姜春林、索朗达吉、王芸峰、熊勇、田国强、肖世富、曾俊旗、杜小松、宋立云、王仁凤、朱一峰、封禹、杨靖成、唐天、吴春宏、陆晓、肖仲祥、瞿海林、杜玉兵、张剑锋、李家伟、梁喜荣、伍凯、潘小飞、覃旗、夏小波、李强、刘华宵。

抽调集训大队的其他单位人员：付闽(西藏军区总医院医生)、旦增卓嘎(山南军分区干部)、西若措姆(通信总站干部)、落桑曲宗(通信总站干部)、张丽(通信总站干部)、何花(通信总站干部)、祁琴(通信总站干部)、格桑次旦(拉萨警备区参谋)、小扎西(拉萨警备区参谋)、刘冰(通信总站战士)、刘营(通信总站战士)、邓双双(通信总站战士)、邓双丽(通信总站战士)。

特此通报。

中共拉萨市委员会
拉萨市人民政府
拉萨警备区
2011年9月23日

拉委发〔2011〕123号
中共拉萨市委员会　拉萨市人民政府关于表彰拉萨市首届优秀中国特色社会主义事业建设者的决定

（2011年12月5日）

改革开放以来，全市广大非公有制经济人士在市委、政府的正确领导下，高举中国特色社会主义伟大旗帜，以邓小平理论和“三个代表”重要思想为指导，深入贯彻落实科学发展观，紧紧围绕中心、服务大局，努力转变经济发展方式，积极投身拉萨经济建设主战场，在拉萨市繁荣城乡经济、缩小城乡发展差距、改善民生、维护社会和谐稳定等方面发挥了重要作用，在全市推动经济发展、扩大就业渠道、促进社会和谐、维护局势稳定等方面做出了突出贡献。为充分发挥广大非公有制经济人士的积极性、主动性、创造性，推动我市非公有制经济健康发展和非公有制经济人士健康成长，决定授予扎西顿珠等20名非公有制经济人士为“拉萨市首届优秀中国特色社会主义事业建设者”荣誉称号。

希望受到表彰的非公有制经济人士要珍惜荣誉、谦虚谨慎，戒骄戒躁、再接再厉，继续发扬爱国、敬业、诚信、守法、贡献的优秀建设者精神，在广大非公有制经济人士中发挥模范带头作用，抢抓机遇，加快发展，努力成为国家富强、人民富裕、民族振兴的积极实践者，经济社会发展的重要推动者，先富帮后富、实现共同富裕的积极参与者，和谐劳动关系的自觉构建者，建设社会主义思想道德体系的有力促进者，加强民族团结、维护社会和谐稳定的坚定执行者，进一步创新发展理念，坚定发展信心，激发创业、创新、创造热情，以更加优异的成绩，为建设团结、民主、富裕、文明、和谐的社会主义新拉萨做出新的更大贡献。

拉萨市首届优秀中国特色社会主义事业建设者表彰名单

（排名不分先后，共20名）

扎西顿珠　西藏赛康工贸集团有限公司董事长

谭延理　拉萨市聚英信息咨询公司总经理

巴　桑　西藏桑海实业集团公司董事长

唐云开　拉萨市土特产品协会会长

王　波　拉萨学子商贸有限公司总经理

周金洪　拉萨金蕃餐饮服务有限公司经理

次仁扎西　拉萨迦陵频伽文化传媒有限公司经理

扎西建才　拉萨仙足岛房地产开发有限公司董事长

周强林西　西藏西玛医药科技有限公司董事长

杜运建　西藏坎巴嘎布卫生用品有限公司董事长

陈学仁　西藏海亮房地产发展有限公司总经理

阿旺次仁　堆龙德庆县岗德林蔬菜种植专业合作社总经理

达瓦次仁　堆龙古荣郎孜糌粑有限公司董事长

魏兆峰　西藏金哈达信通水泥有限公司总经理

旺　堆　墨竹工卡县甲玛赤康扎西百货店总经理

白　玛　西藏玉龙发展有限公司总经理

达　嘎　西藏嘎吉林建筑有限公司董事长

普布次仁　尼木县尚日农牧民建筑施工专业合作社经理

马文昌　西藏第三极羊绒制品有限公司董事长

龙日江措　西藏优格仓工贸有限公司董事长

（此件公开发布）

拉委发〔2011〕124号
中共拉萨市委员会 拉萨市人民政府关于表彰拉萨市2011年设施农业建设推进工作先进县(区)的决定

(2011年12月8日)

在“十二五”期间大力发展设施农业，力争达到全市适宜农区户均1栋温室大棚的目标，是市委、市政府推进我市“提升一产”、加快转变农牧业发展方式的重要决策部署，对于改善农牧民生产生活条件、转变农牧民思想观念、增强农牧民劳动技能、拓宽农牧民增收渠道、保障农产品有效供给具有十分重要的意义。

今年是实施“十二五”规划开局之年，是实施《拉萨市设施农业发展规划(2011—2015)》的第一年，市委、市政府将3000栋温室建设列入12件民生实事之一。一年来，在市委、市政府的正确领导下，在市设施农业建设推进工作领导小组的具体指导下，各县(区)委、人民政府和市农牧局、发改委、财政局、农发办、科技局等部门以科学发展观为统领，紧紧围绕增加农牧民收入这一首要任务，攻坚克难、团结协作、扎实工作，确保了3000栋温室大棚建设按时完工，保证了这一“民心工程”、“德政工程”落到实处，赢得了“十二五”开门红，为坚持走有中国特色、西藏特点的高原设施农业发展路子奠定了坚实的基础。

为鼓励先进，树立典型，凝聚力量，带动全局，促进全市设施农业更好更快更大发展，市委、市政府决定授予达孜县和曲水县“拉萨市2011年度设施农业建设推进工作先进县”荣誉称号。

希望受到表彰的县珍惜荣誉、戒骄戒躁、再接再厉，不断取得新成绩，为我市设施农业建设、农牧民增收作出新的贡献。各县(区)、市直相关部门要以先进为榜样，开拓创新、扎实工作，促进我市设施农业快速发展，加快我市传统农牧业向现代农牧业转变，为我市农牧业跨越式发展和社会主义新农村建设作出新的贡献。

拉萨市2011年度设施农业建设推进工作：

第一名：达孜县

第二名：曲水县

(此件发至县级)

拉委发〔2011〕127号
中共拉萨市委员会　拉萨市人民政府关于授予2011年全市平安单位荣誉称号的决定

（2011年12月31日）

2011年，我市各县(区)和驻市各单位深入学习贯彻落实中央第五次西藏工作座谈会和党中央、区市党委、政府关于平安创建工作一系列决策部署，深入开展反分裂斗争，全面落实社会治安综合治理各项措施，有效地维护了拉萨社会局势的稳定。为更好地推进平安创建工作，推广典型，表彰先进，激励我市各县(区)、驻市各单位和广大人民群众共同参与建设小康、平安、和谐、生态拉萨的伟大事业，市委、市政府决定，授予西藏自治区人大办公厅等152家单位2011年拉萨市市级“平安单位”荣誉称号。希望被授牌单位要珍惜荣誉，戒骄戒躁，发扬成绩，继续在平安拉萨创建工作中发挥模范带头作用，认真落实好社会治安综合治理和平安建设各项工作，为拉萨经济社会跨越式发展和长治久安作出更大的贡献。

一、中直平安单位(4个)

民航西藏分行、新华社西藏分社、西藏自治区统计局、国家电网西藏电力有限公司拉萨电业局。

二、区直平安单位(18个)

西藏自治区人大办公厅、自治区政协办公厅、自治区党委统战部、自治区高级人民法院、自治区公安厅、自治区民政厅、自治区民族宗教事务委员会、自治区林业局、自治区广电局、自治区扶贫办、自治区档案局(自治区档案馆)、自治区新闻出版局、自治区商务厅、自治区文化厅、自治区残联、自治区文联、自治区工商管理局、西藏军区总医院。

三、市直平安单位(20个)

拉萨市人大办公厅、拉萨市人民检察院、拉萨市财政局、拉萨市委党校、拉萨市人力资源和社会保障局、拉萨市文化局、拉萨市商务局、拉萨市工信局、拉萨市国土资源规划局、共青团拉萨市委、拉萨市柳梧新区、拉萨市旅游局、拉萨市卫生局、拉萨市水利局、拉萨市质监局、拉萨市安监局、拉萨市药监局、拉萨市妇联、拉萨市档案馆(局)、拉萨市邮政局。

四、平安单位驻市部队(5个)

西藏军区、武警西藏总队、拉萨警备区、武警拉萨市支队、拉萨市公安消防支队。

五、平安企业(4个)

建行西藏自治区分行、农行西藏自治区分行、西藏石油分公司、城关区哈达集团。

六、平安校园(30个)

拉萨师范高等专科学校、拉萨市六中、拉萨市八中、拉萨广西友谊小学、拉萨市特殊教育学校、城关区海淀小学、城关区纳金小学、城关区吉崩岗小学、堆龙德庆县羊达中心小学、堆龙德庆县柳梧乡桑达中心小学、堆龙德庆县古荣乡噶冲小学、林周县中学、林周县苏州小学、林周县松盘乡中心小学、林周县春堆乡藏雄小学、林周县卡孜乡中心小学、林周县阿朗乡中心小学、曲水县中学、曲水县完全小学、墨竹工卡县甲玛乡中心小学、墨竹工卡县扎西岗南京希望小学、墨竹工卡县门巴乡中心小学、墨竹工卡县扎雪乡完小、墨竹工卡县尼江乡中心小学、尼木县中学、尼木县麻江乡完小、尼木县帕古乡完小、达孜县中学、达孜县邦堆乡完小、当雄县宁中乡第一中心小学。

七、平安县(区)(2个)

堆龙德庆县、墨竹工卡县。

八、平安乡(镇、街道办事处)(17个)

城关区扎细街道办事处、城关区公德林街道办事处、城关区金珠西路街道办事处、堆龙德庆县羊达乡、林周县甘曲镇、林周县边角林乡、林周县卡孜乡、林周县唐古乡、墨竹工卡县日多乡、墨竹工卡县门巴乡、墨竹工卡县扎雪乡、达孜县雪乡、达孜县邦堆乡、曲水县聂当乡、当雄县当曲卡镇、当雄县宁中乡、当雄县纳木湖乡。

九、平安社区(村)(41个)

城关区绕赛社区居委会、城关区八廓社区居委会、城关区嘎玛贡桑社区居委会、城关区热木其社区居委会、城关区拉鲁社区居委会、城关区幸福社区居委会、城关区八朗学社区居委会、城关区塔玛村委会、城关区扎细新村居委会、城关区次角林村委会、堆龙德庆县乃琼镇乃琼村、堆龙德庆县德庆乡德庆村、堆龙德庆县德庆乡昂嘎村、堆龙德庆县柳梧乡达东村、林周县甘曲镇甘曲村、林周县强嘎乡切玛村、林周县春堆乡卡东村、林周县松盘乡拉木村、林周县卡孜乡克布村、曲水县茶巴拉乡茶巴拉村、曲水县南木乡江村、曲水县曲水镇曲甫村、曲水县聂当乡热堆村、墨竹工卡县工卡镇工卡村、墨竹工卡县甲玛乡赤康村、墨竹工卡县扎雪乡塔杰村、墨竹工卡县尼江乡其玛卡村、墨竹工卡县唐加乡仲尼村、墨竹工卡县日多乡怎村、尼木县尼木乡日措村、尼木县塔荣镇东松村、尼木县续迈乡河东村、尼木县卡如乡卡如村、当雄县龙仁乡龙仁村、当雄县宁中乡曲才村、当雄县当曲卡镇曲登村、达孜县德庆镇新仓村、达孜县塔杰乡巴嘎雪村、达孜县唐嘎乡唐嘎村、达孜县章多乡恰村、达孜县邦堆乡叶巴村。

十、平安寺庙(4个)

城关区仓姑寺、曲水县萨玛扎寺、墨竹工卡县查多寺、林周县赤龙寺。

十一、平安铁路示范乡(镇)(4个)

堆龙德庆县乃琼镇、堆龙德庆县柳梧乡、当雄县羊八井镇、当雄县公塘乡。

十二、平安大院(3个)

西藏电力有限公司羊八井地热电厂拉萨生活区、城关区绕赛居委会贡桑孜达热大院、城关区鲁固居委会罗增坚才大院。

(此件发至各县区,驻市各单位)

拉委发〔2011〕128号
中共拉萨市委员会　拉萨市人民政府关于表彰和谐模范寺庙暨爱国守法先进僧尼的决定

（2011年12月28日）

根据《中共西藏自治区委员会办公厅西藏自治区人民政府办公厅转发〈中共西藏自治区委员会统战部、西藏自治区民族宗教事务委员会关于开展和谐模范寺庙暨爱国守法先进僧尼创建评选活动的意见（试行）〉的通知》（藏党办发〔2011〕36号），按照《中共拉萨市委员会拉萨市人民政府关于印发〈拉萨市宗教工作领导小组关于开展和谐模范寺庙暨爱国守法先进僧尼创建评选活动的实施意见（试行）〉的通知》（拉委发〔2011〕125号），为全面贯彻落实党的宗教工作基本方针和国家管理宗教事务的法律法规，认真扎实地开展和谐模范寺庙暨爱国守法先进僧尼创建评选活动，充分调动寺庙和僧尼参与加强和创新寺庙管理的自觉性和主动性，营造爱国爱教、遵纪守法、服从管理、潜心修学的良好氛围，以维护寺庙和谐稳定，增强僧尼中华民族意识、国家意识、法制意识和公民意识为目标，决定授予城关区公德林寺等16座寺庙为和谐模范寺庙，授予洛桑群培等2341名僧尼为爱国守法先进僧尼荣誉称号。希望受到表彰的寺庙和僧尼，充分认识开展和谐模范寺庙暨爱国守法先进僧尼创建评选活动，是全面贯彻党的宗教工作基本方针的重要举措，是加强和创新寺庙管理的重要内容，是调动广大僧尼遵纪守法、爱国爱教积极性的重要载体。在维护社会稳定、维护民族团结、维护寺庙和谐稳定工作中发挥模范作用，珍惜荣誉，再接再厉，坚持党的领导，服从政府管理，努力在加强和创新寺庙管理工作中起到积极的带头作用。市委、市政府号召全市各寺庙及广大僧尼要以受表彰的寺庙和僧尼为榜样，在寺庙进一步营造遵纪守法、爱国爱教、护国利民、和谐稳定的良好氛围，推动寺庙法制化、规范化、制度化建设，使广大僧尼成为政治上靠得住、宗教上有造诣、品德上能服众的宗教教职人员，为建设团结、民主、富裕、文明、和谐的社会主义新拉萨作出积极的贡献。

一、拉萨市和谐模范寺庙（16座）

公德林寺（城关区）

仓姑寺（城关区）

楚布寺（堆龙德庆县）

措麦寺（堆龙德庆县）

直孔梯寺（墨竹工卡县）

艾玛日寺（墨竹工卡县）

赤龙寺（林周县）

杰堆寺（林周县）

罗寺（达孜县）

杰吉寺（尼木县）

色德寺（当雄县）

萨玛扎寺（曲水县）

哲蚌寺（市属）

色拉寺（市属）

甘丹寺（市属）

大昭寺（市属）

二、拉萨市爱国守法先进僧尼（2341名）

（一）城关区（共194名）

强巴西绕，普布觉日追；阿旺扎西，普布觉日追；扎西朗杰，普布觉日追；次旺，普布觉日追；果琼，普布觉日追；童果，公堂寺；旦增尼玛，公堂寺；洛桑桑旦，吉仓日追；洛桑顿珠，吉仓日追；普布次仁，吉仓日追；平措，下密院寺；洛松群培，下密院寺；阿旺托美，下密院寺；其久美朗，下密院寺；扎西泽仁，下密院寺；向巴加措，下密院寺；桑杰旦培，下密院寺；阿旺，下密院寺；其美次仁，下密院寺；普次，下密院寺；久美，下密院寺；次仁桑珠，下密院寺；成林江村，下密院寺；顿珠，下密院寺；阿邓，下密院寺；欧珠尼玛，下密院寺；益西次成，下密院寺；阿旺登杰，下密院寺；洛桑平措，公德林寺；达瓦旦增，公德林寺；强巴旦增，公德林寺；西绕格顿，公德林寺；索朗绕杰，公德林寺；其米次仁，公德林寺；索朗次仁，公德林寺；阿旺朗杰，公德林寺；阿旺，公德林寺；扎西尼玛，公德林寺；次成，公德林寺；边巴，公德林寺；洛桑，公德林寺；索朗多杰，公德林寺；塔杰，公德林寺；丹增，公德林寺；扎西多吉，公德林寺；洛桑尼玛，公德林寺；尼玛杰布，公德林寺；洛桑曲巴，公德林寺；边巴，公德林寺；普穷，公德林寺；多吉，公德林寺；次仁顿珠，公德林寺；旺久，公德林寺；扎西丹增，公德林寺；扎西，公德林寺；朗噶赤列，公德林寺；普穷，公德林寺；阿旺晋巴，公德林寺；贡觉次仁，公德林寺；旦增土旺，公德林寺；边巴，公德林寺；次仁多吉，公德林寺；扎西欧珠，公德林寺；次仁桑珠，公德林寺；加央，公德林寺；巴桑伦珠，公德林寺；杰旦南朗，公德林寺；土旦格桑，公德林寺；格列，公德林寺；拉珍，仓姑寺；次尼，仓姑寺；坚才曲桑，仓姑寺；阿旺措姆，仓姑寺；仁庆贡桑，仓姑寺；尼玛拉姆，仓姑寺；卓玛拉姆，仓姑寺；嘎玛其美，仓姑寺；洛桑曲珍，仓姑寺；白玛卓嘎，仓姑寺；平措拉吉，仓姑寺；拉巴，仓姑寺；拉巴，仓姑寺；旦增曲宗，仓姑寺；斯朗白永，仓姑寺；拉勇措姆，仓姑寺；旦增贡觉，仓姑寺；阿旺曲珍，仓姑寺；央吉，仓姑寺；西热旦增，仓姑寺；卓玛，仓姑寺；巴桑参觉，仓姑寺；白宗，仓姑寺；央金白姆，仓姑寺；嘎地，仓姑寺；次松玉珍，仓姑寺；拉增，仓姑寺；米玛仓觉，仓姑寺；洛桑次珍，仓姑寺；扎西次宗，仓姑寺；曲尼，仓姑寺；洛桑卓玛，仓姑寺；其美央宗，仓姑寺；洛桑卓玛，仓姑寺；格桑，仓姑寺；旦增曲珍，仓姑寺；卓嘎，仓姑寺；玉珍，仓姑寺；次仁央金，仓姑寺；琼达，仓姑寺；桑姆，仓姑寺；罗央，仓姑寺；宗吉，仓姑寺；平措卓玛，仓姑寺；边巴卓玛，仓姑寺；坚才曲珍，仓姑寺；洛桑曲珍，仓姑寺；阿旺群宗，仓姑寺；拉巴卓玛，仓姑寺；次拉姆，仓姑寺；桑杰德吉，仓姑寺；洛桑措姆，仓姑寺；阿旺曲觉，仓姑寺；次仁，仓姑寺；巴桑央珍，仓姑寺；扎西卓嘎，仓姑寺；阿旺尼卓，仓姑寺；扎西旺姆，仓姑寺；边巴卓玛，仓姑寺；格桑央金，仓姑寺；康吉拉姆，仓姑寺；索朗卓嘎，仓姑寺；白玛央金，仓姑寺；阿旺德庆，仓姑寺；索朗卓玛，仓姑寺；阿旺曲吉，仓姑寺；平措拉姆，仓姑寺；次仁曲珍，仓姑寺；阿旺白吉，仓姑寺；昂旺白姆，仓姑寺；阿若卓嘎，仓姑寺；措吉，仓姑寺；扎穷，仓姑寺；米玛，仓姑寺；边巴，仓姑寺；仓觉，仓姑寺；贡觉曲措，仓姑寺；旦增桑姆，仓姑寺；次成拉姆，仓姑寺；拉巴卓玛，仓姑寺；格桑卓嘎，仓姑寺；阿旺央金，仓姑寺；白珍，仓姑寺；其美，仓姑寺；米玛，仓姑寺；阿旺桑姆，仓姑寺；扎西央宗，仓姑寺；阿旺央金，仓姑寺；白玛平措，木如寺；尼玛，木如寺；阿旺强巴，木如寺；强巴夏加，木如寺；扎西罗布，木如寺；桑培，木如寺；阿旺索朗，木如寺；扎西拉丹，木如寺；阿旺边珍，格日寺；更参次珍，格日寺；阿旺曲吉，格日寺；阿旺白珍，格日寺；色嘎，曲桑日追；白玛仓增，曲桑日追；拉珍，曲桑日追；扎西玉珍，曲桑日追；贡嘎曲珍，曲桑日追；平措卓玛，曲桑日追；其美，次巴拉康；多吉，次巴拉康；旦增桑姆，米穷日寺；康卓拉巴，米穷日寺；索朗多杰，小昭寺；赤列坚参，小昭寺；次仁久明，小昭寺；强巴念扎，小昭寺；恰多，小昭寺；四郎旺杰，小昭寺；仁青加措，小昭寺；顿珠次仁，小昭寺；益西嘉措，小昭寺；白玛江村，帕日日追；多吉，伟林寺；平措扎西，次角林寺；索朗次仁，阳宫寺；平措赤列，乃古东日追；阿旺拉卓，乃古东日追。

（二）达孜县（共52名）

米玛，罗寺；扎西多吉，罗寺；扎西旺久，罗寺；扎西次仁，罗寺；强巴桑旦，罗寺；拉桑，罗寺；玉啦，罗寺；旦增达瓦，罗寺；旦增次成，罗寺；次成，罗寺；次旺罗布，罗寺；桑旦，罗寺；罗布次仁，罗寺；嘎玛旺久，罗寺；央布，罗寺；洛桑扎西，罗寺；索朗扎西，罗寺；巴桑，罗寺；洛桑尼玛，罗寺；格桑扎西，罗寺；阿国，罗寺；伟色，罗寺；格桑旦增，罗寺；旦增，罗寺；旦增达瓦，罗寺；达娃占堆，罗寺；贡嘎索朗，罗寺；曲央，罗寺；强巴加措，罗寺；嘎玛次仁，罗寺；索朗次仁，罗寺；索朗仁青，罗寺；旦增次旺，罗寺；索朗次仁，罗寺；土旦塔杰，尊木采寺；旦增巴珠，尊木采寺；次仁巴珠，尊木采寺；德吉曲珍，穷仓寺；巴桑，穷仓寺；罗宗，穷仓寺；仁青曲桑，穷仓寺；德吉央宗，穷仓寺；索朗康桌，穷仓寺；格桑多吉，雪寺；鲁古，雪寺；罗布，雪寺；罗布次仁，雪寺；群培，桑阿寺；索朗旦增，桑阿寺；云旦，查叶巴寺；巴桑达瓦，拉木寺；阿琼，帕尔寺。

（三）当雄县（共13名）

郎卡，色德寺；加措，色德寺；平措多吉，色德寺；坚参洛珠，色德寺；尼玛卓玛，多吉林寺；阿白，多吉林寺；格桑卓嘎，多吉林寺；普赤，嘎洛寺；扎西措姆，嘎洛寺；斯珍，嘎洛寺；索朗曲珍，嘎洛寺；桑旦卓玛，嘎洛寺；强久，嘎洛寺。

（四）堆龙德庆县（共268名）

玛果，楚布寺；加央，楚布寺；索朗，楚布寺；阿米，楚布寺；曲杰，楚布寺；嘎日，楚布寺；念扎，楚布寺；边巴，楚布寺；其琼，楚布寺；土登洛追，楚布寺；久美，楚布寺；石桑，楚布寺；嘎玛加层，楚布寺；巴罗，楚布寺；土旦索朗，楚布寺；尼玛韦色，楚布寺；嘎玛，楚布寺；桑珠，楚布寺；次仁，楚布寺；索朗多杰，楚布寺；索朗伦珠，楚布寺；扎西，楚布寺；群培，楚布寺；达瓦扎西，楚布寺；洛桑次仁，楚布寺；桑嘎，楚布寺；旺久热旦，楚布寺；索朗多杰，楚布寺；罗布占堆，楚布寺；次杰，楚布寺；列谢，楚布寺；拉巴，楚布寺；索朗，楚布寺；占堆，楚布寺；仁青平措，楚布寺；索朗欧珠，楚布寺；嘎玛桑珠，楚布寺；占堆，楚布寺；其布，楚布寺；格桑扎西，楚布寺；嘎玛格列，楚布寺；贡嘎，楚布寺；珠伦，楚布寺；普布，楚布寺；多吉次旺，楚布寺；斯曲占堆，楚布寺；德庆绕旦，楚布寺；普阿米，楚布寺；阿米，楚布寺；康珠，楚布寺；嘎玛塔青，楚布寺；索朗平措，楚布寺；嘎玛加央，楚布寺；嘎多，楚布寺；嘎桑群培，楚布寺；边央，楚布寺；吉吉，楚布寺；益西尼玛，楚布寺；尼玛，楚布寺；强巴克珠，楚布寺；达瓦，楚布寺；达瓦旦增，楚布寺；边觉顿珠，楚布寺；江白韦色，楚布寺；扎西次仁，楚布寺；嘎玛贡布，楚布寺；旦真江村，楚布寺；次旦多吉，楚布寺；赤列坚才，楚布寺；嘎玛旦培，楚布寺；甲巴，楚布寺；桑珠，楚布寺；强曲，楚布寺；加略，楚布寺；西绕洛桑，楚布寺；格列塔杰，楚布寺；索朗查巴，楚布寺；嘎玛平措，楚布寺；次仁旺杰，楚布寺；扎西旺堆，楚布寺；晋美，楚布寺；多吉韦色，楚布寺；扎西旺堆，楚布寺；扎西达杰，楚布寺；赤列塔杰，楚布寺；热桑，楚布寺；色琼，楚布寺；次仁多吉，楚布寺；旦增，楚布寺；晋美，楚布寺；赤列，楚布寺；贡觉群培，楚布寺；多吉，楚布寺；扎西达杰，楚布寺；旦增旦堆，楚布寺；旦增旺久，楚布寺；嘎玛吴坚，楚布寺；贡觉达庆，楚布寺；嘎玛旦增，楚布寺；米玛，楚布寺；珠扎，楚布寺；德吉，楚布寺；贡觉多吉，楚布寺；次旦群培，楚布寺；达穷，楚布寺；嘎玛，楚布寺；土旦，楚布寺；嘎包，楚布寺；达桑，楚布寺；色曲，楚布寺；平措次仁，楚布寺；米玛，楚布寺；多吉，楚布寺；达瓦顿珠，楚布寺；拉珠，楚布寺；嘎玛坚参巴珠，楚布寺；边巴，楚布寺；丹增次旺，楚布寺；土旦尼玛，楚布寺；旦增，楚布寺；旦真旺杰，楚布寺；白玛，楚布寺；加达，楚布寺；格多，楚布寺；多吉，楚布寺；米玛，楚布寺；扎西加措，楚布寺；珠杰旦达，楚布寺；旦增旺久，楚布寺；贡觉，楚布寺；旺久多吉，楚布寺；扎西，楚布寺；次旦多吉，楚布寺；嘎玛曲加，楚布寺；扎啦旺堆，楚布寺；多吉，楚布寺；仁青，楚布寺；觉珠，楚布寺；玉占，楚布寺；索朗曲珠，楚布寺；弟弟，楚布寺；多吉，楚布寺；西绕群培，楚布寺；旺堆，楚布寺；扎西，楚布寺；旦增，楚布寺；拉珠，楚布寺；达珠，楚布寺；扎西顿珠，楚布寺；米玛旦增，楚布寺；达旦江村，楚布寺；嘎玛晋美，楚布寺；索朗旺青，楚布寺；色丁，楚布寺；边巴多吉，楚布寺；晋巴，楚布寺；边多，楚布寺；诺桑，楚布寺；斯朗，楚布寺；桑珠，楚布寺；斯曲次仁，楚布寺；次旦，楚布寺；贡桑多吉，楚布寺；索朗仁青，楚布寺；布桑，楚布寺；多吉坚才，楚布寺；巴桑，楚布寺；巴嘎，楚布寺；尼玛多吉，楚布寺；西绕，楚布寺；琼达，楚布寺；多吉，楚布寺；贡加，楚布寺；次旦群培，楚布寺；拉巴，楚布寺；嘎玛平措曲扎，楚布寺；旦增群培，楚布寺；次仁多吉，楚布寺；强巴，楚布寺；秋多，楚布寺；斯曲次仁，楚布寺；次旦，楚布寺；贡桑多吉，楚布寺；索朗仁青，楚布寺；布桑，楚布寺；多吉坚才，楚布寺；巴桑，楚布寺；巴嘎，楚布寺；尼玛多吉，楚布寺；西绕，楚布寺；琼达，楚布寺；多吉，楚布寺；贡加，楚布寺；次旦群培，楚布寺；拉巴，楚布寺；嘎玛平措曲扎，楚布寺；旦增群培，楚布寺；次仁多吉，楚布寺；强巴，楚布寺；秋多，楚布寺；多布青，楚布寺；西洛，楚布寺；嘎玛达瓦，楚布寺；强巴群培，楚布寺；旦增，楚布寺；强巴，楚布寺；格桑达杰，楚布寺；嘎玛次成，楚布寺；多吉坚参，楚布寺；罗布康松，楚布寺；多木，楚布寺；江白，楚布寺；扎西达瓦，楚布寺；次仁顿珠，楚布寺；罗布，楚布寺；格列，楚布寺；索朗珠杰，楚布寺；次吉拉巴，楚布寺；其加，楚布寺；贡桑热旦，楚布寺；多布青，楚布寺；西洛，楚布寺；嘎玛达瓦，楚布寺；强巴群培，楚布寺；旦增，楚布寺；拉巴，措美寺；达瓦，措美寺；尼玛次仁，措美寺；索朗，措美寺；桑珠，措美寺；扎巴桑杰，措美寺；边巴，措美寺；巴桑次仁，措美寺；拉琼，措美寺；拉琼，措美寺；尼玛，措美寺；归桑强巴，措美寺；达杰，措美寺；普布扎西，顶嘎寺；拉杰，顶嘎寺；巴桑朗杰，顶嘎寺；单增旺扎，顶嘎寺；桑木，顶嘎寺；西洛，顶嘎寺；格列，顶嘎寺；扎西玉珍，其美龙寺；益西措姆，其美龙寺；玉珍，其美龙寺；曲桑，其美龙寺；达娃，其美龙寺；拉珍，其美龙寺；白玛达娃，其美龙寺；德庆，其美龙寺；洛桑卓玛，其美龙寺；丹增贵桑，其美龙寺；康松，其美龙寺；米玛，觉木龙寺；题确，觉木龙寺；小扎西，觉木龙寺；热杰，觉木龙寺；次旦巴桑，觉木龙寺；多吉久美，觉木龙寺；次仁，达扎寺；强巴次仁，达扎寺；洛桑，达扎寺；阿旺洛桑，尼玛塘寺；索朗多吉，尼玛塘寺；达瓦扎西，尼玛塘寺。

（五）林周县（共167名）

洛亚，杰堆寺；团旦，杰堆寺；占堆，杰堆寺；边巴，杰堆寺；边巴，杰堆寺；平措拉巴，杰堆寺；旦杰，杰堆寺；达娃，杰堆寺；普布，杰堆寺；达娃，杰堆寺；旺堆，杰堆寺；拉巴扎西，杰堆寺；阿琼，杰堆寺；巴桑，杰堆寺；米，杰堆寺；米玛，杰堆寺；索朗罗布，杰堆寺；冲日，杰堆寺；江白多吉，杰堆寺；罗布，杰堆寺；普布加参，杰堆寺；扎西，杰堆寺；罗布，杰堆寺；朗朗，杰堆寺；大阿布，杰堆寺；次仁旺堆，杰堆寺；旺扎，杰堆寺；多桑，杰堆寺；普琼，杰堆寺；普布索朗，杰堆寺；扎西桑珠，杰堆寺；丹增，杰堆寺；阿旺索朗，杰堆寺；强巴多吉，杰堆寺；强巴，杰堆寺；杰布，杰堆寺；洛桑，杰堆寺；江才，杰堆寺；普布，杰堆寺；索朗平措，杰堆寺；贡琼，赤龙寺；尼玛，赤龙寺；桑旦，赤龙寺；次仁顿珠，赤龙寺；旦增，赤龙寺；多青，赤龙寺；欧珠次仁，赤龙寺；格培，赤龙寺；朗杰，赤龙寺；旦增热杰，赤龙寺；斯达，赤龙寺；阿旺伦珠，赤龙寺；尼玛，赤龙寺；嘎地，赤龙寺；达杰，赤龙寺；土旦仁青，热振寺；强巴坚才，热振寺；普布次仁，热振寺；洛桑旺久，热振寺；洛桑索巴，热振寺；洛桑群培，热振寺；晋美坚才，热振寺；江白旦增尊追，热振寺；坚才曲扎，热振寺；旦增坚才，热振寺；扎西措姆，夏寺；美朵，司木寺；尼珍，森库寺；贡布次仁，色康寺；朗杰，桑旦顶寺；罗布扎西，仁青查寺；加措，曲定寺；拉巴，甘曲寺；旺堆，纳木寺；次仁央吉，纳嘎寺；次旦旺姆，纳嘎寺；普琼，落堆强康；大白宗，加日寺；扎西杰布，朗当寺；尼玛顿珠，巴杂寺；曲增，边旦孜寺；平措次仁，楚木查日追；普亚，嘎玛寺；措姆，毕龙寺；桑杰多吉，边嘎寺；旦增曲珍，波多寺；贡觉，查加寺；巴丁，楚杰寺；朗杰，加查寺；宗巴央吉，加查寺；益西朗杰，觉旦寺；次旦多吉，纳连扎寺；洛桑，纳连扎寺；达瓦，纳连扎寺；列谢旦真，纳连扎寺；益西坚才，纳连扎寺；江村欧珠，桑旦林寺；坚才曲吉，桑旦林寺；坚才德庆，桑旦林寺；伦珠坚参，桑旦林寺；益西卓嘎，桑旦林寺；斯曲卓嘎，桑旦林寺；桑卓，桑旦林寺；热曲，桑旦林寺；坚才曲宗，桑旦林寺；坚才贡桑，桑旦林寺；坚才德吉，桑旦林寺；央金卓玛，塔玉贡康寺；普布卓嘎，塔玉贡康寺；贡久群培，乃苏寺；占堆，达龙寺；曲多，达龙寺；旦增旺堆，达龙寺；次旺，达龙寺；曲多，达龙寺；扎西次仁，达龙寺；西热，达龙寺；次旺，达龙寺；强巴坚才，斯林寺；央措，夏寺；索朗措坚，甘曲寺；落追格桑，热玛强康；次仁卓嘎，罗杂寺；益西，边旦孜寺；巴桑，扎西曲林寺；旦增曲扎，热玛强康；普琼，曲定寺；普布次仁，楚杰寺；边巴旺堆，纳木寺；江才扎西，查加寺；格桑扎西，仁青查寺；江参阿旺，罗杂寺；索朗顿珠，达龙寺；土旦洛桑，达龙寺；罗亚巴珠，达龙寺；卓嘎，森库寺；阿旺平措，纳连扎寺；顿珠加才，纳连扎寺；旦增曲扎，楚木查日追；阿尼，加查寺；卓玛，加查寺；珠多，桑旦林寺；益西卓嘎，桑旦林寺；彭琼，桑旦林寺；洛桑次仁，康龙日追；卓嘎，波多寺；索朗吉，波多寺；扎西尼玛，桑旦顶寺；边巴，斯林寺；赤列索朗，乃苏寺；阿旺，甘曲寺；桑珠次仁，色康寺；桑旦，司木寺；索朗，落堆强康；江央卓玛，毕龙寺；白珍，夏寺；大其美，纳嘎寺；小其美，纳嘎寺；益西洛桑，热振寺；索朗平措，热振寺；晋巴坚参，热振寺；平措占堆，边嘎寺；卡桑，觉旦寺；顿珠次仁，巴杂寺；阿旺平措，嘎玛寺；达瓦普赤，塔玉贡康寺；米琼，塔玉贡康寺。

（六）墨竹工卡县（共231名）

能白，直孔梯寺；热多，直孔梯寺；嘎玛多吉，直孔梯寺；贡觉塔青，直孔梯寺；贡秋尼杰，直孔梯寺；贡觉尼顿扎巴，直孔梯寺；热杰，直孔梯寺；索朗念扎，直孔梯寺；坚才扎西，直孔梯寺；旦增塔青，直孔梯寺；白玛，直孔梯寺；旦增，直孔梯寺；旦增白桑，直孔梯寺；次仁扎西，直孔梯寺；贡觉桑旦，直孔梯寺；嘎玛旦巴，直孔梯寺；扎西平措，直孔梯寺；晋美多吉，直孔梯寺；贡觉扎西，直孔梯寺；贡觉桑旦，直孔梯寺；仁青曲达，直孔梯寺；贡觉嘎巴，直孔梯寺；贡觉次仁，直孔梯寺；扎西次仁，直孔梯寺；贡觉尊珠，直孔梯寺；贡觉顿旦，直孔梯寺；扎桑，直孔梯寺；次旦桑布，直孔梯寺；拉巴，直孔梯寺；贡觉朗珠，直孔梯寺；次塔，直孔梯寺；龙曲，直孔梯寺；贡秋旦杰，直孔梯寺；桑旦平措，直孔梯寺；贡觉白桑，直孔梯寺；扎西，直孔梯寺；格桑巴珠，直孔梯寺；贡觉色杰，直孔梯寺；次仁桑珠，直孔梯寺；贡觉桑布，直孔梯寺；培日，直孔梯寺；日桑罗布，直孔梯寺；次达，直孔梯寺；贡觉洛珠，直孔梯寺；贡秋次仁，直孔梯寺；顿珠罗布，直孔梯寺；旺杰，直孔梯寺；贡觉云旦，直孔梯寺；索朗次仁，直孔梯寺；边巴，直孔梯寺；吉措，直孔梯寺；麻布，直孔梯寺；贡觉加才，直孔梯寺；土登格列，直孔梯寺；普布，直孔梯寺；嘎玛土多，直孔梯寺；达瓦，直孔梯寺；拉巴，直孔梯寺；贡秋西绕，直孔梯寺；江白旺扎，直孔梯寺；洛桑旦增，直孔梯寺；赤列贡嘎，直孔梯寺；益西加措，直孔梯寺；贡觉曲培，直孔梯寺；云丹群培，直孔梯寺；论珠，直孔梯寺；格曲，直孔梯寺；贡觉达瓦，直孔梯寺；桑旦平措，直孔梯寺；贡秋拉杰，直孔梯寺；贡觉拉松，直孔梯寺；赤列仁增，直孔梯寺；乃美次仁，直孔梯寺；赤嘎，直孔梯寺；多堆，直孔梯寺；贡秋曲珠，直孔梯寺；扎西罗布，直孔梯寺；巴桑，直孔梯寺；央日，直孔梯寺；索朗多吉，直孔梯寺；贡觉维色，直孔梯寺；朗珠，直孔梯寺；阿罗，直孔梯寺；顿珠旺堆，直孔梯寺；塔也多吉，直孔梯寺；索巴，直孔梯寺；晋美赤列，直孔梯寺；格念赤列，直孔梯寺；克珠，直孔梯寺；贡觉朗珠，直孔梯寺；多吉，直孔梯寺；西绕，直孔梯寺；洛桑，直孔梯寺；次旦曲达，直孔梯寺；贡觉尼玛，直孔梯寺；次成塔青，直孔梯寺；琼阿，直孔梯寺；贡秋贡布，直孔梯寺；贡觉路美，直孔梯寺；边巴洛珠，直孔梯寺；阿罗(小)，直孔梯寺；贡觉多杰，直孔梯寺；贡觉米玖，直孔梯寺；吴坚，直孔梯寺；朗朗，直孔梯寺；次旦桑杰，直孔梯寺；贡觉加措，直孔梯寺；旦增贡桑，直孔梯寺；朗嘎，直孔梯寺；贡觉旺布，直孔梯寺；贡觉尼玛，直孔梯寺；赤列曲桑，直孔梯寺；旺扎，直孔梯寺；洛坚，直孔梯寺；桑旦曲觉，直孔梯寺；贡觉索巴，直孔梯寺；次旦，直孔梯寺；洛桑次旺，直孔梯寺；曲果，直孔梯寺；赤米，直孔梯寺；贡觉仁卓，直孔梯寺；尼玛罗布，直孔梯寺；贡觉桑珠，直孔梯寺；赤列巴桑，直孔梯寺；旦巴，直孔梯寺；阿塔达瓦，直孔梯寺；贡觉次成，直孔梯寺；贡觉旺杰，直孔梯寺；贡觉龙多，直孔梯寺；查拉，直孔梯寺；嘎多，直孔梯寺；赤列琼乃，直孔梯寺；巴布，直孔梯寺；鲁白，直孔梯寺；晋珠，直孔梯寺；贡觉达瓦，直孔梯寺；东嘎，直孔梯寺；赤列桑布，直孔梯寺；德庆，直孔梯寺；巴珠，直孔梯寺；贡觉次旺，直孔梯寺；多吉，直孔梯寺；扎西饶旦，直孔梯寺；贡觉赤列伦珠，直孔梯寺；白玛次旦，直孔梯寺；贡觉旦增，艾玛日寺；罗布，艾玛日寺；阿旺旦增，艾玛日寺；群培，艾玛日寺；洛桑，艾玛日寺；贡布顿珠，艾玛日寺；赤列旺堆，艾玛日寺；贡觉顿珠，艾玛日寺；赤列江村，艾玛日寺；贡觉尊珠，艾玛日寺；贡觉，艾玛日寺；尼玛，艾玛日寺；朗嘎，艾玛日寺；旦增多杰，艾玛日寺；贡觉顿珠，艾玛日寺；赤列旺堆，艾玛日寺；才旺索朗，艾玛日寺；扎西次仁，艾玛日寺；贡觉强久，艾玛日寺；阿若，艾玛日寺；阿其旦达，艾玛日寺；觉加措，艾玛日寺；贡觉赤列，艾玛日寺；珠杰，艾玛日寺；贡觉欧珠，艾玛日寺；贡觉尼玛，艾玛日寺；贡觉旦增，艾玛日寺；索朗白玛，曲龙寺；贡觉拉姆，曲龙寺；白玛康卓，曲龙寺；益西曲珍，曲龙寺；贡觉仁青，曲龙寺；次成桑姆，面孜寺；次仁旺旦，夏拉康；林旦，宗孜寺；赤列，宗孜寺；索朗白决，芒热寺；学努欧珠，芒热寺；旦增朗杰，查多寺；格桑次仁，查多寺；塔朗，羊日岗寺；贡觉林旦，羊日岗寺；伦珠，塔巴寺；平措，塔巴寺；旦增，热旦寺；次仁曲珍，热旦寺；旦增旺姆，热旦寺；扎西平措，吉布寺；益西尊珠，吉布寺；西念坚参，赤达寺；坚巴，赤达寺；阿旺桑旦，强巴林寺；顿珠旦塔，扎雪寺；旦增罗布，帮萨寺；次仁达瓦，切卡寺；达多，卡加寺；果卓，曲贡寺；土旦强巴，仁青林寺；索朗多吉，仁青林寺；朗嘎，扎西曲林寺；旦增平措，杰定寺；洛桑塔青，布拉寺；平措旺珍，布拉寺；昂旺旺姆，布拉寺；洛桑顿旦，唐加寺；巴庆，阿央寺；次仁罗布，刚刚寺；阿旺曲旺，维纳寺；次仁桑布，达布寺；土旦，达布寺；达瓦罗布，普巴寺；土旦卓玛，德仲寺；西热旺姆，德仲寺；次旦卓玛，德仲寺；次旺姆，德仲寺；曲英桑姆，德仲寺；贡觉白姆，德仲寺；曲旦旺姆，顶杰寺；曲扎加措，卓欧松多寺；达瓦多吉，查布寺；贡觉，日多寺；土旦旺布，嘎则寺；扎西顿珠，嘎则寺；阿努，嘎则寺；贡觉益西，嘎则寺；米珠，嘎则寺。

（七）尼木县（共41名）

扎西次旦，杰吉寺；阿旺西绕，杰吉寺；阿旺伦珠，杰吉寺；洛桑江才，杰吉寺；琼达，杰吉寺；阿旺晋美，杰吉寺；旦增平措，杰吉寺；阿旺加央，杰吉寺；平措念扎，杰吉寺；拉巴顿珠，杰吉寺；洛桑尊追，杰吉寺；洛桑克觉，杰吉寺；洛桑塔杰，杰吉寺；洛桑旦杰，杰吉寺；金巴催成，杰吉寺；洛桑晋巴，杰吉寺；洛桑旦增，杰吉寺；拉旺罗布，杰吉寺；贵桑，杰吉寺；帕珠，杰吉寺；洛桑曲培，杰吉寺；阿旺巴旦，杰吉寺；普琼，杰吉寺；阿旺坚才，曲德寺；巴旦啦，卓瓦曲碘寺；嘎玛次仁，墨卡拉康；阿旺扎西，强才拉康；增拉，达吴拉康；索朗卓嘎，溃公拉康；索朗央珍，卓玛普日追；桑旦桑姆，比如上下寺；仁增桑布，米珠通门林寺；益西曲宗，提确林寺；仁青罗布，夏荣寺；格桑曲培，乳巴寺；多庆，热杰寺；根堆扎西，卓瓦曲碘寺；旺堆，卡曲寺；拉巴，岗仲寺；觉啊，恩布寺；仓决，代塔寺。

(八)曲水县(共39名)

索朗拉姆，萨玛扎寺；央啦，萨玛扎寺；曲尼白玛，萨玛扎寺；德吉措姆，萨玛扎寺；吴坚措姆，萨玛扎寺；巴旦桑姆，萨玛扎寺；格桑秋珠，萨玛扎寺；格桑措姆，萨玛扎寺；仁增，萨玛扎寺；德吉白玛，萨玛扎寺；西洛，萨玛扎寺；索朗曲珍，萨玛扎寺；次仁玉珍，萨玛扎寺；卓多，萨玛扎寺；曲尼拉姆，萨玛扎寺；托梅，萨玛扎寺；巴桑卓嘎，萨玛扎寺；尼玛仓决，雄色寺；嘎玛，珠寺；仓卓玛，雄色寺；措姆，雄色寺；仁增卓嘎，雄色寺；仓决卓玛，雄色寺；达娃卓玛，雄色寺；白玛曲宗，雄色寺；达曲，雄色寺；巴桑卓玛，雄色寺；桑杰桑姆，雄色寺；贡觉拉姆，雄色寺；次吉，雄色寺；晋美多吉，雄色寺；次旦，雄色寺；平措旺堆，琼果央孜寺；刚组，琼果央孜寺；达瓦，扎西岗寺；阿旺扎巴，热堆寺；平措旺堆，热堆寺；尼玛次仁，热堆寺；旦增曲扎，热堆寺。

(九)大昭寺(共102名)

拉巴；土登次仁；旦增贡布；阿旺；普布；扎西平措；仁青拉杰；念扎；巴桑；平措坚参；晋美；坚参塔青；巴桑；格列朗杰；次仁；洛桑扎西；益西；琼巴次仁；次旦；格尼；洛桑旦增；强白森给；达瓦；多吉旺堆；尼玛次仁；旺扎；洛松斯郎；次珠；扎西次仁；班觉维色；欧珠次仁；阿旺坚参；仁增多吉；克确；白玛群培；洛桑旦增；伦珠多吉；索朗旺堆；巴桑；土登拉巴；索朗旺久；旦增强巴；曲杰；旦增塔杰；加央洛追；旦增平措；格桑旦增；土登格列；顿珠；热旦；多吉；强巴；拉巴次仁；占堆；次仁加措；罗杰；强巴罗布；洛桑曲扎；多布杰；旦巴次仁；次仁；旦增曲旦；林珠杰布；平措；次旺；次旦多吉；尊追；尼玛；普布赤来；巴桑；次仁旺堆；坚才；普布次仁；晋美；贡觉旦增；次郎；旦培；旺杰；巴桑；强巴；次仁；洛松；旦增；次仁；达瓦；土旦；琼达；土登晋美；贡嘎；斯曲；洛旦；晋美；巴桑占堆；旦增洛桑；旦巴强巴；土登仁青；旦巴卓色；益西落追；嘎玛曲银；扎西次仁；旦巴塔杰；达瓦罗布。

(十)甘丹寺(共312名)

索朗平措；格桑次仁；阿旺旦琼；格桑次仁；巴珠；洛桑旦达；次仁占堆；土登阿旺；土登；格桑曲旦；强央克珠；贡觉次仁；桑杰；次仁巴珠；伦珠；林旦；格桑土旦；罗布；达穷；边巴；多布拉；穷达；巴珠；次罗；索朗德江；旦增次仁；达瓦；洛桑西绕；朗杰；桑杰；次达平措；达娃；次仁；洛桑扎巴；阿旺益西；艾；坚参绕杰；芒措；多日；晋美；米玛；格桑云旦；巴桑；阿旺次成；洛桑欧珠；旦增强巴；阿旺嘎旦；阿牛；次成贡嘎；达琼；贡觉杰布；洛桑旦增；尼玛顿珠；次达；洛桑坚参；益西旺杰；洛亚；洛珠；尼玛旦增；强久；旺堆；强巴次美；旦增索朗；多布杰；根顿；巴珠；四朗多吉；嘎日；次仁旺堆；索朗扎西；平措；白玛次旦；索朗旦增；米玛；洛桑平措；米玛；洛追；阿尼；次仁罗布；洛桑旺堆；洛桑曲久；贡布；边巴；其美仁增；索朗塔杰；多布杰；旦增平措；旦增多吉；达瓦；尼玛；旦巴；赤列旺杰；巴桑；让珍；曲达；普布念扎；旦增格列；巴珠；丹增；尼玛索巴；罗布平措；普布次仁；平措；拉巴次仁；旦巴次成；平措旦达；赤列旦巴；旦增赤列；旦巴格列；更顿贡觉；顿珠多吉；旦洛；格顿欧珠；益西旦增；晋美旺久；贡觉；旦达；吴坚扎西；强巴旦增；白玛曲扎；平措罗布；维色格桑；扎西朗杰；尼玛次仁；达瓦；旦增强巴；顿珠旺堆；欧珠加措；朗杰次仁；西热旺久；多吉；拉巴顿珠；朗卡次仁；次尼；顿玉；边巴；次仁巴珠；嘎玛旦增；旦增强巴；顿珠曲桑；土旦；云旦；土登益西；旦增益西；格桑；普布次仁；洛追；堪绕；贡觉仁青；强巴杰布；旦增罗布；米玛次仁；索朗多吉；索朗多吉；旦增赤列；边巴；当曲；索朗曲桑；伦珠加措；旦增顿珠；洛桑旦增；吾金次仁；吾坚；次成朗杰；达瓦顿珠；次仁群培；旦增伦珠；洛桑朗杰；巴珠；

次成坚参；罗桑；巴珠；尼玛旺堆；达娃；次旦；坚参；白玛多吉；堪绕加央；旺堆；班旦加；多布杰阿南；次仁达娃；次仁占堆；格桑；平措曲央；洛桑伦珠；贡觉尼玛；旦培；洛桑仁青；洛桑；旦增尼玛；布琼；顿珠扎西；巴桑次成；次旺加措；赤列旦增；益西多布杰；拉穷；阿旺坚才；次旺顿珠；索朗罗布；仁桑；珠次仁；扎西；洛桑益西；洛桑达娃；江白；索朗坚才；查果；吾果；阿旺晋美；索朗桑布；格桑；白玛；次央；洛桑；次仁群培；次仁贡布；多吉；诺培；次仁桑珠；洛桑群培；次旦；扎西平措；克珠；次果；米琼；次旦米久；琼达；巴桑；罗布次仁；格桑多吉；索朗多吉；次仁桑布；土登年羊；扎桑；班旦；次仁多杰；扎西；索朗旺扎；其米；洛桑桑旦；赤列绕杰；顿玉；阿旺列桑；布琼；旦巴；朗杰；次仁多杰；查卡；加略；克珠；桑珠；平措占堆；桑布；多杰；诺桑；土旦晋美；洛追；贡觉次成；仁青；格桑次仁；洛桑次仁；洛桑措赤；平措；曲扎；罗追；琼达；帕珠；贡嘎罗布；洛桑旦增；旦增加措；次央；琼桑；多吉；提吾；阿若；格尼次达；洛桑巴旦；西洛；曲达吉；索朗边觉；贡觉加措；索朗旦增；巴珠；次仁；达瓦；吉达；仁增罗布；穷达；强巴；欧珠平措；西绕旺久；尼玛；拉巴；久阿；加央西绕；加措；贡觉坚参；旦琼；巴桑；昂准；阿旺；洛桑顿珠；赤列欧珠；强巴洛珠；尼玛次仁；阿措；土旦加永；仁增；索朗仁青；贡觉旦增。

（十一）色拉寺（共483名）

阿多；阿旺；阿旺巴旦；阿旺次仁；阿旺达扎；阿旺达扎；阿旺登增；阿旺金美；阿旺晋美；阿旺朗杰；阿旺伦珠；阿旺洛珠；阿旺群培；阿旺桑布；阿旺桑旦；阿旺扎西；阿珠；昂久；昂旺旦增；巴桑；巴桑；巴桑；巴桑次仁；巴桑次仁；巴吴次仁；巴珠；白玛；白玛多杰；白桑；白桑；班典次成；班觉罗布；边巴；边巴；边巴；边巴次仁；边巴旦增；边琼；布尼玛；布琼次仁；布珠；查果巴珠；查朗；赤来旦达；赤列；赤列旺久；赤桑；次成江才；次成曲增；次旦多吉；次旦多吉；次旦罗布；次旦欧珠；次旦群培；次多；次嘎；次仁；次仁；次仁；次仁；次仁；次仁；次仁达瓦；次仁达瓦；次仁顿珠；次仁多布杰；次仁多吉；次仁多吉；次仁多吉；次仁坚参；次仁金巴；次仁罗布；次仁罗布；次仁罗布；次仁念扎；次仁片多；次仁群培；次仁桑布；次仁塔杰；次仁旺堆；次仁旺堆；次仁旺堆；次仁扎西；次旺；次旺；次旺贡布；次珠；达次仁；达多；达杰；达桑；达娃；达娃；达娃；达娃坚参；达瓦；达瓦；达瓦；达瓦次仁；达瓦次仁；达瓦次仁；达瓦欧珠；达瓦索朗；旦巴；旦巴；旦巴培杰；旦巴旺久；旦多；旦增；旦增；旦增；旦增；旦增；旦增赤列；旦增多吉；旦增格参；旦增坚才；旦增金巴；旦增伦珠；旦增平措；旦增曲扎；旦增曲珠；旦增群培；旦增益尼；旦扎；旦智；登巴达吉；豆青；顿珠；顿珠；顿珠次仁；顿珠次仁；顿珠多吉；顿珠坚参；多吉；多吉次旦；多吉次旦；多吉次旦；多吉伦珠；多吉欧珠；多加；多杰；多杰；多杰；多热；嘎多；嘎玛；嘎玛次仁；嘎玛甲央；嘎玛曲培；嘎松旺堆；嘎扎；甘旦；格来；格龙；格桑；格桑；格桑巴珠；格桑江村；格桑罗布；格桑平措；更参伦珠；贡嘎；贡嘎；贡嘎次仁；贡嘎顿旦；贡加；贡加；贡觉；贡觉旦杰；古如占堆；吉多；加参龙多；加措；加措；加措贡觉；加洛；甲参培迪；坚才次仁；坚才达瓦；坚才培德；坚才强巴；坚才曲扎；坚才曲扎；坚参；坚参；坚参强久；坚参塔给；坚参益西；坚参尊珠；江白；江白；江白达瓦；江白丹增；江白洛珠；江白土美；江才拖美；江村多曲；江村扎巴；晋美次仁；克珠；克珠江才；拉巴；拉巴；拉巴次旦；拉巴次仁；拉巴次仁；拉巴次仁；拉巴次仁；拉巴扎西；拉贡；拉桑；朗卓贡加；朗卓列措；列谢；刘噶；龙多坚参；龙多元旦；伦珠坚才；罗布；罗布次仁；罗布索朗；罗布占堆；罗嘎；罗桑；罗桑达瓦；罗桑嘉措；洛旦；洛桑；洛桑；洛桑；洛桑；洛桑；洛桑；洛桑；洛桑；洛桑阿旺；洛桑次培；洛桑次仁；洛桑达杰；洛桑达瓦；洛桑达扎；洛桑旦达；洛桑旦增；洛桑当曲；洛桑当曲；洛桑邓珠；洛桑多吉；洛桑甘旦；洛桑贡布；洛桑贡觉；洛桑贡钦；洛桑加措；洛桑加央；洛桑坚才；洛桑江村；洛桑久美；洛桑克尊；洛桑朗嘎；洛桑伦珠；洛桑罗布；洛桑罗珠；洛桑洛曲；洛桑洛珠；洛桑尼玛；洛桑尼玛；洛桑平措；洛桑平措；洛桑普布；洛桑其珠；洛桑强巴；洛桑秋加；洛桑曲朗；洛桑曲扎；洛桑群培；洛桑桑旦；洛桑桑旦；洛桑索巴；洛桑塔堆；洛桑塔克；洛桑塔庆；洛桑提觉；洛桑土旦；洛桑托美；洛桑旺久；洛桑旺青；洛桑西珠；洛桑夏加；洛桑益西；洛桑益西；洛桑云旦；洛桑尊珠；洛松多吉；洛松江村；洛松罗布；洛松尼扎；洛松西绕；洛松扎西；洛珠；洛珠坚参；洛珠杰才；米

玛；米玛；米玛；米玛；米玛；米玛；米玛次仁；米玛次仁；南加曲平；南朗；南珠塔叶；尼玛；尼玛；尼玛；尼玛；尼玛；尼玛次仁；尼玛次仁；尼玛顿珠；尼玛罗布；念扎；念扎；念扎；欧珠；欧珠；欧珠；欧珠多吉；欧珠罗布；培杰；平措；平措；平措贡嘎；平措强巴；平措曲扎；平措热旦；平措扎西；普布；普布；普布；普布；普布次仁；普布次仁；普布次仁；普布旦增；普琼；普琼；普琼；强巴阿旺；强巴边巴；强巴赤来；强巴次仁；强巴多吉；强巴江才；强巴克珠；强巴平措；强巴热杰；强巴热杰；强巴土登；强巴旺久；强巴云旦；强巴扎西；强久；穷巴；琼达；琼达；琼达；曲培；曲桑；曲桑；群佩顿珠；热巴；热卓；仁青次培；仁青罗布；仁青旺杰；仁庆罗布；仁增达瓦；三郎头；桑布；桑布；桑旦；桑木珠；色多；师楼；斯多；索巴；索巴；索朗；索朗边巴；索朗次仁；索朗次仁；索朗格增；索朗江才；索朗杰布；索朗杰布；索朗晋美；索朗久美；索朗伦珠；索朗平措；索朗群培；索朗扎西；塔杰；土旦嘎旦；土旦江才；土旦强巴；土旦益西；土登；土登；土登达瓦；土登格桑；土登郎珠；土登曲增；土登热杰；土多仁增；旺堆；旺堆坚参；旺杰；旺杰；旺久；旺久次仁；吴金扎西；西琼；西绕次培；西热加措；西热平措；向巴格列；向巴土多；益西；益西次占；益西旦增；益西嘎瓦；益西加措；益西洛珠；益西平措；益西强巴；益西索朗；玉来；云旦；扎巴；扎巴；扎巴朗杰；扎桑巴珠；扎西；扎西；扎西；扎西次仁；扎西次仁；扎西达吉；扎西多布杰；扎西加措；扎西加错；扎西坚才；扎西罗布；扎西罗布；扎西欧珠；扎西平措；扎西曲觉；扎西桑珠；尊珠；尊珠塔也；强巴欧珠；洛桑群培；阿旺强巴；强巴群单；仁增；云登；巴珠；洛桑；阿迪；阿旺仁庆；扎西次仁；贡嘎；强巴旺杰；央迪；坚参；旺秋；索朗扎西；阿旺平措；土登克珠；拉珠；一西多吉；洛桑洛绒。

（十二）哲蚌寺（共439名）

平措夏加；平措措尼；阿旺列杰；阿旺仁增；平措列杰；阿旺谢巴；阿旺西绕；平措朗点；阿旺强桑；群培热嘎；平措题觉；群培尼玛；阿旺思琼；阿旺索朗；平措列桑；阿旺索多；群培巩加；阿旺扎西；平措牛朗；益西扎巴；平措扎西；阿旺曲巴；平措群培；平措仁青；阿旺觉久；益西群培；阿旺东觉；阿旺列旦；阿旺贡朗；阿旺维色；群培列谢；平措塔也；群培责坚；阿旺达旦；阿旺群培；阿旺珠扎；群培伦珠；阿旺觉旦；平措日卓；平措绕杰；平措旦达；平措晋美；群培列桑；平措聪米；平措元旦；阿旺达伟；阿旺益西；平措加措；群培顿玉；平措曲尼；阿旺索扎；阿旺东阿；扎巴坚参；平措曲旦；阿旺列措；阿旺潘德；平措曲旺；群培罗旦；平措列培；阿旺曲珠；阿旺热嘎；坚才扎西；洛桑塔巴；平措格列；阿旺边巴；阿旺洛色；平措旦达；平措益西；阿旺门青；平措边元；旦巴坚才；群培旦巴；平措扎巴；阿旺夏加；洛桑元旦；阿旺根堆；阿旺群培；贡觉朗杰；平措恰达；阿旺次仁；阿旺色旦；阿旺索巴；阿旺洛曲；阿旺尊追；益西唐堆；阿旺德勒；平措旺庆；群培斯基；平措桑旦；群培桑培；赤列旺堆；群培洛桑；平措琼觉；阿旺热桑；群培诺旦；群培多吉；群培亚培；平措加措；扎巴罗布；群培伦珠；群培旺杰；阿旺群增；次成朗杰；益西坚参；平措仁琼；平措朗达；阿旺囊朗；索朗坚参；阿旺曲玛；群培旺布；群培索巴；罗布坚才；坚参塔堆；阿旺东送；阿旺列确；群培维巴；平措珍哲；阿旺巴珠；平措群培；阿旺才桑；阿旺贡庆；平措囊再；阿旺普桑；阿旺桑旦；洛桑旦达；群培洛色；坚参曲英；阿旺亚俄；平措乃曲；群培赤列；群培桑布；洛桑尊珠；平措列确；益西却旺；土登旺久；阿旺索巴；洛桑贡觉；益西塔杰；江白格堆；阿旺朗宁；旦增桑觉；益西平措；洛桑当觉；阿旺日杰；平措旦达；平措曲桑；阿旺热嘎；阿旺曲达；阿旺维白；赤列坚参；克珠坚才；平措次桑；阿旺洛追；阿旺旺久；阿旺伟庆；坚才旺堆；阿旺曲珠；平措土桑；阿旺土吉；阿旺朗卓；群培乔朗；平措嘎娃；旦增亚培；群培热杰；阿旺敏朗；旦巴罗布；阿旺曲扎；阿旺桑旦；平措扎金；群培根敦；平措土登；平措洛桑；平措塔巴；群培土登；阿旺平措；阿旺桑诺；群培龙多；阿旺米久；坚才拉桑；平措托美；阿旺仁旦；平措仁青；阿旺强青；阿旺云旦；阿旺伟松；阿旺巴美；江白拉桑；坚才塔杰；阿旺朗纳；阿旺塔业；群培江白；阿旺强索；平措江参；阿旺龙珠；强巴列措；益西洛桑；平措维旦；坚参贡觉；阿旺牛朗；洛桑千旦；阿旺伟色；平措边巴；阿旺冲热；平措米彭；江白洛珠；赤列群旦；阿旺贡桑；阿旺多久；平措列门；平措内乃；阿旺桑旦；平措热琼；群培班旦；阿旺贡恰；阿旺晋哲；阿旺旦培；平措朗青；洛桑强久；阿旺索杰；阿旺曲桑；阿旺土登；阿旺朗卡；江白朗珍；阿旺旦增；阿旺

洛珠；平措克绕；群培塔叶；平措朗色；平措四久；群培日思；坚才土多；阿旺从美；阿旺嘎旦；阿旺索巴；平措旦增；平措央阿；阿旺曲杰；阿旺旦达；阿旺强次；阿旺强桑；阿旺帕曲；阿旺朗色；洛桑英尼；平措色卫；平措格桑；阿旺曲晋；阿旺塔杰；平措宗克；群培旦久；平措扎巴；平措江央；洛桑次成；平措西绕；曲培朗朗；益西旦增；平措格堆；阿旺措尼；平措阿旺；阿旺旦杰；平措达顿；群培晋美；平措责坚；平措珠扎；阿旺祖坚；阿旺列桑；阿旺江央；平措次仁；阿旺仓央；阿旺边努；江增群培；群培顿珠；平措贡列；坚参旺久；平措姆朗；群培达美；阿旺晋杰；阿旺次成；平措堪绕；平措强巴；赤列曲扎；群培托美；群培蒙堆；平措江边；群培西尼；扎西朗杰；坚参洛色；阿旺洛色；阿旺巴旦；阿旺坚参；曲培格培；阿旺绕琼；群培格桑；洛桑尊追；阿旺塔巴；群培给桑；阿旺甘丹；平措觉朗；阿旺旦增；阿旺丹西；群培朗珍；平措绕塞；阿旺曲罗；强巴云丹；阿旺曲扎；群培左旦；阿旺达杰；平措罗布；群培格桑；阿旺释迦；阿旺强巴；阿旺格久；平措桑堆；坚才丹增；群培仓赛；加央旦增；平措塔庆；格桑当曲；群培托美；平措塔叶；阿旺坚参；土登念扎；坚才朗珍；阿旺坚桑；江白扎巴；阿旺洛培；阿旺土其；阿旺维旦；阿旺旦觉；阿旺桑堆；阿旺真真；群培土旺；洛桑旦达；阿旺朗嘎；坚才索巴；平措土登；平措贡确；阿旺乃觉；平措米吉；阿旺达杰；阿旺贡色；阿旺东觉；土旦旦增；益西德庆；阿旺顿珠；阿旺米吉；旦巴阿旺；格顿门朗；阿旺洛迪；阿旺木格；平措德朗；阿旺平措；平措索多；平措曲旺；阿旺桑杰；平措旺杰；平措旺久；平措曲青；平措益西；平措伟丹；群培桑培；群培措尼；群培塔巴；群培扎巴；群培列措；阿旺罗白；阿旺帕罗；阿旺扎西；强巴夏加；阿旺益西；阿旺仁珠；阿旺列杰；阿旺桑珠；阿旺顿旦；阿旺让嘎；阿旺加央；阿旺江白；阿旺贡庆；格桑益西；洛桑塔青；阿旺赤青；平措达瓦；平措玛邦；平措江贡；更堆扎西；阿旺次培；阿旺拉桑；群培炯乃；阿旺免琼；平措多吉；阿旺贡斯；阿旺麦觉；平措强巴；群培仁青；阿旺土觉；多吉索朗；平措顿旦；平措洛追；阿旺土登；群培列谢；平措娘美；群培桑珠；平措洛旦；阿旺桑杰；阿旺土庆；群培贡斯；阿旺谢珠；平措旦西；旦增催赤；阿旺西绕；平措罗布；旦增尊追；阿旺白桑；群培土登；阿旺色吉；阿旺洛桑；强巴丹增；阿旺班觉；阿旺英尼；强巴格列；平措旦确；平措伟色；洛桑旦巴；群培白桑；赤来坚才；洛桑贡布；白玛次仁；平措帕觉；平措旦松；群培洛珠；平措次平；平措久乃；洛桑云旦；洛桑曲杰；洛桑西绕；旦巴旺扎；强巴尊追；强巴确朗；阿旺土登。

（此件发至县级）

拉委发〔2011〕130号
中共拉萨市委员会　拉萨市人民政府
关于表彰2010—2011年落实党风廉政建设责任制先进单位的决定

(2011年12月30日)

2010—2011年，全市各级党委、政府严格按照中央和自治区党委、政府的要求，全面贯彻党的十七大和十七届五中、六中全会精神，以邓小平理论和“三个代表”重要思想为指导，深入贯彻落实科学发展观，认真落实党风廉政建设责任制，通过扎实有效的工作，形成了党风廉政建设齐抓共管的良好局面，推进了构建惩防体系和党风廉政建设各项工作的深入开展，为维护全市改革发展稳定大局，推动我市经济社会全面协调可持续发展做出了重要贡献。

为鼓励先进，促进各级领导班子和领导干部切实履行好党风廉政建设责任，进一步营造良好的反腐倡廉氛围，推动全市反腐倡廉建设各项工作再上新台阶，市委、市政府决定，对全市2010—2011年落实党风廉政建设责任制工作成绩突出的城关区等3个县(区)和市民服务中心等10个市直单位予以表彰。希望受表彰的先进单位把荣誉作为新的起点，在落实党风廉政建设责任制方面再接再厉，再创佳绩，推动我市党风廉政建设和反腐败工作深入开展。

党风廉政建设责任制是推进反腐倡廉工作的重要制度保障。全市各级党政组织要向受表彰的先进单位学习，以先进为榜样，严格执行党风廉政建设责任制，切实负起抓党风廉政建设的政治责任，按照标本兼治、综合治理、惩防并举、注重预防的方针，整体推进反腐倡廉各项工作，为实现我市跨越式发展和长治久安提供坚强保证。

一、先进县区(3个)：城关区、墨竹工卡县、达孜县(各奖励叁万元,30000元)；

二、先进市直单位(10个)：市市民服务中心、市委办公厅、市委组织部、市财政局、市妇联、市政府办公厅、市委宣传部、市委统战部、市中级人民法院、市公安局(各奖励贰万元,20000元)。

(此件发至县级)

拉委发〔2011〕131号
中共拉萨市委员会关于印发《拉萨市引进人才优惠政策实施细则(试行)》的通知

各县(区)委，市委各部委，市直各局、委、办党组(党委)，各人民团体党组：

《拉萨市引进人才优惠政策实施细则(试行)》，已经2011年12月28日市委八届四次常委会研究通过，现印发给你们，请认真贯彻执行。

中共拉萨市委员会

2012年1月14日

拉萨市引进人才优惠政策实施细则(试行)

为深入推进人才强市战略，吸引更多优秀人才到拉萨施展才华和创新创业，根据《拉萨市中长期人才发展规划纲要(2011—2020年)》和全市人才工作会议精神，制定本实施细则。

一、人才引进的指导思想及对象、方式

(一)指导思想

以邓小平理论、“三个代表”重要思想和科学发展观为指导，牢固树立“人才资源是第一资源”的观念和更加开放的人才观，尊重劳动、尊重知识、尊重人才、尊重创造，着眼于引得来、留得住、用得好，完善人才引进机制，健全人才服务保障，拓展人才发展空间，把拉萨建设成区域性人才高地，为全市经济社会持续快速健康发展提供更加有力的人才保障和智力支持。

(二)引进对象

拉萨市引进人才是指根据工作需要，从非拉萨单位、非西藏生源高校毕业生中引进到拉萨工作、创业的人员。主要包括以下五类：

1. 领军型人才：指专业水平、能力素质和工作实绩特别突出，对某一产业、行业发展起引领作用的高层次人才。主要包括国家“百千万人才工程”人选；享受国务院、省级政府特殊津贴人员；省级以上学科、学术、技术带头人和中青年专家或者科学技术奖获得者。

2. 复合型人才：指具备特殊专长或者技能，工作能力和实绩突出，能独立或者带领团队承担某一领域工作的复合人才。主要包括重点领域、重点项目、重点学科、重点课题或者重点部门的带头人。

3. 骨干型人才：指在某一领域有特殊专长或者技能。能发挥骨干作用的人才。主要包括有特殊专长或者技能的业务骨干、技术骨干、拔尖人才、民间艺人；取得发明、实用新型、外观设计专利或者其他自主知识产权的人员；地市级科学技术奖获得者。

4. 创业型人才：指以带技术、带项目、带资金的形式到拉萨投资创(领)办企业的创新创业人才。主要包括企业主导产品和服务具有较大市场潜力，能够填补市内空白或者引领相关产业发展的科技开发人才(或者团队)或者企业经营管理人才(或者团队)。

5. 普通型人才：指为填补相关专业技术领域人才缺口，成规模成批量引进，专业能力和综合素质符合岗位要求的专业技术人才或者技能人才。主要包括各类一般性人才和具有全日制本科以上学历的应届高校毕业生。

(三)引进方式

引进人才的方式主要有三种。一是调入引进，即调入拉萨机关、企(事)业单位工作。二是开发引进，即引进科技开发人才或者企业经营管理人才到拉萨创新创业。三是柔性引进，以聘用、借用、雇员、兼职、顾问、客座、项目引进、人才派遣(租赁)、智力服务、技术入股、合作研究、技术咨询等柔性流动方式引进。

二、引进人才的优惠政策

(一)工作待遇

对以调入方式引进的领军型、复合型和骨干型人才，提供相应的工作条件和项目协调等相关服务工作；一次性提供20万元、10万元、4万元自由支配的资助费；每年分别提供3次以内、2次以内、1次以内应邀参加国际国内学术技术交流合作的差旅费；对领军型人才，由所在单位保证其工作和生活用车，尊重本人意愿，自带或者配备1～2名工作助手，并按照骨干型人才标准确定工作助手待遇。

(二)生活待遇

对以调入方式引进的领军型、复合型、骨干型和普通型人才，分别在市区无偿安排条件较好的住房，并一次性提供8万元、5万元、2万元、2000元安家费；住房内水、电、气、宽带和固定电话“五通”，免交安装成本费；每年安排一次体检；学龄子女优先安排到条件较好的学校就学或者幼儿园入托，同等享受升学、公开招录、就业等优惠政策；对领军型、复合型、骨干型人才，尊重本人意愿随调已参加工作的配偶、子女。

(三)职务待遇

调入行政机关的引进人才，职务层次保持不变。调入事业单位的引进人才，承认原有职称、身份和专业技术职务任职资格，可聘任原等级的专业技术职务，也可根据其自身条件和岗位需要低职高聘；有突出贡献的，可破格晋升专业技术职务；在保质保量完成本职工作的前提下，可有偿应聘到其他单位担任技术指导、顾问或者讲学等临时工作。

(四)奖励待遇

凡通过本人技术、管理取得经济效益的引进人才，经本人申请和市人才工作协调小组委托审计、财政、税务等部门认定后，由用人单位连续5年按税后新增利润10%的标准予以奖励。对在技术创新和重点项目等方面获得重大成果、发挥主要作用的引进人才，经权威部门确认后，由用人单位从项目产生效益的第1年起，连续5年按税后新增利润的10%予以奖励。对由引进人才主要带领或者实施、获得地市级(含地市级)以上科技进步奖的项目，对引进人才个人予以所获奖金同等金额的奖励。有发明专利等高新技术成果的引进人才，其成果可作为无形资产参与项目投资，权利、义务由双方协议确定。

(五)政治待遇

同等条件下，优先为引进人才提供支持和解决困难。对成绩显著，贡献特别突出的引进人才，予以嘉奖或者记功。引进人才调入后，尊重本人意愿，可推荐为市、县(区)人大代表候选人或者市、县(区)政协委员候选人。对符合领导干部条件且具备行政管理才能的引进人才，可按《干部选拔任用条例》规定推荐为党政领导干部。

(六)福利待遇

调入引进人才享受同类人员休假、事假等福利待遇，按确定的职级或者职称享受相应的工资待遇，其中引进到企事业单位工作的，工资待遇可以放开，可实行协议工资或者年薪制等分配形式，从优确定工资福利待遇。引进人才因公就读深造或者出国留学的时间可计算连续工龄。

(七)社保待遇

引进人才调入后，其社会保险和住房公积金按国家有关规定执行，调入前的社会保险关系按照有关规定转移，不能正常接转的由相关职能部门协调转移。

(八)户口待遇

引进人才调入后，愿落户拉萨市的，按有关规定办理入户手续；不愿落户拉萨市的，可办理拉萨引进人才工作证，享受拉萨籍居民相关待遇；其配偶、子女户口可随迁并优先解决城镇居民户口，免收户口办理所有费用。

(九)创业待遇

创业型引进人才创办企业，优先享受各项创业优惠政策。

(十)其他待遇

引进人才与用人单位以合同、协议等形式确定权利义务和支付报酬的，按合同、协议等执行。以柔性流动方式引进的人才，不受国籍、户籍、地域、身份、档案、人事关系的制约，可在不改变其与原单位人事关系的前提下，采取一事一议的方式，由用人单位与引进人才商定优惠政策和相关待遇，签订引进协议，并报市委组织部、市人力资源和社会保障局备案。

三、人才引进的程序

根据拉萨经济社会发展需要，对引进人才实行计划管理，严防盲目引进。领军型、复合型、骨干型和普通型人才引进的具体程序如下。

(一)报送计划

用人单位根据工作需要，制订引进人才计划，于每年10月30日前向市人力资源和社会保障局申报次年人才引进计划。

（二）公开招聘

市人力资源和社会保障局结合用人单位人才引进计划，开展调研论证，并编制《拉萨市急需紧缺人才引进目录》，明确各类急需紧缺人才能力素质的基本要求，报市委组织部审核后公开发布，面向社会公开、择优招聘人才。引进目录发布期间，用人单位可根据实际需要自主物色人才；市委组织部可视应聘情况，会同市人力资源和社会保障局、用人单位到市外、区外或国（境）外招才引智。

（三）拟定人选

用人单位将引进人才有关材料，报市人力资源和社会保障局初审，市人力资源和社会保障局对照本细则和《拉萨市急需紧缺人才引进目录》要求，拟定引进人员名单，报市委组织部审核。

（四）组织考察

市委组织部、市人力资源和社会保障局、用人单位及其主管部门组织相关人员对拟引进人才进行考察，对符合条件的，提交市人才工作协调小组研究审议，审议通过后由市委组织部报市委审批。

（五）正式引进

市人力资源和社会保障局组织用人单位与引进人才签订协议，办理相关手续，在拉萨市政府门户网站和“拉萨人才网”公示引进人才情况，向市委组织部汇报相关工作，申请发放引进人才的资助费、安家费和生活补贴。对创业型引进人才，由市科学技术局会同有关部门做好相关协调服务工作。

四、引进人才的管理与服务

（一）管理权限

市委组织部是全市引进人才工作的牵头部门，负责对全市引进人才工作的宏观管理和统筹协调；市人力资源和社会保障局是全市引进人才的综合管理部门，在党管人才工作格局下，负责领军型、复合型、骨干型和普通型人才引进的具体工作，并负责指导、协调用人单位管理、服务引进人才；用人单位及其主管部门是引进人才日常管理的主体，负责对引进人才的日常管理和考核评价；市科学技术局是创业型引进人才管理的职能部门，具体负责创业型引进人才的管理、服务工作，并向市委组织部汇报相关工作。

（二）服务渠道

健全引进人才信息数据库，建立市委、市政府、组织人事部门、主管部门领导联系引进人才制度，每年召开一次引进人才座谈会，了解其工作、生活情况，解决困难和问题。实行引进人才流失问责制，有引进人才流失的县（区）和部门，市委组织部要对党委（党组）书记问责。

（三）考核评价

每年年底对引进人才考核一次，考核内容主要包括政治表现、履职情况、创新精神、科学科研成就、课题项目进展和工作实绩等情况。具体考核工作由市人力资源和社会保障局组织，县（区）人力资源和社会保障局、市直单位政工人事部门实施。对表现差的引进人才，由市人力资源和社会保障局报市人才工作协调小组研究后，取消其享受的有关引进人才优惠政策和待遇，直至解聘（辞退）；造成严重后果的，按有关规定追究相关单位、个人的责任。

（四）服务期限

以调入方式引进的人才，在拉萨最低服务期限为五年。服务期未满一年的，全额追回资助费和安家费。服务期满一年不足五年的，按每年25%的比例追回资助费和安家费。

（五）经费保障

设立拉萨市人才培养开发专项资金，确保人才引进、资助和激励等工作顺利开展。市委组织部负责对专项资金的宏观管理和统筹协调。市财政局根据市人才工作协调小组的工作安排负责资金落实。

五、企业等其他单位引进人才

鼓励支持企业、差额拨款和自收自支事业单位及其他非公有制组织引进各类人才到拉萨工作，其相关待遇由用人单位与引进人才本人双方协商确定，人才引进、培养、开发、奖励所产生的费用由用人单位自行负责，并视情况从引进人才专项资金中予以一定补贴。

六、其他事项

本细则从下发之日起实行，由市委组织部负责解释和监督。拉萨市之前有关政策与本细则不一致的，以本细则为准。

后　记

根据2011年6月2日,《西藏自治区人民政府办公厅关于启动全区三级志书续修及年鉴编辑工作的通知》(藏政办发〔2011〕57号),要求各地(市)、县(市、区)从2011年开始启动年鉴编辑工作。2011年12月10日,中共拉萨市委办公厅、拉萨市人民政府办公厅联合下发了关于启动《拉萨年鉴》编纂工作的通知(拉委厅发〔2012〕91号),要求拉萨年鉴和各县(区)年鉴的编纂工作从2012年全面启动,拉萨年鉴的编纂工作由拉萨市党史(地方志)编纂委员会统一领导,拉萨市地方志编纂委员会办公室具体负责编辑。

根据市委、市政府主要领导的批示精神和拉萨实际情况，为了进一步做好年鉴编纂工作,2012年1月12日~13日,邀请了北京市地方志办公室副主任谭烈飞;北京市年鉴社社长催震、副社长沈红岩三位地方志、年鉴专家在拉萨举办了全区首届年鉴编纂知识培训班,对拉萨各县(区)、市直各单位100多名具体负责年鉴编辑人员进行了培训。三位专家从年鉴的特点和编纂流程、年鉴的历史与现状、年鉴的编写等三个方面做了全面生动的讲解。通过这次培训,为编纂好拉萨年鉴打下了良好的基础。山南、那曲、日喀则地方志办公室的同志也参加了这次培训。

根据年鉴工作开展情况,2月29日下午,召集八县(区)分管地方志工作的领导和地方志办公室主任,经开区、柳梧新区、市发改委、市住建局、市教体局、市交通局、市水利局、市农牧局的负责同志召开了拉萨年鉴工作推进会。会议要求各县(区)、市直各单位一定要按照市委、市政府的统一部署,按时保质保量完成拉萨年鉴和各县(区)年鉴的编纂任务。这次会议有效地促进了全市年鉴编辑的工作进度。4月底,拉萨市地方志办公室与各县(区)、驻市各单位建立了年鉴编辑人联系制度,进一步加快年鉴编纂进程。

为了做好资料收集工作,市地方志参考了多家内地省会城市年鉴,重点参照北京年鉴的模式开展资料收集工作。在具体编写过程中,大多数单位的稿件都根据市地方志办公室的意见进行了2~3次修改,有些单位修改次数多达4~5次,最后经各单位主要领导审查签字盖章后送市地方志汇编。

经过全市编辑人员的共同努力,7月初,完成了《拉萨年鉴》(2012卷)初稿,并送到北京市年鉴社组织有关专家从年鉴体例、结构、内容、表述等方面进行全面细致深入的调整、修改和规范,这次修改,调整幅度很大,提出的意见、需要补充的东西很多。在请北京年鉴社修改的同时,7月13日,召开了拉萨年鉴评审会,自治区党史(地方志办)公室主任车明怀、自治区地方志办公室编辑代晓宁、市委保密局、市委党史办、拉萨警备区、武警拉萨支队、市公安局、市民宗局、市档案馆、市地方志办公室等负责同志出席了会议,对拉萨年鉴进行了认真审查,提出了一些修改意见并作了进一步补充完善。会议对拉萨年鉴初稿的编纂质量给予很高评价。

9月4日,根据北京建议做了大量的补充和修改,使拉萨年鉴有了质的飞跃,基本奠定了《拉萨年鉴》(2012卷)的雏形。

9月18日~10月22日,北京年鉴社又进行了第二次全面修改,为提高年鉴质量打下了坚实的基础。同时,将书稿送到方志出版社进行审核。

10月15日~30日,将拉萨年鉴分别呈送给市委、人大、政府、政协等23位领导进行审阅,进一步征求意见,并根据各位领导提出的意见,增加了秦宜智书记在八次党代会作的工作报告(根据拉萨晚报整理),调整、补充、修改了公益版图片和部分内容。

11月13~26日,根据北京年鉴社建议,将拉萨年鉴书稿送至北京黑马飞腾科技有限公司进行电脑和人工双从校对,进一步提高了年鉴的质量。

12月5日,根据多吉次珠市长"请曹边疆常务副市长组织召开专题会议进行审校,特别是对一年来的重大活动、经济指标、工作思路进行认真审校"的批示精神,召集市委、人大、政府、政协、发改委、统计局等10位领导召开专题会议,对《拉萨年鉴》(2012卷)进行再次严格评审,根据会议提出的意见做了认真修改。

12月16~21日,根据12月5日专题会议精神和市委副书记、常务副市长曹边疆指示,16日曹志明副秘书长带领当雄县副县长普片多、拉萨市地方志张玉虎、堆龙德庆县地方志索朗央金对拉萨年鉴进行最后审校。

本年鉴编辑部因工作人员少且编辑经验不足,粗疏、缺漏或错误在所难免,欢迎各级领导和广大读者批评指正。

本年鉴编辑出版工作得到各有关领导、各单位和社会各界的鼎力帮助和支持,特别是得到了北京市地方志办公室在人力、财力、智力等方面的大力支持和帮助,为此,谨表忠心感谢。

索　引

说　明

·本索引采取主题索引也称内容分析索引法编幕。主题词(标目)以正文中出现的专业名词、名词词组、地名、机构名、人名为主。

·特载、法规规章、专文、重大工作、大事记、附录等栏目内容不在标引范围内。

·本索引基本按汉语拼音音序排列,汉字打头的标目按首字的音序音调依次排列,首字相同时,则以第二字排序,依此类推;以阿拉伯数字打头的主题词,排在最前面;以英文字母打头的主题词,列于其后。

·本索引的文字部分为标目,标目之后的阿拉伯数字表示该标目所在正文中的页码(地址项),其后的小写英文字母(a、b)表示正文中的栏别(从左至右)。

·部分标目后面有若干个页码或栏别,则表示该标目均在这些地方出现。

·针对一些标目在多个页码出现或标目本身专指性较差的情况,为避免读者盲目检索,本索引特在部分标目后面设置限定词,表示该标目所在语义环境或所指对象,例于读者有针对性的检索。如“对外合作交流 x x x(教育)”则表示该标目是属于教育方面的资料单元。

·单列“区情县情索引”,8 个区县名称用黑体字,按其在正文中的先后顺序排列,名称下的标目排列规则同上。

B

C

D

E

F

G

H

J

K

L

M

N

P

Q

R

S

T

W

Z

区情县情索引

西藏鑫湖矿业有限公司

云南冶金集团股份有限公司董事长、驰宏公司董事长　董英

驰宏公司高管（中间左为总经理陈进，右为党委书记武佩雄）研究部署公司重要事项

西藏鑫湖矿业有限公司董事长　陈华国

鑫湖矿业有限公司总经理胡万宏（中）主持公司班子扩大会

西藏鑫湖矿业有限公司（以下简称“公司”）成立于2004年7月28日，属拉萨市招商引资项目，主要从事矿产资源的勘探、开采、选矿等业务，拥有西藏879.01平方公里的10个探矿权。多年来，公司与中国地质科学研究院、西藏地勘局第二地质大队等单位长期合作，在共同努力下，资源找探、矿山开发建设等方面取得了一定的成果。

公司按照西藏矿业发展战略的统一部署，为进一步扩大矿山找探矿及矿山开发建设成果，不断提升公司的经营管理水平和经营效益。本着优势互补、合作共赢的理念，公司决定引进同行业的优质企业共谋更大发展。目前，公司已同云南驰宏锌锗股份有限公司（以下简称“驰宏公司”）签订框架协议，拟引进驰宏公司为控股股东进行联合开发，以此打造西藏矿业开发的标杆

矿山全景

①鑫湖矿业原董事长、总经理赵林（左）聘请原中国地调局局长叶天竺（右）为鑫湖公司顾问
②联合国开发计划署官员威士·戴伟先生到驰宏公司考察
③驰宏塞尔温项目签字仪式

企业，从而实现西藏矿业及公司的跨越式发展，为地方经济发展作贡献。

驰宏公司主要发起人云南会泽铅锌矿，是国家“一五”计划156个重点项目之一，是国内第一个采用烟化富集技术处理低品位共生难选铅锌矿的先驱，是国内最早从氧化铅锌矿中提取锗用于国防尖端工业建设的企业。经过60年的发展，驰宏公司已发展成为集地质找矿、采矿选矿、冶炼、化工、科研和深加工为一体的大型国有控股、国内主板上市的国际矿业公司。辉煌的成就和知名度，使驰宏公司成为国家高新技术企业和国家首批循环经济试点企业之一。驰宏公司总部坐落于云南省曲靖市，现在国内外共设立25个分子公司，有员工13000余人，拥有一批高素质的管理人才和专业技术队伍。驰宏公司始终坚持“科学发展、和谐共荣的发展理念”，不断转变发展方式，发展循环经济，实现了超越行业平均增长速度的跨越式发展，综合竞争实力跻身全国铅锌企业前列。近五年累计实现总产值257亿元，利润37亿元，上缴税金31亿元。在实现自身发展的同时，为地方经济和中国有色金属工业的发展做出了积极的贡献。

重组后的西藏鑫湖矿业将秉承驰宏公司的发展理念，以打造西藏矿业企业标杆为目标，科学规划、精益运作，以优异的成绩回报社会。

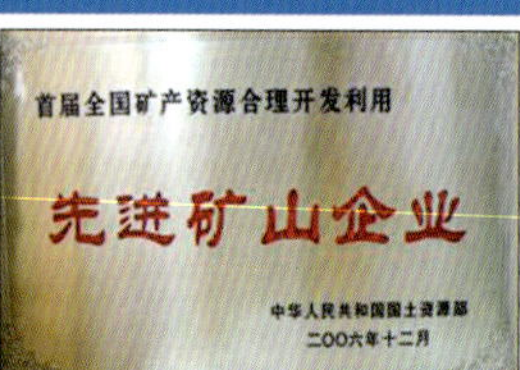

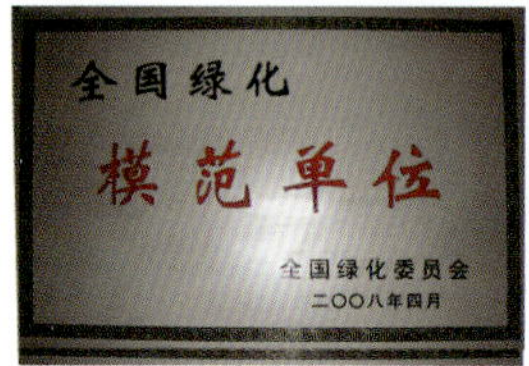

公司获得的“和谐宝鼎”

电锌产品

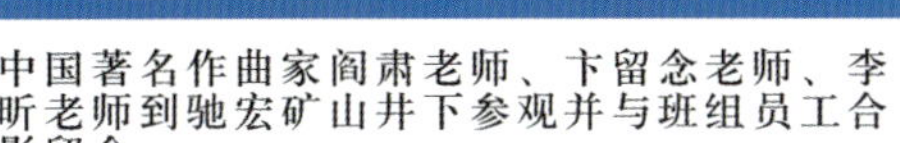
中国著名作曲家阎肃老师、卞留念老师、李昕老师到驰宏矿山井下参观并与班组员工合影留念

员工合唱企业歌曲

标准化建设的井下巷道

花园式工厂

①②③④

①驰宏公司长周期大极板锌电解技术
②驰宏公司铅冶炼艾萨炉
③膏体充填是驰宏公司一项集安全、环保、资源综合利用于一体的世界级先进充填技术
④数字化矿山　中心控制室

公司锗产品

西藏自治区汽车

党委书记、总经理　普布

总公司党委书记、总经理普布到郭加村了解村民生产生活情况

西藏自治区汽车工业贸易总公司成立于1962年2月，隶属于自治区人民政府国有资产监督管理委员会；是经国家工商总局、国家计委批准指定的小轿车经营单位。公司前身是西藏自治区汽车配件公司，目前已发展成为集汽车销售、宾馆服务、物业管理、维修服务及配件供应的多元化经营公司。

多年来公司始终坚持“深耕市场，细作管理，关爱客户，共赢发展”的经营理念，顺利通过ISO9001质量管理体系国标认证工作，建立了依法经营的有效机制，使企业各项管理工作标准化、程序化。

2006年公司被自治区党委和自治区国资委授予“先进基层党组织”荣誉称号；被中组部、国务院国资委党委授予“全国国有企业创建四好领导班子先进集体”；被中华全国总工会、劳动和社会保障部、中企联授予“全国模范劳动关系和谐企业”；2007年被全国厂务公开协调小组授予“全国厂务公开民主管理先进单位”、国家工商行政管理总局授予全国第四批“守合同、重信誉”企业和被国家发展和改革委员会价格监测中心评为

领导班子成员带头在公司职工书屋内学习

职工在公司举办的“爱我中华、爱我西藏”文艺晚会上表演节目

工业贸易总公司

自治区党委书记张庆黎看望慰问公司困难老职工

自治区副主席邓小刚率自治区国有企业改革领导小组部分成员到公司检查工作

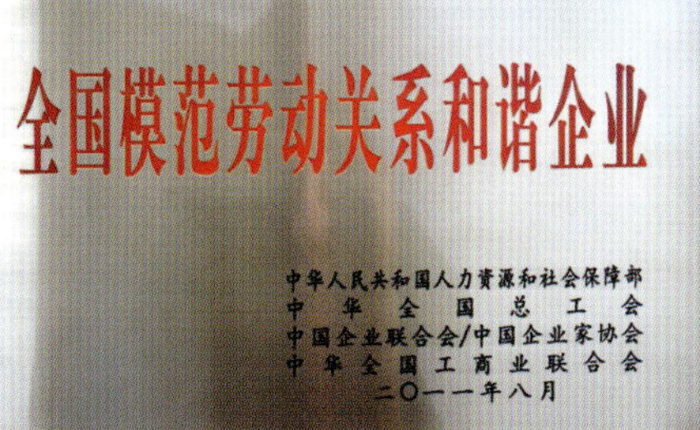

"全国优秀价格监测定点单位"。

公司经销和代理的汽车品牌有：上海大众系列、斯柯达系列、长安汽车、长安铃木、日本铃木、郑州日产等多个知名汽车品牌；公司年销售收入达1.6亿元，在拉萨汽车销售市场的占有率一直保持在30%左右。

自治区党委副书记、自治区主席白玛赤林，自治区副主席董明俊在中国电信拉萨分公司检查指导工作

中国电信向全市创先争优强基惠民驻村工作队捐赠天翼3G无线网卡

中国电信拉萨分公司

中国电信拉萨分公司是中国电信西藏分公司下属地市级经营单位，成立于2004年。在拉萨市委、市政府和中国电信西藏分公司的正确领导下，中国电信拉萨分公司不断加快企业转型，由小变大，由大到强，始终秉承“用户至上、用心服务”的理念，坚持以满足客户需求为己任，以科技为先导，切实履行央企社会责任，为助力地方加快信息化建设、实现社会长治久安和经济跨越式发展发挥了应有作用，作出了积极贡献。特别是随着中国电信2008年取得3G移动经营牌照后，中国电信拉萨分公司不断强化“追求企业价值与客户价值共同成长”的经营理念，以“让客户尽情享受信息新生活”为企业使命，贯彻落实科学发展观，加强改革创新，突出网络优化建设，拓宽服务渠道建设，推动全业务高速发展，进一步树立“世界级综合信息服务提供商”品牌形象，让广大群众尤其是农牧区群众进一步享受“世界触手可及”的现代信息新生活！

2011年是西藏自治区和平解放60周年，面对错综复杂的经济环境和繁重艰巨的工作任务，中国电信拉萨分公司紧紧围绕“安全维稳第一责任，企业发展第一要务”，出色地完成了西藏和平解放60周年大庆期间各项安全维稳和通信保障工作任务，圆满实现了年度经营发展工作目标，获评为“庆祝西藏和平解放60周年活动先进集体”。

2011年，面对政府、企事业单位和个人日益增长并更趋于多元化、个性化的通信需求，中国电信拉萨分公司坚持深化企业转型，严格内部管理，逐步成为业务品种齐全、技术力量雄厚、网络精品高速、服务优质高效、人员专业素质优秀的通信运营企业；形成了由营业网点、专营

中国电信向全市创先争优强基础惠民生活动驻村工作队捐赠天翼3G无线网卡

中国电信拉萨分公司召开团拜会共迎新春，图为员工自编自排表演节目

中国电信积极开展微笑服务，持续提升服务水平

营业厅进行礼仪培训，提升客户服务满意度

组织足球赛事，加强沟通，释放压力，营造“快乐工作、健康生活”氛围

维护人员实施拉萨光缆迁改入地项目，同步提供强力通信保障

店、自助终端和网络、手机、短信营业厅等构成的全方位服务网络；深入推进“光网中国“战略实施，加快“光进铜退”网络改造和WiFi热点建设，持续提升网络质量和承载能力；配合市政道路改扩建，完成17条道路电缆落地改造工程，积极开展“蜘蛛网”线缆清理专项工作，更新公用电话亭，落实“窗口”行业规范化服务，全力支持拉萨市争创“全国文明城市”；完善制度，多措并举，企业管理水平不断提高，经营效益不断提升，实现健康快速发展。

2011年，中国电信拉萨分公司各级党组织以学习践行科学发展观为主线，以确保企业改革发展稳定为中心，以完善基层党组织建设为重点，充分发挥企业党组织凝聚人心、服务群众、促进和谐的作用，为实现分公司又好又快发展提供了坚实的思想、政治和组织保证，扎实开展“基层党建年”、“创先争优强基础惠民生”活动，加强领导班子队伍建设，深化党风廉政建设，深入开展精神文明和企业文化建设，通过在基层深入开展“建四小、创六好”工作，着力改善基层员工工作生活环境，大力营造“以人为本”、“和谐奋进”的企业良好环境，有效推动了工会、共青团工作蓬勃开展。年内，中国电信拉萨分公司作为国资委推荐的第三批全国闻名单位，通过了全国文明单位考评组现场考核。

西藏宁玛矿业有限公司

西藏宁玛矿业有限公司成立于2002年9月，主要从事有色金属矿开采和矿产品销售业务。公司成立以来，不断发展壮大，现总资产达3800余万元，拥有墨竹工卡县玛拉沟措嘎、那布定两个矿点，主要开采矿种为铅锌矿，年产值4000万元左右。

公司始终坚持“安全第一，预防为主，综合治理”的方针，从“抓安全促效益”出发，每年积极组织人员参加各项安全技术培训和安全管理培训，并对矿山从业人员进行安全技术、安全知识、安全操作规程培训；经常性地对各矿洞进行安全检查、整改，增添安全设施设备等，对采、掘作业要求严格、规范，并逐渐实现机械化，不断改进采掘工程技术，合理开发利用资源，发挥资源优势，提高经济效益。于2009年至2011年三年期间，公司利用先进而适用的矿山开采技术加大开采力度，铅锌矿产量14万余吨，实现工业总产值1.1亿元，销售收入8469万元，上缴各项税费1240余万元。

公司一手抓建设发展，一手抓环境保护，彼此促进，同步前行，走绿色矿山建设之路。为了有效地保护生态环境，特聘请了成都科技大学环保科研所对矿山工程做了环境影响评估，对生活垃圾、生活污水进行了无害化处理，利用废渣堆砌挡墙，杜绝扩大危害自然景观的生产活动，有效地保护了高原生态环境，使经济建设和环境保护相辅相承、和谐发展。

公司在注重自身发展的同时，热心各类公益事业：捐赠扶贫款、赠送物资、捐资助学、修路筑桥等。从公司成立至今，先后在公益事业上投入资金达760余万元，充分体现了企业“以人为本”的经营理念，以实际行动支援地方建设，让农牧民群众尽快富起来，创建和谐安定的社会环境。

公司将始终坚持“科学、高效、规模、环保、安全”的开发原则，不断加强自身建设，广泛地与同行业、企业交流，为社会创造更多的财富，为西藏的经济发展作出更大贡献。

董事长　布桑

总经理　梁剑锋

应急演练

安全检查

措嘎7号洞

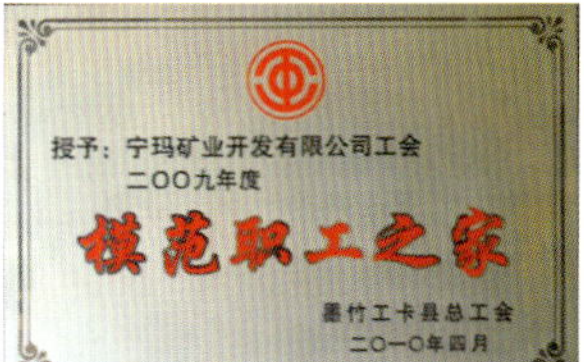

措嘎矿山

拉萨青达建设集团有限公司

董事长　刘国永

拉萨青达建设集团有限公司系拉萨市所属独立核算、自负盈亏的股份制民营企业。公司成立于1995年，拥有固定资产1.8亿元。员工2000余人，总产值1.1亿元，下属青达建筑工程有限公司、青达建材有限公司、青达陶瓷有限公司。青达建设集团有限公司董事长、法人代表刘国永系四川遂宁人，现年四十五岁，重庆建筑学院工民建专业毕业。

青达建筑工程有限公司

拉萨青达建筑工程有限公司前身为“西藏赛康集团青达建筑工程有限公司”，成立于1995年，1999年正式从赛康集团分离出来，成为独立的法人公司，注册资金2000万元人民币。主要从事房屋建筑工程（贰级）、公路工程（贰级）、水利水电工程（叁级）、市政公用工程（贰级）施工；混凝土预制构件（叁级）；建筑装修装饰工程承包（叁级）业务。

公司自成立以来，通过艰苦创业，已发展成为具有施工能力达一亿元人民币产值的大型综合施工企业，公司坚持“以质量求生存，以信誉求发展”的宗旨，严格按照国家有关建设规范要求执行各项目的施工管理，所承建的工程项目都达到了设计要求，得到了广大用户和建设行政部门的普遍好评，获得良好的社会声誉。先后承建了西藏自治区内的房屋建筑、水利水电、道路桥梁、市政工程等大小工程建设项目83项，承建房屋面积40.35万平方米，完成产值7.5亿元，向国家提供税收2000万元，工程合格率100%，优良率85%。

城关区干部职工周转房

全国人大副委员长布赫在人民大会堂接见青达公司董事长刘国永

自治区副主席多吉泽仁到陶瓷厂调研

青达建材有限公司

拉萨青达建材有限公司成立于2004年4月28日，注册资金1500万元人民币。公司积极响应区、市、县环保、节能号召，在广泛调查市场、不断探索、优化、试验的基础上开发出新型建材产品——页岩砖，成为西藏第一家集生产、销售页岩砖为一体的企业。公司位于堆龙德庆县马乡设兴村，占地面积63000多平方米，现有员工200余人，年产量达3000万匹以上。其产品经西藏自治区建设工程质量检测中心检验，符合GB5105—2003《烧结砖》标准，其抗压强度是水泥砖的3.3倍，具有很强的抗剪性、保湿性、不风化、劳动强度低等优点，是无辐射的环保建材。公司产品的问世，成功替代水泥砖，而且在节能、环保上作出了表率。

青达建材有限公司成立以来，积极为政府排忧解难，千方百计增加堆龙县马乡设兴村农牧民收入，解决“三农”问题。优先解决当地农牧民劳动就业。吸纳并免费培训当地藏族民工200余人，平均每月工资达1000至1500元以上。优先使用当地民工的车辆运输页岩砖和生产所需的原材料，有效地增加了农牧民的收入，仅这两项优惠措施，就为农牧民每年增收约350余万元，带动当地相关经济产业的发展。

随着建筑市场对新型建材的迫切需要，水泥预制砖将逐渐被淘汰，公司计划投入更多的资金扩大青达建材公司生产线，注册青达页岩砖商标，实施品牌战略，进一步扩大品牌的知名度和影响力，使页岩砖的年产量达到上亿匹。

拉萨市对外交流中心综合楼

①②
③④

①自治区党委常委、市委书记秦宜智在青达公司会见公司董事长刘国永
②市委书记秦宜智一行到青达陶瓷厂考察工作
③自治区副主席多吉泽仁深入青达公司考察观看公司建材产品
④自治区工会副主席王登皋参加青达公司工会成立仪式

青达陶瓷有限公司

拉萨青达陶瓷有限公司成立于2006年7月，是在收购西藏科龙建材有限公司陶瓷项目债权、债务的基础上建立起来的，是西藏独家陶瓷生产企业，位于拉萨市堆龙德庆县羊达乡工业园。

公司占地面积13万多平方米，第一期工程投资1.2亿元人民币，拥有全自动高档地砖生产线一条，工艺技术、设备达到国内领先水平，能生产水晶砖、抛光砖系列产品，以（500×500毫米、600×600毫米）一系列瓷质水晶砖的龙头产品为例，其产品具有瓷化度高、吸水率低、耐磨性强、抗冻、耐酸碱、光泽度高、规格齐全等特点。

公司成立以来，深入贯彻拉萨市工业经济会议精神，以实际行动解决“三农”问题，帮助当地农牧民就业脱贫致富。公司现有员工250余人，平均年龄在25岁，藏族员工占总人数的60%，汉族员工占员工总人数的40%，其中堆龙德庆当地的藏族员工占藏族员工总数的80%。

青达陶瓷公司的成立，不仅盘活了原企业，更为当地政府排忧解难。解决了300多人的劳动就业，按每人每月工资1200元计，全年可为当地农牧民增加收入360多万元。当地农牧民通过进厂工作、学习锻炼，不仅掌握了生产技术，也增长了见识，更提高了自身素质和修养。生产陶瓷所用原料白泥、高岭土、灰矿等90%取之于堆龙德庆县附近，按每吨80元计，每天要消耗200吨左右，每年可给当地农牧民带来经济收入480万元。带动当地运输业、机械加工业、餐饮业、文化娱乐业以及基础设施相关产业的发展。

公司现只生产水晶砖、仿古砖等地砖系列产品，但为了满足市场的需求，更好地为西藏经济发展作出贡献和为企业创效益，公司投入了大量的人力、物力、财力对原料车间的喷雾塔、窑炉车间的排风管道以及煤气站的相关设备进行技改，将建成一条既能生产地板砖，又能生产内、外墙砖（瓷片）的多功能生产线。2012年3月初生产出200×300、250×330等各种适销对路的产品，这不仅又一次填补西藏无瓷片生产线的空白，而且也将对西藏的瓷砖市场带来一次强大的冲击。

公司坚持“立足西藏，拓展内地，开辟南亚”的市场营销战略。通过一年来的生产，现公司产品在国内已进入格尔木、西宁市场，在国外已出口印度、尼泊尔等国外市场，其尼泊尔一家总代理商，2011年就与公司签订了销售量250万平方米的地砖销售合同，市场前景喜人，企业发展空间广阔。

自治区工会副主席王登皋深入公司生产车间考察青达公司

青达公司对社会的贡献和未来规划

青达建设集团有限公司在自身发展壮大的同时，不忘回报社会。公司先后捐资100余万元积极参与教育、体育、扶贫等社会公益事业，先后为尼木县、曲水县南木乡小学、墨竹工卡县扶贫点、西藏第六届民运会捐款。由于青达公司从成立以来成绩卓著，受到各界的广泛称赞，公司董事长刘国永先后被评为中国工商联理事、西藏自治区劳动模范、拉萨市人大代表、拉萨市政协常委、西藏自治区政协委员，2003年又被评为全国百强爱国优秀企业家，其名字被登录到《中华爱国国典》，受到全国人大副委员长布赫、王光英、政协副主席万国权等领导的亲切接见。

为了拓宽公司发展领域，增强市场竞争能力，公司计划在不久的将来成立“拉萨青达房地产开发公司”，组建集建筑业、建材业、陶瓷业、房地产开发为一体的多元化“青达集团公司”。公司将坚持慈善事业：计划在马乡修建学校，改善学生的学习、生活条件；在设兴村修建2公里乡村公路，改善农牧民的交通条件；在堆龙马乡成立青达公司私立医院，为当地农牧民提供医疗服务；公司与德庆乡政府建立扶贫结对关系，公司每年拿出一部分资金对德庆乡的低保户、特困户、五保户进行一系列的帮扶活动，真正让当地老百姓得到实惠。

青达公司第一届工会代表大会

人的一生中离不开衣、食、住、行，青达建设集团有限公司紧紧围绕老百姓的“住”字上做文章，希望通过公司环保、节能的建材产品；优良、高超的建筑技术；美观、实惠的装修材料，为藏族同胞营造一个温馨、舒适的家园。也将努力争创西藏民营企业的典范，为建设小康拉萨、平安拉萨、和谐拉萨贡献一份力量！

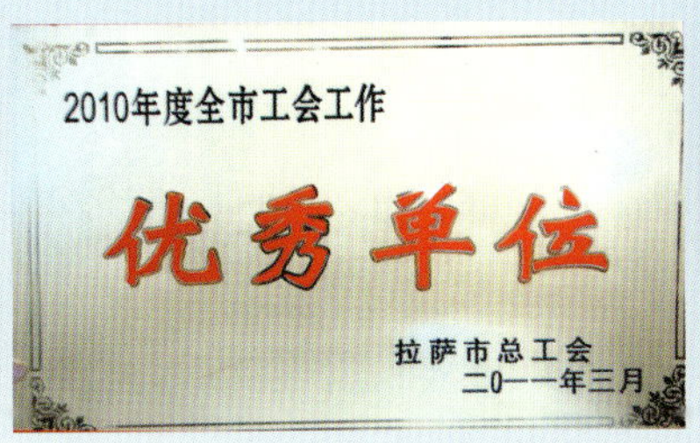

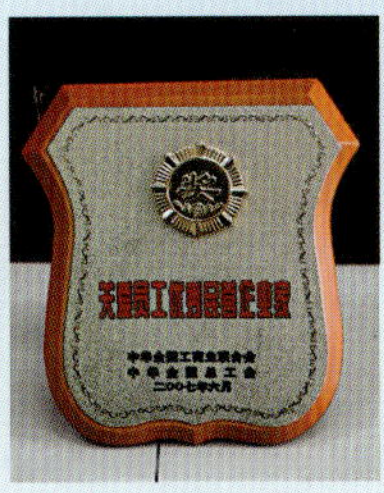

西藏华钰矿业开发有限公司

西藏华钰矿业开发有限公司董事长　刘建军

自治区国土厅高级工程师索朗旺堆一行到山南选厂检查工作

藏历年华钰公司领导慰问当地百姓

自治区环保厅环评处处长张博到山南选厂检查工作

西藏华钰矿业开发有限公司（以下简称华钰公司）是拉萨市经济技术开发区内的矿业企业。公司开发的矿山、选厂坐落在拉萨市当雄县和山南地区隆子县，均是当地财政支柱企业。近年公司发展迅速，2008年至2010年效益均翻番增长，公司国内A股IPO工作现已进入实施阶段。

华钰公司成立于2002年10月22日，主营铅、锌、铜等有色金属的开采、加工、销售及固体矿产勘察业务。2007年，华钰公司两个生产型矿山同时获得西藏自治区第一批六个矿山开采项目的审查准入。2009年，华钰公司顺利获得自治区国土资源厅颁发的固体矿产勘查乙级资质。近年，公司在安全生产、环境保护、依法纳税等方面多次受到嘉奖。华钰公司现已形成集资源开发、地质勘查、矿山采矿与选矿一条龙的完整的矿业开发体系，自身经营已走上良性循环、滚动发展的道路。2010年7月6日，华钰矿业公司山南分公司选厂扩建项目完工，公司已具备2600吨/日、68万吨/年的采、选矿生产能力。公司现有员工780余人（含矿山工程人员），其中：高级工程师10人，工程师、经济师38人，其他技术人员50余人，大专以上学历员工占员工总数的30%以上。

公司始终秉承“两个保护、三个有利于”的原则，即：保护好与当地农牧民的团结、和谐关系，保护好矿区的生态环境；有利于促进地方经济的发展，有利于企业的效益增长，有利于增加当地农牧民的经济收入。公司在取得经济效益的同时，支持当地公益事业，促进当地经济的同步发展。安排当地农牧民就业310人，安置大学生就业16

华钰矿业公司为乃琼村学生捐款

名，年收入1000余万元；当地村镇成立矿石运输车队，年收入近2000万元；每年向矿区县、乡、村拨付扶贫资金；支持教育和公益事业建设，向当地小学捐赠教学仪器、学习、生活用品、电脑等物资，修建水利工程等；公司累计投入1000多万元，促进了当地经济发展，为当地农牧民脱贫致富作出了一定的贡献。公司将与矿区政府协商，在矿区建立制度化的、可持续发展型的公益投入模式，为矿区经济和公益事业发展作更大的贡献。

华钰矿业为乃琼村学生捐款，左一为公司行政总监——王庭良

华钰矿业山南分公司第二届趣味运动会

公司企业文化培训

隆子县尾矿库闭库验收座谈会

酒钢集团

西藏霞钰矿业开发有限公司

酒钢集团原董事长现甘肃省副省长虞海燕在矿区考察

西藏酒钢天拓矿业投资有限公司董事长兼总经理郭效东与专家组成员在矿区实地考察论证矿区建设规划

西藏酒钢天拓矿业投资有限公司董事长兼总经理郭效东与兰州有色金属研究院专家组及霞钰公司领导在墨竹工卡县嘎则新区就基地建设进行规划论证

西藏霞钰矿业开发有限公司（以下简称公司）系酒钢的全资子公司——西藏酒钢天拓矿业投资有限公司控股的子公司，员工35人。公司于2006年6月在自治区工商局登记注册，2008年8月与酒钢集团成立合资公司。公司目前拥有位于拉萨市境内的某钼多金属矿详查探矿权，矿区面积39.62平方千米。

在矿区勘探工作进行的同时，为构建和谐矿区，公司积极承担社会责任，在捐资助学、扶贫济困、改善交通条件、帮助矿区群众增收及新农村建设、用工本地化（公司现有35名员工中，藏族员工23名，占员工总数的65.71%）等方面，尽公司所能开展工作。截至2011年底，已累计支出社会费用折合人民币约450万元（其中支付矿区所在地民工劳务费达120多万元，折合使用矿区农民工23000多人次），对促进矿区和谐稳定、增进民族团结进步，增加矿区群众收入改善群众生活条件，促进新农村建设，改善和加强企业与矿区群众、当地政府三者之间关系，化解各种社会矛盾等起到了积极的作用，社会效益十分明显。自治区副主席宫蒲光在矿区考察时，对公司建设和谐矿区所做的努力给予了积极评价。

公司在当前勘探阶段及今后进入生产阶段后，将认真落实自治区副主席董明俊的讲话精神，按照有关文件规定，认真贯彻区市县三级政府建设和谐矿山的要求，一如既往地继续积极承担企业的社会责任，秉持建设和谐矿山、绿色矿山、科技矿山、环保矿山、人文矿山的理念，在农民增收、新农村建设、改善群众生产生活条件、用工本地化、促进当地经济社会的发展，发挥企业的积极作用，为服务当地社会，造福当地百姓，建设和谐社会作出新的更大的贡献。

自治区副主席宫蒲光在矿区考察

专家组在矿区研究论证矿区建设规划

西藏鑫茂矿业有限公司

总经理　陈守富

总经理陈守富到矿山现场检查工作

西藏鑫茂矿业有限公司位于扎雪乡米洛村境内。扎雪选厂于2007年10月开始建设，2008年10月8日进入试生产。总投资5600万元（其中环保投资1800万元），生产规模500吨/天，占地面积20.73公顷，工业总产值2300万元。主要产品有锌精矿、铅精矿，主要原材料为铅锌原矿石，辅助材料硫酸铜、硫酸锌、黄药。在区、市、县各级政府的关心和大力支持下，公司经过4年自身努力发展，目前已形成一家拥有现代化采、选能力的矿业公司，公司现有职工92人。

矿区厂房

扎雪矿矿区一角

扎雪矿矿区一角

矿区办公环境

西藏金和矿业有限公司

总经理 徐驷

唐加选矿厂废水处理池

帮浦矿山生活区

西藏金和矿业有限公司是四川省农资集团（四川省委省政府扶持的大企业大集团）投资合作的有限责任公司，于2009年9月18日注册成立，注册资金5000万元人民币，是一家以勘查、开发、加工、销售铜、铅、锌等有色金属为主的公司，公司目前拥有具有采矿权的帮浦矿山一座、日处理原矿1000吨现代化选矿厂一座。公司各项规章制度健全，有完善的管理体系和雄厚的技术力量。在各级领导的关心支持下，经过自身努力，公司得到了稳步发展，为地方区域经济的发展作出了积极的贡献。

公司自2007年成立以来，截至2011年创造税收累计7600余万元，为地方经济发展作出了积极贡献；直接、间接安排农村剩余劳动力就业总计约880人/次，为当地农牧民增收运输费1275万元、工资1500万元、草场补偿费85万元，累计2860万元，成为当地农牧民增收和劳动就业的一个重要渠道，为社会稳定和当地政府解决就业作出了积极的贡献。

公司将以“质量第一”、“开拓创新”、“信誉至上”为企业宗旨，为区域经济的进一步发展作出贡献，为实现公司的目标而不断进取，为公司的发展再上新的台阶。

唐加选矿厂浮选车间

唐加选矿厂生活区

西藏高争民爆物资有限责任公司

党总支委书记、董事长、总经理　白艳琼

西藏高争民爆物资有限责任公司于2007年6月8日成立，由西藏天昊民爆物资有限公司、西藏自治区轻化建材公司、西藏高争化工有限公司三家国有民爆企业根据西藏自治区人民政府政函〔2007〕44号文件《关于我区民爆企业合并重组方案的批复》、自治区国资委藏国发〔2007〕92号文件《关于民爆企业合并重组相关问题的批复》和藏国发〔2007〕94号文件《关于民爆企业合并重组的批复》实施合并重组而成，是西藏自治区唯一一家民爆企业，并同时具备生产、销售、运输、仓储的资质。

西藏高争民爆物资有限责任公司位于拉萨市北京西路133号，注册资本为人民币3000万元，主要经营范围为生产炸药、销售炸药及各类起爆器材。

公司现有资产总额25084万元，负债总额12626多万元，资产负债率为50%，员工210人，技术人员18人，安全管理人员38人，凭照能力12000吨。

2010年，年产12000吨粉状乳化炸药生产线在拉萨市曲水县建成并投入生产，产品经检验合格，并通过工信部和专家组的验收，取得年产12000吨的生产许可和安全生产许可，严格执行了民爆行业规范管理和企业管理制度，使得企业生产经营的产品性能稳定、可靠，赢得了广大用户的赞誉和信任，产品已覆盖全区，并能满足全区的民爆市场需求。

西藏高争民爆物资有限责任公司在拉萨地区、日喀则地区、山南地区、林芝地区、昌都地区、那曲地区、阿里地区等建有销售分公司。公司将严格按照国家安全生产法规和民爆管理规范组织生产经营和销售工作。

西藏高争民爆物资有限责任公司与陕西鸿安爆破公司共同出资1000万元组建西藏高争爆破工程有限公司，爆破资质为B级，员工120余名，各类专业技术人员38名，主要经营范围：土岩爆破工程施工、非煤矿山爆破工程施工、拆除爆破、三级水利水电枢纽的主体建筑、围堰、堤坝、挡水岩坎和爆破工程安全评估与施工监理。

西藏高争民爆物资有限责任公司将努力创造条件，

西藏高正民爆物资有限责任公司注册商标

自治区副主席宫蒲光检查公司703仓库

自治区副主席宫蒲光考察公司生产线

在现有产品的基础上，依靠区内民爆市场，利用国内外高新技术，开发经济型、适用型、环保型的产品。以产品上档次、企业上规模、管理上水平，实现跨越发展的目标。公司以“同舟共济、敬业奉献、求实攀登、奋发前进”为理念，本着“重合同、守信用、安全第一、质量第一、信誉第一、用户至上”的服务原则，立足于现代企业管理制度，求真务实、与时俱进，不断拓展新思路、开拓新方法，更新民用爆破器材新品种，全力服务西藏的经济建设和发展，为创造平安西藏、和谐西藏贡献力量！

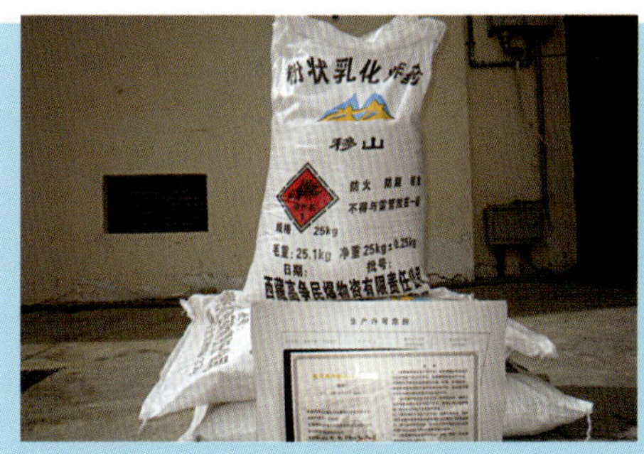

粉状乳化袋装炸药

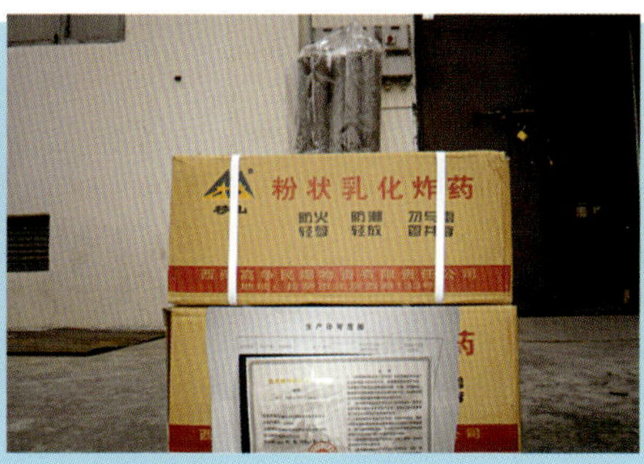

粉状乳化管装炸药

生产办公楼

中国移动公司拉萨分公司

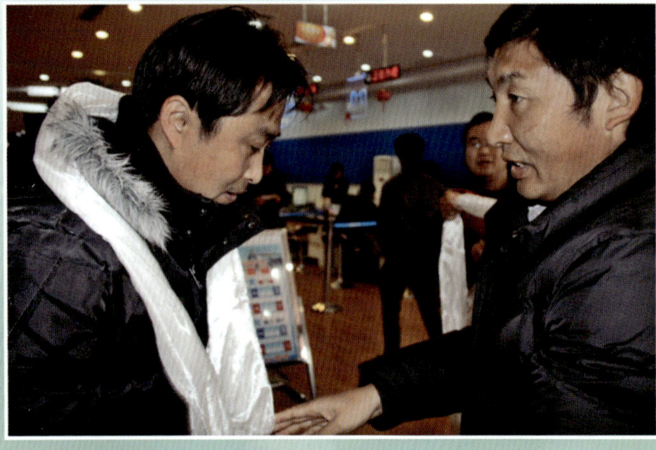

①中国移动集团公司总裁助理李慧镝一行莅临拉萨分公司检查指导工作
②7月7日，自治区公司总经理卓锋到拉萨公司调研指导工作
③2月3日，自治区公司副总经理向涛在拉萨分公司节日慰问
④1月1日，自治区公司副总经理旺久曲觉到拉萨分公司节日慰问

拉萨移动中心营业厅

中国石油天然气股份有限公司
西藏销售拉萨分公司

经理　李建国

中国石油天然气股份有限公司西藏销售拉萨分公司领导班子

微笑服务之星

中国石油西藏销售分公司拉萨公司（简称“拉萨公司”）隶属于西藏公司，主要在拉萨地区从事成品油批发和零售经营业务。公司拥有27座加油站，开设加油站便利店13座，辖区27座加油站全部满足加油卡发卡条件。形成了遍布拉萨市区的成品油营销网络，是拉萨成品油供应的主渠道。

“十一五”期间，公司共销售成品油50多万吨，销售总量约占西藏公司区内销量的1/3以上，是西藏销售公司扩销的“排头兵”，创效的“生力军”。

近年来，公司先后被中国石油天然气集团、中国能源化工学会联合授予“中国石油先进集体”称号；被集团公司党组授予了“先进基层党组织”、“先进党支部”称号；被西藏自治区人民政府评为“纳税大户”；被西藏公司评为“先进集体”；多年连续被自治区安全生产管理委员会和自治区安全生产监督管理局评为“安全生产先进集体”；被拉萨市政府评为消防安全工作“先进单位”。

展望“十二五”，中国石油拉萨公司将朝着“建设高原特色国际水准销售企业”的目标，突出抓好“发展、转变、和谐”三件大事，全面履行国有企业三大职责，为保障辖区成品油供应，促进地方经济和社会发展，为加快推进高原特色国际水准销售企业作出新的更大的贡献。

雪域高原旗舰站——拉萨功德林加油站

中国石油天然气股份有限公司西藏销售拉萨分公司荣誉团队

中国农业银行股份有限公司西藏分行营业部

营业部领导陪同总行监事长车迎新、区分行行长米玛旺堆前往营业部所辖当雄县支行营业所检查指导工作

截至2011年年底，中国农业银行股份有限公司西藏分行营业部（以下简称区分行营业部）本外币总资产3,910,539万元，同比增加718,734万元，增长24.47%，实现全口径拨备前利润73,337万元，同比增长29.73%；实现全口径拨备后利润50,981万元。本外币各项存款余额3,781,691万元，同比增加740,751万元，增长24.4%；本外币各项贷款余额801,660万元，同比增加240,063万元，增长42.7%。2011年内，区分行营业部荣获中国农业银行“标兵”单位；营业部工会荣获中国农业银行“模范职工之家”；所辖林周县支行荣获“全国农行文明单位”；所辖城西支行荣获中国农业银行“学习型班组”；所辖当雄县支行、曲水县支行、城西支行、解北支行荣获“全国农行精神文明建设先进单位”等荣誉称号；城北支行达瓦卓玛荣获“全国巾帼建功标兵”，区分行营业部刘英荣获中国农业银行“优秀工会干部”等荣誉。

【公司金融业务】年内，区分行营业部累计投放贷款591,048 万元，重点营销了华能、华电、电信、青铁、水利等大型客户。认真落实“新农保”业务政策规定，按照金融服务“三农”工作的职责和要求，涉农贷款累计投放11.23亿元，累计收回8.4亿元，贷款余额达16.72亿元，增长20.8%。涉农贷款总额占全行贷款总额的15.74%。积极推广金穗惠农卡产品，全年共发放惠农卡14,881张，新培育涉农小企业客户27家。

【个人金融业务】进一步加快网点建设和网点转型进度。为积极贯彻落实农总行“网点文明标准服务年”活动，狠抓网点建设。在服务“软转型”上下功夫，举全行之力抓服务，加快经营转型速度，强力推行网点文明标准服务导入，对城区已开展文明标准化服务导入的24个网点进行了固化。个人贵宾客户新增1776户，借记卡发卡量新增62,787张，手机银行新增1,400户，电话银行新增1,909户，消

中石油西藏销售分公司与中国农行西藏分行营业部合作POS机刷卡加油签字仪式

农行西藏分行营业部开展“钻石卡”帮扶，助推新农村建设

农行西藏分行营业部与西藏旁多水利枢纽管理局业务合作签字仪式

息服务新增18,842户，转账电话新增432户。

【中间业务】年内，区分行营业部实现中间业务收入5,621万元。经过一年来的积极努力，服务功能和服务手段日趋多样化，各项指标较上年同期大幅增加，代理保险、基金、银行卡、电子银行等业务得到全面发展，代理黄金业务进一步得到巩固，投行业务不断加强。积极发展国际业务，推进了本外币一体化经营进程。

【电子化建设】截至年底，新增电子银行个人注册客户4676户、企业注册客户127户，全年投放存取款一体机15台，取款机13台。自助设备正常运行率达到95%。年内，新建立理财中心1家，新建网点2家，迁址1家，网点升格为支行（或以上）级1家。

中国农业银行西藏分行营业部大楼

当雄县支行积极开展“随薪贷”业务宣传活动

营业部团委组织青年员工到群增孤儿院慰问

制度宣讲明政策　业务培训强基础

中国建设银行股份有限公司西藏自治区分行

党委书记、行长　韩文贞

总行副行长胡哲一与西藏区分行中层以上干部座谈

副行长严仕城一行到阿里调研阿里分行新设前期相关问题

【概况】

截至年底，中国建设银行股份有限公司西藏自治区分行（以下简称建行西藏分行）一般性存款余额408.97亿元，比年初增长73.93亿元，增幅22.07%。一般性存款日均余额355.63亿元，比上年新增69.88亿元。各项贷款余额114.61亿元，比年初新增17.83亿元，增幅18.42%。完成中间业务毛收入5658.64万元，同比增速为31.98%。不良贷款余额33,067万元，较年初下降27,994万元，不良贷款率2.89%，较年初下降3.42个百分点。全行实现税前利润8.44亿元，比上年同期增长2.07亿元，增幅32.5%。

【批发业务】

截至年底，对公存款余额329.68亿元，比年初增长62.8亿元，增幅23.53%，对公类贷款余额100.17亿元，比年初新增18.19亿元，增幅22.19%；成功办理电子汇票贴现业务，填补了该领域的空白；成功开办企业年金业务，开办“养颐乐1号”企业年金产品，实现企业年金集合计划的突破；全年实现代理保险业务收入达到27.33万元，实现CTS业务收入34.9万元，取得“百易安交易资金托管”业务收入6.88万元。

【零售业务】

截至年底，个人存款余额79.3亿元，比年初增长11.14亿元，增幅16.34%。个人类贷款余额14.44亿元。年内发行财私卡32张，销售高端理财产品3.14亿元。全年实物黄金销售94公斤，比去年同期新增39公斤，账户金销售421公斤，比去年同期新增296公斤。结合区内市场、文化需求，研发了符合西藏本地特殊的实物黄金系列产品。成功推出个人自用车贷款和个人助业贷款。

【机构改革】

完善批发业务条线和零售业务条线工作职责，调整激励约束机制和资源配置政策。改革城区支行管理模式，根据各支行所处的区域特点、客户结构和未来发展趋势对城区支行实行差别化定位。强化中后台服务保障，对城区支行日常事务实行集中管理，优化各级领导班子结构，加大中层领导人员交流力度，形成了合理的干部队伍梯度。

中国建设银行 建设现代生活

与客户同发展 与社会共繁荣

自治区副主席多吉泽仁慰问建行年终决算员工

建行西藏区分行办公大楼前举行拉萨市惠民卡发放仪式

“寻找在平凡中坚持和创造的基层员工”访谈面对面

【提升服务功能】

稳步推进渠道建设，新设拉萨私人银行和山南分行藏木分理处，完成江塘纳卡等5个网点的装修改造以及拉萨开发区支行等2个网点购置，网点布局更趋合理、服务环境更加舒适。2011年，建行西藏分行荣获总行级“文明单位”和“全国五一劳动奖状”两项殊荣。

建行西藏区分行私人银行开业剪彩仪式

中国工商银行西藏自治区分行

自治区副主席多吉泽仁到分行指导工作，并慰问员工

9月14日，中国工商银行副行长王丽丽参加西藏分行党员领导干部民主生活会

2011年，在总行的领导下，按照自治区党委、政府及监管部门要求，西藏分行紧紧抓住稳定和发展两件大事，高度重视内控案防工作，全面加强基础管理；着力提升金融服务能力，扎实推进“增点进位”工程，各项工作取得了一定的成效。截至2011年末，分行各项贷款余额20亿元，比年初增加15亿元，同业占比由年初的1.72%提高到5.13%，当年增量市场占比15.68%；各项存款余额28亿元，比年初增加7.6亿元，同业占比由年初的1.85%提高到1.95%，当年增量市场占比2.31%。新增存贷比达到198%，存量存贷比达到71%，严格落实了自治区对各金融机构新增存贷比要达到60%的具体要求。继续保持了无不良贷款、无案件、无重大责任事故的良好发展态势。

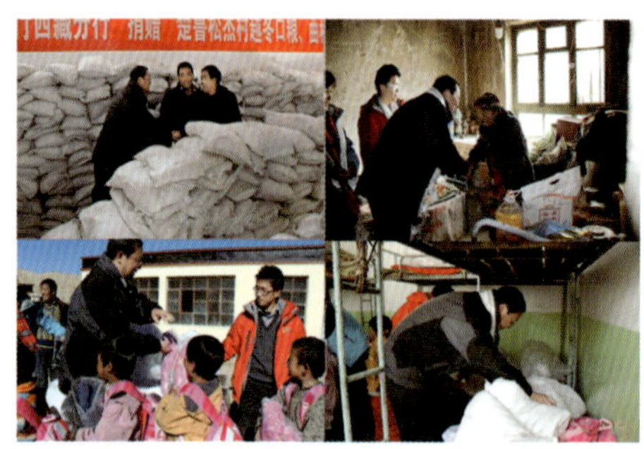

①在创先争优强基惠民活动中，分行为驻村解决学生学习用品和村民过冬用品
②行内银团贷款签约仪式
③参加自治区银行业协会主办的西藏金融系统庆祝中国共产党成立90周年暨西藏和平解放60周年“和谐金融”文艺晚会

西藏银行股份有限公司

全国政协副主席帕巴拉·格列朗杰及自治区主要领导出席开业庆典仪式

自治区党委副书记、区政府常务副主席郝鹏检查西藏银行办公大楼装修情况

银监局领导向西藏银行首任董事长白玛才旺颁发金融许可证

2010年1月18日，中央第五次西藏工作座谈会在京召开，会议明确提出“帮助西藏组建地方性商业银行”。自治区党委、政府高度重视此项工作并立即启动。在党中央、国务院的关怀下，在自治区党委、政府的坚强领导下，在中国人民银行、中国银监会、国家财政部及人行拉萨中心支行、西藏银监局等部门的大力支持和具体指导下，西藏银行从2010年6月开始筹备，于2011年12月30日获得金融许可证和企业法人营业执照，这标志着西藏银行的正式成立。

西藏银行是自治区第一家新成立的地方性法人银行，是按照现代企业制度设立的股份制商业银行，经营宗旨是立足西藏、面向全国，服务西藏经济社会发展，致力于提高区内金融服务水平，建立基本覆盖区内城乡的金融服务网络，逐步缓解区内中小企业“贷款难”和银行“难贷款”的问题，改善农牧区金融服务，为农牧区经济发展、农牧民增收提供金融支持，促进西藏实现跨越式发展和长治久安。

西藏银行由区内外15家股东共同出资组建，其中自治区投资有限公司为主发起人，持股20%，交通银行作为战略投资者，持股20%。自治区国有资产经营公司持股15%，成都银行持股10%，其余11家小股东共持有35%的股份。

截至年底，西藏银行共有党组织4个，其中：行党委1个，党支部3个，党员46人，占比为45%；团委1个，团支部2个，团员46人。

截至年底，西藏银行共有在岗员工102人，其中：少数民族占比为44%；本科及以上学历95人，占比为93%；大专学历7人，占比为7%；有工作经验员工64人，占比为61%；有银行从业经验员工32人，占比为31%；全行员工平均年龄34.5岁。

目前西藏银行设置了9个部门，分别是：董监办、办公室、授信风险部、信息技术部、财务会计部、审计部、人力资源部、业务拓展部、营业部。

西藏银行首任行长孙健与农牧民代表签约个人借款协议书

前台员工为客户办理业务

位于民族北路的西藏银行办公大楼

中国银行西藏自治区分行

中国银行在中国内地、中国港澳台地区及32个国家和地区拥有机构一万余家，集团员工人数近29万。截至年底，中行总资产达到11.8万亿元，连续23年入选《财富》“世界500强”企业，这是中国企业中唯一的一家。2011年11月，中国银行入选全球系统性重要银行，是新兴市场国家中唯一入选的机构。

分行作为中国银行在西藏地区的分支机构，成立于1980年。30余年来，分行艰苦创业，励精图治，已逐步发展成为区内重要的金融力量之一。

分行全辖共有20家分支机构，分布在拉萨、日喀则、山南、林芝四个地区，其中在拉萨有13个营业网点。截至2011年末，全行共有员工813人，其中，少数民族447人，占全行员工总数的55%；本科及以上学历400人，占全行员工的49%。截至年底，分行存款总量达到311.34亿元，人民币贷款余额达到85.03亿元，全年累计实现净利润3.55亿元。

成立以来，中行人与西藏人民同甘共苦，奋力开拓，分行在自治区发展建设的各个时期发挥着积极的作用。2010年，分行适时提出了在经济欠发达地区打造成先进银行的战略目标，就是要深深植根于雪域高原，融入到西藏跨越式发展和长治久安的社会主流中去，始终把促进全区经济社会的繁荣稳定作为分行的首要职责。

中行西藏区分行在拉萨主要社区举办金融知识宣传

中行西藏分行与西藏华泰龙矿业开发有限公司签署战略合作协议

中国银行西藏分行支持建设的两桥一隧工程

中国银行西藏自治区分行办公大楼

中国银联 西藏分公司

总经理　达尔吉

中国银联是经国务院同意，中国人民银行批准设立的中国银行卡联合组织，成立于2002年3月，总部设于上海。作为中国的银行卡联合组织，中国银联处于我国银行卡产业的核心和枢纽地位，对我国银行卡产业发展发挥着基础性作用，各银行通过银联跨行交易清算系统，实现了系统间的互联互通，进而使银行卡得以跨银行、跨地区和跨境使用。在建设和运营银联跨行交易清算系统、实现银行卡联网通用的基础上，中国银联积极联合商业银行等产业各方推广统一的银联卡标准规范，创建银行卡自主品牌；推动银行卡的创新发展和应用；维护银行卡受理市场秩序，防范银行卡风险。

中国银联的成立标志着“规则联合制定、业务联合推广、市场联合拓展、秩序联合规范、风险联合防范”的产业发展新体制正式形成，标志着我国银行卡产业开始向集约化、规模化发展，进入了全面、快速发展的新阶段。

中国银联本着加快西藏经济建设的步伐，完善西藏银行卡受理市场等为目的，于2007年10月在西藏成立了分公司。分公司目前共设有总经理室、办公室、业务技术部三个部门，拥有员工16人。

中国银联西藏分公司组织开展大美西藏旅游卡发卡仪式

中国银联西藏分公司开展2012年第一期收银员培训

中国银联西藏分公司参加打击银行卡犯罪营造安全用卡环境宣传活动

中国银联司旗于2011年5月登顶珠峰

新机制 新邮储

中国邮政储蓄银行竭诚为您服务

中国邮政储蓄银行拉萨市分行

自治区副主席多吉泽仁到分行检查指导工作

行长 索朗旺堆

宽敞整洁的营业厅内

西藏自治区藏药厂

西藏自治区藏药厂厂房

西藏自治区藏药厂始建于公元1696年。其前身是拉萨药王山医学利众院制剂室。自成立以来，经几代藏医药传人薪火相传、不懈努力，已成为全国规模最大、历史最悠久、技术力量最雄厚的传统藏药生产厂家。现拥有符合GMP条件的现代化生产线和一批高素质的科研、管理人才。厂区占地4万平方米，总建筑面积1.5万多平方米，拥有总资产近两亿。

药厂选用生长在世界屋脊海拔4000米以上特殊生态环境下的地道藏药材，根据传统藏药的生产工艺，同时引进现代化的制药设备和国内中药厂家的技术专长进行生产。现可生产多达365个品种的藏药产品，其中已取得批准文号的有54个，有15个品种列入《国家基本药物目录》，12个品种列入《国家医疗保险目录》，在国内外屡获殊荣的拳头产品“七十味珍珠丸”、“仁青常觉”等10个品种为“国家中药保护品种”。药厂秉承“敬爱苍生，传承文化，广结善缘，服务大众”的企业精神，所产藏药以配方正宗，用料地道，工艺精湛而著称于世。

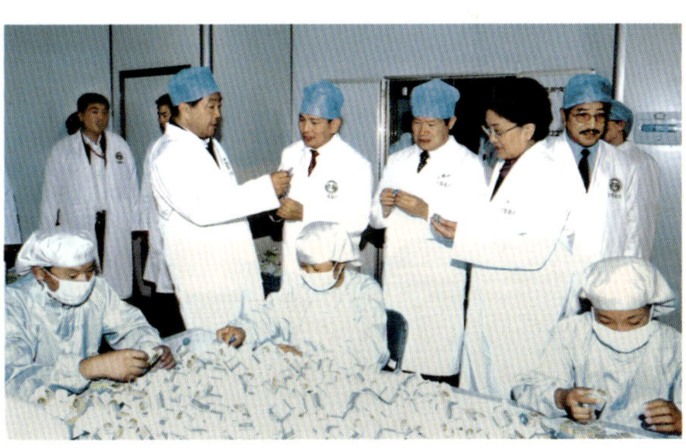

中共中央代表团考察西藏自治区藏药厂

西藏百益集团有限公司

集团总经理　鲁鸿伟

总经理鲁鸿伟先生2011年被西藏自治区评为“优秀中国特色社会主义事业建设者”荣誉称号。

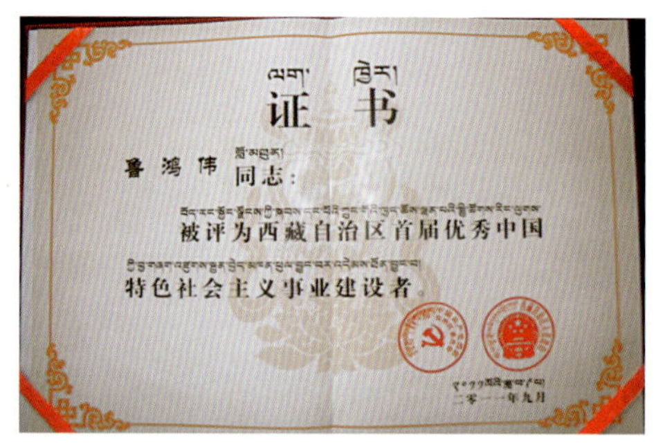
证书
鲁鸿伟　同志：
被评为西藏自治区首届优秀中国特色社会主义事业建设者

开拓、求实、团结、诚信是百益集团的价值观。公司将凭借先进的经营管理模式、雄厚的资金实力、广泛的供应商资源，着力打造百益连锁超市和百货商场，在日趋激烈的市场竞争中独占鳌头，努力为中国零售商业的发展作出一定的贡献。

百益集团是西藏地区最大的民营商贸流通企业之一，公司的主营业务为连锁超市和百货商场。

截至2011年3月底，百益连锁超市在西藏的直营门店有46家，成都16家，三亚9家。现连锁开发工作正在以其成熟的经营管理模式迅速拓展；从2006年至今，集团积极响应商务部的号召，在西藏全区进行万村千乡市场工程门店的拓展和经营管理工作，严格按照商务部关于万村千乡市场工程门店和配送中心的建设标准进行建设，现总共建设390家门店，3个配送中心。百益连锁超市已经形成了以拉萨为重心，面向成都等内地纵深发展的态势。

百益集团总部位于成都市西安南路69号西雅图大厦6楼26号，集团旗下共有西藏百益商贸有限公司、四川百益超市管理有限公司、拉萨百益百货有限公司、西藏百益物流有限公司、西藏百益电器有限公司、西藏百益房地产开发有限公司、林芝百益商贸有限公司等七家分公司。

集团公司先后荣获2006年度，2007年度，2008年度，2009年度，2010年度“西藏自治区商务系统先进流通企业”称号。2007年被国家商务部评为“全国商务系统先进集体”，董事长鲁鸿宙先生于2008年10月被评为“第八届全国创业之星”，受到党和国家领导人的亲切接见，

百益超市

百益百货

“万村千乡”活动

百益房产

西藏巨龙铜业有限公司

西藏巨龙铜业有限公司是自治区2006年招商引资引进的以民营资本为基础的民营股份制企业。公司成立于2006年12月，注册资金1.198亿人民币，专门从事驱龙铜多金属矿资源的勘查、开发、加工和销售业务。该公司旗下的西藏墨竹工卡县驱龙铜多金属矿，现已探明的铜金属资源量达1000万吨，是目前已探明的亚洲第一大储量铜矿。驱龙铜多金属矿的开发建设必将为西藏的经济和社会发展作出巨大贡献。

西藏巨龙铜业有限公司在金珠中路上的综合大楼

西藏雪域之光
市政建筑工程有限责任公司

党委书记、副董事长　桑杰益西

召开安全会议

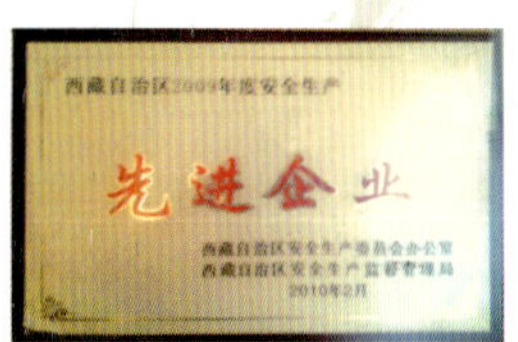

西藏雪域之光市政建筑工程有限责任公司，前身是拉萨市市政建筑工程总公司，为迎接西藏自治区人民政府成立，从1964年修建了拉萨市第一条沥青道路宇拓路（原名人民路）以来，由小到大，由弱到强，由全额拨款到自收自支。2005年根据全市经济工作会议及拉萨市建设局的统一安排部署，在拉萨市国资委的指导下，改制组建了“西藏雪域之光市政建筑工程有限责任公司”，现有职工327人，其中在职职工115人，离退休职工212人，注册资金2180万元。具有国家建设部核发的市政施工二级资质、房屋建筑二级资质和水利水电总承包三级资质。

近年来公司在市场竞争中锐意改革，不断发展壮大，公司坚持“重合同、守信誉”的原则，得到社会各界的广泛认可和赞誉。2006年被国家建设部评为“十五”全国建筑业技术创业先进企业、“全国建设系统思想政治工作先进单位”的荣誉。蓬勃发展的公司将成为自治区深具发展潜力和代表性的建筑企业之一。

公司机械设备

道路水稳工程

城市道路铺设沥青路面

西藏远征集团

董事长　曹大千

西藏远征集团是集造纸、包装、印刷于一体的大型工业企业，始建于2000年5月，占地40多公顷，资产总额6.5亿元，员工1100人。集团下属有6家子公司：西藏远征纸业股份有限公司、西藏远征包装有限公司、西藏远征印刷物资有限公司、西藏远征彩色印刷有限公司、西藏远征广告有限公司、西藏远征泸州酿酒有限公司。

西藏远征包装有限公司是自治区内唯一的专业包装公司，也是自治区内唯一一家国家包装协会团体会员单位。公司通过了ISO 9001国际质量管理体系及英国NQA质量管理体系认证，拥有国内最先进的全自动包装生产线及其他配套设备。西藏远征彩色印刷有限公司拥有德国海德堡四色彩色印刷机等国际先进设备及配套生产线，填补了西藏自治区高档次彩色印刷业的一项空白。

西藏远征集团先后荣获全国诚信印刷企业、全国就业与社会保障先进民营企业、西藏自治区优秀乡镇企业、西藏自治区新闻出版系统先进单位、纳税大户等荣誉称号，集团董事长曹大千先后当选第五届全国优秀乡镇企业家、2008北京奥运会火炬手、自治区劳动模范、自治区优秀中国特色社会主义事业建设者。

随着远征集团新建、扩建项目的陆续投产，到2015年远征集团将形成造纸、印刷、包装、废纸回收于一体的完整产业链，另外还将涉足酿酒、五星级酒店、旅游、矿泉水等行业。资产总额将达12亿元，员工人数5000余人，年产值10亿元，每年可创利税3亿元，成为西藏一流的制造企业，为西藏社会经济发展、维护民族团结、促进社会稳定、增加农牧民子女就业等做出贡献。

原工信部李毅中部长在丁业现副主席陪同下考察远征纸业

自治区党委常委、市委书记齐扎拉考察远征纸业

2月22日，自治区副主席董明俊考察远征纸业

市长多吉次珠考察远征纸业

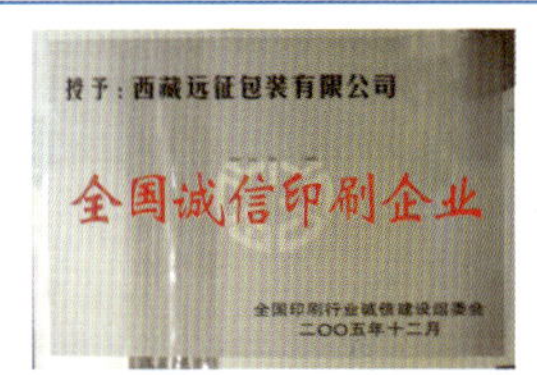

西藏远征纸业股份有限公司造纸车间

西藏协合车业有限公司

董事长　徐克勤

西藏协合车业创建于1996年，在各级政府的关心支持下，经过十多年的发展，从最初单一的汽车维修厂发展成为集多品牌汽车销售、汽车维修、配件销售、汽车装饰为一体的综合性汽车服务企业，集团总注册资金3100万元，占地40余亩，拥有员工210人。

协合车业以提供超值服务为基础，以专业技术为保障，不断创新发展，在各型国产进口越野汽车、高档轿车的维修上取得了优秀的技术积累；先后建立了菲亚特4S店、东风日产4S店、海马汽车4S店、东风标致4S店。现协合车业下属：拉萨市协合汽车贸易有限公司、西藏成商协合汽车有限公司、西藏众兴协合汽车销售服务有限公司。

尊重客户是协合的基本经营理念，以不断增强客户满意度为目标，调配公司一切资源，提供超越客户期望的服务是协合车业的服务准则。

公司坚持“依法治企、诚实守信、优质服务、顾客满意”的服务目标，通过“热情、专业、高效”的服务赢得了广大客户的信赖。公司1998年被西藏自治区评为“重合同、守信用、质量信得过”先进企业；1999年被国家交通部评为“全国维修文明企业”；2000年、2001年被自治区交通厅评为“文明企业”；2001年至2011年连续11年被农行西藏分行评为“AAA信用企业”；2004年通过ISO 9000国际质量体系认证，是一类维修资质企业。

面对汽车行业的蓬勃发展和知识经济的到来，协合车业将保持强烈的危机意识和市场意识，外树形象，内抓管理，开拓创新，继续以优质服务回馈社会。

维修车间

海马汽车展厅

东风日产展厅

西藏雄巴拉曲神水藏药厂

董事长　才旺平措

藏药厂质检人员认真进行产品质量检验，严把产品质量关

藏药厂部分产品

干净、整洁的藏药厂GMP制剂车间内包装操作现场

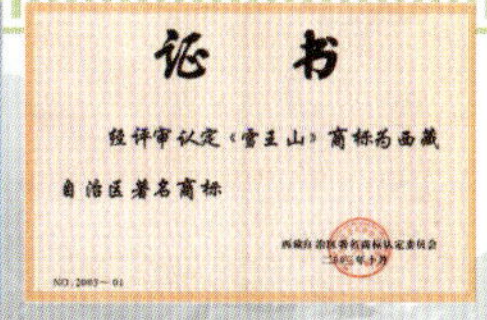

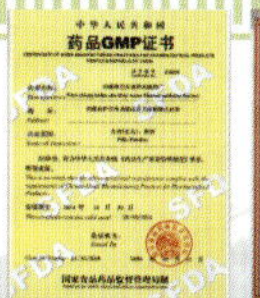

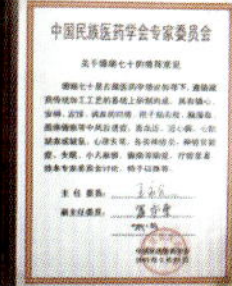

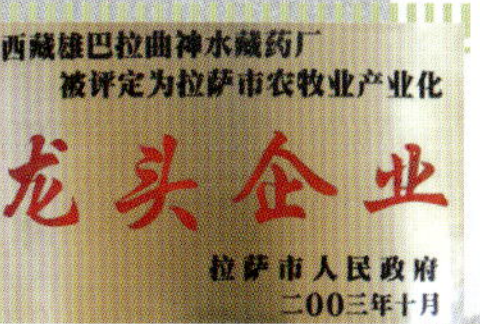

业化酿造青稞香型白酒的企业。

近年来，在自治区党委、政府的亲切关怀下，在有关部门的大力扶持帮助下，公司快速发展壮大，企业已通过ISO9001：2008质量管理体系认证，HACCP食品安全管理体系认证。属西藏自治区农牧产业化经营龙头企业，西藏著名商标、西藏名牌产品、西藏AAA级企业。藏泉白酒先后被选用为拉萨市雪顿节指定专用酒，西藏自治区成立40周年大庆指定用酒，西藏和平解放60周年大庆指定用酒，拉萨市人民政府接待专用酒。

公司本着以“求实创新‘稳健开拓”的企业精神，“以人为本、诚信经营”的经营理念和“铸中国民族第一个性化品牌”的企业宗旨，将“藏泉”品牌打造成中国驰名商标，让藏泉系列产品走进全国，面向世界。

成都建工集团西藏公司

总经理　何丰

建工西藏公司是成都建工集团直属分公司，集团总公司是四川省建筑行业的龙头企业。公司经过五十多年的的艰苦创业，已发展为国家大型特级建筑施工资质集团企业，全国500强企业。在建筑施工、房屋、装饰装修、市政、路桥、水电、智能化、建筑设计及监理等传统优势行业基础上，已拓展到房地产、物流、旅游、生物、大型酒店的开发管理等众多领域，并在这些行业中取得了骄人的业绩。现已发展成为在北京、深圳、西安、重庆和青海、新疆、西藏的许多核心城市拥有几十家控股和参股公司的集团企业。企业拥有各类技术、管理人员5000余人（其中具有中、高级专业技术职称1000余人，一级建造师300余人），从业人员11万余人。公司注册资金20.9亿元，有各类大中型技术装备10多亿元，资产总额超过65亿元，年度完成近500亿元。集团总公司先后代表国家、省、市向非洲、亚洲等国家进行项目、技术援助及劳务输出。

随着国家西部大开发战略的推行，西藏公司凭借集团总公司强大的资金优势、技术优势和科学先进的管理，通过西藏公司自身的艰苦努力，积累了丰富的高原施工经验，为保障工程的质量及进度打下了坚实基础。已在西藏地区取得良好的社会效益和经济效益，受到当地政府及业界的一致好评。在十多年的时间先后完成了西藏自治区众多各类大型重点项目，并成为西藏地区唯一一家外地驻藏企业“风采杯”和“雪莲杯“奖获得者。

西藏公司遵循集团公司精神，“从道鼎新、富民兴业”的宗旨。努力开创建工跨越式发展的新局面，把建工集团西藏公司做优、做强、做大，实现“西藏领先，全国一流”的发展目标。

自治区党委书记张庆黎检查施工现场

总经理何丰陪同自治区常务副主席郝鹏考察拉萨瑞吉度假酒店

①②
③④

①自治区主席白玛赤林检查工地项目
②拉萨瑞吉度假酒店落成典礼
③市长多吉次珠陪同自治区主席白玛赤林到建工工地检查
④中银广场职工周转房开工奠基仪式

国家电力总公司领导考察高海拔实验基地项目

瑞吉酒店

由成都建工集团总公司装饰装修的拉萨饭店贵宾楼

西藏自治区
地质矿产勘查开发局第五地质大队

党委书记　靳洪亮

大队长　郑玉林

西藏第五地质大队成立于1974年12月，隶属于西藏自治区地质矿产勘查开发局，驻地在青海省格尔木市，队部基地面积12万多平方米。现有在职职工185人，其中管理及服务人员50人，专业技术人员135人（中高级以上专业技术人员57人），技术人员占职工人数比例为73%。大队下设7个职能科室和5个地勘分院，两个辅助生产单位（修造厂、实验室）。大队现拥有甲级固体矿产勘查资质，乙级液体矿产勘查资质，乙级岩矿鉴定资质，乙级测绘资质；地质灾害治理工程乙级勘查资质，地质灾害治理工程乙级施工资质，乙级地质灾害危险性评估资质。通过ISO 9001质量体系、ISO 14001环境管理体系、GB/T28001职业健康安全管理体系认证。先后30多次荣获省、部级以上表彰和奖励，46人次获得地、市级的表彰和奖励。1997年被全国总工会授予“五一”劳动奖状，地矿部和西藏自治区联合授予“找矿先进单位”荣誉称号，2003年被中央精神文明建设指导委员会授予“精神文明建设先进单位”，2004年被青海省同业银行协会评为“诚信企业”，同年被中国能源化学工会评为“模范职工之家”等荣誉称号。

地勘工作遍及整个西藏地区，涵盖金、铜、锑、铅、锌、

矿区钻探机群施工

自治区党委副书记郝鹏到五队检查指导工作

岩金矿

铁、铋、铬、银、钼、锡、盐湖硼锂钾等多种矿产。20世纪80年代初期在区内探明多处中、小型铬铁矿床。80年代中后期，地质找矿重心转移到砂金找矿、探矿工作，发现了50多处砂金矿床，其中崩纳藏布砂金矿资源量超10吨，并创造了全国砂金矿勘查投资少、周期短、品位高、单矿体储量大四项全国纪录；同时发现勘探评价了多处硼、锂盐湖矿床，麻米错硼、锂矿床储量为全国高原盐湖第一。2006年以后，开展了铜、铅、锌、铁、多金属、岩金等矿种的找矿工作，评价的多不杂铜矿（多龙矿集区），达到特大型铜矿的矿产储量。近几年，重点加强了青藏铁路沿线和班怒成矿带找矿工作，提交的各种矿产潜在经济价值可观，成功实现了地质找矿向固体矿产勘查开发转型。

现已发展成为集矿产资源勘查开发、工程施工、环境治理、地质灾害防治、工矿商贸于一体的综合性地勘队伍。

秉承“艰苦创业、开拓进取、乐于奉献”的团队精神，以诚信为本的西藏地质五队，为将资源优势转化为经济优势，带动地方经济发展，愿携手国内外专业人才和有实力的企业，共同勘查开发西藏丰富的矿产资源，再创地质事业辉煌。

野外部署工作

西藏金龙建设工程有限公司

公司董事长何燕在区直行政事业单位周转房开工典礼上致辞

公司董事长何燕与建设单位领导检查自治区游泳馆工地

西藏金龙建设工程有限公司是具有房屋建筑工程施工总承包（二级）、市政公用工程施工总承包（二级）、建筑装饰装修工程专业承包（二级）、水利水电工程施工总承包（三级）、钢结构工程专业承包（二级）、公路工程施工总承包（暂定三级）、防雷工程专业施工（丙级）资质的施工企业，拥有雄厚的技术力量、先进的机械设备、经验丰富的专业施工队伍。公司成立以来，在自治区党委、政府和区建设厅等部门的大力支持和领导下，始终坚持“质量第一、信誉至上、面向西藏、用户满意”的建设施工经营宗旨；始终坚持“以质量求生存、以信誉求发展”的原则；建筑产品质量和产品效率得到有效保证，企业信誉获得社会各界的广泛认可。

公司先后在区内承建了西藏日报社新闻综合楼、区烟草公司办公楼、区电力调度综合楼、区交通厅柳梧客运站、公安厅信通指挥楼、纳金乡纳茹组综合楼、自治区游泳馆工程、区直行政机关周转房等房屋建筑工程，建设面积达40万平方米，所交验工程合格率达100%。同时公司每年解决上千名农牧民工的就业问题，为农牧民群众增收达1000多万元，受到了群众的广泛好评，创出了业绩、铸造了品牌。

363工程开工典礼

西藏赛康工贸集团有限公司

西藏赛康工贸集团有限公司成立于1996年2月，注册资本6099万元。作为西藏民族企业，公司成立16年来，始终以振兴民族经济为己任，在董事长、总经理扎西顿珠为核心的管理团队领导下，通过十多年的艰苦创业，逐步形成了集旅游、购物、餐饮娱乐、农产品深加工、科技生态建设为一体的综合性集团公司，16年来公司累计纳税近2000万元，解决近10000名各族群众的就业，取得了良好的经济、社会效益。

2011年是公司赢得丰硕成果、亮点纷呈的一年。集团公司在自治区、拉萨市两级党委、政府的正确领导下，在区、市两级工商联和社会各界同仁的大力支持、关心下，坚持以“振兴民族产业，发展地方经济”为己任，着眼决策民主化、管理科学化、财务制度化的管理理念，以科学发展观为指导，团结拼搏、迎难而上，牢牢把握全区、全市加强和推进非公有制经济跨越式发展为契机，圆满地完成公司各项年度责任目标，全年共实现总收入2954.06万元，发放员工工资、社保、福利、捐款、上税等累计创社会贡献额950.5万元，解决就业人员530人次，取得了良好的经济和社会效益。2011年，集团董事长扎西顿珠被市委、市政府评为拉萨市首届优秀社会主义建设者。

董事长、总经理 扎西顿珠

董事会成员

赛康百货一角

①赛康大酒店一角
②晨操的员工
③春光食品厂研发的青稞系列产品
④工会文体活动
⑤装修一新的赛康商场
⑥积极参加社会公益事业

西藏集团有限责任公司

党委书记、董事长　张德川

2009年区交通运输厅党委、交通运输厅按照自治区产业指导政策和企业发展集团化战略，抓大并小、抓大促小的发展思路，站在交通国有企业改革发展全局的高度，做出了将西藏拉萨汽车运输总公司、西藏交通工业总公司、西藏交通客运总公司、西藏天域交通宾馆进行联合重组，改制组建西藏天海集团有限责任公司的决策。经西藏自治区人民政府下发《关于同意组建西藏天海集团有限责任公司及西藏惠通路桥集团有限责任公司的批复》（藏政函〔2009〕85号）文件批准。西藏天海集团有限责任公司于2009年10月正式揭牌，12月完成了注册工作，注册资本2亿元。2010年10月被自治区党委、政府确定为区管一级国有企业。

组建西藏天海集团有限责任公司的4家公司，是西藏反分裂斗争、巩固边防、促进经济建设的重要力量，为西藏交通发展乃至促进西藏经济社会的发展做出过不可磨灭的贡献，与全区各族群众一道谱写了西藏发展进步的辉煌篇章，得到了社会各界的高度肯定。公司曾先后荣获“全国再就业先进企业”、“全区再就业先进单位”、“自治区文明单位”、“诚信推荐单位”、“全国百强建材市场”、“全国百强家居市场”，连续多年被评为“安全生产先进企业”及“综合治理先进单位”。2006年荣获“全国五一劳动奖状”。2011年荣获“全国模范劳动关系和谐企业”

截至2011年12月底，集团资产总额161,667万元，负债总额37,985万元，所有者权益123,682万元。

集团公司现有员工2,843人。其中，离退休员工1,962人，在职员工881人。

2011年集团公司实现总收入16737万元，与去年同期14216万元相比增长17.73%；实现利润2339万元，与去年同期1531万元相比增长52.78%；上缴税金2244万元，与去年同期2092万元相比增长7.27%。

天海集团下设西藏天海物业管理有限责任公司、西藏天海旅游有限责任公司、西藏天海房地产开发有限责任公司、西藏顺达客运有限责任公司等4家全资子公司以及隶属集团公司总部的西藏天海专业市场管理部和驻都江堰办事处等各级组织机构共23个。

主要经营业务涉及商业地产开发、物业管理、旅游服务、商业经营、仓储服务和客运服务等。目前，公司在拉萨拥有天海夜市、天海建材市场、天海家具市场、天海商业街、天海商业中心等具有一定规模和较强市场影响力的商业经营项目。同时拥有天海宾馆、天海大酒店、天海天域宾馆、天海康桑宾馆、林芝天海假日酒店和天海康拉旅行社等旅游经营项目。通过众多的天海经营项目，在各经营领域树

天海集团有限责任公司成立揭牌仪式

天海家具市场

天海商城

天海集团总部

立了“西藏天海”品牌形象，通过赋予“西藏天海”更多的文化内涵，使天海品牌形成新的价值、新的理念，焕发出新的生命力。

西藏天海集团组建以来，紧紧围绕“人心不散、工作不乱、生产不断”和“保稳定、谋发展、再创业”的改革工作要求，集中力量抓改革，整合资源保建设，理清思路促发展，顺利完成企业改革发展、党的建设、企业文化建设、机构设置、人事调整、资源整合等组建初期的各项工作任务。企业效益平稳增长，职工收入有所提高，改革成果初步显现，为集团公司可持续发展奠定了坚实的基础。

进入“十二五”以来，集团公司以科学发展为主题，以做强做大、加快培育“四优四强”龙头企业为目标，积极研究制定“十二五”战略规划，大力实施“着力巩固提高物业管理服务水平，着力拓展旅游产业，着力拓展商业地产开发领域，带动集团公司向物业服务、旅游服务、商贸流通、现代物流等生活性服务产业领域发展”（即“一巩固、两拓展”）战略举措，努力将集团公司打造成为西藏生活性服务领域的重要企业。力争“十二五”末年收入突破2个亿，总收入达到9.3个亿，年均增长7.5%；经济效益和经济实力不断增强；企业创新能力、市场竞争能力和自我发展能力有效提高；“西藏天海”品牌在涉入行业中更具影响力，品牌知名度和美誉度得到提高；员工生产生活条件进一步改善，企业实现又好又快发展的基础进一步巩固。

西藏天海集团将秉承“打造西藏优势企业，服务西藏经济发展”的宗旨，努力打造全区领先的国有骨干企业，致力于造福社会大众，为全面建设小康西藏、平安西藏、和谐西藏贡献更大的力量。

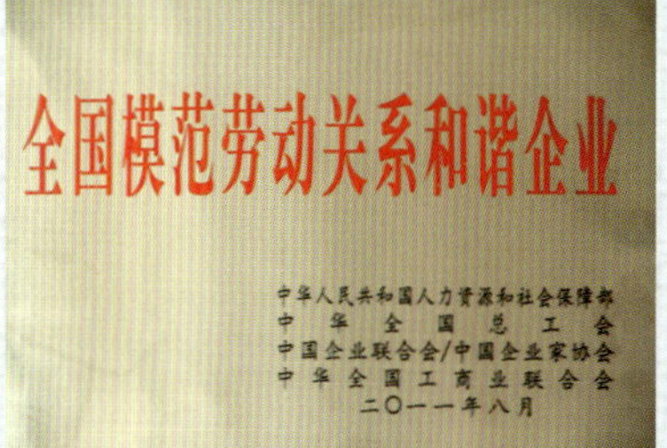

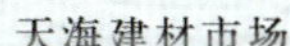

天海建材市场

天海大酒店

萨博科技服务中心效果图

拉萨城关区萨博科技发展有限公司

拉萨城关区萨博科技发展有限公司是一家集科技研发、商贸、商业管理、咨询服务为一体的民营企业。公司注册资金100万元。法定代表人唐永明。拥有固定资产4200万元，萨博数码广场从业人员560余人。

西藏萨博数码广场项目是拉萨市招商引资项目，拉萨市政府规划专业市场网点，由萨博科技发展有限公司投资建设经营，位于拉萨大桥转盘处。一期占地面积9600平方米，建筑面积22800余平方米，共入驻企业106家。主营电子电器产品、电脑数码产品、五金机电产品的销售及技术服务、网络通信工程、安防监控工程、科技信息咨询服务、房屋租赁、技术培训等业务。

萨博数码广场是西藏大型的电子信息技术产业综合基地，主楼共五层。一、二层是电子数码产品、办公设备专业商场，三、四层是商务办公空间和技术服务部门，五层是培训中心和休闲娱乐中心。为106家入驻企业提供经营场地、商业管理、技术咨询、信息交流、人员培训、广告宣传策划和勤务保障等服务。经公司管理人员和全体入驻企业的共同努力，目前已成为西藏最大电子电器专业市场和企业管理、技术咨询服务平台，为区内电子信息产业相关企业提供了大量的行业资讯和技术支持。

自治区、拉萨市、城关区领导到萨博数码广场考察

萨博数码广场企业营业大厅

ASUS
华硕笔记本
智达科技

苹果专卖
Apple
智达科技
Nikon

DELL 戴尔

惠普

华硕

lenovo 联想

萨博数码广场
支持正品
惠普
讲诚信
重品质
更专业
lenovo 联想

拉萨市
地下管网经营管理有限公司

董事长　王奕道

总经理　江玉峰

拉萨市地下管网经营管理有限公司主要经营拉萨市地下管网的维护、管理及城区道路地下管网相关配套设施的建设，获得拉萨市政府授予的特许经营管理权。

公司为进一步规范拉萨市地下管网的经营和管理，进而实现管线资源和城市地下空间共享，通过实行“统一规划、统一建设、统一管理、统一维护”的管理模式，有效利用城市地下空间资源，改变目前混乱、落后的状况，使拉萨市地下综合管网的管理步入规范化、科学化的轨道。公司将积极贯彻落实政府意见，有效整合城市地下资源，提高资源利用率；科学设计，避免重复施工；缓解城市交通压力，改善市民生活质量，提升整个拉萨旅游城市的形象。

施工现场

西藏航鑫金属制品有限公司

董事长　林恰恰

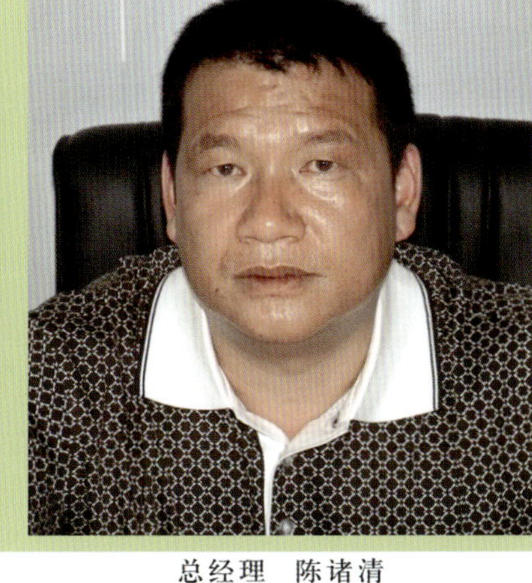

总经理　陈诸清

厂址座落于拉萨市夺底路86号，占地面积3万平方米，1992年7月建成投产，结束了西藏无冶金工业的历史。2009年经曲水县招商引资，投资了12000多万元，通过对老厂的技改搬迁，在曲水县聂当乡工业园区征地100多亩，引进了先进的冶炼和轧钢生产工艺。主要产品为：钢球、钢锻、铸造件、异形钢材及直径Ø6、Ø8、Ø10等盘圆钢筋。公司本着诚信经营的原则，产品经自治区质量技术监督局屡次抽检均为合格产品，在市场上享有较高的声誉。

西藏航鑫金属制品有限公司前身是西藏交通冶金公司钢铁厂，是西藏自治区唯一的一家钢铁企业。对西藏全区的废旧钢铁进行回收再利用。原

公司产品

生产车间

川渝香辣蟹

总经理　于振飞

朝气蓬勃的服务团队

川渝香辣蟹

①干净整洁的就餐环境
②热情服务
③鲜蟹存放柜

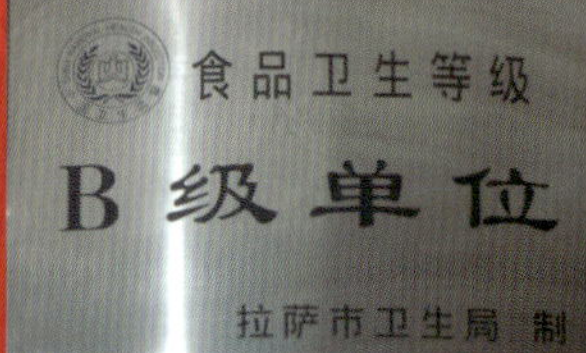

京来顺火锅

总经理　石国琪

前台服务

公司门楼

京来顺自2002年创立以来一直以宏扬京味火锅为己任、品种务求精选、味道务求绝妙、卖相务求精美、营养务求均衡、价格务求平实。京来顺老北京，味道独特、器具精致、环境典雅。顾客宴饮无不交口称赞，被誉为拉萨火锅一绝。"京来顺"火锅源自京城，品承百年京城涮肉火锅，天赋精气，独具特色。主要经营老北京涮羊肉，北京果木烤鸭，羊蝎子火锅，羊排火锅，老北京传统风味小吃，老北京特色家常菜等。公司以"发展老北京神韵，创造京味火锅品牌"为战略目标，提出"以德经商，诚信服务，以人为本，开拓创新"的经营理念，京来顺曾荣获2009年第二届西藏火锅美食文化节全国餐饮住宿行业职业技能竞赛优秀团体等奖项。

京来顺德吉路店于2002年成立，餐厅面积900平方米，可以同时容纳220人就餐。仿古的京味装修独具匠心，合理的空间布局使就餐环境优雅宜人。2012年京来顺独家引进老北京传统紫铜碳火锅及景泰兰碳火锅，丰富了拉萨的火锅文化。

2006年继德吉路店之后，京来顺在巴尔库路又开了另外一家姊妹店。营业面积3000平方米，设有五个风格不同的豪华包间及20个普通包间，能同时容纳400人用餐。2012年重新装修后环境更加古色古香，优雅浪漫。京来顺巴尔库路店以港式肥牛火锅为主，特色北京烤鸭为辅，是商务宴请、亲朋聚会的理想之地！

京来顺别具一格的京味仿古装修，使就餐环境更具京城特色。京来顺秉承百年秘制配方，结合中国传统涮肉文化，研制出了适合东南西北不同地域客人口味的系列火锅，在不断创新与改良的过程中坚持走绿色、营养、健康的路线，集众家之所长，独树一帜。在发扬传统火锅特色的同时，开发出了京来顺秘制的特色火锅，深受广大消费者的喜爱。京来顺火锅在不断的创新中引领着拉萨火锅文化的新时尚，缔造火锅文化的新品味！

大厅餐桌

京来顺文化宣传

热诚欢迎各方嘉宾

拉萨鼎业制粉有限公司

总经理 贺联社

拉萨鼎业制粉有限公司地处拉萨市，是拉萨市2007年招商引资项目，也是全区唯一一家具有规模的粮食加工企业，拉萨市农业产业化龙头企业，同时也是自治区保供应、稳物价的重点调控企业，承担着全区国家储备粮的轮换任务。公司自2007年10月成立以来，在自治区粮食局的直接指导下，在区、市各级领导的关怀和大力支持下，公司粮食加工产业蓬勃发展，产销两旺，年销售收入以30%多的速度递增，顺利完成国家下达的定向加工销售小麦的任务，为稳定全区物价起到了举足轻重的作用。目前，公司已获得ISO 9000国际质量体系认证，产品行销拉萨、日喀则、山南、林芝、那曲等全区7个地区，市场占有率接近全区的百分之二十。自治区副主席宫蒲光、中央储备粮总经理包克辛等领导曾亲临公司检查指导工作。对公司发展做出了重要指示，要求做强、做大，发挥龙头企业作用，为西藏的经济建设、市场稳定做出应有的贡献。在各级领导的关怀下，随着鼎业的逐步成长、实力的不断增强，更坚信了“诚信做人，专业做事”的信念。昨天我们从零做起，历经风雨，更珍惜鼎业的现在来之不易；今天鼎业人将自己多年来对粮食加工的认知，通过业务积累，将形成鼎业特有的企业文化，并逐步让她在雪域高原上绽放异彩。

公司化验室

国家中储粮总经理包克辛到公司检查工作

自治区副主席宫蒲光到公司调研

公司概貌

与新乡市签订粮食购销协议

生产车间一角

西藏玉意餐饮管理有限公司

董事长　胡义伟

1994年9月份，胡义伟、杨琼玉夫妻二人在资金短缺的情况下，赊欠各种原材料，在拉萨市龙王潭公园门口经营起了“玉意小吃”，面积仅24平方米，经营品种只有包子和粥。

夫妻俩经过长时间的艰辛，潜心研制、不断探索，虚心听取每位顾客的意见和建议，逐步提高了产品质量，尤其以自行研制开发的多种口味的包子而深受广大消费者的青睐。顾客慕名前来，争相排队购买。就这样，夫妻俩的事业开始起步。1995年，在拉萨市德吉路口开了一个分店。与此同时，“玉意小吃”的经营品种不再是单纯的粥和包子这些早餐，而是集合小吃、糕点、粥、凉菜、套餐、点炒等系列的中式快餐。

玉意小吃因包子而得名，1997年在拉萨市北京中路181号成立了“玉包子”快餐店，即为现在的总店。产品新鲜营养、方便快捷、品种齐全、味道南北皆宜，并且24小时营业，以精益求精、不断创新的美食以及大众化的消费定位取信于广大消费者，树立了西藏知名餐饮企业的良好形象。1997年注册了“玉意”商标，2001年被评为三A“诚信工商户”，2002年，“玉包子”被国家餐饮协会授予“全国绿色餐饮企业”荣誉称号，是自治区旅游局首选旅游餐接待点。2002年10月，在拉萨市北京中路新世纪开办了“玉包子”二分店，并注册成立了“西藏玉意餐饮娱乐有限公司”，注册资金100万元，胡义伟任董事长，杨琼玉任总经理。2009年，成为“西藏自治区工商联合会”成员。2011年，因业务发展需要，名称变更为“西藏玉意餐饮管理有限公司”。

2002年，公司购置了中和国际城A8栋的房产和地产。2003年，购买了中和国际城金珠二路以南约11000m²的土地使用权，并于2011年7月开始修建“圣河丽景综合楼”，第一期工程现已竣工，建筑面积近6000平方米已全部对外租出。目前公司总资产已接近三千万。

玉包子新世纪店

玉意公司以“求真务实、团结创新、高效发展、追求卓

圣河丽景综合楼

越”为企业精神，以“严格管理、高效工作、一流服务、独特品位”为经营宗旨，以“品质、品牌、快捷、绿色、营养”为经营理念，以人为本，顾客至上；服务第一，销售第二。

近年来公司先后向SOS儿童村捐物折合人民币5000元；向拉萨市环卫局一名身患疾病的环卫工人捐款3000元；向汶川地震灾区捐款15000元；向玉树地震灾区捐款10000元；向身患绝症的员工捐款50000多元；向拉萨市彩泉特殊学校捐助了价值10000元的学习和生活用品。受到了相关领导的高度称赞和社会各界人士的一致好评。

在党的好政策指引下，在各级政府部门的关爱下，在广大消费者的认可和厚爱下，公司一定会继续发扬“诚实守信、遵纪守法、顾客至上”的经营理念，在董事长胡义伟的带领下，在全体员工的共同努力和辛勤劳动下，一定会创造出更加光辉灿烂的明天，为社会作出更多的贡献！

圣河丽景综合楼

西藏天圣医药贸易有限公司

董事长　李天清

自治区、拉萨市、达孜县工商局领导指导党建工作

拉萨市工商局非公党组织揭（授）牌仪式

西藏天圣医药贸易有限公司(以下简称“公司”)于2008年成立，注册资本500万元，位于西藏自治区拉萨市达孜县工业园区（省级开发区），占地面积23000多平方米，生活设施完善，办公条件优越，办公设备先进，一个1500平方米GSP标准库房投入使用，属医药物流商贸流通企业，全国各省市有17个销售片区，拥有一支650人的营销队伍，建立了完善的医药购销系统。主要经营范围有：中（藏）药材、中（藏）药饮片、中（藏）成药化学原材及其制剂、抗生素原料药及制剂、生物制品、生化药品、土特产进出口贸易、医疗器械、保健品。公司经过两年多的发展，2011年销售收入5.3亿元，税利实现6000余万元。

公司按照现代企业机构运营的标准，设立党支部、团支部、妇委会、工会组织，市场开发部、质管部、仓储部、人力支援开发部、法律服务部、保安部、财务部、综合办公室、后勤部等部门。公司正在积极储备人才，以应对公司发展与人才需求的矛盾，同时也在完善现有的员工教育培训制度，让员工的素质和能力进一步提升，以适应公司的发展需求和提高员工工作效率。

办公场所

目前，公司正处于稳步发展之中，公司将尽全力做好自身的发展建设，为西藏的经济发展尽一分力量。

拉萨市2010年度 纳税大户
一等奖
拉萨市人民政府
二〇一一年四月

电话/传真：6144222
地址：西藏拉萨市达孜工业园集中区

拉萨唐杰工艺品有限责任公司

董事长、总经理　江才

拉萨唐杰工艺品有限责任公司成立于2010年，是一家致力于具有西藏民族特色纯手工艺品的发掘、整理、创新、制作的公司。以继承和发扬具有民族特色传统文化和艺术为己任，以弘扬西藏优秀民族文化，努力发展地方经济为目标。凭借服务、诚信、专业、团结的企业精神，高品位的设计风格、高质量的制作工艺、高超的制作能力、良好的销售服务，使得公司在民间工艺品行业有了长足的发展！

现公司开发的产品有藏香、唐卡、藏式木雕家具、陶瓷工艺等民族手工艺品。公司位于拉萨堆龙德庆县羊达乡，资产近3000万元，员工60余人。

公司纯手工产品——唐卡

公司产品藏毯展示厅

公司产品——藏香

公司纯手工产品——唐卡

西藏卓玛民族手工艺品有限公司

中组部部长李源潮到公司考察

中尼商贸会公司产品展销厅

西藏卓玛民族手工艺品有限公司是拉萨市民族手工艺藏毯生产及染印加工经营龙头企业。公司占地4000平方米，现拥有职工人数86人，其中技术人员36人，总资产达5100万元。公司技术力量雄厚，产业化基础良好，公司秉承“诚信、严谨、务实、创新”的管理理念，选用阿里、那曲两地优质的羊毛为原料，采用西藏纯天然植物为染料，以开拓国内外市场为目标，以弘扬传统优秀文化为核心，以独特的藏毯编制和植物染色工艺技术与古朴典雅的图案设计为依托，以专业化、规模化为经营手段，生产多种绝美的藏毯、工艺挂毯、栽绒地毯系列产品。

公司产品成为自治区有较大影响的特色品牌，成为自治区藏毯行业中的一枝新秀。且产品远销美国、日本、欧盟和东南亚等国家，市场反映良好，为企业奠定了坚实的产业基础和品牌知名度。

公司紧紧围绕“西藏传统民族特色手工艺品”产业化发展这一主题，不断整合资源优势，扩展产业链，使研发、生产、销售协调发展，努力将公司打造成为自治区集团化的西藏旅游文化产品生产基地，为更好地带动自治区农牧民家庭增收致富和积极促进自治区经济建设及文化大发展作出应有的贡献。

产品展示

西藏纳木措实业有限公司

总经理　江 村

自治区工信厅和拉萨市工信局领导到公司考察

西藏纳木措实业有限公司成立于2010年，公司注册资金1300万元，总资产4300万元，土地资源24000平方米，公司员工38名。公司集水资源开发、旅游开发、民族手工业、土特产品（含冬虫夏草）销售于一体的有限责任公司。以“维护绿色环境，坚持绿色生产，保证绿色产品，倡导绿色消费”的经营理念，整合当地农牧产品资源及旅游资源，以全力打造西藏本土知名品牌为目标；以“遵守法规、顾客至上、充分沟通、减少风险”为企业安全方针；以“公司＋科研＋牧户＋基地”为运作模式；今后逐步将开发当地旅游资源并推出系列以农牧产品深加工及高原原生态资源为方向的西藏特色产品。

西藏雪顿农牧特色产品开发有限公司于2005年12月1日在西藏自治区工商行政管理局注册成立，注册资金为1100万元，公司以农牧产品开发（传统牦牛酸奶生产销售）、民族手工业、旅游开发、土特产品（含冬虫夏草）为主营业务。今后逐步加大对当地农牧产品的投资力度，用于牦牛产业化项目的全面启动和纵深推进。推动青藏高原农牧业、加工业及旅游业的发展，改变高原原有的落后生产生活方式，在增加牧民收入的同时为高原增加就业机会及培养现代化人才，推动科技教育和社会进步。

中国平安保险(集团)股份有限公司西藏分公司

践行公民的职责“中国平安财产保险股份有限公司西藏分公司援建的第一所希望小学（林芝八一镇希望小学）

西藏分公司员工合影

中国平安保险(集团)股份有限公司于1988年诞生于深圳蛇口，是中国第一家股份制保险企业，至今已发展成为融保险、银行、投资等金融业务为一体的整合、紧密、多元的综合金融服务集团。在2012年《福布斯》“全球上市公司2000强”排名中名列第100名，在英国《金融时报》“全球最具价值品牌100强”排名列第83名，在美国《财富》杂志“全球领先企业500强”名列第383名，并排名入选该榜单的中国内地非国有企业第一名。中国平安将企业的核心价值观贯彻在教育、环境、红十字、灾难救助等公益事业中。公司连续11年获评“中国最受尊敬企业”，连续6年获评“中国最佳企业公民”，连续5年获评“最具责任感企业”。

平安财产保险西藏分公司（以下简称公司）成立于2007年4月，公司的成立标志着中国平安完成了分支机构的全国布局。在这五年多的发展历程中，公司始终致力于传承平安的优秀服务体系和“客户至上，服务至上”的原则，不断加强员工队伍建设，提升客户服务品质，品牌美誉度不断提升，业务发展稳步前行。

公司以社会责任为己任，2009年由公司筹建落实的第一所希望小学“西藏林芝县八一镇平安希望小学”正式挂牌成立，第二所希望小学“当雄希望小学”目前已立项启动，第三所希望小学已通过青基会选址在“昌都察雅县”并已正式立项；在拉萨“3·14”事件过后，公司及时制定特殊理赔政策，对遭受损失的平安客户支付人道援助性赔款达30多万元，并还为此事件中的受害者积极捐款；在“5·12”汶川特大地震灾情发生后，组织向灾区人民献血捐款活动，并购买了一批急缺药品物资空运至灾区，免费为西藏前往四川抗震救灾的救援人员无偿提供每人保额20万元的人身意外伤害保险，总保额达920万元的保险保障；“4·14”青海玉树地震，发起捐款活动并无偿赠送西藏救援小组人身意外伤害保险共计6680万元保额保障。上述善举，切实为政府分忧解难，为社会的安定团结作出了贡献，得到了政府相关部门及社会各界的高度赞扬。

以优质的队伍，为客户提供7×24小时服务

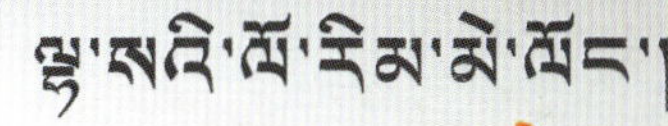
ལྷ་སའི་ལོ་རིམ་མེ་ལོང་།

中国人民财产保险股份有限公司西藏分公司

中国人保财险西藏分公司总经理孙国新与自治区政府主席白玛赤林一同商讨地震救灾方案

党委书记、总经理　孙国新

分公司党委书记、总经理孙国新向扎西平措家属捐助30万元

截至2011年底，中国人民财产保险股份有限公司西藏分公司实现保费收入5.85亿元，市场份额88.72%，保费收入同比增长1.85亿元，增长46.07%。承担风险责任（承包业务的保险金额和责任限额之和）3639亿元，全年累计处理已决赔案26715件，支付赔款2.681亿元，已决赔付率45.79%。

中国人保财险西藏分公司理赔中心被拉萨市团委授予“青年文明号“称号

10月，中国人保财险西藏分公司驻当雄强基惠民工作组向农牧民赠送领导画像

分公司总经理孙国新在昂仁县震后现场理赔

AB 安邦保险

安邦保险企业文化墙

西南培训中心

安邦查勘车金牌巡游活动

安邦保险集团股份有限公司是中国保险行业第8家集团公司，目前拥有财产险、寿险、健康险、资产管理、投资保险代理、保险经纪等多种业务，包括安邦财产保险股份有限公司、安邦人寿保险股份有限公司、和谐健康保险股份有限公司及安邦资产管理有限责任公司等7家子公司。目标是发展成为包括保险、银行、信托、证券等全业务的综合金融服务集团。

“金融报国、实干兴邦”是安邦保险矢志不移的目标，秉承“一个客户，综合服务”的服务理念和“凭借智慧，遵循规律；随需而变，马上就办；简单高效，团队合作；互联支持，共赢未来”的经营理念；始终坚持“以创新求发展”的经营思路，“客户第一、速度第一”的业务方针，“以国际化为标准”的企业理念，积极引入国际化专业管理团队，谋求企业长期、稳定、和谐的发展。安邦集团化的发展将充分发挥综合运营的平台化优势，整合多种资源，为客户提供更专业、更全面、更多层次的全方位金融服务。

安邦保险崇尚“水文化”、“家文化”、“互联网文化”的企业文化；注重客户增值、员工增值、股东增值的价值理念；并在发展中积极承担社会责任，投身公益事业和慈善事业，希望通过共同的建设，不断拓宽公司的发展道路，致力于成为具有国际水准的金融集团。

安邦保险西藏分公司成立于2006年3月8日，目前下级机构有山南、林芝、日喀则、阿里四家中支公司，公司从业人员共64人。安邦保险西藏分公司的成立打破了西藏保险市场独家经营的局面。截止到2011年底，累计保费收入15016.87万元，累计赔款7567.45万元，为西藏的经济发展和社会稳定作出了突出的贡献。

安邦保险大厦外景

堆龙古荣朗孜糌粑有限公司

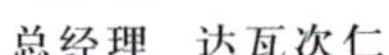
总经理　达瓦次仁

达瓦次仁给孤寡老人捐钱

义捐活动

堆龙古荣朗孜糌粑有限公司始建于1993年，正式挂牌成立于2004年6月15日，注册资金14万元，自1993年以来，在自治区、市、县委及有关部门的关心帮助下，在全体员工的共同努力下，公司各方面都有了长足的发展，尤其是自2005年以来，区、市、县三级农开办对公司给予了大力支持，2005年——2010年共争取农发资金达447万元，通过设备、厂房等方面的扶持建设，使公司的规模得到不断壮大，公司现生产厂区占地5300多平方米，备用地13000多平方米，用于扩大再生产。现有生产设备60套，设有9个销售网点。年季节性用工310人，其中直接提供长期就业岗位86个；拥有资产总额1678万元，其中固定资产1058万元、流动资金620万元。

公司年生产加工能力从1993年1.3万千克提高到目前的800万千克，年销售收入达4320万元，年直接增加就业人员工资收入达588万元，公司年盈利155万元。公司2008年被评为国家级扶贫龙头企业。同时2008年已注册“朗孜”牌糌粑标志。2009年“朗孜”牌糌粑获得西藏自治区技术监督局许可QS标志。

公司坚持市场导向原则，以效益为中心，以服务城市、农民致富为宗旨，不断壮大公司和合作社组织，提高市场竞争能力；坚持因地制宜原则，立足资源优势、区位优势，突出产业特点，探索既符合市场需要又符合公司和协会发展的道路；坚持创新原则，不断更新品种，引进先进技术和人才，做到人无我有、人有我优、人优我特，为堆龙德庆县经济社会发展作出应有的贡献。

西藏珠穆拉瑞商贸发展有限公司

西藏珠穆拉瑞商贸公司成立于2003年，是集贸、工、农、科于一体的实业型公司。公司资产总额累计3714.5万元，其中：流动资产1191.4万元，固定资产2523.1万元。公司旗下有珠穆拉瑞工业园区、青稞食品分公司、藏香研发公司、西藏特色产品营销分公司三个经营实体，年产值达1780万元，利税332.6万元。公司现有固定员工150人，其中当地农牧民员工95人，大专、本科以上学历47人，初高中以上学历103人。公司自成立以来，对解决当地农牧民就业，促进农牧民增收，发展地方经济作出了一定的贡献。

公司以规模化、技术化、产业化为经济思路；以资金密集型、技术密集型、管理科学型为发展原则；围绕"绿色生态产业"这一主题：立足区内，面向全国，着眼国际市场，培养顶尖产品，积极打造高原特色品牌。以"开拓、诚信、共赢"为企业经营理念，开发西藏优势特色资源，凭借高新科技转化为经济效益；用知识产权来保护企业，用先进科学来发展企业。在公司全体员工的共同努力下，在自治区和市相关部门的大力支持下，公司相继开发出了珠穆拉瑞藏香系列产品，嫫啦牌青稞饼干系列产品。于2008年被评为自治区科技型中小企业，2009年珠穆拉瑞藏香在西藏自治区首届旅游纪念品大赛展中分获银、铜两个大奖。同年公司通过了ISO9001：2008管理体系认证，取得6项产品外观专利发明和3项饼干加工发明的专利；同年12月被评为拉萨市农牧产业化龙头企业，2009和2010年连续两年青稞饼干荣获国际农博会金奖；2011年被评为拉萨市农牧业产业化经营龙头企业；2010年公司与拉萨市农科所签订青稞原料种植合同，并与西藏大学理学院签订科研合作协议；2011年青稞项目被国家发改委列为自治区十二五重点扶持项目。

公司生产的青稞糌粑无糖系列饼干，是青稞与牦牛奶的综合利用，结合现代饼干生产工艺，经科学合理配方精制而成，产品含有高蛋白质，高膳食纤维、高维生素、低脂肪、低血糖等特点，是一种营养全面的健康食品，是防治高血糖、高血脂的理想佳品，深受广大消费者喜爱。现公司生产经营状况良好，产品市场稳定上升，产品辐射全区、上海、北京、天津等城市。"嫫啦"牌青稞饼干被西藏航空公司、西藏移动、西藏电信、西藏邮政列为指定产品。2009年和2010年公司销售业绩累计达3210万元。2011年公司销售收入达1374万元，产品一度出现供不应求，为更好的满足市场，提高企业竞争力，为解决产品生产规模，2010年7月公司在拉萨市堆龙德庆县羊达乡征地50亩，进行了产品加工技术改造和基地扩建项目。项目技改完成后，年产青稞饼干2000吨，销售收入4800万元，实现利润780万元。每年按高于市场价10%的价格收购青稞2000吨，农牧民累计增收720万元。提供就业150个，每人每月工资1200元，年共计216万元。从而带动560余户农牧民家庭真正实现增产增收。

公司自成立以来，在总经理卓玛次力的带领下，全体员工同心同德，兢兢业业，锐意进取，努力铸造民族品牌，朝着大型农牧产业化经营龙头企业集团迈进。

优质青稞饼干（1）

优质青稞饼干（2）

宫廷极品檀香（1）

宫廷极品檀香（2）

拉萨市竣邦房屋拆迁有限公司

总经理　马良

拉萨市竣邦房屋拆迁有限公司成立于2010年5月8日，地址位于拉萨市城关区夺底北路41号，电话：18798906333，法人代表马良，公司技术人员共15名，经营范围：公司承接各类大中小型房屋拆迁及桥梁拆除，本公司有各种大型拆迁机械设备有挖掘机、汽锤、装载机及吊车（8吨~100吨），各种机械均可对外出租。

为了城市的市容市貌，为了西藏更美好的明天，公司积极响应各级需要改造危房单位的需求，本着互助互利的前提，在安全第一、质量第一、诚信第一、时间观念第一的前提下，在公司负责人马良的带领下，为各级单位保质保量按时拆除危房旧房。

本公司拆迁许多大型项目，如2012年元月份拆迁林周县旁多乡全部房屋以及在3月份拆迁拉萨市藏医院300多间楼房共计1万平方米，在此期间没出任何安全问题，顺利按时交工，赢得医院领导一致好评。

房屋拆迁现场

特别鸣谢

西藏鑫湖矿业有限公司
西藏宁玛矿业有限公司
西藏华钰矿业有限公司
西藏霞钰矿业有限公司
西藏鑫茂矿业有限公司
西藏金和矿业有限公司
拉萨青达建设集团有限公司
南方建设集团公司
西藏自治区汽车工业贸易总公司
中国电信集团公司
成都建工集团西藏分公司
西藏东升工贸有限公司